englishcode™

저절로 외워지는 영어

이 상 도

2진법영어사

저절로 외워지는 영어
2023년 12월 10일 초판 발행
2024년 5월 10일 재판 발행

지은이/ 이상도
펴낸이/ 이상도
펴낸곳/ 2진법영어사

신고/2003.6.16. 제16-3050호
주소/서울특별시 강남구 역삼동 831 혜천빌딩 708호
전화/02-568-5675
팩스/02-568-5541
이메일/ johnsdl@hanmail.net

Copyright 2진법영어사 2023 Printed in Korea
ISBN 978-89-92835-11-4   03740

책머리에

영어는 무작정 많이 하는 것 외는 방법이 없다고 한다.
나도 처음에는 그 말을 믿었다. 그러나 내가 중고등학교, 육사, 서울상대, 미국 로스쿨을 거치면서 영어에 많은 시간을 쏟았음에도 불구하고 원어민과의 격차가 쉽사리 좁혀들지 않았다. 진작 원어민의 수준에 도달했을 텐데, '왜 그렇지 않는가'라는 것이 나의 의문이었다.

2001년 나는 우연히 영어어순이 2진법으로 되어있다는 놀라운 사실을 발견하였다. 처음에 하나의 가설로 시작하였으나 차츰 그것이 완벽한 법칙임을 확인하자 이를 세상에 알리고 싶은 마음으로 '2진법영어사'라는 이름의 출판사를 등록하고 2003년, 2004년에 '저절로 외워지는 영어 1, 2권'을 자비로 발간하였다. 그 과정에서, 또는 그후에도 많은 문장이 저절로 외워지는 기적을 체험하여 원어민 수준의 능력을 자부하기에 이르렀고 영어에 대한 신뢰와 감동이 생겨났다. 나는 이 신비한 법칙을 더 널리 전파하고 싶은 마음에서 변호사 생활의 시간을 쪼개어 2007년에는 영어코드의 비밀 증보판을 발간하였고 이 책은 2008년 일본에서 英語のコードを解く라는 이름으로 번역 출간되었다. 그후에도 50키워드영어 시리즈 I(키워드) 증보판), II(키워드구), III(복합키워드구), ON, IN, 기본동사 Get, Come를 발간하였으며. 2012년 영어문형코드 발간후, 2016년에는 영어구문론을 발간하고 보완을 거듭하여 2023년에는 제4판 출판에 이르게 되었다.

이 책은 위 저절로 외워지는 영어 1, 2권을 합본하고 내용을 보완한 것이다. 이 책은 문장패턴 즉 문형을 통하여 영어가 저절로 외워지는 방법을 소개한다. 문형이라고 하면 대개 5형식문형을 생각하게 되지만, 5형식으로 10년 이상 공부한 우리나라 사람이, 5형식을 모르는 10살배기 미국 초등학생보다 영어 대화가 잘되지 않는 것을 보면 문제가 있다. 이에 비해 2진법영어는 디지털 개념의 문형 code를 제시한다. 종래의 문장요소인 S, V, O, C 4개 요소와 필수부사어 A를 N, P의 2개 요소로 단순화하여 기본형(①형)을 비롯하여 확장형인 홀수형(③,⑤,⑦), 짝수형(②,④,⑥) code가 성립되며. 이들은 또한 서로 규칙적으로 연관된다. 이 code에 따라 particle key word 50개의 용법에만 숙달하더라도 영어문형은 매우 쉽게 정복할 수 있다. 2진법문형 code 개념은 간단하므로 설명할 것이 거의 없다. 이 책의 예문을 읽어가는 과정에서 문장이 저절로 외워지고 문형구조가 자동적으로 터득된다.

이 책은 단문 홀수형 56개, 단문 짝수형 24개, 복문 홀수형 14개, 복문 짝수형 14개 총 108개 예문을 중심으로 전개한다. 홀수형은 문장파생능력이 탁월하므로 이를 먼저 습득하면 짝수형과 복문형은 자연스럽게 터득된다. 예문을 읽을 때 파생문형에 유의하면 1석7조의 효과를 거둘 수 있다. 이해가 잘 안되는 부분은 홈페이지, 이메일 또는 전화로 저자에게 문의하기 바란다. 나는 12년 이상 네이버 지식인(영문법/영어 1위)에서 15만 건 이상의 질의에 대해 답변을 해올 정도로 2진법영어학습법의 최대 수혜자 중 한 사람이다. 여러분도 이 학습법을 통해 영어의 새로운 영역을 개척함으로써 인생의 대전환점을 맞기를 기대한다.

2023. 11. 28.
이 상 도

책머리에 3
단문 홀수형 9
■ 형용사 술어 10
He left him alone. (a) 8
He pushed the door open. (a) 8
It makes me excited. (a) 13
I find this book interesting. (a) 13
I see it as important. (pr+a) 15
We believe him (to be) honest. (to be a) 18
Supplement 21
■ 명사 술어 28
They made him king. (n) 28
They put him here. (n) 34
I did it my way. (n) 39
I want you to be my friend. (to be n) 43
■ 단순전치사구 술어 47
You get her in trouble. (in~) 47
He put the book in the box. (in~) 47
He played the joke on me. (on~) 55
They sent him on his way. (on~) 55
They kept him off the team. (off~) 63
I count you among my best friends. (among~/between~) 66
She tied a ribbon around the tree. (around~/about~) 69
She found him at the door. (at~) 73
She made the doll for her daughter. (for~/against~) 77
She put her hand over her face. (over~/above~) 74
He led her past them. (past~/through~) 83
They kept him under guard. (under~/bellow~) 89
They saw the child with his mother. (with~/without~) 92
We regarded him as a genius. (as~/for~/like~) 96
I judged him to be about 50. (to be pr~) 101
Supplement 103
(across~/after~/along~/back~/before~/behind~/beneath~/beside~/beyond~/by~
/down~/from~/inside~/into~/of~/ outside~/to~/toward(s)~/up~/upon~/within~)
■ 복합전치사구 술어 113
She threw him out of the house. (out of~) 113
I'll leave it up to you. (up to~) 121
She helped him off with his coat. (off with~) 125
They put Peter in for 100 meters. (in for~) 128
They'll take her away from me. (away from~) 132
I'll let you in on this plan. (in on~) 137
What turns him on about this? (on about~) 143
You put them up against the strong team (up against~) 147
They set him up as their leader. (up as~) 149
We need him back at work. (back at~) 151
I'll take her out for lunch. (out for~) 154
They had the police down on us. (down on~) 157
Supplement 164
(~at~/~behind~/~from~/~in~/~on~/~to~/~with~)
■ 소사 술어 168
She brought him in. (in) 168

She took him out. (out) 172
He turned the light on. (on) 177
He took his jacket off. (off) 182
I'll bring the car around. (around/about) 186
The led her away. (away/aside) 189
I want him back. (back/backward) 193
They called him forth. (forth/forward) 197
He helped him up. (up) 199
He burned the house down. (down) 204
She beckoned him over. (over) 209
I gathered them together. (together/apart) 211
Supplement 215
(above/across/after/ahead/along/behind/below/beneath/between/
by/inside/outside/past/through/to/toward(s)/within/without)
He turned the light back on. (back on) 215
Supplement 225
He worked the boat back and forth. (back and forth) 223
Supplement 230
■ 비정형동사 술어 233
He kept the door shut. (-ed) 233
We had our house broken into. (-ed pr~) 236
He asked them to be seated. (to be+ ed) 239
He kept me waiting (-ing) 242
He told me to wait. (to~) 245
She let me go. (~) 250
The smell makes me like vomiting. (pr+nfv) 252

단문 짝수형 255
□ 부사 부가어 256
We can put the fact differently. (ad) 256
She doesn't drink tea very often. (ad) 259
□ 명사 부가어 263
I bought her a hat. (n) 263
My aunt gave me a doll. (n) 263
He always said things that way. (n) 269
Have you seen her this morning? (n) 273
□ 전치사구 부가어 277
He took the boy to the park. (to~) 277
I gave the keys to her. (to~) 277
They drank coffee from paper cups. (from~) 282
He told me about the war. (about~) 285
That trees deprive the house of light. (of~) 285
The boy threw a ball at him. (at~) 291
I charge her for dinner. (for~) 293
He kissed her on/in the forehead. (on~/in~) 296
He threw the letter into the fire. (into~) 299
She usually goes to work by bike. (by~)~301
Can I help you with that bag? (with~) 305
They haven't had a vacation for ten years. (for~) 308
Supplement 312
(across~/after~/against~/along~/among~/as~/beside~/between~/beyond~/by~/
into~/like~/off~/out~/over~/toward(s)~/under~/upon~/within~/without~)

We'll take him up to the castle. (up to~) 317
Supplement 318
(~at~/~in~/~into~/~of~/~on~/~to~/~with~)
□ 소사 부가어 323
She tore the paper up. (up) 311
The umpire gave the ball out. (out) 313
Supplement 326
□ 비정형동사 부가어 330
I hate him to be criticized. (to be -ed) 330
He has trouble walking. (-ing) 331
I forbid you to go. (to~) 334
They can't stop them quarrelling. (pr+nfv) 335

복문 홀수형 339
■ 비정형절 술어 340
You made your view known to us. [-ed nfc] 340
I want the job to be finished by Tuesday [to be -ed nfc] 340
I saw him watching television. [-ing nfc] 344
She told him to get some food. [to~ nfc] 349
I'll let you go from here. [to~ nfc] 349
She left him alone in the room. [nv nfc] 362
We use this knife for cutting bread. (pr+[nfc]) 366
He walked the hallway as if in search of something. (pr+[nfc]) 366
■ 정형절 술어 371
They put him where he belonged. [wh- fc] 371
I take it that this is pretty serious. [that fc] 374
I left everything as it was. [as fc] 374
We find ourselves back where we started. (pr+[fc]) 379
She loved him as if he were his son. (pr+[fc]) 379
You can get this back to where we were. (pr+[fc]) 379

복문 짝수형 387
□ 비정형절 부가어 388
I object to John being appointed my successor. [-ed nfc] 388
I object to people smoking restaurants. [-ing nfc] 390
I had no difficulty finding a place to live. [-ing nfc] 394
She likes them to play in the garden. [to~ nfc] 396
He raised his hand for her to come in. [for~ to~ nfc] 401
I showed her how to do it. [wh- to~nfc] 402
Can you imagine me being so stupid? [nv nfc] 405
He prevented me from going to school. (pr+[nfc]) 407
□ 정형절 부가어 415
She asked me what I wanted. [wh- fc] 415
He told me that he was tired. [that fc] 419
He asked me about what happened. (pr+[fc]) 422
Do to others as you would be done by. [as fc] 425
He said to her, "I'm feeling sick." [" " fc] 425
He raised his eyes from what he was doing. (pr+[fc]) 432

[요약 및 약어/기호] 435
[인용예문출처] 438
[저자 약력] 440

단문 홀수형

■ 형용사 술어(adjective)

> She left him alone. (a)
> He pushed the door open. (a)

① NP(a)

> ① He | was **alone**.
> ① The door | was **open**.

예문은 ①형 NP(a)이다. P는 'be+형용사 alone/open'이다.
여기서 형용사는 be에 연결되어 쓰였다. 이를 형용사의 서술용법(predicative use)이라 한다.
be를 연결사(linking verb) 또는 계사(copula)라고도 부른다.

① He | was **alone**.   그는 | 홀로였어.
① The door | was **open**.   문이 | 열려 있었다.

♣ 유형별 예문
(alone)
① He | was **alone**.   그는 | 홀로였어.
① You | 'll be all **alone**.   넌 | 완전히 혼자일거야
① We | 're now **alone**.(1CD626)   우리는 | 이제 홀로야

☆ 명사나 동사 앞에 접두어 'a-'를 붙여 만든 형용사: afraid, alike, alive, alone, ashamed, asleep, available., awake, aware 및 content, unable, worth 등은 서술용법만 가능하고 수식용법은 불가하다.

(open)
① WE | 'RE **OPEN**.   영업중(상점의 게시판 표시)
① His emotions | were just too **open**.   그의 감정은 | 너무 개방적이었다.
① Almost all the flowers | are **open**.   거의 모든 꽃이 | 만개했다.
① The door | was **open**.   문이 | 열려 있었다.
① The position | is still **open**.   그 자리는 | 아직 공석 중이다.
① Is the bank | still **open**?   은행이 | 아직 열려 있니?
① His office (door) | was **open**.   그의 사무실(문)이 | 열려 있었다.

☆ NP(a)와 NP(v)의 비교 : open은 동사로도 쓰인다. 이 경우에는 NP(v)가 된다.
① The door | was **open**. NP(a)   문이 | 열려 있었다.
① The door | **opened**. NP(v)   문이 | 열렸다.
① This door | won't **open**. NP(v)   문이 | 열리지 않는다.
① The store | **opens** (at 10 a.m).NP(v)   가게는 | 열린다 (오전 10시에).

③ NPP'(a)

> ③ He | stood | **alone**.
> ③ The door | slid | **open**.

예문은 ③형 NPP'(a)이다. P는 자동사, P'는 형용사 alone/open이다.

- 8 -

다음 두 문장으로 나눠진다. 즉 NPP'⇒ NP+NP'의 관계에 있다.

③ He | stood | alone.　　　　그는 | 서 있었다 | 홀로.
① He | stood.　　　　　　　　그는 | 서 있었다.
① He | was alone.　　　　　　그는 | 홀로였다.

③ The door | slid | open.　　문이 | 미끄러져 | 열렸다.
① The door | slid.　　　　　　문이 | 미끄러졌다.(원인)
① The door | was open.　　　문이 | 열려 있었다.(결과)

♣ 유형별 예문
(alone)
③ If he | comes | alone, he is to go free alone;(Ex21:3)
　　만약 그가 | 온다면 | 홀로, 그는 자유롭게 홀로 가야 한다.
③ Ryan | felt | very alone.(2CD1179) 라이안은 | 느꼈다 | 매우외롭게ㅣ
③ He | left | alone .　　　　그는 | 떠났다 | 홀로.
③ Does Gabriela | live | alone?(1G22D) 가브리엘은 사느냐 | 혼자?
③ He | was playing | alone.　그는 | 놀고 있었다 | 혼자.
③ He | stood | alone.　　　　그는 | 서 있었어 | 홀로
(open)
③ Her lips | fell | open.　　　그녀 입술이 | 떨어져 | 열렸다.
③ His eyes | flew | open.　　그의 눈들이 | 활짝 | 열렸다.
③ His mouth | slipped | open.　그의 입이 | 미끄러져 | 열렸다.
③ The door | banged | open.　그 문이 | 펑하고 | 열렸다.
③ The door | blew | open.　　그 문이 | 불려 | 열렸다.
③ The door | burst | open.　　그 문이 | 터지듯이 | 열렸다.
③ The door | crashed | open.　그 문이 | 부서져 | 열렸어.
③ Doors | flew | open.　　　　문들이 | 활짝 | 열렸다.
③ The door | slid | open.　　그 문이 | 미끄러져 | 열렸다.
③ The door | sprang | open.　그 문이 | 확 | 열렸다.
③ The front doors | stood | open.　앞문들은 | 서 있었다 | 열려.
③ The door | swung | open.　그 문이 | 돌려져 | 열렸다.

> ③ He | was left | alone.
> ③ The door | was pushed | open.

예문은 ③형 NPP'(a)이다. P는 수동사 P'는 형용사 alone/open이다.
다음 두 문장으로 나눠진다. 즉 NPP'⇒NP+NP'의 관계에 있다.

③ He | was left | alone.　　　그는 | 남겨졌어 | 홀로.
① He | was left.　　　　　　　그는 | 남겨졌어..
① He | was alone.　　　　　　그는 | 홀로였어.
③ The door | was pushed | open.　문이 | 밀어져 | 열렸다.
① The door | was pushed.　　문이 | 밀어졌다.

① The door | was open.　　　　　　문이 | 열려 있었다.

♣ 유형별 예문
(alone)
③ He | was left | alone.　　　　그는 | 남겨졌어 | 홀로.
③ We | were left | alone.　　　　우리는 | 남겨졌어 | 홀로.
③ You | will be let | alone.(3LR295)　너는 | 될 거야 | 홀로 있게.
(open)
③ All options | would be kept | open. 모든 대안들이 | 계속 | 열려진 상태였다.
③ The house | was broken | open. 그 집이 | 부셔져 | 열렸어.
③ The windows | had been forced | open. 창문들이 | 억지로 | 열려졌어.
③ The curtains | are pulled | open. 커튼들이 | 당겨져 | 열렸어.
③ The door | was pushed | open. 그 문이 | 밀어져 | 열렸다.
③ The door | was slid(vt) | open. 그 문이 | 미끄러져 | 열렸어.
③ The door | was wrenched | open. 그 문이 | 잡아떼듯이 | 열렸어.

⑤　NPN'P'(a)

| ⑤ She | left ‖ him | alone. |
| ⑤ He | pushed ‖ the door | open. |

예문은 ⑤형 NPN'P'(a)이다. P는 타동사, P'는 형용사 alone/open이다.
다음 두 문장으로 나눠진다. 즉 NPN'P'⇒NP+N'P'의 관계에 있다.

⑤ She | left ‖ him | alone.　　　그녀는 | 남겼다 ‖ 그를 | 혼자.
② She | left ‖ him.　　　　　　그녀는 | 남겼다 ‖ 그를.
① He | was alone.　　　　　　그는 | 혼자였다.

⑤ He | pushed ‖ the door | open.　그는 | 밀었다 ‖ 문을 | 열리게.
② He | pushed ‖ the door.　　　그는 | 밀었다 ‖ 문을.
① The door | was open.　　　　문이 | 열려 있었다.

♣ 유형별 예문
(alone)
⑤ They | found ‖ him | alone.(9JG1) 그들은 | 발견했어 ‖ 그를 | 혼자.
⑤ She | left ‖ him | alone.　　그녀는 | 남겼다 ‖ 그를 | 혼자.
⑤ | Leave ‖ me | alone.　　　　| 내버려 둬 ‖ 나를 | 혼자 있게.
⑤ | Let ‖ him | (be) alone, he will take care of himself.(DED
　　| 내버려 둬요 ‖ 혼자 있게, 그는 스스로를 돌 볼 거에요.
⑤ | Let ‖ it | alone.　　　　　| 내버려 둬 ‖ 그것을 | 홀로.
(open)
⑤ | Keep ‖ your eyes | open.　| 있어라 ‖ 눈을 | 뜨고.
⑤ They | could get ‖ it | open.　그들은 | 할 수 있었다 ‖ 그걸 | 열리게.
⑤ He | tore ‖ the note | open.　그는 | 뜯어 ‖ 그 편지를 | 열었다.
⑤ The police | broke ‖ the door | open. 경찰이 | 부셔서 ‖ 그 문을 | 열었다.

⑤ He | flung ‖ it | open.　　　　　그는 | 거칠게 ‖ 그 | 열었다.
⑤ Can we | have ‖ the window | open? 그 창문을 열어도 될까요?
⑤ He | kicked ‖ the gate | open.　　그는 | 차서 ‖ 그 문을 | 열었다.
⑤ | Leave ‖ the door | open.　　　 | 두어라 ‖ 그 문을 | 열린 채.
⑤ He | pushed ‖ the door | open.　 그는 | 밀어 ‖ 그 문을 | 열었다.
⑤ He | pulled ‖ the door | open.　 그는 | 당겨 ‖ 그 문을 | 열었다.
⑤ He | slid ‖ the door | open.　　 그는 | 미끄러지게 ‖ 그 문을 | 열었다.
⑤ He | threw ‖ the door | open.　　그는 | 던지듯이 ‖ 그 문을 | 열었다.
⑤ He | yanked ‖ the door | open.　 그는 | 잡아채어 ‖ 그 문을 | 열었다.
⑤ | Please keep ‖ next Monday | open. 다음 월요일은 비워둬요.

> ⑤ He speaks German, | let 「alone ‖ English.
> ⑤ He | pushed 「open ‖ the door.

예문은 ⑤형 NP 「P'(a)N'이다. alone과 English와 자리가 바뀐 것이다.
「 표시는 P'가 N'을 서술함을 나타낸다.
다음과 같이 분석된다. 즉 NP「P'N' ⇒ NPN'P' ⇒ NPN'+N'P'의 관계에 있다.

⑤ He speaks German, | let 「alone ‖ English. 그는 독일어도 해, | 두고라도 「홀로 ‖ 영어를..
=⑤ | Let ‖ English | alone.　　　　　 | 해라 ‖ 영어를 | 홀로 있게.
② | Let ‖ English...　　　　　　　　 | 해라 ‖ 영어를...
① English | be alone.　　　　　　　　영어는 | 홀로 있게.

⑤ He | pushed 「open ‖ the door.　　그는 | 밀어 「열었다 ‖ 문을.
⑤ He | pushed ‖ the door | open.　 그는 | 밀어 ‖ 문을 | 열었다.
② He | pushed ‖ the door.　　　　　그는 | 밀었다 ‖ 문을.
① The door | was open.　　　　　　　문이 | 열렸다.

♣ 유형별 예문
(alone)
⑤ He speaks German, | let 「alone ‖ English.
　그는 독어일도 해, 영어는 말할 것도 없이.
⑤ Why did he | let 「alone ‖ his nation?
　왜 그는 | 두었는가 「홀로 ‖ 그의 나라를?
(open)
⑤ He | pulled 「open ‖ a drawer.　　그는 | 당겨 「열었다 | 그 서랍을.
⑤ He | ripped 「open ‖ the bill.　　그는 | 찢어 「열었다 ‖ 그 청구서를.
⑤ He | slit | 「open ‖ the envelope. 그는 | 째어 「열었다 ‖ 그 봉투를.
⑤ He | had torn 「open ‖ the parcel. 그는 | 뜯어 「열었다 ‖ 그 소포를.
⑤ Somebody | will break 「open ‖ the cave. 누군가 | 부셔서 「열거야 ‖ 그 동굴을.
⑤ The soldiers | burst 「open ‖ the gate. 그 군인들이 | 부셔서 「열었다 ‖ 그 대문을.
⑤ She | held 「open ‖ the gate.　　그녀는 | 잡아 「열었다 ‖ 문을.
⑤ He | kicked 「open ‖ the gate.　 그녀는 | 차서 「열었다 ‖ 그 문을.
⑤ He | pulled 「open ‖ the front door. 그는 | 당겨 「열었다 | 그 앞문을.

⑤ Josh | slid 「open ‖ a door.   그는 | 미끄러지게 「열었다 | 그 문을.
⑤ He | wrenched 「open ‖ the door. 그는 | 비틀어 「열었다 | 그 문을.

⑤' NPN' 「P'(a)

| ⑤' He | left ‖ home 「alone. |

예문은 ⑤'형 NPN' 「P'(a)이다. P는 타동사), P'는 형용사 alone이다.
다음 두 문장으로 나눠진다. 여기서 P'는 N을 서술한다.
「 표시는 이를 나타낸다. 즉 NPN' 「P'⇒NPN'+NP'의 관계에 있다.

⑤' He | left ‖ home 「alone.   그는 | 떠났다 ‖ 집을 「혼자.
② He | left ‖ home.   그는 | 떠났다 ‖ 집을.
① He | was alone.   그는 | 혼자였다.

♣ 유형별 예문
⑤' He | went ‖ to the school 「alone. 그는 | 갔다 ‖ 학교에 「혼자.
⑤' He | followed ‖ him 「alone.   그는 | 따랐다 ‖ 그녀를 「홀로.
⑤' He | left ‖ home 「alone.(Home Alone) 그는 | 떠났어 ‖ 집을 「혼자.
⑤' He | left ‖ for London 「alone.   그는 | 떠났다 ‖ 런던을 향해 「혼자.
⑤' He | stood ‖ with his sword 「alone. 그는 | 서 있었다 ‖ 검을 가지고 「혼자.
⑤' Anna | spent ‖ most of the time 「alone.(Fr'n15)
    안나는 | 보냈다 ‖ 대부분의 시간을 「혼자서.

⑦ NPP'P"(a)

| ⑦ He | stood | there | alone. |
| ⑦ The door | got | pushed | open. |

예문은 ⑦형 NPP'P"(a)이다. P"는 형용사 alone | open이다.
다음 세 문장으로 나눌 수 있다. 즉 NPP'P"⇒NP+NP'+NP"의 관계에 있다.

⑦ He | stood | there | alone.   그는 | 서있었다 | 거기에 | 혼자.
① He | stood.   그는 | 서있었다 | 거기.
① He | was there.   그는 | 서있었다 | 거기.
① He | was alone.   그는 | 혼자였다.

⑦ The door | got | pushed | open. 문이 | 되었다 | 밀려져 | 열리게.
① The door | got...   문이 | ...되었다.
① The door | was pushed.   문이 | 밀려졌다.
① The door | was open.   문이 | 열려 있었다.

♣ 유형별 예문
(alone)
⑦ He | came | home | alone.(PEG132) 그는 | 왔다 | 집에 | 혼자

⑦ He | died | in here | alone.　　그는 | 죽었어 | 이 안에서 | 홀로.
⑦ I wouldn't like [| to go | on vacation | alone].(2G56B) 나는 [홀로 휴가를 가고] 싶지 않다.
⑦ He | rode | away | alone.(KA11) 그는 | 말 타고 | 사라졌어 | 홀로.
⑦ He | stood | there | alone.(KA37) 그는 | 서 있었다 | 거기 | 홀로.
⑦ | Never walk | home | alone.　　절대 걸어오지 마 | 집에 | 혼자.
⑦ He | was left | standing | alone. 그는 | 남겨져 | 서 있었어 | 홀로.
(open)
⑦ The door | got | pushed | open.(Jeremy Levi 24) 문이 | 되었다 | 밀려져 | 열리게.

It made me excited. (a)
I find this book interesting. (a)

---

① NP(a)

① I | was excited.
① This book | is interesting.

예문은 ①형 NP(a)이다. P는 'be+분사형 형용사이다.

① I | was excited.　　　　　　나는 | 흥분했다.
① This book | is interesting.　이 책은 | 흥미롭다.

☆ 분사형 중 성질과 상태를 나타내는 것을 수동형과 구별하여 분사(分詞)형용사(participle adjective) 또는 전성형용사라고 한다. 진행형이나 수동태가 될 수 없는 감정유발타동사의 -ed/-ing형이 예이다. adore, amaze, amuse, annoy, bore, confuse, disappoint, embarrass, excite, exhaust, frighten, horrify, interest, please, satisfy, scare, shock, surprise, tire

♣ 유형별 예문
(excited)
① She | was all excited.　　　　그녀는 | 몹시 흥분해 있었다.
(interesting)
① This book | is interesting.　　이 책은 | 흥미롭다.
① My job | is interesting (or depressing, tiring, satisfying).
　　내 직업은 | 우울하게 만든다(또는 흥미롭게, 지치게, 만족하게).

③ NPP'(a)

③ I | became | excited.
③ This book | looks | interesting.

예문은 ③형 NPP'(a)이다. P'는 전성형용사 excited/interesting이다.
다음 두 문장으로 나눠진다. 즉 NPP'⇒NP+NP'의 관계에 있다.

③ I | became | excited.   나는 | 되었다 | 흥분하게.
① I | became....   나는 | 되었다...
① I | was excited.   나는 | 흥분했다.

③ This book | looks | interesting.   이 책은 | 보인다 | 흥미롭게.
① This book | looks....   이 책은 | ... 보인다.
① This book | is interesting.   이 책은 | 흥미롭다.

♣ 유형별 예문
(excited)
③ I | became | excited.   나는 | 되었다 | 흥분하게.
(interesting)
③ I had to leave just as the conversation | was getting | interesting.
   나는 그 대화가 바로 흥미롭게 되는 도중에 떠나야 했다.
③ Your invitation | sounds | quite interesting..(ECD827)
   너의 초대는 | 들린다 | 꽤 흥미롭게.

```
        ③ I | was made | excited.
        ③ This book | was found | interesting.
```

예문은 ③형 NPP'(a)이다. P는 수동사, P'는 excited | interesting이다.
다음과 같이 분석된다. 즉 NPP'⇒NP+NP'의 관계에 있다.

③ I | was made | excited.   나는 | 만들어 졌다 | 흥분하게
① I | was made...   나는 | 만들어 졌다
① I | was excited.   나는 | 흥분했다.

③ This book | was found | interesting.   이 책은 | 알려졌다 | 흥미롭다고.
① This book | was found...   이 책은 |... 알려졌다
① This book | was interesting.   이 책은 | 흥미로웠다.

⑤ NPN'P'(a)

```
        ⑤ It | made ‖ me | excited.
        ⑤ I | find ‖ this book | interesting.
```

예문은 ⑤형 NPN'P'(a)이다. P'는 excited/intersting이다.
다음 두 문장으로 나눠진다. 즉 NPN'P'⇒NPN'+N'P'의 관계에 있다.

⑤ It | made ‖ me | excited.   그는 | 만들었다 ‖ 나를 | 흥분하게.
② I | made ‖ me...   그는 | 만들었다 ‖ 나를 ...
① I | was excited.   나는 | 흥분했다.

⑤ I | find ‖ this book | interesting.   나는 | 안다 ‖ 이 책이 ‖ 흥미롭다는 것을.
② I | find ‖ this book...   나는 | 안다 ‖ 이 책을...

① This book | is interesting.　　　　이 책은 | 흥미롭다.

♣ 유형별 예문
(excited)
⑤ Just thinking about my future | makes ‖ me | excited!
　내 미래에 대해서 생각하는 것만으로도 나는 신이 나!
⑤ The scene of fighting robots | makes ‖ me | excited.
　로봇들과 싸우는 장면은 | 만듭니다 ‖ 나를 | 신나게.

(interesting)
⑤ I | find ‖ this book | very interesting.　나는 | 안다 ‖ 이 책이 | 매우 흥미롭다는 것을.
⑤ He | always made ‖ them(=the lessons) | very interesting.
　그는 | 항상 만들었다 ‖ 그 수업들은 | 매우 흥미롭게.
☆ appoint. choose, consider, deem: 'as/to be+ 목적격술어' 가능
　　call, make, name, nickname: 'as/to be + 목적격술어' 불가

⑤' NPN' 「P'(a)

| ⑤' I | jumped ‖ up and down 「excited. |

예문은 ⑤'형 NPN' 「P'(a)이다. P'는 excited이다.
다음 두 문장으로 나눠진다. 여기서 P': excited은 N을 서술한다.
「 표시는 이를 나타낸다. 즉 NPN' 「P'⇒NPN'+NP'의 관계에 있다.

⑤' I | jumped ‖ up and down 「excited.　나는 | 점프했다 ‖ 위아래로 「흥분하여..
② I | jumped ‖ up and down..　　　　나는 | 점프했다 ‖ 위아래로.
① I | was excited.　　　　　　　　　나는 | 흥분했다.

⑦ NPP'P"(a)

| ⑦ I | jumped | out of bed | excited. |

예문은 ⑦형 NPP'P"(a)이다. P"는 형용사 excited이다.
다음 세 문장으로 나눌 수 있다. 즉 NPP'P"⇒NP+NP'+NP"의 관계에 있다.

⑦ I | jumped | out of bed | excited. 나는 | 튀어나왔다 | 침대에서 | 흥분하여.
① I | jumped.　　　　　　　　　　　나는 | 튀었다.
① I | was out of bed.　　　　　　　나는 | 침대에서 나왔다.
① I | was excited.　　　　　　　　 나는 | 흥분했다.

♣ 유형별 예문
⑦ On Saturday morning, I | jumped | out of bed | very excited.
　토요일 아침, 나는 | 튀어나왔다 | 침대에서 | 매우 흥분하며.

| I see it as important. (pr+a) |

① NP(pr+a)

| ① It | is <u>as</u> important. |

예문은 '전치사+형용사' 술어로 이루어진 ①형 NP(pr+a)이다.
예외적으로 형용사도 간주전치사 as~/for~/like의 목적어가 되는 경우가 있다.

① It | is <u>as</u> important.　　　　　그것은 | 중요한 것 같아.

☆ as, for, like는 형용사와 결합하여 술어가 될 수 있다. 이 3개의 전치사는 대체로 자격, 대신, 유사, 간주, 의제 등의 공통적인 의미로 사용되며 그 목적어로 형용사/명사/비정형동사/정형절을 취할 수 있다.

♣ 유형별 예문
① The money | is <u>as</u> gone.(NED)　　　내 돈이 | 사라졌다.
① It | is still just <u>as</u> important.　　그것은 | 아직 중요한 것 같아.
① It | was usually <u>as</u> moral.　　그것은 | 보통 도덕적인 것이었다.
① The cells | are <u>as</u> real.(MEP214)　그 지하실들은 | 진짜 같아.
① The clouds | were just <u>as</u> thick.　구름은 | 두꺼운 그대로였다.
① Kingsley | is <u>as</u> well.　　　　킹슬리도 | 마찬가지이다.
① This | can't be <u>for</u> real.(4JG470)　이것은 | 사실일리 없다.
① He would not listen to me. He | was <u>like</u> mad.(OAD)
　그는 내 말을 듣지 않으려 했다. 그는 | 미친 것 같았다.

③ NPP'(pr+a)

| ③ It | doesn't feel | <u>as</u> important. |

예문은 ③형 NPP'(pr+a)이다. P'는 'as+important'이다.
다음 두 문장으로 나눠진다. 즉 NPP'⇒NP+NP'의 관계에 있다.

③ It | doesn't feel | <u>as</u> important.　그것은 | 느껴지지 않아 | 중요한 것처럼.
① It | doesn't feel...　　　　　　　그것은 | 느껴지지 않아...
① It | isn't <u>as</u> important.　　　　그것은 | 중요한 것 같지 않아.

♣ 유형별 예문
③ This | doesn't feel | <u>as</u> important, though. 이것은| 느껴지지 않아 | 중요한 것처럼, 그렇지만.
③ It | would happen | <u>for</u> real.(6TC692) 그것은 | 일어날 것이다 | 참말처럼.
③ She | sounded | <u>for</u> real.(2JP23)　그녀는 | 들린다 | 진짜처럼.
③ The audience | applauded | <u>like</u> mad.(JDS137) 청중들은 | 갈채했다 | 미친 듯이.
③ He | drove | <u>like</u> mad.(MED)　그는 | 운전했다 | 미친 것처럼.
③ They | fought | <u>like</u> mad.(4LR38) 그들은 | 싸웠다 | 미친 것처럼

③ NPP'(pr+a)

| ③ It | is seem | <u>as</u> important. |

예문은 ③형 NPP'(pr+a)이다. P는 수동사, P'는 'as+important'이다.
다음 두 문장으로 나눠진다. 즉 NPP'⇒NP+NP'의 관계에 있다.

③ It | is seem | **as** important.　　　　그것은 | 보여진다 | 중요한 것처럼.
① It | is seem... ..　　　　　　　　　　　그것은 | ...느껴지지 않아.
① It | is **as** important.　　　　　　　　그것은 | 중요한 것 같아.

♣ 유형별 예문
③ When the car was first built, the design | was viewed | **as** highly original.(OAD)
　　그 차가 처음 만들어졌을 때, 그 디자인은 | 여겨졌다 | 매우 독창적인처럼.
③ He | was left | **for** dead (on the battlefield).(EPL180)
　　그는 | 내버려 두어졌다 | 죽은 것으로 간주되어 (전장에서)

⑤　NPN'P'(pr+a)

⑤ I | see ‖ it | **as** important.

예문은 ⑤형 NPN'P'(pr+a)이다. P'는 'as+important'이다.
다음 두 문장으로 나눠진다. 즉 NPN'P'⇒NPN'+N'P'의 관계에 있다.

⑤ I | see ‖ it | **as** important.　　　　나는 | 본다 ‖ 그것이 | 중요한 것처럼.
② I | see ‖ it.　　　　　　　　　　　　나는 | 본다 ‖ 그것을.
① It | is **as** important.　　　　　　　그것은 | 중요한 것 같아.

♣ 유형별 예문
⑤ The general | accepted ‖ the news | **as** true.(ZEG99)
　　그 장군은 | 받아들였다 ‖ 그 뉴스를 | 진실한 것으로.
⑤ The people | looked | **upon** him | **as** wonderful.(The Pawnee Mythology394)
　　사람들은 | | 바라봤다 | ‖ 그에 대해 | 멋진 것처럼)
⑤ We | regarded ‖ the money | **as** gone.(EJD) 우리는 | 간주했다 ‖ 그 돈은 | 사라진 것처럼.
⑤ I | regard ‖ it | **as** unnecessary. 나는 | 간주해 ‖ 그것을 | 불필요하다고.
⑤ I | remember ‖ her | **as** vivacious. 나는 | 기억해 ‖ 그녀가 | 쾌활한 것으로.
⑤ What I am saying is [that I | see ‖ it | **as** important].].(Hansard)
　　내가 말하는 것은 [나는 그것을 중요한 것처럼 보는 것]이다.
⑤ He sought out Gandhi and | spoke ‖ of him | **as** "pure and elevated".(web)
　　그는 간디를 찾아서 | 말했다 ‖ 그에 관해 | "순수하고 고상한 것"처럼.
⑤ I | take ‖ it | **as** encouraging [when students attends all my lectures].(3G97C)
　　[학생들이 제 강의에 모두 참석할 때] 나는 | 여긴다 | 그것을 | 고무적인 처럼.
⑤ I | thought ‖ of it | **as** impossible. 나는 | 생각했다 ‖ 그것에 관해 | 불가능하다고.
⑤ | Don't treat ‖ this | **as** unimportant.(NED) | 다루지 마라 ‖ 이것을 | 중요하지 않은 것처럼.
⑤ I | left ‖ her | **for** dead.(2CD426) 나는 | 두고 떠났다 ‖ 그녀를 | 죽은 것으로 간주하여.
⑤ I | 've got to see ‖ that | **for** real.(Bookstore109) 나는 | 보아야 한다 ‖ 그것이 | 진짜처럼.
⑤ I | took ‖ her | **for** dead.(2CD426) 나는 | 간주했다 ‖ 그녀를 | 죽었다고.
⑤ I | thought ‖ it | **for** real.　　　　나는 | 생각했다 ‖그것을 | 진짜처럼.
⑤ I | took ‖ you | **for** dead.　　　　나는 | 알았다 ‖ 너를 | 죽은 줄로.

⑤' NPN'「P'(pr+a)

⑤' It	struck ‖ me 「as important.

예문은 ⑤'형 NPN'「P'(pr+a)이다. P'는 'as+important'이다..
다음 두 문장으로 나뉘진다. 여기서 P'는 N을 서술한다.
「 표시는 이를 나타낸다. 즉 NPN'「P'⇒NPN'+NP'의 관계에 있다.

⑤' It | struck ‖ me 「as important.   그것은 | 생각들게 했다 ‖ 내게 「중요한 것처럼.
② It | struck ‖ me...   그것은 | ...생각 들게 했다 ‖나에게.
① It | was as important.   그것은 | 중요한 것 같았어.

♣ 유형별 예문
⑤' A couple of issues | struck ‖ me 「as important.(Hansard)
　　몇 가지 논점이 | 생각들게 했다 ‖ 나에게 「중요한 것처럼.
⑤ His reaction | struck ‖ me 「as odd.(DED) 그의 반응이 | 생각들게 했다 ‖ 내게 「이상하게.
⑤' He | s chasing ‖ her 「like mad.(NEI) 그는 | 추격하고 있다 ‖ 그녀를 「미친 듯이..
⑤' When he works, he | does ‖ it 「like mad.(NEI) 그가 일할 때, 그는 | 한다 ‖ 그것을 「미친 척.

We believe him (to be) honest. (to be a)

① NP(to be+a)

① He	is (to be) honest.

예문은 '(to be)+형용사' 술어로 이루어진 ①형 NP((to be)+a)이다.

① He | is (to be) honest.   그는 | 정직해(한 것 같아).

♣ 유형별 예문
① He | is (to be) honest.   그는 | 정직해(한 것 같아).(추측)
① If I | am to be honest, it's the impression I had.(BSA39)(가정)
　　내가 솔직히 말하자면, 그것은 제가 가졌던 인상입니다
① We | are to be late.(NED)   우리는 | 늦어 질 거야.(예상)
①* I can't understand [why he | 's being rude (or selfish)].(2G4C)
　　[왜 그가 무례하게 굴는지(혹은 이기적인지)] 이해할 수가 없다.(진행)

③ NPP'(to be+a)

③ He	seems	(to be) honest

예문은 ③형 NPP'(to be+a)이다. P'는 '(to be)+honest'이다.
다음 두 문장으로 나뉘진다. 즉 NPP'⇒NP+NP'의 관계에 있다.
단, alive, alone, asleep, awake 등의 형용사 앞의 to be는 생략 불가(3G21B)

③ He | seems | (to be) **honest**　　그는 | 보인다 | 정직해(한 것 같아)
① He | seems...　　　　　　　　　　그는 | ..보여
① He | is (to be) **honest**.　　　　그는 | 정직하다(한 것 같다).

♣ 유형별 예문
③ I didn't go in [because she | appeared | to be **asleep**].(3G21B)(추측)
　　[그 여자가 | 잠든 것 같아서] 저는 들어가지 않았다.
③ We | expected | to be **late**.(2G53A) 우리는 | 예상했다 | 늦어질 거라고.(예상)
③ Oh, no! It's 9:00, and I'm not ready. I |'m going | to be **late**.(1G27C)(")
　　아, 안돼요! 9시인데 아직 준비가 안됐어. 나는 | 되고 있어 | 늦기로.
③ I | promised | not to be **late**.(2G52A,1JWG110) 나는 늦지 않으리라고 약속했다.(의도)
③ The story | proved | (to be) **true**.(ECD168) 그 이야기는 | 증명되었다 | 사실(일 것)로.(판단)
③ He | seems | (to be) **honest**.(EJD) 그는 | 보여 | 정직한 (한 것같아).(")
③ She | seemed | to be **asleep**.(2THr233) 그녀는 | 보였다 | 잠든 것으로.(")
③ All your questions | seem | to be **personal**. 네 모든 질문들은 | 보여 | 사적인 것 같아.(")
③ | Please try | to be **quiet** [when you come home.(2G55A,ASEc9)
　　[당신이 집에 올 때] 조용히 하도록 노력해주세요.(2G55A, ASEC9)(노력)
③ I | don't want | (to be) **alone**.(Pop) 나는 | 원치 않아 | 혼자이기(있기).(소망)
③ "Nobody | wants | to be **alone**," Anna said.(Fr'n77,2DB464)(")
　　"누구도 . 원치 않아 | 혼자 있기를," 안나가 말했다.
③ You're right, boss. I | want | to be **happy**.(CRL21) 나는 행복하기 원해요(")
③ I | don't wish | to be **rude**, but could you be a little quieter?(OAD)(")
　　나는 무례하고 싶지는 않지만, 당신은 좀 더 조용히 해주실 수 있나요?

```
③ He | was believed | (to be) honest.
```

예문은 ③형 NPP'(to be+a)이다. P는 수동사, P'는 '(to be)+honest'이다.
다음 두 문장으로 나눠진다. 즉 NPP'⇒NP+NP'의 관계에 있다.

③ He | was believed | (to be) **honest**. 그는 | 보인다 | 정직해(한 것 같아)
① He | was believed...　　　　　　　그는 | 보인다...
① He | is (to be) **honest**.　　　　그는 | 정직하다(한 것 같다).

♣ 유형별 예문
③ He | was believed | (to be) **honest** 그는 | 보인다 | 정직해(한 것 같아).(추측)
③ We | are bound | to be **late** if we don't hurry. 우리는 | 늦게 되어 있다.(당연)
③ She | was determined | to be **busy**, be **busy** [until she cooled off].(2THr217)(의도)
　　그녀는 | 결심했다 | 바쁘기로 [그녀가 냉정해질 때까지].(의도).
③ The room | was found | to be **empty**.(BEG(308) 방은 | 발견되었다 | 빈 것으로.(판단)
③ You | 're lucky | to be **alive**.(LSW717.2MIC203) 너는 | 행운이다 | 살아 있게 되어.(결과)

⑤　NPN'P'(to be+a)

```
⑤ I | believe ‖ him | (to be) honest.
```

- 19 -

예문은 ⑤형 NPN'P'(a)이다. P'는 '(to be)+honest'이다.
다음 두 문장으로 나눠진다. 즉 NPN'P'⇒NPN'+N'P'의 관계에 있다.
⑤ I | believe ‖ him | (to be) honest. 나는 | 믿는다 ‖ 그를 | 정직하다고(하리라고)
② I | believe ‖ him.   나는 | 믿는다 ‖ 그를
① He | is (to be) honest. 그는 | 정직하다(한 것 같다).

♣ 유형별 예문
⑤ We | believe ‖ him | (to be) honest.(SBE26) 나는 | 믿는다 ‖ 그를 | 정직하다(하리라)라고.
⑤ Who do you | consider ‖ ∨ | (to be) responsible (for the accident).(DED)
   당신은 | 생각하나요 ‖ 누가 | (사고에) 책임이 있다고.
⑤ They | declared ‖ the vote | (to be) invalid.(3G33B) 그들은 | 선언했다 ‖ 투표가 | 무효라고.
⑤ We | expected ‖ Dan | to be late.(2G53A) 우리는 | 예상했다 ‖ 댄이 | 늦어지리라고
⑤ I| felt ‖ the results | to be satisfactory.(3G33B) 난 | 느꼈다 ‖ 결과가 | 만족스러웠을 것으로.
⑤ I | have found ‖ him | (to be) friendly.(ZEG197) 난 | 알았다 ‖ 그가 | 친하다(친해질 거라)고.
⑤ God | intended ‖ for us | to be free.(Reagan) 하나님은 우리를 자유롭도록 의도했다.
⑤ We | know ‖ her | to be honest..(OAD) 나는 | 안다 ‖ 그를 | 정직하리라고.
⑤ Fowler | knew ‖ himself | to be cold. 파울러는 | 안다 ‖ 그가 | 냉정한 줄로.
⑤ Please God, | don't let ‖ him | be dead.(OAD 제발 하느님, | 하지 마세요 ‖ 그를 | 죽게.
⑤ Why the rest? | Let ‖ me | (be) free. 나머지는 왜요? 나를 자유롭게 해주세요
⑤ He | ordered ‖ us | to be quiet.(3G36X1) 그는 ‖ 우리에게 | 조용히 하라고 명령했다.
⑤ They tried [| to prove ‖ the scientist | (to be) wrong].(ZEG99)
   그들은 [과학자가 틀렸다고(틀렸을 것이라고) 증명하려고] 노력했다)
⑤ She | had supposed ‖ him | to be very rich.(OAD) 그녀는 그가 매우 부자라고 추측했다.
⑤ The Swiss school | teaches ‖ you | to be bored.(1MiC262))
   스위스 학교는 | 가르친다 ‖ 당신을 | 지루하도록
⑤ I | think ‖ him | (to be) honest.(YBM) 나는 | 생각한다 ‖ 그를 | 정직하다(하리라)고.
⑤ I | want ‖ you | (to be) happy.(1G51A,5JG36,CRL21) 나는 네가 행복하게 (되기를) 바래.
⑤* I saw ‖ her | being so rude (to Mme. d'Houdetot)
   나는 | 보았다 ‖ 그녀가 | 너무 무례하게 구는 것을 (d'Houdetot양에게)(진행)

☆ 동사+목적어+to be 형용사
(a) to be 생략 가능 동사: believe, consider, declare, find, prove, think 등
(b) to be 생략 불가 동사: discover, feel, imagine, know, report, suppose 등
(a)의 경우 adjective 구조의 문장은 격식체, to be 또는 that-clause 사용은 비격식체.(3G28F)

⑦ NPP'P"(to be a)

| ⑦ The rumor | turned | out | to be true. |

예문은 ⑦형 NPP'P"(to be a)이다. P"는 N을 서술하는 to be my friend.이다.
다음 세 문장으로 나눠진다. 즉 NPP'P"⇒NP+NP'+NP"의 관계에 있다.

⑦ The rumor | turned | out | to be true. 소문이 | 되었다 | 드러나게 | 진실로
① The rumor | turned,.   소문이 | 되었다
① The rumor | was out.   소문이 | 드러났다
① The rumor | was to be true. 소문이 | 진실이었다.

[Supplement]
(alike)
① The two boys | are alike.   그 두 소년은 | 닮았다.
③ They | walk | alike.   그들은 | 걸음걸이가 | 닮았다.
⑤ We | treat ‖ all customers | alike. 우리는 | 접대한다 ‖ 손님을 | 같이(차별 없이).
(alive)
① The animal | was alive.(3G66B)   그 동물은 | 살아 있었다.
③ Then the fish | came | alive, with his death in him.(1EH120)
   그러자 물고기가 | 왔다 | 살아서, 그의 죽음이 그의 안에 있는 채(치명상을 입은 채).
③ You | 're lucky | to be alive.(LSW717.2MIC203)(결과) 너는 살아 있어 행복하다.
③ He | was buried | alive.   우리는 | 매장되었다 | 산채로.
⑤ They | took ‖ him | alive.(.(2Ki10:14) 그들은 | 잡았다 ‖ 그를 | 산채로.
⑤' No one | left ‖ his house 「alive.(Theseus) 누구도 | 떠나지 못했다 ‖ 그의 집을 「살아서.
⑤ In that day, a man | will keep 「alive ‖ a young cow and two goats.(Isa7:21)
   그 날에는 사람이 한 어린 암소와 두 양을 기르리니.
⑦ Perhaps the child | might even be set | free | alive.(2TC881)
   아마 그 애는 | 될지 몰라 | 자유롭게 | 산 채로.
⑦ Nobody | 's ever come | out of this | alive.(AD55)
   누구도 | 한 번도 오지 못했다 | 이것에서 벗어나 | 살아서.
⑦ The British is were lucky [they | 'd got | out of it | alive].(JLC86)
   그 영국인은 [살아서 그것을 벗어난 것이] 행운이었다.
⑦ Am I | going to come | back | alive?(4LR22) 내가 | 오게 될까 | 돌아서 | 살아서.
(amiss)
① Something | is amiss.   무언가 | 잘못이다.
① It | would not be amiss [to do so]. [그렇게 하는 것도] | 나쁘지 않을 것이다.
③ The cracks are showing in the wall and a lick of paint | would not come | amiss.
   벽에 갈라진 틈이 보인다, 페인트 한 번 칠하는 것은 | 되지 않을 것이다, 부적당하게.
③ All | went | amiss.   만사가 | 되었다 | 나쁘게.
⑤ | Don't take ‖ it | amiss [if I speak plainly to you].
   | 생각하지 마시오 ‖ 그것을 | 나쁘게 [내가 당신에게 평범하게 말하더라도]] . .
(asleep)
① She | was asleep.   그녀는 | 잠들었다.
③ Gracey | fell | asleep [while she was reading].(1G14B)
   그레이시 | 떨어졌다 | 잠에 [그녀가 책을 읽는 동안]
③ Alex is a bus driver, but now he | is in bed | asleep.(2G2A)
   알렉스는 버스 운전사이다. 그러나 지금 그는 | 침대에 누워 | 잠들어 있어.
⑤ He | found ‖ her | asleep.   그는 | 봤다 ‖ 그녀 | 잠든 것을.
⑤ We | must not leave ‖ him | asleep.(EB471) 우리는 | 버려두면 안된다 ‖ 그를 | 잠들도록.
(awake)
① I | 'm wide awake now.   나는 | 이제 완전히 잠이 깼어.
③ Dudley | jerked | awake.   두들리는 | 움찔하여 | 깨었어.
⑤' What are you | doing ‖ ∨ 「awake? 너는 | 하느냐 ‖ 무엇을 「자지 않고?
⑤ Anxiety | kept ‖ her | awake all night. 걱정이 | 했어 ‖ 그녀를 | 밤새 깨어있게.
(bare)
① The fridge | was completely bare.(OAD) 냉장고가 | 완전히 비어 있었다.
③ Every aspect of their private lives | has been laid | bare..(OAD)

그들 사생활의 모든 면이 | 까발려 졌다 | 발가벗겨지게.
⑤ Thieves | had stripped ‖ the house | **bare**.(OAD) 도둑들이 | 들어내었다 ‖그 집을 | 비도록.
(barefoot)
① ... his head was covered and he | was **barefoot**.(2Sa15:30) 그의 머리는 가려지고 그는 맨발이었다
③ Holding hands, the couple | walked | **barefoot** (on the beach).(NE)
　　그 연인들은 맨발로 (손잡고 해변을) 거닐었다.
⑤' He | ran ‖ out into the street 「**barefoot**.(DED) 그는 맨발 바람으로 밖에 뛰어나갔다
⑦ I | will go | about | **barefoot** and naked.(Mic1:8)
　　내가 맨발로 그리고　벌거벗은 몸으로 여기저기 갈 것이다.
⑦ And he did so, | going | around | stripped and **barefoot**.(Isa20:2)
　　그리고 그는 그렇게 했다, 벗은 몸과 벗은 발로 이리 저리 다니면서.
(bored)
① Jane | is **bored** [because her job is boring]. 제인은 | 지루하다 [그녀 일이 지루하게 하므로].
③ The children | quickly got | **bored** (with staying indoors).
　　아이들은 | 재빨리 된다 | 지루하게 (실내에 머무는 것에).
⑤ If a person is boring, this means he | makes ‖ other people | **bored**.
　　어떤 사람이 지루하게 한다면, 이는 그가 다른 사람을 지루하게 만든다는 것을 의미한다.
(boring)
① George always talks about the same things. He | is really **boring**.
　　조지는 항상 같은 것에 대해 말한다. 그는 | 매우 지루하게 한다.
③ As the movie went on, it | became | more and more **boring**.
　　그 영화가 계속되면서, 그것은 | 되었다 | 더욱 지루하게.
⑤ She was good at physics despite the fact [that she | found ‖ it | **boring**].
　　[그녀는 사실은 물리학을 지겨워한] 사실에도 불구하고 물리학을 잘했다.
(clean)
① The hotel | was spotlessly **clean**.　호텔은 | 티없이 깨끗해.
③ You | look | **clean**.(MJL256)　너는 | 보여 | 깨끗해.
③ | Keep | **clean**.(YBM)　　　　　| 유지해라 | 깨끗이
③ The room | was kept | **clean**.　방이 | 유지되어 있어 | 깨끗이.
⑤ | Keep ‖ your room | **clean**.　 | 유지해라 ‖ 방을 | 깨끗하게.
⑦ He | walked | away | **clean**.　그는 | 걸어서 | 사라졌다 | 깨끗하게.
(cold)
① How can you | be so **cold**?　어떻게 넌 | 그리 쌀쌀할 수 있니?
① I | am **cold**. Aren't you | **cold**?　나는 | 추워. 너는 | 춥지 않아?
③ I | feel | **cold**.　나는 | 느껴 | 추위를.
③ You | get | too **cold**.　너는 몹시 추워하는군.
③ The wind | struck | **cold**.(DED)　바람이 살을 에듯 차가웠다. *strike느껴지다
③ The weather | turned | very **cold**.　날씨가 | 변했어 | 매우 춥게.
⑤ You | might deem ‖ me | **cold**.　넌 | 생각할지 몰라 ‖ 날 | 냉정하다고.
⑤ | Don't drop ‖ me | **cold**.　나를 바람맞히지 마세요.
⑤ Do you | find ‖ this | **cold**?　넌 | 생각하니 ‖ 이것을 | 춥다고?
⑦ She | came | home | **cold**.　그녀는 | 왔다 | 집에 | 추운 상태로.
(crazy)
① You | 're be **crazy**.　너 | 미쳤군.
③ How **crazy** can⌐ you | get | ∨?　넌 | 있니 | 그렇게 미칠 수?
③ He | went | **crazy**.　그는 | 버렸어 | 돌아.

③ You | want | crazy?   너 | 하니 | 미치려고?
⑤ Her constant nagging | drove ‖ me | crazy.
　그녀의 끊임없는 잔소리는 | 몰았다 ‖ 나를 ‖ 미치게.
⑤ You | got ‖ me | crazy.   넌 | 한다 ‖ 날 | 미치게.
⑤ You | make ‖ me | crazy.   넌 | 만든다 ‖ 날 | 미치게.
(dead)
① (Is) Dane | dead?(CMc644)   데인이 | 죽었니?
③ He | fell | dead.(4LR64)   그는 | 쓰러져 | 죽었어
③ The hostages | was shot | dead. 인질들은 | 총맞아 | 죽었다.
⑤ I | would not have | him | dead.(OAD) 나는 그가 죽지 않았으면 좋겠다.
⑤ I | 'd rather see ‖ you | dead.   난 | 보는 게 좋겠어 ‖ 네가 | 죽는 걸.
⑤ I | want | him | dead.(Jungle Book) 나는 | 원한다 ‖ 그가 | 죽기를.
(depressed)
① Helen | is depressed. What can we do to cheer her up?(2G141B)
　헬렌은 | 우울해. 우리가 어떻게 해야 기운을 나게 할까.
③ I | was feeling | so damn depressed and lonesome.(JDS153)
　나는 | 느끼고 있었다 | 너무 우울하고 외롭게.
⑤ My job | makes ‖ me | depressed. 내 일이 | 만든다 ‖ 나를 | 우울하게.
(empty)
① I | 'm empty.   나는 | 공복이야.
① The room | was empty.   방이 | 비어있었다.
③ | Came | empty, | return | empty. 빈손으로 왔다 빈손으로 간다.
③ I | feel | empty.(2G98C,YED)   나는 | 느낀다 | 공복을.
③ He | felt | empty and helpless.   그는 | 느꼈다 | 허탈하고 무기력하게.
⑤ He | was drinking ‖ the flasco | empty. 그는 | 마시고 있었다 ‖ 플라스코 병이 | 비도록.
⑤ I | found ‖ myself | empty.   나는 시장기를 느꼈다.
⑤ Morris | found ‖ his house | empty. 모리는 | 발견했다 ‖ 집이 | 빈 것을.
⑤ He tried [| to think ‖ of the house | empty all the time].
　그는 [항상 텅비게 될 집을 생각해] 보았다.
⑤' It=(my word) | will not return | to me 「empty.(Isa56:11)
　내 말이 | 돌아오지 않을 것이다 ‖ 내게 「헛되이.
⑦ I | came | away | empty.(5TC563) 나는 | 왔다 | 떠나 | 빈 상태로.
⑦ We | are running | on | empty. 우리는 | 달려 | 계속해 | 빈 채. *기름이 다 떨어졌어.
(encouraging)
① "This | is very encouraging," he said.(Timescore) 그는 "이것은 매우 고무적인 일"이라고 말했다
③ Taken at face value, the figures | look | very encouraging.(OAD)
　수치를 액면 그대로 따지고 보면, | 매우 고무적이다.
③ It | does not seem | very encouraging. 그것은 별로 고무적인 것 같지 않다.
⑤ What did Mr. Winnick | find ‖∨| encouraging?(YBM) 위닉 씨가 찾은 고무적인 점은 무엇인가?
(fine)
① I | 'm fine. I feel good.   나는 | 괜찮아. 기분이 좋아.
③ He | was doing | just fine.   그는 | 하고 있어 | 잘.
⑤ This | suited ‖ Nate | just fine.   이건 | 되었어 ‖ Nate에게 | 괜찮게.
⑦ You | 'll get | along | fine.   너는 | 될 거야 | 지내게 | 잘.
⑤ He | held ‖ his head | high.   그는 | 들었다 ‖ 머리를 | 높이.

(free)
① We | were totally **free**..(2G25C)　　우리는 | 완전히 자유야.
③ Those who are righteous | will go | **free**.(Pr11:21) 의로운 사람들은 | 갈 것이다 | 자유롭게.
③ He | can live | **free**.　　　　그는 | 살 수 있어 | 자유로이.
③ He | will soon be set | **free**.　　그는 | 곧 놓여 날거야 | 자유로.
⑤ The truth | will set ‖ you | **free**.　진리가 너희를 자유케 할 것이다.(Jn8:32)
⑦ The disabled members of our party | were let | in | **free**.(PEG40)
　　우리 당의 장애인 회원들은 자유로 출입이 허용되었다.
(gone)
① 'Is Tom here?' 'No, he | was **gone** (before I arrived).'(OAD)
　　"톰 여기 있나요?" "아니요, 그는 [내가 도착하기 전에] 가버렸어요."
①* The money | is as **gone**.(NED)　돈이 | 없어진 것 같아.
③ Baits | are always found | **gone** [when lines are pulled up]!(NED)
　　미끼는 [줄이 위로 당겨 질 때] 없어진 것으로 항상 발견된다
⑤ Worcester, | get ‖ it | **gone**.(=get out)(4WS28) 그것이 없어지게 해라.
⑤ Didst thou | find ‖ thy mother | **gone**?(NH185)
　　당신은 | 알았어요 ‖ 당신의 어머니가 | 사라진 것?
(good)
① It | 's very **good**.　　　　　그건 | 매우 좋아.
① My promise | is **good**.(Tebow)　내 약속은 유효하다.
③ | Listen | **good**.　　　　　　| 들어라 | 잘.
③ I | 'll make | **good**.　　　　나 잘 해 볼게.
③ I'm not going to eat this fish. It | doesn't smell | **good**.(1G83C.2G97C)
　　이 생선은 안 먹을거요. 그것은 | 냄새가 나지 않아요 | 좋게..
③ The vegetables | didn't tasted | **good**.(2G41C) 야채들은 맛이 없었다.
③ We won't believe his promise until it | is made | **good**.(2TC474)
　　우리는 그의 약속을 이루어질 때까지 그 약속을 믿지 않을 것이다.
⑤ I | deem ‖ it | **good** [to do so].(DED) 나는 [그렇게 하는 것이] 좋다고 생각해.
⑤ She | 's has never had ‖ it | so **good**.(=things are very good)(EID577)
　　그녀는 그렇게 좋았던 적이 없었다. *상황이 아주 좋다
⑤ The boat tried gallantly [| to make ‖ his promise | **good**].(OHS88)
　　그 보트는 [약속을 이행하려고] 용감하게 노력했다.
(happy)
① "I | 'm **happy**." "I | 'm **happy**, too."(1G40A) 난 행복해. 나도 행복해.
① I | can be **happy**.(O'B265)　나는 행복할 수 있다.
③ They | look | **happy**.(1G86C)　그녀는 | 보여 | 행복해..
③ You | sound | **happy**.(1G83C)　그녀는 | 들려 | f행복하게..
⑤ He | made ‖ her | **happy**.　는 | 만들었어 ‖ 그녀를 | 행복하게.
⑤' I | left ‖ him 「**happy**.(2OH164) 나는 그를 행복하게 두고 떠났다
(hard)
① Sue's job | is very **hard**.　수의 일은 | 매우 힘들어.
③ Old habits | die | **hard**.　옛 습관은 | 잘 없어지지 않아.
⑤ She | boiled ‖ the egg | **hard**.　그녀는 | 삶았다 ‖ 달걀을 | 굳게.
⑤ | Don't take ‖ it | **hard**.　　| 받아들이지 마 ‖ 그걸 | 심각하게.
(hungry)
① I | 'm **hungry**. Can I have something to eat?(1G83B) 나 | 배고파요. 먹을 것 좀 주시겠어요?

③ If you don't eat, you | get | hungry.(1G54B,2G97C) 안 먹으면 배고파지게 된다.
③ I | often go | hungry (before 12 o'clock).(ZEG108) 저는 자주 배고파요 (12시 이전).
③ You | won't go | hungry.(HA261,Pr10:3,13:25,1Co4:11) 당신은 | 가지 않을 것이다 | 배고프게.
⑤' He | left ‖ the bar 「hungry.(8JG90,226)' 그는 | 떠났다 ‖ 술집을 「배고픈 채..
⑦ He | came | back | hungry.(Freedom's Forge 38) 그는 | 왔다 | 돌아 | 배고픈 채.
(loose)
① He | is loose.   그는 | 풀려나 있다.
③ The animals | broke | loose.   동물들이 | 탈출해 | 풀려났다.
③ The criminal | got | loose.   범인은 | 되었어 | 도망치게.
⑤ Can't you | work ‖ them | loose? 너 그것들(줄)을 풀 수 없니?
(lost)
① I | once was lost and now I am found.(Hymn) 나는 한때 길을 잃었으나 지금은 찾아졌다.
③ We didn't get a map, so we | got | lost.(1G53B)
    우리는 지도를 받지 못했다. 그래서 우리는 | 되었다 | 길 잃게.
⑤ I | got ‖ myself | lost.(High Winds 329) 나는 | 되었다 ‖ 내 자신이 | 길을 잃게.
(low)
① Will you weep [when I | am low]? [내가 | 묻히면] 너는 울겠니?
① Your inventory of suits | is probably low. 네 의복의 재고는 | 아마도 낮을 거야.
③ Even a superpower | can be brought | low. 초강대국이라도 | 질 수 있다 | 약해.
③ The fire | has burnt | low.   불이 | 졌다 | 약해.
③ I | must lay | low [until the trial is over]. [재판이 끝날 때까지] 나는 | 숨어 있어야 한다 | 낮게.
⑤ I | laid 「low ‖ the warriors of old. 나는 | 눕혔어 「낮게‖ 옛 전사들을. *매장했다
(naked)
① Adam and his wife | were both naked.(Ge2:25) 아담과 그 아내는 | 둘 다 벌거벗고 있었다.
③ He | escaped | naked.(Mk14:52)   그는 | 탈출했다 | 벌거벗은 채.
③ He | may not go | naked.(Rev16:15) 그는 | 갈 수 없다 | 벌거벗은 채.
⑤ They | found ‖ him | naked,   그들은 | 발견했다 ‖ 그들이 | 벌거벗은 것을.,
⑤' You | can't talk ‖ to the police 「half naked.(2DB39)
    당신은 | 말할 수 없다 ‖ 경찰에게 「반쯤 벌거벗은 채.)
⑦ Lacking clothes, they | go | about | naked;(Job24:10)
    옷이 부족해서, 그들은 | 갔다 | 이리저리 | 벌거벗은 채.)
⑦ He | ran | away | naked.(Mk14:52) 그는 벌거벗은 채 도망했다
(near)
① They | were near.   그들이 | 가까웠다.
③ Thursday afternoon's lesson | loomed | nearer.
    목요일 오후 수업이 | 불안하게 | 더 가까이 다가왔다.
⑤ I | will always want ‖ her | near.(pop) 나는 언제나 그녀 곁에 함께 하기를 바란다.
⑤ You | bring 「near ‖ a reign of terror. 너는 | 가져 오는구나 「가까이 ‖ 공포의 통치를.
(personal)
① It | 's personal.   그건 | 사적인 문제야.(말못해).
③ All your questions | seem | to be personal. 네 모든 질문들은 | 보인다 | 사적 문제 같아.
③ You | are getting | personal.   너는 | 되고 있어 | 사적이. * 사적 문제를 파다.
③ His retorts and acid replies | grew | personal. 그의 대구와 신랄한 답변은 | 되었다 | 감정적으로.
⑤ | Don't take ‖ it | personal. | 생각지마 ‖ 그걸 | 감정적으로. *무슨 근거로 그렇게 확신해?
(right)

① You | are right.　　　　　네가 | 옳다.
③ It | seems | right.　　　　그게 | 같다 | 맞는 것.
③ You | may be proved | right.　당신은 | 증명되었다 | 의롭다고.
⑤ You | deny ‖ me | right.　　너는 | 부인했어 ‖ 내가 | 옳음을.
⑤ Now | get ‖ it | right.　　이제 그걸 바르게 해 보아라.
⑤' It | serves ‖ him | 「right (to receive that punishment).
　　[그가 처벌을 받는 것은] 대우한다 | 그를 「맞게. *그에게 당연해.

(short)
① My name | is short.　　　　내 이름은 | 짧다. *나는 바빠서 기다릴 수 없다
① His remark | was short and to the point. 그의 주의는 | 간결하고 요점에 향해 있었다.
③ My breath | came | short.　숨이 | 되었다 | 가쁘게.
③ The money | fell | short.　돈이 | 되었다 | 부족하게.
③ My money | has run | short.　내 돈이 | 되었다 | 딸리게.
③ Her words | were cut | short.　그녀의 말은 | 끊어졌다 | 짧게.
⑤ She | cut ‖ me | short.　　그녀는 | 끊었다 ‖ 내말을 | 짧게.
⑤ | Don't cut ‖ it(=my hair) | too short. | 깎지 마세요 ‖ 머리를 | 너무 짧게.
⑤ [To | make ‖ a long story | short], I failed in it.
　　[| 하자면 ‖ 긴 이야기를 | 짧게], 나는 그것에 실패했다.
⑤ I | cut 「short ‖ my discourse.　나는 | 끊을 게 「짧게 ‖ 내 말을.
⑤ I | 'll make 「short ‖work of this.　나는 | 할 게 「빨리 ‖ 이 일을.
⑤ | Don't sell ‖ Dick | short.　딕을 과소평가하지 마.

(sick)
① She | must be sick.(1G29A)　그녀는 | 아픈 것이 틀림없어.
① She | may have been sick.(2G28B) 그녀는 아마 아팠는지 몰라.
③ I | feel | sick.　　　　　나는 | 느껴 | 아프게/싫게. *멀미하다
③* I | feel | being sick.(=behaving at the moment) 나는 지금 순간 아프고 있다
③ My heart | grew | sick and I couldn't eat.(LSW436)
　　내 마음이 | 되었다 | 아프게 그리고 나는 먹을 수 없었다.
③ She | was worried | sick.(4JG302) 그녀는 걱정되어 병났어.
③ He | 's home | sick.　　　그는 | 집에 있어 | 아파서.
③ She | 's out | sick today.　그녀는 | 쉬어 | 아파서 (오늘).
⑤ She worked {so} hard {that she | made ‖ herself | sick}.(2G97X2)
　　그녀는 너무 힘들게 일해서 자신을 병들게 했다.
⑤ But she | 'll worry ‖ herself | sick.(4JG468) 그녀는 | 걱정하여 ‖ 자신을 | 병나게 할 거야.
⑤' I | called ‖ in 「sick.　　나는 | 전화했다 ‖ (회사에) 「아파서. *결근 전화하다.
⑦ He | came | home | sick.(HL244) 그녀는 | 왔다 | 집에 | 아파서.
⑦ She didn't have time < | to lie | in bed | sick>.(KsS145) 그녀는 <아파 누워 있을> 시간이 없었다.

(slow)
① | (Be) Slow!　　　　　| 천천히 (해라)!
① The ship | was very slow.　배는 | 매우 느렸다.
③ | Please drive | slow.　　| 운전해요 | 천천히.
③ Clovis | ate | real slow.　클로비스는 | 먹었다 | 진짜 느리게.
③ | Go | slow!　　　　　| 가라 | 천천히!
③ The ship | sailed | very slow.　배는 | 항해했다 | 매우 느리게.
⑤ The system is used [| to ensure ‖ the ship | slow]. 시스템은 [배의 서행을 보장하는데] 쓰인다.

(small)
① The congregation | was small.   회중은 | 적었다.
③ They | indeed seem | very small. 그들은 | 정말로 보였어 | 매우 작아.
③ She | looked | small [after you mentioned the fact].
    [내가 사실을 말한 뒤] 그녀는 쩔쩔매고 있었다.
③ | Don't think | small. | 생각지 마라 | 소심하게.
⑤ She | had imagined | the sums | to be small. 그녀는 | 상상했다 ‖ 그 돈 합계가 | 작으리라고.
⑤ They | thought ‖ it | small and of not much importance.
    그들은 | 생각했다 ‖ 그것을 | 작고, 그리 중요하지 않다고.
(tired)
① I/He | am/is tired.   나는/그는 | 피곤하다.
③ I | get | very tired [doing my job]. 나는 | 된다 | 매우 피곤하게 [내 일을 하고 있는 것이]
③ You | look | tired. – Yes, I | feel | tired.".(1G83C)
    너는 | 보여 | 피곤해 – 그래, 나는 | 느껴 | 피곤하게.
⑤ It | makes ‖ me | tired.   그것은 | 만든다 | 나를 ‖ 피곤하게.
(well)
① I | 'm very well, thank you. And you?(=in good health)(1G84D) 나는 | 매우 건강이 좋아, 너는?
① You | are well again.(Jn5:14)   네가 | 다시 나았어.
③ They | will get | well..(Mk16:18) 너는 | 될 거야 | 낫게.
③ We | 're all keeping | well.(OAD) 우리는 | 모두 유지하고 있어 | 건강하게.
③ You | don't look | well.(1G52X)   너는 | 보이지 않아 | 건강하게.
⑤ He | keeps ‖ himself | well.(YHD) 그는 | 유지한다 ‖ 자신을 | 건강하게;
⑤ Your faith | made | you | well.(Lk19:43) 네 믿음이 | 만들었어 ‖ 너를 | 낫게.
⑤ It was Jesus [who | made ‖ him | well].(Jn5:16) [그 사람을 낫게 한 사람은] 예수였다.
⑤ I hope [I | see ‖ you | well].(ZEG100) 나는 [너가 건강한 것을 보기를] 희망해.
⑤ Marie shouted [that Raymond | wished ‖ me | well].(Camus118)
    마리는 [레이몽이 나를 건강하기를 원한다] 소리쳤다.
⑦ Things | didn't work | out | well.(2G135B) 일들이 | 작동되지 않았다 | 드러나게 | 잘.
(wrong)
① I | was wrong," she said.(Fr'n111) "내가 | 틀렸어," 그녀가 말했다.
① What | 's wrong?   무엇이 | 잘못됐니?
① Your answer | is totally wrong.(ECD83) 네 대답은 전적으로 틀렸다.
③ You | can't go | wrong.   너는 | 되지 않을 거야 | 잘못.
③ This thing | can't go | wrong. 이것은 | 될 수 없어 | 잘못.
③ My computer | is going | wrong (again).(3G21D) 내 컴퓨터가 | (또) 잘못되고 있다
③ Perhaps I | had been thinking | wrong.(5NG34) 아마 내가 | 생각해 오고 있어왔다 | 잘못.
⑤ | Don't get ‖ me | wrong. | 하지 마라 ‖ 날 | 틀리게. *오해하지 마.

■ 명사 술어(noun)

> They made him king. (n)

① NP(n)

> ① He | was king.

예문은 ①형 NP(n)이다. P는 'be+명사 king'이다. king은 주어와 동격관계에 있다.
여기서 명사는 be에 연결되어 쓰였다. 이를 명사의 서술적 용법(predicative use)이라 한다.

♣ 유형별 예문
(사람)
① You | are the **boss**. 　　　　　네가 | 우두머리야.
① I | 'm nobody's **fool**. 　　　　　나는 | 누구의 바보도 아니야.
① | Don't be such a **fool**!(OAD) 　바보로 굴지 마.
① Anna and I | are good **friends**.(1G1B) 안나와 나는 | 좋은 친구야.
① | Be my **guest**. 　　　　　| 내 손님이 돼. *기꺼이 모시다
① Solomon your son | will be **king**..(1Ki1:30) 네 아들 솔로몬이 | 왕이 될 것이다
① Come on, now — | be a **man**.(=a strong, brave person)(OAD) 자, 지금 — 남자답게 굴어봐라.
① Silver | was a changed **man**, once he was out there.(RLS166)
　실버는 | 변화된 사람이 되었다 일단 그가 그밖에 있으면.
① You | 're free **men** now. 　　너희들은 | 이제 자유인이다.
① You | are a different **person**.(=a changed man)(2FD441) 너는 | 사람이 달라져 있어.
① She | is a nice **person**.(1G64C) 그녀는 멋진 사람이야.
① He | 's a **push-over**. 　　　　그는 | 다루기 쉬운 사람이야.
① I | am a poor **sailor**. 　　　　나는 | 배에 약해.
① James | isn't a **teacher**. He | is a **student**.(1G1B) 제임스는 | 선생이 아니야. 그는 | 학생이야.
① They | are **man and wife**. 　　그들은 | 부부이다.
① Will you | be my **wife**?(Richard Lam) 당신은 | 내 아내가 되어 주시겠어요.
① My name | is **Anna**.(1G1A) 　　내 이름은 | 앤이다.
① He | 's not **himself**. 　　　　　그는 | 제 정신이 아니야.
①* I | was being **Jessie Owens**.(=behaving at the moment)(MZ58)
　나는 | (당시) 제시 오웬으로 행세하고 있었다.
(물건)
① He | 's really the **ball**. 　　　그는 | 뛰어난 사람이야.
① His life | is an open **book**.(EID629) 그의 삶은 공개되어 있어
① His past | is an open **book**. 그의 과거는 | 공개되어 있어.
① That | 's some kind of **car**. 　그건 | 아주 멋진 차이군.
① That | 's a piece of **cake**. 　　그건 | 식은 죽 먹기야.
① | Don't be **chicken**. 　　　　| 바보같이 비겁하게 굴지 마.
① I | 'm all **ears**. 　　　　　　나는 | 경청한다.
① His car | is a **lemon**. 　　　그의 차는 | 불량품/고물이야.
① The world | is your **oyster**. 세상은 | 굴이다. * 출세기회는 누구나 있다.

① He | 's a hot potato.   그는 | 뜨거운 감자야. *(위험인물이야.
① This | is another pair of shoes.   이건 | 딴 얘기야.
① That | 's the ticket.   바로 그렇게 하는 거야.
① He | was really turkey.   그는 | 정말로 형편없는 녀석이야.
(관념/활동)
① It | was an accident.   그것은 | 일부러 그런 건 아니었다.
① It | was a blessing <in disguise>.   그것은 | 전화위복이었어.
① Business | is business.   사업은 | 사업이다. * 공사는 구별해야 한다..
① It | 's none of your business.   그것은 | 네가 참견할 일이 아니야.
① What a change⌐ (it | is)?   그것은 | 무슨 대단한 변화야?.
① (It | s) | No big deal.   (그건) | 문제없어.
① Right or not, it | is a fact.(OAD)   맞든 안 맞든, 그건 사실이다
① Enough | is enough.   더 이상은 못 참아.
① He | was a failure <as a king>.(=not successful)(OAD) 그는 <왕으로서> 실패자였다.
① It | was a total failure.(3G66C)   그것은 | 완전한 실패였다.
① It | 's no good.   그건 | 좋은 게 아니야.
① It | 's a matter of life and death.   그건 | 생사의 문제야.
① No news | is good news.   무소식이 | 희소식.
① It | 's pain <in the neck>.   그건 | 목의 통증이야. * 골치 덩어리야.
① Money | is no object.   돈이 | 문제가 아니야.
① That | 's a rip-off.   그건 | 바가지야.
① It | 's a top secret.(ECD1218)   그것은 | 최상 비밀이다.
① That | 's the spirit.   기백 한 번 좋다.
① That | 's a long story.   그건 | 얘기하면 길어.
① His Sunday walk | was not being a success.(=a state at the moment)(BP46)
   그의 일요일 산책은 | 당시 현재로는 성공적이 아니었다.,
① It | 's no use.   그건 | 소용없어.
① Isn't that | something?   저것은 | 멋지지 않니?
① She | is something <of an acquired taste>. 그녀는 | 자주 봐야 정드는 타입이야.
① It | 's what?   뭐라고?
① What's⌐ our point?   뭐니⌐ 요점이?
(장소/위치)
① It ain't much, but it | 's home.   대단치는 않지만 그건 내 집(또는 직장)이야.
① It | 's a free country.   자유국가야. * 할 말 있으면 해.
① It | 's a small world! | 세상 참 좁아!
(시간)
① Today | is not my day.   오늘 | 나는 일진이 나빠.
① Everyday | is one of those days.   그 날이 | 그 날이야. *지루하다
① Three years | is a long time <to be without a job>.(2G77B)
   3년은 | <직업 없이 있기로는> 긴 시간이야.
① It | 's been a while. I guess!   시간 | 꽤 됐지. 아마.

☆ "나는 한국인이다." 의 3가지 표현방법
① I | am a Korean.   국민   NP(n)
① I | am Korean.   국적   NP(a)
① I | am from Korea.   출신   NP(pr~)

③ NPP'(n)

| ③ He | became | king. |

예문은 ③형 NPP'(n)이다. P는 동사 become, P'는 명사 king이다.
다음 두 문장으로 나눠진다. 즉 NPP' ⇒ NP+NP'의 관계에 있다.

③ He | became | king.   그는 | 되었다 | 왕이.
① He | became.   그는 | 되었다.
① He | was king.   그는 | 왕이었다.

♣ 유형별 예문
(사람)
③ He | will act | best man for me. 그는 | 할거야 | 내 들러리를.
③ He | may appear | a fool but actually he's quite clever.
    그는 | 보일지 모른다 | 바보로, 그러나 사실 그는 꽤 똑똑하다.
③ In the end we | became | good friends.(2G119B,ECD11) 결국 우리는 | 되었다 | 좋은 친구들이.
③ Arthur | became | a man(or king).(KA3,2) 아더는 | 되었어 | 어른이.
③ Since Mr Dodson | became | president, unemployment has increased.(3G3B)
    도슨 씨가 대통령이 된 이후 실업률이 증가했다.)
③ He | died | (as) a millionaire. 그는 | 죽었어 | 백만장자로.
③ I | felt | a complete fool.(3G66C) 나는 | 느꼈다 | 완전 바보로.
③ He | felt | a different person.(Hob156) 그는 | 느꼈어 | 다른 사람으로 |.
③ I went | an enemy and | returned | a friend.(OES28) 나는 적으로 갔다가, 친구로 돌아왔다
③ I | am growing | an old man.(ZEG106) 나는 | 성장하고 있다 | 노인으로.
③ | Join | our company. | 합류해라 | 우리 일행에.
③ He | left | (as) an enemy.   그는 | 떠났다 | 적으로.
③ He | lived | a saint.   그는 | 살았어 | 성자로.
③ He | will make | a good husband.(DED) 그는 | 될 거야 | 훌륭한 남편이.
③ He | almost made | the jury.   그는 | 거의 될 뻔했다 | 배심원이.
③ We | parted | good friends.(OES36) 우리는 | 헤어졌어 | 친구로.
③ He | proved | quite the professor. 그는 | 판명되었다 | 상당한 교수로.
③ Zeus | did not prove | a good husband. 제우스는 | 판명되지 않았다 | 좋은 남편으로.
③ ..., like the Son of God he | remains | a priest forever.(Ge18:18)
③ We | remained | friends but the relationship changed.(HH134)
    우리는 | 남았다 | 친구로. 그러나 관계가 변했다.
③ I | 'll stand | her friend and counsellor (to the last).(EB464)
    난 | 서 있을 거야 | 그녀의 친구이자 상담자로 (마지막까지).
③ They | still stay | friends.(2TC735) 우리는 | 아직 유지할 거야 | 친구로;
(물건)
③ That | looks | (like) an interesting book.(OAD) 저것은 | 보여 | 재미있는 책(처럼)으로,
(관념/활동)
③ The hoped-for diplomat | never became | a reality.(BSA9)
    바라던 외교관이 | 결코 되지 않았다 | 현실이.
③ He | also became | a failure ⟨as a king⟩. 그는 | 또한 되었다 | ⟨왕으로서⟩ 실패자가.
③ The experiment | proved | a failure.(ZEG106) 그 실험은 | 증명되었다 | 실패로.

③ [Jumping from the box into the stadium] | seemed | a good idea.
　　[특등석에서 경기장에 뛰어내리는 것은] | 보였다 | 좋은 생각으로.
③ It | seems」 | a pity」 [to waste all that food]. [저 식량을 모두 낭비하는 것]은 애석해 보인다.
(장소/위치)
③ L.A. | 's become | my home ⟨away from home⟩. L.A.는 | 되었다 | 나의 제2 고향이.
③ It | sounds | a nice place.(3G21A) 그것은 | 들린다 | 좋은 장소로
(시간)
③ Three hours | seems | a long time ⟨to take on the homework⟩.(3G42D)
　　3시간은 | 보인다 | ⟨숙제를 떠맡기에⟩ 긴 시간으로.

---

③ He | was made | king.

예문은 ③형 NPP'(n)이다. P는 수동형, P'는 N과 동격인 명사 (a) king이다.
다음 두 문장으로 나눠진다. 즉 NPP'⇒NP+NP'의 관계에 있다.

③ He | was made | king.　　　그는 | 만들어졌다 | 왕으로.
① He | was made.　　　　　　그는 | 만들어졌다.
① He | was a king.　　　　　　그는 | 왕이었다.

♣ 유형별 예문
③ He | was appointed | chairman.(LEG9) 그는 | 임명되었다. | 회장으로
③ He | had been made | champion. 그는 | 만들어졌다 | 챔피언으로
③ The prophet | is considered | a fool.(Hos9:7) 예언자는 | 생각되어진다. | 바보로.
③ He | was made | king.(KA32, Lk19:15) 그는 | 만들어 졌다 | 왕으로 |
③ He | was considered | a miser. 그는 | 생각되어졌다 | 구두쇠로.
③ He | was declared | a prisoner of war. 그는 | 선언되었다 | 전쟁 포로로.
③ Many soldiers | was taken | prisoners. 많은 군인들이 | 잡혔다 | 포로로.
③ She | was elected | president.(3G22B) 그녀는 | 당선되었다 | 대통령으로.)
③ I felt [that I | had been made | a fool (‖) of].(WSM47)
　　나는 [내가 바보로 만들어졌다]고 느꼈다.
③ I | am called | Strider.　　　　나는 | 불린다 | Strider로.
③ The evening | was deemed | a great success. 그 날 저녁은 대성공으로 여겨졌다.

⑤　NPN'P'(n)

---

⑤ They | made ‖ him | king.

예문은 ⑤형 NPN'P'(n)이다. P는 타동사, P'는 N'와 동격인 명사이다.
다음 두 문장으로 나눠진다. 즉 NPN'P'⇒NPN'+N'P'의 관계에 있다.

⑤ They | made ‖ him | king.　　그들은 | 만들었다 ‖ 그를 | 왕으로.
② They | made ‖ him.　　　　　그들은 | 만들었다 ‖ 그를.
① He | was a king.　　　　　　그는 | 왕이었다.

♣ 유형별 예문

(사람)
⑤ They | appointed ‖ him | chairmen.(LEG9) 그들은 | 임명했다 ‖ 그를 ‖ 회장으로.
⑤ They | appointed ‖ him | manager. 그들은 | 지명했다 ‖ 그를 | 지배인으로.
⑤ Once I | called ‖ you | brother. 한때, 난 너를 형제라고 불렀지.
⑤ They | called ‖ him | a fool. 그들은 | 불렀다 ‖ 그를 | 바보라고..
⑤ | Call ‖ me | Fred if you want (to).(3G65C) 불러라 | 나를 | 프레드로 [그러기 원한다면]
⑤ He | considers ‖ himself | an expert.(OAD) 그는 | 생각한다 | 자신을 | 전문가로.
⑤ He | counted ‖ himself | a happy man.(OES79) 그는 자신을 | 행복한 사람으로 치부한다.
⑤ I | deem ‖ you | a man <sore sick>(NH135) 나는 | 여긴다 ‖ 너를 | <아픈> 남자로.
⑤ They | elected ‖ her | president.(3G22B,OED) 그들은 | 선출했어 ‖ 그를 | 회장으로.
⑤ I | found ‖ her | a fine woman.(CB364)(인지) 나는 발견했다 ‖ 그녀를 | 훌륭한 여자임을
⑤ The simultaneous death of her father and mother | left ‖ her | an orphan.(2ML6)
   아버지와 어머니의 동시 사망이 | 남겼다 ‖ 그를 | 고아로.
⑤ The Archbishop | made ‖ Arthur | King of Britain.(KA3)
   대주교는 | 만들었다 ‖ 아서를 | 영국 왕으로.
⑤ He | made ‖ her | his wife. 그는 | 만들었어 ‖ 그녀를 | 그의 처로.
⑤ A single speech | will not make ‖ him | a different man.(NED)
   단 한 번의 연설이 | 만들 수 없다 ‖ 그를 | 다른 사람으로.
⑤ They | named ‖ the baby | Richard. 그들은 | 이름지었어 ‖ 아기를 | 리처드로.
⑤ I | now pronounce ‖ you | man(or husband) and wife.
   나는 | 이제 선언합니다 ‖ 당신들을 | 남편과 아내로.
⑤ So be strong, | show ‖ yourself | a man.(1Ki2:2) 그러니 강해라. 자신을 남자로 나타내라.
⑤ He | showed ‖ himself | a fine man.(MM855) 그는 | 보여줬다 ‖ 자신을 | 훌륭한 사람으로.
⑤ The honoured guest | took ‖ his host | prisoner.(YNH329)
   그 귀빈은 | 잡았다 ‖ 주인을 | 포로로.
⑤ We | thought ‖ him | a fool.(=subjective impression)(PEU582)
   우리는 | 생각했다 ‖ 그를 | 바보라고.(간주: 주관적 인상)
(물건)
⑤ They vowed to listeners [| to make ‖ medical past | an open book].
   그들은 청취자들에게 [의학적 과거를 명백한 사항으로 만들 것을] 맹세했다.
⑤ Another lesson is [that institutions | must keep ‖ the past | an open book].
   또 다른 교훈은 [기관들이 ‖ 과거를 | 일목요연한 것으로 유지해야 한다]는 것이다.
(관념/활동)
⑤ I | 'll keep ‖ it | a secret.(ECD1218) 나는 | 지킬거야 ‖ 그것을 | 비밀로.
⑤ They | tagged ‖ her | a failure. 그들은 | 연결했다 ‖ 그녀를 | 실패자로.
⑤ If you are a gentleman, you | must show ‖ yourself | such.
   네가 신사라면, 너는 | 보여야 해 ‖ 네 자신이 | 그런 것을
(시간)
⑤ | Do not consider ‖ five or ten years | a long time <to master a life lesson>.(To Life30)
   | 고려하지 마라 ‖ 5년 또는 10년을 | <인생 교훈을 익히기 위한> 긴 시간으로.

☆ 부정관사가 생략되는 경우
They appoint him governor. - 주지사가 단 하나인 경우
They crown him king. - 왕이 하나인 경우 (그러나 둘 이상 (복수)인 경우에는 부정관사를 붙인다)
부정관사가 생략될 수 없는 경우
The court appoint him a judge. 그는 여러 판사중 하나이다.
They proclaim him a prince. 그는 여러 왕자중 하나이다. (Judge, Prince는 하나 이상 일 수 있다)

They elect him a president.   그는 여러 회장중 하나이다. (어느 한 회사에 President가 둘인 경우)

⑤ They	made 「king ‖ of him.

예문은 ⑤형 NP「P'(n)N'이다. 위에서 king과 me의 위치가 바뀐 것이다.
「 표시는 P'가 N'을 서술함을 나타낸다. 이 때 출처표시 전치사 of가 추가된다.
다음과 같이 분석된다. 즉 NP「P'N' ⇒ NPN'P' ⇒ NPN+N'P'의 관계에 있다.

⑤ They | made 「king ‖ of him.   그들은 | 만들었다 「왕으로‖ 그를 | 에게서..
=⑤ They | made ‖ him | king.   그들은 | 만들었다 ‖ 그를 | 왕으로.
② They | made | him...   그들은 | 만들었다 ‖ 그를...
① He | was king.   그는 | 왕이었다.

♣ 유형별 예문
⑤ They | will make 「captives ‖ of their captors.(Isa14:2)
    그들은 | 만들 것이다 「사로잡힌 자로 ‖ 사로잡던 자들을.
⑤ He | made 「a fool ‖ of me. 그는 | 만들었다 「바보로 ‖ 나를(에게서).

⑤' NPN' 「P'(n)

⑤' He	had left ‖ his office 「a broken man.

예문은 ⑤'형 NPN'「P'(n)이다. P는 타동사, P'는 명사 company이다.
다음 두 문장으로 나눠진다. 여기서 P'는 N'이 아니라 N을 서술한다.
「 표시는 이를 나타낸다. 즉 NPN'「P' ⇒ NPN'+NP'의 관계에 있다.

⑤' He | had left ‖ his office 「a broken man. 그는 | 떠났다 ‖ 그의 사무실을 「상심히여.
② He | had left ‖ his office.   그는 | 떠났다 ‖ 그의 사무실을.
① He | was a broken man.   그는 | 상심하였다.

♣ 유형별 예문
⑤' She | came ‖ to their marriage bed 「a virgin.(4SK287)
    그녀는 | 왔다 ‖ 그들의 결혼 침대로 「처녀로.
⑤' She | went ‖ to her room 「an unhappy woman.(OES599)
    그녀는 | 갔다. ‖ 그녀의 방으로 ‖ "불행한 여자로.
⑤' He | had left ‖ his office 「a broken man.(Mansfield245)
    그는 | 떠났다 ‖ 그의 사무실을 「상심한 사람으로(상심하여).
⑤' A month later she | left ‖ her room 「a listless woman.(1LT154)
    한 달 후 그녀는 | 떠났다 ‖ 그녀의 방을 「무기력한 여자로.
⑤' She | will make ‖ him 「a very proper wife.(2JA218,OES349)
    그녀는 | 만들어 줄 것이다 ‖ 그에게 「아주 적절한 아내로
⑤' He | returned ‖ to his abode 「a substantial man.(1AN409)
    그는 | 돌아갔다 ‖ 그의 집으로 「상당한 남자로,
⑤' He | seems ‖ to me 「a man of desperate and fierce charater.(2CD343)
    그는 | 보인다 ‖ 내게는 「절망적이고 사나운 성격을 가진 사람으로.

⑤' I | 'll keep ∥ you 「company while you are waiting.
　　네가 기다리는 동안 내가 | 지켜줄게 ∥ 너를 「동행이 되어.

⑦ NPP'P"(n)

| ⑦ He | returned | home | a different person. |

예문은 ⑦형 NPP'P"(n)이다.
P"는 P'는 N과 동격인 명사 a different person.이다.
다음 세 문장으로 나눠진다. 즉 NPP'P"⇒NP+NP'+NP"의 관계에 있다.

⑦ He | returned | home | a different person. 그는 | 돌아왔어 | 집에 | 다른 사람으로..
① He | returned.　　　　　　　　　　 그는 | 돌아왔어.
① He | was home.　　　　　　　　　　 그는 | 집에 있었어.
① He | was a different person.　　　　 그는 | 다른 사람이었어.

♣ 유형별 예문
(명사)
⑦ He | died | downtown | a beggar. 그는 | 죽었다 | 시내에서 | 거지로.
⑦ He | came | home | a free man. 그는 | 왔다 | 집에 | 자유인으로
⑦ He | died | home | a failure. 그는 | 죽었다 | 집에서 | 실패자로.
⑦ He | returned | home | a changed man.(11JG433) 그는 | 돌아왔다 | 집에 | 다른 사람으로.
⑦ Hall | eventually returned | home | a civilian. 홀은 | 결국 돌아왔다 | 집에 | 민간인으로.
⑦ He | stayed | home | a happy person. 그는 | 머물렀다 | 집에서 | 행복한 사람으로.
⑦ She | would be returning | home | a failure. 그녀는 | 돌아올 것이다 | 집에 | 실패자로.
(전치사구)
⑦ He | eventually died | in Persia | a very wealthy man.(Herod360)
　　그는 | 결국 죽었다 | 페르시아에서 | 매우 부유한 남자로.)
⑦ He | then has gone | on his way | a wiser man.(2Hom147)
　　그는 | 그래서 갔다 | 그의 길을 | 더 현명한 사람으로
⑦ Eva | walked | out of the detention center | a free woman.
　　에바는 | 걸어서 | 구치소에서 나왔어 | 자유인이 되어.
(소사)
⑦ I | went | away | a girl and | have come | back | a women.(OES36)
　　나는 소녀로 떠나갔다가 여자로 | 돌아왔다.
⑦ Did he | came | back | a gentleman?(EB193) 그가 신사로 돌아왔나요?
⑦ The beggar | turned | out | a thief.(OES34) 그 거지는 도둑으로 판명되었다.
⑦ The war | goes | on | just the same.(Anne) 전쟁은 계속된다 | 계속된다 | 똑같이.
(동사)
⑦ I | got | made | a prefect.　　 나는 | 되었다 | 되게 | 반장이.
⑦ He | got | made | king.(Doctor Dolittle) 그는 | 되었다 | 되게 | 왕이.

| They put him here. (n) |

① NP(n)

```
                    ① He  |  was here.
```

예문은 ①형 NP(n)이다. P는 N의 위치를 서술하는 대명사 here이다.
위 명사는 be에 연결되어 서술적 용법(predicative use)을 나타낸다.
이러한 용법은 장소/ 위치를 나타내는 명사/대명사에서 주로 나타난다.

① He | was here.   그는 | 여기 있았다.

♣ 유형별 예문
(here)
① Tom | isn't here.(1G1B,10A,38B)   톰은 | 여기 없다.
① The king | will be soon here.   왕이 | 곧 여기 올 거야.
① The meeting | is here.(LEG6)   모임은 | 여기에 있어.
(there)
① Is Mr. Jones | there, please?   존스 씨 | 거기 계셔요?
① I | 've been there before.   나는 | 전에 다 겪어 보았어.
① We | 're almost there.   우리는 | 거의 거기 다 왔어.
① Jane is on vacation in Brazil. She | is there (now).(1G17A)
        제인은 브라질에서 휴가중이다. 그녀는 지금 그곳에 있다.).
① The Lord | is there.(Eze48:34)   주님이 | 거기에 계신다.
① Your drink | 's there.(LSW799)   당신 술은| 저기 있네요. .
(where)
① Where is⌐ your manner?   어디 있니⌐ 너 예절이? *버릇없다
① Where have⌐ you | been all this time? 어디⌐ 너는 | 내내 있었니?
① My mind | is elsewhere.   마음(정신)이 | 딴 데 (팔려)있어.
(home)
① He | is home.   그는 | 집에 (돌아와) 있다.
① We | 're almost home.   우린 | 집에 거의 다 왔다.
① Are your parents | home?(1G2A,2G27A) 당신 부모는 | 집에 계셔요?
① The anchor | was home.   닻이 | 제 자리에(내려져) 있었다.
('preposition+noun' type noun)
① He | is upstairs/downstairs//indoors/outdoors. 그는 | 이층/아래층/실내/실외에 있다.
① The submarine | was far offshore now. 그 잠수함은 | 해안에서 멀리 떨어져 있었다.
① Upstairs. - You | were upstairs?(VLIVE) 이층 - 너는 2층에 있었니?

③ NPP'(n)

```
                    ③ He  |  stayed  |  here.
```

예문은 ③형 NPP'(n)이다. P는 자동사, P'는 N의 위치를 나타내는 명사이다.
다음 두 문장으로 나눠진다. 즉 NPP'⇒ NP+NP'의 관계에 있다.

③ He | stayed | here.   그는 | 머물렀다 | 여기에.

① He | stayed. 그는 | 머물었다.
① He | was here. 그는 | 여기 있었다.

♣ 유형별 예문
(here)
③ | Come | (in) here.(LSW799) 오라 | 여기 (안)에.
③ We | gathered | here (today). 우리는 | 모였다 | (오늘) 여기에.
③ He | just got | here. 그가 | 금방 도착했다 | | 여기에.
③ I | am standing | here. 나는 | 서 있다 | 여기.
③ | Wait | here [until(or till) I come back].(1G102B) [내가 돌아올 때까지]| 여기서 기다려..
(there)
③ We're not the best yet, but we | 're getting | there.
　　　우리는 아직 최상은 아니지{만, 거기에 도달하고 있다.
③ We | went | there.(20NG41) 우리는 | 갔다 | 거기에. (20NG41)
③ | Don't stand | there. | 서지 마 | 거기에.
③ You | gonna stay | there [(until it rots].(LSW799) [썩을 때까지] 너 | 거기 있게 될 거야.
③ I | would often swim | there. 그는 | 가끔 헤엄치곤 했어 | 거기서.
(home)
③ I | 'll be coming | home. 난 | 올 거야 | 집에.
③ | Get | indoors and stay there! | 들어가 | 집안에, 그리고 거기 머물러라.
③ I was tired [when I | got(or arrived) | home.].(1G106C,PEG22) [집에 도착했을 때] 나는 피곤했다.
③ You | had better go | home now. 너는 | 좋겠어 | 지금 집에 가는 것이.
③ He | went(or has gone) | home.(PEG22,1G69A) 그는 | 갔다 (또는 가버렸다) | 집에.
③ We | headed(or started) | home.(18NG41) 우리는 | 향했다 | 집으로.
③ We | hurried(or rushed, ran) | home.(Poe206,17NG29,4NG24)
　　　우리는 | 서둘러 (또는 급히, 달려) 갔다 | 집으로.
③ Did you go out last night?-No. I | stayed | home.(1G19C,69A)
　　　어젯밤에 외출하였니? - 아니. | 집에 머물렀어..
('preposition+noun' type noun)
③ Then he | went | upstairs (again).(Ac20) 그리고 그는 | 갔다 | 위층으로 (다시)..
③ They | live | upstairs.(3G74E) 그들은 | 산다 | 위층에
③ She | remained | upstairs.(TH56) 그녀는 | 머물었다 | 위층에.

┌───┐
│　　　　　　③ He | was put | here.　　　　　　│
└───┘

예문은 ③형 NPP'(n)이다. P는 put의 수동형, P'는 위치를 나타내는 명사이다.
다음 두 문장으로 나눠진다. 즉 NPP'⇒NP+NP'의 관계에 있다.

③ He | was put | here. 그는 | 두어졌다 | 여기에.
① He | was put. 그는 | 두어졌다.
① He | was here. 그는 | 여기 있었다.

♣ 유형별 예문
③ No explosives | were found | onboard. 어떤 폭발물도 | 발견되지 않았다 | 비행기내에서.

- 36 -

③ The thing in London. He | was killed | there. 런던에서 있은 일. 그는 | 살해됐다 | 거기서.
③ They | were ordered | there. 그들은 | 명령받았다 | 거기 있도록.
③ We | were taken | upstairs. 우리는 | 보내졌어 | 위층으로.

⑤ NPN'P'(n)

> ⑤ They | put ‖ him | here.

예문은 ⑤형 NPN'P'(n)이다. P는 타동사 put, P'는 위치를 서술하는 명사이다.
다음 두 문장으로 나눠진다. 즉 NPN'P'⇒NPN'+N'P'의 관계에 있다.

⑤ They | put ‖ him | here. 그들은 | 두었다 ‖ 그를 | 여기에.
② They | put ‖ him... 그들은 | 두었다 ‖ 그를...
① He | was here. 그는 | 여기에 있었다.

♣ 유형별 예문
(here)
⑤ What | brings ‖ you | here? —I have to run some errands.(TEPS)
   무엇이 | 데려 오니 ‖ 너를 여기에? — 나는- 심부름 좀 해야 해요.
⑤ | Bring ‖ him | here. | 데려와 ‖ 그를 | 여기.
⑤ I hoped [I | would find ‖ you | here].
   나는 바랬다 [내가 | 찾을 것이라고 ‖ 너를 | 여기서].
⑤ | Just leave | it | there.(ECD436) | 단지 버려두어라 ‖ 그것을 | 거기에.
⑤ You | shouldn't park ‖ your car | here. 너는 | 주차하면 안된다 ‖ 차를 | 여기.
⑤ He | put ‖ us | here.(KA8) 그들은 | 두었다 ‖ 우리를 | 여기에.
(there)
⑤ No one | will ever find ‖ it | there. 누구도 | 찾지 못할 것이다 ‖ 그것을 | 거기서.
⑤ You | got ‖ me | there. 거기서, 네가 날 잡았다. * 나는 그것이 이해 안돼.
cf.② You | got ‖ me. 네가 날 잡았다. * 네가 이겼다
⑤ I | will get ‖ you | there. 내가 | 데려갈 거야 ‖ 날 | 거기에.
⑤ You | had ‖ me | there. 내가 | 잡았다 ‖ 나를 | 거기. *내가 당했다. You fooled me.
⑤ He | could help ‖ them | there. 그가 | 도울 수 있었어 ‖ 그들을 | 거기 있게.
⑤ He | took ‖ me | there. 그가 | 데려갔다 ‖ 날 | 거기.
⑤ Sam | wanted ‖ us | here. 샘은 | 원했다 ‖ 우리가 | 거기 있게.
⑤ You | ought not to waste ‖ your money | there. 너는 | 낭비하면 안된다 ‖ 돈을 | 거기에.
(home)
⑤ I | expected ‖ you | home. 난 | 바랬다 ‖ 네가 | 집에 있기.
⑤ They | left ‖ him | home. 그들은 | 두었다 ‖ 그를 | 집에.
⑤ They | never let ‖ you | home.(AIS141) 그들은 너를 있도록 하지 않는다.
⑤ | Make ‖ it | home. 제 시간에 맞춰 하도록 해라.
⑤ I | will see ‖ you | home.(SBE301) 내가 | 바래다 드리겠어요 ‖ 당신을 | 집에.
⑤ I | sent ‖ him | home.(PEG22) 나는 | 보냈다 ‖ 그들을 | 집에.
⑤ I | 'll take ‖ you | home. 내가 | 데려줄 게 ‖ 너를 | 집에.
('preposition+noun' type noun)
⑤ I | carried ‖ her bags | upstairs.(OAL1430) 나는 | 운반했다 ‖ 그녀의 가방들을 | 위층에.

⑤ We | 're having ‖ a birthday party | **upstairs**. 우리는 | 가진다 ‖ 생일파티를 | 위층에서.
⑤ You | send ‖ him | **upstairs**.(2TC1023) 너는 | 보낸다 ‖ 그를 | 위층에.
⑤ | Take ‖ this stuff | **upstairs** (now). 가져가라 ‖ 이것들을 | 위층으로 (당장).
⑤ I | want ‖ you all | **downstairs/upstairs**.(5HP168) 난 | 원해 ‖ 너희 모두 | 아래층/이층에 있기.
cf⑤ You | caught ‖ me | **off-guard**.   너 때문에 깜짝 놀랐다.*생각지 못한 일이 갑자기 일어나다.
cf② The sentry | snapped ‖ **to on-guard**. 그 초병은 | 잽싸게 취했다 ‖ 경계 자세를.
1

| ⑤ They | put 「here ‖ the part of the body. |

예문은 ⑤형 NP 「P'(n)N'이다. N'와 P'의 위치가 바뀐 것이다.
「 표시는 P'가 N'을 서술함을 나타낸다. 이 때 of가 추가된다.
다음과 같이 분석된다. NP 「P'N' ⇒ NPN'P' ⇒ NPN'+N'P'의 관계에 있다.

⑤ They | put 「here ‖ the part of the body. 그들은 | 두었어 「여기에 ‖ 그 신체 일부를.
=⑤ They | put ‖ the part of the body | here. 그들은 | 두었어 ‖ 그 신체 일부를 | 여기에.
② They | put ‖ the part of the body. 그들은 | 두었어 ‖ 그 신체 일부를
① The part of the body | was here.   그 신체 일부가 | 여기에 있었어.

♣ 유형별 예문
⑤ They | put 「here ‖ the part of the body they'd like to heal.
    그들은 | 두었어 「여기에 ‖ 그들이 고치고 싶은 신체 일부를.
⑤ He | killed ‖ at least one of them 「there.
    그는 | 살해했다 ‖ 그들 중 적어도 한 사람을 「거기서.
⑤ He | spreads 「everywhere ‖ the fragrance of the knowledge of him.
    그는 | 나타내신다 「어느 곳에나 ‖ 그리스도를 아는 향기를.

⑤' NPN'P'(n)

| ⑤' | Wait ‖ a second 「here. |

예문은 ⑤'형 NPN' 「P'(n)이다.
다음과 같이 분석된다. 즉 NPN' 「P'=NP+NP'의 관계에 있다. P'는 N을 서술한다.
「 표시는 P'가 N을 서술함을 나타낸다.

⑤' | Wait ‖ a second 「here. | 기다려라 ‖ 잠깐 「여기서;
② | Wait ‖ a second. | 기다려라 ‖ 잠깐.
① | Be here. | 여기 있거라

⑦ NPP'P"(n)

| ⑦ | Come | back | here! |

예문은 ⑦형 NPP'P"(n)이다. P"는 위치를 나타내는 대명사이다.
다음 세 문장으로 나눠진다. 즉 NPP'P" ⇒ NP+NP'+NP"의 관계에 있다.

⑦ | Come | back | **here**! | 오라 | 뒤로 | 돌아 | 여기에!
① | Come! | 오라!
① | Back! | 뒤로!/돌아!
① | Here! | 여기에!/이리와!

♣ P' 유형별 예문
(형용사)
⑦ My father and mother | were left | alone | **there**.(1ST38)
  아버지와 어머니는 | 넘겨졌다 | 홀로 | 거기에
⑦ She | looked | the youngest | **there**. 그녀는 | 보였다 | 가장 연소자로 | 거기서.
(전치사구)
⑦ The servants | had remained | on guard | **there**.
  시종들은 | 남아 있었다 | 파수하면서 | 거기에.
⑦ I | can't agree | with you | **there**.(ECD950 나는 | 동의 못해 | 너와 | 그 점에.
⑦ The Lord | stood | by me | **everywhere**. 주님은 | 서 계셨다 | 내 곁에 | 어디든지.
(소사)
⑦ We | had better get | along | **home** [before it rains].
  우리는 곧장 집에 가는 것이 좋겠다 [비가 오기 전]..
⑦ The guys | hang | around | **here** (for an hour).
  그 사람들은 | 서성거리고 있어 | 주위에 | 여기 (한시간 동안).
⑦ He | came | back | **here**.(Bonnie & Clide) 그는 | 왔다 | 돌아 | 여기에.
⑦ He | sprinted | back | **upstairs**. 그는 | 달려서 | 돌아왔어 | 이층에.
⑦ | Hang | in | **there** 거기 안에 매달려 있어 (조금만 참아)
⑦ What | 's going | on | **here**?(OAD) 무엇이 여기서 일어나고 있니?
(동사)
⑦ The treasure | lies | buried | **somewhere** (in her garden).
  그 보물은 | 있어 | 묻혀 | (그녀의 정원) 어딘가에.
⑦ The boys | would come | marching | **home**.(MM251) 소년들아 집에 행진하면서 올 것이다.
⑦ Most tourists | come | shopping | **here**. 대부분의 관광객들이 | 온다 | 쇼핑 | 여기에.
⑦ Will | is scared | standing | **there** (alone). 윌은 | 놀라 | 서 있었어 | 거기에 (혼자).

I did it my way. (n)

---

① NP(n)

---

① It | was **my way**.

예문은 ①형 NP(n)이다. P는 N의 방식을 서술하는 명사구 my way이다.
위 명사는 be에 연결되어 동격 또는 서술 술어 역할을 한다. be를 연결사 또는 계사라고 한다.
이러한 용법은 관념, 방식, 형상 등을 나타내는 명사에서 주로 나타난다.

① It | was **my way**.   그것은 | 내 방식이었다.

♣ 유형별 예문
(방식/태도/관념)
① I | am first.(HL49) I | was first.(ECD1178) 제가 | 1등입니다. 제가 1등이었습니다.
① Every house on the street is | the same.(1G78A) 거리의 모든 집들은 | 똑같다.
① She | 's a handful.　　　　　　그녀는 | 손에 꽉 차. * 다루기 힘들다
① You | 're too much.(2JP12)　　너는 | 너무 지나치다/심하다.
① She | is something ⟨of an acquired taste⟩. 그녀는 | 자주 봐야 정드는 타입이야.
① She | 's not my type.　　　　그녀는 | 내가 좋아할 타입이 아니야.
① You and your wife | are two of a kind. 너와 네 아내는 | 둘이 똑 같아.
① What make is」his car?　　　무슨 차종이지」그의 차는?
① He | is all talk, no action.　　그는 | 말 뿐이야, 행동이 없어.
① How tall are you? — I | 'm five feet 10.(1G45D) 너 키가 어떻게 되니? — 나는 5피트 10인치이야.
① That | 's all.　　　　　　　　그게 | 전부야.
① He | was whole.　　　　　　그는 | 온전했어.
(way)
① He | 's been this way (since last week).(=manner)(NED) 그는 | 이런 식이었다 (지난주부터).
① I | ain't that way.　　　　　나는 | 그런 게 아니야.
① It | 's the other way ⟨around⟩. 그건 | ⟨반대의⟩ 다른 경우야.
① Yes, it | was my way.　　　그래, 그것은 | 내 뜻대로 이었어.
① That | 's the hard way.　　　그렇게 하면 어려워.
① (That's the) | Way ⟨to go⟩.　(그것) | 잘 됐어.(좋아)
① That | 's the way ⟨it goes⟩.　그건 | ⟨세상 돌아가는⟩ 방식이야.
① Well, it | was this way, Scarlett.(MM689) 음, 그건 | 이쪽이었어, 스칼렛.
① It | had always been this way.(I2DB512) 그건 | 항상 이런 식이었다.
① That | 's just his way.(HL215) 그건 | 그냥 그의 방식일 뿐이다.
(시간)
① You | are history (today).　　너 | 오늘이 제삿날이야..
① I | am fifty. Give or take a few years.(EXD365) 저는 | 쉰 살입니다. 몇 년을 주든지 빼든지.
① I'm 32 years old. My sister | is 29.(1G1B,1A,10B) 저는 | 32살입니다. 제 여동생은 | 29살입니다.
① The meeting | is Thursday.(CED) The exam | is next Monday.(CES45)
　　　회의는 목요일입니다. (CED) 시험은 다음 주 월요일입니다. (CES45)
① The concert | is (on) November 20.(1G101B,ECD773). 콘서트는 | 11월 20일이다.
　　☆ 구어체에서는 day나 date 앞의 전치사 on을 주로 생략한다..(2G118D)

③ NPP'(n)

| ③ It | acted | that way. |

예문은 ③형 NPP'(n)이다. P는 act(자동사), P'는 that way(명사구)이다.
다음 두 문장으로 나눠진다. 즉 NPP'⇒ NP+NP'의 관계에 있다.

③ It | acted | that way.　　　그것은 | 작용했다 | 그런 식으로.
① It | acted.　　　　　　　　그것은 | 작용했다
① It | was my way.　　　　　그것은 | 내 방식이었다.

♣ 유형별 예문
(방식/태도/관념)
③ I | 'll go | first.(3SK210) They | alway arrived | first.(6JG239)
　제가 먼저 가겠습니다. 그들은 | 항상 도착했습니다 | 먼저.
③ She | looked | the same.(14JG389) 그녀는 | 보이나 | 똑같이.
③ His feeling toward her | had remained | the same.(GO225)(")
　그녀에 대한 그의 감정은 여전했습니다. (GO225)(")
③ He | had gone | a nasty greenish color. 그는 | 되었다 | 얼굴이 새파랗게.
③ | Play | the men.(=Act like the men). | 행동해라 | 어른(남자)으로/처럼
③ Yes, Severus | does seem | the type, doesn't he?
　그래, 세베루스는 | 보여 | 그런 타입처럼, 안 그래?
③ Shares in the industry | proved | a poor investment.
　그 산업의 주식은 | 판명되었다 | 형편없는 투자로.
③ You say you're sorry, but you | don't look | it.
　너는 미안하다고 하지만 너는 | 보이지 않아 | 그렇게.

(way)
③ It | acted(or happened) | that way. 그건 | 작용한다(일어난다 | 그런 식으로.
③ I | feel | the same way.(=manner)(ECD946) 나는 | 느낀다 | 같은 방식으로.
③ I | didn't look | that way (at all).(JDS195) 난 | 안 봤어 | 그런 식으로 (전혀).

(시간)
③ He | is coming | twenty years. 그는 | 되고 있다 | 20세가.
③ She's only 30 but | looks | 40.(EXD365) 그녀는 겨우 30살이지만, | 보인다 | 40살로.)
③ She | 's pushing | 60.(ECD992) 　그녀는 60세로 밀고 있어.)
③ My daughter | recently turned | 15.(EXD365) 내 딸은 | 최근에 되었다 | 15살이.
③ It | 's turned | midnight. (OAD)　　자정이 됐어. *비인칭주어

---

③ It | was done | my way.

예문은 ③형 NPP'(n)이다. P는 수동형, P'는 N의 방식을 서술하는 명사구 my way이다.
다음 두 문장으로 나눠진다. 즉 NPP'⇒NP+NP'의 관계에 있다.

③ It | was done | my way.　　그것은 | 행해졌다 | 내 방식으로.
① It | was done.　　　　　　그것은 | 행해졌다.
① It | was my way.　　　　　그것은 | 내 방식이었다.

♣ 유형별 예문
③ It | was done | my way.　　그것은 | 행해졌다 | 내 방식으로.
③ He | was made | whole.　　그는 | 만들어졌어 | 온전하게.

⑤ NPN'P'(n)

---

⑤ I | did ‖ it | my way.

예문은 ⑤형 NPN'P'(n)이다. P는 타동사, P'는 N'의 방식을 서술하는 명사구 my way이다.
다음 두 문장으로 나눠진다. 즉 NPN'P'⇒NPN'+N'P'의 관계에 있다.

⑤ I | did ‖ it | **my way**.　　　　　나는 | 했다 ‖ 그것을 | 내 방식으로.
② I | did ‖ it | **my way**.　　　　　나는 | 했다 ‖ 그것을.
① It | was **my way**.　　　　　　　그것은 | 내 방식이었다.

♣ 유형별 예문
(방식/태도/형상)
⑤ Until that moment I | had always considered | myself | first.(CMc437)
　　그 순간까지 나는 항상 나 자신을 먼저 생각했다.
⑤ You | gotta make ‖ me | first.(HL14)　너는 나를 첫째로 만들어야 해.
⑤ I | 've thought | of myself | first.(CMc510) 나는 내 자신을 첫째로 생각했다.
⑤ And twins | have to do ‖ everything | just **the same**.(6JB50)
　　그리고 쌍둥이들은 | 해야 한다 ‖ 모든 것을 | 똑같이.
⑤ | Leave ‖ everything | **the same**.　둬라 ‖ 모든 것을 | 그대로.
⑤ Though I never met him, I | knew ‖ him | just **the same**.(6JB50)
　　그를 만난 적이 없지만, 나는 그를 마찬가지로 알고 있었다.
⑤ I | felt ‖ the fire | rather too **much**.(1JA129) 나는 | 느꼈다 ‖ 불을 | 오히려 너무 많이.
⑤ This is a nice restaurant, but I | like ‖ **across** the street | **the better**.
　　근사한 식당이네, 그런데, 길 건너편이 더 좋아.
⑤ | Make ‖ your depth | **eight hundred feet**. | 만들라 ‖ 수심을 | 800피트로.
⑤ He | made ‖ him | **whole**.　그는 | 만들었다 ‖ 그를 | 온전히.
(way)
⑤ You | are doing ‖ it | **the hard way**. 너는 | 하고 있다 ‖ 그것을 | 어렵게.
⑤ I | did ‖ it | **my way**.(Frank Sinatra, OES344) 나는 | 했다 ‖ 나의 인생을 | 내 뜻대로.
⑤ | Have ‖ it | **your own way**.(ECD157) | 해라) ‖ 그것을 | 너 좋은 대로.
⑤ Nothing | made ‖ me | **this way**.(3THr,C) 아무 것도 | 만들지 않았다 ‖ 나를 | 이렇게.
⑤ I | 'll meet ‖ you | **halfway**.　나는 | 만날 거야 ‖ 너를 「중간에. *반씩 양보 '타협' 하다
⑤ | Put ‖ it | **another way** (of expression), | 말한다면 ‖ 그것을 | 다른 (표현) 방법으로,
⑤ Though you | put ‖ it | **that way**, I | 'd rather put ‖ it | **this way**.(ECD80)
　　당신들은 그런 방식으로 하지만, 저는 이런 방식으로 하는 것이 더 낫습니다.
(시간)
⑤ Jean Marie was only sixteen, but you | would have thought ‖ her | **twenty**.
　　장 마리는 겨우 16살이었지만, 너는 | 생각했을 것이다.‖ 그녀를 | 20세로.
⑤ I | can't make ‖ it | (on) **Saturday**, but I'm free on Sunday night.(ECD472)
　　나는 토요일은 안 되지만 일요일 밤에는 시간이 있어요. *비인칭목적어
⑤ Let's [| make ‖ it | **five o'clock**].(or at five)(ECD475) 우리 [그걸 5시로] 합시다.*비인칭

---

⑤ You | think 「**nothing** ‖ of me.

예문은 ⑤형 NP「P'(n)N'」이다. ⑤형의 N'와 P'의 위치가 바뀐 것이다.
「 표시는 P'가 N'을 서술함을 나타낸다. 이 때 of가 추가된다.
다음과 같이 분석된다. NP「P'N'」⇒ NPN'P'⇒NPN'+N'P'의 관계에 있다.

⑤ You | think 「**nothing** ‖ of me.　너는 | 생각해 「아무 것도 아니라고 ‖ 나를.
=⑤ You | think ‖ me | **nothing**.　너는 | 생각해 ‖ 나를 ‖ 아무 것도 아니라고.
② You | think ‖ me...　　　　　　너는 | 생각해 ‖ 나를...

① I | am **nothing**.   나는 | 아무 것도 아니야.

♣ 유형별 예문
⑤ That | makes 「two ‖ of us.   그것이 | 만들어 「둘로 ‖ 우리를. *네게 동의/이해한다.
⑤ I | think 「**nothing** ‖ of your magic. 나는 | 생각해 「아무 것도 아니라고 ‖ 네 마술을.

⑤' NPN' 「P'(n)

> ⑤' He | quit ‖ smoking 「cold turkey.

예문은 ⑤'형 NPN' 「P'(n)이다. P는 quit(vt), P'는 명사구 cold turkey이다.
다음 두 문장으로 나눠진다. 여기서 P': cold turkey는 N을 서술한다.
「 표시는 이를 나타낸다. 즉 NPN' 「P'⇒NPN'+NP'의 관계에 있다.

⑤' He | quit ‖ smoking 「cold turkey. 그는 | 끊어 ‖ 담배를 「금단현상이 생겼다.
② He | quit ‖ smoking.   그는 | 끊었다 ‖ 담배를.
① He | was **cold turkey**.   그는 | 금단현상이었다.

⑦ NPP'P"(n)

> ⑦ The patient | went | home | **whole**.

예문은 ⑦형 NPP'P"(n)이다. P"는 N을 서술하는 barefoot이다.
다음 세 문장으로 나눠진다. 즉 NPP'P"⇒NP+NP'+NP"의 관계에 있다.

⑦ The patient | went | home | whole. 그 환자는 | 갔어 | 집에서 | 온전하게 되어.
① The patient | went.   그 환자는 | 갔어.
① The patient | was home.   그 환자는 | 집에 있었다.
① The patient | was **whole**.   그 환자는 | 갔어 | 온전했다.

♣ 유형별 예문
⑦ The patient | went | home | whole. 그 환자는 | 갔어 | 집에서 | 온전하게 되어.
⑦ (Why) should you | shove | in | **first**?(Lewis3) (왜) 당신이 먼저 밀어넣어야 합니까?

> I want you to be my friend. (n)

① NP(to be+n)

> ① You | are to be **my friend**.

예문은 ①형 NP(to be n)이다. P는 'be+to be my friend'이다.

① You | are to be **my friend**.   너는 | 나의 친구가 될 것이다.

♣ 유형별 예문
① He | is to be **my friend**.(예정)   그는 | 나의 친구가 될 것이다.
① In the sixth grade, my dream | was to be **a teacher**.(NED)
    6학년 때, 나의 꿈은 | 선생님이 되는 것이었다.
① Your first meeting | was to be **tonight**?(3DB23). 첫 번째 모임은 | 오늘 밤이 될 것이다.
① Now it was the day of Preparation, and the next day | was to be **a special Sabbath**.(Jn19:31)
    이 날은 준비일이고, 그 다음날은 | 안식일이 될 예정이었다

③ NPP'(to be+n)

| ③ You | get | to be **my friend**. |

예문은 ③형 NPP'(to be n)이다. P는 능동사 P'는 'to be my freind'이다.
다음 두 문장으로 나눠진다. 즉 NPP'⇒NP+NP'의 관계에 있다.

③ You | get | to be **my friend**.   너는 | 된다 | 나의 친구가 될
① You | get....   너는 | 된다...
① You | are to be **my friend**.   너는 | 나의 친구가 될 것이다.

♣ 유형별 예문
③ She | may need | to be **here**.(2THr241) 그는 | 필요할지 모른다 | 여기 있는 것이.
③ He | proved | to be **ninety**.   그는 | 증명되었다 | 90세인 것으로
③ No one | seemed | to be **home**.(MJL445) 아무도 | 보이지 않았다 | 집에 있는 것처럼.
③ She | wanted | to be **his friend**.(1THr398) 그녀는 | 원했다 | 그의 친구이기를.

| ③ You | are wanted | to be **my friend**. |

예문은 ③형 NPP'(to be n)이다. P는 수동사 P'는 'to be my freind'이다.
다음 두 문장으로 나눠진다. 즉 NPP'⇒NP+NP'의 관계에 있다.

③ You | are wanted | to be **my friend**. 너는 | 원해 진다 | 나의 친구가 되기.
① You | are wanted...   너는 | 원해 진다...
① You | are to be **my friend**.   너는 | 나의 친구가 될 것이다.

♣ 유형별 예문
③ He | was known | to be **a perfectionist**.(1THr292) 그는 | 알려졌다 | 완벽주의자인 것으로.

⑤ NPN'P'(to be+n)

| ⑤ I | want ‖ you | to be **my friend**. |

예문은 ⑤형 NPN'P'((to be n)이다. P'는 'to be+my friend'이다.
다음 두 문장으로 나눠진다. 즉 NPN'P'⇒NPN'+N'P'의 관계에 있다.

⑤ I | want ‖ you | to be **my friend**. 나는 | 원한다 ‖ 네가 | 내 친구이기를.

② I | want ‖ you.   　　　　　　　　나는 | 원한다 ‖ 너를
① You | are to be **my friend**.   너는 | 나의 친구가 될 것이다.

☆ "동사+목적어+ 'to be 명사' 술어"
   (a) to be 생략 가능:: believe, consider, declare, find, perceive, prove, suppose, think, want(서술)
   (b) to be 생략 불가: discover, feel, get, know, held, imagine, report, require, want(동격)

♣ 유형별 예문
⑤* I | consider ‖ my hobby | being **film watching.**(현실)
   나는 | 생각한다 ‖ 나의 취미를 | 영화 보는 것으로.
⑤ They | believe ‖ him | to be **one of their own.**(NEI,5ST557)(판단)
   그들은 | 믿는다 ‖ 그를 | 그들 중 하나일 것이라고.
⑤ I | consider(or think) ‖ him | (to be) **a good friend.**(DED)(판단)
   나는 생각한다 ‖ 그를 | 좋은 친구라고 .
⑤ We | chose ‖ Paul Stubbs | to be **chairperson.**(OAD)(의도)
   우리는 | 선택했다 ‖ 폴 스텁스를 | 회장으로.
⑤ They | expected ‖ all their children | to be **high achievers.**(OAD)(소망)
   그들은 | 기대했다 ‖ 그들의 모든 아이들이 높은 성취자가 될 것이라고.
⑤ I | 've always found ‖ Jonathan | (to be) **a good friend.**(OAD)(판단)
   나는 | 항상 알았다 ‖ 조나단이 | 좋은 친구가 될 것이라고.
⑤ You | 've got to get ‖ him | to be **himself.** 너는 | 해야 한다 ‖ 그를 | 그 자신답게 되도록
⑤ Mary | holds ‖ his brother | to be **a fool.** 메어리는 | 주장한다 ‖ 그의 형을 | 바보라고.
⑤ Fate | never intended ‖ you | to be **a failure.**(OES275)(의도)
   운명은 | 결코 의도하지 않았다 ‖ 당신을 | 실패자가 되도록.)
⑤ I | judged ‖ him | to be **a very honest man.**.(ECD503)(판단)
   나는 | 판단했다 ‖ 그를 ‖ 아주 정직한 사람으로.
⑤ I | know ‖ it | to be **a fact.**(BEG303)(인지) 나는 | 안다 ‖ 그것이 사실이라고.
⑤* | Let | us | be **friends.**(ECD568) 우리 친구가 되자. * let뒤는 be+noun
⑤ You | have made ‖ them | to be **a kingdom and priests** to serve our God,(Rev5:10)
   당신은 | 만드셨다 ‖ 그들이 | 우리 하나님을 섬길 나라와 제사장이 되도록.
⑤ I | perceived ‖ him | (to be) **an honest man.**(DED)(인식)
   나는 | 인식했다 ‖ 그를 | 정직한 사람으로(이라고)..
⑤ Sunja | prepared ‖ herself | to be **his wife.**(MJL75)
   순자는 | 준비했다 ‖ 그녀 자신이 | 그의 아내가 되기로.
⑤ True thinking | requires ‖ you | to be **articulate speaker and careful, judicious listener,**
   at the same time.(Rules241) 진정한 사고는 | 당신이 동시에 분명하게 말하는 화자와 신중하고 현명한
   경청자가 될 것을 요구한다.
⑤ His new book | shows ‖ him | to be **a first-rate storyteller.**(증명)
   그의 새 책은 .| 보여 준다 ‖ 그가 | 일류 이야기꾼이 될 것을.
⑤ I | never supposed ‖ him | (to be) **a novelist.**(DED)(추측)
   나는 | 결코 추측해 본 적이 없다 ‖ 그가 | 소설가가 될 줄은.
⑤ All of us | take ‖ you | to be **an honest man.**(ZEG99)(판단)
   우리 모두는 | 받아들인다 ‖ 당신을 | 정직한 사람으로.
⑤ Another voice | told ‖ him | not to be **a fool.**(WG165)(지시)
   다른 목소리가 | 말했다 ‖ 그에게 | 바보가 되지 말라고.
⑤ They | thought ‖ him | to be **a spy.**(=objective judgement)(PEU580)(객관적 판단)
   그들은 | 생각했습니다 ‖ 그를 | 스파이라고.

⑤ I | want ‖ you | to be **my friend**.(PEU605) 나는 | 원한다 ‖ 당신이 | 내 친구가 되기를.
⑤ I | want ‖ him | (to be) **here**.(NED) 나는 | 원한다 ‖ 그가 | 여기 있게(되기를.)

⑤' NPN' 「P'(n)

| ⑤' You | did ‖ your best 「to be **my friend**. |

예문은 ⑤'형 NPN' 「P'(n)이다. P는 타동사, P'는 to be friend이다.
다음 두 문장으로 나눠진다. 여기서 P'는 N을 서술한다.
「 표시는 이를 나타낸다. 즉 NPN' 「P'⇒NPN'+NP'의 관계에 있다.

⑤' You | did ‖ your best 「to be **my friend**. 너는 | 다 했다 ‖ 최선을 「내 친구가 되도록.
② You | did ‖ your best. 너는 | 다 했다 ‖ 최선을.
① You | were to be **my friend**. 너는 | 나의 친구가 되려고 했다.

♣ 유형별 예문
⑤' I | 'll do ‖ my best 「to be **a good wife**.(MJL79)
　　난 | 다할 것이다 ‖ 최선을 「좋은 아내가 되기 위해.
⑤' Anna | spent ‖ most of the time 「to be **the next ruler**.(Fr'n14)
　　안나는 | 보냈다 ‖ 대부분의 시간을 「다음 통치자가 되기 위해.

⑦ NPP'P"(to be n)

| ⑦ You | turned | out | to be **my friend**. |

예문은 ⑦형 NPP'P"(to be n)이다. P"는 N을 서술하는 to be my friend.이다.
다음 세 문장으로 나눠진다. 즉 NPP'P"⇒NP+NP'+NP"의 관계에 있다.

⑦ You | turned | out | to be **my friend**. 너는 | 되었다 | 드러나게 | 나의 친구로
① You | turned,. 너는 | 되었다
① You | were out. 너는 | 드러났다
① You | were to be **my friend**. 너는 | 나의 친구이었을 것이다.

♣ 유형별 예문
⑦ You | turned | out | to be **my friend**. 너는 | 되었다 | 드러나게 | 나의 친구인 것으로.
⑦ He | had turned | out | to be **a sexual deviant**(or **a crook**).(3DB32,MJL285))
　　그는 | 되었다 | 드러나게 | 성적 일탈자(혹은 사기꾼)인 것으로.

■ 단순전치사구 술어(simple preposition phrase)

> You get her in trouble. (in~)
> He put the book in the box. (in~)

① NP(pr~)

> ① She | is in trouble.
> ① The book | was in the box.

예문은 ①형 NP(pr~)이다. P는 'be+전치사구(in~)' 술어이다.
전치사 in~은 '~의 안/내부'를 나타낸다.
전치사구 in~의 용법은 형용사의 서술적 용법과 같다.

① She | is in trouble.　　　　　그녀는 | 곤경 안에 들어있다.*처하다
① The book | was in the box.　　그 책은 | 그 상자 안에 있다.

♣ 유형별 예문
(사람/집단)
① I | in them and you | in me.(Jn17:23) 내가 저희 안에, 당신이 내 안에.
① My hope/interest | is in you..(Ps25:21) 내 소망/관심은 | 당신 안에 있어요.
① Father | was in the army.　　아버지는 | 군대에 있었다.
① Are they | in a group?　　　그들이 | 일행 중에 있니?
① How many | are there in your family? 네 가족 안에 | 몇 명이 있니? *가족이 몇 병이니?
(정신/신체)
① You | 'll be in our heart/thoughts. 너는 | 우리의 심장/생각 속에 있을 거야.
① Such joy | was in my heart.　그런 즐거움이 | 마음속에 있어.
①* It | has to be in your mind. 중요한 것은 네 마음이야.
① Four words | were still in my mind. 네 단어가 | 아직 내 마음속에 있었다.
① He | was deep in thought.　그는 | 깊이 생각에 빠져있었어.
① They | 're in each other's arms. 그들은 | 서로 팔로 얼싸 안고 있다.
① It | 's in the eyes of the beholder. 그건 | 보는 사람의 눈에 달려있어.
① Her hand | was in his hand. 그녀 손이 | 그의 손안에 있었다.
① The gun | was in his left hand. 권총이 | 그의 왼손 안에 있었다.
(물건)
① She | is in the red dress.　　그녀는 빨간 | 옷을 입고 있다.
① Her watch | was in a bag.　그녀 시계는 | 가방 안에 있었다.
① Might be」some serious skeletons | in the closet.
　　약간의 심상치 않은 해골들이 장롱 속에 있는지 몰라. *비밀이 있다. 털어 먼지 안 나는 사람 없다.
① I | 'm in the dumps.　　　　나는 | 쓰레기더미 안에 있어. *우울하다.
① What | 's in the letter?　　　무엇이 | 편지 안에 써있니?
① I | 'm just in my tennis shoes! 난 | 테니스화만 신고 있어.

① You | are not in my shoes.　　　너는 | 내 입장에 있지 않다.
① I |'m in my birthday suit (now).　나는 | 알몸이야 (지금).
① She | was in tears.　　　　　　그녀는 | 울고 있었어.
① Are you | in (line), sir?　　　　당신은 | 줄을 섰어요?
① You | are in the wrong line.　　너는 | 줄을 잘 못 섰어.
① I |'m still in one piece.　　　　난 | 아직 한 덩어리다. * "완전하다/무사하다" 라는 뜻.
① I |'m in perfect shape.　　　　나는 | 완벽한 몸매/건강상태야.
(관념/활동)
① I | am in agony.　　　　　　　나는 | 고통 속에 있다.
① I |'m in charge of this section.　나는 | 이 부서를 책임지고 있어.
① He | was very much in control.　그는 | 매우 잘 자제하고 있었어.
① Lance | is in police custody.　랜스는 | 경찰 구금상태야.
① You | are in danger/peril.　　　너는 | 위험 안에 처해 있어.
① Jim's education | now was in his favor. 짐이 받은 교육은 이제 | 그에게 유리하게 작용했다.
① I | am in a hurry.　　　　　　나는 | 급하다.
① Their heart | weren't really in it.(=They didn't really want to do it.)
　　　그들 마음은 | 실제로는 그것에 있지 않았다. *그들은 그렇게 하기를 실제로 원치 않았다.
① We | are very much in love.　우리는 | 무척 사랑하고 있어.
① I | am not in a good mood.　나는 | 기분이 안 좋아.
① The planets | are in motion.　행성들은 | 움직인다.
① His room | is always in good/bad order. 그의 방은 | 항상 정리가 잘 | 안 되어 있다.
① It |'s in the possession of him.　그것은 | 그의 수중에 있어.
① We | have been in your power.　우리는 | 당신의 통제 안에 있었다.
① The case | is in process (now).　그 건은 | 진행 중이야 (지금).
① Our houses | are in ruins.(Jer9:19)　우리 집들이 | 헐었다.
① No one | was in sight.(1LR205)　아무도 | 시야 안에 없었다. *보이지 않다.
① I |'m in trouble.　　　　　　　나는 | 곤경에 처해 있어.
① I |'ll be in touch.　　　　　　내가 | 연락할 게.
① The whole city of Jerusalem | was in an uproar.(Ac21:31) 온 예루살렘이 | 소동 속이었다.
① All our efforts | are in vain.　우리 모든 노력은 | 헛되었다.
① He | was clearly in the wrong.(Ga2:11) 그는 | 명백히 (행동/태도가) 잘못되었다.
① The court | trial | is in session.　재판이 | 진행 중이다.
① Parliament | is now in recess.　의회는 | 지금 휴회 중이야.
① We | are just in time.　　　　우리는 | 겨우 시간에 대 왔어.
① What business are⌐ you | in ?　무슨 사업에⌐ 너는 | 종사해?
(장소/위치)
① Spring | is in the air.　　　　봄기운이 | 완연하다.
① (How long) have you | been in Busan? (얼마나 오래) 너는 | 부산에 있었니?
① Arafat | is in a corner.　　　아라파트는 | 곤경에 처해 있다.
① You | are in court (next day).　너는 | 법정에 간다 (다음 날).
① The three young men | were in front, and three behind.
　　　젊은이 셋이 | 앞에, 뒤에 셋이 있었다.
① I | was in the middle of a dream.　나 | 지금 꿈을 꾸고 있었어.
① He |'s in my office.　　　　　그는 | 내 사무실에 있어.
① He |'s still in the room.　　　그는 | 아직 방안에 있어.

- 48 -

① They | were in the right place.   그들은 | 제대로 찾아갔다.
① The furniture | was not in place.   가구는 | 제 자리에 있지 않았다.
① You | 'd all be in prison.   너희들 | 모두 투옥되었을 거야.
① They | 're in here/there.   그들은 여기/저기 안에 있다..
① He | was in the way.   그는 | 길 안에 있다. *길을 막고 있다. 방해된다" 는 뜻.

③   NPP'(pr~)

| ③ She | got | in trouble. |

예문들은 ③형 NPP'(pr~)이다. P는 자동사 get, P'는 전치사구 술어 in~이다.
다음 두 문장으로 나눠진다. 즉 NPP' ⇒ NP+NP'의 관계에 있다.

③ She | got | in trouble.   그녀는 | 되었다 |;곤경에 처하게..
① She | got...   그녀는 | 되었다...
① She | was in trouble.   그녀는 | 곤경에 처해 있었다.

♣ 능동술어 유형별 예문
(사람)
③ | Delight | in the LORD. | 기뻐하라 | 주안에서.
③ He | seemed | deep in thought.   그는 | 보인다 | 깊이 생각에 빠진 것으로.
③ What | 's happening | in his heart? 무엇이 | 일어나고 있니 | 그 마음 속에?
③ Beauty | lies | in the eyes of the beholder. 제 눈에 안경이야.
(물건)
③ I | 'm feeling | in the dumps.   나는 우울한 기분이야.
③ | Get | in the car.   내 차에 타라.* 소형차는 in, 대형차는 on을 쓴다.
③ He | had left | in tears.   그는 | 떠났어 | 울면서.
③ | Please sit | in that chair. | 앉아요 ∥ 저 의자(안)에.
③ He | came | in a jogging suit.   그는 | 왔다 | 조깅 복장으로.
③ | Get | in shape. | 만들어라 | 몸매(건강상태)를.
③ | Get/Stay | in line. | 서라/머물러라 | 줄 안에..
③ He | stood | in the long line.   그는 | 섰어 | 긴 줄안에.
(관념/활동)
③ He | came | in sight.   그는 | 왔다 | 시야에 들어.
③ | Keep/stay | in touch. | 유지해라 | 연락을.
③ The old castle | lay | in complete ruin. 고성은 | 놓여 있다 | 완전 폐허로.
③ They | left | in a hurry.   그들은 | 떠났어 | 급히.
③ Every thing | looked | in order.   모든 것이 | 보였다 | 정상으로.
③ The Dark Lord | rose | in power (again). 암흑의 군주가 다시 권력을 잡았다.
③ He | protested ,but | in vain.   그는 | 항의하였으나 | 헛수고였어.
③ He | almost screamed | in agony. 그는 | 비명을 지를 뻔했어 | 아파서.
(장소/위치)
③ Fish | abound | in the sea.   물고기는 | 풍부하다 | 바다 안에.
③ He | belongs | in the air.   그는 창공의 사나이야.
③ This | just came | in Busan.   이것은 | 방금 들어왔어 | 부산에.

③ You | 're getting | standing | <u>in</u> my way. 네가 | 막고 있어 | 서 있다 | 내 길에서.
③ Korea | lies | <u>in</u> the east of Asia. 한국은 | 위치한다 | 아시아의 동쪽에.
③ She | started | <u>in</u> the kitchen.(2THr241) 그녀는 | 시작했다 | 부엌에서.
③ He | waited | <u>in</u> his office. 그는 | 기다렸다 | 사무실에서.
③ | Come | <u>in</u> (here). | 와라 | (여기) 안에.
③ You | will not get | <u>in</u> here.(2Sa5:6) 너는 | 올 수 없다 | 이안에 들어.
③ People | don't go | <u>in</u> there. 사람들은 | 가지 않는다 | 그 안에.
③ Are you | moving | <u>in</u> (here)? 너 | 이사 오니 | 여기 (안)에?
③ | Hang | <u>in</u> there. 꿋꿋이 견뎌라.
③ Could you | step | <u>in</u> here? 너 | 오겠니 | 여기 안에.

| ③ The book | was put | <u>in</u> the box. |

예문은 ③형 NPP'이다. P는 put의 수동형, P'는 전치사구 in~이다.
다음 두 문장으로 나눠진다. 즉 NPP'⇒NP+NP'의 관계에 있다.

③ The book | was put | <u>in</u> the box. 그 책은 | 놓여져 있었다 | 상자 안에.
① The book | was put. 그 책은 | 놓여져 있었다.
① The book | was <u>in</u> the box. 그 책은 | 상자 안에 있었다.

♣ 유형별 예문
(사람)
③ Salvation | is found | <u>in</u> no one else..(Ac4:12) 구원은 | 발견되지 않는다 | 다른 이 안에는
(물건)
③ He | was dressed | <u>in</u> his running shorts <only>. 그는 | 입었어 | 달리기용 반바지<만>..
(관념/활동)
③ You | were found | <u>in</u> possession <of classified government documents>.
    너는 | 발견됐다 | <정부비밀문서의> 소지사실이.
③ Eliashib the priest | was put | <u>in</u> charge of the storeroom.(Ne13:4)
    대제사장 Eliashib이 | 맡았다 | 창고 관리를.
③ Twenty people | were taken | <u>in</u> custody. 20인이 | 처해 졌다 | 구금상태에.
③ I | was caught | <u>in</u> a traffic jam. 나는 | 갇혔다 ‖ 교통체증에.
③ Everything | would be said | <u>in</u> slow motion. 모든 것은 | 말해지기로 했어 | 천천히.
③ Now she | came | <u>in</u> sight. 지금 그녀가 | 왔다 | 시야에.
(장소/위치)
③ John | had been put | <u>in</u> prison.(Mt4:12) 요한이 | 처해 졌다 | 감옥에.
③ My personal things | are kept | <u>in</u> their proper place.
    내 개인용품들이 | 유지되어 있었다 | 정돈 상태로.
③ The subject | has been referred (‖) to | <u>in</u> the preface.
    그 주제는 | (대해) 언급되어 있었어 | 서문에.

| ③ The book | was away | <u>in</u> the box. |

예문은 ③형 NPP'이다. P는 소사 away, P'는 전치사구 in~이다.

다음 두 문장으로 나눠진다. 즉 NPP'⇒NP+NP'의 관계에 있다.

③ The book | was away | in the box. 그 책은 | 치워져 있다 | 상자 안에.
① The book | was away. 그 책은 | 치워져 있었다.
① The book | was in the box. 그 책은 | 상자 안에 있었다.

♣ 유형별 예문
(사람)
③ Good luck | to you | in the army. 군대 가서 행운이 있기를!
③ You | are an officer | in the army of a foreign government.
  너는 | 장교이다 | 외국정부 군대에서.
③ The memory | was fresh | in his mind. 그 기억은 | 생생했다 | 그의 마음 속에.
(물건)
③ I | am not comfortable | in this shoes. 나는 | 편안하지 못해 | 이 구두를 신으니.
③ I | 'm a little down | in the dumps. 나는 약간 울적하다..
③ My money | is back | in my pocket/account. 내 돈이 | 돌아와 있다 | 내 포켓/구좌에.
③ Your head | is up | in the clouds. Isn't it? 네 머리는 | 올라있다 | 구름 속에?*마음이 딴 데 있다.
③ Who | 's next | in line? 누가 | 다음 | 차례니?
③ I | was before you | in the queue. 나는 | 너보다 앞이었다 | 줄에서.
(장소/위치)
③ He | is still a babe | in the woods. 그는 | 아직 아기다 | 숲 속에서. *미숙하다.
③ I | 'm odds and ends | in the attic. 나는 | 잡동사니다 | 다락방안에서. *쓸모없는 인간이다
③ He | is here | in my office. 그는 | 여기 있다 | 내 사무실에.
③ Who | is in charge | in your home? 누가 | 가장이니 | 네 집에서는?
③ He | 's still all by himself | in a big city. 그는 | 여전히 홀로 있어 | 대도시에서.
③ She | is away | in scotland. 그녀는 | 떠나 있다 | 스코트랜드에.
③ Your case | is on | in Courtroom No 3. 네 사건은 | 재판이다 ‖ 3호 법정에서.
③ They | were all together | in one place.(Ac2:1) 그들은 | 함께 있었다. | 한 장소에.
③ Their hands | were up | in the air. 그(학생)들의 손이 | 들렸다 | 공중에.
③ It | 's still up | in the air. 그것은 | 아직 미정이야.

⑤ NPN'P'(pr~)

⑤ You | got ‖ her | in trouble.
⑤ He | put ‖ the book | in the box.

예문은 ⑤형 NPN'P'이다. P는 타동사 put, P'는 전치사구 in~이다.
다음 두 문장으로 나눠진다. 즉 NPN'P'⇒NPN'+N'P'의 관계에 있다.

⑤ You | got ‖ her | in trouble.   너는 | 한다 ‖ 그녀를 | 곤경에 처하게.
② You | got ‖ her...   너는 | 잡았다 ‖ 그녀를...
① She | is in trouble.   그녀는 | 곤경에 있다.

⑤ He | put ‖ the book | in the box. 우리는 | 놓았다 ‖ 그 책을 | 상자 안에.
② He | put ‖ the book...   그는 | 놓았다 ‖ 그 책을...

① The book | was in the box.   그 책은 | 상자 안에 있었다.

♣ 유형별 예문
(사람)
⑤ | Delight ‖ yourself | in the LORD..(Ps37:4) | 기뻐하라 ‖ 자신을 | 주안에서.
⑤ You | got ‖ it | ya(=you).   너는 | 가졌다 ‖ 그것을 | 네 속에.
  * "넌 타고났다, 천부적이다, 해낼 수 있다, 견뎌낼 수 있다." 는 뜻
⑤ I | have ‖ great confidence | in you.(2Co7:4) 나는 | 가진다 ‖ 큰 신뢰를 | 네 안에.
⑤ | Put ‖ your trust | in me. | 두어라 ‖ 네 신뢰를 | 내 안에..
(정신/신체)
⑤ | Bear | keep ‖ my words | in (your) mind. | 지켜라 ‖ 내 말을 | 네 마음에.
⑤ You | got ‖ something | in your mind. 너는 | 있어 ‖ 무언가 | 네 마음속에.
⑤ She | buried ‖ her face | in her arms. 그녀는 | 파묻었다 ‖ 얼굴을 | 팔에.
⑤ She | has ‖ a pain | in the neck. 그녀는 | 있어 ‖ 통증이 | 목 안에.
⑤ I | have hidden ‖ Your word | in my heart. (Ps119:11) 내가 주의 말씀을 심중에 두었습니다.
⑤ | Put ‖ your hand | in mine. | 놓아라 ‖ 네 손을 | 나의 손 안에.
⑤ | Take ‖ the staff | in your hands. | 집어라 ‖ 지팡이를 | 네 손 안에.
⑤ Trevor | wanted ‖ all the money | in hand. Trevor는 | 원했다 ‖ 돈 전부를 | 수중에 갖기
(물건)
⑤ You | just can't bury ‖ your head | in the sand (like some ostrich).
   너는 | 박을 수 없다 ‖ 머리를 | 모래 속에 (어떤 타조처럼)
⑤ You | 'll find ‖ it | in that box.   넌 | 찾을 거야 ‖ 그걸 | 저 상자 안에서.
⑤ What have | you got ‖ ∨ | in that bag? 너는 | 가지고 있니 ‖ 무엇을 | 그 백 안에?
⑤ Everybody | has ‖ a skeleton | in his closet. 누구나 | 있다 ‖ 해골이 | 장롱 안에.
⑤ He | has ‖ his head | in the clouds. 그는 | 있다 ‖ 머리를 | 구름 속에.*마음이 딴 데 있다.
⑤ You | 're looking ‖ for a needle | in a haystack. 너는 | 찾고 있어 ‖ 바늘을 | 건초더미에서.
⑤ We | put ‖ the picnic things | in the car. 우리는 | 실었어 ‖ 피크닉 물건을 | 차 안에.
⑤ | Put ‖ yourself | in my shoes. | 놓아라 ‖ 네 자신을 | 내 신 안에. *내 입장이 되어 봐.
⑤ I | want ‖ you | in bed.   나는 | 원해 ‖ 너를 | 침대 안에 있기를(잠자기를).
⑤ We | got ‖ any horse owners | in this line. 우리는 | 세운다 ‖ 말의 주인들을 | 이 줄에.
⑤ It | keeps ‖ me | in shape.   그것은 나를 건강하게 유지해.
(관념/활동)
⑤ You | will find ‖ the house | in ruins? 너는 | 발견할 것이다 ‖ 집이 | 엉망이 된 것을.
⑤ We | got | have ‖ the suspect | in custody. 우리는 | 두고 있어 ‖ 용의자를 | 구금해.
⑤ | Get ‖ me | in the game. | 끼워 줘 ‖ 나를 | 게임에.
⑤ Are you | get ‖ us | in trouble? 너는 | 하려니 ‖ 우리를 | 곤경에 처하게?
⑤ Your father | left ‖ it | in my possession. 네 아버지가 | 두었다 ‖ 그걸 | 내 수중에.
⑤ She | kept ‖ the place | in uproar. 그녀는 | 계속 했다 ‖ 그곳을 | 소란하게.
⑤ I | will put ‖ you | in charge of many things.(Mt25:21) 나는 네게 많은 것을 네게 맡길 것이다.
⑤ | Don't put ‖ yourself | in danger/peril. | 처하게 말라 ‖ 너 자신을/위험에.
⑤ I | put ‖ my foot | in it (today). 나는 | 실수 했다 (오늘)
⑤ | Put ‖ your room | in order.   너 네 방 정리 좀 해.
⑤ I | set ‖ it | in motion.   내가 그것을 추진했어.
⑤ He | had kept ‖ them | constantly in sight.(AWED106) 그는 | 유지했다 ‖ 그들을 | 항상 시야에.
⑤ Thou | shall not take ‖ the name of the Lord thy God | in vain..(Dt 5:11)

여호와 너희 하나님의 이름을 망령되이 일컫지 말라
(장소/위치)
⑤* He | asked/wanted ‖ us | (to be) in his office.
　　그는 | 요구/원했어 ‖ 우리가 | 그의 사무실에 있게(되도록).
⑤ They | didn't have ‖ their nose | in the air. 그들은 잘난 척 하지 않았다.
⑤ A child | lost | himself | in the woods. 어린애가 | 잃었다 ‖ 길을 | 숲 속에서.
⑤ Why don't we | just keep ‖ the trial | in the courtroom?
　　이 재판문제는 법정에 맡겨두도록 합시다.
⑤ | Keep ‖ things | in their right place. | 두어라 ‖ 물건들을 | 제 자리에.
⑤ I | saw ‖ your father | in the front. 나는 | 보았어 ‖ 네 아버지를 | (병원) 프론트에서.
⑤ What do we | have ‖∨| (in) here! 이게 누구야!
⑤ I | moved ‖ everything | in here. 나는 | 옮겼어 ‖ 모두 | 여기에.
⑤ Perhaps he | had left ‖the book | in there? 아마 그가 | 두었는지 몰라 ‖ 그 책을 | 그 안에.

| ⑤ I | place 「in your hands ‖ my destiny. |

예문은 ⑤형 NP「P(pr~)'N'이다. P'와 N'과 위치가 바뀐 것이다.
「 표시는 P'가 N'을 서술함을 나타낸다. 다음과 같이 분석된다.
즉 NP「P'N'⇒ NPN'P'⇒NPN'+N'P'의 관계에 있다.

⑤ I | place 「in your hands ‖ my destiny. 나는 | 둔다 「네 손안에 ‖ 나의 운명을.
=⑤ I | place ‖ my destiny | in your hands. 나는 | 둔다 ‖ 나의 운명을 | 네 손안에.
② I | place ‖ my destiny...　　　　나는 | 둔다 ‖ 나의 운명을...
① My destiny | is in your hands.　　내 운명은 | 네 손안에 있다.

♣ 유형별 예문
⑤ I | found 「in the kitchen ‖ the letter ＜I thought I had burnt＞?.
　　나는 | 발견했다 「부엌에서 ‖＜내가 태웠다고 생각한＞ 편지를.
⑤ He | was holding 「in his hands ‖ a large notebook and pencil.
　　그는 | 들고 있었다 「양손에 ‖ 큰 공책과 연필을.
⑤ She | keeps 「in the garden ‖ some of the most lovable little rabbits ＜I ever saw＞.
　　그녀는 | 기른다 「정원에 ‖＜내가 지금까지 본＞ 가장 귀엽고 작은 토끼 몇 마리를.

⑤' NPN'「P'(pr~)

| ⑤' He |'s reading ‖ a book 「in the room. |

예문은 ⑤'형 NPN'「P'이다. 다음 두 문장으로 나눠진다.
P'(in~)은 N'을 서술한다. 「 표시는 이를 나타낸다. 즉 NPN'「P'⇒NPN'+NP'의 관계에 있다.

⑤' He |'s reading ‖ a book 「in the room. 그는 | 읽고 있다 ‖ 책을 「방에서.
② He |'s reading ‖ a book.　　　　　　그는 | 읽고 있다 ‖ 책을.
① He |'s in the room.　　　　　　　　　그는 | 방에 있다.

♣ 유형별 예문

⑤' He | continued ‖ his meal 「in silence. 그는 | 계속했어 ‖ 식사를 | 조용히.
⑤' He | cried out ‖ for help 「in vain. 그는 | 외쳤으나 ‖ 도움을 「허사였다.
⑤' I | will enter ‖ the battle 「in disguise..(2Ch18:29) 나는 | 갈 거야 ‖ 전투에 | 변장하여
⑤' She | left ‖ them 「in tears.   그녀는 | 떠났다 ‖ 그들을 「울면서.
⑤' He | lost ‖ his way 「in the forest. 그는 | 잃었다 ‖ 길을 「숲 속에서.
⑤' He | would not say ‖ anything 「in a hurry. 그는 | 말하려 하지 않았어 ‖아무 것도 「급하게.
⑤' They | took ‖ to the street 「in protest. 그들은 | 갔어 ‖ 거리에 「항의차.
⑤' I | got ‖ to the office 「in time. 나는 | 도착했어 ‖ 사무실에 「정시에.

⑦ NPP'P"(pr~)

| ⑦ They | came | together | in Galilee. |

예문은 ⑦형 [NPP'P"]이다. P"는 소사 in이다.
다음 세 문장으로 나눠진다. 즉 NPP'P"⇒NP+NP'+NP"의 관계에 있다.

⑦ They | came | together | in Galilee. 그들은 | 왔다 | 함께 | 갈릴리에.
① They | came.   그들은 | 왔다.
① They | were together.   그들은 | 함께였다.
① They | were | in Galilee. 그들은 | 갈릴리에 있었다.

♣ 유형별 예문
(P':형용사)
⑦ He | looks | good | in a suit. 그는 | 보인다 | 좋아 | 양복을 입으면.*양복이 어울린다
⑦ He | stands | high | in favor of with his master.
  그는 | 높은 위치를 차지하고 있어 | 주인의 마음에 들어.
(P':명사)
⑦ I | don't belong | here | in heaven.(Pop) 나는 | 속하지 않아 | 여기 | 천국에.
⑦ I | got | here | all in one piece. 나는 | 왔다 | 여기에 | 무사히.
⑦ He | was sitting | there | in his chair. 그는 | 앉아 있었다 | 거기에 | 의자 안에.
(P':전치사구)
⑦ She | fell | head over heels | in love. 그녀는 | 빠졌다 | 열렬히 | 사랑에.
⑦ She | feels | at home(=comfortable) | in Korea.
  그녀는 | 느낀다 | 고향에 있는 것으로(편안하게) | 한국에서.
⑦ He | sat | before/behind me | in math class. 그는 | 앉았어 | 내 바로 앞/뒤에 | 수학시간에.
⑦ People | were striding | past him | in the opposite direction.
  사람들은 | 성큼 갔어 | 그를 지나 | 반대방향에.
⑦ The Spirit of the Lord | came | upon him | in power.(Jdg14:19)
  주의 신이 | 임하셨다 | 삼손 위에 | 능력으로.
⑦ I | was over | with my parents | in Liverpool. 나는 | 있었어 | 부모와 함께 | 리버풀에.
(P':소사)
⑦ She | turned | about | in the crowd. 그녀는 | 돌았다 | 반대방향으로 | 군중가운데서.
⑦ The three of them | sat nervously | apart | in the room.
  그들 셋은 | 초조하게 앉아 있었다 | 서로 떨어져 | 그 방에서.
⑦ Jesus | went | around | in Galilee.(Jn7:1) 예수께서 갈릴리에 이리저리 다니셨다
⑦ | Don't come | back | in here. 이 안으로 돌아오지 말아라.

⑦ Your bag | was left | behind | in N.Y. 당신 가방은 | 있어요 | 뒤쳐져 | 뉴욕에.
⑦ He | sat | down | in the back seat of the car. 그는 | 앉았다 | 내려 | 뒷자리에.
⑦ The light | is left | on | in the library. 불이 | 두어져 있다 | 켜 | 도서관에는.
⑦ She | stands | out | in a crowd. 그녀는 | 서 있었다 | 나게 | 군중가운데. * 눈에 띄다.
⑦ One day he | would pass | through | in a great hurry. 그는 매우 급하게 마쳐야 할 거야.
(P':동사)
⑦ I | got | caught | in the middle. 나는 | 되었어 | 잡히게 | 중간에서.
⑦ They | were kept | separated | in the small room. 그들은 | 계속 | 격리되었다 | 작은 방에서.
⑦ She | was found | lying | in the street. 그녀는 | 발견되었어 | 길거리에 | 누워있는 채.

```
He played the joke on me. (on~)
They sent him on his wasy. (on~)
```

① NP(pr~)

```
① The joke | was on me.
① He | was on his way.
```

예문은 ①형 NP이다. P는 전치사구 on~이다.
전치사 on~은 '~의 표면'을 나타낸다.

① The joke | was on me.   그 농담은 | 내게 빗댄 것이었다.
① He | was on his way.   그는 | 도중에 있었다.

♣ 유형별 예문
(사람/집단)
① Sam | was on him.   Sam이 | 그에게 덮쳤다.
① He | was on her (in an instant).   그는 | 그녀를 덮쳤다 (순식간에).
① My mind | was on the girl.   내 마음은 | 그 소녀에게 있었다.
① His thoughts | were on them.   그의 마음은 | 그들에게 있었다.
① All eyes | were on him.   모든 눈들이 | 그에게 가 있었다.
① All my money | is on her.   내 돈은 | 모두 그녀에게 쓰여진다.
① Lunch | is on me (today).   점심은 | 내 부담이다 (오늘).
① The fit | was on him.   발작이 | 그에게 있었다.
① You | are on your own.   너 | 맘대로 해도 된다.
① I | 'm on top of you.   내가 | 네게 주도권이 있다.
① We | 're on the team too.   우리도 | 팀의 일원이야.
① The drinks | are on the house.   술값은 | 무료다.* house는 의인화
(정신/신체)
① What | 's on your mind?   무엇이 | 네 마음에 있니?
① You | were always on my mind.   너는 | 항상 내 마음에 있었다.
① Lunch | was certainly on their minds. 그들은 확실히 점심 생각이 났다.
① They | were on their back.   그들은 | 등을 대고 누워 있었다.

① Sam | was still on his elbows.　　샘은 | 여전히 양 팔꿈치를 괴고 있었다.
① | On your feet!(Mk10:49　　네 발로 일어서라.
① Half the audience | was on its feet.　청중의 반이 | 기립했어.
① Are you | on foot? (=Do you walk?)　너 | 걸어다니니?
① I | am on my knees.　　나는 | 무릎 꿇고 있다.
① He | 's really on his toes (now).　그는 | 정말 발꿈치로 서있다. *집중하다.
① The reporter | was on all fours.　그 기자는 | 큰 대자로 넘어져 있다.
① On their fingers were」 many rings.　많은 반지가 | 손가락에 끼여져 있었다.
① On their heads were」 circlets.　장식핀이 | 그들 머리에 꽂혀 있었다.
(물건)
① I | 'm on the ball.　나는 | 일에 집중하고 있다.
① He | is on the ball.　그는 능수능란하다/척척이다.
① It | 's still on the drawing board.　아직 구체적인 계획이 없다.
① What shapes | are on the toy box?　어떤 무늬가 | 장난감 상자에 붙어있니?
① It | 's not on your calendar.　그 일정은 | 달력에 없어.
① The dog | is on the chain.　그 개는 | 사슬에 매여 있어.
① You | 're on your brother's horse (today).　넌 | 형의 말을 타고 있구나 (오늘).
① It | 's all on the papers.　모두 | 신문에 났어.
① The price | is on this ticket.　가격은 | 이 표에 있다.
① I | 'm on pins and needles.　나는 | 바늘방석에 앉은 기분이야.
① A vase | is on the table.　화병 하나가 | 테이블 위에 있어.
① The issue | was on the table.　그 논점은 | 상정되었다.
① My money | was on an outsider(=horse).　내 돈은 | 승산 없는 말에 걸었어.
① Are you | on fire?　너 | 흥분했니?
① My butt | is really on fire.　내 엉덩이(발등)에 | 불이 붙었어.
① His house | is on fire.　그의 집이 | 불붙어 있다.
cf① His house | is in fire.　그의 집이 | 불타고 있다.
① I | 'm on edge.　나는 | 짜증/신경질이 난다.
① She | is on another line.　그녀는 | 다른 전화를 받고 있어.
① All our jobs | are on the line.　우리의 일자리가 | 걸려있다 *위태롭다.
① She | is not on the list.　그녀는 | 그 명단에 없어.
① He | is on the phone.　그는 | 전화 받고 있어.
① You | 're on the phone.　네게 | 전화가 와 있다.
① He | 's been on the television.　그는 | TV에 나왔다.
① The guy | 's on death row.　그는 | 사형수 감방에 있다.
① Mitch | was on the track.　Mitch는 | 트랙에 있었어.
① He | is on the right track again.　그는 | 이제 방향이 제대로다.
① His firm | was on the verge of bankruptcy.　그의 회사는 | 파산 직전(가장자리)에 있었어.
① What | 's' on television (tonight)?　무엇이 | 텔레비젼에 났니 (오늘)?
(관념/활동)
① Now we | are on a first-name basis.　이제부터 우리는 | 친한 사이야.
① I | 'm on business.　나는 | 업무중이야.
① I | 'm on a diet.　난 | 단식하고 있어.
① He | is on guard.　그는 | 파수하고 있어.
① They | are still on the job.　그들은 | 아직 일하고 있어.

① Whole armies | were on the march. 모든 군대가 | 전진 중이었어.
① I | 'm on medication | the pill. 나는 | 투약중이야.
① We | are on the move. 우리는 | 이동해 | 출발해.
① It | was on the news, last night. 그것은 | 뉴스에 났어, 어제 밤.
① They | are on the run. 그들이 | 도망치고 있어.
① This dress | is on sale (now). 이 옷은 | 할인 판매 중이야 (지금).
① What | 's on your schedule (tonight)? 무엇이 | 스케줄이니 (오늘 밤)?
① The railway workers | were on strike. 철도노동자들이 | 파업했어.
① He | 's on a 14-day tour of Europe. 그는 | 14일 유럽 여행 중이야.
① We | 're on vacation. 우린 | 휴가 중이야.
① He | is on a coffee break. 그는 | 지금 커피 휴식시간이야.
(장소/위치)
① You | are on the air. 너는 | 전파 타고 있어. *방송중이야.
① They | 're on the beach. 그들은 | 해변에 있어.
① She | is on board (of) the ship. 그녀는 | 그 배에 타고 있어.
① The hotel | is on the hill. 그 호텔은 | 언덕 위에 있어.
① Many cars | were on the road. 많은 차들이 | 도로에 있었다.
① Whose side are | you | on ? 너는 | 누구편이야?
① I | 'm on Main Street. 난 | 메인 거리에 있어.
① All eyes | are on South Asia. 모든 눈이 | 남아시아에 향해 있어.
① The poster | is on the wall. 포스터가 | 벽에 붙어 있어.
① He | 's been on there (for all night). 그는 | 저기에 앉아 있었어 (밤새).
① I | was just on my way <up>. 나는 | 막 올라가는 중이었다.
① It | 's already is on its way <back>. 그건 | 이미 회복 중이야.
(시간)
① | Be on time(=be punctual). | 시간 정시에 지켜.
① The buses | are never on time. 버스는 | 제 시간에 오는 법이 없어.
① The offering | was on Friday. 청약은 | 금요일에 했다.
① It | was on Monday. 그날은 | 월요일이었어.
① It | was well on the evening. | 너무 늦은 저녁시간이야.

③ NPP'(pr~)

③ He | went | on his way.

예문은 ③형 NPP'이다. P는 자동사, P'는 전치사구 on~이다.
다음 두 문장으로 나눠진다. 즉 NPP'⇒NP+NP'의 관계에 있다.

③ He | went | on his way. 그는 | 갔다 | 그의 길을.
① He | went. 그는 | 갔다.
① He | was on his way. 그는 | 가는 도중이었다.

♣ 유형별 예문
(사람)
③ We | act | on our own. 우리는 | 행동해 | 우리 마음대로.

③ If you | come | <u>on</u> him, spare him. 네가 그를 잡게 되면 목숨은 살려줘라.
③ A great sleep | came | <u>on</u> them. 대단한 잠이 | 몰려 왔다 | 그들에게.
③ I | fell | <u>on</u> you.   내가 | 넘어졌군 | 네게.
③ His eyes | fell | <u>on</u> a huddle of these weirdos. 그의 눈이 | 향했다 | 이상한 사람들 무리에.
③ His pursuers | are gaining | <u>on</u> him. 추격자가 | 따라 미치고 있어 ‖ 그에게.
③ The ridiculous habit | was growing | <u>on</u> her. 괴팍한 습관이 | 고착되었어 | 그녀에게.
③ His dog | turned | <u>on</u> me.   그의 개가 | 달려들었어 | 내게.
③ He | plays | <u>on</u> the team.   그는 | 뛰고 있어 | 팀에서.
(정신/신체)
③ Examinations | weigh | <u>on</u> my mind (all the time). 시험들이 | 눌러 | 내 마음을 (내내).
③ Spicer | leaned | <u>on</u> his elbows. Spicer는 | 기댔다 ‖ 팔꿈치들을 괴고.
③ He | fell | <u>on</u> his face.   그는 | 넘어졌어 ‖ 얼굴이 닿게.
③ She | fell | <u>on</u> her knees.   그녀는 | 쓰러졌어 | 무릎을 꿇고.
③ He | got | <u>on</u> his feet.   그는 | 되었다 ‖ 제 발로 서게.
③ He | knelt/sank | <u>on</u> one knee.   그는 | 꿇었다 | 한쪽 무릎을.
③ He | was lying | <u>on</u> his back.   그는 | 누워 있다 | 등을 대고.
③ Stand (up) | <u>on</u> your feet.(Ac26:15) | 서라 | 너의 발로 서라
③ The cow and the horse | stood | <u>on</u> their heads. 암소와 말이 |(물구나무) 섰다 | 머리를 대고.
③ | Stay | <u>on</u> your toes.   집중 대비해라.
(물건)
③ She | came | got | <u>on</u> a black horse. 그녀는 | 왔다 | 탔다 | 검은 말을 타고.
③ He | went | <u>on</u> board the ship. 그는 | 갔다 | 그 배에 승선하여.
③ | Get | <u>on</u> the bus! | 타라 | 버스(대형차)에.
③ They | sat | <u>on</u> the sofa.   그들은 | 앉았다 | 소파에.
③ She | appeared | seemed | <u>on</u> the verge of tears.
    그녀는 | 보였어 | 금방 울음을 터뜨릴 것처럼.
③ Her clothes | caught | <u>on</u> fire. 그녀 옷은 | 붙어 있었다 | 불이.
cf② Wooden houses | catch ‖ fire (easily). 목조 가옥은 붙는다 (쉽게).
③ I | feel | <u>on</u> edge today.   나는 | 느껴 | 오늘 짜증을.
③ He | now sat | <u>on</u> death row (in Hunstville, Texas).
    그는 | 지금 앉아 있었어 | 사형수 감옥에 (텍사스 헌트빌에서).
③ We | can't talk | <u>on</u> the phone. 우리는 | 말하면 안된다 | 전화로.
(관념/활동)
③ I | 'll get | right <u>on</u> it.   나는 그것에 바로 착수할 거야.
③ Poor guy | had lived | <u>on</u> the run. 그는 | 살았다 ‖ 도망치면서.
③ Are we | flying | <u>on</u> schedule? 예정대로 비행기가 가요?
③ I decided [| to go | <u>on</u> a diet (before my holiday)].
    나는 결정했다 [(휴일 전에) 다이어트 하기로].
③ You | 're going | <u>on</u> leave.   너는 | 갈 거야 | 휴가를.
③ He | went | <u>on</u> trial (for robbery). 그는 | 되었어 | 재판에 기소 (강도죄로).
③ The workers decided [that they | would go | <u>on</u> strike].
    그 노동자들은 [그들이 파업하는 것]을 결정했어.
③ I wish [I | 'd never gone | <u>on</u> that trip]. 나는 그 여행에] 지 않았더라면 하고 후회해.
③ I | am working | <u>on</u> it.   나는 | 일하고 있어 | 그것에 관해.
(장소/위치/정착물)

③⌐ There came⌐ a knock | on the door. 문에 노크가 있었어.
③ They | lay | walked | on the beach. 그들은 | 누워있어 | 걸었어 | 해변에.
③ I | live | on the second floor. 나는 | 산다 | 이층에.
③ He | has been sitting | on top of the world. 그는 기분이 최고에 도달해 있어.
③ Our school | stands | on the hill. 학교는| 언덕 위에 | 있어.
③ He | went | on his way. 그는 | 갔어 | 그의 길을.
③ They | met | on their way <back>. 그들은 | 만났어 | <돌아오는> 도중에.
③ The men | started | on their way.(Jos18:8) 사람들은 | 출발했다 | 그들 길을.
③ She | set out | on the road.(Ru1:7) 그녀가 길을 출발했다.
(시간)
③ I | went | on my first date. 나는 | 갔다 | 처음 데이트에.
③ It appears unlikely [that we | 'll arrive | on time].
　　　[우리가 정시에도착하는 것은] 안될 것 같아.

---

③ The joke | was played | on me.

예문은 ③형 NPP'이다. P는 수동형, P'는 전치사구 on~이다.
두 문장으로 나눠진다. 즉 NPP'⇒NP+NP'의 관계에 있다.

③ The joke | was played | on me. 그 농담은 | 말해졌다 | 나를 빗대어.
① The joke | was played. 그 농담은 | 말해졌다.
① The joke | was on me. 그 농담은 | 내게 빗댄 것이었다.

♣ 유형별 예문
(사람/집단)
③ Your jokes | are wasted | on him. 네 농담은 | 허비된다 | 그에게. *농담이 아깝다.
③ His burden | was less heavy | on him. 그의 부담은 | 덜 무거웠어 | 그에게.
③ Who | is the best | on the basketball team? 누가 | 최고니 | 농구팀에서?
(신체)
③ Now I | am back on my feet. 이제 나는 | 되었어 | 내 발로 서게.
③ He | was down | on his back. 그는 | 넘어져 있었어 | 등을 대고.
(물건)
③ The food | was placed | on folding tables. 음식이 | 놓여졌어 | 접는 탁자 위에.
③ The issue | was put | on the table. 그 논점이 | 놓여졌다 | 상정되어.
③ You | 're wanted | on the phone. 너는 | 와 있어 | 전화가.
(관념/활동)
③ All directors | were abroad | on business. 모든 이사들이 | 해외에 | 출장 중이었다.
③ Are you | here | on holiday | vacation? 너 | 여기 왔니 | 휴가차?
③ She | 's out of town | on business. 그녀는 | 출장 중이야 | 사업차.
③ He | was away | on a trip. 그는 | 부재중이야 | 여행으로.
③ He | 's back | on the start <up trail>. 그는 | 돌아와 있어 | <올라가는> 출발 길에.
③ The doctor | 's out | on a call. 의사는 왕진으로 나가 있다.
③ The electricians | are out | on a strike. 전기기술자들이 | 빠졌어 | 파업하여.
(장소/위치)

③ Price tags | are placed | <u>on</u> the wall. 가격표가 | 붙어있어 | 벽에.
③ You | are back | <u>on</u> the air.   너는 | 다시 되고 있어 | 방송이.
③ I | 'm outside | <u>on</u> the ledge of my apartment. 나는 | 바깥에 있어 | 아파트 난간에.
③ It | 's the first one | <u>on</u> the left.   그건 | 첫째 방이야 | 왼편에.
(시간)
③ It | ' due | <u>on</u> Nov. 30.   그것은 | 마감이야 | 11월 30일에.
③ I | am here | right <u>on</u> time.   나는 | 여기 왔어 | 정시에.

⑤ NPN'P'(pr~)

```
        ⑤ He  |  played ‖ the joke  |  on me.
        ⑤ They |  sent ‖ him  |  on his way.
```

예문은 ⑤형 NPN'P'이다. P는 타동사, P'는 전치사구 on~이다.
다음 두 문장으로 나눠진다. 즉 NPN'P' ⇒ NPN'+N'P'의 관계에 있다.

⑤ He | played ‖ the joke | <u>on</u> me. 그는 | 놀렸다 ‖ 농담으로 | 내게.
② He | played ‖ the joke.   그는 | 놀렸다 ‖ 농담으로.
① The joke | was <u>on</u> me.   그 농담은 | 내게 빗댄 것이었다.

⑤ They | sent ‖ him | <u>on</u> his way. 그들은 | 보냈다 ‖ 그를 | 그의 길로.
② They | sent ‖ him.   그들은 | 보냈다 ‖ 그를.
① He | was <u>on</u> his way.   그는 | 길을 가는 중에 있다.

♣ 유형별 예문
(사람)
⑤ I | fix ‖ my thoughts | <u>on</u> you.   나는 | 고정한다 ‖ 생각을 | 네게.
⑤ | Get ‖ a grip | <u>on</u> yourself. | 해라 ‖ 통제를 | 네 자신에게.
⑤ | Have ‖ a couple of beers | <u>on</u> me. | 마셔라 ‖ 맥주 몇 잔 | 내 부담으로.
⑤ I | had/got ‖ a crush | <u>on</u> her at first sight. 나는 첫눈에 그녀에게 반했어.
⑤ | Keep ‖ an eye | <u>on</u> the child.   그 애를 지켜보고 있거라.
⑤ | Let/Put ‖ the blame | <u>on</u> me. | 돌려라 ‖ 책임을 | 내게.
⑤ He | often plays ‖ jokes | <u>on</u> me. 그는 | 종종 놀린다 ‖ 나를.
⑤ He | put ‖ his hands | <u>on</u> her.(Lk13:13) 그는 | 얹었다 ‖ 손을 | 그녀에게.
⑤ Who | would put ‖ a penny | <u>on</u> you? 누가 | 걸겠니 ‖ 돈을 | 네게.
⑤ Bilbo | put ‖ it | <u>on</u> him(Frodo). Bilbo는 그걸 Frodo에게 입혔어.
⑤ Are you | running ‖ your game | <u>on</u> me? 너 날 가지고 노는 거야?
⑤ You | can't take ‖ it all | <u>on</u> yourself. 너는 그 모든 것을 | 네 자신에게 부담시킬 수 없다.
⑤ All | turned ‖ their eyes | <u>on</u> him. 모두가 | 돌렸어 ‖ 눈을 | 그에게.
(정신/신체)
⑤ I | have ‖ something | <u>on</u>/in my mind. 나는 신경 쓰이는 일이 있어.
⑤ I | keep ‖ you | <u>on</u> my mind (both day and night).
      나는 | 간직하고 있어 ‖ 너를 | 네 마음에 (밤낮 모두).
⑤ They | got ‖ him | <u>on</u> his knees. 그들은 | 했다 | 그를 | 양 무릎을 꿇게.
⑤ They | pushed ‖ him | <u>on</u> his knees. 그들은 | 밀었다 ‖ 그를 | 양 무릎을 꿇게.

⑤ They | are carrying ‖ bags | on their shoulders.
    그들은 | 운반하고 있어 ‖ 가방들을 | 어깨에 메고.
⑤ They | got ‖ him | on his feet. 그들은 | 했다 ‖ 그를 | 제 발로 서게.
⑤ He | has ‖ no cash | on hand. 그는 | 없어 ‖ 현금이 | 손에.
⑤ He | has ‖ milk | on his chin. 그는 | 있어 ‖ 우유가 | 볼에. * 아직 '풋내기' 라는 의미.
⑤ They | helped ‖ him | on his feet. 그들은 | 도왔다 ‖ 그를 | 제 발로 서게.
⑤ The men | put ‖ worn and patched sandal | on their feet.(Jos9:5)
    그 사람들은 | 신었다 ‖ 낡고 기운 신발을 | 발에.
⑤ He | rested/stuck ‖ his elbows | on his knees. 그는 | 내려놓았다/박았다 ‖ 팔꿈치를 | 무릎에.
⑤ He | set ‖ his foot | on his head. 그는 | 놓았다 ‖ 발을 | 그의 머리에.
(물건)
⑤ | Keep ‖ an eye | on my suite case [while I buy my ticket] [내가 표 살 동안] 가방 좀 봐줘.
⑤ I | 'd left ‖ my briefcase | on the dresser. 나는 | 두었다 ‖ 가방을 | 옷장 위에.
⑤ Sir Palamides | put ‖ her | on his horse. Palamides경이 | 태웠다 ‖ 그녀를 | 그의 말에.
⑤ They | put ‖ the issue | on the table. 그들은 | 놓았다 ‖ 그 논점을 | 상정시켜.
⑤ She | sat ‖ the tray | on a table. 그는 | 두었다 ‖ 쟁반을 | 탁자 위에.
⑤ He hesitated [| to spend ‖ so much money | on the dress].
    그는 주저했다 [| 쓰는 것을 ‖ 그처럼 많은 돈을 | 옷에].
⑤ | Call ‖ him | on the phone. | 불러라 ‖ 그를 | 전화로. *전화해라
⑤ | Got ‖ eight of the | on death row, he said, not bragging.
    8명을 사형수 감방에 보냈어, 그가 말했어, 허풍이 아니라.
⑤ I | hear ‖ your voice | on the line. 나는 | 듣는다 ‖ 네 목소리를 | 전화로.
⑤ | Keep ‖ her | on the line. | 계속 붙들어 ‖ 그녀를 | 전화로.
    *미지의 그녀의 발신지를 알아내기까지 전화로 붙들고 있으라는 의미
⑤ | Put ‖ it | on my account/tab. | 달아라 ‖ 그것을 | 외상장부/계산서에.
⑤ I | see ‖ nothing | on his calendar <for this morning>.
    나는 | 보지 않아 | 아무 것도 | <오늘 아침> 그의 달력에서. *아무 일정도 적혀있지 않아.
⑤ I | saw ‖ you | on TV (last night. 나는 | 보았다 ‖ 너를 | TV에서 (어제 밤).
⑤ They | set ‖ the house | on fire.(Jos8:8) 그들은 | 질렀다 ‖ 집에 ‖ 불을.
⑤ Who else | wants ‖ you | on the phone? 누가 | 하니 ‖ 네게 | 전화를?
⑤ I | heard ‖ the news | on my radio. 나는 | 들었다 ‖ 뉴스를 ‖ 내 라디오로.
⑤ I | listened ‖ to the news | on the radio. 나는 | 들었다 ‖ 뉴스에 향해 | 그 라디오로.
⑤ We | watched ‖ the news | on television. 우리는 | 보았다 ‖ 그 뉴스를 ‖ 텔레비젼으로.
(관념/활동)
⑤ I | can bet ‖ my house | on it.   나는 | 걸겠어 ‖ 집을 | 그것에.
⑤ I | bought ‖ this coat | on sale. 나는 | 샀어 ‖ 이 코트를 | 할인판매에서.
⑤ You | got ‖ him | on the move. 너는 | 잡았다 ‖ 그를 | 이동하면서.
⑤ He | couldn't keep ‖ his mind | on his work. 그는 | 일에 집중할 수 없었어.
⑤ We expect [to | make ‖our four hour flight plan | on schedule].
    우리는 기대한다 [| 될 것을 ‖ 우리의 4시간 비행계획이 | 예정대로].
⑤ He | led ‖ the Korean squad | on tours to Africa and Europe.
    그는 | 데려갔어 ‖ 한국팀을 | Africa와 Europe 원정에.
⑤ I | spend ‖ five minutes | on the first problem. 나는 | 소비했다 ‖ 5분을 | 첫째 문제에.
⑤ You | put ‖ us | on the run. 너는 | 했다 ‖ 우리를 | 도망치게.
⑤ We | are putting ‖ a great stress | on this. 우리는 | 쓰고 있어 ‖ 큰 힘을 | 이 일에.
⑤ The company agreed [| to take ‖ the machine | on trial].

회사는 동의했다 [| 사용해 보기로 ‖ 그 기계를 | 시험적으로].

(장소/위치)
⑤ | Do ‖ it | **on** the air.　　　　 | 띄워라 ‖ 그것을 | 방송에.
⑤ You | 'll find ‖ it | **on** the left.　　너는 | 볼 거야 ‖ 그것을 | 왼편에서.
⑤ | Hang/Put ‖ it | **on** the wall.　　| 걸어라/붙여라 ‖ 그것을 | 벽 표면에.
⑤ He | runs ‖ a souvenir shop | **on** the side. 그는 | 운영해 ‖ 기념품 가게를 | 부업으로.
⑤ She | had spent ‖ a great deal of her life | **on** the beach.
　　　　그녀는 | 보냈어 ‖ 생애의 많은 부분을 | 해변에서.
⑤ The centurion | put ‖ us | **on** board.(Ac27:6) 백부장이 | 태웠다 ‖ 우리를 | 배에.
⑤ He | took ‖ Isolt | **on** his ship.　그는 | 태웠다 ‖ Isolt를 | 그의 배에.
⑤ | Throw ‖ your net | **on** the right side of the boat. (Jn21:6) | 던져라 ‖ 그물을 | 배 오른쪽에.
⑤ We | want ‖ you | **on** our side. 우리는 | 원한다 ‖ 너를 | 우리편으로.
⑤ Ahijah the prophet | met ‖ him | **on** the way.(1Ki11:29) 선지자 아히야가 길에서 저를 만났다.
⑤ They | sent ‖ him | **on** their way. 그들은 | 보냈어 ‖ 그를 | 그의 길로.
⑤ You | have to keep ‖ your eyes | **on** the road. 너는 |주목해야 해 ‖두 눈을 | 도로 상에.

┌───┐
│　　　　　⑤ He | put 「**on** Bilbo ‖ a small coat of mail.　　　　　│
└───┘

예문은 ⑤형 NP「P(pr~)'N'이다. P'와 N'의 위치가 바뀐 것이다.
「 표시는 P'가 N'을 서술함을 나타낸다. 다음 두 문장으로 나눠진다.
즉　NP「P'N'⇒ NPN'P'⇒NPN'+N'P'의 관계에 있다.

⑤ He | put 「**on** Bilbo ‖ a small coat of mail. 그는 | 입혔다 「빌보에게(덮어) ‖ 작은 갑옷을.
=⑤ He | put ‖ a small coat of mail | **on** Bilbo. 그는 | 입혔다 ‖ 작은 갑옷을 | 빌보에게.
② He | put ‖ a small coat of mail.　그는 | 입혔다) ‖ 작은 갑옷을.
① A small coat of mail | was **on** Bilbo. 작은 갑옷이 | 빌보에게 입혀졌다.

♣ 유형별 예문
⑤ The Lord | has laid 　「**on** him ‖ the inequity of us all.(Isa53:6)
　　주께서 | 담당시켰다 「그에게 ‖ 우리의 죄악을.
⑤ I | will place 　「**on** his shoulder ‖ the key to the house of David.(Isa22:22)
　　내가 | 둘 것이다 「그의 어깨에 ‖ 다윗 집의 열쇠를.

⑦ NPP'P"(pr~)

┌───┐
│　　　　　　　　⑦ I | 'll get | there | **on** foot.　　　　　　　　│
└───┘

예문은 ⑦형 NPP'P"이다. P"는 전치사구 on~이다.
다음 세 문장으로 나눠진다. 즉 NPP'P"⇒NP+NP'+NP"의 관계에 있다.

⑦ I | 'll get | there | **on** foot.　　난 | 갈 수 있어 | 거기에 | 걸어.
① I | 'll get.　　　　　　　　　　　　난 | 갈 수 있어.
① I | 'll be there.　　　　　　　　　　난 | 거기 있을 거야.
① I | 'll be **on** foot.　　　　　　　　난 | 걸을 거야.

♣ 유형별 예문

(신체)
⑦ | Lie | down, please | on the back. 등을 대고 누워요.
⑦ His head | fell | forward | on his breast. 그의 머리가 | 떨구어졌다 | 앞으로 | 그의 가슴팍에.
⑦ He | fell | flat | on his face. 그는 | 넘어졌어 | 납작하게 | 얼굴을 바닥에 대고.
⑦ Can I | get | there | on foot? 나는 | 갈 수 있니 | 거기 | 걸어서?
⑦ He | set | out | on foot (early the next morning).
　　　그는 | 나섰어 | 밖으로 | 도보로 (다음 날 아침 일찍).
⑦ Neighbors | hurried | by | on foot. 이웃 사람들이 | 급히 | 지나갔다 | 걸어서.
⑦ Rain drops | keep | falling | on my head. 빗방울이 머리 위로 계속 떨어지네.
⑦ He | fell/lay | flat | on his stomach. 그는 | 넘어졌다/엎드렸다 | 납작하게 | 배를 바닥에 대고.
⑦ I | got | down | on my knees. 나는 | 됐다 | 엎드리게 | 무릎 꿇고.
⑦ Harry | got | down | on his hands and knees. 해리는 | 엎드렸어 | 낮게 | 손과 무릎으로.
(물건)
⑦ She | became | quite emotional | on the phone. 그녀는 | 되었어 | 매우 감정적이 | 전화 중.
⑦ The more dramatic departure | would look | good | on TV.
　　　더 극적인 출발이 | 보일 것이다 | 좋게 | TV에서.
⑦ He | can get | back | on track. 그는 | 갈 수 있어 | 돌아 | 정상으로.
⑦ His right hand | pushed | back | on the trigger. 그의 오른손이 | 밀었다 | 뒤로 | 노리쇠에.
(관념/활동)
⑦ It | will come | in | on the next flight. 그건 | 올 거야 | 들어 | 다음 비행기로.
⑦ He | was let | out | on bail. 그는 | 허가되었어 | 방면이 | 보석으로.
⑦ Were you | setting | out | on a journey? 너는 | 하고 있었니 | 떠나려 | 여행을?
⑦ He | sat | in Valdir's office | already on a first-name basis.
　　　그는 | 앉았어 | Valdir의 사무실에 | 벌써 친한 사이로.
⑦ Kayla | was caught | sleeping | on the job. Kayla는 | 들켰어 | 졸다가 | 일하면서.
(장소/위치)
⑦ The caterpillar | 's hanging | upside down | on a branch.
　　　애벌레가 | 달려있어 | 거꾸로 | 나뭇가지에.
⑦ My bag | didn't come | out | on the conveyer belt.
　　　그런데 내 가방이 | 나 | 오지 않았어요 | 컨베여 벨트에.
⑦ The Statue of Liberty | was put | up | on Ellis Island.
　　　자유의 여신상은 | 놓여졌다 | 세워 | 엘리스 섬에
⑦ They | knelt | to pray | on the beach..(Ac21:5) 그들은 | 꿇었다 | 기도하기 위해 | 해변에서
⑦ I | got | lost | on my way <back>. 나는 | 됐다 | 잊게 | 돌아오는 길을.
(시간)
⑦ You | got | here | right on time. 너는 | 왔군 | 여기에 | 정시에.

| They kept him off the team. (off~) |

① NP(pr~)

| ① He | was off the team. |

예문은 ①형 NP이다. P는 전치사구 off~이다.

off~는 '~으로부터 분리/단절'을 나타낸다.

① He | was off the team.　　　그는 | 그 팀에서 빠져있었다.

♣ 유형별 예문
(사람)
① Their eyes | weren't off the President (for a moment).
　　그들의 눈은 | 대통령으로부터 떼지 않았다 (한 순간도).
① The responsibility | 's off my shoulder. 책임은 | 내게서 벗어나 있다.
(사물)
① I | 'm off the phone.　　　나 | 전화 끝냈어,
① Half the buttons | are off my shirt. 단추가 반이나 | 셔츠에서 떨어졌다.
① She | is off the food.　　　그녀는 | 식욕이 없다.
① He | is off liquor.　　　그는 | 술을 끊었다.
① We | 're off the hook (for Saturday). 우리는 | 자유야 (토요일 동안).
① Phase bolt impeller | off line!　　볼트 추진장치 | 단선!
① I | 'm off the case.　　　나 | 그 일에 손뗐어.
① We | are off duty (at 5 p.m).　　우리는 | 일이 끝나 (5시에).
① It | 's off limits.　　　그곳은 | 통제구역이야.
① What he said | was off the record. 그가 말한 것은 | 비공식적이었다.
① | Off the platform.　　　| 플랫폼에서 떨어져라(내려와라).

③ NPP'(pr~)

　　　　　　　　③ He | got | off the team.

예문은 ③형 NPP'이다. P는 자동사, P'는 전치사구 off~이다.
다음 두 문장으로 나눠진다. 즉 NPP'⇒NP+NP'의 관계에 있다.

③ He | got | off the team.　　　그는 | 되었다 | 팀에서 빠지게.
① He | got...　　　그는 | 되었다.
① He | was off the team.　　　그는 | 그 팀에서 빠져 있었다.

♣ 유형별 예문
(사람)
③ | Get | off me/my back.　　날 내버려 둬.
③ | Lay | off the boy.　　| 떨어져 | 그 소년에게서.
③ The chains | fell | off Peter's wrists.(Ac12:7) 쇠사슬이 | 떨어졌다 | 베드로의 팔목에서.
(사물)
③ He | fell(or got) | off the horse. 그는 | 떨어졌어 | 내렸어 | 말에서.
③ | Get | off/on the bus.　　버스에서 내려라/타라.
③ A duck | shakes | off water.　　오리가 | 흔들어 | 물기를 털었어.
③ | Come | off it.　　(객적은 소리) 그만 둬.
③ He | goes | on duty at 8 a.m. and | comes | off duty at 5 p.m.
　　그는 | 간다 | 8시에 당번으로 그리고 | 온다 | 비번으로 5시에.

③ The paint | came | off the wall. 페인트가 | 되었다 | 벽에서 벗겨지게.
③ | Get | off the street. 거리에서 꺼져라.

> ③ He | was kept | off the team.

예문은 ③형 NPP'이다. P는 수동사, P'는 전치사구 off~이다.
다음 두 문장으로 나눠진다. 즉 NPP'⇒NP+NP'의 관계에 있다.
③ He | was kept | off the team. 그는 | 계속 되어졌다 | 팀에서 빠져있게.
① He | was kept. 그는 | 계속 되어졌다.
① He | was off the team. 그는 | 그 팀에서 빠져있었다.

♣ 유형별 예문
③ I | was kept | off the chess team. 나는 체스 팀에서 쫓겨났어.
③ Harry | was knocked | off his feet. 해리는 넘어졌다 | 발이 걸려.
③ | Just back | off the interest. 단지 이자만 깎아라.

⑤ NPN'P'(pr~)

> ⑤ They | kept ‖ him | off the team.

예문은 ⑤형 NPN'P'이다. P는 타동사, P'는 전치사구 off~이다.
다음 두 문장으로 나눠진다. 즉 NPN'P'⇒NPN'+N'P'의 관계에 있다.

⑤ They | kept ‖ him | off the team. 그들은 | 유지했다 ‖ 그를 | 팀에서 빠져있게.
② They | kept ‖ him. 그들은 | 유지했다 ‖ 그를.
① He | was off the team. 그는 | 그 팀에서 빠져있었다.

♣ 유형별 예문
(사람)
⑤ | Don't take ‖ your eyes | off him. | 떼지 마라 ‖ 눈을 ‖ 그에게서.
⑤ They | kept ‖ him | off the team. 그들은 | 유지했다 ‖ 그를 | 팀에서 빠져있게.
⑤ I | got ‖ the problem | off my heart. 나는 | 놓았어 ‖ 문제를 | 마음에서 털어.
⑤ | Shake ‖ the dust | off your feet. | 털어라 ‖ 먼지를 | 발에서.
(사물)
⑤ He | had kept ‖ me | off the lists. 그는 | 두었다 ‖ 나를 | 그 명단에서 빼어.
⑤ Somebody | yanked ‖ him | off the life support system.
  누군가 | 잡아채었어 ‖ 그를 | 산소호흡기에서 떼어.
⑤ I | bought ‖ the suit | off the rack. 나는 | 샀어 ‖ 옷을 | 옷걸이에서 떼어. *기성복을 사다.
⑤ He | picked ‖ the shining, silvery cloth | off the floor.
  그는 | 집었다 ‖ 그 반짝이는 은빛 옷을 | 마루바닥으로부터.
⑤ | Take ‖ the book | off the self. 취해라 ‖ 그 책을 | 서가로부터.
⑤ | Drop ‖ her | off here. | 떨어뜨려 ‖ 그녀를 | 여기 내리게.
⑤ | Let ‖ me | off there. | 해줘 ‖ 나 | 저기에 내리게.
⑤ They | ran ‖ us | off the road. 그들은 | 쫓아냈다 ‖ 우리를 | 길에서.

⑦ NPP'P"(pr~)

| ⑦ She | went | (a) cold turkey | off heroin. |

예문은 ⑦형 NPP'P"이다. P"는 전치사구 off이다.
다음 세 문장으로 나눠진다. 즉 NPP'P"⇒NP+NP'+NP"의 관계에 있다.

⑦ She | went | (a) cold turkey | off heroin.
  그녀는 | 되었어 | 찬 터키(금단증상)가 | 헤로인에서 끊어져.
① She | went.   그는 | 되었다.
① She | was (a) cold turkey.   그는 | 찬 터키(금단증상)이었다.
① She | was off heroin.   그는 | 헤로인에서 끊어졌다.

♣ 유형별 예문
⑦ She | went | (a) cold turkey | off heroin. 그녀는| 되었어 |금단증상이| 헤로인에서 끊어져.
⑦ | Get | up | off your knees. 무릎 꿇지 말고 일어나라.

| I count him among my best friends. (among~/between~) |

① NP(pr~)

| ① He | is among my best friends. |

예문은①형 NP(pr~)이다. P는 전치사구 among~이다.
among은 '~의 가운데(3개 이상 목적어)', between~은 '~의 사이(2개 목적어)'을 나타낸다,

① He | is among my best friends. 너는 | 나의 가장 친한 친구이다.

♣ 유형별 예문
(among~)
① You | are among us, O Lord.(Jer14:9) 주는 | 우리 중에 계신다.
① I | was among friends (again). 나는 | 친구 속에 있게 됐어 (다시).
① Your seat | should be | among them. 네 자리는 | 그들 가운데 있어야 해.
① My family's home | was among those burnt down. 내 가족의 집은 | 불타버린 집들에 속한다.
① Seoul | is among the largest cities in the world. 서울은 |세계에서 가장 큰 도시 가운데 있다.
(between~)
① You | are still between girls. right? 너 | 아직 여자 친구 없지, 그렇지?
① The quarrel | is between our masters and us their men.
  분쟁은 | 우리 주인들과 그들의 부하인 우리들 간이야.
① Losing weight | is between the ears. 살 빼는 건 | 생각에 달렸어.
① I | am between jobs.(=I | 'm unemployed | out of work | not working) 난 | 실직 중이다.
① The number 9 | is between 8 and 10. 숫자 9는 | 8과 10 사이에 있다.
① His shop | is between the bank and the post office. 그의 가게는 | 은행과 우체국 사이에 있어.
① He | 's between forty and forty-five. 그는 | 40에서 45세 사이이다.

③ NPP'(pr~)

| ③ He | gets | among my best friends. |

예문은 ③형 NPP'(pr~)이다. P는 자동사, P'는 전치사구 among~이다.
다음 두 문장으로 나눠진다. 즉 NPP'⇒NP+NP'의 관계에 있다.

③ He | gets | among my best friends. 그는 | 된다 | 나의 가장 친한 친구 속에 있게.
① He | gets....   그는 | 된다...
① He | is among my best friends. 그는 | 나의 가장 친한 친구 속에 있다.

♣ 유형별 예문
(among~)
③ Arrows | fell | among them.   화살들이 | 떨어졌어 | 그들 중에.
③ She | was sitting | standing | among the boys. 너는| 앉아 |서 있었어 | 소년들 가운데.
③ He | walked | among the crowds. 그는 | 걸었어 | 군중 속에서.
(between~)
③ | Come | between us. | 와라 | 우리사이에. *우리를 도와 줘.
③ A motorcycle | got | between my car and my friends.
   오토바이가 | 끼어 들었어 | 내 차와 친구 중간에.
③ A great friendship | has grown | between us. 위대한 우정이 | 자라났어 | 우리 둘 사이에.
③ The boy | is standing | between his parents. 그 소년은 | 서 있어 | 부모 가운데에.
③ Between us and you」 a great chasm | has been fixed.(Lk16:26)
   너와 나 사이에」 큰 틈새가 | 고정되어 있다.
③ A showdown | is brewing | between Turkey and the EU.
   대결이 | 일어나고 있어 | 터키와 유럽연합 사이에.
③ The Pacific Ocean | lies | between Japan and America.
   태평양은 | 놓여 있다 | 일본과 미국 사이에.
③ What month | comes | between May and July? 무슨 달이 | 오느냐 | 5월과 7월 사이에?

| ③ He | is counted | among my best friends. |

예문은 ③형 NPP'(pr~)이다. P는 수동형, P'는 전치사구 among~이다.
다음 두 문장으로 나눠진다. 즉 NPP'⇒NP+NP'의 관계에 있다.

③ He | is counted | among my best friends. 그는 | 들어간다 | 내 가장 친한 친구 속에.
① He | was counted.   그는 | 들어간다 |.
① He | was not among the Three. 그는 | 나의 가장 친한 친구 속에 있다.

♣ 유형별 예문
(among~)
③ The money | was divided | among them. 돈이 |분배되었어 ‖ 그들 가운데.
③ He | was not included | among the Three.(2Sa23:19) 그는 | 포함되지 않았어 | 그 셋 중에.
③ He | is powerful | among you.(2Co13:3) 그는 | 강하시다 | 너희 안에서.
(between~)

③ Is the hatchet | buried | between them? 그들 간에 화해가 되었니?
③ She |'s torn | between two boy friends. 그녀는 | 찢어진다(오락가락) ‖ 두 남자 친구 사이에서.
③ The gun | was placed | between his eyes. 총이 | 놓여졌다(겨냥되었다) | 그의 두 눈 사이에.

⑤ NPN'P'(pr~)

| ⑤ I | count ‖ you | among my best friends. |

예문은 ⑤형 NPN'P'(pr~)이다. P는 동사, P'는 전치사구 among~이다.
다음 두 문장으로 나눠진다. 즉 NPN'P'⇒NPN'+N'P'의 관계에 있다.

⑤ I | count ‖ you | among my best friends. 나는 | 계산한다 ‖ 너를 | 내 가장 친한 친구 중에.
② I | count ‖ you...   나는 | 계산한다(넣는다) ‖ 너를...
① You | are among my best friends. 너는 | 나의 가장 친한 친구이다.

♣ 유형별 예문
(among~)
⑤ We | do not count‖ Bill | among our friends. 우리는 빌을 우리 친구들 수에 포함시키지 않는다.
⑤ They | divided | my garments | among them. 그들이 | 나누었다 ‖ 내 옷들을 | 그들 중에.
⑤ You | can find | the letter | among these papers. 넌 | 찾을 수 있어 ‖ 편지를 | 서류들 중에서.
⑤ He | guided ‖ them | confidently among many crossing paths.
      그는 | 인도했다 ‖ 그들은 | 자신 있게 많은 통로 가운데서.
④ We | have not ‖ five pounds ‖ among us. 우리는 | 없다 ‖ 5파운드가 ‖ 우리들 중 합계하여.
⑤ He | hid ‖ himself | among the trees. 그는 | 숨겼어 ‖ 자신을 | 나무들 속에.
⑤ He | made ‖ his dwelling | among us.(Jn1:14) 그가 | 만들었다 ‖ 그의 처소를 | 우리 중에.
⑤ You | have noticed ‖ him | among the company: a swarthy fellow.
      너는 | 주목했다 ‖ 그를 | 일행 중에 있는 것을: 한 가무잡잡한 친구.
⑤ I | number ‖ her | among my closest friends. 나는 | 계수한다 ‖ 그녀를 | 가장 친한 친구들 중에
⑤ Do you | rate ‖ Tom | among your friends? 넌 톰을 네 친구로 여기니?
⑤ I | will scatter ‖ them | among nations.(Jer9:16) 내가 | 흩을 것이다‖ 그들을 | 열국 중에서.
⑤ God | showed ‖ his love | among us.(1Jn4:9) 하나님이 | 보여주셨다 ‖그의 사랑을 | 우리 가운데.
(between~)
⑤ He | divided ‖ his property ‖ between them.(Lk15:12) 그들이 | 나누었다 ‖ 재산을 ‖ 그들 중에.
⑤ I | will confirm ‖ my covenant | between me and you.(Ge17:2)
      나는 | 확인할 것이다 ‖ 내 약속을 | 나와 너희들 사이에서.
⑤ Clay | could almost feel ‖ the bullet | between his eyes.
      클레이는 | 거의 느낄 수 있었다 ‖ 총알을 | 눈 사이(미간)에.
⑤ We | finished ‖ it | between us. 우리는 | 끝냈다 ‖ 그것을 | 서로(협력하여).
⑤ What is it [you | got ‖ ∩ | between you]? 너희들은 어떤 사이이니?
⑤ | Just keep ‖ it | between the two of us. | 꼭 지켜라 ‖그것을 | 우리 둘 사이에 (비밀로).
⑤ She | placed ‖ the gun | between his eyes. 그녀는 | 대었다(겨누었다)‖ 총을 | 그의 눈 사이에.
⑤ He | put ‖ a pen | between his fingers.(1THr435) 그는 | 넣었다 ‖ 펜을 | 손가락 사이에.

⑦ NPP'P"(pr~)

| ⑦ They | slipped | back | among my enemy. |

예문은 ⑦형 NPP'P"(pr~)이다. P"는 전치사구 among~이다.
다음 세 문장으로 나눠진다. 즉 NPP'P"⇒NP+NP'+NP"의 관계에 있다.

⑦ They | slipped | back | among my enemy.
　그들은 | 슬쩍 빠져(도망쳐) | 돌아갔다 | 나의 적들 가운데.
① They | slipped.　　　　　　　그들은 | 슬쩍 빠졌다.
① They | was back.　　　　　　 그들은 | 돌아갔다.
① They | were among my enemy.　그들은 | 나의 적들 가운데 있었다.

♣ 유형별 예문
(among~)
⑦ They | slipped | back | among my enemy. 그들은| 빠져| 돌아갔다| 나의 적들 중에서.
⑦ A bed | is made | for her | among the slain.(Ez32:25)
　한 침대가 | 만들어졌다 | 그녀를 | 살해당한 자 가운데.
⑦ Were any papers | handed | about | among them?(TTC28)
　어떤 서류들이 | 전달되어 | 돌려졌나요 | 그 들 가운데?
⑦ A feeling of disaster | set | in | among the passengers.
　대 참사에 대한 예감이 | 되었다 | 들게 | 승객들 중에.
⑦ I | shall fight | as free horse | among my own people.
　나는 | 싸울 거야 | 자유로운 말로서 | 내 백성 가운에서.
⑦ He | walked | away | among the trees. 그는 | 걸어 | 사라졌다 | 나무 속으로.
(between~)
⑦ What | 's going | on | between you two? 무슨 일이 | 되고 있니 | 진행 | 너희 둘 사이에?
⑦ There's nothing | going | on | between us. 우리는 그냥 친구 사이일 뿐이야.
⑦ A battered door | emerged | out of nowhere | between numbers eleven and thirteen.
　낡은 문이 | 불쑥 나타났다 | 어디선가 | 11과 13번지 사이에.
⑦ Meggie | sat | torn | between laughter and rage.
　메기는 | 앉아있었다 | 찢겨 | 웃음과 분노 사이에.

> ### She tied yellow ribbons around the tree. (around~/about~)

① NP(pr~)

> ① Yellow ribbon | were around the tree.

예문은 ①형 NP(pr~이다. P는 전치사구 around~이다.
around는 뚜렷한 '~의 주위' 또는 '~의 원형 주위' 에 위치/이동을 나타냄에 비해
about는 막연한 '~의 주위' 에 위치/이동을 나타낸다.

① Yellow ribbon | were around the tree. 노란 리본들이 | 나무를 둘러싸고 있었다.

♣ 유형별 예문
((a)round~)
① Her arm | was around Mark.　　그녀의 팔이 | 마크를 둘렀다.

① His arms | were round her. 그의 팔이 | 그녀를 껴안았다.
　* 주로 around로 표기하나 영국에서는 round로 쓰기도 한다.
① Pimples | are all around my face. 여드름이 | 얼굴 주변에 있어.
① He | 's around the house somewhere. 그는 | 집 근처 어디인가 있어.
① He | 's been round the world. 그는 | 세상 여기저기를 다녔어
① Air | is all around the earth. 공기는 | 지구를 싸고 있어.
① He | isn't round the corner (yet). 그는 | 위기를 넘기지 않았어 (아직).
① Christmas | is just around the corner. 성탄절이 | 곧 다가와.
(about~)
① This | is not about you. 이것은 | 너에 관한 것이 아니야.
① The wild world | is all about you. 황량한 세상이 | 네 주위에 펼쳐 있어.
① Gold chains | were about their waists. 금혁대가 | 그들 허리에 둘러 있었다.
① The whole damn thing | was about oil. 이 모든 게 | 석유 때문이야.
① This book | is about politics. 이 책은 | 정치에 관한 것이야.
① This | is not about blame. 이건 | 비난의 문제(누구 잘못)가 아니야.
① He | was already about his business. 그는 | 이미 영업을 시작했다.
① 「What」 are you | about∨? 너는 | 무슨 일에 종사하니?
① The guards | are all about the place. 경비원들이 | 그곳 주위를 모두 포위하고 있어.

③　NPP'(pr~)

| ③ They | sat | around the tree. |

예문은 ③형 NPP'이다. P는 자동사, P'는 전치사구 around~이다.
다음 두 문장으로 나누어진다. 즉 NPP'⇒NP+NP'의 관계에 있다.

③ They | sat | around the tree. 그들은 | 앉았다 | 그 나무 주위에(둘러싸고).
① They | sat. 그들은 | 앉았다.
① They | were around the tree. 그들은 | 나무를 둘러싸고 있었다.

♣ 유형별 예문
((a)round~)
③ Suddenly a light from heaven | flashed | around him.(Ac9:2)
　갑자기 하늘로부터 한 빛이 | 번쩍였다 | 그의 주위에.
③ Such a large crowd | gathered/stood | around him.(Mt13:1,Ac9:39)
　많은 군중이 | 모였다/섰다 | 그의 주위에.
③ The child | clung | round her neck. 그 애는 | 달라붙었다 | 그녀의 목 주위에.
③ They | sat | around the table. 그들은 | 앉았어 | 테이블 주변에.
③ He | lives | around the corner. 그는 | 산다 | 저 모퉁이 주위에.
③ I | was sitting | around my room (all day). 나는 | 빈둥거리고 있었어 | 내 방 주위에서 (온종일).
(about~)
③ They | crowded | about the prince. 그들은 | 모여들었다 | 왕자 부근에.
③ The men | gathered | about him. 남자들이 | 모였다 | 그의 부근에.
③ Don Louis's servants | got | about him. 돈 루이스의 하인들은 | 되었다 | 그를 에워싸게.
③ She | hung | about my neck. 그녀가 | 매달렸어 | 내 목에.

③ His arms | came | about his waist. 그의 두 팔이 | 왔다 | 그녀의 허리에
③ | Go | about your own business. | 가라 ‖ 네 일이나 하러.
③ I | 've walked | about the street. 나는 | 걸었어 | 거리 근처에.
③ The children | gathered | about the fire place, then | sat | around the table.
　아이들이 | 모였다 | 난로 주위에, | 앉았다 | 상 주위에 빙 둘러.

| ③ Yellow ribbons | were tied | around the tree. |

예문은 ③형 NPP'이다. P는 수동형, P'는 전치사구 around~이다.
다음 두 문장으로 나누어진다. 즉 NPP'⇒NP+NP'의 관계에 있다.

③ Yellow ribbons | were tied | around the tree.
　노란 리본들이 | 매달여 있다 | 나무 주위에/둘러싸고..
① Yellow ribbon | were tied.　　　노란 리본들이 | 매여 있다.
① Yellow ribbons | were around the tree. 노란 리본들이 | 나무 주위에/둘러싸고 있었다.

♣ 유형별 예문
(around~)
③ An Olympic Gold Medal | was placed | around his neck.(PPV46)
　올림픽 금메달이 | 걸렸다 | 그의 목 주위에.
③ Yellow ribbons | were tied | around the tree. 노란 리본들이 | 매여 있다 | 나무 주위에.
③ A pair of arms | were thrown tight | round his neck.(OT62)
　두 팔이 | 갑자기 꽉 잡았다 | 그의 목 주위를.
(about~)
③ We | were worried | about you. 우리는 | 걱정이었다 | 너(상태)에 대해.
③ Her arms | was thrown | about him. 그녀 팔이 | 던지듯이 | 그를 감쌌다.
③ His clothes | were never properly buttoned | about him.
　그의 옷은 | 제대로 단추가 채워진 적이 없다 | 그의 몸 주위에.
③ There are | papers | scattered | about the room. 종이가 | 흩어져 있어 | 방 근처/여기 저기)에.

⑤ NPN'P'(pr~)

| ⑤ She | tied ‖ yellow ribbons | around the tree. |

예문은 ⑤형 NPN'P'이다. P는 타동사, P'는 전치사구 around~이다.
다음 두 문장으로 나누어진다. 즉 NPN'P'⇒NP+N'P'의 관계에 있다.

⑤ She | tied ‖ yellow ribbons | around the tree.
　그녀는 | 매달았다 ‖ 노란 리본들을 | 그 나무 주위에.
② She | tied ‖ yellow ribbons..　　　그녀는 | 매달았다 ‖ 노란 리본들을..
① A ribbon | was around the tree. 노랑 리본들이 | 나무를 둘러싸고 있었다.

♣ 유형별 예문
((a)round~)
⑤ He | gathered ‖ men | around him. 그가 | 모았다 ‖ 사람들을 | 그의 주위에.

⑤ | Put ‖ your arms | around me. | 안아라 ‖ 네 팔로 | 나를 감싸.
⑤ Jesus | saw ‖ the crowd | around him.(Mt8:8) 예수가 | 보았다 ‖ 그 군중들을 | 그 주위의.
⑤ Uranus | has | rings | around it. 천왕성은 | 있어 ‖ 테들이 | 그 주위에.
⑤ I'd hate [| to keep ‖ that much money | around the house].
　　나는 싫어 [| 두는 것이 ‖ 그렇게 많은 돈을 | 집에].
⑤ You | know ‖ any good fishing poles | around here?
　　너는 | 아니 ‖ 좋은 낚시터를 | 이 근처에?
⑤ I | will show ‖ you | around the floor. 내가 | 안내할 게 ‖ 너를 | 그 층으로.
⑤ One ticket | will take ‖ you | all around Seoul. 표 한 장이 | 시켜다 ‖ 당신을 | 서울 일주.
⑤ | Tie ‖ a yellow ribbon | around the old oak tree.
　　| 매달아라 ‖ 노란 리본 한 개를 | 오래된 오크나무 둘레에.
⑤ He | wrapped ‖ his outer garment | around him. 그는 | 쌌다 ‖그의 겉옷을 | 그의 몸 주변에.
⑤ | Get ‖ him | around here.　　| 설득해라 ‖ 그를 | 여기 오도록.
(about~)
⑤ The Spirit of the Mountain | gathered ‖ his men | about him.
　　산의 정령이 | 모았다 ‖ 자기 사람들을 | 그의 근처에.
⑤ He | had ‖ a nasty look | about him.
　　그는 | 가졌다 ‖ 비열한 표정을 | 그 모습 어딘가에.
⑤ Do you | have ‖ a book | about you? 너 | 있니 ‖ 책이 | 네 수중에?
⑤ He | flung ‖ his arms | about him. 그는 | 던지듯이 ‖ 팔로 | 그를 감쌌다.
⑤ Helen | threw ‖ her arms | about him. 헬렌이 팔로 그를 감쌌다.
⑤ He | passed ‖his arms | about her waist.(ATS53) 그는 | 둘렀다 ‖그의 양팔을 | 그녀의 허리 주위에.
⑤ Tom tried [| to put ‖ his arms | about her waist].
　　톰이 [그녀 허리 부근에 팔을 대려고] 했다.
⑤ He | wrapped ‖ his arm | about her waist. 그가 | 감쌌다 ‖ 팔을 | 그의 허리 부근에.
⑤ The child | littered ‖ toys | about the room. 그 애는 | 흩뜨렸다 ‖ 장난감들을 | 방 여기저기에.

---

⑤ He | gathered ⌈about him ‖ a group of dedicated friends.

예문은 ⑤ NP ⌈P(pr~)'N'이다. ⑤형의 N'과 P'의 위치가 바뀐 것이다.
⌈ 표시는 P'가 N'을 서술함을 나타낸다. 다음과 같이 분석된다.
즉 NP ⌈P'N' ⇒ NPN'P' ⇒ NP+N'P'의 관계에 있다.

⑤ He | gathered ⌈about him ‖ a group of dedicated friends.
⑤ He | gathered ‖ a group of dedicated friends | about him.
　　그는 | 모았다 ‖ 한 헌신적인 친구 그룹을 |그의 주변에.
② He | gathered ‖ a group of dedicated friends. 그는 | 모았다 ‖ 헌신적인 친구 그룹을.
① A group of dedicated friends | were about him. 헌신적인 친구 그룹이 |그의 주변에 있었다.

♣ 유형별 예문
(about~)
⑤ He | gathered ⌈about him ‖ a group of dedicated friends.
　　그는 | 모았다 ⌈그의 주변에 ‖ 한 헌신적인 친구 그룹을.
⑤ He | drew ⌈about him ‖ again the long blue robe.
　　그는 | 끌어당겨 ⌈몸 주위에 ‖긴 푸른 옷을 다시 입었다.

⑤ He | was gathering 「about his legs ‖ the loose folds of his gown.
　　그는 | 끌어 모으고 있었다 「양다리 주변에‖가운의 헐거운 주름을.
(around~)
⑤ On the night that our Lord was betrayed, he | gathered 「around him ‖ his disciples.
　주께서 배반당하시던 밤, 그는 | 모았다 「그의 주위로 ‖ 제자들을.

She found him at the door. (at~)

① NP(pr~)

> ① He | was at the door.

예문은 ①형 NP이다. P는 전치사구 at~이다.
at~는 '~(중심에) 근접/밀접, 곁'을 나타낸다.

① He | was at the door.　　　　그는 | 문에 근접하여 있었다.

♣ 유형별 예문
(사람)
① | At them, lads!　　　　　　| 그들을 잡아라, 애들아.
① She | is at me (again).　　그녀는 | 내게 잔소리해 (또).
① You | are not at all yourself (this morning). 너는 | 전혀 네 정신이 아니야 (오늘 아침).
① The examination | is at hand.　시험이 | 급박했어.
(물건)
① Lunch | was at the desk.　　점심은 | 책상에서 먹었어.
① My honor | is at stake.　　내 명예가 | 위태로워.
① The mice | are at cheese (again).　쥐들이 | 치즈를 건드린다 (또).
(관념/활동)
① Attention! | At ease!　　　차려! | 쉬어! (군대구령)
① She | was at her best.　　그녀는 | 최상의 기분이었어
① He | was at breakfast.　　그는 | 조식 중이었어.
① They | 're at it (again).　그들이 | 그러는 군 (또).
① While you | 're at it, fill it up. 이왕 | 넣는 김에, (기름) 가득 채워.
① The criminal | was still at large. 범인은 | 여전히 오리무중이야/수배 중이야.
① The world | will soon be at a loss. 세상은 | 곧 타격을 받게 될 거야.
① All world | was at peace.　세상이 | 평화로웠어.
① He | was at the brink of ruin. 그는 | 파산에 직면해 있었어.
① He | is at/in school.　　그는 | 수업중/재학중이다.* at는 일시적, in은 장기적 활동
① I | am at your service.　| 분부만 하십시오.
① I | 've been at a wedding.　나는 | 결혼식에 다녀왔어.
① He | was at work.　　　　그는 | 근무 중이었어.
(장소/위치)
① What are | you | at ∨?　　네 의도가 무엇이니?

① Who | is at the door? 누가 | 문에 있니?
① Peter | is at the door.(Ac12:15) 베드로가 | 문에 있다.
① Your carriage | is at the door.(3HP425) 차가 | 문 근처에 있다.
① There is someone | at the door. 누가 | 문에 있다.
① He | is at the center of the circle. 그는 | 원의 중심에 (접근해) 있다.
① Avery | was at home(=comfortable) Avery는 | 집에 있었어(=편안했어).
① He | is at the office. 그는 | 사무실에 (일하고) 있어.
① They | 're at the seaside. 그들은 | 해변에 있어.
① The post office | is at the end of the road. 우체국은 | 이 길 끝에 있어.
　　* at: 접근한 위치(점), in: 내부위치, on: 선/표면에 접촉한 위치
(시간)
① The meeting | is at 6 o'clock. 그 모임은 | 6시야. 6시 정각을 포함하여 근접한 전후

③　NPP'(pr~)

　　　　　　　　③ He | remained | at the door.

예문은 ③형 NPP'이다. P는 자동사, P'는 전치사구 at~이다.
다음 두 문장으로 나누어진다. 즉 NPP'⇒NP+NP'의 관계에 있다.

③ He | remained | at the door. 그는 | 머물러 있었다 | 문에 (근접하여).
① He | remained... 그는 | 머물러 있었다.
① He | was at the door. 그는 | 있었다 | 문(곁)에.

♣ 유형별 예문
(사람)
③ He | came/ran | at Sir Lancelot. 그는 | 왔다/달렸다 | Lancelot를 공격하여.
③ She | 's always getting | at her husband. 그녀는 남편에게 항상 잔소리 한다.
③ She | went | at me so fiercely. 그녀는 | 집착했다 | 내게 그토록 맹렬히.
③ He | got | at them. 그는 | 되었다 | 그들에게 접근하게.
③ | Have | at them! Down with them! 달려 붙어! 없애버려!
③ He | kept | at me. 그는 | 계속 집착했어 | 내게.
③ He | fell | at Jesus feet.(Lk5:8) 그는 | 넘어졌어 | 예수 발 곁에.
③ They | suffer | at your hand. 그들은 | 고통받고 있어 | 네 손아귀에서.
(물건)
③ He | sat | at his desk. 그는 | 앉아 있다 | 책상에.
(관념/활동)
③ I | felt | at ease [while I was at your home during vacation].
　　[내가 휴가 중 너의 집에 있을 때] 나는 | 느꼈어 | 편하게.
③ He | felt | ill at ease. 그는 안절부절 어쩔 줄 몰라 했어.
③ | Have | at it.(=Go for it) 한 번 해봐.
③ | Keep | at it. | 고수해라 ‖ 그것에(그대로).
③ The criminal | remains | at large. 범인은 | 상태에 있어 | 수배 중.
③ What」 are you | getting | at ∨? 너는 | 말하고 있니 ‖ 무엇에 대해?
(장소/위치)

③ Francis | appeared | at the kitchen door. 프란시스가 | 나타났다 | 부엌문에.
③ Jesus | arrived | at the house of Jairus. 예수께서 | 도착했다 | 야이로 집에.(Lk8:51)
③ We | called | at his house.   우리는 | 불렀다 ‖집에 근접해. *방문하다
③ The first error and the worst | lay | at her door.
   최초의 최악의 실수는 | 있었다 | 그녀에게. *그녀 책임이다
③ I | listened | at the door.   나는 | 들었다 | 문에서.
③ The carriage | remained | at the door. 마차는 | 머물러 있었다 | 문 근처에.
③ The harsh rapid knocking | sounded | at the door. 거칠고 빠른 노크가 | 소리났다 | 문에.
③ He | 's standing | at the door.   그는 | 서있다 | 문에.
③ She | stood | at his side/at the edge of the river. 그녀는 | 서 있었다 | 그의 옆에/강 모서리에.
③ | Stay | at the door. | 기다려 | 문에서.
(시간)
③ The meeting | will start | at 6.   회의는 | 시작할 것이다 | 6시에.

| ③ He | was found | at the door. |

예문은 ③형 NPP'이다. P는 수동형, P'는 전치사구 at~이다.
다음 두 문장으로 나누어진다. 즉 NPP'⇒NP+NP'의 관계에 있다.

③ He | was found | at the door.   그는 | 발견되었다 | 문(곁)에서.
① He | was found...   그는 | 발견되었다
① He | was at the door.   그는 | 문(곁)에 있었다.

♣ 유형별 예문
(사람)
③ He | would be close | at your hand. 그는 | 가까이 있을 거야 | 손닿는 거리에.
(물건)
③ He | was placed | at a table.   그는 | 앉혀졌다 | 한 테이블에.
③ Soon she | was back | at her sewing machine. 곧 그녀는 | 돌아왔다 | 그녀의 재봉틀에.
(관념/활동)
③ I | am John Smith | at your service. 나는 | John Smith 입니다 | 부탁해요.
(장소/위치)
③ He | was needed | at the office. 그는 | 필요로 하였다 | 사무실에서.
③ An old man | was seen | at the door <of the king's house>.
   한 노인이 | 보였어 | <왕의 집> 문 가까이.
③ They | are not wanted | at home. 그들은 | 원해지지 않아 | 집에 있는 것이.
③ He | is due | at the hospital.   그는 | 있어야 한다 | 병원에.
③ I | 'm a regular | at this restaurant. 난 | 단골이다 | 이 식당에.

⑤ NPN'P'(pr~)

| ⑤ She | found ‖ him | at the door. |

예문은 ⑤형 NPN'P'이다. P는 타동사, P'는 전치사구 at~이다.

다음 두 문장으로 나누어진다. 즉 NPN'P'⇒NPN'+N'P'의 관계에 있다.

⑤ She | found ‖ him | at the door. 그녀는 | 발견했다 ‖ 그를 | 문에서(근접하여).
② She | found ‖ him.   그녀는 | 발견했다 ‖ 그를.
① He | was | at the door.   그는 | 문(곁)에 있었다.

♣ 유형별 예문
(사람)
⑤ | Let ‖ me | at him.   내가 그와 한판 붙을게.
⑤ She | drove ‖ him | at his wit's end. 그녀는 | 몰아갔어 ‖ 그를 | 어쩔 줄 모르게.
⑤ He | has ‖ Shakespeare | at his finger's end. 그는 | 있다 ‖ 셰익스피어가 | 손가락 끝에.*정통하다
(물건)
⑤ I | have ‖ $100 | at stake (on the game). 나는 | 처했다 ‖ 100불을 | (경기에서) 잃을 위험에.
(관념/활동)
⑤ I | found ‖ this law | at work.(Ro7:21) 나는 이 법이 작용함을 알았습니다.
⑤ He | kept ‖ the nation | at peace. 그는 | 유지했다 ‖ 나라를 | 평화롭게.
⑤ I | place ‖ myself | at your service. 나는 | 하겠어요 ‖ 내 자신이 | 당신을 받들게.
⑤ He | sold ‖ all the stock | at loss. 그는 | 팔았어 ‖ 재고품을 | 손해보고.
⑤ He | set ‖ her heart | mind | at ease. 그는 | 했다 ‖ 그녀의 마음을 | 편하게.
(장소/위치)
⑤ She | called ‖ her husband | at the office. 그녀는 | 전화를 걸었어 ‖ 남편에게 | 사무실로.
⑤ I | found ‖ her | at the door. 나는 | 발견했어요 ‖ 그녀를 | 문에서.
⑤ Later Jesus | found ‖ him | at the temple.(Jn5:14) 그 후에 예수께서 성전에서 그 사람을 만났다.
⑤ Ashley | met ‖ her | at the door. 애실리는 | 만났다 ‖그녀를 | 문에서.
⑤ I | left ‖ my wallet | at home. 나는 | 두고 왔어 ‖ 지갑을 | 집에.
⑤ | Make ‖ yourself | at home(=comfortable). 편안한 마음을 가져요.
⑤ He | saw ‖ an old man | at the door ⟨of the king's house⟩.
       그는 | 보았다 ‖ 한 노인을 | ⟨왕의 집⟩ 문 가까이에서.
(시간)
⑤ I | arranged ‖ the meeting | at 6 o'clock. 나는| 주선했어 ‖ 그 모임을 | 6시로.

⑤ They | found 「at the door ‖ the housekeeper and the niece.

예문은 ⑤ NP「P(pr~)'N'이다. ⑤형의 N'과 P'의 위치가 바뀐 것이다.
「 표시는 P'가 N'을 서술함을 나타낸다. 다음과 같이 분석된다.
즉 NP「P'N'⇒ NPN'P'⇒NP+N'P'의 관계에 있다.

⑤ They | found 「at the door ‖ the housekeeper and the niece.
=⑤ They | found ‖ the housekeeper and the niece | at the door.
         그들은 | 발견했다 ‖ 가정부와 조카를 | 문에서.
② They | found ‖the housekeeper and the niece. 그들은 | 발견했다 ‖ 가정부와 조카를.
① The housekeeper and the niece | were | at the door. 가정부와 조카는 | 문에 있었다.

♣ 유형별 예문

(사람)
⑤ If it turns out that I am wrong, you | can have 「at me ‖ all <you want>.
　　만약 내가 틀린 것으로 판명되면, 너는 | 해도 좋아 「내게‖ <네가 원하는> 무슨 짓이든.
⑤ The knight | had 「at his side ‖ the scabbard. 그 기사는 | 차고 있었다 「그의 허리에 ‖ 칼집을.
(관념/활동)
⑤ She | had 「at command ‖ the most precious gift <a novelist can possess>.
　　그녀는 | 가졌다 　「능력으로‖ <소설가가 가질 수 있는> 가장 소중한 자질을.
(장소/위치)
⑤ They | found 「at the door ‖ the housekeeper and the niece.
　　그들은 | 발견했다 　「문에서‖ 가정부와 조카를.

⑦ NPP'P"(pr~)

```
                    ⑦ He | had to wait | outside | at the door.
```

예문은 ⑦형 [NPP'P"]이다. P"는 전치사구 at~이다.
다음 세 문장으로 나눠진다. 즉 NPP'P"⇒NP+NP'+NP"의 관계에 있다.

⑦ He | had to wait | outside | at the door.　그는 | 기다려야 했다 | 바깥에서 | 문에서.)
① He | had to wait.　　　　　　　　　　　그는 | 기다려야 했다.
① He | was outside.　　　　　　　　　　　그는 | 바깥에 있었다.
① He | was at door.　　　　　　　　　　　그는 | 문에 있었다.
♣ 유형별 예문
⑦ He | fell | dead | at the feet of Isolt. 그는 | 넘어져 | 죽었어 | Isolt 발 곁에.
⑦ You will find me [| waiting | there | at your command].
　　너는 [거기서 네 지시를 기다리고 있는] 나를 보게 될 것이다.
⑦ I | 'll get | back | at him.　　난 | 될 것이다 | 돌아오게 | 그에게. * 앙갚음할 것이다
⑦ They | will come | out | at me. 그들은 | 올 거야 | 밖으로 | 나를 공격하여.
⑦ Peter | had to wait | outside | at the door.(Jn18:16)
　　베드로는 | 기다려야 했다 | 바깥에서 | 문에.

```
              She made the doll for her daughter. (for~/against)
```

① NP(pr~)

```
                    ① The doll | was for her daughter.
```

예문은 ①형 NP(pr~)이다. P는 전치사구이다.
for~는 목적어에 대한 '유리한 지향' 즉 '~를 위해, ~의 대신' 등
against는 목적어에 대한 '불리한 지향 즉, 반대, 대항' 등을 나타낸다.

① The doll | was for her daughter.　그 인형은 | 그녀를 위한 것이었다.

♣ 유형별 예문

(for~)
- ① I | am <u>for</u> you. 　　　　　　내가 | 널 상대하지.
- ① This book | is <u>for</u> you. 　　　이 책은 | 너를 위한 것이야.
- ① This letter | is <u>for</u> you. 　　이 편지는 | 네게 온 거야.
- ① Will that | be all <u>for</u> you? 　그게 모두 다 입니까?
- ① I |'m all <u>for</u> that. (=I agree). 나는 | 그것에 대찬성이야.
- ① Are those all | <u>for</u> me? 　　　이거 모두 | 내게 해당되니?
- ① Mike, it |'s <u>for</u> you. It's Alice. 마이크, | 네 전화야. 엘리스야.
- ① S | is <u>for</u> Saruman. 　　　　　S자는 | Saruman을 나타낸다.
- ① Now | <u>for</u> it! Quick. 　　　　　지금 | 어떻게 해봐(움직여)! 빨리!
- ① You |'ll be <u>for</u> it. 　　　　　　너는 | 벌을 받을 거야.
- ① It'|s <u>for</u> your own good/sake. 그것은 | 너 잘되라고 하는 거야.
- ① Our wish | is <u>for</u> peace. 　　우리의 소망은 | 평화야.
- ① Is it | on business or <u>for</u> pleasure? 출장입니까 또는 관광입니까?
- ① This | is not <u>for</u> rent/sale. 　이것은 | 임대/판매용이 아닙니다.
- ① I |'ve been <u>for</u> a walk (on a winter's day). 난 | 산책을 나갔다 (어느 추운 겨울날).
- ① They | are <u>for</u> war.(Ps120:7) 그들은 | 분쟁을 추구한다.
- ① What‿are‿friends | <u>for</u> ∨? 이럴 때 친구가 필요한 거야.
- ① This | is not <u>for</u> the shop. 이것은 | 가게 판매용이 아닙니다..
- ① The express | is <u>for</u> Paris only. 그 급행은 | 파리 직행입니다.
- ① Are you | <u>for</u> it or <u>against</u> it? 너는 그것에 찬성이야 반대야?

(against~)
- ① I | am <u>against</u> you. 　　　　나는 | 네게 반대다.
- ① The evidence | is <u>against</u> him. 증거는 | 그에게 불리합니다..
- ① Her age | is <u>against</u> her. 　그녀 나이는 | 그녀에게 불리하다.
- ① Who is with me and who | is <u>against</u> me? 누가 내 편에 서고 누가 | 내게 반대하느냐?
- ① Griffindor's next Qudditch match | would be <u>against</u> Hufflepuff.
  　　Griffindor의 다음 시합은 |Hufflepuff와 하게 되어 있었다.
- ① We | are <u>against</u> the plan. 우리는 | 그 계획에 반대야.
- ① That |'s <u>against</u> the rules. 　그건 | 규정위반이야.
- ① There is‿a delivery | <u>for</u> you. 배달물이 | 네게 와 있다.

③　NPP'(pr~)

| ③ She | voted | <u>for</u> the candidate. |

예문은 ③형 NPP'(pr~)이다. P는 자동사, P'는 전치사구 for~이다.
다음 두 문장으로 나눠진다. 즉 NPP'⇒NP+NP'의 관계에 있다.

- ③ She | voted | <u>for</u> the candidate. 그녀는 | 투표했다 | 그 후보에게.
- ① She | voted. 　　　　　　　　　　그녀는 | 투표했다.
- ① She | was <u>for</u> the candidate. 그녀는 | 그 후보 편이었다.

♣ 유형별 예문
(for~)

③ I | feel | for you. 나는 | 느껴 | 네 쪽에. *동정하다
③ Will you | fight | for me? 너 | 싸울 래 | 날 위해?
③ Which team」 are you | rooting | for? 어느 팀에」 너는 | 응원하니?
③ For whom」 the bell | tolls? 누구를 위해」 종은 | 울리나?
③ The time | has come | for my departure.(2Ti4:6) 때가 | 왔어 | 나의 떠남을 위해.
③ | Go | for it!(=Just do it) | 해 봐 | 그걸 위해! *잘 해봐!
③ That book | makes | for difficult reading. 그 책은 | 도움된다 ‖ 어려운 독서에.
③ | Run | for it! | 뛰어라 | 어떻게 하든(죽기살기로)!
③ The crown | stands | for royal dignity. 왕관은 | 대표한다 | 왕의 존엄을.
(against~)
③ There King Arthur | came | against him. Arthur 왕이 | 왔다 | 그를 대적하여.
③ What if the trial | goes | against us? 만약 재판이 우리에게 불리하게나온다면 어떻게 하지?
③ No man | will be able to stand | against you.(Dt11:25) 너희를 능히 당할 사람이 없을 것이다.
③ He | turned | against you. 그는 | 돌렸다 | 네게 등을.
③ We |'re playing | against the League champions. 우리는 | 경기한다 | 리그챔피언들에게 대항하여.
③ She | wrote | against his proposal. 그는 | 글을 썼다 | 그의 제안에 반대하여.

```
        ③ The doll | was made | for her daughter.
```

예문은 ③형 NPP'(pr~)이다. P는 수동형, P'는 전치사구 for~이다.
다음 두 문장으로 나눠진다. 즉 NPP'⇒NP+NP'의 관계에 있다.

③ The doll | was made | for her daughter. 그 인형은 | 만들어졌다 | 그녀의 딸을 위해.
① The doll | was made. 그 인형은 | 만들어졌다.
① The doll | was for her daughter. 그 인형은 | 그녀를 위한 것이었다.

♣ 유형별 예문
(for~)
③ It | was made | for you. 그건 | 만들어졌어 | 널 위해.
③ This book | is fit | for the beginners. 이 책은 | 적합하다 | 초심자를 위해.
③ People | are zealous | for peace. 사람들은 | 열망한다 | 평화를 위해.
③ The ship | is bound | for L.A. 배는 | 예정되어 있어 | L.A.를 향하여.
(against~)
③ We | had been turned | against our very best friend.
　　우리는 | 등이 돌려졌다 | 우리의 가장 좋은 친구에게 대해.

⑤ NPN'P'(pr~)

```
        ⑤ She | made ‖ the doll | for her daughter.
```

예문은 ⑤형 NPN'P'(pr~)이다. P는 타동사, P'는 전치사구 for~이다.
다음 두 문장으로 나눠진다. 즉 NPN'P'⇒NPN'+N'P'의 관계에 있다.

⑤ She | made ‖ the doll | for her daughter. 그녀는 | 만들었다 ‖ 그 인형을 | 그녀 딸을 위해.
② She | made ‖ the doll. 그녀는 | 만들었다 ‖ 그 인형을.

① The doll | was <u>for</u> her daughter. 그 인형은 | 그녀를 위한 것이었다.

♣ 유형별 예문
(for~)
(사람)
⑤ I | bought ‖ this book | <u>for</u> him. 나는 | 샀어 ‖ 이 책을 | 그를 위해.
⑤ Can you | cash ‖ this cheque | <u>for</u> me? 당신은 | 현금화할 있습니까 ‖ 이 수표를 | 날 위해?
⑤ I | cannot decide ‖ <u>on</u> a gift | <u>for</u> her. 나는 | 결정할 수 없어 ‖ 선물에 대해 | 그녀를 위해.
⑤ Will you | do ‖ a favour | <u>for</u> a friend of mine?
　　너는 | 들어 주겠니 ‖ 부탁을 | 내 친구를 위해?
⑤ I have to say [what I | feel ‖ ∨ | <u>for</u> you]? 난 말해야겠어 [무엇을 | 느끼는지 ‖ ∨ | 네게]?
⑤ He | got ‖ a job | <u>for</u> us.　　　　그가 | 줬어 ‖ 일을 | 우리에게.
⑤ I | have ‖ something | <u>for</u> you.　그는 | 가지고 있어 ‖ 뭔가를 | 너를 위해.
⑤ | Keep ‖ this | <u>for</u> you.　　　　　| 유지해라 ‖ 이건 | 네 몫으로.
⑤ The map | will lead ‖ the way | <u>for</u> us. 이 지도가 | 가르쳐 줄 거야 ‖ 길을 | 우리를 위해.
⑤ We are here [| to provide ‖ a service | <u>for</u> the public].
　　우리는 [| 제공하기 위해 ‖ 서비스를 | 대중을 위해] 여기에 있다.
(사물)
⑤ Did you | advertise ‖ a late model convertible | <u>for</u> sale?
　　당신은 | 광고했나요 ‖ 신형 포장 달린 승용차를 | 판다고?
⑤ He | did ‖ it | <u>for</u> free.　　　　그는 | 했어 ‖ 그것을 | 무료로.
⑤ What do you | have ‖ ∨ | <u>for</u> breakfast? 너 | 먹니 ‖ 무엇을 | 아침식사로?
⑤ I | am saying ‖ this | <u>for</u> your own good.(1Co7;35)
　　나는 | 말한다 ‖ 이것을 | 너희들을 좋게 하기 위해.
(against~)
⑤ I | cast ‖ vote | <u>against</u> him.(Ac26:10) 내가 | 던졌다 ‖ 표를 | 네게 불리하게.
⑤ Do you | have ‖ anything | <u>against</u> me? 너 나한테 유감 있니?
⑤ I | heard ‖ the evidence | <u>against</u> you. 나는 | 들었어 ‖ 증거를 | 내게 불리하다고.
⑤ He | has lifted up ‖ his hee | <u>against</u> me.(Jn13:18) 그가 발꿈치를 내게로 향해 들었다.*대항하다
⑤ He | had turned ‖ us | <u>against</u> our very best friend.
　　그는 | 등 돌리게 했어 ‖ 우리가 | 우리의 가장 좋은 친구에게 대해.

　　　　⑤ King Solomon | made 「<u>for</u> himself ‖ the carriage;

예문은 ⑤형 NP「P(pr~)'N'이다. N'과 P'의 위치가 바뀐 것이다.
「 표시는 P'가 N'을 서술함을 나타낸다. 다음과 같이 분석된다.
즉 NP「P'N'⇒ NPN'P'⇒NP+N'P'의 관계에 있다.

⑤ King Solomon | made 「<u>for</u> himself ‖ the carriage;
=⑤ King Solomon | made ‖ the carriage | <u>for</u> himself.
　　솔로몬 왕이 | 만들었다 ‖ 그 수레를 | 자신을 위해.
② King Solomon | made ‖ the carriage. 그는 | 만들었다 ‖ 그 수레를.
① The carriage | was <u>for</u> himself. 그 수레는 | 그 자신을 위한 것이었다.

♣ 유형별 예문

⑤ | Catch 「for us ‖ the foxes, the little foxes (that...).(SS2:15)
　 | 잡아줘 「우리를 위해 ‖ 여우들을, (...) 작은 여우들을.

⑦ NPP'P"(pr~)

| ⑦ Another bed | is set | beside him | for his servant.

예문은 ⑦형 NPP'P"(pr~)이다. P"는 전치사구 for~이다.
다음과 같이 나눠진다. 즉 NPP'P"⇒NP+NP'+NP"의 관계에 있다.

⑦ Another bed | is set | beside him | for his servant.
　 또 다른 침대가 | 놓여졌다 | 그의 옆에 | 그의 하인을 위해.
① Another bed | is set.　　　　　또 다른 침대가 | 놓여졌다.
① Another bed | is beside him.　또 다른 침대가 | 그의 옆에 있다.
① Another bed | is for his servant. 또 다른 침대는 | 그의 하인을 위한 것이다.

♣ 유형별 예문
(for~)
⑦ They | set·off | together | for Beersheba.(Ge22:19)
　 그들은 | 출발했다 | 함께 | 브엘세바를 향해.
⑦ I | come | in peace | for all mankind. 나는 | 왔다 | 평화롭게 | 인류를 위해.
⑦ How we | lived | among you | for your sake!(1Th1:5)
　 우리가 너희 가운데서 너희를 위해 어떻게 살았는지!
(against~)
⑦ Sir Pellinore | came | out | against King Arthur.
　 Pellinore경이 | 왔다 | 나 | 아더왕에게 대적하여.

| She put her hands over her face. (over~/above~)

① NP(pr~)

| ① Her hands | were over her face.

예문은 ①형 NP(pr~)이다. P는 전치사구 over~이다.
above는 일반적 수준 '~보다 위'를, over~는 특정한 수준 '~바로 위, 덮음, 넘음' 을 나타낸다.

① Her hands | were over her face.　그녀의 손들은 | 그녀 얼굴 위에 있었다/덮었다.

♣ 유형별 예문
(over~)
(사람/신체)
① He | is all over her.　　　　그는 | 흠뻑 그녀에게 빠져있다.
① The feds | are all over us.　FBI가 | 온통 우리를 덮치고 있어.
① The press | was all over us.　언론이 | 온통 우리에게 집중했어.

① The visiting team | were all over us. 초청팀이 | 우리를 압도했어.
① I | am over him.   나는 | 그와 끝났어.
① She | is not over him yet.   그녀는 | 아직 그녀를 잊지 않고 있어.
① Joab | was over the army.(1Ch18:15) 요압이 | 군대를 통솔했다.
① The clouds | were over our head. 구름들이 | 우리 머리 위에 (떠) 있었다.
(물건)
① His fingerprints | are all over the car. 그의 지문이 | 온 차에 덮혀 있다.
① His face | was all over the papers. 그의 얼굴이 | 모든 신문에 났다.
① I 'm over the wreck.   나는 | 난파선 위에 닿아있어.
① Darkness | was over the surface of the deep.(Ge1:2) 어둠이 | 깊음의 표면을 덮고 있었다.
(관념/활동)
① They | are over the most difficult stage of the work.
    그들은 | 그 일의 가장 어려운 단계를 극복했다.
(장소/위치)
① | Over the bridge! | 다리를 넘어라!
① My house | is just over the hill. 내 집은 | 산을 넘은 곳에 있어.
① I | 'm not over the hill.   나는 한물 간 게 아냐.
① A bird | is over the pond.   새가 | 연못 위에 있어.
① The rumor | was all over the school. 그 소문은 | 온 학교에 퍼져 있어.
① Help! | Over here.   도와줘! | 이 너머야.
① Mr. Ames | 's over there.   Ames씨는 | 저기 있어요.
(시간)
① My father | is already over sixty. 아버지는 | 이미 60이 넘어 있어.
① But that | 's over three years. 그렇지만 그것은 | 3년이 넘었어.
(above~)
(사람/신체)
① The major | is above captain. 소령은 | 대위보다 높다.
① The panel | was above his head. 그 널판지는 | 그의 머리 위에 있었다.
① The lecture | was way above my head. 그 강의는 | 너무 어려워 이해할 수 없었다.
(관념/활동)
① Nobody | is above the law.   누구도 | 법 위에 있지 않다.
① His intelligence | is above average. 그의 지능은 | 보통보다 높아.
① The book | is above my understanding. 그 책은 | 나의 이해 수준보다 높아.
① Your remarkable conduct | is above all praise. 너의 훌륭한 행동은 | 모든 칭찬을 초월해.
① He | 's above his station.   그는 | 분수 이상이다.
① Buying an airplane | is above his station. 비행기를 사는 것은 | 그의 신분 이상의 행동이다.
(장소/위치)
① Oxford | is above Henley <on the Thames>. 옥스퍼드는 | <템스 강변의> 헨리보다 위쪽이야.

③ NPP'(pr~)

| ③ A shadow of sorrow | passed | over her face. |

예문은 ③형 NPP'(pr~)이다. P는 동사 pass, P'는 전치사구 over~이다.
다음 두 문장으로 나누어진다. 즉 NPP'⇒NP+NP'의 관계에 있다.

③ A shadow of sorrow | passed | over her face. 슬픔의 그림자가 | 지났다 | 그녀 얼굴 위로.
① A shadow of sorrow | passed.　　　　　슬픔의 그림자가 | 지나갔다.
① A shadow of sorrow | was over her face. 슬픔의 그림자가 | 그녀 얼굴 위에 | 있었다.

♣ 유형별 예문
(over~)
(사람/신체)
③ She | bent(stooped) | over the baby. 그녀는 | 굽혔다 | 아기 위로.
③ I don't know [what | came | over you]. 나는 몰라 [네게 무슨 일이 일어나게 되었는지].
③ A shadow | fell | over them.　　한 그림자가 | 덮쳤어 | 우리를.
③ Sandy | hovered | over him.　　샌디가 | 굽어보았다 | 그를.
③ Tristram | stood | over him.　　Tristram이 | 섰다 | 그를 밟고.
③ He | 's walking | all over me.　　그는 날 깔아뭉개고 있어.
③ He | rules | over the nations.(Ps22:28) 그는 | 군림한다 | 나라 위에.
③ The chief had his arms [| folded | over his chest].
　　그 추장은 그의 팔을 [가슴 위에 포개어] 있었어.
③ A shadow of sorrow | passed | over her face. 슬픔의 그림자가 | 지나갔어 | 그녀 얼굴을 스쳐.
(관념/활동)
③ He | got | over his illness.　　그는 | 되었다 | 병을 극복하게 .
③ She | married | above her station. 그녀는 | 결혼했다 | 분수넘게.
③ You | prevailed | over evil.　　너는 | 극복했다 | 악을.
③ Mercy | triumphs | over judgment.(Jas2:13) 긍휼이 | 이긴다 | 심판을.
(장소/위치)
③ Darkness | came | over the whole land. 어둠이 | 와서 | 온 땅을 덮쳤다.(Lk 23:44)
③ | Come/Get | over here.　　　 | 오라 | 이리로.
③ The sun | had disappeared | over the mountains. 해가 | 사라졌어 | 산들 너머로.
③ A bird | is flying | over the pond. 새가 | 날고 있다 | 연못 위에서.
③ The model plane | flew | over the river. 모델 비행기가 | 날랐다 | 강을 넘어.
③ King Arthur | went | over the river. Arthur왕은 | 갔다 | 강을 넘어.
③ A lamp | was hanging | over the bed. 램프가 | 걸려 있다 | 침대 위에.
(above~)
(사람/신체)
③ The chopper | went | above us. 헬리콥터가 | 갔다 | 머리 위 높이.
③ The lecture | went | way above my head. 그 강의는 | 되었다 | 내게 너무 이해할 수 없게.
(관념/활동)
③ She | married | above her station. 그녀는 | 결혼했다 | 분수 넘게.
(장소/위치)
③ The moon | has risen | above the horizon. 달이 | 떴다 | 수평선 위쪽에.

> ③ Her hands | were put | over her face.

예문은 ③형 NPP'이다. P는 put의 수동형, P'는 전치사구 over~이다.
다음 두 문장으로 나누어진다. 즉 NPP'⇒NP+NP'의 관계에 있다.

③ Her hands | were put | <u>over</u> her face. 그녀 손들이 | 놓여있었다 | 그녀 얼굴 위에.
① Her hands | were put. 그녀 손들이 | 놓여 있었다...
① Her hands | were <u>over</u> her face. 그녀의 손들은 | 그녀 얼굴 위에 있었다.

♣ 유형별 예문
(over~)
③ He | has been chosen | <u>over</u> the other candidates. 그는 | 선택되었다 | 다른 후보를 넘어.
③ You | are exalted | far <u>above</u> all.(Ps97:9) 주는 | 모든 것위에 초월하신다.
(above~)
③ You | 're a cut | <u>above/below</u> him. 너는 | 그보다 한 수 위/아래야.

⑤ NPN'P'(pr~)

⑤ She | put ‖ her hands | <u>over</u> her face.

예문은 ⑤형 NPN'P'이다. P는 타동사, P'는 전치사구 under~이다.
다음 두 문장으로 나눠진다. 즉 NPN'P'⇒NPN'+N'P'의 관계에 있다.

⑤ She | put ‖ her hands | <u>over</u> her face. 그녀는 | 두었다 ‖ 그녀의 손들을 | 그녀 얼굴에 덮어.
② She | put ‖ her hands... 그녀는 | 두었다 ‖ 그녀 손들을.
① Her hands | were <u>over</u> her face. 그녀의 손들은 | 그녀 얼굴 위에 덮혀 있었다.

♣ 유형별 예문
(over~)
(사람/신체)
⑤ He | has ‖ no control | <u>over</u> himself. 그는 | 없다 ‖ 자제심이 | 자신에 대해.
⑤ Pharoah | still has ‖ power | <u>over</u> us. 바로는 | 아직도 가지고 있어 ‖ 힘을 | 우리 위에.
⑤ He | has lost ‖ his head | <u>over</u> her. 그는 | 잃었어 ‖ 이성을 | 그녀에게.
⑤ He | draped ‖ his coat | <u>over</u> her shoulders. 그는 | 걸쳤어 ‖그의 외투를 | 그녀 어깨 위에.
⑤ He | held ‖ an umbrella | <u>over</u> his head. 그는 | 받쳤다 ‖ 우산을 | 머리 위에.
⑤ He | was pulling ‖ the wool | <u>over</u> her eyes. 그는 | 두었다 ‖ 양털을 | 그녀 눈 위에. *속이다
⑤ They | put ‖ a hood | <u>over</u> his face. 그들은 | 씌웠어 ‖ 모자를 | 그의 얼굴에 덮어.
(물건)
⑤ | Hold ‖ the magnet | <u>over</u> the penny. | 당겨라 ‖ 자석을 | 동전에 덮어.
⑤ He | placed ‖ a hand | <u>over</u> the receiver. 그는 | 얹었어 ‖ 한 손을 | 수화기 위에 덮어.
(장소/위치)
⑤ I | will keep ‖ a watchful eyes | <u>over</u> the house of Judah.(Zec12:4)
  나는 | 유지할 것이다 ‖ 감시하는 눈을 | 유다의 집 위에.
⑤ She | showed ‖ us | <u>over</u> her new house. 그녀는 | 보여 줬다 ‖ 우리에게 ‖대충 그녀의 새 집을.
⑤ | Take ‖ the elevator | <u>over</u> there. | 타라 ‖ 엘리베이터를 | 저기 있는.
⑤ She | threw ‖ a sheet | <u>over</u> the bed. 그녀는 | 깔았다 ‖ 시트를 | 침대 위에.
⑤ | Could you bring ‖ it | <u>over</u> here, please. 그것 여기 좀 갖다 주겠어요.
⑤ I | saw ‖ her | <u>over</u> there. 나는 | 봤어 ‖ 그녀를 | 저 너머에.
⑤ You | want ‖ it | <u>over</u> there? 너 | 원하니 ‖ 그걸 | 거기 두기?
(above~)

(사람/신체)
⑤ We | esteem ‖ a warrior | <u>above</u> men of other crafts.
　우리는 | 우위에 놓고 있다 ‖ 전사를 | 다른 기술을 가진 사람보다.
⑤ Winston | raised ‖ his hands | <u>above</u> his head. 윈스톤을 | 올렸다 ‖ 두 손을 | 머리 위에.
⑤ They | have ‖ their shields | <u>above</u> their heads. 그들은 | 가진다 ‖ 방패들을 | 그들 머리 위에.
⑤ He | is lifting ‖ the panel | <u>above</u> his head. 그는 머리 위로 널빤지를 들고 있다.
⑤ They | spread ‖ their umbrellas | <u>above</u> their heads.
　그들은 | 펼쳤다 ‖ 우산을 | 그들 머리 위에.
⑤ She | swung ‖ the axe | <u>above</u> her head. 그녀가 | 휙 쳐들었다 ‖ 도끼를 | 머리 위로.
(관념/활동)
⑤ I | value ‖ honor | <u>above</u> life. 나는 | 존중한다 ‖ 명예를 | 목숨보다.
⑤ He | has ‖ ideas | <u>above</u> his station. 그는 | 한다 ‖ 생각을 | 분수에 넘치게.
⑤ He | has reached ‖ a position | <u>above</u> his station.
　그는 | 도달했다 ‖ 지위에 | 자신의 신분보다 높이.
(장소)
⑤ We | saw ‖ the moon | <u>above/over</u> the hill.
　우리는 | 보았다 ‖ 달을 | 언덕보다 높이 있는/언덕 바로 위에 있는.

⑦ NPP'P"(pr~)

| ⑦ He | fell | forward | <u>over</u> Merry. |

예문은 ⑦형 NPP'P"이다. P"는 전치사구 over~이다.
다음 세 문장으로 나눠진다. 즉 NPP'P" ⇒ NP+NP'+NP"의 관계에 있다.

⑦ He | fell | forward | <u>over</u> Merry. 그는 | 앞으로 | 넘어졌어 | Merry 위에.
① He | fell.　　　　　　　　　　그는 | 넘어졌다.
① He | was forward.　　　　　　그는 | 앞에 있다.
① He | was <u>over</u> Merry.　　　　그는 (몸이) | Merry 위에 있다.

♣ 유형별 예문
(over~)
⑦ He | fell | forward | <u>over</u> Merry. 그는 | 앞으로 | 넘어졌다 | Merry 위에.
(above~)
⑦ On the nearby mountains the pale snow | shone | livid and unreal | <u>above</u> the brown forest. 가까운 산 위에 창백한 눈이 | 빛났다 | 납빛으로 비현실감으로 | 갈색 숲 위에.

| He led her past them. (past~/through~) |

① NP(pr~)

| ① She | was <u>past</u> them. |

예문은 ①형 NP(pr~)이다. P는 전치사구 past~이다.

past~는 '~을 지나'를 나타내고, through는 '~을 통하여'를 나타낸다.

① She | was past them.   그녀는 | 그들을 지나 있었다.

♣ 유형별 예문
(past~)
① The quickest way | is past me.   가장 빠른 길은 | 나를 지나서이다.
③ Her long dark hair | fell | past her shoulders.
    그녀의 긴 검은 머리칼이 | 흘러내렸어 | 그녀의 어깨너머로.
① His story | is past belief.   그의 말은 | 믿을 수 없어.
① They/The flowers | are past their best. 그들/그 꽃들은 | 전성기를 넘어서 있어.
① Unemployment | is now past the 3 million mark. 실업률은 | 3백만 표시(한계점)을 넘어서 있어.
① He | is past hope.   그는 | (회복할) 가망이 없어.
① The old man | is past work.   저 노인은 | 일하는 것이 무리야.
① The Mexicans | were past the toolshed. 그 멕시코 인들은 | 연장 창고를 지나 있다.
① With luck, we | will be past Anyang by early afternoon.
    운이 좋으면, 우리는 | 안양을 지날 거야 이른 오후.
① His office | is past the bank ⟨on your left⟩. 그의 사무실은 | ⟨네 왼편으로⟩ 은행을 지나 있어.
① The train | is past due.   기차는 | 연착이야.
① She | 's long past retirement age.   그녀는 | 은퇴 나이가 오래 지나 있어.
① Now it | 's past your bed time.   자, 잘 시간이 지났어.
① It | was past midnight [when we got home]. [우리가 집에 도착하였을 때]] 자정이 | 지났다.
(through~)
① She | was just through her high school when her father died.
    그녀가 | 막 고교를 졸업했다 [그녀 아버지가 죽었을 때].
① We | must've been through hundreds of books already. 우리 | 벌써 책을 수 백 권 읽었을 거야.
① I | 've been through all those drawers (already). 나는 | 이 서랍들을 살펴보았다 (이미).
① They | had been through this (before). 그들은 | 이러한 경험이 있었어 (전에).
① We | ought to have been through it (by now). 우리는 | 그곳을 통과했어야 해 (지금쯤).
① The essential way (forward) | is through direct discussions between south and north.
    앞으로 중요한 길은 | 남북이 서로 직접 대화를 나누는 것이다.
① | Through here! | 이리 통과해!
① You | 've been through this hole?   너 | 이 굴을 통과한 적 있지?

③ NPP'(pr~)

③ She | walked | past them.

예문은 ③형 NPP'(pr~)이다. P는 동사 walk, P'는 전치사구 past~다.
다음 두 문장으로 나누어진다. 즉 NPP'⇒NP+NP'의 관계에 있다.

③ She | walked | past them.   그는 | 걸어갔어 ‖ 그들을 지나.
① She | walked.   그는 | 걸어갔어.
① She | was past them.   그녀는 | 그들을 지나 있었다.

♣ 유형별 예문
(past~)
③ We | 've got to get | past them/it.   우리는 | 해야 해 ‖ 그들/그것을 통과.
③ That coat | is looking decidedly | past it. 저 코트는 | 확실히 보여 | 한물 간 것으로.
③ The bicycle | is racing ‖ past the truck. 자전거가 | 질주하고 있다 | 트럭을 지나쳐.
③ He | strode | past the class.   그는 | 성큼 갔어 | 그 반을 지나.
③ He | walked | past us/the house. 그는 | 걸어갔어 | 우리/그 집을 지나.
③ Over the hill and past the tavern」 came」 the soldiers!
    언덕 너머 그리고 주막을 지나」 왔어」 병정들이!

(through~)
③ Tristram's sword | cut | through Sir Marhaus's helmet.
    Tristram의 검이 | 절단했다 | Marhaus 경의 투구를 통과하여.
③ I | read | through the book.   나는 | 읽었어 | 그 책을 완전히.
③ I | went | through all that.   나는 | 끝냈다 | 모두.
③ I | have passed | through many troubles. 나는 | 경험했어 | 많은 고생을.
③ The three mighty men | broke | through the Philistine line.(2Sa23:16)
    세 용사가 블레셋 사람의 군대를 충돌하여 지나갔다.
③ | Enter | through the narrow gate.(Mt7:13) | 들어가라 | 좁은 문을 통해.
③ The river | flows | through our city. 강은 | 흐른다 ‖ 시를 관통하여.
③ The train | has just passed | through the tunnel. 열차가 | 막 빠져 나왔네 | 그 터널을.
③ I | travelled | through Europe.   나는 | 여행했어 ‖ 유럽 여기저기.
③ You | 're going | through a period ⟨we | 've all been through ∩⟩.
    너는 | 통과할 거야 | ⟨우리가 | 모두 통과한 ∩⟩⟩ 한 때를.

③ She	was led	past them.

예문은 ③형 NPP'이다. P는 lead의 수동형, P'는 전치사구 past~이다.
다음 두 문장으로 나누어진다. 즉 NPP'⇒NP+NP'의 관계에 있다.

③ She | was led | past them.   그녀는 | 인도되었다 | 그들을 지나.
① She | was led.   그녀는 | 인도되었다.
① She | was past them.   그녀는 | 그들을 지나 있었다.

♣ 유형별 예문
(past~)
③ She | was led | past them.   그녀는 | 인도되었다 | 그들을 지나.
(through~)
③ We | 've been together | through it all. 나는 | 함께 지냈어 | 그 동안 죽.

⑤ NPN'P'(pr~)

⑤ He	led ‖ her	past them.

예문은 ⑤형 NPN'P'이다. P는 타동사 lead, P'는 전치사구 past~이다.
다음 두 문장으로 나눠진다. 즉 NPN'P'⇒NPN'+N'P'의 관계에 있다.

⑤ He | led ‖ her | past them.　　　그는 | 인도했어 ‖ 그녀를 | 그들을 지나.
② He | led ‖ her...　　　　　　　그는 | 인도했다 ‖ 그녀를.
① She | was past them.　　　　　그녀는 | 그들을 지나 있었다.

♣ 유형별 예문
(past~)
⑤ He | led ‖ Harry | past them.　　그는 | 인도했어 ‖ Harry를 | 그들을 지나.
⑤ The chief | led ‖ them ‖ past the front door and to the side.
　　추장은 | 인도했다 ‖ 그들을 | 정문을 지나서 옆으로.
⑤ I | wouldn't put ‖ anything | past Snape.
　　나는 | 생각지 않아 ‖ 어떤 것도 | Snape를 지나(그가 아닌 누구도 그걸 했다고).
⑤ The problem | strains ‖ me | past the compass of my wits.
　　그 문제는 | 무력하게 해 ‖ 나를 | 내 지혜의 범위를 넘게 하여.
⑤ Neither team is expected [| to make ‖ it | past the first round of the matches].
　　아무 팀도 기대되지 않아 [시합 첫 라운드를 통과할 것으로].
⑤ You | drive ‖ me | past the bounds. 너는 | 몰아가 ‖ 나를 | 한계점 너머로.
(through~)
⑤ How (do you think) I | put ‖ myself | through college?
　　어떻게 (너는 생각하니) 내가 대학을 마쳤는지?
⑤ He | steered ‖ us | through perils. 그는 | 인도했어 ‖ 우리를 | 역경을 통과하게.
⑤ | Take ‖ me | through the night.(pop) | 해라 ‖ 나를 | 밤을 새우게.

⑦ NPP'P"(pr~)

⑦ She | walked | in | past them.

예문은 ⑦형 NPP'P"이다. P"는 전치사구 past~이다.
다음 세 문장으로 나눠진다. 즉 NPP'P" ⇒ NP+NP'+NP"의 관계에 있다.

⑦ She | walked | in | past them.　그는 | 걸었다 | 안으로 | 그들을 지나.
① She | walked.　　　　　　　　그녀는 | 걸었다.
① He | was in.　　　　　　　　　그는 | 안에 있다.
① She | was past them.　　　　　그녀는 | 그들을 지나 있었다.

♣ 유형별 예문
(past~)
⑦ They | trooped | out | (in silence) past him. 그들은| 떼지어 | 나갔다 |(말없이) 그를 지나.
⑦ One of the Buldgers | came | streaking | past Harry's right ear.
　　Buldger 하나가 | 왔어 | 달려 | Harry의 오른쪽 귀를 지나.
(through~)
⑦ He | came | bustling | through the crowd. 그는 | 왔다 | 법석 떨며 | 군중을 뚫고.
⑦ Thoughts of revenge | kept | running | through his mind.
　　복수의 생각이 | 계속 | 진행하고 있었다 | 그의 마음을 관통해.
⑦ I | will stick | by you | through thick and thin.
　　나는 | 붙을 거야 | 네 곁에 | 무슨 일이 있어도.

| They kept him under guard. (under~/below~) |

① NP(pr~)

| ① He | was under guard. |

예문은 ①형 NP(pr~)이다. P는 전치사구 under~이다.
under~는 '~바로 아래'를 나타냄에 비해, below~는 일반적인 '~아래'를 나타낸다.

① He | was under guard.   그는 | 감시하에 있었다.

♣ 유형별 예문
(under~)
(신체)
① His left arm | is under my head.(SS2:6) 그의 왼손이 | 내 머리 밑의 팔베개다.
(물건)
① He | was too under the covers.   그도 | 이불 밑에(자고) 있었다.
① It | 's all under the table.   그건 | 테이블 밑에 있다. *뇌물이다.
① Are you | under the influence of any drugs or alcohol?
    당신은 | 마약 복용이나 음주 상태에 있는가요?
① There's」an envelope | under that file. 봉투가 | 서류철 밑에 있어.
① There is」nothing new | under the sun.(Ecc1:9) 해 아래 새로운 것이 없다.
① There is」a cat | under the table. 고양이가 테이블 아래 있어.
(관념/활동)
① The fire | is now under control. 화재는 | 지금 잡히고 있어.
① Everything | is under control.   모든 것이 | 잘 통제되고 있어.
① You | will be under his direction. 너는 | 그의 지휘를 받을 거야.
① The issue | is now under discussion. 그 논점은 | 토론 중이야.
① Everybody in our office | is under a lot of pressure.
    우리 사무실의 모두는 | 많은 부담을 갖고 있어.
① The ship | is under repair.   배는 | 수리 중이야.
① He | is under surveillance.   그는 | 감시 받고 있어.
① It | 's still under warranty.   그것은 | 아직 보증기간이야.
① I | must be under the weather.   나는 | 몸이 좋지 않아.
① What name is」it | under ∨?   누구 이름으로 (예약)해 놓을까요?
① He | is still under twenty.   그는 | 아직 20세 미만이야.
(장소/위치)
① The trial | is now under way.   그 재판은 | 지금 진행한다.
(below~)
① That | 's below the belt.   그건 | 반칙이야. *벨트아래 치기
① Her work | is well below average for the class. 그녀의 성적은 | 반 평균보다 매우 낮다.
① A corporal | is below | under a major. 하사는 | 소령아래(상하관계)| 밑(예속관계)이다.

③ NPP'(pr~)

```
③ He | travelled | under guard.
```

예문은 ③형 NPP'(pr~)이다. P는 자동사, P'는 전치사구 under~이다.
다음 두 문장으로 나눠진다. 즉 NPP'⇒NP+NP'의 관계에 있다.

③ He | travelled | under guard.   그는 | 여행했다 | 감시 하에.
① He | travelled.   그는 | 여행했다.
① He | was under guard.   그는 | 감시 하에 있었다.

♣ 유형별 예문
(under~)
(물건)
③ He | crawled | under the covers. 그는 | 기어들어(자러)갔다 | 이불 밑으로.
③ What | will happen | under the sun?(Ecc6:12) 무슨 일이 | 일어날 것인가 | 해 아래?
(관념/활동)
③ Dogan | cracked | under the pressure. 도간은 | 미쳤다 | 중압감으로.
③ I | 'm feeling | under the weather. 나는 | 느끼고 있다 | 몸이 좋지 않게.
③ The witnesses | are living | under new names. 그 증인들은 | 살고 있어 | 새 이름으로.
③ The prison | runs | under your guidelines. 교도소는 | 운영되고 있다 | 당신의 방침에 따라.
③ He | sank | under the burden of misery. 그는 | 가라앉았다 | 불행의 중압 하에.
(장소/위치)
③ Woodchucks | live | under the ground. 우드척은 | 산다 | 땅 아래(속)에.
③ The village | lies | under the hill. 그 마을은 | 위치해 | 언덕 아래쪽에.
(below~)
(사람)
③ The hair | landed | just below the shoulders blades. 머리칼이 | 내려왔어 | 어깨뼈 바로 아래에.
(관념/활동)
③ Output | falls considerably | below last year's level.
  생산량이 | 상당히 떨어지다 | 작년 수준보다.
(장소/위치)
③ Jonah | had gone | below deck.(Jnh1:5) 요나는 | 가 버렸다 | 갑판아래에.
③ He | dived | below the suface of the water. 그는 | 잠수했다 | 수면 아래에.

```
③ He | was kept | under guard.
```

예문은 ③형 NPP'이다. P는 keep의 수동형, P'는 전치사구 under~이다.
다음 두 문장으로 나누어진다. 즉 NPP'⇒NP+NP'의 관계에 있다.

③ He | was kept | under guard.   그는 | 계속 지켜졌다 | 감시하에.
① He | was kept.   그는 | 계속 지켜졌다.
① He | was under guard.   그는 | 감시 하에 있었다.

♣ 유형별 예문

(below~)
③ They | will always be placed | <u>below</u> the salt, 그들은 | 항상 처할 것이다 | 하층계급에.
③ It | was sold | <u>below</u> cost.   그것은 | 팔렸다 | 원가 이하에.
(under~)
③ The country | was brought | <u>under</u> their control.(Jos18:1) 나라는 | 들어갔어 | 그들 통제하에.
③ He | was kept | <u>under</u> guard..(Lk8:29) 그는 | 지켜졌다 | 감시하에

⑤ NPN'P'(pr~)

| ⑤ They | kept ‖ him | <u>under</u> guard. |

예문은 ⑤형 NPN'P'이다. P는 타동사, P'는 전치사구 under~이다.
다음 두 문장으로 나누어진다. 즉 NPN'P'⇒NPN'+N'P'의 관계에 있다.

⑤ They | kept ‖ him | <u>under</u> guard. 그들은 | 계속 지켰다 ‖ 그를 | 감시하에.
② They | kept ‖ him.   그들은 | 계속 지켰다 ‖ 그를.
① He | was <u>under</u> guard.   그는 | 감시 하에 있었다.

♣ 유형별 예문
(under~)
⑤ They | may trample ‖ them | <u>under</u> their feet.(Mt7:6) 그들은 | 짓밟을 것이다 ‖ 그들을 | 발아래.
⑤ He | put ‖ it | <u>under</u> his head, {and} lay down to sleep.(Ge28:12)
   그는 | 놓고 돌을 | 머리 밑에(베개로), 누워 잠들었다.
⑤ He | found ‖ his wife | <u>under</u> the covers. 그는 | 봤다 ‖ 아내가 | 이불 아래(자고) 있는 것을.
⑤ | Keep ‖ it | <u>under</u> your hat.   비밀을 지켜라.
⑤ I | wanna keep ‖ it | <u>under</u> wraps for a while. 나는 | 하고 싶어‖그것을 | 당분간 그걸 비밀로.
⑤ I | have seen ‖ something else | <u>under</u> the sun.(Ecc9:11)
   나는 | 보았다 ‖ 이러한 일들을 | 해 아래.
⑤ How much are you | shoveling ‖ ∨ | <u>under</u> the table?
   얼마(뇌물)를 너는 | 찔러 넣니 ‖∨ | 테이블 아래로?
⑤ Did they | bring ‖ the fire | <u>under</u> control yet?
   그들은 | 아직 두지 않았니 ‖ 불을 | 통제 하에? *불길을 잡다
⑤ I | got ‖ it | <u>under</u> control.   나는 그것을 통제하고 있어.
⑤ | put ‖ him | <u>under</u> arrest. | 두라 | 그를 | 체포 상태 하에.
⑤ We | are putting ‖ you | <u>under</u> surveillance. 우리는 | 두고 있어 | 너를 | 감시 하에.
⑤ | Put ‖ it | <u>under</u> the name of Kim. 김이라는 이름으로 예약해놓아요.
⑤ I | do take ‖ Smeagol | <u>under</u> my protection. 나는 | 두겠어 ‖ Smeagol을 | 내 보호하에.
⑤ Please, | put ‖ your bag | <u>under</u> the seat. (기내에서) | 넣어 주세요 ‖가방을 | 좌석 밑으로.
(below~)
⑤ He | could see ‖ Frodo | <u>below</u> him. 그는 | 볼 수 있었어 ‖ Frodo를 | 그의 밑에서.
⑤ The rest of the American electorate | judged ‖ him | <u>below</u> the salt.
   미국의 나머지 유권자들은 | 판단했다 ‖ 그를 | 하층계급으로.
⑤ We | 're selling ‖ it | <u>below</u> cost. 우리는 | 팔고 있어요 ‖ 그것을 | 밑지고.

| ⑤ County | may work 「<u>under</u> guard ‖ certain prisoners. |

예문은 ⑤형 NP「P(pr~)'N'이다. P'와 N'과 위치가 바뀐 것이다.
「 표시는 P'가 N'을 서술함을 나타낸다. 다음과 같이 분석된다.
즉 NP「P'N'⇒ NPN'P'⇒NPN'+N'P'의 관계에 있다.

⑤ County | may work 「under guard ‖ certain prisoners.
=⑤ County | may work ‖ certain prisoners | under guard.
　　　　군은 | 노역시킬 수 있다 ‖ 특정 죄수들을 「감시 하에.
② County | may work ‖ certain prisoners 군은 | 노역시킬 수 있다 ‖ 특정 죄수들을.
① certain prisoners | is under guard. 특정 죄수들은 | 감시 하에 있다.

♣ 유형별 예문
⑤ By contract county | may work 「under guard ‖ certain prisoners before indictment and conviction. 계약에 의해 군(郡)은 | 노역시킬 수 있다 「감시 하에 ‖ 특정 죄수들을 기소 및 선고 전에.(Missi Code 47-1-13)

⑦ NPP'P"(pr~)

| ⑦ She | broke | down | under the burden of sorrow. |

예문은 ⑦형 NPP'P"이다. P"는 전치사구 under~이다.
다음 세 문장으로 나눠진다. 즉 NPP'P"⇒NP+NP'+NP"의 관계에 있다.

⑦ She | broke | down | under the burden of sorrow.
　　　그녀는 | 애통하여 | 기진했다 | 슬픔의 부담하에.
① She | broke. 　　　　　　　　그녀는 | 애통했다.
① She | was down. 　　　　　　그녀는 | 기진했다.
① She | was under the burden of sorrow. 그녀는 | 슬픔의 부담 하에 있었다.

♣ 유형별 예문
(under~)
⑦ She | broke | down | under the burden of sorrow.
　　　그녀는 | 애통하여 | 기진했다 | 슬픔의 부담 하에.
⑦ She kept her hands [| tucked | together | under her chin].
　　　그녀는 계속 손들을 [함께 턱 밑에 끼워 넣은 채] 있었다.
⑦ Abby | will check | in there | under the name of Rachel James.
　　　Abby가 | 조사할 거야 | 거기서 | Rachel James의 이름으로.
(below~)
⑦ The ship | faded | away | below the horizon. 배는 | 희미하게 | 사라졌다 | 수평선 아래.
⑦ The sun | sank | down | below the horizon. 해가 | 가라 | 앉았다 | 수평선 아래.

| They saw him with his mother. (with~/without~) |

① NP(pr~)

| ① The child | was **with** his mother. |

예문은 ①형 NP(pr~)이다. P는 전치사구 with~이다.
with~는 '~와 동반', without~는 '~와 불동반/없음'을 나타낸다. with~가 서술 용법인 경우 전치사의 목적어는 '사람'에 한정된다. without~의 목적어는 제한이 없다.

① The child | was **with** his mother.   그 애는 | 엄마와 같이 있었다.

♣ 유형별 예문
(with~)
① I | 'm always **with** you.   나는 | 너와 항상 함께 있어.
① Who」are you | **with** (now)?   누구와 | 너 함께 있니 (지금)?
① He | 's **with** someone.   그는 | 누군가와 면담 중이야.
① You | are now **with** child.(Ge17:11) 너는 | 이제 임신 중이다.
① I | 'm **with** a trading company.   나는 | 무역회사에 근무해.
① I | 'm **with** you.   나 | 네게 찬성이야.
① Are you | **with** me?(=you got it?) 너 | 내말 알겠니/듣고 있니?
① Either you | are **with** us or | **with** the terrorists.
       여러분은 | 우리의 편이든지 아니면 | 테러리스트의 편입니다.
① What | 's **with** him?   무슨 일이 | 그에게 있니?
① Our chief concern | is **with** Saruman. 우리의 관심사는 | Saruman과 관련이 있다.
① The responsibility | is **with** me. 책임은 | 내게 (있어).
① You belong here. ... | **With** me. 너는 여기 있어야 해. 나와 함께.

(without~)
① He | is **without** friends.   그는 | 친구가 없다.
① The earth | was **without** form and void.(=formless and empty)(Ge1:2) 땅이 | 형태 없이 공허했다.
① They | were not **without** blame.   그들은 | 책임이 없지 않았다.
① His grace to me | was not **without** effect.(1Co15:10) 그의 내게 대한 은혜는 | 헛되지 않았다.
① The rumor | is **without** quite foundation. 소문은 | 전혀 근거가 없어.
① Air travel | is not **without** risk. 항공여행은 | 위험이 없지 않아.

③ NPP'(pr~)

| ③ The child | came | **with** his mother. |

예문은 ③형 NPP'(pr~)이다. P는 자동사, P'는 전치사구 with~다.
다음 두 문장으로 나눠진다. 즉 NPP' ⇒ NP+NP'의 관계에 있다.

③ The child | came | **with** his mother. 그 애는 | 왔다 | 엄마와 같이.
① The child | came.   그 애는 | 왔다.
① The child | was **with** his mother. 그 애는 | 엄마와 같이 있었다.

♣ 유형별 예문
(with~)

③ I | agree | with you.　　　　나는 | 동의해 | 네게.
③ | Come | with me.　　　　　오너라 | 나와 함께.
③ All her men | went | with her.　그녀의 사람들 모두 | 갔다 | 그녀와.
③ What | gives | with you?　　네게 무슨 일 있니?
③ The blame | lies | with me.　비난은 | 있다 | 내게.
③ I | live | with my friend.　　나는 | 살아 | 친구와.
③ Most of the blame | rested | with her. 실수의 책임은 대부분 | 있었어 | 그녀에게.
③ He | rode | with Sir Accolon.　그는 | 말 타고 갔다 | Accolon경과 함께.
③ How long shall I | stay | with you?(Lk9:41) 얼마나 오래 내가 | 머물어야 하나 | 너희와 함께
③ She | worked | with Merlin.　그녀는 | 일했다 | 멜린과 함께.
(without~)
③ I | will fight | without armour.　나는 | 싸울 거야 | 갑옷 없이.
③ I | have often gone | without food.(2Co11:27) 나는 | 종종 갔다(지냈다) | 먹을 것 없이
③ We | must do | without hope.　우리는 | 해야 해 | 희망 없이.
③ The meeting | ended | without result. 회의는 | 끝났어 | 성과 없이.

┌───┐
│　　　　③ The child | was seen | with his mother.　　　│
└───┘

예문은 ③형 NPP'(pr~)이다. P는 수동형, P'는 전치사구 with~이다.
다음 두 문장으로 나눠진다. 즉 NPP'⇒NP+NP'의 관계에 있다.

③ The child | was seen | with his mother. 그 애는 | 보였다 | 엄마와 같이 있는 것이.
① The child | was seen.　　　　　그 애는 | 보였다.
① The child | was with his mother.　그 애는 | 엄마와 같이 있었다.

♣ 유형별 예문
(with~)
③ How are you | good | with kids? 넌 애들을 얼마나 잘 다루니?
③ She | was married | with two young children. 그녀는 | 기혼이고 | 어린 두 아이들을 가졌다.
③ I | 'm in love | with you.(Steve Forbert) 나는 | 사랑 속에 있어 | 너와 함께.
③ Both of the candidates | are on the balcony | with the Mayor.
　　양쪽 후보들은 | 발코니에 있어 | 시장과 함께.
③ She | was up {half the night} | with a sick child.
　　그녀는 | {밤의 반} 깨어 있었어 | 병든 아이와 함께.
③ What | 's up | with you (now)?　무슨 일 | 있니 | 네게 (지금)?
③ What | 's matter | with him?　무엇이 | 문제니 | 그에게?
③ She | is up in San Francisco | with the police. 그녀는 | 있어 | 샌프란시스코에 | 경찰과 함께.
(without~)
③ Shall we | on | without apology? 우리 | (연회장에) 등장할까 | 사과 없이.

⑤ NPN'P'(pr~)

┌───┐
│　　　　⑤ They | saw ‖ the child | with his mother.　　│
└───┘

예문은 ⑤형 NPN'P'(pr~)이다. P는 타동사, P'는 전치사구 with~이다.
다음 두 문장으로 나눠진다. 즉 NPN'P'⇒NPN'+N'P'의 관계에 있다.

⑤ They | saw ‖ the child | with his mother.
　　그들은 | 봤다 ‖ 그 아이가 | 엄마와 같이 있는 것을.
② They | saw ‖ the child.　　　그들은 | 보았다 ‖ 그 아이를.
① The child | was with his mother.　그 애는 | 엄마와 같이 있었다.

♣ 유형별 예문
(with~)
⑤ Peace I | leave ‖∨ | with you; my peace I give you.(Jn14:27)
　　나는 | 남긴다 ‖ 네게 | 평안을; 내가 평안을 네게 준다.
⑤ It's real pleasure [| to have ‖ you | with us tonight].
　　나는 정말 기쁩니다 [당신을 오늘 저녁에 모시게 되어].
⑤ They | saw ‖ the child | with his mother.(Mt2:11)
　　그들은 | 보았다 ‖ 그 아이가 | 엄마와 같이 있는 것을.
⑤ He | took ‖ Peter, John and James | with him.(Lk9:28)
　　그는 | 데려갔다 ‖ Peter, John, James를 | 그와 함께.)
⑤ You | can't take ‖ it | with you. 너는 그것을 죽을 때 가져갈 수 없어.
(without~)
⑤ A drunk driver | had left ‖ him | without half his leg.
　　만취 운전자가 | 했다 ‖ 그를 | 다리 절반이 없어지게.
⑤ The reforms | left ‖ 25 million workers | without jobs.
　　그 개혁은 | 남게 했다 ‖ 2천5백만 근로자를 | 무직으로.
⑤ He | pressed ‖ his pants | without a wrinkle 그는 | 다렸어 ‖ 바지를 | 주름 하나 없이.

| ⑤ I | had 「with me ‖ neither mechanic nor any passengers. |

예문은 ⑤형 NP「P(pr~)'N'이다. P'와 N'과 위치가 바뀐 것이다.
「 표시는 P'가 N'을 서술함을 나타낸다. 다음과 같이 분석된다.
즉 NP「P'N'⇒ NPN'P'⇒NPN'+N'P'의 관계에 있다.

⑤ I | had 「with me ‖ neither mechanic nor any passengers.
=⑤ I | had ‖ neither mechanic nor any passengers | with me.
　　나는 | 없었다 ‖ 정비공이나 다른 탑승객이 | 내 곁에.
② I | had ‖ neither mechanic nor any passengers.
　　나는 | 가지지 않았다/없었다 ‖ 정비공이나 다른 탑승객이.
① Neither mechanic nor any passengers | were with me.
　　정비공이나 다른 탑승객이 | 내 곁에 없었다.

⑦ NPP'P"(pr~)

| ⑦ You | belong | here | with me. |

다음 예문 5는 ⑦형 NPP'P"이다. P"는 전치사구 with~이다.

다음 두 문장으로 나눠진다. 즉 NPP'P" ⇒ NP+NP'+NP"의 관계에 있다.

⑦ You | belong | here | with me.　너는 | 속해 | 여기에 | 나와 함께.
③ You | belong | here.　　　　　너는 | 속해 | 여기에.
① You | are with me.　　　　　　너는 | 나와 함께 있어.

♣ 유형별 예문
(with~)
⑦ | Stay | here | with me.　　　| 머물라 | 여기 | 나와 함께.
⑦ I | fell | in love | with you.　나는 | 빠졌다 | 사랑 속에 | 너와 함께.
⑦ | Get | in touch | with me [as soon as} possible]. | 해라 | 접촉을 | 나와 [가능한 빨리].
⑦ She | belonged | on the same faculty | with them.
　　그녀는 | 속했다 | 같은 교수진에 | 그들과 함께.
⑦ | Come | in | with me.　　　| 오자 | 들어 | 나와 함께.
⑦ Are you | coming | out | with me? 너 나와 함께 나오겠니?
⑦ He | went | out | with her.　그는 그녀와 데이트했어.
(without~)
⑦ I | can't get | about | without my wife's help.
　나는 | 다닐 수 없어 | 근방에 | 아내의 도움 없이.
⑦ You | go | on | without me.(2HP218)(부대상황) 너는 | 가라(해라) | 계속 | 나 없이.

We regarded him as a genius. (as~/for~/like~)

① NP(pr~)

① He | was like a genius.

다음 예문은 ①형 NP(pr~)이다. P는 전치사구 like~이다.
전치사 as/for/like는 대체로 자격, 대신, 유사, 간주, 의제 등의 공통적인 의미로 사용된다.

① He | was like a genius.　　　그는 | 천재였다(같았다).

♣ 유형별 예문
(as~)
① He ⟨that is feeble among them at that day⟩ | shall be as David;(Zec12:8)
　　⟨그날에 그 중에 약한⟩ 그가 | 다윗 같을 것이다.
① All flesh | is as grass.(=appearing to be sth)(1Pe1:24,Isa40:6) 모든 육체는 | 풀과 같다(
① Her hair | was as a wet fleece of gold.(")(OW118) 그녀의 머리칼은 | 젖은 금빛 양털 같았다
① The stroke of death | is as a lover's pinch.(")(7WS139) 죽음의 충격은 | 연인의 꼬집기와 같다.
(for~)
① It | 's for a fact.(=It's true)(Free Dictionary) 그것은 | 사실이다.
(like~)
① That | 's just like him.　　　그것이 | 바로 그다운 점이야.

① They | 're not all like me. 그들은 | 전부 나 같지는 않아.
① The child | is like her father. 그녀는 | 아버지와 닮았어.
① They | were like brother and sister. 그들은 | 형제자매 같았어.
① You | 're just like a little baby. 너는 | 꼭 어린 아기 같다.
① His face | was like face of Sir Lancelot. 그의 얼굴은 | 란셀롯 경의 얼굴과 유사했다.
① What」's this curry | like ∨? 이 카레는 | 무엇 같니(어떠니)?
① You | 've been like that (before). 너는 | 그랬어 (전에도).
① It | 's been like this (all afternoon). 그건 | 이랬어 (오후 내내).
① That | 's more like it. 그게 | 더욱 비슷해(가까워).
① All men | are like grass.(1Pe1:24) 모든 사람은 | 풀과 같다.
① There's」 no place | like home. 어느 곳도 | 집 같은 곳이 없다.

③ NPP'(pr~)

③ He | talked | like a genius.

예문는 ③형 NPP'(pr~)이다. P는 자동사, P'는 전치사구 like~이다.
다음 두 문장으로 나눠진다. 즉 NPP'⇒ NP+NP'의 관계에 있다.
③ He | talked | like a genius. 그는 | 말했다 | 천재같이.
① He | talked. 그는 | 말했다.
① He | was like a genius. 그는 | 천재같았다.

♣ 유형별 예문
(as~)
③ He | acted | as chairman. 그는 | 행세했다 | 의장으로.
③ He | appeared | as a pinch hitter. 그는 | 등장했다 | 대타로서.
③ He | died | as President. 그는 | 죽었다 | 대통령으로.
(for~)
③ The flesh | counts | for nothing.(Jn6:63) 육체는 아무 것도 아니다.
③ He | passes | for a learned man (in the village). 그는 | 통한다 | 학자로 (마을에서).
③ She | could pass | for 35 or 35. 그녀는 | 될 거야 | 35살이나 36살 쯤.
(like~)
③ Brothers, | become | like me, for I | became | like you.(Ga4:12)
　　　형제여, 내가 너희와 같이 되었으니 너희도 나와 같이 되라.
③ When I was a child, I | talked | like a child, I | thought | like a child, I | reasoned
　| like a child.(1Co13:11) 내가 어렸을 때에 나는, 어린아이처럼 말하고, 생각하고, 깨달았다.
③ He | looks | just like his father. 그는 | 꼭 같다 | 자기 아빠.(닮았다).
③ I | worked | like a slave. 나는 | 일했다 | 노예같이.
③ You | 've drinking | like a fish. 너는 | (술을) 마시고 있군 | 물고기같이.
③ You | look | like a million bucks. 너는 | 보인다 | 백만 불처럼. *신수가 훤하다
③ I | slept | like a log. 나는 | 숙면했다 | 통나무같이.
③ It | seems | like good idea. 그건 | 보인다 | 좋은 생각 같이.
③ Their words | seemed | (to them) like nonsense.(Lk24:11)
　　　그들 말은 | 보였다 | (그들에게) 허탄한 것 같이.
③ | Sounds | like work. | 보이는군 | 일거리인 것 같아.

```
③ He | was regarded | as a genius.
```

예문은 ③형 NPP'(pr~)이다. P는 수동형, P'는 전치사구 as~이다.
다음 두 문장으로 나눠진다. 즉 NPP'⇒NP+NP'의 관계에 있다.

③ He | was regarded | as a genius.　그는 | 간주되어졌다 | 천재처럼.
① He | was regarded.　　　　　　　　그는 | 간주되어졌다.
① He | was as/like a genius.　　　　그는 | 천재였다(같았다).

♣ 유형별 예문
(as~)
③ You | will henceforth known | as Sir John Ryan. 당신은 | 알려질 것이다 | 존 라이안 경으로.
③ He | is famous | as a statesman. 그는 | 유명하다 | 정치가로서.
③ We | 'll be just as married | as other people.
　　우리는 | 꼭 같은 결혼상태가 될 거야 | 다른 사람들처럼.
③ The water | was up | (as far) as my shoulders. 물은 | 높이 찼어 | 내 어깨만큼이나 위로.
③ This box | can be used | as a table. 이 상자는 | 쓸 수 있다 | 테이블로.
③ Margarine | is used | as substitute for butter. 마가린은 | 사용된다 ‖ 버터 대용으로.
③ She | is dumb | as a rock. 그녀는 | 말이 없다 ‖ 바위처럼.
(for~)
③ Though I am not a fool, I | am very often taken | for(or as) one.(JJR115)
　　내가 바보는 아니지만, 나는 | 자주 취급받는다 | 바보로.
(like~)
③ Land | cannot be treated | like any other commercial commodity.
　　토지는 | 다루어져서는 안 된다 | 다른 상업적 물품처럼.

⑤ NPN'P'(pr~)

```
⑤ We | regarded ‖ him | as a genius.
```

예문은 ⑤형 NPN'P'(pr~)이다. P는 타동사, P'는 as~이다.
다음 두 문장으로 나눠진다. 즉 NPN'P'⇒NPN'+N'P'의 관계에 있다.

⑤ We | regarded ‖ him | as a genius. 우리는 | 간주했다 ‖ 그를 | 천재로.
② We | regarded ‖ him...　　　　　　우리는 | 간주했다 ‖ 그를...
① He | was as/like a genius.　　　　그는 | 천재 같았다.

♣ 유형별 예문
(as~)
⑤ He | adopted ‖ Frodo | as his heir. 그는 | 입양했다 ‖ Frodo를 | 후계자로.
⑤ They | elected ‖ him | as chairman. 그들은 | 뽑았다 ‖ 그를 | 의장으로.
⑤ We | regarded ‖ him | as a genius. 우리는 | 간주했다 ‖ 그를 | 천재처럼.
⑤ I | can't see ‖ myself | as a pop singer. 나는 | 볼 수 없어 ‖ 내 자신을 | 유행가 가수로.
⑤ I | don't think ‖ much of him | as a baseball player. 나는 | 높이치지 않아 | 그를 ‖ 야구선수로.
⑤ They | chose ‖ him | as/for their leader. 그들은 | 뽑았어 ‖ 그를 | 그들의 지도자로.

⑤ I | know ‖ it | as/for a fact.   나는 | 안다 ‖ 그것을 | 사실로.
⑤ They | treat ‖ him | as/like a child. 그들은 | 취급해 ‖ 그를 | 바보처럼. /
(for~)
⑤ I | was playing ‖ him | for a fool. 나는 | 놀렸어 ‖ 그를 | 바보처럼.
⑤ I | took ‖ him | for his brother. 나는 | 오인했어 ‖ 그를 | 형제로.
⑤ | Take ‖ my word | for it. | 받아들여라 ‖ 내 말을 | 그대로.
(like~)
⑤ He | carries ‖ himself | like a soldier. 그는 | 행동해 ‖ 자신이 | 군인같이.
⑤ | Make ‖ me | like one of your hired men.(Lk15:19) 나를 당신의 품꾼 중 하나로 보십시요.

---

⑤ I | looked ‖ on him | as a genius.

예문은 ⑤형 NPN'(pr~)P'(pr~)이다. N'은 전치사구, P'는 as~이다.
다음 두 문장으로 나눠진다. 즉 NPN'P'⇒NPN'+N'P'의 관계에 있다.

⑤ I | looked ‖ on him | as a genius. 우리는 | 보았다 ‖ 그를 | 천재로.
② I | looked ‖ on him.   우리는 | 보았다 ‖ 그를.
① He | was as/like a genius.   그는 | 천재같았다.

♣ 유형별 예문
⑤ I | think ‖ of her | as a friend.   나는 | 생각해 ‖ 그녀를 | 친구처럼.
⑤ They | think ‖ of their hobbies | as a matter of personal interest.
    그들은 | 생각해 ‖ 그들 취미를 | 개인 흥미의 문제처럼.
⑤ They | think ‖ of [watching TV] | as a waste of time.
    그들은 | 생각해 ‖[TV 보는 것을] | 시간낭비처럼.
⑤ All Israel | looked ‖ to me | as their king. 온 이스라엘이 | 간주했다 ‖ 나를 | 왕처럼.
⑤ He | had referred ‖ to her | as a dear friend. 그는| 언급했어‖그녀를 | 소중한 친구처럼.(
⑤ They | look ‖ upon me | as an alien.(Job19:15) 그들은 | 여겼다 ‖ 나를 | 타국 사람처럼.

---

⑤ | Take 「as your king ‖ the youngest of these three knights.

예문은 ⑤형 NP「P(pr~)'N'이다. N'과 P'과 위치가 바뀐 것이다.
「 표시는 P'가 N'을 서술함을 나타낸다.
다음과 같이 분석된다. 즉 NP「P'N'⇒ NPN'P'⇒NPN'+N'P'의 관계에 있다.

⑤ | Take 「as your king ‖ the youngest of these three knights.
=⑤ | Take ‖ the youngest of these three knights | as your king.
    | 취해라 ‖ 이 세 기사 중 가장 젊은 사람을 | 너희들의 왕으로.
② | Take ‖ the youngest of these three knights.
    | 취해라 ‖ 이 세 기사 중 가장 젊은 사람을.
① The youngest of these three knights | is your king.
    이 세 기사 중 가장 젊은 사람이 | 너희들의 왕이다.

♣ 유형별 예문

(as~)
⑤ The Dive Bomber ride | used 「as its symbol ‖ the German Ju-87 Stuka.
　　강습폭격기 타기는 | 사용했다　「그 상징으로 ‖ 독일 Ju-87 Stuka를.
(for~)
⑤ I | took 「for my belief ‖ the advice of my father. 나는 | 여겼다 「신념으로 ‖ 아버지 충고를.

⑤' NPN' 「P'(pr~)

⑤' I | ate ‖ pizza 「like a pig.

예문은 ⑤'형 NPN' 「P'이다. P'(like~)은 N을 서술한다. 「 표시는 이를 나타낸다.
다음 두 문장으로 나눠진다. 즉 NPN' 「P'⇒NPN'+NP'의 관계에 있다.

⑤' I | ate ‖ pizza 「like a pig.　　　나는 | 먹었다 ‖ 피자를 「돼지같이.
② I | ate ‖ pizza.　　　　　　　　나는 | 먹었다 ‖ 피자를.
① I | was like a pig.　　　　　　　나는 | 돼지 같았다.

♣ 유형별 예문
(as~)
⑤' Kim | replaces ‖ Johnson 「as pitcher. 김이 | 대체한다 ‖ 존슨을 「투수로.
⑤' Elizabeth | succeeded ‖ Mary 「as Queen.(DED) 엘리자베스가 | 계승했다 ‖ 메리를 「여왕으로.
⑤' She | strikes ‖ me 「as a very efficient person.(OAD) (생각이 들다/나다/인상을 주다)
　　　그녀는 | 인상을 준다 ‖ 내게 「아주 유능한 사람이라고.
⑤' She | was looked (‖) upon ‖ by others 「as an instruder and a nuisance.(NH32)
　　　그녀는 | (대해) 여겨진다 ‖ 다른 사람들에 의해 「방해자이자 성가신 존재로.
⑤' He | is made ‖ fun (‖) of 「as a bad tempered misanthrope.(P/R418)
　　　그는 | 만들어졌다 ‖ (관해) 웃음거리로 「나쁜 기질의 염세가로서.
(for~)
⑤ Cultivated Romans | looked ‖ to the Greeks | for models of art and literature.(SAT)
　　　교양 있는 로마인들은 | 보였다 ‖ 그리스인들에게 「예술과 문학의 모델로.
(like~)
⑤' I | ate ‖ pizza 「like a pig..(NEI)　　나는 | 먹었다 ‖ 피자를 「돼지같이.
⑤' They | shook ‖ hands 「like lost friends.(5JG18) 그들은 | 흔들었다 ‖ 손을 「잃었던 친구처럼.
⑤' I | read(or know) ‖ him 「like a book. 나는 | 읽어(알아) ‖ 그를 「책처럼. * 속까지 안다

⑦ NPP'P"(pr~)

⑦ He | crawled | on all fours | like a dazed beast.

예문은 ⑦형 NPP'P"이다. P"는 like~이다.
다음 세 문장으로 나눠진다. 즉 NPP'P"⇒NP+NP'+NP"의 관계에 있다.

⑦ He | crawled | on all fours | like a dazed beast.
　　　그는 | 기었어 | 네 발로 | 정신나간 짐승같이.
③ He | crawled on all fours.　　　그는 | 기었어 | 네 발로.
① He | was like a dazed beast.　　그는 | 정신나간 짐승 같았어.

♣ 유형별 예문
(as~)
⑦ He | became | free | as a bird. 그는 | 되었다 | 자유롭게 | 새처럼.
⑦ Friday | dawned | sullen and sodden | as the rest of the week.
금요일이 | 밝았다 | 음침하고 흐린 | 지난 며칠처럼.
⑦ Kerry | came | home | as an angry vet. Kerry는 | 왔다 | 집에 | 화난 제대군인으로.
(like~)
⑦ Questions | exploded | inside Harry's head | like fireworks.
질문들이 | 폭발했어(떠올랐어) | Harry의 머리 안에 | 불꽃같이.
⑦ Poverty | will come | on you | like a bandit.(Pr24:34) 가난이 | 올 거야 | 네게 덮쳐 ‖ 도적처럼.
⑦ He | was trampled | on the ground | like a rose.
그는 | 짓밟혔다 | 땅위에 | 한 떨기 장미꽃같이.
⑦ Cal Lee | walked | through his front door | like a free man.
Cal Lee는 | 걸었다 | 앞문을 통해 | 자유인같이.
⑦ Let justice [| roll | on | like a river]. 정의를 [강물 같이 계속r 흐르게] 하자.

I judged him to be about 50. (to be pr~)

① NP(to be pr~)

① He | was to be about 50.

예문은 ①형 NP(to be pr~)이다. P는 to be + 전치사구인 to be about 50이다.

① He | was to be about 50.　　　　그는 | 약 50일 것 같았다.

♣ 유형별 예문
① He | was to be about 50.　　　　그는 | 약 50일 것 같았다(또는 되려고 한다).
① Her wedding | was to be in july.(A'G61) 그녀의 결혼식은 | 6월에 있을 것이다..
① She | is to be on time.(=at the time that was planned) 그녀는 | 정시에 맞출 거야
① These commandments | are to be upon your hearts.(Dt6:6)
이 계명들은 | 여러분의 마음에 새겨질 것입니다

③ NPP'(to be pr~)

③ He | appeared to be about 50.

예문은 ③형 NPP'(p)이다. P는 자동사, P'는 to be + 전치사구인 to be about 50이다.
다음 두 문장으로 나눠진다. 즉 NPP'⇒NP+NP'의 관계에 있다.

③ He | appeared to be about 50.　　그는 | 보였다 | 약 50일 것인 것으로.
① He | appeared.　　　　　　　　그는 | 보였다.
① He | was to be about 50.　　　　그는 | 약 50일 것 같았다(또는 되려고 했다).

♣ 유형별 예문
③ He | appeared to be **about** 50.　그는 | 보였다 | 약 50일 것인 것으로.
③ Let's take a train, since we | happen | to be **at the station**.(BSA135)
　　기차를 타고 가라, 우리가 우연히 역에 있게 될 것이므로.
③ We | need | to be **at the airport** (by 8:00).(2G106C) 우리는 | 필요하다 | 공항에 있을 것이.
③ A note | appears | to be **from the man** <who killed those people in Atlanta>.(1THr130)
　　③ 하나의 노트가 | 보인다 | <애틀란타의 사람들을 죽인> 남자로부터인 것으로.
③ He | longed | to be **in bed**.(2JJ53) 그는 | 간절히 바랬다 | 침대에 누워 있기를.
③ Anyone <who | claims | to be **in the light** but hates his brother> is still in the darkness.
　　<이 빛 속에 있다고 주장하면서도 형제를 미워하는>사람은 아직도 어둠 속에 있습니다.
③ She | appeared | to be **in her late thirties**.(OAD) 그녀는 | 보였다 | 30대 후반일 것으로.
③ He | didn't seem | to be **in a communicative mood**.(2DK270)
　　그들은 | 보이지 않았다 | 는 의사소통하는 분위기에 있는 것으로.
③ They | promised | to be **on time**. 그들은 |약속했다 | 정시에 오기로.
③ I | want | to be **on the kickball team**.(22J44) 나는 | 원합니다 | 킥볼팀에 있기를.
③ You | don't need | to be **over 18** [to get into a disco].(3G19B)
　　③ 너는 | 필요하지 않다 | 18세 이상일 것이 [디스코에 들어가려면].
③ If that bloody wall comes crashing down, we | don't want | to be **under it**.(Atomic blonde)
　　그 피투성이의 벽이 무너지면 우리는 | 원치 않아요 | 그 아래에 있기를.
③ | Come | (and) be **with us** [as soon as you behave properly].(Rules141)
　　 | 와서 | 우리와 함께 하세요 [당신이 적절하게 행동하자마자]
③ If we | claim | to be **without sin**, we deceive ourselves and the truth is not in us.(1Jn1:8)
　　만약 우리가 죄가 없다고 주장한다면 우리는 우리 자신을 속이고 진실은 우리 안에 없습니다.

```
                 ③ He | was judged | to be about 50.
```

예문은 ③형 NPP'(to be pr~)이다. P는 수동사, P'는 to be + 전치사구 to be about 50이다.
다음 두 문장으로 나눠진다. 즉 NPP'⇒NP+NP'의 관계에 있다.

③ He | was judged | to be **about** 50.　그는 | 판단되었다 | 약 50일 것으로.
① He | appeared.　　　　　　　　　　　그는 | 보였다.
① He | was to be **about** 50.　　　　　그는 | 약 50인 것 같았다..

♣ 유형별 예문
③ He | was judged | to be **about** 50. 그는 | 판단되었다 | 약 50인 것인 것으로.
③ Aren't you | supposed | to be **at work** (now)?(YBM) 너는 지금 직장에 있어야 하지 않니?
③ They | are believed | to be **on their way** (to Moscow),(REG258)
　　그들은 | 믿어진다 (모스크바로 가는) 도중에 있는 것으로
③ She | was found | to be **with child**.(=pregnant)(Mt1:18) 그녀는 | 발견되었다 | 임신한 것으로.

⑤ NPN'P'(to be pr~)

```
              ⑤ I | judged ‖ him | to be about 50.
```

예문은 ⑤형 NPN'P'(p)이다. P는 타동사, P'는 P'는 to be + 전치사구 to be about 50이다.

다음 두 문장으로 나눠진다. 즉 NPN'P'⇒NPN'+N'P'의 관계에 있다.

⑤ I | judged ‖ him | to be <u>about</u> 50. 나는 | 판단했다 ‖ 그를 | 약 50일 것인 것으로
② I | judged ‖ him... 나는 | 판단했다 ‖ 그를...
① He | was to be <u>about</u> 50. 그는 | 약 50이었을 것이다..

♣ 유형별 예문
⑤ I | judged ‖ him | to be <u>about</u> 50.(OAD) 나는 | 판단한다 ‖ 그를 | 약 50일 것으로.
⑤ I | supposed ‖ him | to be <u>about</u> fifty.(REG254) 나는 그가 50살 정도 될 거라고 했다.
⑤ | Encourage ‖ her | to be <u>on time</u>. | 격려해라 ‖ 그녀가 | 정시에 맞추도록
⑤ You | should force ‖ staff | to be <u>on time</u>. 너는 | 강요해야 한다 ‖ 참모들을 | 정시에 맞추도록.

[Supplement]
(across~) '~을 건너, 가로질러'
① He | was <u>across</u> the ford. 그는 | 그 여울을 건너가 있어.
③ She | went | <u>across</u> the river. 그녀는 | 갔어 | 강을 가로질러.
③ She | lives | <u>across</u> the river. 그녀가 | 산다 | 강 건너편에.
③ He | walked | <u>across/over</u> the road. 그는 | 걸었다 | 도로를 가로질러/넘어.
　　* across 표면상 이동방법, over 공간상 이동방법, 위치는 같이 사용
③ Her family | is scattered | <u>across</u> the country. 그의 가족은 | 흩어져 있다 | 전국에 걸쳐.
⑤ young man | took ‖ a position 「<u>across</u> the table. 젊은이가 | 잡았다 ‖ 자리를 「테이블 건너.
⑤ Long ago people | found ‖ new worlds | <u>across</u> the ocean.
　　오래 전에 사람들은 | 발견했다 ‖ 신세계들을 | 대양 건너에.
⑤ The commander | got ‖ the army | <u>across</u> the river. 사령관은 | 했다 ‖ 군대를 | 강을 건너게.
(after~) '~를 따라/좇아, ~의 뒤'
① | <u>After</u> me. | 나를 따르라. | <u>After</u> you.| 당신이 먼저 (가세요).
① The police | are <u>after</u> the thief. 경찰은 | 도둑을 추적 중이야.
③ The number 3 | comes | <u>after</u> 2. 숫자 3은 | 온다 | 2 뒤에.
③ The police | got/went/made | <u>after</u> the thief. 경찰이 | 하게 되었다/했다 ‖ 도둑을 추적.
③ He | always goes | <u>after</u> girls. 그는 | 항상 좇는다 ‖ 여자 꽁무니를.
③ It | was named ‖ <u>after</u> him.(Dt3:14) 그것은 | 명명되었다 ‖ 그의 이름을.
⑤ He | named ‖ the pillar | <u>after</u> himself.(2Sa18:18) 그는 | 명명했다 ‖ 비석에 ‖ 자신 이름 따라.
⑤ Joab | sent ‖ messengers | <u>after</u> Abner. 요압은 | 보냈다 ‖ 전령을 | 아브네르 뒤따라.
⑦ I |'m not running | around | <u>after</u> him. 나는 | 달리고 있지 않아 | 이리저리 | 그를 좇아.
(along~) '~를 연해, 따라'
① All the people | were <u>along</u> the shore (at the water's edge).(Mk4:1)
　　모든 사람들은 | (물가의) 연안에 연해 있었다.
③ | Come | <u>along</u> here. | 오라 | 여기를 연해.
③ Some | fell | <u>along</u> the path.(Lk8:2) 더는 | 떨어졌다 | 길가에.
③ I | will not go | <u>along</u> the road. 나는 | 가지 않을 거야 | 도로를 연해.
③ I | walked | <u>along</u> the river. | 걸었다 ‖ 강을 연해.
⑤ I | led ‖ her | <u>along</u> a corridor. 나는 | 인도했어 ‖ 그녀를 ‖ 낭하 따라.

⑤ They | urged ‖ me | along the street. 그들은 | 하게 했어 ‖ 나를 ‖ 거리를 따라 나서게.
⑦ A few pedestrians | walked | in pairs | along Union.
  약간의 보행자들이 | 걸었어 | 짝을 지어 | Union가를 따라.
(back~) '~의 뒤'.
① He | is still back there.   그는 | 여전히 그 뒤에 있어.
③ In the fourth generation your descendants | will come | back here.(Ge15:16)
  오직 4대째 네 후손들이 | 올 것이다 | 여기로 되돌아.
⑤ | Only do not take ‖ my son | back there.(Ge24:8) 단지 네 아들을 그곳에 데려가지 마라.
⑤ I | brought ‖ you | back here (for this). 나는 | 불렀어 ‖ 너를 | 여기로 되돌려 (이를 위해).
⑤ I | 'll meet ‖ you | back here.   나는 | 만날 게 ‖ 너를 | 여기서.
⑤ Can I | move ‖ my reservation | back/up a day? 나 | 옮길 수 있니 ‖ 예약을 ‖ 하루 미루어/당겨?
(before~) '~의 앞/전(前)'
① An evil choice | is now before us. 나쁜 기회가 | 우리 앞에 직면해 있어.
① The will | is not behind us but before us. 의지는 우리 뒤에 있는 것이 아니라 우리 앞에 있다.
① The golden age | is before us.   황금시대가 | 우리 눈앞에 있어.
① The question | is before the committee at the moment. 그 문제는 | 위원회에 상정되어 있어.
① The accused | is before the court. 피의자는 | 법정에 있어.
③ The mayor | will appear | before the committee next week. 시장은 | 참석할 거다 | 위원회에.
③ Your wife | comes | before your job. 일보다 네 아내가 먼저야.
③ My claim | comes | before the court (tomorrow morning).
  나의 청구(소송은) | 와(재판이 있어) | 법정 앞에 (내일 오전).
③ The number 1 | comes | before 2. 숫자 1은 | 온다 | 2 앞에.
③ Pride | goes | before destruction.(Pr16:18) 교만은 패망의 선봉이다.
③ All people | are equal | before the law. 모든 사람은 | 평등하다 ‖ 법 앞에.
③ You | will kneel | before us.   너는 | 무릎을 꿇을 거야 | 우리 앞에.
③ He | sat | before the desk. | 앉았다 | 책상(앞)에.
③ He | stood | before the President. 그는 | 섰어 | 대통령 앞에.
③ Sir Damas | was brought | before the king. Damas경이 | 데려와 졌어 | 왕 앞에.
⑤ They | brought ‖ the pilot | before the committee. 그들은 | 소환했어 ‖ 조종사를 ‖ 위원회)에.
⑤ He | held ‖ a file | before him.   그는 | 당겼어 ‖ 서류철을 | 그 앞에.
⑤ She | placed ‖ a thick file | before him. 그녀는 | 놓았어 ‖ 두꺼운 파일을 | 그 앞에.
⑤ You | are putting ‖ the cart | before the horse. 넌 | 두고 있어 ‖ 마차를 | 말앞에.*말을 전도
⑤ We | have 「before us ‖ an ordeal of the most grievous kind.
  우리는 | 있다 「우리 앞에 ‖ 가장 괴로운 종류의 호된 시련이.
⑤ They | saw 「before them ‖ a brilliantly lit chamber.
  그들은 | 보았다 「그들 앞에 ‖ 한 찬란하게 빛나는 방을.
⑤ I | 'd take ‖ that | before this.   나는 | 갖겠어 ‖ 그것을 ‖ 이것보다.
⑦ The servant | fell | on his knees | before him.(Mt18:26) 하인이 그 앞에 무릎을 꿇었다.
(behind~) '~의 뒤/후(後)'
① "Quick, | behind here!"   "빨리, 이 뒤로!"
① I | am right behind you.   내가 | 바로 네 편이야.(밀어줄 게)
① He | is behind other boys of his age. 그는 | 그 또래 다른 소년보다 못해.
① He | 's behind it.   그가 | 그 일 배후에 있어.
① He | is behind the bars.   그는 | 감옥에 복역 중이야.
① The train | is always behind time. 그 기차는 | 항상 시간에 늦는다.

① The old man | is behind the times. 그 노인은 | 시대에 뒤떨어져 있다.
③ The sun | crept | behind the clouds. 해가 | 기어들었어 | 구름들 뒤로.
③ She | had disappeared | behind the shrubs. 그녀는 | 사라졌어 | 수풀 뒤로.
③ He | went | behind her back. 그는 그녀에게는 비밀로 했다.
③ He | went | behind her words. 그는 그녀의 말뜻이 무엇인가를 찾았다.
③ He | hid | behind the bushes. 그는 | 숨었다 | 검불 뒤에. "비겁하게 굴다
③ The sun | was sinking | behind the mountains. 해가 | 지고 있어 | 저 산맥 뒤로.
③ The door | was locked | behind him. 그 문이 | 잠겨졌다 | 그의 뒤에서.
⑤ He | clasped ‖ his hands | behind his head. 그는 | 깍지끼었다 ‖ 손을 | 머리 뒤에.
⑤ They | heard | faint sounds | behind them. 그들은 | 들었어 ‖ 희미한 소리를 | 그들 뒤에서.
⑤ | Leave ‖ a welcome | behind you. 싫어할 정도로 남의 집에 머물지 마라.
⑤ I | put ‖ all my money | behind the candidate. 나는 | 지원했어 ‖ 돈 전부를 | 그 후보에게.
⑤ He | put ‖ the thought | behind him. 그는 그 생각을 떨쳐버렸다.
⑤ We | saw ‖ the fire | behind us. 우리는 | 보았어 ‖ 불을 | 우리 뒤에 있는.
⑤ He | took ‖ Merry | behind him. 그는 | 태웠다 ‖ Merry를 | 그의 뒤에.
⑤ He | put ‖ his hands | behind his back. 그는 손으로 뒷짐졌다.
⑤ She | hid ‖ herself | behind the curtain. 그녀는 | 숨었어 ‖ 자신을 | 커튼 뒤에.

(beneath~) '~의 아래 밑'.
① The city | was instantly beneath them. 도시는 | 곧 그들 아래에 있게 되었다.
① A bureau | is beneath an agency. 국은 | 청의 아래 기관이다.
① His criticism | was beneath contempt. 그의 비판은 | 비난받을 일이 아니야.
① He | is beneath notice. 그는 | 주목할 가치가 없다.
① That kind of behaviour | is beneath your dignity. 그런 일은 | 너분의 체면에 어긋나는 일이다.
③ They | fell | beneath my feet.(Ps18:38) 그들이 | 엎드러졌다 | 내 발 밑에.
③ Far beneath the bitter snow」 lies」 the seed. 차가운 눈 밑에」 누워있어」 그 씨앗은.
⑤ He | considers ‖ such jobs | beneath him. 그는 | 간주해 ‖ 그 일이 | 그에게 격이 떨어진다고.
⑤ | Put ‖ a pad | beneath that hot coffee pot. | 놓아 ‖ 깔판을 | 뜨거운 커피 주전자 밑바닥에.
③ Night | came | beneath the trees. 밤이 | 왔다 | 나무들 밑에.
③ Subway | run | beneath the surface of the streets (in a city).
   지하철은 | 뻗어있어 | (시내의) 도로 밑으로.
③ The boat | sank | beneath the waves. 그 배는 | 잠겼다 | 물결 밑에.
③ The money | was hidden | beneath the floor. 그 돈은 | 숨겨져 있었어 | 마루바닥 밑에.
⑤ They | laid | me | beneath the grass of home. 그들은 | 묻었다 ‖ 나를 | 고향 푸른 잔디 밑에.
⑦ He | sank | back | beneath the water. 그는 | 잠수했다 | 되돌아 | 물 아래로.

(beside~) '~의 측면(側面)'
① Her bicycle | is beside her. 그녀 자전거는 | 그녀 옆에 있어.
① This | is beside the mark. 이것은 | 표시에서 어긋났어.
① It | 's beside the question. 그것은 | 문제 외이다.
① His remark | is beside/off the point. 그의 말은 | 요점을 벗어나 있다.
③ Theoden | went | beside him. Theoden이 | 갔어 | 그 옆에.
③ A red 1991 Chevy Blazer | parked | beside the road.
   1991형 Chevy Blazer가 | 주차해 있었어 | 도로 변에.
③ She | sat | beside her (all night).(Ac22:13 그녀는 | 앉았다 | 그녀 옆에 (밤새).
③ He | stood | beside me.(Ac22:13) 그는 | 섰다 | 옆에.
③ My house | stands | beside a beautiful river. 내 집은 | 서 있어 | 아름다운 강 옆에.

③ Jesus | walked | beside the Sea of Galilee.(Mk1:16) 예수는 | 걸으셨다 | 갈릴리 해 곁에서.
⑤ He | left/kept ‖ his cloak | beside me.(Ge39:15,16) 그가 | 버렸어/두었다‖겉옷을 | 내 곁에.
⑤ The hobbits | seated ‖ themselves | beside him. 호빗들은 | 앉았어 ‖ 자신들이 | 그의 옆에.
⑤ The young men | buried ‖ her | beside her husband.(Ac5:10)
　　　젊은 사람들이 | 묻었다 ‖ 그녀를 | 남편 곁에.
⑤ He | leads ‖ me | beside quiet waters.(Ps23:2) 그는 | 인도하신다 ‖ 나를 | 잔잔한 물가로.
⑤ I | will lift ‖ my lamp | beside the golden door.나는 | 켜들 거야 ‖내 등불을 | 황금문 옆에.
⑦ The spider | lay | dead | beside him. 그 거미는 | 누어있었어 | 죽은 채 | 그 옆에.
⑦ She | sat | down | beside the river. 그녀는 | 앉았어 | 내려 | 강가에.
(beyond~) '~의 너머' .
① Such things | are beyond me.　　그런 일은 | 난 이해할 수 없다.
① The price of wisdom | is beyond rubies.(Job28:18) 지식의 값어치는 | 루비를 능가한다.
① The matter | was beyond argument 그 문제는 | 논쟁 여지가 없었다.
① The scenery | is beyond description. 경치는 | 형용할 수 없어.
① It | 's quite beyond endurance.　　이것은 | 참을 수 없어.
① This | is quite beyond a joke.　　이것은 | 농담이 아니야.
① One wing of the car | was beyond repair. 차 한쪽 날개부분은 | 수리불능이야.
① The town | is beyond the river.　　마을은 |강 건너편에 있어.
① It | 's beyond that tall building.　　그건 | 저 큰 빌딩 너머 있어.
③ He | had changed | beyond recognition. 그는 | 달라졌어 | 몰라보게.
③ They | went | beyond the town and lost their way.
　　　그들은 | 갔어 | 마을을 지나쳐 그리고 길을 잃었다.
③ It | happened ‖ beyond Krushitsy, the other end of Siberia.
　　　그것은 | 발생했어 ‖ 시베리아의 다른 끝인 Krushitsy 너머.(경계)
③ Your forefathers | lived | beyond the River.(Jos24:2) 너희 조상들은 | 살았다 | 이 강 너머에.
③ Our escape | seemed | beyond hope. 탈출은 | 보였어 | 가망 없어.
③ She | 's beautiful | beyond description. 그녀는 | 예뻐 | 형용할 수 없을 정도로.
③ He | will not step | beyond the bounds. 그는 | 안 밟을 거야 | 경계 너머는.
⑤ He | 's achieved ‖ a success | beyond riches and fame.
　　　그는 | 성취했어 ‖ 성공을 | 부와 명예를 넘어.
⑤ Saruman | shall not set ‖ foot | beyond the rock.
　　　Saruman은 | 디디게 해서는 안돼 ‖ 발을 | 저 바위 너머로.
(by~) '~의 옆'
① Gollum | was by him.　　　　Gollum이 | 그의 곁에 있었어.
① He | 's still all by himself.　　　그는 | 여전히 홀로 있어.
① I | 'm by the phone.　　　　난 | 전화기 옆에 있다. *대기하다
① Emma | was by the door.　　　엠마는 | 문 옆에 있었어.
① My house | is by(beside/near) the river. 내 집은 | 강 옆에 있다.
① It | must be by his death.　　　그건 |그의 죽음에 의해야 해.
① I | am always by your side.　　나는 | 항상 네 곁에 있다.
③ I | rather go | by myself.　　　나는 | 차라리 갈 거야 | 혼자.
③ | Come/drop/stop | by my room. | 좀 들러라 | 내 방에.
③ Come and | sit | by me　　　와서 | 앉아 | 내 곁에.
③ | Don't sit | by the phone.　　| 앉아 기다리지 마 | 전화기 옆에.
③ I | 'll always stand | by you/your side. 내가 | 힘이 되어줄 게 |네 옆에서.

③ I | can't stand | by it.   나는 | 방관할 수 없어 | 그것을.
③ All his own men | were waiting | by the road.   사람들은 모두 | 기다리고 있었어 | 길 옆에.
⑤ He | hid ‖ men | by the road.   그는 | 숨겼다 ‖ 사람들을 | 길옆에.
⑤ I | set ‖ store | by him.   나는 그와 우정을 중시한다.
⑦ Hermoine | stood | alone | by the door. Hermoine는 | 서 있었다 | 혼자 | 문옆에.
⑦ Winky | was sitting | on a stool | by the fire. Winky는 | 앉아 있었다 | 의자에 | 불 옆에.
(down~) '~의 아래' 말하는 사람으로부터 먼 쪽'.
① The bathroom | is down the hall.   화장실은 | 홀을 내려가 있어.
① Anybody | down here?   누구 | 이 아래에 있어?
③ He | is breathing | down my neck.   그는 | 숨쉬고(미행/감시하고) 있다 | 내 목 아래서.
③ She | is coming | down the stairs.   그녀는 | 오고 있어 | 계단을 내려.
③ They | crept further | down the tunnel.   그들은 | 기었어 | 굴 아래로.
③ | Go | down this hill. | 가라 | 이 언덕을 내려.
③ He | moved | down there.   그는 | 움직였다 | 그 쪽으로.
③ Sweat | ran | down his neck.   땀이 | 흘러내렸어 | 목 아래에.
③ Her long yellow hair | rippled | down her shoulders.
   그녀의 길고 노란 머리카락이 | 흘러내렸어 | 어깨 아래에.
③ They | waddled | down the isle.   그들은 | 어기적 걸었어 | 복도 아래로.
⑤ I | felt ‖ a sort of shiver | down my back.   나는 | 느꼈어 ‖ 일종의 전율을 | 등골 아래에.
⑤ She | brings ‖ all her boyfriends | down here.   그녀는 모든 남자친구를 여기 데려 와.
⑤ He | slid ‖ the photos | down the table.   그는 | 밀어 놓았어 ‖ 사진들을 | 탁자 저(먼)쪽.
⑤ I | 'll take ‖ you | down there.   내가 | 데려갈 게 ‖ 너를 | 저 아래에.
⑤ They | want | you | down here.   그들은 | 원해 ‖ 네가 | 여기 있도록.
⑦ More tears | leaked | out | down his cheeks.
   더 많은 눈물이 | 새어 | 나왔다 | 그의 양볼 아래.
(from~) '~으로부터'
① It | 's from my parents.   그것은 | 부모님으로부터 온 것이야.
① Where are⌐ you | from ∨?   당신은 | 어디서 오셨어요?
① That guys | ain't from the fire department.   그들은 | 소방서에서 온 사람들이 아니야.
① They | are mostly from the theater.   그들은 | 대개가 연극계 사람들이다.
cf① I | 'm mostly out of it.   나는 그것과 인연이 멀다.
① This passage | is from the Bible.   이 구절은 | 성경에서 따온 거야.
① I | am from Seoul.   나는 | 서울 출신이야.
③ I | come | from Seoul.   나는 | 왔다 | 서울에서.
③ Can anything good | come | from there?(Jn1:46) 어떤 좋은 것이 | 오겠니 | 거기서부터?
③ My apology | is coming | from the heart.   내 사과는 | 우러나온 거야 | 마음으로부터.
③ It | came straight | from the horse mouth.   그것은 정통한 소식통에서 온 거야.
③ They | are on the train | from Moscow.   그들은 | 기차로 오는 중이야 | 모스크바에서.
③ Where⌐ did it | come | from?(Mt21:24) 그것이 | 왔느냐 | 어디에서?
⑤ Arthur | had ‖ no more help | from Melvin.   Arthur는 | 받지 못했다 ‖ 도움을 | 멜빈에게서.
⑤ Harry | pulled 「from the waistband of his jeans ‖ a thin wooden wand」.
⑤ I | received ‖ a letter | from my uncle.   나는 | 받았어 ‖ 편지를 | 삼촌으로부터.
⑤ You | can take ‖ it | from me.   너는 그것이 나한테서 온 걸로 믿어도 돼.
   해리는 | 당겼다 「청바지혁대로부터 ‖ 가는 나무 완드를.
⑦ The people | came | running | from all directions.(Ac21:30)

사람들이 | 왔다 | 달려서 | 모든 방향에서.
⑦ Galdor | had come | on errand | from Cirdan. Galdor는 | 왔어 | 심부름으로 | Cirdan에서.
⑦ Many | ran | on foot | from all the towns.(Mk6:33) 많은 사람이 모든 고을로부터 도보로 달려왔다
(inside~) '~의 안쪽'
① [What's important] | is inside your heart. 중요한 것은 | 마음속에 있어.
① It(the cold) | was inside his chest, it | was inside his very heart.
　　추위가 | 그의 가슴속에 있었어, 그것은 | 바로 그의 마음 속에 있었다.
① The caterpillar | is inside the cocoon. 애벌레는 | 고치 안에 있다.
① The stamens | are inside the petals. 수술들은 | 꽃잎 안에 있어.
① They | 're all inside the tunnels now. 그들은 | 모두 지금 굴 안에 있어.
③ He | is waiting | inside (of) the tent. 그는 | 기다리고 있다 | 천막 안에.
③ The story | was buried | deep inside the front section.
　　그 기사는 | 묻혀 있었어 | 앞쪽 면 안쪽에 깊이.
⑤ I | find ‖ it | inside one of the books <Mum got me>.
　　나는 | 발견했어 ‖ 그것을 ‖ <엄마가 준> 책들 중 하나 안에서.
⑤ Chocolate Frogs | have ‖ cards | inside them.
　　개구리 초콜릿은 | 들어있어 ‖ 카드가 ‖ 그 안에.
⑤ 'Please keep ‖ your hands ' inside the car! 창 밖으로 손을 내지 말아요.
⑤ Don't you | see ‖ the pain | inside me. 너는 | 보지 못하니 ‖ 고통을 | 내 안에.
⑦ A thick, white fog | was swirling | around him, | inside him.
　　진한 흰 안개가 | 소용돌이치고 있었어 | 그를 둘러싸고, 그 안에서.
⑦ They | had been brought | aboard | inside the sealed barges.
　　그들은 | 데려와졌다 | 배 위로 | 봉인된 바지선 안에.
(into~) '~의 안을 향해'
① I | am so into you.　　　　나는 | 네게 푹 빠졌어.
① He | was so well into his fifth one-year contract. 그는 | 벌써 다섯 번 째 계약에 들어 있어.
① You | are totally into it.　　너는 | 그것에 푹 빠졌구나.
① All the cops | are into something.　모든 경찰관들이 | 무슨 일에 열중하고 있다.
① I | am not into mechanical things.　나는 | 기계 쪽은 관심 없어.
① He | was into his fourth mimosa.그는 | 네 번째 미모사를 들이켰다.
① What」are you | into, Jesse?　　너 | 무엇을 좋아하니, 제시?
③ They | entered | into a covenant <to seek the LORD>.
　　그들은 | 들어갔다 | <주를 찾기로 하는> 계약에.(2Ch15:2)
③ What | 's got | into him?　　　무엇이 | 들어갔니 | 그에게? *그가 이상하게 왜 그러지?
③ You | really get | into it.　　너 | 정말로 빠져 있군 ‖ 그것에.
③ We | haven't gotten | into that yet. 우리 | 들어가지 못했어 ‖ 거기까지 아직.
③ The pleasant summer | lasted | well into March. 즐거운 여름은 | 계속 ‖ 3월로 잘 진입했다.
③ They | were laying | into the mimosas. 그들은 | 마시고 있었어 | 미모사를.
⑤ They | forced ‖ me | into it.　　그들은 | 강요했어 ‖ 날 | 그 일에.
⑤ You | got ‖ us | into this.　　네가 | 끌어넣었어 ‖ 우리를‖ 이것에.
⑤ The sales clerk | talked ‖ me | into it. 그 판매원이 나를 꼬셔 그것을 사게 했다.
⑤ He | threw ‖ himself | into the business. 그는 사업에 전력투구했다.
⑦ I | got | talked | into working. 나는 | 되었다 | 권유 ‖ 일하게.
(of~) '~에 관해, ~에 속하여'
① You | are of Christ and Christ | are of God..(1Co3:23)
　　너희는 | 그리스도에게, 그리스도는 | 하나님께 속한다.

- 108 -

① The government | is **of** the people, by the people, and for the people.
　　정부는 국민에 속하고 국민에 의하며 국민을 위한 것이다.
① He | was **of** loyal blood.(Jer41:1)　그는 | 왕족이었어.
① Your clothes | were **of** fine linen.　네 옷은 | 가는 아마포로 되어 있었어.
① Time | is **of** the essence.　　시간이 | 중요해.
① How may I | be **of** assistance?　어떻게 내가 | 도움이 될 수 있죠?
① Call me [if I | can be **of** any help]. 도움이 필요하면 전화해.
① The matter | is **of** no importance.　그 일은 | 중요하지 않아.
① Antibiotics | were **of** no use.　항생제는 | 소용이 없었어.
① They | are **of** a different world.　그들은 | 다른 세상에 속해.
① He | is **of** age.　　그는 | 성년이다.
① This picture | is **of** her own painting. 이 그림은 | 그녀가 직접 그린 거야.
① The brooch | is **of** the same workmanship.이 브로치는 | 같은 솜씨로 되어 있어.
③ He | comes | **of** a good family.　그는 명문가에서 태어났어.
③ The ring | didn't seem | **of** any particular use at the momeent.
　　그 반지는 | 보이지 않았어 | 현재로 특별한 도움이 될 것으로.
③ He | has been born | **of** God.(1Jn 3:9) 그는 하나님께로서 났다.
③ Silver | was considered | **of** little value (in Solomon day).(1Jn 3:9)
　　(솔로몬 시대에) 은은 귀히 여겨지지 아니하였더라.
③ The desk | is made | **of** wood.　책상은 나무로 만들어졌어.
③* You too | have been proved | to be **of** no help.(Job6:21)
　　너희들 역시 | 판명되었어 | 도움이 안 되는 것으로.
⑤ The first generation of Christians | must have deemed ‖ the room | **of** some significance.
　　1세대 기독교인들은 | 여겼을 것임에 틀림없다 ‖ 그 방을 | 어느 정도 중요하게.
⑤ He | made ‖ a fool | **of** me.　그는 | 만들었어 ‖ 바보를 | 내게서.
⑤ We | make ‖ bottles | **of** glass.　우리는 | 만든다 ‖ 병을 | 유리로.
⑤ | Make 「**of** me」 a vessel ＜fit for honor＞. 만드소서 「내게서 ‖ 명예에 합당한 한 배를.
⑤ I | regard ‖ the discovery | **as of** little value. 나는 | 생각한다 ‖ 그 발명을 | 가치가 없다고.
(outside~) '~의 바깥쪽'
① That | 's quite **outside** my competence. 그건 | 내 능력 밖이야.
① At the subway. | Just **outside** the ticket barrier OK? 지하철에서. 개찰구 바로 앞 어때?
① The voices of guests | were **outside** the door. 손님들의 목소리가 | 문 밖에 났어.
① Ron | was **outside** Harry's window. Ron이 | Harry 의 창 밖에 있었어.
①」 **Outside** there were」 more explosions. 더 많은 폭발이 | 바깥에서 일어났다.
③ They | gathered | **outside** the men's house. 그들은 | 모였어 | 남자들의 집 앞에.
③ We | went | **outside** the city gate. 우리는 | 갔다 | 도시의 문 밖으로.
③ She | stopped | **outside** a class room. 그녀는 | 멈췄어 | 한 교실밖에.
⑤ They | took ‖ the blasphemer | **outside** the camp.(Lev24:23)
　　그들은 | 데려갔다 ‖ 그 신성 모독자를 | 천막 바깥으로.
⑦ He | squatted | down | **outside** the door. 그는 | 쪼그려 앉았다 | 내려 | 문 밖에.
(to~) '~을 향하여'
① The same | **to** you.　　마찬가지이다 | 네게도.
① Thanks/Praise | be **to** God.(1Co15:57) 감사/찬양은 | 하나님께.
① His last appeal | was **to** their mind. 그의 마지막 호소는 | 그들의 마음에 대한 것이다.
① The dress/music | is **to** my taste.　그 옷/음악은 | 내 취향에 맞아.

① His back | is to the light/to Ridley. 그의 등이 | 불빛을/리들리를 향해 있다.
① They | are right to the point. 그들은 | 바로 요점에 들어가 있었어.
① His speech | is to the purpose. 그의 연설은 | 적절해.
① I | 've already been to three stores. 나는 | 벌써 가게를 세 군데나 들렸어.
① In moments he | was to my side. 곧 그는 / 내 곁에 위치했다.
① She | is to his immediate left. 그녀는 | 그의 바로 옆에 있어.
① Canada | is to the north of the United States. 캐나다는 | 미국 북쪽에 향해 있다.
① There is」 more | to it. 더 이상의 것이 | 있다.
① Reading | is to the mind {what} food | is to the body.
　독서가 정신에 대한 관계는 음식이 신체에 대한 관계와 같아.
① Where else」 have you | been to ∨? 너 | 다른 어느 곳에 가봤니?
③ They | came | right to the point. 그들은 | 되었어 | 바로 요점에 들어가게.
③ I | 'll get | right to the point. 바로 본론으로 들어가겠어
③ He | always speaks | to the point/purpose. 그는 | 항상 말해 | 요점에 대해.
③ He | climbed | to my side. 그는 | 기어올랐다 | 내 옆에.
③ Canada | lies | to the north of the United States. 캐나다는 | 위치한다 | 미국 북쪽에 향해.
③ The warden | stood | to the side. 간수장이 | 서 있었다 | 그 옆에.
③ We | are not too far | to the North. 우리는 | 그렇게 멀지 않게 있어 | 북쪽에.
⑤ I | called ‖ Orson | to my side. 나는 | 불렀다 ‖ 올손에게 | 내 곁에.
⑤ The queen | called 「to her side‖ a boy. 여왕은 | 불렀다 「그녀 옆에 ‖ 한 소년을.
⑤ Grawp | had ‖ his back | to them. Grawp은 | 있었다 | 그의 등을 | 그들에 향해.
⑤ It's hard [| to keep ‖ her | to the point]. [그녀에게서 바른 답변을 기대하는 것은] 어렵다.
⑤ I | motioned ‖ him | to my side. 나는 | 몸짓을 했다 ‖ 그에게 | 내 곁으로.

(toward(s)) '~쪽을 향하여'
① His back | was towards me. 그의 등은 | 내게 향해 있어.
① He | is toward fifty. 그는 | 50세를 향한다.
③ The house | looks | toward the sea. 집은 | 면해 있어 | 바다에.
③ His back | was turned | towards me. 그의 등은 | 돌려져 있었어 | 내게 향해.
⑤ She | had ‖ her back | towards me. 그녀는 | 있다 ‖ 그녀의 등을 | 내게 향하고.
⑤ | Let ‖ us | toward the king. 우리 왕 쪽에 가있자.
⑤ He | spread out ‖ his hands | toward heaven.(2Ch 6:13)
　그는 | 펼쳤다 ‖ 그의 손들을 | 하늘을 향해.

(up~) '~의 위,~가까이'.
① | Up here, if you please. Harry! | 이 위로 올라와요. 해리!
① What | 's up there? 무슨 일이 | 그 위(거기)에 있니?
① I | was up there last night. 나는 | 그 위에 있었어 (어제 밤).
① The exit | is up there. 출구는 | 저 위에 있어.
① I | 'm up front. 난 | 앞쪽 위에 있어.
③ He | is climbing | up the ladder. 그는 | 올라가고 있어 ‖ 사다리 위로.
③ | Come | up here. | 올라 와 | 이 위로.
③ The bird | flew | way up high (in the sky). 새들은 | 날랐어 | 매우 높이 (하늘에서).
③ He | went/walked ‖ up the road. 그는 | 갔어/걸었어 ‖ 도로 위로(죽 따라).
③ He | landed | up here. 그는 | 내렸어 | 이 위에.
③ | Line | up (here). | 줄을 서 | (이) 위로.
③ | Sit | up there. | 앉아라 | 그 위에.

③ He | 's back | up the line.   그는 | 돌아가 있어 ‖ 저 선 위로.
⑤ It | drives ‖ me | up the wall.   그것이 | 몰아 부쳐 ‖ 나를 | 벽 위까지.
⑤ We | 're getting | it | up the ass.   우리는 허탕치고 있어.
⑤ Let's [| have ‖ some help | up her].   [그녀에게 도움을 좀 주도록] 하자.
⑤ You | can't put ‖ him | up there.   너는 | 놓을 수 없어 ‖ 그를 | 그 위에 올려.
⑤ You | would step ‖ it | up a notch.   너는 한 단계 올라 설 수는 있어.
⑤' What are you | doing ‖∨「up there?   무엇을 너는 | 하고 있니 ‖∨「그 위에서?
⑦ You | look | pretty good | up there.   너는 | 보여 | 매우 좋아 | 거기 있으니.
⑦ | Come | along | up there! | 와라 | 따라 | 저 위로!
⑦ They | are all stressed | out | up there.   그들은 | 모두 지쳐서 | 빠졌다 | 그 위에서.
(upon~) '~의 표면 위'
① The enemy | is upon you.   적이 | 다가와. *적이다!.
① Samson, the Philistines | are upon you.(Jdg16:15)   삼손, 블레셋 사람들이 | 네게 다가와.(잡으려).
① His eyes | are upon the ways of man.(Job34:21KJV)   그의 눈은 | 사람의 길을 주목하신다.
① A new fear/Danger | was upon them.   새로운 두려움/위험이 | 그들에게 닥쳤어.
① Disaster | is upon them.(Isa3:11)   재앙이 | 그들 위에 있다.
① No sign of age | is upon him.   나이 흔적이 | 그에게는 없어.
① New year | is almost on/upon us.   새해가 | 거의 다가 왔어.
① Darkness | was upon the face of the deep.(Ge1:2KJV)   흑암이 | 깊음의 표면에 있었다.
cf① Darkness | was over the surface of the deep.(Ge1:2NIV)
③ Fears | came | upon me.   두려움이 | 왔다 | 내게 엄습해.
③ The morning | comes | upon us.   아침이 | 왔다 | 우리들 위에.
③ The enemy | fell | upon them as they slept.   그들이 잘 {때} 적은 | 공격했어 | 그들에게
③ Then he got on the bed and | lay | upon the boy.(2Ki4:33)
    엘리사가 침대에 올라{서} 아이의 위에 올라 엎드렸다.
③ The burden | must lie now | upon you.   부담은 | 이제 지워야 해 ‖ 네게.
③ May your unfailing love | rest | upon us, O LORD.(Ps33:22)
    당신의 변함없는 사랑이 | 베풀어지시기를 | 우리 위에, 오 주여.
③ Your hand | was heavy | upon me.(Ps32:4)   주의 손이 나를 누르셨다.
⑤ Why did the LORD | bring ‖ defeat | upon us today(1Sa4:3;Ki17:20)?
    여호와께서 어째서 우리로 오늘 패하게 하셨는고?
⑤ I | cast ‖ all my cares | on/upon you.   나는 | 던집니다 ‖ 모든 걱정을 | 당신께로.
⑤ They | have brought ‖ disaster | upon themselves.(Isa3:9)   그들은 | 가져왔다 ‖ 재앙을 | 그들 위에
⑤ He | could feel ‖ hundreds and hundreds of eyes | upon him.
    그는 | 느낄 수 있었어 ‖ 수 백 개의 눈들이 | 그를 주시하는 것을.
⑤ | Take ‖ my yoke | upon you and learn from me.(Mt11:29)   내 멍에를 지고 내게서 배우라.
⑤ His mother | left 「upon him ‖ the traces of her sacrifice.
    그의 모친이 | 남겼어 ‖ 그에게 | 그녀의 희생의 흔적을.
③ He fell sprawling and | lay | upon his face.   그는 손발을 뻗고 넘어져{서} 얼굴을 땅에 처박았어.
③ His normal eye | was fixed | upon the sausages.   그의 정상적인 눈은 | 고정되었다 | 소시지에.
③ The house | is built | on/upon firm ground.   집은 | 지어졌어 | 단단한 지반 위에.
③ They | are far out | upon the western plain.   그들은 | 멀리 나가 있었어 | 서부 평원에.
⑤ The fisherman | pulled ‖ it | up on the shore.(Mt13:48)
    어부들이 | 당겨 놓았다 ‖ 그것을 | 해안 위 표면에.
⑦ The tortured Death Eater | lay | flat | upon ground.
    고문당한 Death Eater는 | 누워있다 | 납작하게 | 땅 위에.

③ It | came | upon the midnight <clear>. 그것은 | 왔다 | 그 <맑은> 밤중에.
(within~) '~의 안에 동반'
① The kingdom of God | is within you.(Lk17:21) 하나님 나라는 너희 안에 있다.
① Your law | is within my heart.(Ps40:8) 주의 법이 내 심중에 있습니다.
① I | was not within earshot.　　　나는 | 안 들리는 데 있었어.
① No one | was within eyesight.　　누구도 | 시야에 보이지 않았어.
① Neither | was within their control. 아무 것도 | 통제될 수 없었어.
① The algebra | is well within my grasp. 대수학은 | 내가 잘 파악할 수 있어.
① It | is within the odds.　　　　그건 | 그럼 직하다.
① Is it | within walking distance?　그것은 | 걸을 수 있는 거리이니?
① He | was within a few meters of me 그는 | 나와 몇 미터 거리에 있었어.
① We | are now within the range of the enemy fire. 우리는 | 이제 적의 사정거리 안에 있다.
③ We | should marry | within our own. 우리는 | 결혼해야 해 | 우리 종족 내에서.
③ | Reach deep | within yourself. | 깊이 들라 | 네 맘속에.
③ He | came | within earshot.　　그는 | 왔어 | 청각 범위 내.
③ I | live | within sight of the Han river. 나는 | 산다 | 한강의 시야 내에.
③ His boat | was moored | within sight of West Church.
　　그의 보트는 | 정박되어 있었어 | West Church의 시야에.
⑤ | Keep ‖ my words | within your heart.(Pr4:21) 내 말을 네 마음속에 지켜라.
③ You | 'd better stay | within budget. 너는 분수를 지키는 것이 좋아.
③ Modesty | is necessary, | but within limits. 겸손은 | 필요해 | 그러나 한계 내에서.
③ All glorious is」 the princess | within her chamber.(Ps45:13)
　　전적으로 영화스럽다」 공주들이 | 궁중 안에서.
③ They | drove | within two feet of me. 그들은 | 운전했어 | 나의 2자 범위내.
③ Within his temple」 was seen」 the ark of his covenant.(Rev11:19)
　　성전 안에」 보인다」 하나님의 언약궤가.
⑤ | Don't bring ‖ the kids | within the range of the hunters' gun sights.
　　| 데려오지 마라 ‖ 애들을 | 사냥꾼들 사정거리 안에.
⑤ He | took ‖ him | within the tent. 그는 | 데려갔다 ‖ 그를 | 텐트 안에.

■ 복합전치사구 술어(complex preposition phrase)

> She threw him out of the house. (out of~)

① NP(cpr~)

> ① He | was <u>out of</u> the house.

예문은 ①형 NP(cpr~)이다. P는 복합전치사구 out of~이다.
복합전치사 out of는 '~으로부터 바깥/외부'를 나타낸다.

① He | was <u>out of</u> the house.   그는 | 그 집에서 나와 있었다.

♣ 유형별 예문
(사람/조직)
① There was a kick | <u>out of</u> her.   즐거움이 | 그녀에게 있었다.
① I | am <u>out of</u> the group.   나는 | 그룹에서 나왔다.
(신체/정신)
① The children | are quite <u>out of</u> hand. 그 애들은 | 매우 통제불능이야.
① This | is <u>out of</u> my hands.   이 일은 | 내 권한 밖이야.
① You | are <u>out of</u> your mind.(Ac12:15) 너는 | 정신 나갔다.)
(물건)
① <u>Out of</u> the bed! | 침대에서 나와라!
① He | was <u>out of</u> the car.   그는 | 자동차에서 나왔다.
① | <u>Out of</u> those wet clothes! | 젖은 옷 벗어!
① I | 'm <u>out of</u> gas.   나는 | 연료가 떨어졌어.
(관념/활동)
① You | are well <u>out of</u> that business now. 너는 지금 그 사업에서 완전히 손을 뗀다.
① You | 're totally <u>out of</u> control.   넌 | 전적으로 통제불능이야.
① The patient | is now <u>out of</u> all danger. 그 환자는 | 이제 위험한 상황은 넘겼다.
① I | am <u>out of</u> the game.   나는 | 게임에서 탈락했다.
① The elevator | is <u>out of</u> order.   승강기가 | 고장이다.
① This book | is <u>out of</u> print.   이 책은 | 절판이다.
① That hat style | has been <u>out of</u> use for years! 그 모자 스타일은 몇 년 동안 유행에 벗어났다.
(장소/위치)
① He | was <u>out of</u> the door.   그는 | 문 밖에 나와 있었다.
① Getting help from your classmates | is <u>out of</u> bounds.
  학급 친구들에게 도움을 받는 것은 | 범위 밖이다.*안된다
① They | were <u>out of</u> the house.   그들은 | 집에서 나왔다.
① Your conduct | is <u>out of</u> place.   네 행동은 | 비정상이야.
① I | 'm <u>out of</u> town for a while.   난 | 당분간 마을을 떠나.
(시간)
① The milk | is <u>out of</u> date.   그 우유는 | 유효기간이 지났어.

- 113 -

① Your information | is out of date.   너의 정보는 | 한 물 갔어.
① He | 's been out of my life some time now. 그는 | 이제 내 삶에서 끝난 지 꽤 됐어
① You | 're outta time.   년 | 시간이 없다.

③ NPP'(cpr~)

| ③ He | walked | out of the house. |

예문은 ③형 NPP'(cpr~)이다. P는 자동사, P'는 전치사구 out of~이다.
다음 두 문장으로 나눠진다. 즉 NPP'⇒NP+NP'의 관계에 있다.

③ He | walked | out of the house.   그는 | 걸었다 | 집에서 나와.
① He | walked.   그는 | 걸었다.
① He | was out of the house.   그는 | 집에서 나와 있었다.

♣ 유형별 예문
(사람/조직)
③ All John's drive and ambition seemed [| to go | out of him after his wife died].
   존의 기력과 야심은 [처가 죽은 후 전부 사라져버린 것] 같았다.
③ Every bitter and resentful thought | was pouring | out of him.
   모든 쓰디쓰고 분한 생각이 | 쏟아지고 있었다 | 그의 밖으로.
③ He | dropped(or flunked) | out of school.   그는 | 중퇴했다 | 학교에서.
③ I wanted [| to get | out of the group], but they wouldn't let me.
       나는 [그룹에서 나오기를] 원했으나 그들이 허락하지 않았다.
(신체/정신)
③ She | 's gotten | out of hand.   그녀는 인제 막 간다니까.
③ Things | got | a little out of hand (at the party). 일들이 약간 걷잡을 수 없게 되었다.(파티중)
③ It | has got | out of my mind.   그건 | 됐다 | 내 마음에서 잊게.
③ He | went | out of his mind.   난 | 되었다 | 잊어버리게.
③ It | slipped | out of my mind.   그게 | 빠져나갔다 | 마음에서.*말실수하다, 깜박하다.
(물건)
③ He | got | out of the car.   그는 | 되었다 | 자동차에서.나오게.
③ | Get | out of those wet clothes before you catch cold! 감기 들기 전에 젖은 옷을 벗어!
③ I | 'm running | out of gas.   나는 | 가고 있다 | 연료가 떨어져.
③ He | struggled | out of his pajamas. 그는 | 허겁지겁 | 파자마에서 빠져나왔다.
(관념/활동)
③ The use of 'gay' to mean 'happy' | has dropped | out of use.
   '즐거운' 을 의미하는 'gay'는 | 탈락했다 | 용법에서.
③ Aaron had let them [| get | out of control]..(Ex32:25) 아론이 [그들을 방자하게] 내버려 두었다.
③ I | 've gone | out of business.   사업에 실패해 문을 닫았어.
③ My favorite restaurant | went | out of business. 내가 좋아하는 식당은 폐쇄되었다.
③ The car | went | out of control.   그 차는 | 되었다 | 통제할 수가 없게.
③ Such hats | have gone | out of fashion. 그런 모자들은 | 갔다 | 유행이 지나.
③ We didn't want to take part, so we | pulled | out of the game.
   우리는 참가하고 싶지 않아 | 물러났다 | 그 경기에서.

③* It | does seem | to be a little out of the common.(1ACD21)(to be ~구조)
   그것은 일반적인 것에서 조금 벗어난 것 같다.
③* The wires | seemed | to be slightly out of order. 전선들이 | 보여 | 약간 고장인 것처럼.(")
(장소/위치)
③ Mr Hyde | broke | out of all bounds. 하이드 씨는 | 날뛰었다 | 마음대로.
③ A tall man | burst | out of the house. 키 큰 남자가 | 뛰쳐 | 집안에서 나왔다.
③ I | feel | out of place.   나는 | 기분이야 | 이곳에서 소외된
③ We | usually eat | out of doors (in the summer).
   우리는 | 대개 식사를 한다 | 대개 옥외에서 (여름에는).
③ | Get | out of my house. | 해라 | 내 집에서 나오도록.
③ You | 'd better get | out of bed. 넌 | 편이 낫다 | 침대에서 일어나오는.
③ He | went sluggishly | out of the door. 그는 | 느릿느릿 갔다 | 문 밖에 나.
③ The magician | hastened | out of the city. 마법사는 | 서둘러 | 그 도시를 빠져나갔다.
③ He | hurried | out of the door. 그는 | 급히 | 문 밖에 나갔다.
③ We | are moving | out of our house at the end of the month.
   우리는 | 이사 갈 예정이다 | 이 집에서 이 달 말에.
③ We | must stay | out of that part of town at this time of night.
   우리는 | 피해야 한다 | 시내 그 지역을 이런 밤 시간에는.
③ Just give me a slap [whenever I | step | out of bounds].
   한 대식 때리세요 [내가 | 행동할 때마다 | 도에 어긋나게].
③ You | won't stray | out of bounds again. 넌 | 곁길로 가지 말라 | 다시는 경계를 넘어.
③ We | walked | out of the shop (or the house). 우리는 | 걸어 | 상점(또는 집)에서 나왔다.
(시간)
③ He | couldn't get | out of his date on Saturday. 그는 | 없었다 | 토요일 데이트를 벗어날 수.
③ I'm thinking of [[getting | out of the single life (this year)].
   나는 [올해는 독신 생활에서 벗어날까] 생각 중이야.
③ Your watches | looks | out of date. 네 시계는 | 보인다 | 유행이 지난 구식처럼.
③ I was on the last test question [when I | ran | out of time].
   시험시간이 다 되었을 때 나는 마지막 문제를 풀고 있었다.

---

③ He | was thrown | out of the house.

예문은 ③형 NPP'(cpr~)이다. P는 수동형, P'는 전치사구 out of~이다.
다음 두 문장으로 나눠진다. 즉 NPP'⇒NP+NP'의 관계에 있다.

③ He | was thrown | out of the house. 그는 | 내팽개쳐졌다 | 집밖으로.
① He | was thrown.   그는 | 내팽개쳐졌다.
① He | was out of the house.   그는 | 집밖에 나와 있었다.

♣ 유형별 예문
(사람/조직)
③ Tommy | was drummed | out of school (for fighting). 토미는 학교에서 제적당했다 (싸움때문에).
③ He | was kicked | out of school. 그는 | 발로 채여 | 학교에서 나왔다.*축출되다
③ I | 'm fresh | out of the army. 난 | 얼마 안 돼 | 제대한지.
(신체/정신)

③ Are you | boxed | <u>out of</u> our mind? 너 | 두들겨 맞은 것처럼 | 정신 나갔니?
③ Henry | was driven | <u>out of</u> his mind (by all the negative comments).
　　헨리는 | 몰렸다 | 미치게 되도록 (부정적 비평으로).
③ I | am worried | <u>out of</u> my mind. 난 | 걱정되어 | 정신이 나갔다.
(물건)
③ She was bullied and | cheated | <u>out of</u> her money. 그녀는 협박당하여 | 빼앗겼다 | 돈을.
③ I | was locked | <u>out of</u> my car. 난 | 잠겼다 | 차 밖에서.*차안에 키를 두고 문을 잠그다
(관념/활동)
③ He | was left | <u>out of</u> the public nomination. 그는 | 배제되었다 | 공천에서.
③ Meggie | was pronounced | <u>out of</u> all danger. 메기는 | 선언되었다 | 모든 위험에서 벗어났다고.
③ The player | was thrown | <u>out of</u> the game. 그 선수는 | 퇴장되었다 | 그 경기에서.
(장소/위치)
③ No one | is to be let | <u>out of</u> the house today. 누구도 | 해서는 안돼 | 오늘 집밖에 나가게.
③ He | was thrown | <u>out of</u> the house. 그는 | 내팽개쳐졌다 | 집밖에.

⑤ NPN'P'(cpr~)

| ⑤ She | threw ‖ him | <u>out of</u> the house. |

예문은 ⑤형 NPN'P'(cpr~)이다. P는 타동사, P'는 전치사구 out of~이다.
다음 두 문장으로 나눠진다. 즉 NPN'P'⇒NPN+N'P'의 관계에 있다.

⑤ She | threw ‖ him | <u>out of</u> the house. 그녀는 | 내팽개쳤다 ‖ 그를 | 집밖으로.
② She | threw ‖ him.　　　　　　　　그녀는 | 내팽개쳤다 ‖ 그를.
① He | was <u>out of</u> the house.　　　　그는 | 집에서 나와 있었다.

♣ 유형별 예문
(사람/조직)
⑤ I | am going to beat ‖ the living crab | <u>out of</u> you.
　　나는 | 패려고 해 ‖ 산 게가 | 네 몸에서 나오도록. *죽도록 패다
⑤ It was a question of [| dragging ‖ the facts | <u>out of</u> him].
　　그것은 [그에게서 사실들을 억지로 끌어내는] 문제였다.
⑤ It was not possible [| to draw ‖ anything | <u>out of</u> him].
　　[그에게서 뭔가를 알아내는 것은] 불가능했다.
⑤ I | really get ‖ a kick | <u>out of</u> Shelly. She's very funny!
　　난 | 정말로 얻어 ‖ 즐거움을 | 샐리에게서. 그녀는 정말 재미있어.
⑤ The cop | finally pulled ‖ a confession | <u>out of</u> Max.
　　경관은 | 결국 끌어 ‖ 자백을 | 막스에게서 내었다.
⑤ You | scared ‖ the crab(or the shit) | <u>out of</u> me.
　　너는 | 놀라게 했다 ‖ 게(또는 똥)가 | 내게서 나오게.
⑤ | Squeeze ‖ money | <u>out of</u> him? That's an impossible task.
　　| 짜서 ‖ 돈을 | 그에게서 낸다고? 그건 불가능한 일이야.
⑤ We | had to cut ‖ him | <u>out of</u> our club. 우리는 동아리에서 그를 제거해야만 했어.
⑤ We | kicked ‖ Kate | <u>out of</u> our club for breaking the rules.
　　우리는 케이트가 규칙을 어겼기 때문에 클럽에서 쫓아냈다.
⑤ The captain | missed ‖ Tom | <u>out of</u> the team. 주장은 | 빠뜨렸다 ‖ 톰을 | 팀 구성에서.

(신체/정신)
⑤ No one | can snatch ‖ them | out of my Father's hand.Jn10:28)
　누구도 | 가로챌 수 없다 ‖ 그들을 | 아버지의 손에서.(
⑤ I felt [his voice | take ‖ this sword | out of your hand].
　나는[그의 목소리가 내 손에서 이 검을 빼앗는 것을] 느꼈소.
⑤ You | are driving ‖ me | out of my mind. 너는 | 몰고 있다 | 날 | 미치게.
⑤ I | can't get ‖ her | out of my mind. 나는 | 뺄낼 수 없다 ‖ 그녀를 | 내 마음에서.*잊다
⑤ She | pushed ‖ them | out of her mind. 그녀는 | 밀어 | 그들을 | 마음에서 냈다.
⑤ Hector, you | put ‖ your allies | out of mind. 헥터, 너는 | 했다 ‖ 네 동맹군을 | 정신 나가게.
⑤ I'd so it [if it | 'd take | Ashley | out of your mind].
　[당신 마음을 애쉴리에서 떼어 낼 수 있다면] 나는 그렇게 하겠오.
(물건)
⑤ | Get ‖ your butt | out of bed! | 해라 | 엉덩이를 | 침대에서 빼내도록!*어서 일어나라!
⑤ I | locked ‖ myself | out of my car. 나는 열쇠를 차 안에 두고 잠가 버렸어.
⑤ My mother | has to pull ‖ my brother | out of bed. 엄마가 동생을 침대에서 끌어내야 했다.
⑤ John | had run ‖me | out of gas again. 존이 | 했다 ‖ 나를 | 연료가 떨어지게,
(관념/활동)
⑤ The publisher | declared ‖ the book | out of print. 편집자는 | 선언했다 ‖ 책이 | 절판이라고.
⑤ | Get(or Keep) ‖ your nose | out of my business. 편집자는 | 선언했다 ‖ 책이 | 절판이라고.
　| 해라(유지해라) ‖ 네 코를 | 내 사업에서 빼도록.*참견마라.
⑤ | Keep ‖ Piggy | out of danger. | 해라 ‖피기를 | 위험하지 않게.
⑤ Why do you | always leave ‖ my son | out of your games?
　너희들은 왜 항상 우리 아들을 게임에서 빼는 거니?
⑤ He | lied ‖ himself | out of trouble. 그는 | 거짓말로 ‖ 그 자신 | 곤경에서 빠져나왔다.
⑤ You | put ‖ me | out of the game. 네가 | 했다 ‖ 나를 | 경기에서 탈락되게.
⑤ Doctor | pronounced ‖ me | out of danger. 의사는 | 선언했다 ‖ 내가 | 위험에서 벗어났다고.
⑤ She tried [| to talk ‖me | out of the plan]. 그녀는 [나를 계획에서 빠지게 설득하려] 노력했다.
(장소/위치)
⑤ She | finally bowed‖them | out of the shop. 그녀는 | 마침내 절했다 ‖그들에게 | 가게를 나가도록.
⑤ I | will drive ‖ them | out of my house. 내가 그들을 내 집에서 쫓아 낼 것이다.(Hos9:15)
⑤ You | get ‖ her | out of this house. 당신은 | 데리고 간다 ‖ 그녀를 | 이 집에서.
⑤ I | followed ‖ him | out of the door. 나는 | 따랐다 ‖ 그를 | 문을 나와.
⑤ Marina | hit ‖ her last shot | out of bounds. 마리나는 마지막 공을 경계로 넘어 쳐버렸다.
⑤ How stupid I was [| to lock ‖ myself | out of my house].
　[내 집에 문을 잠가 들어가지 못하니] 얼마나 바보 같은가!
⑤ I | did not once put ‖ my foot | out of doors. 나는 한 번도 문밖을 나가지 않았다.
⑤ Ma | watched ‖ them | out of doors. 엄마는 | 지켜보았다 ‖그들이 | 문을 나가는 것을.
⑤ The sheriff | ran ‖ the gunman | out of town. 보안관은 | 쫓았다 ‖ 총잡이를 | 마을에서 내.
⑤ She | threw ‖ him | out of the house. 그녀는 | 내팽개쳤다 ‖ 그를 | 집밖으로.
⑤ | Don't turn ‖ me | out of doors. |돌려보내지 마세요 ‖ 나를 | 문밖으로.
(시간)
⑤ He | desperately wanted ‖ the FBI | out of his life.
　그는 | 간절히 원했다 ‖ FBI가 | 자기 삶에서 사라지기를.

⑤' NPN' 「P'(pr~)

> ⑤' Peter | followed ‖ him 「out of the prison,

예문은 ⑤'형 NPN' 「P'이다. 다음 두 문장으로 나눠진다.
P'(in~)은 N을 서술한다. 「 표시는 이를 나타낸다. 즉 NPN' 「P'⇒NPN'+NP'의 관계에 있다.

⑤' Peter | followed ‖ him 「out of the prison, 베드로는 | 따랐다 ‖ 그를 「감옥 밖으로.,(Ac12:9)
② Peter | followed ‖ him.　　　　　　　베드로는 | 따랐다 ‖ 그를.
① Peter | was out of the prison,　　　　베드로는 | 감옥 밖에 있었다.

⑦ NPP'P"(cpr~)

> ⑦ He | 'll get | thrown | out of the houset.

예문은 ⑦형 NPP'P"(cpr~)이다. P"는 전치사구 out of~이다.
다음 세 문장으로 나눠진다. 즉 NPP'P"⇒NP+NP'+NP"의 관계에 있다.

⑦ He | 'll get | thrown | out of the houset. 그는 | 될 거야 | 내팽개쳐지게 | 집 밖으로.
① He | 'll get.　　　　　　　　　　　　그는 | 될 거야.
① He | 'll be thrown.　　　　　　　　　그는 | 내팽개쳐질 거야.
① He | 'll be out of the house.　　　　　그는 | 집밖에 있게 될 거야.

♣ 유형별 예문
⑦ | Come | in | out of the rain.　　| 와라 | 안으로 | 비를 피해.
⑦ He | came | home | out of humor. 그는 | 왔다 | 집에 | 기분 상해.
⑦ An arm | came | up | out of the water.(KA) 한 팔이 | 나왔다 | 위로 | 물밖에.
⑦ He | 'll get | thrown | out of the court. 그는 | 버릴 거야 | 내팽개쳐 | 법정 밖으로.
⑦ The van | ran | down the hill | out of control. 밴이 통제력을 잃은 채 언덕 아래로 굴러갔다.

[Supplement]
1. out of oneself
① I | 'm just out of myself.　　　　　난 | 자신을 벗어났다. *머리가 띵하다
③ He | became | out of himself at the end of his life.
　　그는 | 되었다 | 자신을 벗어나게, 생애 말년에.*정신이 나가다
⑤ The music | took ‖ me | out of myself. 그 음악이 | 해주었다 ‖ 나를 | 자신을 잊게.
⑤ How passion | hurrieth ‖ him | out of himself?
　　어떻게 격정이 | 급히 ‖ 그를 | 자신을 털어놓게 하는지?
2. out of breath
① Bud | was out of breath.　　　　　버드는 | 숨이 찼다.
③ I | get | out of breath just walking up a flight of stairs. 나는 한 층을 올라가더 숨이 찬다.
⑤ She | found ‖ herself | out of breath. 그녀는 | 발견했다 ‖ 자신이 | 숨이 찬 것을.
3. out of hair
① | Out of my hair.　　　　　　　　| 내 머리카락에서 나와.*날 귀찮게 하지 마.
③ Just one more question and I | 'll get | out of your hair. 한 질문만 하고 더 괴롭히지 않겠어.
⑤ I | want ‖ the bastard | out of our hair. 나는 | 원해 ‖ 그 녀석을 | 내 머리카락에서 나오기.
4. out of head

① I | must have been <u>out of</u> my head. 내가 | 정신이 나갔었군.
③ Whenever he drinks he | almost goes | <u>out of</u> his head. 그 녀석 술만 먹으면 제정신이 아니야.
③ It | had gone | right <u>out of</u> my head. 그건 | 갔다 | 내 머리에서 나. *잊어버리다
③ Jem's eyes | nearly popped | <u>out of</u> his head. 젬의 눈이 | 거의 튀어 | 머리에서 나올 뻔했다.
⑤ I | can't get ‖ the picture | <u>out of</u> my head. 나는 | 할 수 없다 ‖ 그 광경을 | 머리에서 나오게.
⑤ It(=the surprise) | will put ‖ her | <u>out of</u> her head. 놀람이 | 할 거야 ‖ 그녀를 | 정신을 잃게..
⑤ | Put ‖ such worries | <u>out of</u> your head. | 해라 ‖ 그런 걱정은 | 잊어버리도록.

5. out of bag
① The cat | is <u>out of</u> the bag. (마술사의) 고양이가 | 가방밖에 있다. *비밀이 누설되다
③ The cat | came | <u>out of</u> the bag. 고양이가 | 왔다 | 가방애서 나.
⑤ Did I | let ‖ the cat | <u>out of</u> the bag? 내가 비밀누설했니?
⑤ | Taking ‖ a key | <u>out of</u> my bag, I put it into the lock.
| 꺼 ‖ 열쇠를 | 가방에서 내어, 나는 그것을 자물쇠 안에 꽂아 넣었다.

6. out of earshot
① The others | were <u>out of</u> earshot. 다른 이는 | 들리지 않는 데 있었다.
① We | were <u>out of</u> earshot of the children. 우리는 | 아이들이 들리지 않는 데 있었다.
③ The boss | didn't quite speak | <u>out of</u> earshot. 사장은 충분히 들을 수 있는 곳에서 말했다.
⑤ Director Sato | led ‖ Anderson | <u>out of</u> earshot. 사또는 앤더슨을 들리지 않는 곳에 인도했다.
⑤ He | motioned ‖ Langdon | <u>out of</u> earshot. 그는 | 손짓했다 ‖ 랭돈을 | 들리지 않는 곳으로.

7. out of sight
① He | is <u>out of</u> sight.   그는 | 보이지 않아.
① The cab | is now <u>out of</u> sight.   택시는 | 이제 시야에서 사라졌어.
① Next moment my home | was <u>out of</u> sight. 다음 순간 내 집이 | 시야에서 사라졌다.
① | <u>Out of</u> sight, | out of mind. 눈에서 멀면, 마음도 멀어진다.
③ He | dived | <u>out of</u> sight.   그는 | 돌진해 | 사라졌어.
③ | Get | <u>out of</u> my sight!(Ex10:28) 내 시야에서 사라져라.
③ Food | is going | <u>out of</u> sight these days. 음식이 | 되고 있다 | 눈에 보이지 않게 (오르게).
③ He | kept | <u>out of</u> sight.   그는 | 계속 | 보이지 않아.
③ The ship | sailed | <u>out of</u> sight.   배는 | 항해하여 | 보이지 않았다.
③ | Please stay | <u>out of</u> sight until your father leaves, children.
애들아, 아버지가 떠날 때까지 보이지 않는 곳에 있거라.
③ She | was rarely suffered | <u>out of</u> sight. 그녀는 | 거의 벌 받은 적이 없었다 | 눈밖에 벗어나.
⑤ | Keep ‖ yourself | <u>out of</u> his sight. | 하세요 ‖ 너 자신을 ‖ 그의 눈밖에 벗어나도록.
⑤ | Never let ‖ him | <u>out of</u> your sight. | 결코 하지 마 ‖ 그를 네 시야에서 벗어나게.
⑤ He | pushed ‖ the paper | <u>out of</u> sight. 그는 | 밀어서 ‖ 그 신문을 | 보이지 않게 했어.
⑤ Harry | watched ‖ her | <u>out of</u> sight. 해리는 | 주시했다 ‖ 그녀가 ‖ 시야에서 사라짐을.
⑦ She | climbed | down the ladder | <u>out of</u> sight.
그녀는 | 기어서 | 사다리로 내려가 | 시야에서 사라졌다.

8. out of one's wits
① When Jane won the lottery, she | was <u>out of</u> her wits with joy.
복권에 당첨되었을 때 제인은 | 기뻐서 정신을 잃었다.
③ Obviously she | had been frightened | <u>out of</u> her wits. 분명 그녀는 | 놀라 | 정신을 잃었다.
③ They | were half-scared | <u>out of</u> their wits. 그들은 | 반쯤 놀라 | 정신을 잃었다.
③ They | were already terrified | <u>out of</u> their wits. 그들은 | 이미 놀라 | 정신을 잃었다.
⑤ You | 'll drive ‖me | <u>out of</u> my wits if you go on behaving in this way.

넌 | 몰아 갈 거야 ‖ 날 | 미치게, 네가 계속 이처럼 처신하면.
⑤ You | nearly frighted ‖ me | out of my wits. 넌 | 거의 놀라게 했다 ‖ 날 | 정신 잃게.
⑤ The ghost | scared ‖ Mimi | out of her wits. 귀신이 미미를 겁줘서 정신이 혼미했다.

9. out of the habit
① I | was out of the habit.   나는 | 습관에서 벗어났어. 날 믿어.
③ He | got | out of the habit of smoking(drinking). 그는 담배 피우는 (술 마시는) 습관을 버렸다.
③ She | will grow | out of the bad habit in time. 그녀는 때가 되면 나쁜 버릇을 고치게 될 거야.
⑤ I'm trying [| to break ‖ my son | out of his bad habits].
   나는 노력 중이야 [| 고치려고 ‖ 내 아들을 | 나쁜 버릇에서].

10. out of it
① I | 'm mostly out of it.   난 | 그것과 인연이 멀어.
① He | 's out of it when it comes to math. 학에 관해서라면 그는 잘 몰라.
① I only missed one class {and} I | 'm already out of it. 수업에 한 번 빠졌는데, 뭐가 뭔지 모르겠어.
① I | 'm really out of it today.   나는 | 오늘 정말 정신이 멍해.
① He | s been out of it [since Jenny started going steady with him].
   그는 | 세상에 부러운 것이 없었다 [제니가 자기만 어울리기 시작하자].
③ She | fell | out of it because none of her friends were at the party.
   아무 친구도 파티에 오지 않아서 그녀는 따돌림 받은 기분이었다.
③ I | 'm feeling | out of it today. 오늘은 어쩐지 기분이 이상해.
③ | Get | out of it!   (속어) 바보 같은 소리 마!, 농담 마!
③ He | grew | out of it.   그는 | 철들어 | 그것에서 벗어났다.
③ Hey, | snap | out of it!   어이, 기운을 내!
③ You | stay | out of it.   너는 | 해라 | 거기서 빠지도록.
③ You | 're well | out of it.   넌 | 잘됐다 | 그걸 벗어나니.
⑤ I | got ‖ a bang | out of it.   난 | 얻었다 ‖ 즐거움을 | 그것에서.*대단히 재미있었다
⑤ | Leave | me | out of it.   나는 빼줘.
⑤ He tried [| to talk ‖ her | out of it]. 그는 시도했다 [그녀가 그것을 못하도록 설득하려고].

11. out of one's way
① | Out of my way! | 내 길 비켜라!
① It | 's really out of the way. 그건 | 길에서 멀리 떨어져 있어.
③ | Get | out of the way! | 해요 | 길밖에 나오도록! *비켜요!
③ | Please don't go | out of your way to do it. | 하지 마세요 | 그걸 하려고 무리.
③ The youngest boy tried [| to jerk | out of our way]. 막내 남자애가 [몸을 빠져나오려고] 했다.
③ He | moved | out of the way. 그는 | 움직였다 | 길에서 벗어나.
⑤ He | 'll clear ‖ you | out of the way. 그는 | 제거할 것이다 ‖ 너를 | 방해되지 않게.
⑤ He | elbowed ‖ me | out of the way. 그는 나를 팔꿈치로 밀치고 나아갔다.
⑤ I | had to move ‖ my son's bicycle | out of the way.
   나는 | 옮겨야 했다 ‖ 아들 자전거를 | 방해되지 않게.

12. out of here/there
① | Out of there! | 거기 비켜! I | 'm out of here. 나는 | 여기서 빠진다.
③ He | came | out of there. 그는 | 왔다 | 거기서 나.
③ | Get | out of here.   여기서 나가! (속어) 설마! 입 닥쳐!
③ | Move | out of here. | 탈출이다 | 여기서.
⑤ | Get ‖ them | out of here.(Ge19:12, Jn2:16) 그들을/이것들은 여기서 밖으로 끌어내라.
⑤ He | will have ‖ you | out of there in a couple of days. 그가 당신을 며칠 내로 빼내 줄 거야.

⑤ | Let ‖ me | out of here.　　| 해줘 ‖ 날 | 나가게.

> I'll leave it up to you. (up to~)

① NP(cpr~)

> ① It | 's up to you.

예문은 ①형 NP(cpr~)이다. P는 복합전치사구 up to~이다.
복합전치사 up to~는 '~위를 향해'를 나타낸다.

① It | 's up to you.　　　　그건 | 네게 달려 있다.

♣ 유형별 예문
(사람/신체)
① She lay on her back, with [the quilts | up to her chin].
　그녀는 등을 대고 누웠다 [이불을 | 턱까지 올린] 채.
① His shoulders | were up to his ears. 그의 양어깨가 | 귀까지 올라갔다.
① It=(water) | was about up to his knees. 물이 | 그의 무릎까지 찼다.
① The sheet | was up to waist.　　시트가 | 허리까지 올라있었어.
(관념/활동)
1. 일을 꾸미다/열중하다
① He | 's up to something.　　그는 | 무언가 꾸미고 있어.
A: What about dinner to night?　오늘 저녁식사 같이 할까요?
B; Thanks, Shane. I ― I | 'm not up to it just yet. Next week.
　고마워요, 쉐인. 나 ― 난 | 아직 그럴 마음이 안돼요. 다음 주나.
① What are↲ you | up to ∨?　　너는 | 무슨 일 하고 있어?
2. 기대수준에 이르다
① She | is up to anything <given to her>. 그녀는 | <그녀에게 주어진> 어떤 일도 감당할 수 있다.
① He | is not up to the job.　　그는 | 그 일을 해낼 능력 없다.
① They | were no longer is up to those things. 그들은 | 더 이상 그러한 일을 감당할 수 없었다.
① Are you | up to the challenge?　너 | 그 도전 감당할 수 있겠어?
① He | was up to no good.　　그는 | 쓸모가 없다.
① Make sure [your socks | are up to the task]. [네가 그 일을 위해 열심히 노력하도록] 해라.
(장소/위치)
① I | 've just been up to the front (to ask the conductor).
　난 | (차장에게 묻기 위해) 방금 저 앞에 다녀왔어.
① The sunflowers | are up to the top of the kitchen window.
　그 해바라기는 | 부엌 창문의 꼭대기까지 도달해 있어.

③ NPP'(cpr~)

> ③ It | depends | up to you.

예문은 ③형 NPP'(cpr~)이다. P는 자동사, P'는 복합전치사구 up to~이다.
다음 두 문장으로 나눠진다. 즉 NPP'⇒NP+NP'의 관계에 있다.

③ It | depends | up to you.　　　　그것은 | 의존한다 | 네게 달려.
① It | depends...　　　　　　　　　그것은 | 의존한다.
① It | is up to you.　　　　　　　　그것은 | 네게 달려있다.

♣ 유형별 예문
(사람/신체)
③ It | depends | up to you [to accept it or not]. [그것을 수용하고 않고는 | 달려 있다 | 네게.
③ The water | came | up to my knees. 물이 | 왔다 | 내 무릎까지.
③ The waters | have come | up to my neck.(Ps69:1) 물들이 내 영혼까지 흘러 들어왔나이다
③ Her left hand | went | up to his earpiece. 그녀의 왼손이 | 갔다 | 그녀의 귀막이까지.
③ The old gentleman's shoulders | shrugged | up to his ears.
　　그 노신사의 어깨는 | 으쓱했다 | 그의 귀까지.
③ He | stood | up to his knees (in the water). 그는 | 서 있었어 | 그의 무릎까지 (물에) 찬 채.
(관념/활동)
1. 일을 꾸미다/열중하다
③ She | was building | up to something. 그녀는 | 진행시키고 있었다 | 무슨 일인지.
③ | Don't get | up to any mischief. 장난치면 안 돼!
③ He | 's always getting | up to something. 그는 | 항상 꾸미고 있다 | 무슨 일인지.
③ What about the stuff <Potter and his mates | get | up to ∩>?
　　<포터와 친구들이 열중하고 있는>것들은 어떻고?
2. 기대수준에 이르다
③ The leakage | did not add | up to this figure. 누수는 | 이르지 않았다 | 이 수치에.
③ His speech | didn't come | up to my expectation. 그의 연설이 내 기대에 못 미쳤다.
③ I | don't feel | up to that.　　　난 | 느끼지 않아 | 그걸 해낼 것으로.
③ He | 's forever getting | up to no good. 그는 | 영원히 될 것이다 | 좋지 않게.
③ You | have not live | up to our contract. 당신은 | 하지 않았어요 | 계약대로.
③ He | doesn't live | up to his name. 그는 | 하지 못해 | 그의 이름값도.
③ I hope [I | can live | up to your expectation]. 나는 희망해 [당신의 기대에 부응하도록].
③ He | does not match | up to the requirements. 그는 | 충족하지 못한다 | 요구사항에.
③ Several Asian countries | are pulling | up to our level.(EPV297)
　　아시아의 몇몇 국가들은 우리 수준까지 올라와 있다.
(장소/위치)
③ We have to wait [until the water level | comes | up to this].
　　우리는 기다려야 한다 [수위가 | 오를 때까지 | 여기까지].
③ Her left hand | went | up to his earpiece.(EXO560) 그녀의 왼손이 | 갔다 | 그녀 귀막이까지.

| ③ Her sleeves | were rolled | up to the elbow. |

예문은 ③형 NPP'이다. P는 수동형, P'는 복합전치사구 up to~이다.
다음 두 문장으로 나눠진다. 즉 NPP'⇒NP+NP'의 관계에 있다.

③ Her sleeves | were rolled | up to the elbow. 그녀 소매는 | 말려져 있었다 | 팔꿈치 위까지.
① Her sleeves | were rolled.　　　　그녀의 소매는 | 말려져 있었다.
① Her sleeves | were up to the elbow. 그녀의 소매는 | 팔꿈치 위까지 있었다.

♣ 유형예문
③ The quilt | is drawn | up to her chin. 이불이 | 끌어당겨져 있다 | 그녀의 턱까지.
③ Her knees | were pulled | up to her chest. 그녀의 양 무릎은 | 당겨져 있었다 | 가슴 위까지.
③ His sleeves | were rolled | up to his shoulders. 그의 소매는 | 말려져 있었다 | 어깨 위까지.
③ He | was in debt | up to ears. 그는 | 빚져 있어 ‖ 귀까지(많이).
③ Butter | has been put | up to three dollars a pound.
　　버터가 | 되었다 | 한 파운드 3달러까지 오르게.

⑤ NPN'P'(cpr~)

⑤ I | 'll leave ‖ it | up to you.

예문은 ⑤형 NPN'P'(cpr~)이다. P는 타동사, P'는 전치사구 out of~이다.
다음 두 문장으로 나눠진다. 즉 NPN'P' ⇒ NPN'+N'P'의 관계에 있다.

⑤ I | 'll leave ‖ it | up to you.　　난 | 둘 것이다 ‖ 그걸 | 네게 맡겨.
② I | 'll leave ‖ it.　　　　　　　난 | 둘 것이다 ‖ 그것을.
① It | is up to you.　　　　　　　그것은 | 네게 달려있어.

♣ 유형별 예문
(사람)
⑤ I | let ‖ it | up to you.　　나는 | 했다 ‖ 그것을 | 네가 결정하도록.
⑤ I | am going to make ‖ it | all up to them. 나는 | 하려고 해 ‖ 그것을 | 모두 그들에게 맡기려.
(신체/부위)
⑤ He | pulled ‖ the covers | up to his chin. 그는 | 당겼다 ‖ 침대 덮개를 | 그의 턱까지.
⑤ Harry | instinctively yanked ‖ the bedcovers | up to his chin.
　　해리는 | 본능적으로 끌어당겼다 ‖ 침대 커버를 | 턱까지.
⑤ I | 've had ‖ it | up to my ears (with her arrogance).
　　그녀의 교만이 내 귀까지 차도록 되었어.*참을 수 없다.
⑤ She | drew ‖ herself | up to her full height. 그녀는 | 끌어당겨 ‖ 자신을 | 꼿꼿이 세웠다.
⑤ | Pull ‖ your sleeves | up to your shoulders. | 끌어 ‖ 소매를 | 어깨까지 올리세요.
⑤ We | sank | into the snow | up to our necks. 우리는 | 잠겼어 ‖ 눈 속에 | 우리들 목까지.
(관념/활동)
1. 일을 꾸미다/열중하다
⑤ I | did not put ‖ Joanna | up to this. 나는 | 하지 않았어요 ‖ 죠안나가 | 이렇게 하도록 선동.
⑤ He | put ‖ the new clerk | up to his duties. 그는 | 가르쳤다 ‖ 새 점원에게 | 임무를.
⑤ Did you | set ‖ my wife | up to this? 당신이 | 꾸민 거지 ‖ 내 아내가 | 이렇게 하도록?
2. 기대수준에 이르다
⑤ What do I have to do [| to bring ‖ John | up to your level]?
　　[존을 네 수준까지 끌어올리려면] 어떻게 해야 돼?
⑤ He | flogged ‖ his income | up to £ 10,000 a year.
　　그는 | 끌어올렸다 ‖ 수입을 | 한 해 1만 파운드까지.

⑤ By the end of the year we | 'll have put ‖ them | up to ten million, right?
　　연말까지 우린 | 올려야 해 ‖ 그것들을 | 천 만불까지, 알지?

(장소/위치)
⑤ | Get ‖ us | up to periscope depth. | 줘 ‖ 우리를 | 잠망경 깊이까지 올려.
⑤ | Roll ‖ large rocks | up to the mouth of the cave.(Jos10:18)
　　굴 어귀까지에 큰 돌을 굴려 완전히 막아라.
⑤ They | reached ‖ the staircase | up to the third floor.
　　그들은 | 도달했어 ‖ 계단에 | 3층으로 오르게..

[Supplement]
1. up to date
① Tiffany's wardrobe | is always up to date. 티파니의 옷차림은 | 항상 유행을 좇는다.
① His reports from Africa | are really up to minute. 아프리카에서 온 보고서는 | 정말 최신이다.
③ You | will be brought | up to date (as soon as possible).
　　넌 | 될 거야 | 최신정보에 이르게 (가능한 빨리)
③ The booklets | are constantly brought | up to date. 책자는 | 항상 이르게 된다 | 최신 정보에.
⑤ I have a few additional facts to add [| to bring ‖the report |up to date].
　　나는 [그 보고를 최신 정보로 하기 위해] 부가할 추가 사실이 있다.
⑤ I | really must get ‖ myself ‖ up to date. 나는 | 정말로 접해야 한다 ‖자신을 | 최신 정보에.
⑤ I spent a lot of time [| keeping ‖ my company's database ‖ up to date].
　　나는 [회사의 데이터베이스를 최신으로 유지하느라] 많은 시간을 보낸다.

2. up to scratch
① She | is not up to scratch.　　그녀는 | 기초도 미치지 못해.
① The report | is not up to scratch. You'll have to do it again.
　　그 보고서는 | 기대에 미치지 못해. 넌 다시 해야겠다.
① His work | is not up to scratch.　　그의 작품은 탐탁하지 않다
① His work simply | isn't up to scratch. 그의 작품은 좀 빠진다,
① I'm sorry but your work | is up to scratch. 미안하지만 당신의 작업은 수준 미달입니다.
③ They | 're coming | up to scratch. 그들은 원점까지 가고 있다.
⑤ I'm here [| to bring ‖ you | up to scratch]. 난 [너를 기대원점에 미치게 하기 위해] 여기 있다.
⑤ | Bring ‖ the subjects | up to scratch. 그 과목들을 기대수준에 미치도록 해라.

3. up to speed
① He | was up to speed now.　　그는 | 지금 제 속도를 찾았어요.
① As soon as the new secretary | is up to speed, you can take a vacation.
　　[새 비서가 상황을 파악하면] 넌 휴가갈 수 있어.
③ He | quickly came | up to speed. 그는 | 신속히 되었다 | 정상 속도에 이르게.
③ He | got | up to speed pretty quick. 그는 | 되었다 | 패 신속히 정상 속도에 이르게.
⑤ The boss wants you [| to bring ‖ him | up to speed]. He's been on vacation, you know.
　　사장은 [네가 상황을 파악해주길] 바래. 그는 휴가 갔다 왔잖아.
⑤ I did everything I could [| to bring ‖ my workers | up to speed], but couldn't.
　　나는[직원들을 작업 속도에 이르게 하려고] 최선을 다 했지만 안 되었어.
⑤ Let me [| get ‖ you | up to speed]. [네가 모르고 있던 일을 알려] 줄게.

4. up to standard
① This new play | is not up to his earlier standards. 이 신극은 | 그의 이전 수준에 미치지 못해.
③ His work in math needs [| to be brought | up to the standard. of others].
　　그의 수학 성적은 [다른 사람 수준까지 끌어올려]야 한다.

③ Your work | doesn't come | up to our standards. 네 일은 | 미치지 못해 | 우리의 수준에.
③ He | does not measure | up to our standard. 그는 | 이르지 못한다 | 우리 표준에.
⑤ I | brought ‖ the lab | up to state standards in less than a year.
　　나는 | 했다 ‖ 실험실을 | 국가기준에 이르도록, 1년 안되어.
⑤ She's the person in the family ⟨who | keeps ‖ them | up to standards⟩.
　　그녀는 ⟨가족들을 기준에 맞추도록 유지하는⟩ 사람이다.

She helped him off with his coat. (off with~)

---

① NP(cpr~)

> ① He | was off with his coat.
> ① He | was off with his coat^.

예문은 ①형 NP(cpr~)이다. P는 복합전치사구 off with~이다.
복합전치사 off with~는 '~와 함께 떨어지기'와 '~을 떨어지게 하다'의 두 의미가 가능하다.
후자의 용법은 ^ 표시로 구별한다.

① He | was off with his coat.　　　그는 | 코트를 갖고 떠났다.
① He | was off with his coat^.　　그는 | 코트를 벗은 상태였다.

♣ 유형별 예문
1. '~와 함께 떨어지기'
① You | 've been off with Dumbldore. 넌 | 덤블도어와 함께 떠났다면서.
① He | was off with the deflective dryer. 그는 | 고장난 드라이기를 가지고 사라졌다.
① He | was off with his coat.　　그는 | 코트를 갖고 떠났다.
① He | was off with only a fine.　그는 | 벌금만 물고 나왔다.
① With those eloquent words spoken, the party | was off with a bang^.
　　그러한 유창한 말과 함께, 파티는 | '펑' 소리로 시작했다.
2. '~을 떨어지게 하기'
① I | 'm off with her^ now.　　　난 | 이제 그 여자와 끝났어.
① | (Be) Off with you^!　　　　 | 너희들 떠나라!
① | Off with her^!　　　　　　　| 이 여자 데려가라!
① | Off with his head^.　　　　 | 그의 목을 쳐라.
① | Off with his whiskers^!　　 | 그의 구레나룻을 잘라라!
① | Off with your hat^.　　　　 | 모자를 벗어요.
① He | was off with his coat^.　그는 | 코트를 벗은 상태였다.

③ NPP'(cpr~)

> ③ He | got | off with his coat^

예문은 ③형 NPP'(cpr~)이다. P는 자동사, P'는 전치사구 out of~이다.
다음 두 문장으로 나눠진다. 즉 NPP' ⇒ NP+NP'의 관계에 있다.

③ He | got | off with his coat^   그는 | 되었다 | 코트를 벗게^.
① He | got...   그는 | 되었다...
① He | was off with his coat^.   그는 | 코트를 벗은 상태였다.

♣ 유형별 예문
1. '~와 함께 떨어지기'
(사람)
③ I | got | off with Charles and we discussed the contract.
　　나는 | 되었다 | 찰스와 떠나게. 그리고 우리는 계약을 토의했다.
③ He | went | off with Jill.   그는 | 갔다 | 질과 도망.
③ He | made | off with that girl he was in love. 그는 〈자기가 사랑하는〉 여자랑 튀었어.
③ She | ran | off with a man 〈ten years younger than herself〉.
　　그녀는 | 도피를 했다 |〈자기보다 열 살 연하의〉남자와.
(사물)
③ He | got | off with his coat.   그는 | 됐다 | 코트를 갖고 떠나게,
③ Someone seems [| to have gone | off with my pen]. 누군가 [내 펜을 가지고 가버린 것] 같다.
③ The wily thief | made | off with the jewels. 교활한 도둑은 | 도망쳤다 | 보석들을 가지고.
③ Hey, | don't run | off with that hammer! I'm using it.
　　이 봐, 그 망치를 가지고 가지 마! 내가 쓰고 있어.
③ Their dad | got | off with a small fine. 그들 아빠는 | 되었다 |적은 벌금을 물고 빠져나오게.
③ They both | set | off with fervent thanks of the king.
　　그들 둘은 | 되었다 | 왕의 열렬한 감사를 받으며 떠나게.
③ I didn't steal it. I | walked | off with it (without noticing).
　　난 그걸 훔치지 않았어. 난 | 온 거야 | 그걸 가지고 (모르고).
③ The festivities | will kick | off with a barbecue dinner.
　　그 축제는 | 시작할 거야 | 바비큐 디너와 함께.
③ The day | started | off with a bang and kept going that way.
　　그날은 | 시작했다 | 방 소리와 더불어 그리고 그런 식으로 계속했다.
2. '~을 ~떨어지게 하기'
(사람)
③ John | has broken | off with Jill.^ 존이 | 헤어졌다 | 질을 버렸다.
③ | Cut | off with his head^! | 잘라라 | 그의 목을 끊어.
③ | Get | off with you^! | 해라 | 너 꺼지도록!
③ She | got | off with a young doctor,^ at the ball.
　　그녀는 | 되었다 | 젊은 의사와 친하게, *무도회에서. 의사의 넋이 떠나게(빠지게) 하다
③ | Make | off with you^! | 해라 | 너 꺼지도록!
③ He | ran | off with my heart^.   그는 |달렸다 | 내 마음을 빼앗아.
(사물)
③ He | got | off with his coat^.   그는 | 되었다 | 코트를 벗게.
③ Anyone 〈who | could make | off with a stitch of it^ 〉 was in raptures.
　　〈그의 옷의 한 조각을 뜯어낼 있었던〉 사람은 황홀했다.
③ One athlete | walked | off with most of the gold medals^.
　　한 선수가 대부분의 금메달을 휩쓸었다.
③ He | waltzed | off with five Olympic gold medals^. 그는 올림픽에서 5개 금메달을 간단히 땄다.
③ Where did we | leave | off with that roaster^? 어디에 우리는 | 그만 두었다 | 당번표 체크를.
③ The home team | walked | off with the win^. 홈팀이 간단히 승리를 거두었다.

| ③ He | was helped | off with his coatˆ. |

예문은 ③형 NPP'(cpr~)이다. P는 수동형, P'는 전치사구 off with~이다.
다음 두 문장으로 나눠진다. 즉 NPP'⇒NP+NP'의 관계에 있다.

③ He | was helped | off with his coatˆ. 그는 | 도와졌다 | 그의 코트를 벗게.
① He | was helped.   그는 | 도와졌다.
① He | was off with his coatˆ.   그는 | 코트를 벗은 상태였다.

♣ 유형별 예문
1. '~와 함께 떨어지기'
③ I | was let | off with a fine.   나는 | 풀려났다 | 벌금내고.
③ I | won't be put | off with such an excuse. 나는 | 통하지 않아 | 그러한 변명으로는.
③ The ceremony | was kicked | off with his candid speech.
   그 예식은 | 시작되었다 | 그의 솔직한 연설로.
2. '~을 ~떨어지게 하기
③ He | was helped | off with his coat.ˆ 그는 | 도와졌다 | 그의 코트를 벗게.
③ The meal | was topped | off with a delicious chocolate mousseˆ.
   식사는 맛있는 초콜릿무스를 자르는 것으로 성공적으로 마무리됐다.

⑤ NPN'P'(cpr~)

| ⑤ She | helped ‖ him | off with his overcoatˆ. |

예문은 ⑤형 NPN'P'(cpr~)이다. P는 타동사, P'는 전치사구 off with~이다.
다음 두 문장으로 나눠진다. 즉 NPN'P'⇒NPN'+N'P'의 관계에 있다.

⑤ She | helped ‖ him | off with his overcoatˆ. 그녀는 | 도왔다 ‖ 그가 | 외투를 벗게.
② She | helped ‖ him...   그녀는 | 도왔다 ‖ 그를...
① He | was off with his coatˆ.   그는 | 코트를 벗은 상태였다.

♣ 유형별 예문
1. '~와 함께 떨어지기'
(사람)
⑤ They | hit ‖ it | off with each other.   그들은 서로 사이좋게 지낸다.
⑤ They | sent ‖ him | off with her alone. 그들은 | 보냈다 ‖ 그를 | 그녀만 대동하여 떠나.
(사물)
⑤ They | got ‖ him | off with only a fine. 그들은 그를 벌금만 물리고 방면했다.
⑤ The judge | let ‖ him | off with a fine. 그 판사는 | 했다 ‖ 그를 | 벌금형으로 나가게.
⑤ The sharpshooter | picked ‖ an enemy | off with a well-aimed shotˆ.
   명사수는 | 쏘아 ‖ 적을 | 잘 조준된 총으로 맞추었다.
⑤ Let's | kick「off ‖ this party with some dance music. 몇 곡의 댄스음악으로 파티를 시작하자.
2. '~을 떨어지게 하기
(사람)
⑤ Marty should tell Angie the truth before he | breaks ‖ it | off with herˆ.

마티는 앤지와 헤어지기 전 그녀에게 진실을 말해주어야 한다.
⑤ I hate it [when people | pair ‖ me | off with Mary^].
나는 [사람들이 나를 메리와 짝짓는 게] 정말 싫다.
(사물)
⑤ She | helped ‖ him | off with his overcoat^. 그녀는 | 도왔다 ‖ 그가 | 외투를 벗는 것을.
⑤ He | could not help ‖ him | off with his burden^. 그는 | 도울 수 없었다 ‖ 그가 | 짐 벗게.
⑤ Don't try [| to put ‖ us | off with any flimflam story^].
[엉터리 같은 이야기를 하여 우리를 방해하려] 하지 마라.

> They put Peter in for 100 meters. (in for~)

① NP(cpr~)

> ① Peter | was in for the 100 meters.

예문은 ①형 NP(cpr~)이다. P는 복합전치사구 in for~이다.
복합전치사 in for~는 '~향해 들다(지원/선호/대신/참여/소환/직면 등)'의 의미를 가진다.

① Peter | was in for the 100 meters. 피터는 | 100미터 (달리기)에 지원했다.

♣ 유형별 예문
(사람)
① It | is in for him.   그것(파국/재난/벌)은 | 그에 마땅하다.
① Mary | is in for Peggy (tonight).   메어리가 | 페기를 대신한다 (오늘 밤).
① I've decided [I | 'm in for the other candidate]. 나는 [다른 후보 편을 들기로] 결정했다.
(사물)
① I'm afraid [we | 're in for a storm].   [우리는 폭풍을 만날 것] 같아.
① It | will be in for rain this afternoon. 오후 비가 내릴 거야.
① I | 'm in for the 100 meters.   난 | 100미터 경기에 지원한다.
① He | is in for an administrative job in the Civil Service. 그는 | 총무처의 행정직을 지원했다.
① I | am in for a party.   나는 | 파티를 좋아해.
① I | 'm already | in for it.   난 | 이미 빼도 박도 못한다.
① You | 'll in for it (this time)   넌 | 당할(혼날) 거야 (이번에).
① He | 's in for a shock!   그는 | 충격 받을 거야.
① Shukhov | was in for treason.   슈코프는 | 반역죄로 소환되었다.
① She | was in for the same treat as Harry. 그녀는 | 해리와 같은 대접을 받고 있었다.
① You | 're in for 25% of the take.   넌 | 이익의 25%를 갖게 돼.
(시간)
① I | was in for a long night.   난 | 긴 밤에 처하게 됐어.
① You | 're in for a rough night.   넌 | 힘든 밤에 처하게 됐어.
① He | was in for a bad time.   그는 | 나쁜 시기를 겪어야 했어.
① She felt quite sure [they | were in for a lovely time].
그녀는 확실히 느꼈다 [그들이 좋은 시간을 가질 것이라고].

③ NPP'(cpr~)

| ③ Peter | went | in for 100 meters. |

예문은 ③형 NPP'(cpr~)이다. P는 자동사, P'는 전치사구 in for~이다.
다음 두 문장으로 나눠진다. 즉 NPP'⇒NP+NP'의 관계에 있다.

③ Peter | went | in for 100 meters. 피터는 | 되었다 | 100미터 경주에 지원하게.
① Peter | went...   피터는 | 되었다....
① Peter | was in for the 100 meters. 피터는 | 100미터에 지원했다.

♣ 유형별 예문
(사람)
③ I | will chip | in for Carol.   내가 | 돈 낼게 | 캐롤을 위해.
③ You see Chelsea was in for him first, now Arsenal | has come | in for him.
   처음에는 첼샤가 그를 대신하여 들고, 이제 아세널이 | 들어왔다 | 그를 대신하여.
③ Will you | fill | in for me while I'm out? 내가 없는 동안 업무를 대신 봐(채워) 주겠어요?
③ She | sat | in for me while I was out of town. 내가 없는 동안에 그녀가 맡아 대신 일했다.
③ Can anyone | stand | in for her? 누가 그녀를 대신할 수 있을까?
(사물)
③ He | bore | in for the B-52s.   그는 | 나아갔다 | B-52기를 맞아.
③ They all | chipped | in for a present. 그들은 모두가 돈을 한 푼 두 푼 내서 선물을 샀다.
③ It's natural [that you should | come | in for criticism]. [네가 비판을 받는 것은] 당연하다.
③ Her work | came | in for criticism. 그녀의 일은 | 되었다 | 비난받게.
③ You | 'll come | in for an extra grand. 넌 덤으로 천 달러 더 받게 될 거야.
③ Could you | come | in for an interview Tuesday at 11:00?
   당신은 | 오시겠어요 | 화요일 11시 면접을 하러?
③ I | ´ll drop | in for a visit.   내가 잠깐 들러볼게요.
③ After their morning exercise, the platoon | fell | in for inspection.
   아침훈련 후, 소대는 | 정렬했다 | 사열을 위해.
③ He | got | in for Chester.   그는 | 되었다 | 체스터구에 당선되게.
③ I | went | in for 100 meters. 나는 | 되었다 | 100미터에 지원하게.
③ Ten people | went | in for the hurdles. 10명이 | 갔다 | 허들 경기에 들기 위해.
③ If I were good enough, I | would go | in for the contest.
   내가 자격이 된다면, 나는 | 참가하겠어 | 그 대회에.
③ When I go to university, I intend [| to go | in for law].
   대학에 가면 나는 [법률을 전공할] 생각이다.
③ You | are going to come | in for a nice reward. 넌 | 될 거야 | 좋은 보상을 받게.
③ I | don't go | in for such things much now. 나는 | 좋아하지 않아 | 지금은 그런 일을 별로.
③ Oh, no , thank you. I | don´t go | in for jazz. 아니, 괜찮아. 난 재즈는 별로야.
③ They | 'll be heading | in for work. 그들은 | 갈 거야 | 일을 위해.
③ | Move | in for a closeup? | 잡을까 | 클로즈업으로?
③ Mr. Paul was said [| to have put | in for the job of director].
   폴 씨가 [이사직을 지원했다고] 들었다.
③ So Getty | put | in for transfer. 게티는 | 신청했다 | 전근을.
③ We | settled | in for the long run. 우리는 | 준비했다 | 장기전 진입을.

(시간)
③ They | 're camping | in for the night. 우리는 | 야영하고 있다 | 밤을 맞아.
③ We | settled | in for the winter. 우리는 | 준비했다 | 겨울에 들어갈 것을.
③ They | 're settled | in for the night. 우리는 | 결정했다 | 밤을 맞아 숙박.

| ③ Peter | was put | in for 100 meters. |

예문은 ③형 NPP'(cpr~)이다. P는 수동형, P'는 전치사구 in for~이다.
다음 두 문장으로 나눠진다. 즉 NPP'⇒NP+NP'의 관계에 있다.

③ Peter | was put | in for 100 meters. 피터는 | 되어졌다 | 100 미터 경기에 지원하게.
① Peter | was put...   피터는 | 되어졌다....
① Peter | was in for the 100 meters. 피터는 | 100미터에 지원했다.

♣ 유형별 예문
③ Every policeman | was called | in for duty. 모든 경찰관이 | 소환되었다 | 임무에 임하도록.
③ They | were called | in for their mission debriefing on operation in Japan.
   그들은 | 소환되었다 | 일본에서의 작전을 결과보고 하도록.
③ In another country she | would have been kept | in for further test.
   다른 나라라면 그녀는 | 억류되었을 것이다 | 더 검사를 받도록.
③ He | was run | in for drunk and disorderly behaviour.
   그는 | 경찰서에 구류되었다 | 음주와 난폭행동으로.
③ A word | was put | in for a second young Cox. 한 마디 | 나왔다 | 콕스 가 둘째 딸에 대해.
③ A request | was put | in for higher wages. 요청서가 | 제출되었다 | 임금 인상을 위하여.

⑤ NPN'P'(cpr~)

| ⑤ They | put ‖ Peter | in for 100 meters. |

예문은 ⑤형 NPN'P'(cpr~)이다. P는 타동사, P'는 전치사구 in for~이다.
다음 두 문장으로처럼 나눠진다. 즉 NPN'P'⇒NPN'+N'P'의 관계에 있다.

⑤ They | put ‖ Peter | in for 100 meters. 그들은 | 했다 ‖ 피터를 | 100 미터에 지원하게.
② They | put ‖ Peter...   그들은 | 했다 | 피터를 ....
① I | was in for the 100 meters.   피터는 | 100미터에 지원했다.

♣ 유형별 예문
(사람)
⑤ I | 'd just carry ‖ it | in for you. 내가 | 바로 운반해 ‖ 그걸 | 당신을 위해 넣을 게요.
⑤ The three of them | have got ‖ it | in for me.(2FD)
   그들 셋은 | 했다 ‖ 파국이 | 내게 오도록. *앙심품다
⑤ Why's he | got ‖ it | in for Rupin? 왜 그는 | 루팡에게 앙심을 품었니?
⑤ She | had ‖ it | in for Ryan. 그는 | 했다 ‖ 재난이 | 라이안에게 오게.*앙심품다
⑤ Ted | sent ‖ Bill | in for Wally. 테드는 | 보냈다 ‖ 빌을 | 월리 대신.
⑤ I hear [that Terry | traded ‖ his wife | in for a younger woman]!

나는 [테리가 아내를 버리고 젊은 여자와 결혼했다고] 들었다.
⑤ Can you | wire ‖ it(=money) | in for him? 그에게 돈을 전신송금해 주시겠어요?
(사물)
⑤ He | could always bring ‖ him | in for questioning. 그는 | 언제나 부를 수 있었다 ‖ 그를 | 조사차.
⑤ The principal | called ‖ me | in for an explanation. 교장이 | 불렀다 ‖ 나를 | 설명하라고.
⑤ I | cashed ‖ the bonds | in for a cahier's check. 나는 | 바꿨다 ‖ 채권들을 | 당좌수표로.
⑤ | Count ‖ me | in for the game. | 해줘 ‖ 날 | 게임에 끼이게. 나 돈 많아.
⑤ They | got ‖ it | in for interesting creatures. 그들은 흥미로운 생물을 좋아하지 않아?
⑤ The police | hauled ‖ Aaron | in for armed robbery. 경찰은 | 체포했다 ‖ 아론을 | 무장강도로.
⑤ Ryan liked [| to have ‖ Robby Jackson | in for strategically interesting material].
라이언은 [로비 잭슨을 전략상 흥미 있는 재료를 접하게 하기] 좋아한다.
⑤ Why did I | let ‖ myself | in for this? 왜 내가 이것에 끼이게 되었지?
⑤ They | pulled ‖ him | in for a real crime. 그들은 | 끌고 왔다 ‖ 그를 | 실제 범죄 혐의로.
⑤ He | 'd put ‖ himself | in for the Tournament. 그는 | 했다 ‖ 그 자신 | 토너먼트 경기에 지원.
⑤ Mr. Paul is said [| to have put ‖ it | in for the job of director].
폴 씨가 [이사직에 지원했다고] 한다.
⑤ They | put ‖ him | in for the chair. 그들은 | 했다 ‖ 그를 의장으로 선출되게.
⑤ I | 'm putting ‖ you | in for a decoration. 나는 | 한다 ‖ 당신에게 | 훈장을 수여.
⑤ They | ran ‖ him | in for robbery. 그들은 | 체포했다 ‖ 그를 | 강도죄로.
⑤ Don't take the movie's message too seriously but | take ‖ the movie | in for its
entertainment value. 영화 메시지를 심각하게 받아들이지 말고 연예가치로 감상하라.
⑤ She | turned ‖ her old car | in for a new one. 그녀는 오래된 차를 새 차와 바꾸었다.
(시간)
⑤ We | have to get ‖ coal | in for the winter. 우리는 | 구해야 해 ‖ 석탄을 | 겨울을 위해.
⑤ I realized [I | had let ‖ myself | in for a terrible evening].
나는 [아주 끔찍한 저녁을 맞게 되었다는 사실을] 깨달았다.
⑤ You | really let ‖ me | in for a tough time. 네가 | 하였다 ‖ 나를 | 곤경에 빠뜨리게.
⑤ The doctor | penciled ‖ me | in for Friday at three o'clock.
의사는 | 약속을 잡았다 ‖ 나와 | 금요일 3시에
⑤ Ron lay on the cot and tried [| to settle ‖ himself | in for another long night].
론은 간이침대에 누워 [다른 긴 밤을 자려고] 했다.
⑤ Christine | will take ‖ me | in for the night.
크리스틴이 | 해 줄 거예요 ‖ 날 | 오늘밤을 맞아 들게. *숙박하게 하다.

⑤ The manager | called 「in ‖ Gary | for questioning.

예문은 ⑤형 NP「P(cpr~)'N'이다. N'과 P'의 위치가 바뀐 것이다.
「 표시는 P'가 N'을 서술함을 나타낸다.
다음과 같이 분석된다. 즉 NP「P'N'⇒ NPN'P'⇒NP+N'P'의 관계에 있다.

⑤ The manager | called 「in ‖ Gary (|) for questioning.
=⑤ The manager | called ‖ Gary | in for questioning.
지배인이 | 불렀다 ‖ 개리를 | 조사차 소환해..
② The manager | called ‖ Gary. 지배인이 | 불렀다 ‖ 개리를.
① Gary | was in for questioning. 개리는 | 조사차 소환되었다.

♣ 유형별 예문

⑤ He | put 「in ‖ a word (|) for his friend. 그는 | 거들었다 ‖ 한마디 | 그의 친구를 위해.
⑤ She | traded 「in ‖her old car(|) for a newer one. 그녀는 웃돈 얹어 중고차를 새 차로 바꿨다.
⑤ The manager | called ‖ Gary (|)in for questioning. 지배인이 | 소환했다‖ 개리를 | 조사차..
⑤ He | put 「in ‖ a claim (|) for the damages. 그는 | 제출했다 ‖ 청구를 | 손해 배상을 위해.
⑤ I do not want [| to put 「in ‖ any of my students (|) for the exam.
　　난 [학생 누구도 그 시험을 치르게 하고] 싶지 않다.

[Supplement]
1. in for the kill(사냥감에 직면하다)
① I told you [I | was in for the kill, for the kill]. 나는 [사냥감에 직면했다고] 네게 말했다.
③ The hunters | were closing | in for the kill. 사냥꾼들은 | 접근하고 있었다 | 사냥감에 직면하여.
③ He | moved | in for the kill.　　그는 | 움직였다 | 사냥감에 직면하여.
③ Maschi | was sloshing | in for the kill. 매시는 | 철벅거리고 있었다 | 사냥감에 직면하여.
③ She | would zero | in for the kill. 그녀는 | 바짝 접근할 것이다 | 사냥감에 직면하여.
⑤ | Move ‖ him | in for the kill.　| 이동시켜라 ‖ 그를 | 사냥감에 직면하게.

2. in for trouble(곤경에 직면하다)
① They | are in for trouble.　　그들은 | 어려움에 직면해 있다.
③ I think [you | are let | in for trouble]. 나는 생각한다 [네가 어려움에 직면하게 되었다고].
⑤ He | let ‖ her | in for trouble. 그는 | 했다 ‖ 그녀에게 | 어려움을 직면하게.

3. in for dinner(식사에 참여하다)
① Will you | be in for dinner tonight? 당신 | 오늘 저녁식사에 오시는 거죠?
① They | were in for dinner.　　그들은 | 만찬을 위해 왔다.
③ Kingsley | might be dropping | in for dinner. 킹슬리가 | 들를지 몰라 | 저녁 먹으러.
③ Sec Treas | is on the way | in for breakfast. 재무장관이 | 오는 중이다 | 아침 먹으러.
⑤ I want [| to have ‖him | in for dinner]. 나는 [그를 저녁 식사에 초대하고자] 합니다..

4. in for a drink(한 잔 하다)
① I | was in for a drink (last night).　그는 | 한 잔 했다 (지난 밤).
③ One evening we | went | in for a drink. 어느 저녁에 우리는 | 갔다 | 술 한 잔 하러.
③ He | goes | in for beer.　　그는 | 한다 | 맥주를 좋아.
⑤ Do you mind [if I | ask ‖ a few friends | in for a drink]?
　　너는 [내가 친구 몇 명 불러 술 한잔 해도] 괜찮겠니?
⑤ Ryan had to come to like [| bringing‖his closest advisers | in for drinks after the close
　　of regular office hours]. 라이언은 [일과후 가까운 보좌관들을 한잔 차 데려감을] 좋아하게 되었다.
⑤ I | invited ‖ him | in for coffee. 나는 | 권했다 ‖ 그에게 | 들어와 커피 한잔하자고.

They'll take her away from me. (away from~)

① NP(cpr~)

① She | 'll be away from me.

예문은 ①형 NP(cpr~)이다. P는 복합전치사구 away from~이다.

복합전치사 away from~은 '~으로부터 떨어져│이격하여'의 의미를 가진다.

① She │ 'll be <u>away from</u> me.　　　그녀는 │ 내게서 떨어질 것이다.

♣　유형별 예문
(사람)
① │ <u>Away from</u> me.(Mt7:23)　　│ 내게서 떠나라.
① You │ 'd better be <u>away from</u> her.　넌 │ 그녀에게서 떨어져 있는 것이 좋아.
① His head │ was <u>away from</u> me.　　그의 고개는 │ 내게서 떨어져 있었다.
① Her hands │ was <u>away from</u> her face. 그녀의 양손은 │ 그녀의 얼굴에서 떨어져 있었다.
(사물)
① He │ 's <u>away from</u> his desk right now. 그는 │ 지금 자리에 안 계시는데요.
① │ <u>Away from</u> the fire!　　　│ 불에서 떨어져라!
① There's┘ no getting │ <u>away from</u> it. 그것을 부정할 수 없다.
① You │ 've been too long <u>away from</u> Rome. 자넨 │ 로마로부터 너무 오래 떨어져 있었어.
① Smaug │ was <u>away from</u> home.　　스마우그는 │ 집에서 떠나 있었다.
① │ <u>Away from</u> here.　　│ 여기서 사라져라.

③ NPP'(cpr~)

| ③ She │ 'll go │ <u>away from</u> me. |

예문은 ③형 NPP'(cpr~)이다. P는 자동사, P'는 복합전치사구 away from~이다.
다음 두 문장으로 나눠진다. 즉 NPP'⇒NP+NP'의 관계에 있다.

③ She │ 'll go │ <u>away from</u> me.　　그녀는 │ 갈 것이다 │ 내게서 떨어져.
① She │ 'll go.　　　　그녀는 │ 갈 것이다.
① She │ 'll be <u>away from</u> me.　　그녀는 │ 내게서 떨어질 것이다.

♣　유형별 예문
(사람)
③ Pearl │ broke │ <u>away from</u> her mother. 펄은 │ 벗어나 │ 어머니의 품에서 떨어져 있었다.
③ You should make an effort <│ to break │ <u>away from</u> those men>.
　　넌 <그런 남자들과는 관계를 끊으려> 노력해야 한다.
③ │ Come │ <u>away from</u> that filthy person! │ 해라 │ 저 더러운 사람으로부터 떨어지도록.
③ Uncle Andrew │ cowered │ <u>away from</u> her. 앤드로 삼촌이│몸을 웅크렸다 │그녀로부터 떨어져.
③ Bobbi │ drew │ <u>away from</u> him. 보비는 │ 몸을 끌어당겼다 │ 그에게서 떨어져.
③ │ Get │ <u>away from</u> me.　　│ 가라 │ 내게서 떠나.
③ A dangerous criminal │ got │ <u>away from</u> the police. 위험한 범죄자가 │ 갔다 │ 경찰로부터 도망.
③ It was inevitable [that I │ would grow │ <u>away from</u> my sister].
　　[나는 언니와의 사이가 소원해지는 것을] 피할 수 없었다.
③ Ralph │ jerked │ <u>away from</u> him. 랄프는 │ 움칠 │ 그에게서 벗어났다.
③ │ Keep │ <u>away from</u> Messala.　│ 계속해요 │ 메살라에서 피신하면서.
③ Suddenly, she │ pulled │ <u>away from</u> me and fled.
　　갑자기 그녀는 │ 당기듯이(멈칫) │ 내게서 피하여 도망갔다.

③ I | ran | away from Sir Palamides. 나는 | 달렸다 | 팔라미데스 경으로부터 도망하여.
③ Even dogs | ran | away from him. 개들조차 | 도망했다 | 그에서 떨어져.
③ He | seemed | away from us.   그는 | 보였다 | 우리에게 떨어져.
③ He | shrank | away from her.   그는 | 몸을 움추려 | 그녀를 피했다.
③ Why do you | stand or sit | as far away from me as possible?
          왜 넌 | 서거나 앉아 있니 | 가능한 내게서 멀리 떨어져?
③ Jack | slid | away from him.   잭은 | 미끄러져 | 그에게서 벗어났다.
③ The prince | slipped | away from Canty. 왕자는 | 슬그머니 빠졌다 | 캔티에게서 떨어져.
③ I | stayed | away from other people. 나는 | 지냈다 | 다른 사람들과는 떨어져.
③ I | 've stole | away from those men. 난 | 슬그머니 | 사람들에서 빠졌다.
③ | Please stop | away from the rough boys. 그 거친 아이들을 멀리 하세요.
③ He | walked | away from me (without saying a word).
          그는 | 걸어서 | 내게서 떠났다 (한 마디 말도 없이).
(물건)
③ You | should back | away from the fire. 넌 | 물러서야 한다 | 불에서 떨어져.
③ | Please come | away from the fire. | 물러서요 | 불에서 떨어져.
③ I | will be able to get | away from all the noises.
          나는 | 될 수 있을 거야 | 모든 소음에서 벗어나게.
③ | Keep | away from the fire. | 물러서 있어요 | 불에서 떨어져.
③ I | had to keep | away from the greasy food. 나는 | 했다 | 기름진 음식을 멀리.
③ The plastic covering | pulled | away from the wood. 목재 부품에서 플라스틱 덮개가 떨어졌다.
(관념/활동)
③ The board of directors began [| to back | away from idea of taking over the other
          company]. 이사회는 [다른 회사를 합병하는 생각에서 물러 서기] 시작했다.
③ We must try [| to break | away from meaningless traditions].
          우리는 [의미 없는 전통을 타파하도록] 해야 한다.
③ I | had to call | away from my vacation. 나는 | 호출되어 | 휴가로부터 돌아와야 했다.
③ I | came | away from the party [loaded down with presents].
          나는 | 왔다 | 파티에서 떠나 [선물을 가득 안고].
③ She tried [| to draw | away from his embrace]. 그녀는 [그의 포옹에서 벗어나려고] 했다.
③ I think [you | need to get | away from it all]. [넌 일상에서 떠나 여행을 가는 게 좋을 것] 같아.
③ I want [| to get | away from work]. 나는 [일로부터 떠나기] 원해.
③ I | have been moving | away from that way of doing things.
          나는 일에 대한 그런 방식을 바꿔가려고 하고 있다.
③ I wish [I | could run | away from trouble]. 난 좋겠는데 [문제에서 벗어날 수 있다면].
③ It is unmanly [| to shrink | away from danger]. [위험을 두려워하는 것은] 남자답지 못한 일이다.
③ I asked you [| to stay | away from the topic]. 나는 네게 [주제에 대해 말하지 말라고] 부탁했다.
③ The music | took | away from my enjoyment of the film. 영화의 즐거움이 음악으로 반감됐다.
③ It is not so easy [| to turn | away from temptation]. [유혹을 물리치는 것은] 그렇게 쉽지 않다.
③ Harvey was offered a promotion, but he | walked | away from it because he didn't want
          the extra responsibility. 하비는 승진제안을 받았지만, 책임을 더 맡고 싶지 않아 거절했어.
(장소/위치)
③ The branch | broke | away from the tree and crashed down.
          그 가지는 나무에서 꺾여 와지끈 떨어져 나갔다.
③ | Come | away from the window. | 하세요 | 창문가에서 떨어지도록!

③ We | drove | away from their house. 우리는 | 차를 타고 | 그들의 집을 떠났다
③ The concrete | had fallen | away from the wall. 그 콘크리트가 | 떨어져 나갔다. | 벽에서.
③ He | couldn't get | away from the office at five. 그는 | 없다 | 5시에 회사로부터 떠날 수.
③ | Get/Get | away from here! | 해라/가라 | 여기서 | 떠나!
③ | Keep | well away from this place. | 해요 | 이곳에서 멀리 떨어져 있도록.
③ There is no way <we | can sneak | away from here>.
  우리는 <여기서 몰래 빠져나갈> 방도가 없다.
③ If I were you, I | 'd stay | away from a bar like that. 내가 너라면, 저런 술집엔 가지 않을 거야.
③ | Step | away from the window. | 서거라 | 유리창에서 물러.

---
③ She | 'll be taken | away from me.

예문은 ③형 NPP'(cpr~)이다. P는 수동사, P'는 복합전치사구 away from~이다.
다음 두 문장으로 나눠진다. 즉 NPP'⇒NP+NP'의 관계에 있다.

③ She | 'll be taken | away from me. 그녀는 | 데려가 질 것이다 | 내게서 떨어져.
① She | 'll be taken.   그녀는 | 데려가 질 것이다,
① She | 'll be away from me. 그녀는 | 내게서 떨어질 것이다.

♣ 유형별 예문
(사람)
③ Her eyes | was turned | away from me. 그녀의 눈은 | 돌려졌다 | 내게서 떼어.
③ Their privileges | will be taken | away from them. 그들의 특권은 | 박탈될 것이다 | 그들로부터.
③ Her hands | was pulled | away from her face. 그녀 손은 | 당겨져 있었다 | 얼굴에서 떨어져.
(사물)
③ Was anything of any use | brought | away from the conference?
  뭐 쓸 만한 걸 | 좀 얻었니 | 회의에서?
③ His son | was taken | away from the school. 그 소년은 | 데려가졌다 | 학교에서. *퇴학당했다
③ You and I | are safe | away from cities. 너와 나는 | 안전하다 | 도시에서 사라져야.

⑤ NPN'P'(cpr~)

---
⑤ They | 'll take ‖ her | away from me.

예문은 ⑤형 NPN'P'(cpr~)이다. P는 타동사, P'는 복합전치사구 away from~이다.
다음 두 문장으로 나눠진다. 즉 NPN'P'⇒NPN'+N'P'의 관계에 있다.

⑤ They | 'll take ‖ her | away from me. 그들은 | 데려갈 것이다 ‖ 그녀를 | 내게서 빼앗아.
② They | 'll take ‖ her.   그들은 | 데려갈 것이다 ‖ 그녀를.
① She | 'll be away from me.   그녀는 | 내게서 떨어질 것이다.

♣ 유형별 예문
(사람)
⑤ Rostov | bowed ‖ himself | away from the doctor.
  로스토프는 | 인사하며 ‖ 자신이 | 그 의사에게서 떠났다.

⑤ I | got ‖ the book | <u>away from</u> him. 나는 | 가졌다 ‖ 책을 | 그 사람한테서 빼앗아.
⑤ He | 's just trying [| to keep ‖ Moses | <u>away from</u> you].
그는 [당신에게서 모세를 떼어놓으려고] 해요.
⑤ He | couldn't keep‖ his eyes | <u>away from</u> her. 그는 | 놓을 수 없었다 ‖ 눈을 | 그녀에게 떼어.
⑤ The Dodger | pulled ‖ himself | <u>away from</u> the old man.
도저는 | 몸을 당겨 ‖ 자신을 | 노인에게서 빠져나갔다.
⑤ The police | pushed ‖ the crowd | <u>away from</u> the movie star.
경찰이 | 밀었다 ‖ 군중을 | 영화 스타로부터 떼어.
⑤ I hate [| to see ‖ you two | <u>away from</u> each other right now].
난 싫어 [너희 둘이 지금 서로 떨어지는 것이].
⑤ No sooner had I taken out my purse than a man | snatched ‖ it | <u>away from</u> me.
내가 지갑을 꺼내자마자 한 남자가 내게서 그것을 낚아 채갔다.
⑤ They'll | take ‖ you | <u>away from</u> me. 그들은 | 갈 것이다 ‖ 너를 | 내게서 빼앗아.
⑤ My husband's job | took ‖ him | <u>away from</u> me. 남편은 일 때문에 내 곁에 없었어요.
⑤ He | finally tore ‖ his eyes | <u>away from</u> the druides Cliodna.
그는 | 결국 뗐다 ‖ 눈을 | 드루이드 교 클리오드나에게서.
⑤ She | turned ‖ her eyes | <u>away from</u> me. 그녀는 | 돌렸다 ‖ 눈을 | 내게서 떼어.
⑤ She | firmly pulled ‖ his hands | <u>away from</u> her face.
그녀는 | 단호하게 당겼다 ‖ 그의 손을 | 그녀의 얼굴에서 떼어.
⑤ The girl | took ‖ the club | <u>away from</u> his hand.
그 소녀가 | 취했다 ‖ 클럽을 | 그의 손에서 빼앗아.
(물건)
⑤ | Get ‖ the kid | <u>away from</u> the fire! 그 애를 불가에 못 가게 해!
⑤ | Keep ‖ the child | <u>away from</u> the fire. | 유지해라 ‖ 애를 | 불에서 멀어지게.
⑤ I | reluctantly moved ‖ my hand | <u>away from</u> the cake.
나는 | 마지못해 옮겼다 ‖ 손을 | 케이크에서 떼어.
⑤ Harry | pulled ‖ him | <u>away from</u> the table. 해리는 | 당겼다 ‖ 그를 | 테이블에서 떼어.
⑤ Try as we did, we | could not tear ‖ Bill | <u>away from</u> the video.
우리가 아무리 애써도, 우리는 | 떼어놓을 수 없었다 ‖ 빌을 | 비디오에서 떨어지게.
(관념/활동)
⑤ You know you are not meant [| to call ‖ me | <u>away from</u> work].
너도 알다시피 일하는 중에 [나를 불러내면] 안 돼.
⑤ She | steered ‖ the conversation | <u>away from</u> delicate matters.
그녀는 | 조종했다 ‖ 화제가 | 미묘한 문제에 이르지 않도록.
⑤ And finally, | take ‖ this number | <u>away from</u> this one.
그리고 마지막으로, 여기에서 이 숫자를 뽑아 주세요.
(장소/위치)
⑤ The boss | called ‖ John | <u>away from</u> his office (a couple of minutes ago).
사장은 | 전화했다 ‖ 존을 | 사무실에서 떠나도록 (조금 전).
⑤ | Get ‖ them | <u>away from</u> that well! | 해라 ‖ 그들을 | 우물가에서 떨어지게!
⑤ If you associate with those kind of people, they | will lead ‖ you | <u>away from</u> the true path. 저런 녀석들과 어울려 지내면, 그들이 너를 올바른 길에서 벗어나게 할거야.
⑤ | Please pull ‖ your dog | <u>away from</u> my hedge.(NPV548)
| 끌어 ‖ 당신의 개를 | 울타리에게 떨어지게 해요.
⑤ The army | pumped ‖ the water | <u>away from</u> the flooded areas.
군대는 | 펌프질해서 ‖ 물을 | 침수된 지역으로부터 퍼냈다.
⑤ The children | swept ‖ the snow | <u>away from</u> the house.

　　　　　아이들이 | 쓸어 ‖ 눈을 | 그 집에서 내었다.
⑤ They | took ‖ him | away from home. 그들은 | 데려갔다 ‖ 그를 | 집에서 떠나게.
⑤ The security men | turned ‖ the crowds | away from the hall.
　　　경비원들은 | 돌렸다 ‖ 군중들을 | 강당에서 못 들어가게.
⑤ I | want ‖ everybody | away from here. 나는 | 원해요 ‖ 모두들 | 이곳에서 떠나기.

```
        ⑤ They | took 「away ‖ a lot ( | ) from the conference.
```

예문은 ⑤형 NP「P(cpr~)'N'이다. N'과 P'의 위치가 바뀐 것이다.
「 표시는 P'가 N'을 서술함을 나타낸다. 다음과 같이 분석된다.
즉 NP「P'N' ⇒ NPN'P' ⇒ NP+N'P'의 관계에 있다.

⑤ They | took 「away ‖ a lot (|) from the conference.
=⑤ They | took ‖ a lot | 「away from the conference.
　　　　그들은 | 취했다 ‖ 많은 것을 「그 회의에서 떼어.
② They | took ‖ a lot.　　　　　　그들은 | 취했다 ‖ 많은 것을.
① A lot | was away from the conference. 많은 것이 | 회의로부터 떼어져 있었다.

♣ 유형별 예문
⑤ The devil | takes 「away ‖ the word (|) from their hearts.
　　마귀가 | 취한다 「떼어 ‖ 말씀을 그들의 마음으로부터.(Lk8:12)
⑤ They | took 「away ‖ a lot (|) from the conference.
　　그들은 그 회의에서 많은 것을 얻고 돌아갔다.
⑤ If you | take 「away ‖ 3 (|) from 11, you have 8 left. 3을 11에서 빼면 8이 남는다.
⑤ They | scraped 「away ‖ paint (|) from the floor.
　　그들은 | 긁어 「버렸다 ‖ 페인트를 | 마루바닥에서.

```
                I'll let you in on this plan. (in on~)
```

① NP(ccpr~)

```
                    ① You | 'll be in on this plan.
```

예문은 ①형 NP(cpr~)이다. P는 복합전치사구 in on~이다.
in on~은 '~에 붙어들기(접근/밀착/조준/지득/관여 등)'의 의미를 가진다.

① You | 'll be in on this plan.　　넌 | 이 걸 알게(관여하게) 될 거야.

♣ 유형별 예문
(사람)
① He | was in on me.　　　　그는 | 내게 접근했다.
① Like a shot from a gun he | was in on my legs. 총알처럼 그는 내 양 다리에 공격해 왔다.
① The pitch | was in on me.　　　투구가 | 내 몸에 맞았다.

① Everything | is in on me. 모든 것이 | 내게 바짝 붙어있다.
(물건)
① He | was in on my bed. 그는 | 내 침대를 차지했다.
① The frog | was in on itself. 개구리는 | 그 자신에게 오그렸다.
(관념/활동)
① I | wasn't in on his plan. 난 | 그의 계획을 몰라 | 무관해.
① Most staff want [| to be in on the new pension scheme].
    대부분의 직원들은 원해 [새 연금제도에 대해 알기].
① Information | was in on the Backfire raid. 정보가 | 백파이어 습격에 대해 지득되었다.
① He thought [you | were in on the joke]. 그는 [네가 장난을 친다고] 생각했다.
① Only one business partner | was not in on the illegal scheme.
    동업자 중 한 사람만 | 그 불법계획에 관여하지 않았다.
(장소/위치)
① They | are in on here. 그들이 | 여기 안에 밀착했다.

③ NPP'(cpr~)

---

③ You | 'll come | in on this plan.

예문은 ③형 NPP'(cpr~)이다. P는 자동사, P'는 복합전치사구 in on~이다.
다음 두 문장으로 나눠진다. 즉 NPP'⇒NP+NP'의 관계에 있다.

③ You | 'll come | in on this plan. 넌 | 될 것이다 | 이 계획을 알게.
① You | 'll come... 넌 | 될 거야...
① You | 'll be in on this plan. 넌 | 이 걸 알게(관여하게) 될 거야.

♣ 유형별 예문
(사람-사람)
③ The police | barged | in on the unsuspecting burglars.
    경찰이 | 난입했다 | 의심치 않고 있는 강도들에게.
③ Ryan's eyes | just bored | in on him. 라이언의 눈이 | 뚫어지게 주시했다 | 그에게.
③ I'm sorry for [| braking | in on you], but this is urgent.
    내가 [당신에게 방해해서] 죄송합니다만 그러나 그것은 급한 일이라서요.
③ If you need to talk to me, | just break | in on me. 할 말 있으면, 내 말을 끊고 말해라.
③ The police | broke | in on him (at his home) and arrested him.
    경찰이 | 쳐들어와 | 그에게 (그의 집에서), 그를 잡아갔다.
③ They | can't burst | in on us. 그들은 | 갑자기 들이닥칠 수 없다 | 우리에게.
③ We | could call | in on Patrick on the way to your mother's.
    우린 | 잠깐 들를 수 있어 | 패트릭에게, 네 모친을 뵈러 가는 길에.
③ The doctor | called | in on her patient. 의사는 환자에게 들렀다.
③ The enemy | came | in on us twice. 적이 | 했다 | 우리에게 공격, 두 번.
③ The police | closed | in on the burglar. 경찰이 | (포위망을) 좁혀 | 강도를 둘러쌌다.
③ I | checked | in on the children five minutes ago. 나는 | 점검했다 | 아이들을 5분 전에.
③ He | cut | in on me when I was dancing. 그는 내가 춤추고 있을 때, 내 춤 상대를 가로챘다.
③ We | dropped | in on a friend of mine. 우리는 | 들렀다 | 내 친구 중 한 사람에게.
③ | Drop | in on me (at any time). | 들러라 | 내게 (언제든지).

③ His eyes | locked | **in on** Daryaei. 그의 눈들이 | 고정되었다 | 다리야에이에게.
③ You | ought to looked | **in on** him, though. 하지만 넌 | 보아야 해 | 그에게 들려.
③ | Move | **in on** him. | 접근해서 | 그에게.*한방 먹여라.
③ The police | moved | **in on** the fugitives. 경찰이 도망자들을 바짝 뒤쫓았다.
③ Please forgive me for [| popping | **in on** you like this]. [이렇게 불쑥 찾아 온 것을] 용서해요.
③ I | 've sat | **in on** the committee <that draws the plans up>. 나는 | 했다 | <그 계획을 수립한> 위원회에 관여.
③ | Please don't start | **in on** me again! | 제발 시작하지 말아요 | 다시 내게 대해 비난 | 공격하기.
③ They are hard [| to track | **in on** ∩]. 그들은 | 힘들다 ‖[(∩=그들을) 추적하는 것이].
③ Let's [| tune | **in on** Johnny Carson]. 우리 [자니 카르손에 (티비, 라디오)를 맞추도록] 하자.
③ The death of his dog caused Jack [| turned | **in on** himself]. 그의 개의 죽음이 잭을 [자신에 대해 내향적이 되게] 했다.
③ They see [the lead PRC group come too far and | vector | **in on** them]. 그들은 [선두 중공 그룹이 너무 멀리와 그들에게 향하는 것을] 봤다.
③ Ginny | walked | **in on** me (the other day). 지니가 | 걸어 | 내게 불쑥 들었다 (다른 날).
③ They all | zeroed | **in on** me. 그들 모두 내게 주의를 집중했다.
③ Opponents | will zero | **in on** his recently broken foot. 상대방선수들은 | 표적 삼을 것이다 ‖ 그의 최근 다친 발에.
③ His inspired singing | broke | **in on** the thought of wise Penelope. 그의 영감있는 노래가 | 엄습했다 | 현명한 페넬로페의 생각에.

(사물-사람)
③ The roof | caved | **in on** the miners. 지붕이 | 무너져 | 광부들을 덮쳤다.
③ The chopper | came | **in on** us. 헬기가 | 왔다 | 우리에게 달려들어.
③ Everything | is just closing | **in on** me. 모든 것이 | 접근하고 있어 | 내 위에.*되는 일이 없다.
③ I think she feels [all her worries and concerns | crowding | **in on** her]. 내 생각에 그녀는 [자신에게 밀려드는 걱정과 근심을 모두 느끼고 있는 것 같다].
③ His fingers | drew | **in on** her shoulders. 그의 손가락들이 | 감쌌다 | 그녀 어깨 위에.
③ The roof of cave | fell | **in on** the workers. 동굴 지붕이 | 무너져 | 일꾼들을 덮쳤다.
③ Organized crime | was moving | **in on** the industry. 조직범죄가 업계를 장악해 들어가고 있었다.
③ The solid mass of cloud | was pressing | **in on** them. 빽빽한 구름이 | 밀려오고 있었다 | 그들 위로.
③ It | was raining | **in on** us. 우리 위로 비가 새어 들어왔다.

(물건)
③ His remaining aircraft | bore | **in on** afterburner. 나머지 비행기들이 | 나아갔다 | 후부연소기에 압박하여.
③ The Russians | are boring | straight **in on** our boat. 러시아 인들이 | 뚫고 있어요 | 우리 배에 바로 접근하여.
③ Will you | chip | **in on** the present for Mr. Smith? 너도 | 돈 낼 거니 | 스미스 씨 선물에.
③ Total of thirty-eight missiles | closed | **in on** eight Soviet aircraft. 총 38기 미사일이 | 가까이 | 8대의 소련 비행기에 접근했다.
③ He was a lion, | slowly closing | **in on** his unsuspecting prey.. 그는, 의심하지 않는 먹이에 천천히 접근하는, 한 사자였다.
③ A DSP satellite | focused | **in on** the thermal bloom. DSP 위성이 | 초점을 맞췄다 | 열꽃에.
③ a pale, fat frog < | folding | **in on** itself> <자신의 몸에 바짝 오그린> 창백하고 뚱뚱한 개구리.
③ He | goes | **in on** the national tickets. 그는 | 한다 | 전국구에 출마.

③ The missile | homed | in on the enemy ship. 미사일이 | 가고 있었다 | 적의 군함을 향해.
③ The fighter pilot | locked | in on the enemy aircraft. 전투기 조종사는 | 조준했다 적 비행기를.
③ He | piped | in on cue.　　　　　그는 | 끼어들었다 | 기다렸다는 듯..
③ The Airbus | settled | in on it's direct penetration vector.
　　그 항공버스는 | 결정했다 | 직통 방향으로 항로를.
③ NSA is doing its utmost [| to tap | in on the Chinese communications].
　　NAS는 [중국 통신망에 접촉(도청)하려고] 최선을 다하고 있다.
③ At 1959 he switched on and | tracked | in on the satellite carrier wave.
　　19시59분 그는 스위치를 키고 | 추적했다 | 위성 주파수를.
③ Kilgore's legs | thumped | in on his mount. 킬고어의 다리는 | 쿵하고 부딪혔어 | 말안장에.
③ The jet fighter | zoomed | in on the enemy aircraft. 제트 전사는 | 신속히 다가갔다 | 적기에.
(관념/활동)
③ I didn't mean [| to barge | in on your affairs]. 난 [네 일에 참견하려던 것은] 아니었다.
③ The star | cashed | in on his popularity in everyway.
　　그 스타는 | 이용했다 | 그의 인기를 (모든 면에서).
③ He | came | in on an ugly scene. 그는 | 되었다 | 추한 장면과 마주치게.
③ | Just checking | in on the outbreak in Zaire. | 단지 조사하고 있어 | 자이레의 발병에 관해.
③ Can I | cut | in on this little party? 내가 | 초청 없이 | 이 작은 파티에 끼어도 될까요?
③ Please feel free [| to drop | in on one of our seminars].
　　[우리의 어느 세미나 참석하는 것]에 마음 편히 해 주세요.
③ Do you want [| to get | in on this matter]? 너는 [이 일에 관여하고] 싶니?
③ My wife | homed | in on the real reason for my coming late.
　　아내가 | 초점을 맞췄다(따졌다) | 내가 늦은 진짜이유에 대해.
③ I | listened | in on the last part. 나는 | 엿들었다 | 마지막 부분에 관해.
③ I don't mean [| to muscle | in on your game]. 나는 [너희들 게임에 끼어들] 생각이 아니야.
③ Do you mind [if I | sit | in on your discussion]? [내가 너희들 토론에 네가 끼어도] 괜찮겠니?
③ I can't act myself, but I enjoy [| sitting | in on plays].
　　나는 연기를 할 수는 없지만 [앉아 연극을 보는 것] 좋아해.
③ You | should start | in on this task (as soon as possible).
　　너는 | 시작해야 한다 | 이 일에 관여하기 (가능한 한 빨리).
③ You | want | in on the real nasty stuff? 너도 | 하겠니 | 진짜 더러운 일에 끼이도록?
③ I | walked | in on an interesting scene. 나는 재미있는 장면과 우연히 마주치게 되었다.
③ I like the way ⟨you | alway zero | in on the key point⟩.
　　난 ⟨네가 항상 주요사항에 초점을 맞추는⟩ 네 방식이 좋다.
③ The camera | zoomed | in on the podium. 카메라가 (줌 렌즈로) 지휘대 가까이 잡아 보여주었다.
③* I | 'd like | to be in on the plan. 나는 | 싶다 | 그 계획을 알고.(to be~ 구조)
③* Most staff | want | to be in on the new pension scheme.(OPV)(")
　　대부분의 직원들이 새로운 연금 제도에 참여하기를 원한다
(장소/위치)
③ The police | burst | in on the gambling den. 경찰이 | 갑자기 | 도박장에 덮쳤다.
③ Harry | dropped | in on the hospital wing. 해리는 | 잠깐 들렀다 | 병동에.
③ He | joined | in on the Death Eaters' side..(6HP617) 그는 | 가담했다 | 죽음먹는자 편에 깊이.
③ I think [someone | is listening | in on our line]. [누가 우리를 전화를 도청하는] 모양이에요.
③ (He) | moves | in on top of Hill. (그는) 의회를 공격하고 있어요.
③ They | zero | in on here.　　　그들이 | 겨냥한다 | 여기 안을.

> ③ You | 'll be let | in on this plan.

예문은 ③형 NPP'(cpr~)이다. P는 수동사, P'는 복합전치사구 in on~이다.
다음 두 문장으로 나눠진다. 즉 NPP'⇒NP+NP'의 관계에 있다.

③ You | 'll be let | in on this plan. 너는 | 허락될 것이다 | 이 계획을 알게.
① You | 'll be let.... 너는 | 허락 될 것이다.
① You | 'll be in on this plan. 너는 | 이 걸 알게 될 거야.

♣ 유형별 예문
③ They | had not been briefed | in on the Project's objectives.
 그들은 | 듣지 않았다 | 그 계획의 목적에 관해.
③ You | 'll be let | in on this plan. 그녀는 | 데려가 질 것이다 | 내게서 떨어져.

⑤ NPN'P'(cpr~)

> ⑤ I | 'll let ‖ you | in on this plan.

예문은 ⑤형 NPN'P'이다. P는 타동사, P'는 전치사구 in onf~이다.
다음 두 문장으로 나눠진다. 즉 NPN'P'⇒NPN'+N'P'의 관계에 있다.

⑤ I | 'll let ‖ you | in on this plan. 내가 | 해 줄 게 ‖ 네게 | 이 계획에 관해.
② I | 'll let ‖ you. 내가 | 하게 할 것이다 ‖ 너를.
① You | 'll be in on this plan. 넌 | 이 걸 알게 될 거야.

♣ 유형별 예문
(사람)
⑤ I | drew ‖ him | in on me. 나는 | 끌었다 ‖ 그를 | 내게 밀착시켜.
⑤ I | filled ‖ him | in on me [since he asked].
 나는 | 채워(알려)주었다 ‖ 그에게 | 나에 관해 자세히 [그가 요구하였으므로].
⑤ He | is driving ‖ everything | in on him. 그는 | 몰고 있다 ‖ 모든 것을 | 그에게 바짝 붙게.
⑤ He | was zooming ‖ his lens | in on the advancing Israeli police commander.
 그는 | 맞추고 있었다 ‖ 렌즈를 | 전진하는 이스라엘 경찰 지휘관에게.
(물건)
⑤ It was [| to draw ‖ more dangers | in on the trio of American submarines].
 그것은 [미국 잠수함 세 대에 대하여 더 많은 위험을 끌어들이는 것] 이었다.
⑤ Adam | filled ‖ the names | in on a form. 아담은 | 채워 | 이름들을 | 서식에 기재했다.
(관념/활동)
⑤ We | must bring ‖ them | in on our plans. 그들을 우리의 계획에 끌어들여야만 한다.
⑤ I'm going to have to bring ‖ more experts | in on this project.
 이 프로젝트에 전문가들을 더 끌어들여야 할 것 같아.
⑤ The bank robbers | cut ‖ the inside man | in on profit.
 은행강도들이 | 잘랐다 ‖ 내통자에게 | 이익을 나눠.
⑤ He'd asked her many times [what | keyed ‖ her | in on such things].
 그는 수차례[무엇이 그녀를 그것에 초점을 조이게 했는지] 물었다.

⑤ Will you │ let ‖ us │ in on this development?
　　당신은 │ 해 주겠어요 ‖ 우리에게 │ 이 진전에 관해 알게.
⑤* I │ 'd like ‖ Daddy │ to be in on this, too.(=have a share in)(19JB38)(to be~ 구조)
　　나는 │ 원한다 ‖ 아빠가 │ 이 일에 참여하기를(=지분을 가지다)
(장소/위치)
⑤ The Russians could see well enough [│ to direct ‖ fire │ in on the position].
　　러시아 인은 [화력을 그 위치로 포격 지시하기 위해] 충분한 만큼 잘 알 수 있었다.
⑤ She │ tipped │ sugar │ in on top of butter. 그녀는 │ 뿌려 ‖ 설탕을 │ 버터 위에 넣었다.

[Supplement]
1. in on conversation(대화에 끼이다)
① She │ was in on the conversation.　　그녀는 │ 대화에 끼었다.
③ Who gave you the right < │ to barge │ in on our conversation>?
　　누가 <우리의 대화에 끼어들> 권리를 네게 주었니?
③ He │ broke │ in on our conversation. 그는 │ 갑자기 │ 우리의 대화에 끼어들어 왔다.
③ He was afraid [│ to │ in on their learned conversation].
　　그는 두려워했다 [그들의 유식한 대화에 주제넘게 끼이기를].
③ I didn't mean [│ to horn │ in on your conversation]. 나는 [너희 대화에 끼어들] 생각이 아니었다.
⑤ It will be great fun [│ to have ‖him │ in on the conversation]!
　　[그를 대화에 끼이게 하는 것은] 매우 재미있을 거야!
⑤ You say, "Oh, hi!" and │ let ‖ him │ in on the conversation.
　　당신은 "오, 안녕!" 하면서 │ 한다 ‖그를 │ 대화에 끼이게.
⑤ He │ wanted ‖ him │ in on the conversation. 그는 │ 원했다 ‖그를 │ 대화에 끼이기를.
2. in on the deal(거래에 관여하다)
① They │ were all in on the deal.　　그들 │ 모두 그 거래에 관여했다.
③ Will you │ come │ in on this deal? 너도 │ 하겠니 │ 이 거래에 끼이도록?
⑤ He │ cut ‖ me │ in on the deal.　　그는 나를 그 거래에 끼워 주었다.
3. in on ground/floor(처음부터 관여하다)
① He │ was in on the ground floor. 그는 │ 처음부터 시작했다.
③ Invest now so you │ can get │ in on the ground floor].
　　지금 투자해라. 네가 초기부터 관여할 수 있게.
③ I │ would like │ to be in on the ground floor (in this deal)
　　난 │ 하고 싶어 │ (이 일에) 처음부터 관여하고.)
*③ I'm sure [you │ will want │ to be │ in on the ground floor].
　　난 [네가 처음부터 관여하고 싶어하리라고] 확신해.
⑤ He │ put │ it │ in on the ground. 그는 │ 했다 ‖ 그걸 │ 처음부터 시작.
4. in on the meeting(모임에 참가하다)
① He │ was in on the meeting.　　그는 │ 그 모임에 참가했다.
③ We │ sat │ in on a few meetings.　우리는 몇몇 모임에 참석했다.
⑤ The Order │ don't let ‖ us │ in on their meeting.
　　기사단은 │ 않아 ‖ 우릴 │ 회의에 끼워 주지.
5. in on the secret(비밀을 알다)
① Is she │ in on the secret?　　그녀가 │ 그 비밀에 관해을 아니?
① Had I │ not been in on the secret, you would have been guilty of great treachery to the
　　Dark Lord. 내가 │ 그 비밀을 몰랐다면 넌 어둠의 마왕에 큰 반역죄를 저지를 뻔했다.
③ Let me [│ get │ in on the secret]. 내가 [그 비밀을 알아내도록] 해줘.

⑤ I | 'm gonna let ‖ you | in on a secret. 나는 | 해 ‖ 네게 | 비밀을 알려주려.

6. in on the target(목표에 접근/지향하다)

① He radioed Wiles to see if he | was in on the target.
그는 윌리에게 표적에 접근했는지 알리고 교신했다.
③ The missiles | blazed | in on their targets at Mach-5.
미사일이 | 불을 뿜고 날랐다 | 표적을 향해 마하 5속도로.
③ The bomber crews | pressed | in on their targets. 폭격기 승무원은 | 압박했다 | 표적을 향해.
③ The SAM | raced | in on their targets. 샘미사일이 | 경쟁했다 | 표적을 향해.
③ Their eyes | sighted | in on their massive incoming targets.
그들의 눈이 | 보았다 | 대량의 진입하는 표적들을.
⑤ [| Homing ‖the missile | in on the target] is the easy part of the subject.
[미사일을 표적에 조준하는 것은] 쉬운 주제이다.
⑤ Then the pilot | locked ‖ the missile | in on the target.
조종사는 | 고정했다 ‖ 미사일을 | 표적에 향해.

7. in on this/that/it(가담/개입/관여/접근하다)

① I | am not in on it.   난 | 그 일에 가담 안 했어.
③ You | can get | in on it.   너는| 할 수 있다 | 그것에 관해.
③ I | may look | in on it (again) [before it is all over].
[그 일이 끝나기 전], 나는 (다시) 그걸 볼 기회가 있을 거야.
③ Everybody | seems | to be in on it. 모든 사람이 | 같아 | 그것에 개입한 것.
A: Are you taking Counseling Psychology? 상담 심리학 듣고 있니?
B: ③ No, but I'm planning [| to sit | in on it]. 아니, 그렇지만 청강을 할 생각이야.
⑤ John | will brief ‖ you | in on that. 존이 | 알려 줄 거야 ‖ 내게 | 그것에 관해 자세히.
⑤ Can you | fill ‖ me | in on this? 너는 | 알려주겠니 ‖ 내게 | 이것에 관해 자세히.
⑤ We | have to get ‖ some more people | in on this.
우리는 | 시켜야 한다 ‖ 더 많은 사람을 | 이것에 관여.
⑤ Let's [| get ‖ Secretary Adler | in on this]. [아들러 장관이 이에 관해 알도록] 합시다.
⑤ Who | let ‖ you | in on it?(=be informed of) 누가 | 했니 ‖ 내게 | 그것을 알게.
⑤ They | don't want ‖ me | in on that. 그들은 | 원치 않아 ‖ 네가 | 그것을 아는 것을.
⑦ I think it's time [you | got | briefed | in on this].
이젠 [당신이 그것에 관해 자세히 알아야 할]때라고 생각해.

What turns him on about this? (on about~)

① NP(cpr~)

① He | was on about this.

예문은 ①형 NP(cpr~)이다. P는 복합전치사구 on about~이다.
on about~은 '~에 대해 집착하기/계속 말하기 등'의 의미를 가진다.

① He | was on about this.   그는 | 이것에 대해 집착/몰두/흥분했다.

♣ 유형별 예문

1. ~에 대해 집착하기
① I don't like the smart people <your mother | is on about>.
　　난 <네 어머니가 | 집착하는> 잘난 사람들을 좋아하지 않아.
① Have you | been on about fame and glory, Justine?
　　저스틴, 너는 | 명예와 영광에 관심이 있는 거니?(ThB532)
① You | are not still on about that. Are you? 너 | 아직 그것에 집착하지 않지. 그렇지?(1HP232)
2. ~에 관하여 계속 말하기
① He | was on about the book.　　그는 | 그 책에 대해 계속 투덜거렸다.
① I | 'm on about trifles again.　　내가 | 또 쓸데없는 이야기를 했군요.
① What are｣ you | on about ?　　너 | 무슨 말이니?
① What is｣ he | on about ?　　그는 | 무슨 말을 길게 하고 있니?
① I didn't know [what he | was on about]. 나는 [그가 무엇에 관해 말했는지] 몰랐다.

③　NPP'(cpr~)

　　　　　　　　　　③ He | went | on about this.

예문은 ③형 NPP'이다. P는 자동사, P'는 전치사구 in on~이다.
다음 두 문장으로 나눠진다. 즉 NPP'⇒NP+NP'의 관계에 있다.

③ He | went | on about this.　　그는 | 되었다 | 이것에 관해 집착/몰두.
① He | went...　　　　　　　　그는 | 되었다...
① He | was on about this.　　　그는 | 이것에 대해 집착했다.

♣ 유형별 예문
1. ~에 대해 집착하기
(사람/물건)
③ Jane | carried | on about her husband. 제인은 | 집착했다 | 그녀의 남편에 대해.
③ Whatever-they-were | were moving | on about Aslan's body.
　　무엇인가 | 움직이고 있었다 | 아슬란 몸 위 이리 저리 계속.
③ Both of them | took | on about the tanner. 둘 모두 | 했다 그 피혁 가공인에게 집착.
(관념/활동)
③ Hagrid | goes | on about it.　　그는 | 했다 | 그것에 계속 몰두.
③ Essau ate and drank and | went | on about his business.
　　에서는 먹고 마시고 하던 일을 계속했다.(Ge25)
③ | Don't go | on about it.　　그 문제를 물고 늘어지지 마라.
2 ~에 관하여 계속 말하기
(사람/물건)
③ He | is always carrying | on about his colleagues. 그는 항상 동료들에 대해 투덜댄다.
③ I mean, he | drones | on about famous ex-pupils a bit.
　　그는 | 한참 떠들었다 | 저명한 졸업생들에 대해.)
③ | Go | on about Willy Widdershins, Arthur.　아더, | 해요 | 위더신스 이야기나 계속.
③ The weatherman | was clucking | on about snow in the Rockies.
　　기상통보관은 | 혀를 차며 말했다 | 로키산맥의 눈에 대해 계속.
③ Will you stop [| harping | on about the book]? 넌 [그 책에 대해 계속 헐뜯기] 그만할 수 없니?
③ | Don't let | on about him.　　| 마라 | 그에 대해 계속 말하지.

③ He | talked | on and on about his brand new car. 그는 | 말했다 | 새 차에 대하여 계속.
(관념/활동)
③ He kept [| babbling | on about his mission]. 그는 계속 [임무에 대해 중얼거리고] 있어요.
③ The Prime Minister | was banging | on about political reform.
　　수상은 정치 개혁에 대해 큰소리로 계속 얘기하고 있었다.
③ He | was blathering | on about some mundane fight in Congress.
　　그는 | 지껄이고 있었다 | 국회의 일상적인 투쟁에 대해 계속.
③ I wish [you | wouldn't carry | on about the accident].
　　난 [네가 그 사건에 대해 계속 투덜대지 않으면] 좋겠어.
③ She | just chanted | on about it. 그녀는 | 말했어 | 계속 그것에 관해.
③ He | was drivelling | on about the meaning of life.
　　그는 | 허튼 소리를 지껄이고 있었다 | 삶의 의미에 관해 계속.
③ The speaker | droned | on about current economic problems.
　　강연자는 최근 경제 문제에 대해 단조롭게 이야기를 계속했다.
③ They | were going | on about yesterday's lessons.
　　그들은 | 하고 있었다 | 어제 수업에 대해 계속 이야기.
③ I didn't mean [| to go | on about it]. 난 [그것에 관해 계속 지껄이려고 한 것은] 아니다.
③ So | don't harp | on about it, for heaven's sake. 그러니까 그 이야기는 제발 그만해.
③ They | kept | on about the money. 그들은 | 계속하여 | 돈에 대해 다그쳤다.
③ Why do you | keep | on about it? 왜 당신은 | 계속 | 그것에 대해 말하나요?
③ | Don't let | on about it.　　| 마라 | 그것에 대해 계속 말하지;.
③ You | 've been rambling | on about the christmas party! for thirty minuets!
　　넌 | 장황하게 늘어놓고 있다 | 크리스마스 파티에 대해 30분이나.
③ He | ranted | on about the evils of homosexuality. 그는 | 늘어놓았다 | 동성애에 대해 계속.
③ He | talked | on about the thievery of the commissionary department.
　　그는 | 이야기했다 | 병참부서의 도둑질에 대하여 계속.
③ Dussel | twaddles | on about his wife's extensive wardrobes.
　　듀셀은 | 지껄인다 | 그의 처의 많은 옷가지에 관해 계속.
③ Otello | wailed | on about something. 오텔로가 | 울부짖었다 | 뭔가에 대하여 계속.
③ What's he | blabbering | on about ? 그가 뭐라고 지껄이는 거냐?
③ What are you bumbling | on about? 너 뭐라고 중얼거리는 거니?
③ What | 's he burbling | on about? 그가 뭐라고 씨부렁거리는 거니?
③ What is Professor Bloggs | rabbeting | on about .
　　블록스 교수는 | 지루하게 되뇌고 있니 | 무엇에 대해 계속?
③ What is he | twittering | (on) about? 그가 무엇에 관해 지껄이고 있는 거야?
③ What are you | wittering | (on) about? 무슨 그런 시시한 소리를 장황하게 늘어놓는가?
③ No on has any idea ⟨what you | are rattling | on about ∨⟩.
　　⟨네가 정신없이 떠들어대는 소리에 대해⟩ 아무도 몰라.

⑤ NPN'P'(cpr~)

⑤' What | turns ‖ him | on about this?

예문은 ⑤형 NPN'P'(cpr~)이다. P는 타동사, P'는 복합전치사구 on about~이다.
다음 두 문장으로 나눠진다. 즉 NPN'P'⇒NPN'+NP'의 관계에 있다.

- 145 -

⑤ What | turns ‖ him | on about this? 무엇이 | 하느냐 ‖ 그를 | 이것에 대해 집착하게.
② What | turns ‖ him...   무엇이 | 하느냐 ‖ 그를...
① He | was on about this.   그는 | 이것에 대해 집착했다.

♣ 유형별 예문
⑤ What | turns ‖ him | on about you? 무엇이 | 하는가 ‖ 그를 | 네게 끌리게?

⑤' NPN'P'(cpr~)

| ⑤' You | kept ‖ me 「on about this. |

예문은 ⑤형 NPN'P'(cpr~)이다. P는 타동사, P'는 복합전치사구 on about~이다.
다음 두 문장으로 나눠진다. 즉 NPN'P'⇒NPN'+NP'의 관계에 있다.

⑤' You | kept ‖ me 「on about this. 너는 | 계속 다그쳤다 ‖ 나를 「이것에 대해 집착하여.
② You | kept ‖ me.   너는 | 계속 했다 ‖ 나에게....
① He | was on about this.   그는 | 이것에 대해 집착했다.

♣ 유형별 예문
⑤' You stuck to your guns and | kept ‖ me 「on about this.
    너는 네 총에 집착하고 계속 이것에 대해 날 다그쳤다.

⑦ NPP'P"(cpr~)

| ⑦ He | went | ranting | on about this. |

예문은 ⑦형 NPP'P"(cpr~)이다. P"는 복합전치사구 on about~이다.
다음 세 문장으로 나눠진다. 즉 NPP'P"⇒NP+NP'+NP"의 관계에 있다.

⑦ He | went | ranting | on about this. 그는 | 했다 | 늘어놓기 | 이것에 대해 계속.
① He | went...   그는 | .했다...
① He | was ranting.   그는 | 늘어놓고 있었다.
① He | was on about this.   그는 | 이것에 대해 열중했다.

♣ 유형별 예문
⑦ He | just went | ranting | on about some geographical cataclysm.
    그는 | 단지 했다 | 늘어놓기 | 지질상의 대변동에 대해 계속.
⑦ I mustn't keep | maundering | on about my silly problems.
    내가 바보 같은 내 문제만 계속 중얼거리고 있을 수 없다.

| You put them up against the strong team. |

① NP(cpr~)

| ① They | were up against a very strong team. |

예문은 ①형 NP(cpr~)이다. P는 복합전치사구 up against~이다.
up against~은 '~에 맞서기, 직면/밀착하기'의 의미를 가진다.

① They | were up against a very strong team. 그들은 | 아주 강한 팀과 맞붙었다.

♣ 유형별 예문
(사람)
① They | were up against a killer ⟨with the intelligence to think and plan⟩.
　　그들은 | ⟨생각하고 계획하는 지능을 가진⟩ 살인자와 직면했다.
① They | were up against a very strong team but did their best.
　　그들은 | 아주 강한 팀과 맞붙었지만 최선을 다했다.
(관념/활동)
① You | 're up against it this time. 당신은 | 궁지에 빠졌다 이번에는.
① I | am up against some serious problems. 나는 | 약간의 심각한 문제에 봉착했다.
① The country | is up against the most difficult problem. 그 나라는 | 매우 어려운 문제에 봉착했다.
① You know [what they | 're up against]. 넌 [그들이 무엇에 맞설지] 알고 있어.
① Regina asked me for help with her homework, because she | 's up against a strict deadline.
　　레지나는 제 숙제를 도와달라고 요청했다. 왜냐하면 그녀는 | 엄격한 마감일에 직면하였으므로.
(장소/위치)
① Stop. I | 'm up against a dead end. 정지. 난 | 막다른 끝에 부딪혔다.
① We | were up against Mother Nature on our hiking trip.
　　우리는 | 하이킹 여행에서 대자연에 직면했다.

③ NPP'(cpr~)

| ③ They | were up against a very strong team. |

예문은 ③형 NPP'(cpr~)이다. P는 동사, P'는 복합전치사구 up against~이다.
다음 두 문장으로 나눠진다. 즉 NPP'⇒NP+NP'의 관계에 있다.

③ They | were up against a very strong team. 그들은 | 되었다 ‖ 아주 강한 팀과 맞붙게.
① They | came... 그들은 | 되었다...
① They | were up against a very strong team. 그들은 | 아주 강한 팀과 맞붙었다.

♣ 유형별 예문
(사람)
③ I | 've bumped | up against many interesting people in my life.
　　나는 | 부딪혀 | 평생에 많은 재미있는 사람들을 만났다.
③ I | 've come | up against someone I can't quite handle.
　　나는 | 됐다 | 내가 어찌지 못할 사람과 대립하게.
③ They | ganged | up against me. 그들이 | 집단으로 | 나에게 반항했다.
③ She | 's going | up against Jane in the race. 그녀는 | 하려고 한다 | 제인 상대, 경주에서.
③ Pochi | nuzzled | up against me. 포치가 | 코를 부볐다 | 내게.

③ The small dog | pushed | <u>up against</u> me, wagging its tail.
　　작은 개가 | 밀어 | 내게 바짝 기대었다, 꼬리를 흔들며.
③ The citizens | rose | <u>up against</u> the dictator. 시민들이 독재자에 대항해 들고 일어섰다.
③ Joshua | snuggled | <u>up against</u> Jennifer. 조수아는 | 바짝 붙었다 | 제니퍼에게 다가.
③ He | squeezed | <u>up against</u> me, trying to keep warm.
　　그는 | 압축해 | 내게 바짝 붙었다, 온기를 유지하려고.
③ I want to see [how she | stacks | <u>up against</u> his old girlfriend].
　　[그녀가 그의 옛 여자 친구와 얼마나 견줄만한지] 알고 싶다.
③ He's good but he | can't stand | <u>up against</u> Jill. 그는 좋지만, | 설 수 없다 | 질에 대해 맞서.
(관념/활동)
③ She | was unable to bear | <u>up against</u> the criticism.
　　그녀는 | 견딜 수 없었다 | 그 비판에 직면하여.
③ If you | come | <u>up against</u> difficulties, let me know and I'll help you out.
　　네가 어려움에 직면하면, 나한테 말하면 내가 도와줄게.
③ The new government | will come | <u>up against</u> resistance from the union.
　　새 정부는 | 될 것이다 | 노조로부터의 저항에 직면하게.
③ We | run | <u>up against</u> some problems. 우리는 | 부딪쳤다 | 약간의 문제에.
③ I | smacked | right <u>up against</u> a problem. 나는 | 갑자기 부딪혔다 | 문제에.
(장소/위치)
③ It | abuts | <u>up against</u> the wall. 그건 | 지탱된다 |벽에 붙어.
③ The snow | has banked | <u>up against</u> the shed. 눈이 헛간에 기대어 쌓였다.
③ Nothing | will show | <u>up against</u> a background like that.
　　저런 배경에서는 아무것도 선명하게 보이지 않을 것이다.

⑤ NPN'P'(cpr~)

⑤ You | put ‖ them | <u>up against</u> the very strong team

예문은 ⑤형 NPN'P'(cpr~)이다. P는 동사, P'는 복합전치사구 up against~ 이다.
다음 두 문장으로 나눠진다. 즉 NPN'P'⇒NPN'+N'P'의 관계에 있다.

⑤ You | put ‖ them | <u>up against</u> the very strong team
　　너는 | 했다 ‖ 그들을 | 가장 좋은 기록을 가진 팀과 대전하게.
② You | put ‖ them... 　　　　　　너는 | 두었다 ‖ 그들을...
① They | were <u>up against</u> a very strong team. 그들은 | 아주 강한 팀과 맞붙었다.

♣ 유형별 예문
⑤ You | put ‖ them | <u>up against</u> the team with the best record.
　　너는 | 했다 ‖ 그들을 | 가장 좋은 기록을 가진 팀과 대전하게.
⑤ Harry | pushed ‖ Ron | <u>up against</u> the wall. 해리가 | 밀어 ‖ 론을 | 벽에 붙였다.
⑤ You | set ‖ yourself | <u>up against</u> the Party. 너는 | 했다 ‖ 자신을 | 당과 대적하게.

⑤ We | should lay 「up ‖ it <u>against</u> a rainy day.

예문은 ⑤형 NP「P(cpr~)'N'이다. N'과 P' 의 위치가 바뀐 것이다.

「 표시는 P'가 N'을 이를 서술함을 나타낸다.
다음과 같이 분석된다. 즉 NP「P'N'⇒ NPN'P'⇒NP+N'P'의 관계에 있다.

⑤ We | should lay 「up ‖ it (|) **against** a rainy day.
=⑤ We | should lay ‖ it ‖ **up against** a rainy day.
　　　우리는 | 해야 해 ‖ 그걸 | 어려운 때를 대비하여 올려(저축)
② We | should lay ‖ it.　　　　　　우리는 | 놓아야 해 ‖ 그걸
① It | should be **up against** a rainy day. 그것은 | 올려 놓아있어(저축되어)야 해.

♣ 유형별 예문
⑤ He | brought「**up against** the them ‖ the king of the Babylonians.
　　하나님이 갈대아(바빌론) 사람의 왕의 손에 저희를 다 붙이셨다.
⑤ They | got 「**up** ‖ a petition (|) **against** rezoning.
　　그들은 | 하였다「제기「청원을 | 재구획정리에 반대하여.
⑤ We | should lay 「**up** ‖ (it) (|) **against** a rainy day.
　　우리는 | 저축해야 해 ‖ (그걸) 어려운 때를 대비하여.

⑦ NPP'P"(cpr~)

| ⑦ The tower | was seen | standing | **up against** the sky. |

다음 예문은 ⑦형 NPP'P"(cpr~)이다. P"는 복합전치사구 on about~이다.
다음 세 문장으로 나눠진다. 즉 NPP'P"⇒NP+NP'+NP"의 관계에 있다.

⑦ The tower | was seen | standing | **up against** the sky.
　　그 탑이 | 보였다 | 서 있는 것이 | 하늘을 배경으로 우뚝 솟아.
① The tower | was seen.　　　　그 탑이 | 보였다.
① The tower | was standing.　　그 탑이 | 서 있었다.
① The tower | was **up against** the sky. 그 탑이 | 하늘을 배경으로 우뚝 솟아 있었다.

| They set him up as their leader. (up as~) |

① NP(cpr~)

| ① He | was **up as** their leader. |

예문은 ①형 NP(cpr~)이다. P는 복합전치사구 up as~이다.
up as~은 '~으로 오르기 | 서기'의 의미를 가진다.

① He | was **up as** their leader.　　그는 | 그들의 지도자로 세워졌다.

♣ 유형별 예문
① He | was **up as** a potential juror in December. 그는 | 12월 배심원 명단에 올라 있다.
① Law | is **up as** a career ⟨that I wish to pursue⟩. 법은 |⟨내가 추구하기 원하는⟩ 경력으로 섰다.

③ NPP'(cpr~)

| ③ He | set | up as their leader. |

예문은 ③형 NPP'(cpr~)이다. P는 능동사, P'는 복합전치사구 up as~이다.
다음 두 문장으로 나눠진다. 즉 NPP'⇒NP+NP'의 관계에 있다.

③ He | set | up as their leader.   그들은 | 되었다 ‖ 그들의 지도자로 서게.
① He | set...   그들은 | 되었다..
① He | was up as their leader.   그는 | 그들의 지도자로 서 있었다.

♣ 유형별 예문
③ One old man | dressed | up as Santa Claus. 할아버지 한 분이 산타클로스 복장을 했다.
③ Bill | ended | up as president of his company. 빌은 마침내 자신이 다니던 회사 사장이 되었다.
③ He | set (himself) | up as a painter and decorator and soon had plenty of work.
　　그는 | 사업했고 | 화가 및 장식가로, 그리고 곧 많은 일을 획득했다.
③ They | were going to end | up as Mrs. Noris's dinner.
　　그들은 | 끝나고 말 것이다 | 노리스(고양이 이름)의 밥으로.

| ③ He | was set | up as their leader. |

예문은 ③형 NPP'이다. P는 수동사, P'는 전치사구 up as~이다.
다음 두 문장으로 나눠진다. 즉 NPP'⇒NP+NP'의 관계에 있다.

③ He | was set | up as their leader. 그는 | 되었다 | 지도자로 세워지게.
① He | was set...   그는 | 되었다.
① He | was up as their leader.   그는 | 그들의 지도자로 서 있었다.

♣ 유형별 예문
③ She | was cracked | up as a pretty good golfer.
　　그녀는 | 알려졌다 | 상당히 좋은 골프 선수로.
③ The so-called priest | was shown | up as a con-man and crook.
　　소위 사제로 불리던 사람이 | 드러났다 | 협잡꾼과 사기꾼으로.
③ Some Scandinavian countries | have been held | up as models of the welfare state.
　　스칸디나비아의 일부 국가들은 | 예시되어왔다 | 복지국가의 전형으로.

⑤ NPN'P'(cpr~)

| ⑤ They | set ‖ him | up as their leader. |

예문은 ⑤형 NPN'P'이다. P는 동사, P'는 복합전치사구 up as~ 이다.
다음 두 문장으로 나눠진다. 즉 NPN'P'⇒NPN'+N'P'의 관계에 있다.

⑤ They | set ‖ him | up as their leader. 그들은 | 했다 ‖ 그를 | 그들의 지도자로 세워지게.
② They | set ‖ him...   그들은 | 했다 ‖ 그를...

① He | was <u>up as</u> their leader.   그는 | 그들의 지도자로 서 있었다.

♣ 유형별 예문
(사람)
⑤ Pharaoh's daughter | brought ‖ him | <u>up as</u> her own son.(Ac7:21)
　　바로의 딸이 그를 자신의 아들처럼 양육했다.
⑤ She | got ‖ herself | <u>up as</u> an astronaut. 그녀는 | 했다 ‖ 자신을 | 우주항공사로 분장/변장).
⑤ We | lift ‖ him | <u>up as</u> Lord. 우리는 | 올린다 ‖ 그를 | 주로 높여.
⑤ The audit | showed ‖ our accountant | <u>up as</u> an embezzler.
　　그 감사는 우리 회계사가 횡령자라는 것을 들춰냈다.
⑤ I | 'm training ‖ him | <u>up as</u> my assistant. 난 | 훈련시키고 있다 ‖ 그를 | 내 조수로.
(사물)
⑤ Crooksanks(=the cat) | gave ‖ him | <u>up as</u> a bad job.
　　크룩섕크(고양이 이름)는 그만 그(해리)를 단념했다.
⑤ He | gave ‖ it(=the memo) | <u>up as</u> a bad job. 그는 | 포기했다 ‖ 그것을 | 가치없다고 느껴.
⑤ He | holds ‖ Margot | <u>up as</u> an example 그는 | 여긴다 ‖ 마고트를 | 본보기로.
⑤ You | 're setting ‖ yourself | <u>up as</u> a clay pigeon .
　　넌 | 만들고 있다 ‖ 널 | 진흙 접시 사격 표적으로. *공격대상으로 삼다
⑤ Jacob took a stone and | set ‖ it | <u>up as</u> a monument.
　　야곱이 한 돌을 취하여 | 세웠다 ‖ 그것을 | 기념비로.(Ge31:46)
⑤ Could you | wrap ‖ this | <u>up as</u> a gift? 이걸 선물용으로 포장해 주시겠어요?

| ⑤ I | 'll take 「<u>up</u> ‖ law (|) <u>as</u> a career. |

예문은 ⑤형 NP「P(cpr~)'N'이다. N'과 P' 위치가 바뀐 것이다. 「 표시는 이를 나타낸다
다음과 같이 분석된다. 즉 NP「P'N' ⇒ NPN'P' ⇒ NP+N'P'의 관계에 있다.

⑤ I | 'll take 「<u>up</u> ‖ law (|) <u>as</u> a career. 난 | 취할 거야 「세워 ‖ 법을 | 나의 경력으로.
=⑤ I | 'll take ‖ law | <u>up as</u> a career. 난 | 취할 거야 ‖ 법을 | 나의 경력으로 세워.
② I | 'll take ‖ law.   나는 | 취할 거야 ‖ 법을.
① Law | will be <u>up as</u> a career.   법은 | 나의 경력으로 세워질 거야.

| We need him back at work. (back at~) |

① NP(cpr~)

| ① He | is <u>back at</u> work. |

예문은 ①형 NP(cpr~)이다. P는 복합전치사구 back at~이다.
back at~은 '~에 되돌아 접근하기' 의 의미를 가진다.

① He | is <u>back at</u> work.   그는 | 직장에 돌아와 있다.

♣ P(cpr~) 유형별 예문
(사람)
① We | will be back at you.   우리는 | 너희에게 되돌아 올 거야.
① "| Back at you!" Kristoff called.(=return to you) 네게 되돌아온다
(사물)
① Soon she | was back at her sewing machine. 곧 그녀는 | 그녀 재봉틀에 되돌아왔다.
① We | were back at the beginning.   우리는 |출발점에 돌아왔었다.
① Professor Lupin | was back at work. 루팡 교수가 | 일에 복귀했다.
① Next week I | 'll back at work.(=return to work) 다음 주, 나는 일에 복귀할 것이다.
① Not a day out of my sight and you | 're back at it again.
    하루만 내 눈에서 안보여도, 넌 다시 그 짓을 하는 군.
① Shouldn't we | be back at St. Peter's? 우리는 | 성 베드로 성당에 돌아가야 하지 않나요?
① I | 'm back at school.   난 | 학교에 복귀했다.

③ NPP'(cpr~)

③ He | got | back at work.

예문은 ③형 NPP'이다. P는 동사, P'는 전치사구 back at~이다.
다음 두 문장으로 나눠진다. 즉 NPP'⇒NP+NP'의 관계에 있다.

③ He | got | back at work.   그는 | 되었다 | 직장에 돌아오게.
① He | got...   그는 | 되었다...
① He | was back at work.   그는 | 직장에 돌아와 있다.

♣ 유형별 예문
(사람)
③ Then the little prince | flashed | back at me, with a kind of resentfulness:
    어린 왕자는 원망스럽다는 듯, 나에게 이렇게 톡 쏘아 붙였다.
③ She | came | back at the speaker with some sharp questions.
    그녀는 몇 가지 날카로운 질문들로 연설자에게 보복했다.
③ I | 'll get | back at you.   난| 할 거야 ‖ 네게 | 복수.
③ She waited for a chance <| to get | back at her accuser>.
    그녀는 <그녀의 고발자에게 복수하기 위한> 기회를 기다렸다,
③ Frank said [he | was going to have | back at all of us].
    프랭크는 [우리 모두에게 돌아오겠다(복수하겠다)고] 말했다.
③ Reply logically. | Don't hit | back at them in anger.
    논리적으로 응수해라. | 하지 마라 | 그들에 화내며 반격.
③ I | am going to strike | back at him. 나는 | 타격하려한다 | 그에게 되돌아. *복수하다
③ Don't keep [| yapping | back at me]. 계속해서 [내게 다시 빽빽거리지] 마라.
(사물)
③ She | got | back at work (immediately). 그는 / 되었다 / 일에 되돌아 오게.
③ I | just kicked | back at the house. 나는 | 그냥 쉬었다 | 집에 남아서.
③ You | turned | back at Skagen? 넌 |돌아갔니 | 스카겐에 다시?

| ③ He | is needed | back at work. |

예문은 ③형 NPP'(cpr~)이다. P는 수동사, P'는 복합전치사구 back at~이다.
다음 두 문장으로 나눠진다. 즉 NPP'⇒NP+NP'의 관계에 있다.

③ He | is needed | back at work. 그는 | 필요하다 | 직장에 돌아올 것이.
① He | is needed.   그는 | 필요하다,
① He | is back at work.   그는 | 직장에 돌아와 있다.

♣ 유형별 예문
③ The problem | was thrown | back at her. 그 문제는 | 던져졌다 | 그녀에게 되돌아.
③ We get all this [| tossed | back at us]. 우리는 | 이 모든 것을 [되돌려 받고] 있어요.
③ A lot of the travelers | had been turned | back at the border.
　　여행객 대다수가 | 돌려졌다 | 국경에서 되돌아가게.

⑤ NPN'P'(cpr~)

| ⑤ We | need ‖ him | back at work. |

예문은 ⑤형 NPN'P'(cpr~)이다. P는 동사, P'는 복합전치사구 back at~ 이다.
다음 두 문장으로 나눠진다. 즉 NPN'P'⇒NPN'+N'P'의 관계에 있다.

⑤ We | need ‖ him | back at work. 우리는 | 필요로 한다 ‖ 그를 | 직장에 돌아오는 것을.
② We | need ‖ him.   우리는 | 필요로 한다 ‖ 그를.
① He | is back at work.   그는 | 직장에 돌아와 있다.

♣ 유형별 예문
(사람)
⑤ He | pushed ‖ his undrunk tea | back at Percy.
　　그는 | 밀어 ‖ 마시지 않은 차를 | 퍼시에게 돌려줬다.
⑤ He | threw ‖ the insult | straight back at her.
　　그는 | 던졌다 ‖ 그 모욕을 | 똑같이 그녀에게 되돌려.
(사물)
⑤ They | brought ‖ him | back at home. 그들은 | 데려왔다 ‖ 그를 | 다시 집으로.
⑤ I | expect ‖ you | back at work Monday. 난 | 기대한다 ‖ 널 | 일에 복귀할 것을 월요일.
⑤ I | 'll explain ‖ everything | back at the tent. 난 | 설명할 거야 ‖ 모든 것을 | 텐트에 돌아가.
⑤ Langdon | found ‖ himself | back at the archives (again).
　　랭돈은 | 알았다 ‖ 자신이 | 아카이브에 돌아온 것을 (다시).
⑤ The following week | found ‖ us | back at Mrs. Dubose's.
　　다음 주는 | 발견했다 ‖ 우리를 | 뒤보 부인 댁에 다시 돌아와 있는 것을. *의인화주어.
⑤ You | heard ‖ old Winky | back at the match. 넌 | 들었다 ‖ 윙키가 | 경기장에서 한 말.
⑤ She | jerked ‖ her head | back at the Dursleys' dark living room window.
　　그녀는 | 홱 돌렸다 ‖ 머리를 | 더즐리 부부의 어두운 거실 창문 쪽으로.
⑤ I | 'll meet ‖ you | back at the fleet. 난 | 만날 게 ‖ 너를 | 함대에 돌아가서.
⑤ They | need ‖ me | back at Norfolk. 그들은 | 필요하다 ‖ 나를 | 다시 노포크에 있기를.

⑤ I | saw ‖ Tom | back at the last gas station. 난 | 봤다 ‖ 톰을 | 마지막 주유소에서 다시.
⑤ I | want ‖ you | back at Stornoway. 난 | 원해요 ‖ 당신을 | 스토르노웨이에 다시오기.
⑤ I | did not want ‖ him | back at this school. 난 | 원치 않았다 ‖ 그를 | 이 학교에 다시 있기.

I'll take her out for lunch. (out for~)

---

① NP(cpr~)

---

① She | 'll be out for lunch.

예문은 ①형 NP(cpr~)이다. P는 복합전치사구 out for~이다.
out for~은 '~을 위해 나다'의 의미를 가진다.

① She | 'll be out for lunch.   그녀는 | 점심차 밖에 있을 거야.

♣ 유형별 예문
(사람)
① He | 's just out for himself.   그는 | 자기만 위한다.
① People | are only out for themselves. 사람들은 | 단지 자신만을 생각한다.
① There've been search parties | out for you. 수색대가 | 너를 위해 나섰다.
① They | were out for the team in previous years. 그들은 | 지난해 그 팀을 위해 나갔다.
(물건)
① Duddler | out for tea?   두들러 | 차 마시러 나갔나?
① His right arm | is | out for the table. 그의 오른 팔이 | | 테이블에 뻗쳤다.
(관념/활동)
① I | am out for big results.   나는 | 큰 성과를 위해 진력중이다
① The family | is out for a ride in a rowboat. 일가족이 야외로 나와 노젓는 배를 타고 있다.
① Tape recorders | were also out for this sort of interview.
        녹음기도 이런 인터뷰를 위해 역시 나와 있었다.
① We | were out for lunch.   우리는 | 점심 먹으러 나갔다.
(장소/위치)
① She | was out for home.   그녀는 | 집으로 퇴근하여 갔다.

③ NPP'(cpr~)

---

③ She | 'll go | out for lunch.

예문은 ③형 NPP'이다. P는 능동사, P'는 전치사구 back at~이다.
다음 두 문장으로 나눠진다. 즉 NPP'⇒NP+NP'의 관계에 있다.

③ She | 'll go | out for lunch.   그녀는 | 갈 거야 | 점심 먹으러 밖에(나).
① She | 'll go.   그녀는 | 갈 거야.

① She | 'll be <u>out for</u> lunch.　　　　그녀는 | 점심차 나가 있을 거야.

♣ 유형별 예문
(사람)
③ Most farmers | will come | <u>out for</u> the present government.
　　대부분 농장주들이 | 표명할 것이다 | 현 정부에 대해 지지를 드러내.
③ We | went | all <u>out for</u> the kid.　우리는 | 모두 갔다 | 애 찾으러 나.
③ He | 's looking | <u>out for</u> number one. 그는 | 생각하고 있다 ‖ 자신의 이익만.
③ I | tried | <u>out for</u> the basketball team, but the coach said I was too slow.
　　나는 농구팀 선발에 나가보았지만, 코치는 내가 너무 느리다고 말했다.
③ I hope [it | works | <u>out for</u> you]. 나는 [일이 잘 됐으면] 좋겠어요.
(물건)
③ His right arm | faltered | <u>out for</u> the table. 그의 오른 팔이 | 멈칫거리며 | 테이블에 뻗쳤다.
③ Why don't we | go | <u>out for</u> coffee? 우리 | 갈래 | 커피 마시러 나?
③ Tom | went | <u>out for</u> some pizza. 톰은 | 갔다 | 피자가지러 나.
③ Would you like [| to go | <u>out for</u> a bite to eat]?(TOEIC) 뭘 좀 먹으러 갈까요?
③ He | looked | <u>out for</u> a bicycle. 그는 | 나갔다 | 자전거 찾으러.
③ Snape | had reached | <u>out for</u> it. 스네이프는 | 뻗쳤다 | 그것을 잡으려.
③ She | 's sticking | <u>out for</u> a more expensive flowers. 그녀는 좀더 비싼 꽃을 요구하고 있다.
(관념/활동)
③ She | called | <u>out for</u> help.　　　그녀는 큰소리로 도움을 요청했다.
③ The organization of this company | calls | <u>out for</u> reform. 조직은 | 요구한다 | 개혁을 드러내어.
③ The present political system | cries | <u>out for</u> radical reform.
　　현 정치 시스템은 | 요구하고 있다 | 급진적인 개혁을 절실히.
③ Jack | went | <u>out for</u> football in his junior years. 잭은 고등학교 때 축구를 했지.)
③ The union | held | <u>out for</u> better condition. 조합은 | 버티었다 | 더 좋은 조건을 요구하며.
③ The produce | has been laid | <u>out for</u> sale. 농산물이 | 진열되어 있다 | 판매를 위해.
③ The masses | are reaching | <u>out for</u> a better life. 대중은 더 좋은 생활을 영위하려 하고 있다.
③ The union | is going to stick | <u>out for</u> its just demands.
　　조합은 | 고수 하려고 한다 | 그 정당한 요구에.
③ Many people | turned | <u>out for</u> the benefit event.
　　많은 사람들이 | 참석하게 되었다 | 자선행사을 위해 나와.
③ Nobody | turned | <u>out for</u> this demonstration. 누구도 | 않았다 | 집회에 나타나지,
③ He | is working | <u>out for</u> the title match. 그는 | 연습하고 있다 | 타이틀 매치를 위해.
(관념/활동::식사)
③ She watched the class [| file | <u>out for</u> lunch]. 그녀는 학급이 [점심차 줄지어 나감을] 지켜봤다.
③ Let's [| go | <u>out for</u> lunch].　　 우리 [점심 식사하러] 나가자.
③ Would you | like to go | <u>out for</u> lunch today? 오늘 나가서 점심 먹을래요?
③ He | just stepped | <u>out for</u> lunch. 그는 | 방금 갔어요 | 점심 식사하러 나.
③* Everyone | seemed | to be <u>out for</u> lunch.(1THr284) 모두가 | 보였다 | 점심차 나간 것으로.
(장소/위치)
③ We | headed | <u>out for</u> Denver (very early in the morning).
　　우리는 | 향했다 | 덴버응 향해 나서 (아침 매우 일찍).
③ They | pulled | <u>out for</u> home. 그들은 | 출발했다 | 집을 향해.
③ She | set | <u>out for</u> the palace. 그녀는 | 되었다 | 궁전을 향해 나가게.*출발하다

- 155 -

③ We | started | out for Seoul.　　우리는 | 출발했다 | 서울을 향해.

---

③ She | 'll be taken | out for lunch.

예문은 ③형 NPP'(cpr~)이다. P는 수동사, P'는 복합전치사구 out for~이다.
다음 두 문장으로 나눠진다. 즉 NPP'⇒NP+NP'의 관계에 있다.

③ She | 'll be taken | out for lunch.　　그녀는 | 데려가 질 거야 | 점심차 밖에.
① She | 'll be taken.　　　　　　　　　그녀는 | 데려가 질 거야.
① She | 'll be out for lunch.　　　　　　그녀는 | 점심차 밖에 있을 거야.

♣ 유형별 예문
③ My work | is cut | out for me.　　내 일은 | 깎아 | 날 위해 냈다.*할일이 많다
③ Her future | is mapped | out for her. 그녀의 장래는 | 확실히 정해져 있다 | 그녀에게.
③ She | 'll be taken | out for lunch.　　그녀는 | 데려가 질 거야 | 점심차 밖에.

⑤ NPN'P'(cpr~)

---

⑤ I | 'll take ‖ her | out for lunch.

예문은 ⑤형 NPN'P'(cpr~)이다. P는 동사, P'는 복합전치사구 out for~ 이다.
다음 두 문장으로 나눠진다. 즉 NPN'P'⇒NPN'+N'P'의 관계에 있다.

⑤ I | 'll take ‖ her | out for lunch.　　나는 | 데려갈 거야 ‖ 그녀를 | 점심차 밖에.
② I | 'll take ‖ her.　　　　　　　　　나는 | 데려갈 거야 ‖ 그녀를.
① She | 'll be out for lunch.　　　　　　그녀는 | 점심차 밖에 있을 거야.

♣ 유형별 예문
(사람)
⑤ | Don't put ‖ yourself | out for me. | 마라 ‖ 너 자신을 | 날 위해 나서지.
⑤ A computer | would sort ‖ all that data | out for you.
　　컴퓨터가 | 분류해 ‖ 모든 데이터를 | 네게 낼 거야.
⑤ Do I | have to spell ‖ it | out for you? 내가 그걸 꼭 말로 해야 하겠니?(EID807)
⑤ You always seem [| to be putting ‖ yourself | out for others].
　　넌 항상 [다른 사람들을 위해 애쓰는 것] 같아.
⑤ Why should I | stick ‖ my neck | out for you? 왜 내가 널 위해 목을 내어 매어야 하나?
(물건)
⑤ I'm expecting a package to come today. Will you | keep ‖ your eye | out for it?
　　오늘 소포가 올 게 있어. 그것이 도착하는지 지켜봐 주겠니?
⑤ They | sent ‖ him | out for beer. 그들은 | 보냈다 ‖ 그를 | 맥주 사러 내.
⑤ Let's [| take ‖ time | out for some coffee]. [커피 마시는 시간을 갖도록] 하자.
(관념/활동)
⑤ I | bawled ‖ him | out for the his mistakes. 나는 | 호통쳤다 ‖ 그에게 | 그의 잘못에 대해.
⑤ We all | decked ‖ ourselves | out for Margaret's wedding.
　　우리 모두 | 차려입었다 ‖ 자신들이 | 마가렛 결혼식에 가려고.

⑤ | Keeping ‖ an ear | out for news, weren't you? 넌 여론의 동향에 귀를 기울리고 있었지?
⑤ The explorers | kited ‖ themselves | out for the expedition.
   탐험가들은 | 갖추었다 ‖ 자신들에게 | 원정을 나가기 위해.
⑤ I | paid ‖ him | out for the trick he played on me.
   나는 | 보복했다 ‖ 그에게 | 그가 내게 써먹은 사기수법 그대로.
⑤ It costs a lot [| to rig ‖ the family | out for a sking holiday].
   [가족에게 휴일 스키용 복장을 갖추는 데는] 돈이 많이 든다.
⑤ Why did you | single ‖ that one student | out for praise?
   왜 저 학생 한 사람만 골라서 칭찬했습니까?
⑤ I went to closet and | set ‖ some clothes | out for the morning.
   난 옷장에 가서, | 놓았다 ‖ 약간의 옷을 | 아침에 입도록 내.
⑤ He | stuck ‖ his neck | out for deficit reduction. 그는 적자를 줄이려 일대 모험을 했다.
(관념/활동:식사)
⑤ I | 'll take ‖ her | out for dinner. 나는 | 데리고 ‖ 그녀를 | 저녁 먹으러 나갈 거야.
⑤ Wouldn't it nice [| to take ‖ the clients | out for lunch]?
   [고객을 모시고 점심하러 가는 것이] 좋지 않을까요?
(장소/위치)
⑤ I | 'll keep ‖ an eye | out for your shop. | 지킬 게 ‖ 한 눈을 | 네 가게가 찾는 데에 내어.

[Supplement]
1. out for a/the job
① I | was out for a job.   나는 | 구직하러 나가 있었다.
③ He | 's holding | out for a job that pays better. 그는 봉급이 더 나은 직장을 기다리는 중이다.
③ He | is cut | out for this job.   그는 | 깎아져 | 이 일을 위해 내어졌다.*적임자이다.
⑤ The boss | called ‖ me | out for the job. 두목이 | 불러서 ‖ 날 | 일나가게 했다.
⑤ We | screened 「out ‖ two persons (|) for the job.
   우리는 | 선별해 「내었다 ‖ 두 사람을 | 그 일자리에.
⑤ How can we | seek 「out ‖ a right person (|) for the job.
   어떻게 우린 | 구할까 ‖ 적합한 사람을 | 그 일자리에.
2. out for a walk
① I | am out for a walk.   나는 | 산책을 위해 나가 있었다.
③ It's a nice evening. Let's [| go | out for a walk]. 멋진 저녁이야. 산책 가자.
⑤ I | took ‖ him | out for a walk. 나는 | 데려갔다 ‖그를 | 산책하러 밖에.

They had the police down on us. (down on~)

---

① NP(cpr~)

① The police | were down on us.

예문은 ①형 NP(cpr~)이다. P는 복합전치사구 down on~이다.
down on~은 '~내려붙기/~붙어내리기(접근/압박/공격/반대/감소/기재 등)의 의미를 가진다.

① The police | were <u>down on</u> us.   경찰이 | 우리를 단속했다.

♣ 유형별 예문
(사람)
① He | 's <u>down on</u> us.   그는 | 우리에게 내려붙었다.*싫어하다.
① You | have been <u>down on</u> us all lately.   너는 | 최근에 우리 모두에게 반대해 왔다.
① The police | were <u>down on</u> us.   경찰이 | 우리를 단속했다.
① Some critics | are terribly <u>down on</u> him.   어떤 비평가들은 | 그에 대해 매우 비판적이야.
① He | 'll be <u>down on</u> me in a minute.   그는 | 곧 날 내리누를 거야. 잠깐사이에
① Our suppliers | were <u>down on</u> us for prompt payment.
   우리의 공급자들은 | 당장 대금 지불하라고 압박했다.
① The car | was <u>down on</u> him before it could be halted.
   그 차가 | 그에게 바짝 다가왔다, 정지하기 전에.
① It seemed [that the whole world | was <u>down on</u> us].
   [온 세상이 | 우리에게 무너져 내리는 것] 같았다.
(신체)
① He | was <u>down on</u> his back.   그는 | 뒤로 등을 대고 넘어졌다.
① He | was <u>down on</u> one knee.   그는 | 한쪽 무릎을 꿇었다.
① | <u>Down on</u> your knees! | 무릎들은 꿇어라!
① She | was <u>down on</u> his hands and knees.   그녀는 | 양손과 무릎으로 꿇었다.
① It(=her hair) | is all <u>down on</u> her shoulder.   그녀의 머리카락은 | 그녀 어깨까지 내려왔다.
① The whole world | is <u>down on</u> his head.   온 세상이 | 그의 머리에 내려앉았다.
(물건)
① He | is <u>down on</u> the couch.   그는 | 의자에 앉아있다.(내려붙기)
① All the food | was <u>down on</u> the table.   모든 음식이 | 테이블에 내려져 있었다.(")
① There's no money | <u>down on</u> this computer.   이 컴퓨터를 사면서 현금을 낼 필요는 없어요.(걸기)
① Her name | was <u>down on</u> the list for the Reunion,   그녀 이름은 | 재상봉 명단에 기재되었다(기재)
① I | 'm <u>down on</u> computers lately.   난 | 최근 컴퓨터가 싫다.(반대)
① He | was <u>down on</u> alcohol.   그는 | 술을 줄였다.(감소)
(관념/활동)
① I | 'm <u>down on</u> my work.   난 | 일에 전념한다.
① I | 'm still <u>down on</u> my luck.   난 | 운이 따라주지 않아.
① The examiners | were <u>down on</u> his mistake in a flash.   시험관은 섬광같이 그의 실수를 잡아냈다.
(장소/위치)
① They | are <u>down on</u> the beach.   그들은 | 해변에 내려가 있다.
① The fire | was <u>down on</u> the third deck.   불은 | 3층 갑판에 났다.
① It seems [most of the rain | was <u>down on</u> the lower slopes of the mountain].
   [대부분의 비가 산 아래 경사에 내린 것] 같았다.
① There was labor trouble | <u>down on</u> the docks.   부두에서 노동 쟁의가 있었다.

③ NPP'(cpr~)

| ③ The police | cracked | <u>down on</u> us. |

예문은 ③형 NPP'(cpr~)이다. P는 자동사, P'는 복합전치사구 down on~이다.

다음 두 문장으로 나눠진다. 즉 NPP'⇒NP+NP'의 관계에 있다.

③ The police | cracked | **down on** us. 경찰이 | 때려잡았다 | 우리를 내리밟아.
① The police | cracked... 경찰이 | .때려잡았다...
① The police | were **down on** us. 경찰이 | 우리를 단속했다.

♣ 유형별 예문
(사람)
③ The other runners | were bearing | **down on** him.
　다른 주자들이 | 다가오고 있었다 | 그에게 바싹.
③ He seemed to say [| bearing | **down on** her].
　그는 말하려는 것 같았다 [그녀를 내리누르려고]. *압박하다
③ My boss | came | **down on** me very harshly.
　상사는 | 되었다 | 매우 호되게 날 내리 밟았다. *꾸짖다
③ His creditors | came | **down on** him for prompt payment of his bills.
　그의 채권자들이 그에게 어음에 대한 즉각적인 지불을 압박했다.
③ The police | clamped | **down on** drunk drivers.
　경찰이 | 죄었다 ‖ 음주운전자들을 내려 밟아.*단속하다
③ The dictatorship | clamped | **down on** all opposition. 독재정권은 철저히 반대세력을 탄압했다.
③ Why don't the police | crack | **down on** gangs?
　왜 경찰이 | 부수지 않니 | 폭력배를 내리밟아? *검거하다
③ You are spending too much. Try [| to cut | **down on** personnel].
　지출이 너무 많군요. [인원을 삭감하도록] 해보세요.
③ She | 's got | **down on** me - I don't know why. 그녀가 나를 미워하는데 왜 그런지 모르겠다.
③ The sun | beat | **down on** us mercilessly. 태양이 우리 머리 위로 사정없이 내리쬐었다.
③ Harry saw six scarlet blurs [| bearing | **down on** him].
　해리는 6개 주홍 점이 [그에게 바싹 다가옴을] 봤다.
③ The angry elephant | charged | **down on** the hunters.
　화난 코끼리가 | 공격했다 | 사냥꾼들에게 내려 붙어.
③ The memory of Garrow's death | crashed | **down on** him.
　개로 죽음의 기억이 | 와지끈 무너져 | 그에게 짓눌렀다.
③ A bug on the ceiling | dropped | **down on** Wally. 천장의 벌레가 | 떨어져 | 월리에게 내려붙었다.
③ The sword | flashed | **down on** Peter. 그 검은 | 번득이며 | 피터 위에 내려갔다.
③ Confetti | rained | **down on** the spectators. 구경꾼들 위로 색종이 조각이 비 오듯 쏟아졌다.
③ Abuse | rained | **down on** the noisy students from the open windows.
　소란스런 학생들에게 열린 창문으로 욕설이 쏟아졌다.
(신체)
③ He | dropped | **down on** one knee. 그는 | 몸을 낮추었다 | 한 쪽 무릎으로 내리 끓어.
③ They | fell | **down on** their faces before the throne and worshiped God,
　그들이 보좌 앞에 엎드려 얼굴을 대고 하나님께 경배하였다(Rev7:11)
③ | Get | **down on** your face. | 해라 | 얼굴을 땅에 대고 엎드리도록.
③ Harry | got | **down on** his hands and knees. 해리는 | 되었다 | 양손과 무릎으로 꿇게.
③ Tom | went | **down on** his knees. 톰은 | 되었다 | 무릎 꿇게.
③ Denise | had gone | **down on** all fours. 데니스는 | 되었다 | 큰대자로 넘어지게.
③ She | jumped | **down on** my throat. 그녀는 | 버럭 | 내게 화냈다.
③ He | squatted | **down on** his heels. 그는 | 쭈그렸다 | 뒷굽으로 내려앉았다.

(신체)
③ Her hair | hung | down on her shoulders. 그녀 머리카락은 | 걸려 | 어깨에 늘어져 있었다.
③ Hands | were raining | down on their backs. 손들이 | 비처럼 | 그들의 등을 두들겨주었다.
③ His head | sank | down on his chest. 그의 머리가 | 잠겼다 | 그의 가슴 아래.*고개를 푹 숙였다.
③ Heavy pain | bore | down on Hector's darked heart. 심한 고통이 | 눌렀다 | 핵터 어둔 마음에 내려.
③ The sun | was beating | down on our heads. 태양이 | 쬐고 있었다 | 머리위에서 내려.
③ His hat | had come | down on his forehead. 그의 모자가 | 왔다 | 이마에 내려.
③ His violence | comes | down on his own head. 그의 포악은 자기 정수리에 내리리로다.(Ps7:16)
(물건: 내려붙기)
③ Our destroyers | bore | down on the enemy carrier. 구축함들이 | 나아갔다 | 적 항공모함 쪽으로.
③ The rock slide | beat | down on the car and totally ruined the body.
    바위 사태가 | 쳤다 | 차에 내려, 차체를 전파했다.
③ The stage light | blazed | down on the set. 무대 조명이 | 비쳤다 | 세트에 내려.
③ Then birds of prey | came | down on the carcasses. 솔개가 그 사체 위에 내렸다.(Ge15:11)
③ She | flung | down on her couch. 그녀는 | 던지듯이 | 안락의자에 앉았다.
③ He | lay | down on the sofa and soon fell asleep. 그는 소파에 누워 곧 잠이 들었다.
③ Fire-bombs | rained | down on the military convoy. 소이탄이 군 호송차량 위로 비 오듯 퍼부었다.
③ They | sat | down on two iron chairs. 그들은 | 앉았다 | 두 철의자에 내려.
③ An eagle | swooped | down on its prey. 독수리 한 마리가 | 덮쳤다 | 먹이에게 내려.
③ The book | thumped | down on the rug. 그 책이 | 쿵하고 | 양탄자 위에 떨어졌다.
(물건: 감소/반대)
③ You | should cut | down on fats and carbohydrates. 지방과 탄수화물의 섭취를 줄여야 한다.
③ Everyone | sure got | down on fast food. 모든 사람이 | 확실히 되었다 | 패스트푸드에 반대하게.
(관념/활동)
③ She | backed | down on her demands. 그녀는 | 물러서 | 그녀의 요구에 내렸다.*승복하다
③ I | 've got to bear | down on my homework. 나는 | 부지런히 해야 한다 | 숙제에 바싹 붙어.
③ Can you | come | down on the price? 당신은 | 줄 수 있어요 | 가격에서 내려?
③ They have tried [| to crack | down on piracy]. 그들은 [해적행위를 단속하려고] 애썼다.
③ I | fell | down on the job. 나는 | 최선을 다했다 | 일에.
③ You can't complain [that I | 've fall | down on my bargain].
    당신은 [내가 거래에 등한했다고] 불평할 수는 없어요.
③ | Get | down on this studying business. 공부 학업에 들어가자
③ If you | lie(or lay) | down on the job, you'll be fired. 근무에 태만하면 넌 해고 당할 거야.
(장소/위치)
③ The sun | beat(or blazed) | down on the desert sand.
    해가 | 쨍쨍(눈부시게) 내리쬐었다 | 사막의 모래 위에.
③ You | came | down on Mount Sinai; you spoke to them from heaven.(Ne9:13)
    시내 산에 강림하시고 하늘에서부터 그들과 말씀하셨다.
③ We were force [| to come | down on the sea].(EPL157) 우리는 [바다에 내려가]야만 했다.
③ The leaves | dropped | down on the newly mowed lawn.
    잎들이 | 떨어져 | 새로 깎은 잔디밭에 내려붙었다.
③ The rain | drummed(or roared) | down on the roof.
    비가 | 드럼(또는 요란한) 소리를 내면서 | 지붕 위에 내렸다.
③ It(=sun) | flared | down on the dust-blanket land.
    해가 | 이글거리며 | 먼지가 모포처럼 덮인 땅에 내려붙었다.

③ I was so tired I | flopped | <u>down on</u> the bed with my shoes on.
　나는 너무 피곤해 신발을 신은 채로 침대에 털썩 쓰러졌다.
③ We | got | <u>down on</u> the ground. 우리는 땅에 낮게나엎드렸다.
③ I | lay | <u>down on</u> the grass. 그는 | 누웠다 | 풀밭에 내려.
③ The rain | pelted | <u>down on</u> the roof. 비가 | 억수같이 쏟아져 | 지붕 위에 내렸다.
③ The rain | poured | <u>down on</u> the nearly flat roof of the boxcar.
　비가 | 퍼부었다 | 박스 카의 거의 평평한 지붕 위에 내려.
③ After the eruption, volcanic ash | rained | <u>down on</u> the town.
　화산 폭발 후 화산재가 시내에 비처럼 쏟아져 내렸다.
③ Hippo | sank | <u>down on</u> the sidewalk and collapsed.
　히포는 | 꺼지면서 | 보도 위로 내려, 쓰러졌다.
③ Ash from the volcano | showered | <u>down on</u> the nearby villages.
　화산재가 | 비 오듯이 | 근처 계곡에 쏟아졌다.
③ One | sits | <u>down on</u> a desert sand dune, sees nothing, hears nothing.
　사막 모래 둔덕에 앉으면 아무것도 보이지 않고 들리지도 않는다.
③ He told the crowd [| to sit | <u>down on</u> the ground].(Mt15:35)
　그는 군중들에게 [땅에 내려앉으라고] 말했다.
③ | Set | <u>down on</u> the steps. 　　　| 앉아요 | 층계에 내려.
③ A helicopter | set | <u>down on</u> the roof of the skyscraper.
　헬리콥터 한 대가 | 했다 | 초고층 빌딩 지붕에 착륙.
③ We heard the rain [| spattering | <u>down on</u> the roof of the hut].
　빗방울이 [오두막 지붕에 후두두 떨어지는] 소리가 들렸다.
③ The storm | swept | <u>down on</u> the village. 폭풍우가 | 휘몰아쳤다 | 마을에 내려.
③ Snow | weighed | <u>down on</u> the roof. 눈이 | 눌렀다 | 지붕을 내려.

```
         ③ Everything | was put | down on the paper.
```

예문은 ③형 NPP'(cpr~)이다. P는 수동사, P'는 복합전치사구 down on~이다.
다음 두 문장으로 나눠진다. 즉 NPP'⇒NP+NP'의 관계에 있다.

③ Everything | was put | <u>down on</u> the paper. 내가 말한 모든 것이 | 되었다 | 종이에 기재.
① Everything | was put... 　　　　　　　　　모든 것이 | 되었다....
① Everything | was <u>down on</u> the paper. 모든 것이 | 종이에 기재되었다.

♣ 유형별 예문
③ The whole business | was brought | <u>down on</u> your head. 모든 사업이 | 가져와 졌다 | 그의 책임에.
③ $2000 | was put | <u>down on</u> the car. 2천불이 | 지불됐다 | 차에 선금으로.
③ Every thing I said | was put | <u>down on</u> the paper. 내가 말한 모든 것이 | 되었다 | 종이에 기재.
③ The book | was put | <u>down on</u> the table. 책이 | 놓여졌다 | 테이블 표면에 내려.

⑤ NPN'P'(cpr~)

```
         ⑤ They | had ‖ the police | down on us.
```

예문은 ⑤형 NPN'P'이다. P는 동사, P'는 복합전치사구 up as~ 이다.

다음 두 문장으로 나눠진다. 즉 NPN'P'⇒NPN'+N'P'의 관계에 있다.

ⓢ They | had ‖ the police | down on us. 그들은 | 했다 ‖ 경찰이 | 우리를 단속하도록.
② They | had ‖ the police... 그들은 | 시켰다 ‖ 경찰을...
① The police | were down on us. 경찰이 | 우리를 단속했다.

♣ 유형별 예문
(사람)
ⓢ That | will bring ‖ the enemy | down on them. 그것은 | 될 것이다 ‖ 적이 | 그들을 잡게.
ⓢ What did David do [‖ to get‖ her | down on him]? 대빗은 무얼 했니 [그녀가 그를 싫어하도록]?
ⓢ They | had ‖ the police | down on us. 그들은 | 했다 ‖ 경찰이 | 우리를 단속하도록.
ⓢ The boss | turned ‖ thumbs | down on Tom. 상사는 | 돌렸다 ‖ 엄지손가락을 | 톰에 내려.
ⓢ You | 're not bringing ‖ trouble | down on us. 너 때문에 우리가 곤경에 처할 수는 없다.
ⓢ A prophet | called ‖ curses | down on all of us. 예언자가 | 빌었다 ‖ 모두에 벌을 내리라고.
ⓢ The employer | rained ‖ criticism | down on the manager.
　　　　업주는 | 쏟았다 ‖ 비난을 | 지배인에게.
(신체)
ⓢ I | have ‖ him | down on his knees. 나는 | 했다 ‖ 그를 | 무릎 꿇게.
ⓢ Ralph | put ‖ his head | down on his forearms. 랄프는 | 놓았다 ‖머리를 | 앞 팔에 내려.
ⓢ Casy | put ‖his chin | down on his hands. 케이시는 | 놓았다 ‖ 턱을 | 양손에 내려.
ⓢ You | have brought ‖ the whole thing | down on your head.
　　　넌 | 가져왔다 ‖ 모든 일을 | 네 책임으로.
ⓢ She | pulled ‖ her spectacles | down on her nose. 그녀는 | 당졌다 ‖ 안경을 | 콧등 아래로.
(물건: 내려붙기)
ⓢ The judge | brought ‖ his hammer | down on the table. 판사는 판사봉을 책상에 내려놓았다.
ⓢ She | crashed ‖ the plates | down on the table. 그녀가 식탁 위에 탕하고 접시를 내려놓았다.
ⓢ She | flung ‖ her cards | down on the table. 그녀는 | 던졌다 ‖ 카드를 | 테이블에 내려.
ⓢ | Lay ‖ this plates | down on the table gently. | 놓아라라 ‖ 접시들을 | 테이블 위에 얌전히 내려.
ⓢ He | plunked ‖ himself | down on the dirty old sofa. 그는 더럽고 낡은 소파에 털썩 내려앉았다.
ⓢ She | put‖ it(=the teapot) | down on the table. 그녀는 | 놓았다 ‖ 차 주전자를 | 테이블에 내려.
ⓢ Diane | put(or rammed)‖ her foot | down on the accelerator.
　　　　다이안은 | 밟았다 ‖ 발을 | 가속기에 내려.
ⓢ She | set ‖ the teapot | down on the table. 그는 | 놓았다 ‖ 차 주전자를 | 식탁 위에 내려.
ⓢ He | sat ‖ her | down on the stool. 그는 | 앉혔다 ‖ 그녀를 | 의자에 내려.
ⓢ He | slammed ‖ the books | down on the table. 그는 | 쾅 놓았다 ‖ 책들을 | 테이블에 내려.
ⓢ He | slapped ‖the book | down on the desk. 그가 책을 책상 위에 털썩 내려놓았다.
ⓢ He | smacked ‖ the report | down on my desk. 그는 보고서를 내 책상에 털썩 내려놓았다.
ⓢ She | smashed ‖ her fist | down on the table. 그녀가 주먹으로 탁자를 세게 내리쳤다.
(물건: 걸기)
ⓢ | Get ‖ all the cash | down on this horse. | 걸어라 ‖ 현금을 몽땅 | 이 말에 내려.
ⓢ I | only paid ‖ 10% | down on it. 나는 | 단지 지불했다 ‖ 10%를 | 그것에 선금으로.
ⓢ How much can you | afford to put ‖...‖down on this car? 이 차에 선금 얼마 낼 수 있니?
(물건: 기재하기)
ⓢ We | got ‖ it | down on paper. 우리는 그것을 서류화했다.
ⓢ She | put ‖ her thoughts | down on paper. 그녀는| 놓았다 ‖ 그녀 생각을 |종이에 기록해.

⑤ Harry | scribbled ‖ the dates | <u>down on</u> the back of the letter.
    해리는 | 갈겨썼다 ‖ 날자를 | 편지 뒷면에 내려.
⑤ Why don't you set | your ideas | <u>down on</u> paper? 네 생각을 종이에 기록해 두는 것이 어때?
⑤ | Stick ‖ your names | <u>down on</u> the list. | 넣어라 ‖ 너희들 이름을 | 명단에 적어.
⑤ | Please take ‖ this information | <u>down on</u> paper. | 해요 ‖ 이 정보를 | 종이에 기재.
⑤ He | wrote ‖ it | <u>down on</u> a piece of paper. 그는 | 썼다 ‖ 그것을 | 종이에 기재하여.
(관념/활동)
⑤ How did you keep ‖ him | <u>down on</u> the job? 어떻게 넌 | 했니 ‖ 그를 | 일에 전념하게?
(장소/위치)
⑤ He | flung ‖ himself | <u>down on</u> the grass. 그는 | 풀썩 ‖ 몸을 | 잔디 위에 들어 누웠다.
⑤ He | laid ‖ him/himself | <u>down on</u> the ground. 그는 | 눕혔다 ‖ 그를/자신을 | 지표면에 내려.
⑤ Ginny | was plonking ‖ herself | <u>down on</u> Harry's bed. 지니가 해리 침대에 내려 앉았다.
⑤ Meg | plumped ‖ herself | <u>down on</u> the grass. 멕은 | 털썩 누웠다 ‖ 자신 | 잔디밭에 드러.
⑤ He | put ‖ his beer | <u>down on</u> the bar. 그는 | 놓았다 ‖ 맥주잔을 | 카운터 위에 내려.
⑤ He | put ‖ the glider | <u>down on</u> the corn field. 우리는 | 놓았다 ‖ 글라이더를 | 옥수수 밭에.
⑤ Bagman | settled ‖ himself | <u>down on</u> the grass. 백멘은 | 앉았다 ‖ 자신을 | 잔디 위에 내려.
⑤ She | threw ‖ herself | <u>down on</u> the bed. 그녀는 | 던졌다 ‖ 몸을 | 침대에 내려.
⑤ He | threw ‖ him | <u>down on</u> the grass. 그는 | 던졌다 ‖ 그를 | 풀밭 위로 내려.

⑤ You | will bring 「<u>down</u> ‖ everything (|) <u>on</u> your head.

예문은 ⑤형 NP 「P(cpr~)'N'이다. N'과 P'의 위치가 바뀐 것이다. 「 표시는 이를 가리킨다. 다음과 같이 분석된다. 즉 NP 「P'N' ⇒ NPN'P' ⇒ NP+N'P'의 관계에 있다.

⑤ You | will bring 「<u>down</u> ‖ everything (|) <u>on</u> your head.
=⑤ You | will bring ‖ everything | <u>down on</u> your head.
    넌 | 가져올 거야 ‖ 모든 일을 | 내려 책임으로.
② You | will bring ‖ everything.   넌 | 가져올 거야 ‖ 모든 것을.
① Everything | will be <u>down on</u> your head. 모든 것이 | 네 책임이 될 거야.

♣ 유형별 예문
⑤ You | will bring 「<u>down</u> ‖ everything (|) <u>on</u> your head. 넌 | 가져올 거야 ‖ 모든 일을 | 네 책임으로.
⑤ It | will bring 「<u>down</u> ‖ trouble (|) <u>on</u> your family. 그건 네 가족에 재산을 가져올 것이다.
⑤ The artillery spotter | brought 「<u>down</u> ‖ fire (|) <u>on</u> the enemy tanks.
    대포 탄착 관측병이 적의 전차에 대포를 쏴 주저앉혔다.
⑤ The cops | brought 「<u>down</u> ‖ the curtain (|) <u>on</u> the gang's drug dealing operations.
    경찰이 그 깡패들의 마약거래를 끝장냈다.
⑤ The sorcerer | called 「<u>down</u> ‖ a plague (|) <u>on</u> the town. 마법사가 마을에 재앙을 불러왔다.
⑤ Can you | go 「<u>down</u> ‖ a little <u>on</u> that stereo? 저 스테레오 가격을 좀 더 깎아 줄 수 있어요?
⑤ I've noticed that you | 've slowed 「<u>down</u> ‖ a lot (|) <u>on</u> your work lately.
    요즘 들어 일 속도가 많이 떨어진 것 같은데. 무슨 일 있어?
⑤ May He | shower 「<u>down on</u> you ‖ His choicest blessing!
    그분께서 | 부어 주시기를 「당신위에 내려 ‖ 가장 소중한 축복을!
⑤ | Please write 「<u>down</u> ‖ your name, nationality, and passport number (|) <u>on</u> this card.
    | 써주세요 ‖ 이름, 국적, 여권번호를 | 이 카드에 기재해.

⑦ NPP'P"(cpr~)

> ⑦ The case | came | crashing | down on him.

예문은 ⑦형 NPP'P"(cpr~)이다. P"는 전치사구 down on~이다.
다음 세 문장으로 나눠진다. 즉 NPP'P"⇒NP+NP'+NP"의 관계에 있다.

⑦ The case | came | crashing | down on him.
　　책장이 | 되었다 | 와그르르 추락하고 있었다 | 그에게 내려붙어.
① The case | came...　　　　　　책장이 | ...되었다.
① The case | was crashing.　　　책장이 | 와그르르 추락하고 있었다.
① The case | was down on him.　책장이 | 그에게 내려붙었다.

[Supplement]
<~at~>
(down at~) '~의 아래 근접(밀접)'
① The doctor | 's down at the dock.　의사가 | 부두 저쪽에 와 있어.
① I | 'm still down at 103 pounds.　나는 | 아직 103 파운드 이하야.
⑤ I | will meet ‖ you | down at the station tomorrow. 나는 | 만날 게 ‖ 너를 | 역 저쪽에서.
⑤ He | threw ‖ himself | down at his father's feet.그는 | 던졌다 ‖ 몸을 | 아버지의 발아래.
<~behind~>
(from behind~) '~의 뒤로부터'
② Footsteps and shouts | echoed ‖ from behind the door.
　　자국 소리와 고함이 | 울렸다 ‖ 문 뒤로부터.
<~from~>
(across from~) '~으로부터 건너, 가로질러'
① The store | is just across from my house. 그 가게는 | 내 집 바로 건너편이야.
③ He | sat | across from his wife. 그는 | 앉았어 | 그의 아내 건너편에.
⑤ She | waived ‖ at me | from across the street. 그녀는 | 손을 흔들었다 ‖ 내게 | 길 건너편서.
(apart from~) '~으로부터 이격하여'.
① | Apart from its scenic beauty, Mt. Sorak has an attraction in its hot springs.
　　아름다운 경치는 제쳐놓고라도, 설악산은 온천이 있다는 데 매력이 있다.
③ He | stands | a bit·apart from me. 그는 | 서 있어 | 내게서 좀 떨어져.
⑤ Yet not one of them | will fall ‖ to the ground 「apart from the will of your Father.
　　너희 아버지께서 허락지 아니하시면 그 하나라도 땅에 떨어지지 아니하리라.　　　(Mt10:29)
⑤ Abraham | set 「apart ‖ seven ewe lambs from the flock.(Ge21:28)
　　아브라함은 | 놓았다 「무리로부터 떼어 ‖ 일곱 수양을.
(out from~) ' ~으로부터 나(出)옴'
① The lenses | are out from diamonds. 이 렌즈는 | 다이아몬드로 만든 거야.
③ Twenty men in armour | came | out from the forest.
　　20명의 무장한 남자들이 | 왔다 | 숲 밖으로.
⑤ You | singled ‖ them | out from all the nations of the world.(1Ki8:53)
　　주께서는 그들을 모든 세상 나라들로부터 뽑아 내었습니다.
<~in~>
(down in) '~의 아래 안/내부'

① I | was down in the village. 나는 | 마을에 내려가 있었어.
⑤ He | took ‖ the king | down in the ship. 그는 | 놓았다 ‖ 왕을 | 배 안에 내려.
(up in~) '~안의 위'
① | Not very well up in the law, are you? | 법 잘 모르지, 그렇지?
① Is the family | still up in Edinburgh? 가족이 | 아직 에딘버그에 있니?
③ | Sit | up in the back. | 앉아라 | 뒤에 올라.
⑤ Gandalf | picked ‖ him | up in his arms. Gandalf는 | 들어 ‖ 그를 | 품에 올려 안았다.
⑤ You | see ‖ this kid | up in the stands <here>? 너 | 보여 ‖ 그 애가 | 여기 관중석에 있는.

<~of~>
(ahead of~) '~의 앞, ~를 앞서'
① Three boys | were ahead of us.(OAD,ECD854) 세 소년들이 | 우리들 앞에 있었다.
① The Korean teams | are well ahead of the game. 한국팀이 | 선두에 나서 있다.
① Your future | is all ahead of you. 네 장래가 | 네 앞에 있어.
③ You | are getting | ahead of yourself. 너는 | 가고 있다 | 너 자신 앞에. *너무 서두르다
③ | Go | ahead of me, and keep some space between the herds.(Ge32:16,Mt2:9,Ex13;21)
  | 가라 | 나의 앞에서, 그리고 떼 사이에 약간의 간격을 유지해라.
⑤ ... he | drove | all his livestock | ahead of him,(Ge31:18)
  ...그는 | 몰았다 | 그의 모든 가축들을 | 그의 앞에.
⑤ But God | sent ‖ me | ahead of you.(Ge45:7) 하나님은 | 보내셨다 ‖ 나를 | 당신들 앞서.
⑤ We | saw ‖ a small town | ahead of us. 우리는 | 보았어 ‖ 작은 마을을 | 우리 앞에서.
⑤ So he | put ‖ Ephraim | ahead of Manasseh.(Ge48:20)
  그래서 그는 | 놓았다 ‖ 에브라임을 | 므낫세 앞에.
⑤ Technology itself | won't put ‖ us | ahead of the curve.
  기술만으로 | 될 수 없어 ‖ 우리가 | 주도권을 잡게.
⑦ So Jacob's gifts | went | on | ahead of him,(Ge32:21)
  그래서 야곱의 선물은ㄴ 갔다 | 계속하여 | 그의 앞에서.
⑦ The LORD answered Moses, " | Walk | on | ahead of the people.(Ex17:5)
  주는 모세에게 답변하셨다, " | 걸어라 | 계속하여 | 사람들 앞에서..

<~on~>
(up on~) '~의 위 표면으로
② She | is hung ‖ up on him. 그녀는 | 미쳐 있다 ‖ 그에게.
④ I | 'll take ‖ you ‖ up on that invitation. 나는 | 받아들이겠어 ‖ 너의 ‖ 그 초대를.

<~to~>
(along to~) ' ~를 따라 향해'
① Will he | be along to the meeting of the housing committee?
  그가 | 주거위원회 회의에 따라 갈 건지?
③ I | 'll come | along to your room. 내가 | 갈게 | 네 방에 따라.
③ Why doesn't your brother | come | along to the training session?
  왜 네 형제는 | 오지 않니 | 수업시간에 따라?
⑤ | Bring/Take ‖ her | along to the party. | 데려와/가 ‖ 그녀를 | 파티에.
(back to~) '~으로 복귀'.
① We | will be back to you.(2TC1064) 우리는 | 네게 돌아올 것이다..
① Everything | is back to normal now. 모든 것이 | 이제 정상으로 돌아왔어.
③ We will worship and then we | will come | back to you.(Ge22:5)
  우리가 예배하고 그리고는 | 올 것이다 | 네게 돌아.
③ I | 'll get | back to you.(1THr153) 나는 | 될 것이다 | 네게 돌아오게.

③ I | have to get ‖ back to work.   (이제 그만하고) 일해야겠어.
③ | Go | back to your mistress and submit to her.(Ge16:9)
　　| 가라 ‖ 네 여주인에게, 그리고 그녀에게 복종하라
③ Harry | felt | nearly back to normal. Harry는 | 느꼈어 | 거의 정상으로 돌아왔다고.
⑤ I | will bring ‖ you | back to this land.(Ge28:14) 나는 데려 갈 것이다 너를 이 땅에 다시.
⑤ I | 'd got ‖ my eyes | back to normal. 나는 | 했다 ‖ 내 눈을 | 정상으로 돌아오게.
⑤ Then I | will give ‖ your brother | back to you, and you can trade in the land.(Ge42:34)
　　그리하면 나는 | 줄 것이고 ‖ 너희 형제를 | 너희들에게, 너희는 이 나라에서 무역할 수 있다.
⑤ Harry | spun/turned ‖ his speed dial | back to normal. 해리는 | 돌렸다 ‖ 고속다이얼을 | 정상으로.
⑤ Water the sheep and | take ‖ them | back to pasture.(Ge29:7)
　　양들에게 물을 먹이고 | 데려가라 ‖ 그들을 | 다시 초장에.
(down to~) '~의 아래 지향'
① | Down to the market square!　　| 시장 광장으로 내려가!
① She | was down to her last two million. 그녀는 | 마지막 2백만 달러로 재산이 줄었어.
① It | 's down to him [to support his family]. [가족을 부양하는 것]은 | 그의 책임이야.
③ With my father's death, it | has come | down to me [to support my family].
　　부친사망으로, [가족을 부양하는 것이] | 돌아왔어 | 내 책임으로.
③ It | boils/comes | down to this.　　그건 | 요약될 수 있다 | 이것으로.
③ Let's [| get | down to business].　　본론으로 들어가자.
⑤ The oven is too hot. | Turn ‖ it | down to 325 degrees.(2G139A) 온도를 325도로 낮추어라.
(off to~) '(현재위치에서) 분리하여 ~에 향하여'.
① I | 'm off to school now.　　나 | 지금 학교에 가.
① Where」are you | off (to) ?　　너 어디 가니?
③ People | drifted | off to bed.　　사람들이 | 흩어져 ‖ 자러갔어.
③ | Get | off to the your dormitories. | 가거라 ‖ 너희 기숙사로.
③ He | hurried | off to the stands. 그는 | 급히 갔어 ‖ 관람석으로.
⑤ He | carried ‖ you | off to the fair-tale kingdom. 그는 | 보냈어 ‖ 너를 ‖ 동화의 왕국으로.
⑤ I | saw ‖ him | off to work. 나는 | 배웅했다 ‖ 그를 | 출근을.
⑤ They | sent ‖ Saul | off to Tarsus. 그들은 | 보냈어 ‖ 사울을 | 다소로.
<~with~>
(along with~) ' ~를 따라 함께'
① I | am along with him.(=accompanied) 나는 | 그와 동반한다.
③ | Come | along with me.　　| 와라 | 나를 따라.
③ Do you | get | along with your classmates? 너는 | 잘 지내니 ‖ 동급생들과?
⑤ I | will bring 「along ‖ the tools (|) with me. 내가 | 가져올 게 「함께 ‖ 도구들.
⑤ Paul | purified ‖ himself | along with them. 바울이 이 사람들을 데리고 정결례를 행하였다.
(away with~) ' ~을 없애다/ 함께 떠나다'
① | Away with himˆ!(Ac21:36)　　| 그를 없애라.
① | Away with itˆ!　　| 그걸 없애라.
③ | Get | away with itˆ!　　| 해라 | 그걸 없애도록.
③ | Do | away with himˆ!　　| 해라 | 그를 없애도록.
③ | Please, do | away with that broken TV. | 없애버려요 | 고장난 TV를.
cf① All the old regulations | were done (‖) away with. 모든 옛 규정은 | 사라져 버렸다.
⑤ They | sent ‖ her | away with Abraham's servant.(=together)(Ge24:59)
　　그들은 그녀를 아브라함의 종들돠 함께 떠나 보냈다.

⑤ Karkaroff | swept ‖ his students | away with him ̂.(4HP228)
　　Karkaroff 는 그의 학생들로 휩쓸어 그를 없애게 했다.
(down with~) '~을 내림'.
① | Down with your weapons. 　　| 무기들 내려라.
① | Down with the dictatorship. 　　| 독재자 물러나라.
③ | Pull | down with the dictatorship. | 끌어 | 독재를 내려라.
③ | Put | down with your weapons! | 놓아라 | 무기들 내려.
⑤ He | helped ‖ her | down/up with a heavy box ̂.
　　그는 | 도왔다 ‖ 그녀를 | 무거운 상자를 내리게/올리게.
(over with~) '~와 넘음(끝남)'
① My term paper | is all over with ∩. 내 기말 논문은 | 끝났어.
① Don't worry. The operation | will be over with ∩ [before you know it].(MED)
　　걱정 마. 작전은 　끝날 것이다 [네가 그것을 알기 전에].
③ I promise [that it | will get | over with ∩].(WS6) 난 [그것이 끝나게 될 것] 을 약속해.
⑤ Please cue the music. I want [| to get ‖ this | over with ∩ ̂].(Weverse,JPS134,148)
　　음악 틀어주세요 나는 [이것을 끝나게 될 것] 원해요..
(up with~) '~를 위로, ~에 가까이/따라잡아'
① | Up with you ̂! 　　　　　　| 너 일어나!
① | Up with the workers ̂! 　　| 노동자를 일으키자!
① She | was up with her fists ̂.(SED) 그녀는 | 손목을 치켜들었다.
① He | is up with latest information ̂. 그는 | 최근의 정보를 가지고 있어.
cf① This headache | cannot be put (‖) up with. 이 두통은 | 참을 수 없다.
③ He | came | up with an idea. 　　그는 | 되었다 | 한 아이디어가 떠오르게.
③ She | come | up with fresh ideas. 그녀는 | 제안했어 ‖ 신선한 아이디어를.
③ I | would like join | up with you, Johnson. 나는 당신에게 가담하고 싶어요.
⑤ | Let ‖ him | up with the song ̂.(SED) 하자 ‖ 그에게 | 그 노래를 부르게.

■ 소사 술어(particle)

A. 단순소사 술어

| She brought him in. (in) |

① NP(p)

| ① He | was in. |

예문은 ①형 NP(p)이다. P는 be+소사 in이다.
소사(素辭;particle) in은 '안/내부, 들어(入)'의 의미를 가진다.
여기서 소사의 용법은 형용사의 서술적 용법과 같다.

① He | was in.　　　　　　　　그는 | 안에 있었다.

♣ 유형별 예문
(사람)
① Is your mother | in?　　　　　어머니 | 안에 계시니? *전화시 주로 사용
① Everyone | in?　　　　　　　모두 | 들어와 있니?
① " | In!," he said.　　　　　　　" | 들라", 그가 말했어.
① One | in, one | out.　　　　　한 사람 | 들고, 한 사람 | 나고.
① He | 's not in (yet).　　　　　그는 | 돌아오지 않았어 (아직).
① I | 'm in.　　　　　　　　　　나는 | 끼겠어.
① I | 'm going to be in (first).　내가 | (첫째로) 들어갈 거야.
① All right, Harry, we are | in. 좋아, 우리 | 준비됐어.
① He | 's in.　　　　　　　　　그는 | 인기가 있어.
① I | 'm just all in.　　　　　　나는 | 매우 지쳤어.
(사물)
① Your rug | is in.　　　　　　주문한 양탄자가 | 입하되어 있다.
① Short skirts | are in (fashion). 짧은 스커트가 | 유행이야.
① The virus | is in.　　　　　　바이러스가 | (컴퓨터에) 들었어.
① The points | are all in.　　　점수가 | 모두 (집계되어) 들어왔다.
① The DNA report | was in.　　DNA 보고서가 | 들어와 있다.
① The first data on 9-11 and the national psyche | are in.
　　9-11 사건과 그 국민 심리상태에 대한 첫 자료가 | 들어와(보고되어) 있다.
① High summer | is not yet in.　한 여름은 | 아직 아니야.

③ NPP'(p)

| ③ He | came | in. |

예문은 ③형 NPP'(p)이다. P는 자동사 came, P'는 소사 in이다.
다음 두 문장으로 나눠진다. 즉 NPP'⇒ NP+NP'의 관계에 있다.

③ He | came | in.   그는 | 왔다 | 안에(들어).
① He | came.   그는 | 왔다.
① He | was in.   그는 | 안에 있다.

♣ 유형별 예문
(사람)
③ Thieves | has broken | in (during night). 도둑들이 | 침입했다 (밤중에).
③ I | 'd like to check | in, please. 나는 | 체크하여 | 들려 해요.
③ | Please don't cut | in. | 잘라(끼여) | 들지 마세요.
③ He | 'll fit | right in.   그는 | 맞을 거야 | 잘 들어.
③ | Get | in. | 해라 | 안으로 들도록.
③ He | went | in.   그가 | 갔다 | 들어.
③ The other players | joined | in.   다른 선수들도 | 끼어 | 들었다.
③ | Jump | in (the water). | 뛰어 | 들라 (강물에).
③ You | look | all in.   너는 | 보여 | 지쳐.
③ Legolas | passed | in.   레골라스가 | 통과하여 | 들어왔어.
③ He | plunged | in.   그가 | 뛰어 | 들었어.
③ He | put | in (only five or six hours). 그는 | 머물렀다 | (집) 안에 (오직 5,6시간만).
③ I | just sit | in.   나는 | 앉기만 해 | 안에. *청강하다
③ He | stepped | in.   그가 | 걸어 | 들어왔어.
③ He | stayed | in (all day).   그는 | 머물렀다 | 집에 (종일).
③ Percy | walked | in.   퍼씨가 | 걸어 | 들어왔어.
③ You | want | in, I will put your name on the card.(2THr341)
    네가 | 끼기 원한다면 내가 카드에 네 이름을 올릴게.
(사물)
③ Money | will pour | in.   돈이 | 쏟아져 | 들어올 거야.
③ When my ship | comes | in,   배가 | 오면 | 들어, *돈이 생기면,
③ The debate poll result | were flowing | in. 토론의 여론조사 결과가 | 흘러 | 들어오고 있었다.
③ The month of June | entered | in.   6월달이 | 들어 | 섰다.

---

③ He | was brought | in.

예문은 ③형 NPP'(p)이다. P는 bring의 수동형, P'는 소사 in이다.
다음 두 문장으로 나눠진다. 즉 NPP'⇒NP+NP'의 관계에 있다.

③ He | was brought | in.   그는 | 데려와 졌다 | 안에.
① He | was brought.   그는 | 데려와 졌다.
① He | was in.   그는 | 안에 있었다.

♣ 유형별 예문
③ We | 've never been allowed | in.   우리는 | 절대로 허락되지 않았다 | 들어감이.
③ He | was let | in.   그는 | 되었다 | 안에 있게.
③ He | was left | in.   그는 | 남겨졌다 | 안에.

⑤ NPN'P'(p)

| ⑤ She | brought ‖ him | in. |

예문은 ⑤형 NPN'P'(p)이다. P는 동사 bring, P'는 소사 in이다.
다음 두 문장으로 나눠진다. 즉 NPN'P'⇒NPN'+N'P'의 관계에 있다.

⑤ She | brought ‖ him | in.   그녀는 | 데려왔다‖ 그를 | 안에.
② She | brought ‖ him.   그녀는 | 데려왔다‖ 그를.
① He | was in.   그녀는 | 안에 있었다.

♣ 유형별 예문
(사람)
⑤ I | can't allow ‖ you | in.   나는 | 할 수 없다‖ 너를 | 들게.
⑤ The waiter | bowed ‖ him | in.   웨이터는 | 머리 숙여 ‖ 그를 | 들게 했다.
⑤ | Bring ‖ him | in. | 보내라‖ 그를 | 들여.
⑤ | Call ‖ her | in. | 불러라‖ 그녀를 | 안으로.
⑤ | Count ‖ me | in. | 계산해 줘‖ 날 | 끼게.
⑤ | Fill ‖ me | in. | 채워 ‖ 나를 | 안에.*알려줘.
⑤ We | could fit ‖ you | in.   우리는 | 줄 수 있어 ‖ 널 | 끼워.
⑤ I | will gather ‖ them | in.   내가 | 모을 것이다 ‖ 그들을 | 안으로
⑤ | Get ‖ me | in. | 해줘 ‖ 나를 | 들게.
⑤ | Let ‖ me | in/out.   나를 들어가게/나가게 해줘.
⑤ | Don't let ‖ anybody | in. | 하지 말라 ‖ 누구도 | 들게.
⑤ Somebody | pushed ‖ me | in.   누군가 | 밀었어 ‖ 나를 | 안으로.
⑤ I | 'd run ‖ you | in.   나는 너를 잡아 가두겠어.
⑤ Can you | squeeze ‖ me | in?   너는 | 조여서 ‖ 나를 | 들게(네 일정에 끼게) 할 수 있니?
⑤ | Please show ‖ him | in. | 안내해‖ 그를 | 안으로.
⑤ | Send ‖ him | in/out. | 보내라‖ 그를 | 안으로/밖으로.
⑤ Ali | took ‖ him | in/out.   알리가 | 데려갔어 ‖ 그를 | 안에.
⑤ He | 'll always take ‖ you | in.   그는 | 언제나 데러갈 거 ‖ 너를 | 안으로. *사기치다
⑤ He | turned ‖ Hagrid | in.   그는 | 했다‖ 해그리드를 | 신고.
⑤ A hand | pulled ‖ him | in.   한 손이 | 끌었다‖ 그를 | 안에.
(사물)
⑤ You | can mail ‖ it | in.   그것은 우송해도 돼.*상대방의 입장
⑤ Can you | wire ‖ money | in (for him)? (그에게) 돈을 전신 송금할 수 있습니까?
⑤ | Breathe ‖ it | in.   숨을 들여 마셔라. *냄새를 맡아 봐.
⑤ Harry | couldn't take ‖ it | in.   해리는 그것을 받아들일(이해할) 수 없었다.
⑤ We | have to turn ‖ our essays | in (by Friday). 우리는 | 제출해야 해 ‖ 논문을 | 제출.

| ⑤ | Bring 「in ‖ those chairs. |

예문은 ⑤ 형 NP「P'(p)N'이다. in과 those chairs의 위치가 바뀐 것이다.
「 표시는 P'가 N'을 서술함을 나타낸다.

다음 두 문장으로 나눠진다. 즉 NP「P'N'⇒ NPN'P'⇒NP+N'P'의 관계에 있다.

⑤ | Bring 「in ‖ those chairs.　　　|가져와라 |안에‖ 그 의자들을.
=⑤ | Bring ‖ those chairs | in.　　　|가져와라‖ 그 의자들을 | 안에.
② | Bring ‖ those chairs.　　　　　|가져와라‖ 그 의자들을.
① Those chairs | be in.　　　　　　그 의자들은 | 안으로.

♣ 유형별 예문
(사람)
⑤ He | called 「in ‖ each one of his master's debtors.(Lk16:5)
　　　그는 |소환했다 「안으로‖ 그 주인의 빚쟁이 중 각자를.
⑤ They | 'll send 「in ‖ the troops.　　그들은 | 보낼 거야 | 군대를‖ 들여.
(사물)
⑤ | Put 「in ‖ a little more sugar.　　|넣어라 「안에 ‖ 설탕을 좀 더.
⑤ A poor widow | put 「in ‖ two very small coins.(Mk12:41,42)
　　　한 가난한 과부는 작은 동전들을 넣었다.
⑤ You | must all hand 「in ‖ your projects by the end of next week.
　　　너희는 모두 사업계획을 다음 주말까지 제출해야 한다.
⑤ He | punched 「in ‖ the file number for Mrs. Plunk.
　　　그는 | 두들겨 「입력했어 ‖ Plunk 부인의 파일 번호를.
⑤ I | put 「in ‖ some orders for African green.
　　　나는 |넣었다 「안에 ‖아프리카 푸른 원숭이의 주문을.
⑤ Many rich people | threw 「in ‖ large amounts.(Mk12:41,42)
　　　많은 부자들이　 | 던져 「넣었다‖ 많은 양을.
⑤ He | may turn 「in ‖ a shocking report. 그는 충격적인 보고서를 제출할지 몰라.
⑤ They | wedged 「in ‖ questions [whenever} they could].
　　　[그들은 할 수 있을 때마다] 질문을 끼워 넣었다.

⑤' NPN' 「P'(p)

| ⑤' She | followed ‖ him 「in. |

예문은 ⑤' 형 NPP'(p)「N'이다. NPN' 「P'에서 P'는 N'을 서술한다. 「 표시는 이를 나타낸다.
다음 두 문장으로 나눠진다. 즉 NPN' 「P'⇒NPN'+NP'의 관계에 있다.

⑤' She | followed ‖ him 「in.　　그녀는 | 따랐다‖ 그를 「안에.
② She | followed ‖ him.　　　　그녀는 | 따랐다‖ 그를.
① She | was in.　　　　　　　　그녀는 | 안에 있다.

⑦ NPP'P"(p)

| ⑦ They | came | running | in. |

예문은 ⑦형 NPP'P"(p)이다. P"는 소사 in이다.
다음 두 문장으로 나눠진다. 즉 NPP'P"⇒NP+NP'+NP"의 관계에 있다.

⑦ They | came | running | in.   그들은 | 왔어 | 달려 | 안에.
③ They | came | were running.   그들은 | 왔어 | 달려.
① They | were in.   그들은 | 안에 있었어.

♣ 유형별 예문
⑦ The yacht | sailed | back | in (by noon). 그 요트는 | 항해했다 | 돌아 | 안으로.=회항하다
⑦ The rest of the class | came | clattering | in. 나머지 학생들이 | 왔어 | 소란스럽게 | 안으로.
⑦ Do I | look | done | in ?   나 | 보이니 | 빠져 | 지쳐?

She took him out. (out)

① NP(p)

① He | was out.

예문은 ①형 NP(p)이다. P는 소사 out이다.
out은 '밖/외부, 나(出)' 의 의미를 가진다. 소사의 용법은 형용사의 서술적 용법과 같다.
소사(particle)은 be에 연결되어 쓰인다. 명령문에는 be가 생략된다.

.① He | was out.   그는 | 밖에 있었다. *외출하다

♣ 유형별 예문
(사람/신체)
① " | Out!" roared Uncle Vernon.   " | 나가!", 버논 삼촌이 소리쳤어.
① Lauren, | Out (again)?   로렌, | 나왔니 (또)?
① I | 'll be out (for a while).   나 | 나갔다 올게 (잠시).
① You | 're out! (in a game)   너는 | 죽었어! (게임에서)
① He | is out [because he is ill].(=quit)(SED) 그는 | 그만 두었어 [병이 나서].
① Two drinks and he | 's usually out.(=unconscious)(SED 두 잔이면 그는 | 정신이 나간다.
① I've always known I was gay, but I | 've only been out (for two years).(=reveal)(OAD)
   내가 동성애자라는 것을 항상 알고 있었지만, 실토한지 2년밖에 되지 않았어요.
① My back | was out.   내 허리가 | 삐었어.
① His chest | was out.   그의 가슴이 | 내밀어졌다.
(물건)
① The sun | is out.   해가 | (구름에서) 나타났어.
① His shirt tail | was out.   그의 셔츠 끝이 | 나와 있었다.
① The next one | will be out (in September). 다음 호는 | 나올 것이다 (9월에).
① The leaves | are out.   잎들이 | 나왔어.
① The cherry blossoms | will be soon out. 그 벚꽃들은 | 곧 질 거야.
① His strength | was out.   그의 힘이 | 소진되었어.
① The fire/stove | was already out.   불/스토브가 | 이미 꺼졌어.
① Most lights | were out.   모든 불이 | 나갔어.
① The telephone | is out (again).   전화가 | 나갔어/고장이야 (또).

① The water | is out.　　　　　　　물이 | 안 나와.
① My rope | is out.　　　　　　　　내 밧줄이 | 다 되었어. *진퇴유곡이다.
① Sack dresses | are out.　　　　　헐렁한 의류는 | 유행이 지났어.
(관념/시간)
① The secret | is out.　　　　　　　비밀이 | 드러났어 *탄로나다
① The results of the exam | are out.　시험 결과가 | 나왔다.
① What movies | are out (now)?　　어떤 영화들이 | 나와 있니 (요즘)?
① When the age is in, the wit | is out. 나이가 들면, 위트가 | 사라진다.
① (The) School | is out/over.　　　학교는 | 방학이야.
① Time | is out/over/up.　　　　　시간이 | 끝났어/넘었어/찼어.

③　NPP'(p)

| ③ He | went | out. |

예문은 ③형 NPP'(p)이다. P는 자동사, P'는 소사 out이다.
다음 두 문장으로 나눠진다. 즉 NPP'⇒NP+NP'의 관계에 있다.

③ He | went | out.　　　　　　　그는 | 갔다 | 밖에.
① He | went.　　　　　　　　　　그는 | 갔다.
① He | was out.　　　　　　　　　그는 | 밖에 있었다.

♣ 유형별 예문
(사람/신체)
③ A lady | came | out.　　　　　한 숙녀가 | 왔다 | 나
③ Maybe he | 'chickened | out.　아마 그는 | 겁나 | 내뺐는가봐.
③ Now and then, we | eat | out.　가끔 우리는 | 식사해 | 밖에서.
③ People | flooded | out.　　　　사람들이 | 쏟아져 | 나왔어.
③ | Get | out!　　　　　　　　　 | 가라 | 밖으로/나!
③ She | ran quickly | out.　　　　그녀가 | 빨리 달려 | 나갔어.
③ They | set | out.(Lk9:6)　　　제자들이 | 출발하여 | 나갔다.
③ He | ventured | out.　　　　　그는 | 모험했다 | 나가기.
③ He | ventured/wanted | out.　그는 | 원했다 | 나가기.
③ I | blacked | out.　　　　　　나는 | 새까맣게 | 정신을 잃었다.
③ You | really went | all out?　너는 | 정말 되었군 | 많이 지치게.
③ You | passed | out.　　　　　너는 | 버렸다 | 의식을 잃어.
③ You won the lottery last night? | Get(or Speak) | out!(EID287,ECD965)
　　어젯밤에 복권에 당첨됐습니까? 드러 놓고 말해요!
③ He | crashed | out (on the floor after a couple of drinks).(=unconscious)(EPV519)
　　(술을 몇 잔 마신 후 바닥에) 그는 | 만취하여 | 정신이 나갔다.
③ I | really feel | out.(=exhausted)(1HP216) 나는 | 진짜로 느낀다 | 지치게.
③ My back | went | out.　　　내 허리가 | 되었다 | 빠지게. *삐다
③ His chest | came | out.　　그의 가슴이 | 왔다 | 내밀어져.
③ His hand | groped | out.　　그의 손이 | 더듬어 | 뻗었다.
(물건)

③ Now the sun | has come | out.　　이제 해가 | 왔다 | 나.
③ His new book | has come | out.　　그의 새 책이 | 왔다 | 나.
③ I know what'll happen [if that owl | let | out].
　　[저 부엉이를 내보냈다가는] 어떤 일이 일어날지 나는 알아.
③ Provisions | have run | out.　　식량이 | 달렸어 | 다 떨어져.
③ Fruits | have sold | out.　　과일이 | 팔려서 | 없어졌다.
③ The fire | has burnt | out.　　불이 | 다 타서 | 꺼졌다.
③ The fire | had died | out.　　불이 | 죽어 | 꺼졌다.
③ The light | went | out.　　전등이 | 갔다 | 나.
③ The whistle | rang | out.　　호각이 | 울려 | 퍼졌다.
(관념/시간)
③ The war | will break | out.　　전쟁이 | 갑자기 | 발발했다.
③ Their exam results | came | out.　　그들의 시험결과가 | 왔다 | 나.
③ That style | has gone | out.　　스타일은 | 되었다 | 유행이 지나게.
③ How did the news | get | out?　　소식이 | 되었니 | 어떻게 새어나가게?
③ The news | leaked | out (somehow). 소식은 | 새어 | 나갔다 (어느 정도).
③ Time | is running | out.　　시간이 | 딸리고 있다 | 끝나게.

---

③ He | was taken | out.

예문은 ③형 NPP'(p)이다. P는 수동형, P'는 소사 out이다.
두 문장으로 나눠진다. 즉 NPP'⇒NP+NP'의 관계에 있다.

③ He | was taken | out.　　그는 | 데려가졌다 | 밖에.
① He | was taken.　　그는 | 데려가졌다.
① He | was out.　　그는 | 밖에 있었다.

♣ 유형별 예문
(사람/신체)
③ He | is always left | out.　　그는 | 항상 남겨진다 | 배제되어.
③ They | were ordered | out.　　그들은 | 명령받았다 | 나가도록.
③ The slain | will be thrown | out.　　그 피살자는 | 던져 졌다 | 내..
③ He | was wanted | out.　　그는 | 원해졌다 | 나가기.
③ I | was knocked | out.　　나는 | 부딪혀 | 의식을 잃었어.
③ She | was most put | out.　　그녀는 | 심히 되었다 | 짜증나게.
③ He | was tired | out.　　그는 | 지쳐 | 떨어졌다.
③ My back | was thrown | out.　　내 허리가 | 갑자기 겼다 | 삐어.
③* He | is going to be chucked | out. 그는 쫓겨나게 될 거야.
(조직/집단)
③ Brazil | should never be counted | out (entirely).
　　브라질이 (우승후보에서) (전적으로) 배제되는 것으로 계산해서는 안된다.
③ The CIA | is stressed | out.　　CIA는 | 스트레스로 | 나가 떨어졌다.
③ Most of the Ipicas | would've been wiped | out. Ipicas족 대부분이 | 쓸어져 | 사라졌을 거야.
(사물)

- 174 -

③ One of bulbs | is burned | out.　　전구 하나가 | 타져 | 나갔다.
③ The wrinkles | had been ironed | out. 주름살들이 | 다려져서 | 없어졌다.
③ The proposal | was ruled | out.　　그 제안은 | 결정되었다 | 각하로.

⑤ NPN'P'(p)

> ⑤ She | took ‖ him | out.

예문은 ⑤형 NPN'P'(p)이다. P는 타동사, P'는 소사 out이다.
다음 두 문장으로 나눠진다. 즉 NPN'P'⇒NPN'+N'P'의 관계에 있다.

⑤ She | took ‖ him | out.　　　그는 | 데려갔다 ‖ 그를 | 밖에.
② She | took ‖ him.　　　　　그는 | 데려갔다‖ 그를.
① He | was out.　　　　　　　그는 | 밖에 있었다.

♣ 유형별 예문
(사람)
⑤ We | can allow ‖ the children | out (till 9). 우리는 | 허용할 수 있다 ‖ 애들을 | 외출하게.
⑤ She | asked ‖ me | out.　　　그녀는 | 청했어‖ 내게 | 데이트.
⑤ He | bowed ‖ her | out.　　　그는 | 머리 숙였다‖ 그녀에게 | 나가게.
⑤ They | carried ‖ her | out.(Ac5:10) 그들은 | 옮겼다‖ 그녀를 | 밖으로.
⑤ He | cleaned ‖ me | out.　　그는 | 깨끗이 했다‖ 나를 | (내 돈을) 다 따서.
⑤ | Count ‖ me | out.　　　　　| 계산해 줘‖ 날 | 빠지게.
⑤ You | 'd better count ‖ me | out. 넌 | 나을 거야‖ 나를 | 빼는 게.
⑤ We | 'll have ‖ him | out this time. 우리는 | 해줄 거야‖ 그를 | 혼나게.
⑤ | Help ‖ me | out.　　　　　| 도와줘‖ 나를 | 나가게.
⑤ | Let ‖ me | out.　　　　　| 해줘‖ 나를 | 나가게.
⑤ You | can kick ‖ me | out.　너는 | 차서 | 날 | 내칠 수 있다.
⑤ Will you | not immediately pull ‖ him | out? 너는 | 즉시 끌어내지 않겠니 ‖ 그를 | 밖으로.
⑤ | Send ‖ him | out.　　　　| 보내라‖ 그를 | 밖으로.
⑤ | Please show ‖ him | out.　| 안내해요‖ 그를 | 밖으로.
⑤ | Don't shut ‖ me | out.　　| 닫지 마‖ 날 | 밖에 두고.*화나서 날 밖에 두고 문 닫다.
⑤ They | threw ‖ him | out.(Jn9:34) 그들은 | 던졌다‖ 그를 | 내어
⑤ I | want ‖ him | out.　　　나는 | 원해‖ 그가 | 나가기.
⑤ We | 'll have ‖ Peeves | out (this time). 우리는 | 할거 야‖ Peeves를 | 혼나게 (이번에).
⑤ This stuff | will put‖ you | out (in no time). 이것은 | 하게 할 거야‖ 너를 | 의식을 잃게.
⑤ Did they | tire ‖ you | out?　그들이 | 지쳐‖ 너를 | 떨어지게 했니?
⑤ | Hear ‖ me | out.(=reveal)(OAD)　| 들어라 ‖ 나를 | 드러난 상태로.
⑤ Why did Erica do that? I | can't figure ‖ her | out.(=understand)(2G136C)
　　　에리카는 왜 그랬을까? 나는 | 이해할 수 없어 ‖ 그녀를 | 드러내어.
(신체)
⑤ I | cried ‖ my eyes | out.　　나는 | 울었다‖ 눈이 | 빠지도록.
⑤ | Keep ‖ your noses | out.　| 있어라‖ 코를 | 뺀 채. *간섭마라
⑤ I | 'm pulling ‖ my hair | out. 나는 | 당기고 있다‖ 머리칼을 | 뽑아.*갑갑하다
⑤ He | put ‖ his hand | out.　그는 | 내었다 ‖ 손을 | 밖으로.

⑤ I | 'll stick ∥ my neck | out.　　　나는 | 내밀겠다 ∥ 목을 | 빼어.
　*거북이 목을 빼면 위험하다는 뜻에서 '위험을 무릅 쓰겠다' 는 표현
⑤ I | threw∥ my back | out.　　　난 | 갑자기 했어∥ 허리를 | 삐게.
⑤ He | threw ∥ his chest | out (bravely). 그는 | 폈다∥ 가슴을 | 내밀어 (용감하게).
⑤ He | worked ∥ his heart | out.　　 그는 | 일했다∥ 심장이 | 나오도록. *열심히 일했다.
(사물)
⑤ He | couldn't get ∥ the nail | out.　 그는 | 할 수 없었다∥ 그 못을 | 빼어내게.
⑤ We | 've got to get ∥ this book | out (next month). 우린 | 해야 해∥ 이 책을 | 출간 (다음 달).
⑤ He | pulled ∥ the papers | out.　　 그는 | 끌어/끄 ∥ (봉투에서) 서류들을 | 내었다.
⑤ He | put ∥ the sword | out.　　　 그는 | 놓았다∥ 그 검을 | 꺼내.
⑤ Can you | get ∥ this stain | out?　 당신은 | 해주겠어요 ∥ 이 얼룩을 | 지워지게.
⑤ So | le t∥ it | out and | let ∥ it | in. 숨을 내쉬고 들어마셔라. *심호흡을 해라.
⑤ We | turned ∥ the light | out.　　 우리는 | 돌려서∥ 불을 | 껐다.
⑤ | Put ∥ it | out.　　　　　　　　 | 해라∥ 그 불을 | 꺼지게.
⑤ They | 'll bring ∥ your article | out. 그들은 | 할거야∥ 네 논문을 | 출판되게.
⑤ | Cut ∥ it | out!　　　　　　　　 그것을 짤라내! *그만 둬.
⑤ We | can probably work ∥ something | out. 우리는 | 아마도 노력하여∥ 뭔가를 | 해낼 거야.
⑤ We | need ∥ time | out.　　　　　 우리는 | 필요해∥ 시간이 | 끝남이.*시간 종료해 휴식하자

⎯⎯
　　　　　　　　　⑤ He | took ⌜out ∥ the book.
⎯⎯

예문은 ⑤형 NP ⌜P'(p)N'이다. e book과 out의 위치가 바뀐 것이다.
⌜ 표시는 P'가 N'을 서술한다는 뜻이다.
다음과 같이 분석된다. 즉 NP ⌜P'N' ⇒ NPN'P' ⇒ NPN'+N'P'의 관계에 있다.

⑤ He | took ⌜out ∥ the book.　　　　그는 | 끄집어 ⌜냈다∥ 그 책을.
=⑤ He | took ∥ the book | out.　　　그는 | 끄집어 ∥ 그 책을 | 냈다.
② He | took ∥ the book.　　　　　　 그는 | 집었다∥ 그 책을.
① The book | was out.　　　　　　　 그 책은 | 나와 있었다.

♣ 유형별 예문
(신체)
⑤ She | has put ⌜out ∥ her hip (again). 그녀는 | 했다 ⌜어긋나게 ∥ 골반이 (다시).
⑤ He | held ⌜out ∥ an enormous hand. 그는 | 밀었다 ⌜내어∥ 엄청나게 큰손을.
⑤ | Stretch ⌜out ∥ your hand.(Job 1:11) | 뻗어라 ⌜내어∥ 손을.
⑤ He | Stuck ⌜out ∥ a hand.　　　　 그는 | 밀었다 ⌜내어 ∥ 손을.
⑤ I | threw ⌜out ∥ my back.　　　　 난 | 갑자기 했어 ⌜삐게∥ 허리를.
⑤ Hagrid | threw ⌜out ∥ his chest. 해그리드는 | 폈다 ⌜내밀어 ∥ 가슴을.
(사물)
⑤ He | checked ⌜out ∥ these books. 그는 이 책들을 대출 받았다.
⑤ | Cut ⌜out ∥ the pictures.　　　　 | 잘라 ⌜내래∥ 그림들을.
⑤ The fishermen | laid ⌜out ∥ their nets and lines. 어부들은 | 놓았다 ⌜꺼내 ∥ 그물과 낚시 줄을.
⑤ He | picked ⌜out ∥ the photos.　 그는 | 집어 ⌜냈다 ∥ 사진들을.
⑤ He | got ⌜out ∥ his pen and signed the check. 그는 | 꺼 ⌜내어 ∥ 펜을, 수표에 서명했다.

⑤ She | let 「out ‖ a yelp.　　　　　그녀는 | 했다 「나게‖ 외침이.
⑤ A fire fighter | puts 「out ‖ fires.　소방관은 | 한다 「꺼지게‖ 불을.
⑤ Please | turn 「out ‖ the light.　　| 돌려 「꺼줘요‖ 불을.
⑤ The trees | shut 「out ‖ the daylight. 나무들이 햇빛을 차단했다.
(관념)
⑤ In his anger, he | blurted 「out ‖ the secret. 홧김에, 그는 | 불쑥 말했어 「누설하여‖ 비밀을.
⑤ I | will lay 「out ‖ the case.　　내가 | 주장하겠다 「드러내‖ 입장을.
⑤ We | put 「out ‖ a request for volunteers. 우리는 | 발부했다 「외부로‖ 자원자 신청서를.

⑤' NPN' 「P'(p)

⑤' She	followed ‖ him 「out.

예문은 ⑤' 형 NPP'(p) 「N'이다.
NPN' 「P'에서 P': in은 N'을 서술한다. 「표시는 이를 나타낸다.
다음 두 문장으로 나눠진다. 즉 NPN' 「P'⇒NPN'+NP'의 관계에 있다.

⑤' She | followed ‖ him 「out.　　그녀는 | 따라‖ 그를 「나갔다.
② She | followed ‖ him.　　　　그녀는 | 따랐다 ‖ 그를.
① She | was out　　　　　　　그녀는 | 나가 있다.

⑦ NPP'P"(p)

⑦ He	looks	tired	out.

예문은 ⑦형 NPP'P"(p)이다. P"는 소사 out이다.
다음 세 문장으로 나눠진다. 즉 NPP'P"⇒NP+NP'+NP"의 관계에 있다.

⑦ He | looks | tired | out.　　　그는 | 보여 | 피로해 | 진이 빠져.
① He | looks....　　　　　　　그는 | 보여...
① He | is tired.　　　　　　　그는 | 피로해.
① He | is out.　　　　　　　　그는 | 진이 빠져 있어.

♣ 유형별 예문
⑦ You | got | blacked | out?　　너는 | 되었니 | 새까맣게 | 기억이 없게?
⑦ He | got | chewed | out (by his boss). 그는 | 되었어 | 씹혀 | 나게 (상사에게). *꾸중듣다
⑦ He | gets | chucked | out .　그는 | 된다 | 쫓겨 | 나게.
⑦ I | felt | left | out.　　　　나는 소외감이 들었다.
⑦ I | felt | quite put | out.　　나는 | 느꼈다 | 되게 | 불쾌하게.
⑦ She | was looking | put | out.　그녀는 | 보였다 | 된/난 것처럼 | 실망/짜증.
⑦ A lot of green smoke | came | billowing | out. 연기가 | 나왔다 | 소용돌이치며 | 밖으로.

He turned the light on. (on)

① NP(p)

---
① The light | was on.

예문은 ①형 NP이다. P는 소사 on이다.
on의 기본의미는 '부착/붙어'이고 여기서 여러 가지 의미가 파생한다.

① The light | was on.　　　　　불이 | 켜 있었다.

♣ 유형별 예문
(사람)
① We | are on.　　　　　　　우리 | 시작해/계속해.
① Shall | we on?　　　　　　우리 | 시작/계속할까?
① You | are on.　　　　　　　너 | 차례야. *네 생각대로 내가할게.
① I | 'm on.　　　　　　　　나는 | 찬성이야.
① He | 's been on (for five years here). 그는 | 일해 왔다 (여기서 5년간).
① He | is now slightly on.　　그는 | 약간 취했어.
① He | 's almost always on (Thursday). 그는 | 거의 항상 기분이 고조된다 (목요일).
① He | is on (the bike)!　　　그는 | (자전거에) 타 있어.
(물건)
① The rest of his clothing | was still on. 나머지 옷은 | 아직 입은 상태였다.
① Right- earmuffs | on.　　좋아- 귀 가리개 | 착용해라.
① Her old gloves | were on. 그녀의 낡은 장갑이 | 착용되었다.
① Is the gas | is on?　　　　가스 | 나오니?.
① The water | is not on.　　물이 | 안 나와.
① The electric light | is on.　전등이 | 켜져 있어.
① The camera | was still on. 카메라는 | 아직 켜 있었어.
① The radio(or TV) | is on. 라디오(또는 TV)가 | 켜 있어.
① Is your break | on?　　　브레이크가 | 걸려있니?
(관념/시간)
① The race | was on.　　　　경마가 | 시작되었다.
① The adventure | was on (again). 그 모험은 | 화제로 올랐어 (다시).
① It | simply not on.　　　　그건 | 단순히 실행 불가능해.
① The meeting | was on.　　그 모임이 | 계속되었다.
① What | 's on?　　　　　　무슨 일이 | 있니?
① Macbeth | is on.　　　　　맥베스가 | 상연되고 있어.
①」There was」 a war | on　전쟁이 | 났다.
① The evening | was on.　　저녁이 | 되었다.

③ NPP'(p)

---
③ The light | came | on.

예문은 ③형 NPP'이다. P는 자동사, P'는 소사 on이다.

다음 두 문장으로 나눠진다. 즉 NPP'⇒ NP+NP'의 관계에 있다.

③ The light | came | on.   　　　불이 | 왔다/되었다 | 켜져/켜지게.
① The light | came.　　　　　　　불이 | 왔다.
① The light | was on.　　　　　　불이 | 켜져 있었다.

♣ 유형별 예문
(사람)
③ They | couldn't carry | on.　　　그들은 | 할 수 없었다 | 계속.
③ Sam | came | on (Shelob).　　　샘이 | 들었다 | (괴물에게) 달려.
③ She | was catching | on.　　　그녀는 | 있었다 | 이해하고. *대화과정에서 감을 잡다
③ | Get | on!　　　　　　　　　　타라/전진하자/가자!
③ Now, on」 we | go!　　　　　　이제, 계속하여」 우리는 | 간다!
③ | Hold | on.　　　　　　　　　 | 잡고 있거라 | 그대로.
(물건)
③ Lights | came | on.　　　　　　불들이 | 왔다 | 들어.
③ On」 the elephant | came.　　　코끼리가 | 왔어 | 접근하여.
③ The tape | dragged | on.　　　테이프가 | 끌면서 | 작동했다.
③ A lamp | flickered | on.　　　 램프가 | 깜박거리며 | 켜졌어.
③ His jacket | slid | on.　　　　그의 상의가 | 미끄럽게 | 입혔어.
(관념/시간)
③ The midnight news | came | on. 자정 뉴스가 | 되었다 | 방영.
③ The matches | went | on (for five days last time). 그 시합은 | 되었다 | 계속 (지난 5일간).
③ What | 's going | on?　　　　　무슨 일이 | 있니 | 일어나고?
③ Evening | was coming | on.　　저녁이 | 오고 있었다 | 가까이.

---

③ The light | was turned | on.

예문은 ③형 NPP'이다. P는 수동형, P'는 소사 on이다.
다음 두 문장으로 나눠진다. 즉 NPP'⇒NP+NP'의 관계에 있다.

③ The light | was turned | on.　　불이 | (스위치) 돌려져 | 켜졌다.
① The light | was turned.　　　　 불이 | (스위치) 돌려졌다.
① The light | was on.　　　　　　 불이 | 켜져 있었다.

♣ 유형별 예문
③ That | aptly is put | on.　　　그건 | 손쉽게 진다 / 입혀.
③ Their earmuffs | was back | on. 귀 가리개가 | 다시/되돌아 | 착용되었어.
③ The player | was turned | on.　녹음기가 | 돌려졌어 | 켜지게.
③ A light | was switched | on.　 불이 | 스위치 돌려졌어 | 켜지게.
③ So an easy cover story | was laid | on. 그래서 한 쉬운 핑계거리가 | 만들어져 | 있다.
③ Such a task | should not be taken | on. 그런 일은 | 맡겨서는 안 된다 | 시작하도록.
③ The matches | are back | on.　그 시합은 | 다시 된다 | 시작.

⑤ NPN'P'(p)

> ⑤ He | turned ‖ the light | on.

예문은 ⑤형 NPN'P'이다. P는 타동사, P'는 소사 on이다.
다음 두 문장으로 나눌 수 있다. 즉 NPN'P'⇒NPN'+N'P'의 관계에 있다.

⑤ He | turned ‖ the light | on. 그는 | (스위치를) 돌려 ‖ 불(전등)을 | 켰다.
② He | turned ‖ the light. 그는 | 돌렸다 ‖ 불(전등)을.
① The light | was on. 불(전등)이 | 켜져 있었다.

♣ 유형별 예문
(사람)
⑤ He | beckoned ‖ them | on. 그는 | 신호했다 ‖ 그들을 | 붙게.
⑤ | Bring ‖ them | on. 그들을 덤비도록 해.
⑤ The laborer's hunger | drives ‖ him | on.(Pr16:26)
    노동자의 배고픔이 | 몰고 간다 ‖ 그를 | 일하게.
⑤ He | is **having/leading** ‖ me | on. 그는 날 갖고 놀아/속여 먹어.
⑤ You | are **having/putting** ‖ me | on. 너는 나를 갖고 노는군. *농담하고 있는 거겠지.
⑤ He | is keeping ‖ us | on. 그는 | 계속한다 ‖ 우리를 | 고용하기를..
⑤ | Don't let ‖ him | on! 그를 태우지 마!
⑤ | Put ‖ her | on. | 놓아라 ‖ 그녀를 | 붙여.
⑤ | Put ‖ him | on (the stand). | 세워라 ‖ 그를 | (증언대에) 증인으로.
⑤ | Take ‖ me | on. 나를 받아 줘.
    *행동/진로/목적에 동행케 해달라는 것. 묻는 상대에게 결정권이 있음.
⑤ You | 're going to take me ‖ on? 진짜 한번 해볼래?
    *상대를 한번 떠보는 의도. 경력, 능력, 도박, 체력, 지능 등 도전.
⑤ She | turn ‖ me | on. 그녀가 나를 사로잡았어.
⑤ Math | really turns ‖ me | on. 수학은 나를 정말로 사로잡아.
⑤ The foreman | urged ‖ his workman | on. 십장은 | 채근했다 ‖ 일꾼들을 | 일하게.
⑤ | Keep ‖ your hair | on. 머리카락을 붙여라. *화내지 마라.
(물건)
⑤ | Get ‖ your coat | on. 코트를 입어라.
⑤ | Get ‖ some clothes | on. | 입어라 ‖ 아무 옷이나 | 걸쳐.
⑤ He | has ‖ a coat | on. 그는 | 입고 있어 ‖ 코트를 | 덮어.
⑤ You | may keep ‖ your hat | on. 너는 | 있어도 좋아 ‖ 모자를 | 쓰고.
⑤ | Keep ‖ your shirt | on. | 있어라 ‖ 셔츠를 | 입은 채.
☆ '셔츠를 벗지 말고 그대로 있어라' 는 '성급히 굴지마' 라는 뜻
⑤ She | pulled ‖ her stocking | on. 그녀는 | 당겨서 ‖ 스타킹을 | 입었다.
⑤ We | 'd better put ‖ the cloak | on. 우리는 | 입는 것이 좋겠어 ‖ 망토를 | 덮어.
⑤ May I | try ‖ it | on? 그걸 입어/신어/써 봐도 될까요?
⑤ Dudley | must have left ‖ his television | on (again).
    Dudley가 | 두고 온 모양이군 ‖ 텔레비전을 | 켜 놓은 채, (또).
⑤ | Turn ‖ the light | on/off. | 돌려라 ‖ 불이 | 켜/꺼지게.
⑤ | Turn ‖ the radio | on. | 돌려라 ‖ 라디오가 ‖ 켜지게.
(관념/활동)

⑤ We | should get ‖ a move | on.   우리는 동작으로 옮겨야 해.
⑤ You | got ‖ something | on?   너 무슨 계획이라도 있니?
⑤ I | have ‖ nothing | on (this evening). 나는 아무 계획이 없어 (오늘 저녁).
⑤ | Set ‖ our battles | on.   전투를 개시하자/전진하자
⑤ People aren't keen [| to take ‖ it | on]. 사람들은 좀처럼 [그것을 맡으려고] 하지 않아.

> ⑤ He | turned 「on ‖ the light.

예문은 ⑤ NP「P'N'이다. N'과 P'의 위치가 바뀐 것이다. 「 표시는 P'가 N'을 서술함을 나타낸다.
다음 두 문장으로 나눠진다. 즉 NP「P'N' ⇒ NPN'P' ⇒ NPN'+N'P'의 관계에 있다.

⑤ He | turned 「on ‖ the light.   그는 | 돌려 「켰다 ‖ 불(전등)을.
=⑤ He | turned ‖ the light | on.   그는 | 돌려 ‖ 불을 | 켰다.
② He | turned ‖ the light.   그는 | 돌렸다 ‖ 불(전등)을.
① The light | was on.   불이 | 켜져 있었다.

♣ 유형별 예문
(사람)
⑤ They had to keep [| bringing 「on ‖ the substitutes].
    그들은 유지해야 했어 [| 데려오는 것을 「뛰도록 ‖ 후보선수들이].
⑤ The factory | will take 「on ‖ more workers this year.
    그 공장은 금년에 근로자들을 몇 명 더 고용할 거야.
⑤ | Take 「on ‖ me.   나를 받아(붙여) 줘.
⑤ Ishihara doesn't hesitate [| to take 「on ‖ Japan's neighbors].
    이시하라는 주저하지 않아 [일본의 이웃을 상대하는 것을].
(물건)
⑤ | Flinging 「on ‖ some clothes, Merry looked outside.
    | 허둥지둥 던져 「걸치면서 ‖ 옷들을, Merry는 밖을 보았어.
⑤ You | have 「on ‖ a necktie.   너 | 있군 「매고 ‖ 넥타이를.
⑤ They | pulled 「on ‖ their bathrobes. 그들은 | 당겨 「걸쳤어 ‖ 잠옷을.
⑤ He | put 「on ‖ his coat .   그는 | 입었어 「덮어 ‖ 외투를.
⑤ He | slipped 「on ‖ his ring.   그는 | 미끄러지게 「끼웠다 ‖ 반지를.
⑤ I'd like [| to try 「on ‖ this sweater]. 나는 싶어 [| 입어보고 「걸쳐 ‖ 이 스웨터를].
⑤ He | flipped 「on ‖ a light switch. 그는 등 스위치를 튀겨 켰어.
⑤ He | put 「on ‖ a high voice.   그는 목소리 톤을 높였어.
⑤ He | turned 「on ‖ a light(or the radio). 그가 전등(또는 라디오)를 켰어.
(관념/활동)
⑤ May the Master | pour 「on ‖ the love.(1Th3:12) 주인은 사랑을 부어주어라.
⑤ He | does not put 「on ‖ airs.   그는 거드름을 피우지 않아.
⑤ Did you | put 「on ‖ your make-up? 너 | 했니 「붙여 ‖ 화장을?
⑤ Argrow | put 「on ‖ quite a show. Argrow는 | 했다 「가장(假裝) ‖ 꽤 쇼를.
⑤ I tend [| to put 「on ‖ weight (these day)]. 나는 같아 [체중이 느는 것 (최근)].
⑤ | Take 「on ‖ my movement/style. 내 모습/행동을 따라 해줘.

⑦ NPP'P"(p)

> ⑦ He | got | taken | on (by Pride of Portree).

예문은 ⑦형 NPP'P"(p)이다. P"는 소사 on이다.
다음과 같이 분석된다. 즉 NPP'P"⇒NP+NP'+NP"의 관계에 있다.

⑦ He | got | taken | on (by Pride of Portree).
    그는 | 되었다 | 취하여져 | 입단되게 (Pride of Portree 팀에게).
① He | got...   그는 | 되었다....
① He | was | taken.   그는 | 취하여 졌다.
① He | was on.   그는 | 입단되었다.

> He took his jacket off. (off)

① NP(p)

> ① His jacket | was off.

예문은 ①형 NP이다. P는 소사 off이다.
off은 '단절/분리' 의 의미를 가진다.

① His jacket | was off.   그의 | 상의가 벗어져 있었다.

♣ 유형별 예문
(사람)
① | (Be) off! | 떨어져/사라져!
① They | were off.   그들은 | 떠났어.
① I | must be off (now).   나 | 떠나야 해 (지금).
① We | 'd better be off.   우리는 | 떠나는 게 좋겠어.
① I | was off (for the afternoon). 나는 | 비번이었어 (오후에).
① Hands | off!   손 | 떼라!
① Your arm | is off.   네(혹기사) 팔이 | 끊어져 있다.
(물건)
① His jacket | was off.(=removed)(6JG234) 그의 상의가 | 벗어져 있었다.
① His shirt | was off.(=removed)(7JG106) 그의 셔츠가 | 벗어져 있었다.
① Hats | off/on!   모자들 | 벗어/써!
① My hat | is off.   모자가 | 벗어져 있다.
① The lid | is off.   뚜껑이 | 벗어져 있어.
① His shoes | were off.   구두가 | 벗겨져 있었다.
① The sunglasses | were off.   선글라스는 | 벗은 상태이었어.
① The gliding | is off.   도금이 | 벗겨져 있어.
① Steak pie | is off.   스테이크 파이가 | 다 떨어졌어.

① The gas | is off. 가스가 | 끊어졌어.
① All lights | were off. 모든 등이 | 꺼졌어.
① The fire | was off | on. 불이 | 꺼져/켜져 있었어.
① The radio/television | is off/on. 라디오/텔레비젼이 | 꺼져/켜져 있다.
(관념/시간)
① The deal | is off. 그 거래는 | 그만이야.
① The meeting | is off. 회합은 | 중단이다.
① The negotiation | is now off. 협상은 | 지금 중단상태이다.
① My sense of balance | was off. 내 균형 감각이 | 사라졌다.
① The strike | is off. 파업은 | 불발이야.
① The market | is off. 시장이 | 불황이야.
① Profits | are off (this year). 이익이 | 떨어진다.
① The dawn | is not far-off. 새벽이 | 멀지 않았어.

③ NPP'(p)

③ His jacket | came | off.

예문은 ③형 NPP'이다. P는 자동사, P'는 소사 off이다.
다음 두 문장으로 나눠진다. 즉 NPP'⇒ NP+NP'의 관계에 있다.

③ His jacket | came | off. 그의 상의가 | 되었다 | 벗어지게.
① His jacket | came... 그의 상의가 | 되었다.
① His jacket | was off. 그의 | 상의가 벗어져 있었다.

♣ 유형별 예문
(사람)
③ | Back | off!(2THr349) | 뒤로 | 꺼져!
③ | Get | off! | 버려 | 꺼져! *이러지 마!
③ He | 's gone | off. 그는 | 갔다 | 떠나.
③ They | marched | off. 그들은 | 행진하여 | 떠났어.
③ I | move | off. 나는 | 움직이며 | 사라진다.
③ They | ran | off.(Lk8:34) 그들은 | 달려 | 사라졌다.*도망가다
③ Hagrid | shuffled | off. Hagrid가 | 발을 끌며 | 떠났어.
③ They | will stand | far off.(Rev18:10) 그들은 | 서 있을 거야 | 떨어져.
③ He | started | off (early this morning). 그는 | 출발해 |떠났다 (아침 일찍).
③ He | strode | off. 그는 | 성큼성큼 걸어 | 떠났어.
③ | Don't wander | off (too far). | 방황하지 마라 | 벗어나 (너무 멀리).
③ Do you | want | off? 너는 | 원하니 | (차에서) 내리기?
③ He | flew(or popped) | off.(=got angry)(EB255,EID679) 그는 화나 소리 질렀다.
(물건)
③ My coat button | came | off. 내 코트 단추가 | 되었어 | 떨어지게.
③ His hat | had fallen | off. 그의 모자가 | 떨어져 | 벗겨졌어.
③ Why did they | go | off? 왜 그것들이 발사되었니?
③ The aircraft | lifted | (or took) | off (the ground). 비행기가 | 올랐다(또는 갔다) | 이륙하여.

- 183 -

③ The dog | ran | off.   개가 | 달려 | 가버렸어.
③ The ship | stood | off.   그 배는 | 서 있었다 | 떨어져.
③ The light/The TV | went | off.   전등/TV가 | 되었다 | 꺼지게.
③ It | won't come | off.   그것은 | 않을 거야 | 지워지지.
(관념)
③ The number of customers | dropped | off. 고객 숫자가 | 떨어져 | 나갔어.
③ My headache | will wear | off (soon). 두통은 | 약화되어 | 없어질 거야 (곧).

> ③ His jacket | was taken | off.

예문은 ③형 NPP'이다. P는 수동형, P'는 소사 off이다.
다음 두 문장으로 나눠진다. 즉 NPP'⇒NP+NP'의 관계에 있다.

③ His jacket | was taken | off.   그의 상의가 | 잡아져 | 벗어졌다.
① His jacket | was taken.   그의 상의가 | 잡아졌다.
① His jacket | was off.   그의 | 상의가 벗어져 있었다.

♣ 유형별 예문
(사람)
③ The men | were sent | off.(Ac15:30) 그들은 | 보내졌다 | 떠나게.
③ My brother | was laid | off (two months ago).(=fired)(2G137C)
   내 동생은 | 되었다 | 해고 (2개월 전)
③ I | was cheesed(or pissed, teed, ticked) | off.(=angry)(EPV518,EID143)
   나는 | 화나게 되어(또는 오줌 싸져, 눈물 나서. 간지럼당해) | 화났다.
③ Gates | was also put | off (by Jobs' attitude).(")(Steve Jobs174)
   게이츠 | 또한 (잡의 태도에 의해) 화나게 되었다.
③ I was tired and | dozed (or dropped, nodded) | off.(=fell asleep)(2G318)
   나는 피곤해서 | 졸면서 (혹은 고개를 떨구어, 끄덕거리며) | 잠들었다.
(사물)
③ The serial number | had been filed | off. (총의) 일련번호가 | 줄로 쓸려 | 지워졌어.
③ A light/The tape recorder | was turned | off/on. 전등|녹음기가 | 돌려져 | 꺼졌다.
③ The meeting | was called | off. 집회가 | 되었어 | 연기.
③ Retreat | was cut | off! 후퇴로는 | 끊어져 | 버렸다.
③ The novelty | is gone | off. 신기함이 | 버렸다 | 없어져.
③ The pain | is passed | off. 통증이 | 지나가져 | 없어져.
③ Dagon's head and hands | had been broken | off.(1Sa5:4)
   Dagon(우상)의 머리와 손은 | 부서져 | 끊어져 있었다.

⑤ NPN'P'(p)

> ⑤ He | took ‖ his jacket | off.

예문은 ⑤형 NPN'P'이다. P는 타동사, P'는 소사 off이다.
다음 두 문장으로 나눠진다. 즉 NPN'P'⇒NPN'+N'P'의 관계에 있다.

⑤ He | took ‖ his jacket | off.　　　그는 | 상의를‖ 잡아 | 벗었다.
② He | took ‖ his jacket.　　　　　　그는 | 잡았다‖ 상의를.
① His jacket | was off.　　　　　　　그의 | 상의가 벗어져 있었다.

♣ 유형별 예문
(사람)
⑤ | Don't cut ‖ me | off.　　　　　| 끊지 마‖ 나를 | 말문을.
⑤ | Get ‖ everybody | off/on.　　　| 해라‖ 모두 | 내리게 | 타게.
⑤ She | dragged ‖ them | off.　　　그녀는 | 끌었어‖ 그들을 | 나가게.
⑤ You're | dropping ‖ me | off (first). 너는 나를 내려주는 거다 (먼저).
⑤ He | will finish ‖ me | off.　　　그는 나를 해치울 거야.
⑤ They | laid ‖ me | off.　　　　　그들은 | 조치했어 ‖ 나를 | 해고.
⑤ He | is letting ‖ me | off.　　　그는 나를 내리라고 한다.
⑤ I went to the station [| to see ‖ my friend | off]. 나는 역에 갔어 [친구를 떠나보내기 위해].
⑤ Listen, I | 'm gonna tip ‖ you | off (to something). 이봐, 내가 뭐 좀 귀띔해 줄게.
⑤ She | turned ‖ me | off.　　　　그녀가 | 했다‖ 나를 | 거절.
⑤ He | waved ‖ him | off.　　　　그는 | 손짓으로‖ 그를 | 거절했어.
(물건)
⑤ They | hit ‖ it | off.　　　　　　그들은 죽이 잘 맞아 떨어졌다.
☆ 두 사람이 stick를 함께 잡고 ball을 쳐서 멀리 나가게(off) 하는 게임을 잘 해내었다는 뜻. *2인3각
⑤ Could I | pull ‖ my boots | off?　나 | 당겨서‖ 내 장화를 | 벗어도 되니?
⑤ He | took ‖ the Ring | off (his finger) 그는 반지를 잡아 빼었다.
⑤ You | have to take‖ your shoes | off. 너는 | 잡아‖ 구두를 | 벗어야 해.
⑤ | Take ‖ a load | off.　　　　　짐을 벗어라 *편안한 마음을 가져라
⑤ Shall I | take‖ the wrappings | off? 내가 | 취할까‖ 포장지를 | 떼어?
⑤ | Take‖ the edge | off.　　　　| 취해 ‖ 모서리를 | 잘라내라. *신경 누그러뜨려라.
☆ 직역하면 "모서리의 뾰족한 부분을 잘라서 부드럽게 만들어라"
⑤ | Turn ‖ the light/the TV | off | on. | 돌려 ‖ 불/TV를 | 꺼지게/켜지게.
(관념/활동)
⑤ She | broke ‖ the engagement | off. 그녀는 | 파기했다‖ 약혼을 | 없어지게.
⑤ | Call ‖ the meeting | off.　　회합을 연기해라.
⑤ Will you | knock ‖ it | off?　　그런 소리는 그만 두지 그래?
⑤ I | will put‖ that | off until tomorrow. 나는 | 둘 거야‖그것을 | 떨어지게/미루어 (내일까지).
⑤ I wonder [how they | ever pull ‖ it | off]. 나는 궁금해 [어떻게 그들이 그걸 끊어/해결해내는지].

---

⑤ He | took 「off ‖ his jacket.

예문은 ⑤형 NP「P'N'이다. off와 his jacket의 위치가 바뀐 것이다.
「 표시는 P'가 N'을 서술함을 나타낸다.
다음과 같이 분석된다. 즉 NP「P'N'⇒ NPN'P'⇒NPN'+N'P'의 관계에 있다.

⑤ He | took 「off ‖ his jacket.　　그는 | 잡아 「벗었다‖ 상의를.
=⑤ He | took ‖ his jacket | off.　그는 | 상의를 ‖ 잡아 | 벗었다.
② He | took ‖ his jacket.　　　　그는 | 잡았다‖ 상의를.

① His jacket │ was **off**.　　　　　그의 │ 상의가 벗어져 있었다.

♣ 유형별 예문
(사람)
⑤ They │ also carried 「**off**‖ Abram's nephew Lot and his possessions.(Ge14:12)
　　그들은 │ 마찬가지로 옮겨갔다 「빼앗아‖ 아브람의 조카 롯과 소유물을..
⑤ Saul │ dragged 「**off**‖ men and women.(Ac8:3)　그는 │ 끌어 「갔다‖ 남녀를.
(물건)
⑤ You │ broke 「**off**‖ your yoke and │ tore 「**off**‖ your bonds.(Jer2:20)
　　네가 │ 부수어 「끊고‖ 네 멍에를, │ 찢어 「끊었다‖ 네 결박을.
⑤ He │ carried 「**off**‖ the treasures of the temple.(2Ch12:9) 그는 성전의 전 보물을 빼앗아 옮겼다.
⑤ │ Take 「**off**‖ your sandals.(Ac7:33) │ 잡아 「벗어라‖ 신을.
(관념/활동)
⑤ It's time <│ to leave 「**off**‖ the work)>. 지금은 <일을 미루어 둘]>시간이다.
⑤ │ Don't put 「**off**‖ your homework any longer. │ 놓지 마 「미루어(분리하여)‖ 더 이상 숙제를.
⑤ We │ put 「**off**‖ our departure.　　우리는 │ 했어 「연기‖ 출발을.
⑤ He │ could rake 「**off**‖ a third of their extortion. 그는 │ 긁어 「빼돌릴 수 있었다‖ 갈취금 1/3을.
⑤ He │ couldn't wipe 「**off**‖ the smile. 그는 │ 버릴 수 없었다 「지울‖ 미소를.

⑦ NPP'P"(p)

⑦ The black knight's arm │ gets │ cut │ **off**.

예문은 ⑦형 NPP'P"(p)이다. P"는 소사 **off**이다.
다음 세 문장으로 나눠진다. 즉 NPP'P"⇒NP+NP'+NP"의 관계에 있다.

⑦ The black knight's arm │ gets │ cut │ **off**. 그 흑기사의 팔이 │ 된다 │ 잘라져 │ 끊어지게.
① The black knight's arm │ gets...　　그 흑기사의 팔이 │ 된다...
① The black knight's arm │ is cut.　　그 흑기사의 팔이 │ 잘라진다.
① The black knight's arm │ is **off**.　　그 흑기사의 팔이 │ 끊어져 있다.
(예문출처- A scene from Holy Grail, Monty Python)

I will bring the car around. (around/about)

① NP(p)

① The car │ will be **around**.

예문은 ①형 NP(p)이다. P는 소사 around이다.
around와 about는 '주위'를 나타낸다. around는 뚜렷한 '원형주위위치, 주위진로이동, 회전'
을 about는 막연한 '주위위치, 주위이동, 회전'을 나타낸다.

① The car │ will be **around**.　　　차가 │ 주위에 있을 거야.

♣ 유형별 예문
(around)
① He | 's just around.　　　　　　그는 | 바로 이 주위에 있어.
① He | will be around (soon).　　그는 | 이 주위로 올 거야 (곧).
① She's up and | around.　　　　그녀는 일어나서 | 주위에 다녀.
① You | 've been around.　　　　너는 | 해 본 적이 있군.
① So the money | is still around.　그러니까 돈은 | 여전히 있구나.
① Help | will be around [if need it].　[필요하면] 도움은 받을 수 있어.
(about)
① | About!(=Get to work!)　　　　| 시작하자/가자!(일 시작하자!)
① He | is somewhere about.　　　그는 | 어딘가 근처에 있어.
① I | 'll be about (again).　　　　나는 | 움직일 거야 (다시)..
① About」face!　　　　　　　　돌려라」 얼굴을! *뒤로 돌아!
① My bag | is somewhere about.　내 가방은 | 어딘가 근방에 있어.
① The flu | is about.　　　　　　유행성 감기가 | 유행이야.

③ NPP'(p)

　　　　　　　③ The car | will come | around.

예문은 ③형 NPP'(p)이다. P는 자동사, P'는 소사 around이다.
다음 두 문장으로 나눠진다. 즉 NPP'⇒ NP+NP'의 관계에 있다.
③ The car | will come | around.　차가 | 올 거야 | 주위에.
① The car | will come.　　　　　차가 | 올 거야.
① The car | will be around.　　　차가 | 주위에 있을 거야.

♣ 유형별 예문
(around)
(사람)
③ I | 've been asking | around.　나는 | 물어보며 | 다니고 있어.
③ You | should come | around.　너는 | 놀러 와야 해 | 이 주위로.
③ She | came | around soon.　그녀는 | 되었다 | 정신차리게 (곧). *회복하다
③ How did you | get | around?　어떻게 너는 해결하게 되었니?
③ You | 're hanging | around.　너 | 빈둥거리고 있군 | 이리저리.
③ I | 'm moving | around.　　나는 | 움직이고 있어 | 주변에서.
③ | Stick | around.　　　　　| 붙어있어 | 이 주위에. *기다려
③ Where can | I turn | around ?　어디서 내가 (차를) 회전할 수 있니?
③* The principal | didn't seem　| to be around.(JDS201)(추측/판단) *to be~ 구조
　　그 교장은 보이지 | 않아 | 근처에 있는 것으로.
(사물)
③ Words | get | around.　　　소문은 돌기 마련이야.
③ [What | goes | around] | comes | around. [간 것은] 돌아오게 돼 있어. *자업자득이야
(about)
(사람)
③ My grandfather is eighty, but he | still gets | about.

할아버지는 80이지만 그는 | 아직 할 수 있다 | 나다니기.
③ No one | moved | **about**.　　아무도 | 안 움직였다 | 근처에.
③ They | searched **about**.　　그들은 | 탐색했어 | 주위에서.
③ | Turn | **about/around**!　　| 틀어라 | 회전하여!
(사물)
③ The ship | came | **about**.　　배가 | 왔다 | 가까이.
③ The herds | mill | **about**.　　양떼들이 | 다닌다 | 이리저리.
③ The ship | turned | **about** and left the spot.
　　배가 | 돌았다 | 반대방향으로 그리고 거기를 떠났다.

---
　　　　　　③ The car | will be brought | **around**.

예문은 ③형 NPP'(p)이다. P는 수동형, P'는 소사 around이다.
다음 두 문장으로 나눠진다. 즉 NPP'⇒NP+NP'의 관계에 있다.

③ The car | will be brought | **around**.　차가 | 가져오게 될 거야 | 주위에.
① The car | will be brought.　　차가 | 가져 오게 될 거야.
① The car | will be **around**.　　차가 | 주위에 있을 거야.

♣ 유형별 예문
(around)
③ They | (were) gathered | **around**.　그들이 | 모였어 | 빙 둘러.
③ She | was wanted | **around**.　그녀는 | 원해졌다 | 주위에 있게.
(about)
③ He | was brought | **about**.　그는 | 데려와 졌다 | 근처에.
③ He | was turned | **about**.　그는 | 돌려졌다 | 그 자리에서.
③ The photographs | had probably been passed | **around**.
　　사진들은 | 아마도 돌려졌을 거야 | 주위로.

⑤ NPN'P'(p)

---
　　　　　　⑤ I'll | bring ‖ the car | **around**.

예문은 ⑤형 NPN'P'(p)이다. P는 타동사, P'는 소사 around이다.
다음 두 문장으로 나눠진다. 즉 NPN'P'⇒NPN'+N'P'의 관계에 있다.

⑤ I'll | bring ‖ the car | **around**.　내가 | 가져올게 ‖ 차를 | 주위에.
② I'll | bring ‖ the car.　　내가 | 가져올게 ‖ 차를.
① The car | will be **around**.　　차가 | 주위에 있을 거야.

♣ 유형별 예문
(around)
⑤ | Don't boss ‖ me | **around**.　내게 이래라 저래라 하지 마
⑤ | Don't push ‖ me | **around**.　| 밀지 마 ‖ 나를 | 주위로. *간섭마라

⑤ | See ‖ you | around.(ECD22)   어딘가에서 봐요. "다시 만나요." 막연한 인사표현
⑤ Why don't you | show ‖ him | around? 그에게 주위를 구경하게 하지 그래?
⑤ We | don't want ‖ her | around. 우리는 | 원하지 않아 ‖ 그녀를 | 주위에.
⑤ We | brought ‖ her | around (by slapping her face). 우리는 | 했다 ‖ 그녀를 | 정신들게.
⑤ Will you | hand ‖ the paper | around? 너 | 전달해 주겠니 ‖ 그 서류를 | 주위에?
⑤ You | always keep ‖ old newspapers | around. 넌 | 언제나 두고 있군 ‖ 오래된 신문을 | 주위에.
⑤ They | 'll be passing ‖ the photos | around (at lunch)?
　　　　그들은 | 돌릴 거야 ‖ 그 사진들을 | 주위로 (점심시간에)?
⑤ | Turn ‖ my chair | around. | 돌려라 ‖ 의자를 | 회전하여.
(about)
⑤ They | brought ‖ him | about.   그들은 | 데려왔다 ‖ 그를 | 근처에.
⑤ They | turned ‖ him | about.   그들은 | 돌려 세웠다 ‖ 그를 | 그 자리에서.
⑤ He | brought ‖ the ship | about.   그는 | 가져왔다 ‖ 배를 | 근처로/돌려.
⑤ The riders | led ‖ the horses | about. 기수들은 | 이끌었어 ‖ 말들을 | 이리저리.
⑤ He | never left ‖ the book | about. 그는 | 버려두지 않아 ‖ 책을 | 근처에.*책 옆을 떠나지 않다
⑤ He | is scattering ‖ his money | about. 그는 | 뿌리고 있다 ‖ 돈을 | 이리저리. *낭비하다
⑤ Who | brought ‖ it | about?   누가 | 가져왔나 ‖ 그 일을 | 근처에? *발생하게 초래했나?

⑤ He | passed ⌈around ‖ the pictures.

예문은 ⑤형 NP⌈P(p)'N'이다. about와 a good result의 위치가 바뀐 것이다.
⌈ 표시는 P'가 N'을 서술함을 나타낸다.
다음 두 문장으로 나눠진다. 즉 NP⌈P'N' ⇒ NPN'P' ⇒ NPN'+N'P'의 관계에 있다.

⑤ He | passed ⌈around ‖ the pictures. 그는 | 돌렸어 ⌈주위로‖ 사진들을.
=⑤ He | passed | the pictures | around 그는 | 돌렸어 ‖ 사진들을 | 주위로..
② He | passed ‖ the pictures.   그는 | 돌렸어 ‖ 사진들을.
① The pictures | were around   사진들이 | 주위에 있었다.

♣ 유형별 예문
(around)
⑤ He | passed ⌈around ‖ the hand-wrapped Hondurans.
　　그는 | 돌렸다 ⌈주위로 ‖ 손으로 싼 Honduran(담배이름).
(about)
⑤ It | will bring ‖ a good result | about. 그것은 | 가져올 거야 ‖ 좋은 결과를. | 근방에.
⑤ The king | have been putting ⌈about ‖ rumours (for months).
　　왕은 | 퍼뜨리고 있었다 ⌈주위에 ‖ 소문을 (수개월간).

They led her away. (away/aside)

① NP(p)

| ① She | was away. |

예문은 ①형 NP(p)이다. P는 소사 away이다.
away와 aside는 '이격(거리｜시간상 떨어짐)을 나타낸다.
away는 강한 '이격'을, aside는 약한 이격을 나타낸다.

① She ｜ was away.　　　　　그녀는 ｜ 떠나있었다.

♣ 유형별 예문
(away)
(사람)
① ｜ Away!　　　　　　　　　　｜ 사라져라/가자!
① They ｜ are far away.　　　그들은 ｜ 멀리 떨어져 있어.
① Mr. Kim ｜ is away (now).　김씨는 ｜ 없어요 (지금).
(사물)
① Bombs ｜ away.　　　　　　　폭탄 ｜ 투하.
① Wands ｜ away.　　　　　　　요술지팡이들 ｜ 치워.
① When the cat ｜ is away, the mice will play. 고양이가 없으면 쥐가 판을 친다.
① Yes, my breath ｜ is away.　그래, 내 숨이 ｜ 멎었어.
① Bitch ｜ away, bitch.　　　심술 치워, 고약한 여자야.
① Half a year of your life ｜ is away. 네 인생의 반이 ｜ 지났다.
① Yet that hour ｜ maybe is not far away. 하지만 그 시간은 ｜ 아마 그리 멀지 않다.
① Choice is a creature of time and time ｜ is away. 선택은 시간의 창조물이고 시간은 ｜ 지나간다.
(aside)
① But soft! but soft! ｜ aside!: here comes the king. 쉿, 조용히 해! ｜ 자리를 피하세!: 여기 왕이 오네.
① Money worries ｜ aside, things are going well. 돈 걱정 제쳐놓고는, 일들이 잘 되어가고 있어.

③　NPP'(p)

| ③ She ｜ went ｜ away. |

예문은 ③형 NPP'(p)이다. P는 자동사, P'는 소사 away이다.
다음 두 문장으로 나눠진다. 즉 NPP'⇒ NP+NP'의 관계에 있다.

③ She ｜ went ｜ away.　　　그녀는 ｜ 갔다 ｜ 떠나.
① She ｜ went.　　　　　　　그녀는 ｜ 갔다.
① She ｜ was away.　　　　　그녀는 ｜ 떠났다.

♣ 유형별 예문
(away)
(사람)
③ Then he ｜ went ｜ away.(Mt27:5)　그리고 그는 ｜ 갔다 ｜ 떠나.
③ The man ｜ runs ｜ away.(Jn10:13)　그 남자는 ｜ 달렸다 ｜ 떠나. *도망하다.
③ The men ｜ turned ｜ away,(Ge18:22) 남자들은 ｜ 돌아서 ｜ 떠났다.

(사물)
③ The turban | fell | away.　　　두건이 | 떨어져 | 사라졌어.
③ The birds | flew | away.　　　새가 | 날라 | 가버렸어.
③ The snow | melted | away.　　눈이 | 녹아 | 사라졌어.
③ His voice | trailed | away.　　그의 목소리가 | 느릿느릿 | 사라졌어.
③ The emptiness | drifts | away.　공허가 | 표류하여 | 사라진다.
③ Yesterday. All my troubles | seems | so far away. 어제 네 모든 고통은 | 보였다 | 멀리 있는 듯.
③ Sunday afternoon seemed [| melt | away]. 일요일 오후가 [녹아 사라지는 것처럼] 보였다.
③ The evening | wore | away.　　밤이 | 닳아 | 사라졌다.

(aside)
③ Harry | moved | aside.　　　　Harry가 | 움직였어 | 옆으로.
③ " | Stand | aside," said Riddle.　" | (물러) 서라 | 옆으로."
③ So please you | step | aside.　자리를 비켜 서주세요.
③ He | stepped | aside/down (voluntarily). 그는 | 디뎠다 | 옆으로/아래로 (자진해) *사임하다
③ We | turned | aside.　　　　　우리는 | 틀었다 | 옆으로.

③ She	was led	away.

예문은 ③형 NPP'(p)이다. P는 수동형, P'는 소사 away이다.
다음 두 문장으로 나눠진다. 즉 NPP'⇒NP+NP'의 관계에 있다.

③ She | was led | away.　　　그녀는 | 인도되어졌다 | 떠나게.
① She | was led.　　　　　　　그녀는 | 인도되어졌다.
① She | was away.　　　　　　그녀는 | 떠나있었다.

♣ 유형별 예문
(away)
③ She | was led | away (hurriedly). 그는 | 끌려 | 떠났어 (급히).
③ The dead body | is carried | away. 시체는 | 운반되어 | 사라졌다.
③ The ankle irons | were put | away. 족쇄들이 | 졌다 | 치워.
③ The old radio | could be thrown | away. 그 고물 라디오는 | 던져 | 버려질 거야.
③ I was shocked and my breath was taken | away. 나는 충격받아 숨이 | 되었어 | 멎어지게.

(aside)
③ All our protest | were brushed | aside.(=ignored)
　우리의 모든 항의가 | 털려졌다 | 옆으로.(=무시되었다)
③ The friendship | cannot be lightly thrown | aside.
　그 우정은 | 가볍게 던져질 수 없어 | 옆으로.

⑤ NPN'P'(p)

⑤ They	led ‖ her	away.

예문은 ⑤형 NPN'P'(p)이다. P는 타동사, P'는 소사 away이다.
다음과 같이 분석된다. 즉 NPN'P'⇒NPN'(NP+N')+N'P'의 관계에 있다.

⑤ They | led ‖ her | away.　　　그들은 | 인도했다 ‖ 그녀를 | 떠나게.
② They | led ‖ her.　　　　　　그들은 | 인도했다 ‖ 그녀를.
① She | was away.　　　　　　그녀는 | 떠나 있었다.

♣ 유형별 예문
(away)
(사람)
⑤ I | drove ‖ him | away.　　　나는 | 내몰았다 ‖ 그를 | 떠나게.
⑤ He | saw ‖ her | far away.　　그는 | 봤다 ‖ 그녀를 | 멀리 떨어져
⑤ | Send ‖ me | away.　　　　| 보내 줘 ‖ 나를 | 떠나게.
⑤ | Take ‖ him | away.　　　　| 데려가라 ‖ 그를 | 내어.
⑤ He | waved ‖ them | away.　그는 | 손짓했다 ‖ 그들 | 떠나게.
(사물)
⑤ | Get ‖ it | away!　　　　　그것 치워라!
⑤ They | pushed ‖ their plates | away. 그들은 | 밀어서 ‖ 접시들을 | 치웠다.
⑤ I | put ‖ the journal | away.　나는 | 두었다 ‖ 저널을 | 치워.
⑤ | Don't throw ‖ that old hat | away. | 던져서 ‖ 저 낡은 모자를 | 버리지 마라.
⑤ You | It | took ‖ my breath | away. 너는 내 숨(넋)을 떼어놓았다. *=놀라게 했다)
⑤ You | gave ‖ the answer | away. 너는 | 버렸어 ‖ 답을 | 노출시켜.
⑤ | Wash ‖ your sins | away.　너의 죄를 씻어 없애라.
⑤ You | sleep ‖ your life | away.　너는 | 잠으로 ‖ 세월을 | 보낸다.
⑤ Don't | squander ‖ your time | away. 시간을 허투루 쓰지 마.

(aside)
(사람)
⑤ She | called ‖ her sister Mary | aside. 그녀는 자기 동생 마리아를 따로 불러내었다.(Jn11:28)
⑤ The commander | drew ‖ him | aside. 그 지휘관이 | 끌었다 ‖ 그를 | 옆으로.(Ac23:19)
⑤ He | has taken ‖ Harry | aside. 그는 | 데려갔어 ‖ Harry를 | 옆으로.
(사물)
⑤ Tom | laid ‖ the book | aside.　톰은 | 놓았다 ‖ 책을 | 옆으로.
⑤ He | moved ‖ his food | aside.　그는 | 옮겼다 ‖ 음식을 | 옆으로.
⑤ She | pulled ‖ the curtain | aside. 그녀는 | 당겼어 ‖ 커튼을 | 옆으로.
⑤ He | pushed ‖ the contents | aside. 그는 | 밀었어 ‖ 내용물을 | 옆으로.
⑤ | Please put ‖ it | aside (for me) | 둬요 ‖ 그것을 | 남겨 (나를 위해).
⑤ I | can't set ‖ the law | aside. 나는 법을 제켜놓을 수 없어.

---

⑤ He | put 「away ‖ the chip

예문은 ⑤형 NP 「P(p)'N'이다. ⑤형의 N'와 P'(p)의 위치가 바뀐 것이다.
「 표시는 P'가 N'을 서술함을 나타낸다.
다음과 같이 분석된다. 즉 NP 「P'N' ⇒ NPN'P' ⇒ NPN'+N'P'의 관계에 있다.

⑤ He | put 「away ‖ the chip　　너는 | 했다 「없어지게 ‖ 과자를..
=⑤ He | put ‖ the chip | away.　너는 | 했다 ‖ 과자를 | 없어지게.
② He | put ‖ the chip...　　　　그는 | 했다 ‖ 과자를....

① The chip | was away.　　　　　　과자가 | 없어졌다.

♣ 유형별 예문
(away)
⑤ He | gave 「away」 all his money. 그는 | 줘 「없앴다」 돈 전부를. *기부하다
⑤ He | put 「away」 the chip　　　그는 과자를 (먹어서) 없앴다.
⑤ We | swept 「away」 the snow.　 우리는 | 쓸어 「없앴다」 눈을.
⑤ You | took 　「away」 my breath.　너는 | 취했어 「떼어」 나의 숨/넋을.
⑤ | Please clear 「away」 all these odds and ends. | 치워 「버려」 이 모든 잡동사니들을.
⑤ You | gave 「away」 the secret.　 너는 그 비밀을 노출했다.
⑤ They | took 「away」 all (I had)]. 그들은 | 빼앗아 「버렸다」 [내가 가진 것] 모두.
⑤ You | can't think 　「away」 the toothache. 생각을 안 한다고 치통이 사라지는 것은 아니다.
⑤ With on word, Pharoah | can take 「 away」 your very lives.
　　말 한마디로 바로는 | 할 수 있어 「없어지게」 너희 생명을.
⑤ A gentle answer | turn 「away」 wrath. 유순한 대답은 분노를 쉬게 한다.
⑤ | Don't while 「away」 your precious time. 네 소중한 시간을 허비하지 마.
(aside)
⑤ | Cast 「aside」 your prop.　　 | 던져라 「옆으로 」 네 버팀목을.
⑤ He | drew 「aside」 the covering.　그는 | 끌었다 「옆에」 덮개를.
⑤ You | must lay 「aside」 much of the stuff. 너는 | 치워야 해 「옆으로」 그 짐 대부분을.
⑤ He | is laying 「aside」 money for his old age. 그는 | 놓았다 「제켜」 노후를 위한 돈을.*저축하다
⑤ We | set 「aside」 some money for repairs. 우리는 | 놓았다 「제켜」수리를 위한 약간의 돈을.
⑤ The captain | thrust 「aside」 the curtain. 대장은 | 밀쳤다 「옆으로」 커튼을.

⑦ NPP'P"(p)

| ⑦ He | 'll probably be sent | packing | away. |

예문은 ⑦형 [NPP'P"]이다. P"는 소사 away이다.
다음과 같이 분석된다. 즉 NPP'P"⇒NP+NP'+NP"의 관계에 있다.

⑦ He | 'll probably be sent | packing | away. 그는 | 아마 보내질 거야 | 짐을 싸서 | 떠나게.
① He | 'll probably be sent.　　　　그는 | 아마 보내질 것이다
① He | 'll be packing.　　　　　　그는 | 짐을 쌀 것이다.
① He | 'll be away.　　　　　　　그는 | 떠날 것이다.

♣ 유형별 예문
⑦ He | got | carried | away.　 너는 | 되었다 | 운반되어 | 가게.
☆ * 분위기에 휩쓸려 그랬다', '지나치다' 는 관용의미도 있음
⑦ He | 'll probably be sent | packing | away. 그는 | 아마 보내질 거야 | 짐을 싸서 | 떠나게.

| They called him forth. (forth/forward) |

① NP(p)

| ① He | was **forth**. |

예문은 ①형 NP(p)이다. P는 소사 forth이다.
forth는 '앞'을, forward는 '앞쪽'을 나타낸다.
forth는 back에, forward는 backward에 각각 대응한다.

① He | was **forth**.　　　　　　그는 | 앞에 있었다.

♣ 유형별 예문
(forth)
① They | are all **forth**.　　　　　그들은 | 모두 앞에 있어.
(forward)
① | **Forward** and finish him off!　| 전진, 그리고 그를 끝장 내.
① You | are marvelous(very) **forward**.　너는 | 너무 앞선다.
① Head up, eyes | **forward**.　　　머리를 들고, 눈은 | 앞으로.
① This seat | is too far **forward**.　이 좌석은 | 너무 앞에 있어.
① It | is rather **forward** (of you) [to say such a thing].
　[그런 말을 하는 것은] | (너로서는) 좀 앞서(건방져).

③ NPP'(p)

| ③ He | came | **forth**. |

예문은 ③형 NPP'(p)이다. P는 자동사, P'는 소사 forth이다.
다음 두 문장으로 나눠진다. 즉 NPP'⇒ NP+NP'의 관계에 있다.

③ He | came | **forth**.　　　　그는 | 왔다 | 앞에.
① He | came.　　　　　　　　그는 | 왔다.
① He | was **forth**.　　　　　그는 | 앞에 있었다.

♣ 유형별 예문
(forth)
③ | Come | **forth**!　　　　　| 와라 | 앞에.(나와라)
③ A dozen deputies | spilled | **forth**.　보안관보 여러 명이 | 쏟아져 | 나왔다.
③ | Stand | **forth**.　　　　　| 서라 | 앞에.(나서라)
③ The questions | poured | **forth**.　질문들이 | 퍼부어졌다 | 앞에.
(forward)
③ | Come | **forward**.　　　　| 와라 | 앞쪽에.(나와라)
③ They | could go | no further **forwards**.　그들은 | 갈 수 없었어 | 그 이상 앞으로.
③ You | grow | too **forward**.　너는 | 가는 군 | 너무 앞서.
③ He | leapt | **forward**.　　　그는 | 뛰었다 | 앞쪽에.
③ She | stepped | **forward**.　그녀가 | 발을 디뎠어 | 앞쪽에.
③ A tall man | stood | **forward**.　키 큰 사람이 | 서 있었다 | 앞쪽에.

③ Percy | strode briskly | forward. Percy는 | 성큼 걸었다 | 앞쪽으로.
③ He | walked | forward.　　　　그는 | 걸었다 | 앞쪽으로.
③ Some roads | lead | forward.　　어떤 길은 | 인도해 | 앞쪽으로.

---
③ He | was called | forth.

예문은 ③형 NPP'(p)이다. P는 수동형, P'는 소사 forth이다.
다음 두 문장으로 나눠진다. 즉 NPP'⇒NP+NP'의 관계에 있다.

③ He | was called | forth.　　　그는 | 불리어졌다 | 앞에.
① He | was called.　　　　　　　그는 | 불리어졌다.
① He | was forth.　　　　　　　그는 | 앞에 있었다.

♣ 유형별 예문
③ I | am promised | forth.　　　나는 | 약속되었다 | 앞서기러..

⑤ NPN'P'(p)

---
⑤ They | called ‖ him | forth.

예문은 ⑤형 NPN'P'(p)이다. P는 타동사, P'는 소사 forth이다.
다음 두 문장으로 나눠진다. 즉 NPN'P'⇒NPN'+N'P'의 관계에 있다.

⑤ They | called ‖ him | forth.　　그들은 | 불렀다 ‖ 그를 | 앞으로.
② They | called ‖ him.　　　　　그들은 | 불렀다 ‖ 그를 .
① He | was forth.　　　　　　　그는 | 앞에 있었다.

♣ 유형별 예문
(forth)
⑤ | Bring ‖ the prisoners | forth.　　| 데려와 ‖ 죄수들을 | 앞으로.
⑤ | Call ‖ them | forth.　　　　　　| 불러와 ‖ 그들을 | 앞으로.
⑤ | Let ‖ them | forth.　　　　　　| 하게 해라 ‖ 그들을 | 앞에 있게.
⑤ You | must put ‖ more effort | forth [if} you want to succeed].
　　[성공하려면] 너는 더 많은 노력을 쏟아 부어야 한다.
(forward)
⑤ He | beckoned ‖ them | forward. 그는 | 신호했다 ‖ 그들을 | 전진하라고.
⑤ | Bring ‖ the prisoners | forward. | 데려오라 ‖ 죄수들을 | 앞쪽으로.
⑤ He | called ‖ her | forward.　　그는 | 불렀다 ‖ 그녀를 | 앞에.
⑤ He | put ‖ himself | forward.　　그는| 내세웠다 ‖ 자기를 | 앞에.
⑤ Your legs keep [| taking ‖ you | forward]. 너의 다리들이 [네가 앞으로 가도록] 유지해.
⑤ I wonder [you | 'd think‖ me | very forward]. 나는 궁금해 [네가 나를 매우 앞선다고 생각하는지].
⑤ Milton | pushed ‖ the control yoke | forward. 밀톤은 | 눌렀다 ‖ 제어장치를 | 앞으로.
⑤ We | 've put ‖ the wedding | forward (by one week). 우리는 | 당겼다 ‖ 결혼식을 | 앞으로.

⑤ He | took ‖ a step | forward.   그는 | 디뎠어 ‖ 한 발짝 | 앞으로.

> ⑤ They | called 「forth ‖ him.

예문은 ⑤형 NP「P(p)'N'이다. N'과 P'의 위치가 바뀐 것이다.
「 표시는 P'가 N'을 서술함을 나타낸다. 다음과 같이 분석된다.
즉 NP「P'N'⇒ NPN'P'⇒NP+N'P'의 관계에 있다.

⑤ They | called 「forth ‖ him.   그들은 | 불렀다 「앞으로 ‖ 그를.
=⑤ They | called ‖ him | forth.   그들은 | 불렀다 ‖ 그를 | 앞으로.
② They | called ‖ him .   그들은 | 불렀다 ‖ 그를.
① He | was forth.   그는 | 앞에 있었다.

♣ 유형별 예문
(forth)
⑤ | Bring 「forth ‖ an officer. | 데려와라 「앞으로 ‖ 경관을.
⑤ He | stretched 「forth ‖ his hand. 그는 | 뻗었다 「앞으로 ‖ 그의 손을.
⑤ She | stuck 「forth ‖ her beefy right hand. 그녀는 | 내밀었어 「앞으로 ‖ 통통한 오른 손을.
⑤ "You're Nate O'Riley," he said, | thrusting 「forth ‖ a hand.
    "당신이 Nate O'Riley이군요." 그는 손을 앞으로 뻗으면서 말했어.
⑤ The trees | send 「forth ‖ buds (in spring). 나무는 | 틔운다 「앞으로 ‖ 싹을 (봄에).
⑤ The diamond | gives 「forth ‖ all colors of rainbow.
    다이아몬드는 | 발산해 「앞으로 ‖ 무지개의 모든 색깔을.
⑤ Huge chimneys | belched 「forth ‖ smoke and grime.
    거대한 굴뚝들이 | 토했다 「앞으로 ‖ 연기와 먼지를.
⑤ Will they | not bring 「forth ‖ words (from their under-tanding)?
    그들은 <그 마음에서 나는> 말을 발하지 아니하겠느냐(Job8:10)
⑤ Day after day they | pour 「forth ‖ speech. 나날이 그들은 말을 발한다/전한다.(Ps19:2)
⑤ He | isn't putting 「forth ‖ the necessary effort. 그는 필요한 노력을 쏟지 않고 있다.

⑦ NPP'P"(p)

> ⑦ She | moved | back | forward.

예문은 ⑦형 NPP'P"(p)이다. P"는 소사 forward이다.
다음 세 문장으로 나누어 진다. 즉 NPP'P"⇒NP+NP'+NP"의 관계에 있다.

⑦ She | moved | back | forward.   그녀는 | 이동했다 | 되돌아 | 앞(자리)에.
① She | moved.   그녀는 | 이동했다.
① She | was | back.   그녀는 | 되돌아 왔다.
① She | was forward.   그녀는 | 앞(자리)에 있었다.

♣ 유형별 예문
⑦ Half-a-dozen house-elves | came | hurrying | forward.
    대 여섯 명의 집 요정들이 | 왔다 | 급히 | 앞으로.

I want him back. (back/backward)

① NP(p)

① He | was back.

예문은 ①형 NP(p)이다. P는 소사 back이다.
back는 '뒤, 복귀'를 나타낸다. backward는 '뒤쪽'을 나타낸다.

① He | was back. 그가 | 돌아와 있다.

♣ 유형별 예문
(back)
① " | Back, back!" " | 뒤로, 뒤로!"
① He | is back. 그가 | 돌아와 있다.
① I | 'll be right back. 나 | 곧 돌아올게.
① The pistol | was back. 권총이 | 다시 겨누어 졌다.
① My money | is back. 내 돈이 | 돌아와(반환돼) 있다.
① His headache | was back. 그의 두통이 | 돌아왔다.
① My love | is back. 내 사랑이 | 돌아왔다.
(backward)
① She | was not backward (this time). 그녀는 | 수줍어하지 않았다 (이번에는).

③ NPP'(p)

③ He | comes | back.

예문은 ③형 NPP'(p)이다. P는 자동사, P'는 소사 back다.
다음 두 문장으로 나뉘진다. 즉 NPP'⇒ NP+NP'의 관계에 있다.

③ He | comes | back. 그는 | 온다 | 돌아.
① He | comes. 그는 | 온다.
① He | is back. 그가 | 돌아와 있다.

♣ 유형별 예문
(back)
③ He | came quickly | back. 그는 | 빨리 왔다 | 돌아.
③ You | could always come | back. 너는 | 언제라도 올 수 있어 | 되돌아.
③ | Get | back! 돌아와!
③ (When) did | you get | back? (언제) 너 | 왔니 | 돌아?
③ He | went | back. 그가 | 갔어 | 되돌아.
③ | Move | back. | 움직여라 | 뒤로.
③ | Stay | back. | 머물러라 | 뒤로.(물러서)
③ The empire | strikes | back. 제국이 | 공격했다 | 돌아서.

③ Then they | turned | **back** and went to Kadesh),(Ge14:7)
  그래서 그들은 | 돌았다 | 뒤로, 그리고 카데시로 갔다.
(backward)
③ Harry | stepped | **backward**.   해리는 | 발을 디뎠다 | 뒤로.
③ He | stumbled | **backward**.   그는 | 비틀거리며 | 뒷걸음쳤다.

---
③ He | is wanted | **back**.

예문은 ③형 NPP'(p)이다. P는 수동형, P'는 소사 back이다.
다음 두 문장으로 나눠진다. 즉 NPP'⇒NP+NP'의 관계에 있다.

③ He | is wanted | **back**.   그는 | 원해졌다 | 돌아오도록.
① He | is wanted.   그는 | 원해졌다.
① He | is **back**.   그가 | 돌아와 있다.

⑤ NPN'P'(p)

---
⑤ I | want ‖ him | **back**.

예문은 ⑤형 NPN'P'(p)이다. P는 타동사 lead, P'는 back이다.
다음 두 문장으로 나눠진다. 즉 NPN'P'⇒NPN'+N'P'의 관계에 있다.

⑤ I | want ‖ him | **back**.   나는 | 원해 ‖ 그가 | 돌아오기.
② I | want ‖ him.   나는 | 원해 ‖ 그를 .
① He | is **back**.   그가 | 돌아와 있다.

♣ 유형별 예문
(back)
⑤ Someone | should bring ‖ him | **back**.(Jas5:19) 누가 그를 데려와야 한다.
⑤ I |'ll get ‖ him | **back**.   난 | 잡을 거야 ‖ 그를 | 되돌려.* 복수하다
⑤ Something | held ‖ him | **back**. 무언가가 | 당겼어 ‖ 그를 | 뒤로.
⑤ They | may invite ‖ you | **back**.(Lk14:12) 그들은 보답으로 너를 초대할지도 모른다
⑤ We |'ll take ‖ you | **back**.   우리가 너를 받아 줄게.
⑤ | Bring ‖ it | **back**.   그걸 돌려 줘.
⑤ | Put ‖ the chip | **back**. | 놓아라 ‖ 그 과자를 | 되돌려.
⑤ She | took ‖ the chair | **back**. 그녀는 | 가져갔다 ‖ 그 의자를 | 되돌려.
⑤ I | could take ‖ the horse | **back**. 나는 | 줄 수 있다 ‖ 그 말을 | 되돌려.
⑤ I | want ‖ my money | **back**. 나는 | 원해 ‖ 내 돈 | 돌려받기.
(backward)
⑤ He | took ‖ a step | **backward**. 그는 한걸음 뒤로 물러났어.
⑤ She said [you | have | got ‖ it | **backward**]. 그녀는 [네가 정반대로 알고 있다]고 말했어.

⑤ NP「P'(p)N'

| ⑤ │ Put 「back ‖ the chip. |

예문은 ⑤형 NP「P(p)'N'이다. back과 the chip의 위치가 바꿨다.
「 표시는 P'가 N'을 서술함을 나타낸다. 다음과 같이 분석된다.
즉 NP「P'N'⇒ NPN'P'⇒NPN'+N'P'의 관계에 있다.

⑤ │ Put 「back ‖ the chip.   │ 놓아라 「되돌려 ‖ 그 과자를.
=⑤ │ Put ‖ the chip │ back.   │ 놓아라 ‖ 그 과자를 │ 되돌려.
② │ Put ‖ the chip...   │ 놓아라 ‖ 그 과자를...
① The chip │ be back.   그 과자 │ 되돌려라.

♣ 유형별 예문
⑤ I │ brought 「back ‖ the key of the clock. 내가 │ 가져왔어 「되돌려 ‖ 시계 열쇠를.
⑤ │ Take 「back ‖ your CD (you left here). (네가 여기 두고 간) CD를 되가져 가라.
⑤ He │ does not take 「back ‖ his words..(Isa31:2) 그는 말을 바꾸지 않으신다
⑤ I │ will win 「back ‖ your love again. 나는 │ 다시 얻어낼 거야 ‖ 네 사랑을.
⑤ They │ bought 「back ‖ the estate. 그들은 │ 샀어 │ 되돌려 ‖ 저택을.

⑦ NPP'P"(p)

| ⑦ He │ came │ running │ back. |

예문은 ⑦형 NPP'P"(p)이다. P"는 소사 back이다.
다음 세 문장으로 나누어 진다. 즉 NPP'P"⇒NP+NP'+NP"의 관계에 있다.

⑦ He │ came │ running │ back.   그는 │ 왔다 │ 달려│ 뒤에서.
① He │ came.   그는 │ 왔다.
① He │ was running.   그는 │ 달리고 있었다.
① He │ was back.   그는 │ 뒤에 있었다.

♣ 유형별 예문
⑦ Jack │ came │ running/trotting │ back. 잭은 │ 왔다 │ 달려/종종 걸음으로│ 뒤에서.

| He helped her up. (up) |

① NP(p)

| ① She │ was up. |

예문은 ①형 NP(p)이다. P는 소사 up이다.
up는 일반적으로 '위, 오름, 일어남'을 나타낸다.
말하는 사람 쪽으로 '가까운 위치'를 나타내기도 한다.

① She | was up.   그녀는 | 일어나 있었다.

♣ 유형별 예문
(사람)
① "Everybody | up!"   모두 | 일어나!
① I | 'll be right up.   나는 | 곧 올라갈 거야.
① The citizens | are up.   시민들이 | 올라/가까이 온다.
① Sometimes I | am up, sometimes I am down. 나는 때로는 고조되고 때로는 저조하다.
(신체)
① His blood | was really up.   그는 | 정말 화났어.
① The dogs came out from under the porch, ears | up.
   개들이 현관아래로부터 나왔어, 귀를 | 세운 채.
① How many fingers | are up | in?   손가락 몇 개가 | 펴/접혀 있니?
① Your hand | is not up, Mr Thomas!   네 손은 | 들지 않았어, 토마스!
① (Why) is」your hand | up?   (왜) 네 손이 | 들려있니?
(물건/장소)
① | Up (a bit)! | 올려라 (약간)!
① The moon | is up.   달이 | 떴구나.
① The flag | is up.   깃발이 | 올려져 있다.
① The flat side of the protractor | should be up. 각도기의 평면이 | 위로 가야해.
① Bottom | up!   (술잔) 바닥 | 위로! *건배
① Pressure | 's up.   압력이 | 올라있어. *충분하다
① After the House | was up, I spoke to my Lord, 집이 세워진 다음, 나는 주께 말씀드렸다…
① When will your second plant | be up? 언제 당신의 제2공장이 | 세워집니까?
① The rivers | are up.   강물 수위가 | 올라 있어.
① The christmas tree | is up.   크리스마스 추리가 | 세워져 있다.
① It(=the room) | was straight up.   그것(=방)은 | 꼭대기 층에 있어.
(관념/시간)
① The rating | is up.   시청률이 | 올라 있어.
① Is something | up?   무슨 일이 | 일어나/가까이 있니?
① What | 's up? Nothing much. | 무슨 일 있니? 그저 그래.
① Things | might be up.   사태가 | 호전되겠지.
① What misadventure | is so early up? 어떤 불행한 일이 | 이렇게 일찍 일어났니?
① My annual leave | was up/over.   나의 휴가는 | 다찼다/넘었다.

③ NPP'(p)

| ③ She | walked | up. |

예문은 ③형 NPP'(p)이다. P는 자동사, P'는 소사 up이다.
다음 두 문장으로 나눠진다. 즉 NPP'⇒ NP+NP'의 관계에 있다.

③ She | walked | up.   그녀는 | 걸었다 | 위로.
① She | walked.   그녀는 | 걸었다.
① She | was up.   그녀는 | 위에 있었다

♣ 유형별 예문
(사람)
③ We | will climb | up.　　　　　　우리는 | 넘을 거야 | 위로.
③ | Get | up.(Ac3:6)　　　　　　　| 해라 | 일어나도록.
③ I | will go | up.　　　　　　　　나는 | 갈 거야 | 올라.
③ He | jumped | up.(Ac3:8)　　　　그는 | 뛰었어 | 위로.
③ He | showed/turned | up.　　　　그가 | 나타났다 | 이리로.
③ | Stand | up.　　　　　　　　　| 서라 | 일어.
③ He heard [the elevator | start | up.(2THr147) 그는 [승강기가 올라가기 시작하는 것을] 들었다.
③ Did you | walk | up or take the elevator? 너 | 걸어왔니 | 올라, 엘리베이터 탔니?
③ | Cheer | up!　　　　　　　　　힘내라!
③ Suddenly he | perked | up.　　　갑자기 그가 기운을 차렸다.
(신체)
③ Ears | perked | up at once.　　귀들이 | 치켜 | 들렸다.
③ His hand | went | up.　　　　　그의 손이 | 갔다 | 올라.
③ Her hand | had just shot | up.　그녀 손이 | 바로 (치)솟았다 | 위로.
(사물)
③ The sun | rises | up.　　　　　해가 | 떠오른다 | 위로.
③ Everything | will come | up.　　모든 것이 | 될 거야 | 나타나게.
③ The price | went | up.　　　　　물가가 | 갔다 | 올라.
③ Things | are looking | up.　　　사태가 | 보인다 | 호전되어.

```
③ She | was helped | up.
```

예문은 ③형 NPP'(p)이다. P는 수동형, P'는 소사 up이다.
다음 두 문장으로 나눠진다. 즉 NPP'⇒NP+NP'의 관계에 있다.

③ She | was helped | up.　　　　　그녀는 | 도와졌다 | 일어나게.
① She | was helped.　　　　　　　그녀는 | 도와졌다.
① She | was up.　　　　　　　　　그녀는 | 일어나 있었다.

♣ 유형별 예문
③ Their trunks | had already been brought | up. 그들의 트렁크는 | 이미 들여왔어 | 위로.
③ The old radio | could be picked | up. 그 고물 라디오는 | 집어 | 올려질 수 있었다.
③ I | was stood | up.　　　　　　나는 | 세워졌다 | 위로. * 바람맞다.

⑤ NPN'P'(p)

```
⑤ He | helped ‖ her | up.
```

예문은 ⑤형 NPN'P'(p)이다. P는 타동사, P'는 소사 up이다.
다음 두 문장으로 나눠진다. 즉 NPN'P'⇒NPN'+N'P'의 관계에 있다.

⑤ He | helped ‖ her | up.　　　　그는 | 도왔다 ‖ 그녀를 | 일어나게.

② He | helped ‖ her.   그는 | 도왔다 ‖ 그녀를.
① She | was up.   그는 | 일어나 있었다.

♣ 유형별 예문
(사람)
⑤ | Bring ‖ us | up.   우리를 끌어올려라.
⑤ You | always cheer ‖ me | up?   너는 나를 항상 기분 좋게 해.
⑤ | Get ‖ me | up.   나를 부축해 줘.
⑤ He | held ‖ me | up.   그가 | 끌어 ‖ 나를 | 올렸다.
⑤ | Let ‖ me | up, please. | 해줘요 ‖ 나를 | 일어나게.
⑤ He | will lift ‖ you | up.(Jas4:10) 내가 너희들을 세울 것이다.
⑤ Why don't we | live ‖ it | up?   자 우리 기분좋게 놀아 보자.
⑤ The men | picked ‖ him | up.   그들은 | 잡아 ‖ 그를 | 일으켰어.
⑤ Nate | pulled ‖ himself | up.   그는 | 당겨 ‖ 몸을 | 일으켰어.
⑤ Peter | raised ‖ him | up.   그들은 | 일으켜 ‖ 그를 | 일으나게 했다,
⑤ You | stood ‖ me | up (at the club the other day). 너는 나를 바람맞혔어.
⑤ He | took ‖ her | up.   그는 | 끌었어 ‖ 그녀를 | 위로.
(신체)
⑤ His insolent manner | really got ‖ my blood | up.
   그의 불손한 태도가 | 정말로 했다 ‖ 내 피를 | 치솟게. * 화나게 하다.
⑤ She | couldn't keep ‖ her chin | up. 그녀는| 있을 수 없었다 ‖ 턱을 | 들고.
⑤ Dinosaurs | held ‖ their tails | up. 공룡들은 | 세웠다 ‖ 꼬리를 | 위로.
⑤ Now several other people | had ‖ their hands | up too.
   이제 여러 다른 사람들도 | 상태였다 ‖ 손을 | 역시 올린.
⑤ | Put ‖ your hands | up. | 들어라 ‖ 네 손을 | 위로.
(물건)
⑤ | Got/keep ‖ my lines | up.   줄을 위로 당겨라/유지하라.
⑤ I | 've already taken ‖ your things | up. 나는 | 이미 놓았어 ‖ 네 물건을 | 올려.
⑤ | Put ‖ your sleeve | up. | 걷어라 ‖ 소매를 | 위로.

⑤ He | lifted 「up ‖ his hand.

예문은 ⑤형 NP「P(p)'N'이다. N'과 P'의 위치가 바뀐 것이다.
「 표시는 P'가 N'을 서술함을 나타낸다. 다음 두 문장으로 나눠진다.
즉 NP「P'N' ⇒ NPN'P' ⇒ NPN'+N'P'의 관계에 있다.

⑤ He ' lifted 「up ‖ his hand.   그는 | 올렸다 「위로 ‖ 손을.
=⑤ He | lifted ‖ his hand | up.   그는 | 올렸다 ‖ 손을 | 위로.
② He | lifted ‖ his hand.   그는 | 올렸다 ‖ 손을.
① His hand | was up.   그의 손이 | 올라가 있었다.

♣ 유형별 예문
(신체)
⑤ | Hold 「up ‖ your right hand. | 당겨 「올려라(쳐들라) ‖ 오른손을.

⑤ | Lift 「up ‖ your heads.(Lk21:28) | 들라 「위로 ‖ 머리를.
⑤ Hermoine | put 「up ‖ her hand. Hermoine는 | 쳐 「들었다 ‖ 오른손을.
(물건)
⑤ He | picked 「up ‖ his legal pad. 그는 | 집어 「올렸다 ‖ 그의 법률서류묶음을.
⑤ | Pull 「up ‖ your sock. | 당겨 「올려라 ‖ 양말을.
⑤ He | rolled 「up ‖ his sleeve.   그는 | 말아 「올렸다 ‖ 소매를.
⑤ He | 's picking 「up ‖ the pieces. 그는 이제 여유가 있어.
⑤ | Turn 「up | down ‖ the radio. 라디오(소리)를 올려/줄여라.
(장소/위치)
⑤ | Bring 「up ‖ the harbor cameras. 항구 카메라를 올려라.
⑤ Let us [| put 「up ‖ three shelters].(Lk 9:33) 우리가 [초막 셋을 짓게] 하십시오.
⑤ The government | has set 「up ‖ many hospitals. 정부는 | 놓았다 「세워 ‖ 많은 병원을.

⑤' NPN' 「P'(a)

| ⑤' He | was doing ‖ his homework 「up. |

예문은 ⑤'형 NPN' 「P'(p)이다. 다음 두 문장으로 나눠진다.
여기서 P': up은 N을 서술한다. 「 표시는 이를 나타낸다.
즉 NPN' 「P'⇒NPN'+NP'의 관계에 있다.

⑤' He | was doing ‖ his homework 「up. 그는 | 하고 있었다 ‖ 그의 숙제를 「깨어서
② He | was doing ‖ his homework.   그는 | 하고 있었다 ‖ 그의 숙제를
① He | was up.   그는 | 깨어 있었다.

♣ 유형별 예문
⑤' He | was doing ‖ his homework 「up ? 그는 | 하고 있었다 ‖ 그의 숙제를 「깨어서.
⑤' What are you | doing ‖ ∨ 「up ? 너 | 하니 ‖ 무엇을 「잠자지 않고?

⑦ NPP'P"(p)

| ⑦ They | came | running | up. |

예문은 ⑦형 NPP'P"(p)이다. P"는 소사 up이다.
다음 세 문장으로 나누어 진다. 즉 NPP'P"⇒NP+NP'+NP"의 관계에 있다.

⑦ They | came | running | up.   그들이 | 왔어 | 달려 | 위로.
① They | came.   그들이 | 왔어.
① They | were running.   그들은 | 달리고 있었어.
① They | were up.   그들은 | 위에 있어.

♣ 유형별 예문
⑦ | Go | ahead | up and see.(THr276) | 가서 | 앞서 | 위로, 그리고 보아라.
⑦ They | came | running | up.   그들이 | 왔어 | 달려 | 위로.
⑦ I | 'll get | saddled | up.   난 | 될 거야 | 안장 얹은 말에 | 타게.

⑦ The stress | just keep | building | up. 스트레스가 | 계속하여 | 쌓였다 | 높이.

[Supplement]: 잠과 관련된 표현
① "| Up!", she screeched.   "| 일어나," 그녀가 소리쳤다.
① I | was up (late last night).   나는 | 일어나 있었어 (간 밤 늦게).
① You | are up (rather late).   너는 | 안자고 있군 (늦게까지).
① He | was already | up.   그는 | 이미 기상했어.
① Are you | up (yet)?   너 | 일어나지 않고 있니 (아직)?
① You | are up (early).   너 | 일찍 일어났군 (일찍).
③ "| Get | up, sleepy head!"   "일어나라, 잠꾸러기야!"
③ I | stayed | up all night.   나는 | 새웠어 | 온 밤을.
③ "| Wake | up," he said.   "| 깨어 | 일어나," 그가 말했어.
③ | Wake | up and smell the coffee. 실상을 똑똑히 알아라.
⑤ | Don't call ‖ me | up (in the morning). | 전화하지 마 | 나를 | 깨어나게 (아침에).
⑤ What | 's keeping ‖ Mr. Bear | up(or awake)? 무엇이 | 하고 있느냐 ‖ Mr. Bear를 | 깨어 있게?
⑤ Maybe your mom | wouldn't let ‖ you | up (this late).
    네 엄마는 | 용납 안 할 거야 ‖ 너를 | (이처럼) 늦게 자지 않는 것을.
⑤ Mom! | Wake ‖ me | up.   엄마! 나 깨워 줘.
⑤ That cup of coffee | really woke ‖ me | up.
    그 커피 한잔이 | 확실히 깨웠어 ‖ 나를 일어나 있게.

He burned the house down. (down)

① NP(p)

① The house | was down.

예문은 ①형 NP(p)이다. P는 소사 down이다.
down은 일반적으로 '아래, 내림(降)'를 나타낸다.
말하는 사람 쪽으로부터 '먼 위치'를 나타내기도 한다.

① The house | was down.   집이 | 내려앉았다.

♣ 유형별 예문
(사람)
① "| Down!/Up!"   엎드려(내려가)/일어서(올라가)!
① | Down?/Up?   (엘리베이터에서) 내려가요/올라가요?
① I | am down.   나 | 아래에 있어.
① He | is not down (yet).   그는 | (하층에) 안 내려왔어 (아직).
① The climbers | are down.   등산객들이 | 내려왔어.
① He | 's down.   그는 | 정신이 나간 상태야.
① He | is very down (after failing the test). 그는 | 매우 낙담해 있어 (시험실패 후).
(신체)

① | Down! down! 　　　　　　　　엎드려! 엎드려!(자세 낮춰라)
① Eyes | down. 　　　　　　　　눈길 | 아래로 깔아.
① Head | down. 　　　　　　　　머리 | 숙여.
① And his ears | are down. 　　　그(토끼)의 귀가 | 처져 있어.
(물건)
① | Down. 　　　　　　　　　　　(물건) | 내려라.(하역작업시)
① The car window | was down. 　차창이 | 내려 있었다.
① The sun | is already down/up. 해가 | 이미 져있어/돋아 있어.
① Vegetables | are down/up. 　　채소 값이 | 내려/올라 있어.
① Shh. | Quite down. 　　　　　　쉬. | 소리 낮춰
① The fire | is down. 　　　　　　불이 | 꺼져간다.
① The light | was down. 　　　　조명이 | 약했다.
① The Computer | is down. 　　　컴퓨터가 | 작동되지 않아.
① Harvey's truck | is down. 　　Harvey 트럭이 | 고장이야.
① Your fever | is down. 　　　　네 열이 | 내렸어.
① The swelling | is down. 　　　부은 것이 | 가라앉았어.
(관념/활동)
① The stocks | are down. 　　　주가가 | 내렸어.
① Two problems | down, one to go. 두 문제는 | 마치고, 나머지는 하나.
① His name |'s been down [ever since he was born].
　　[그는 태어날 때부터] 그의 이름이 | (입학명단에) 기록되어 있었어.
(장소/위치)
① All the blind | were down. 　　블라인드는 | 전부 내려져 있었어.
① The river | is down. 　　　　　강의 수위가 | 내려가 있어.
① The wall | is down. 　　　　　벽이 | 내려앉았어.
① The only way (out) | is down. 유일한 (출)구가 | 내려앉았어.

③ NPP'(p)

| ③ The house | fell | down. |

예문은 ③형 NPP'(p)이다. P는 자동사, P'는 소사 down이다.
다음 두 문장으로 나눠진다. 즉 NPP' ⇒ NP+NP'의 관계에 있다.

③ The house | fell | down. 　　집이 | 무너져 | 내려앉았다.
① The house | fell. 　　　　　　집이 | 무너졌다.
① The house | was down. 　　　집이 | 내려앉았다.

♣ 유형별 예문
(사람)
③ | Get | down/up.! 　　　　　| 해라 | 내려/올라가도록!
③ They | bowed | down.(Ne8:6) 그들은 | 절했다 | 엎드려.
③ He | came | down | up. 　　그는 | 왔어 | 내려/올라.
③ He | fell | down. 　　　　　그는 | 떨어졌다 | 아래에.
③ You | are going | down. 　너는 (맞아서) 눕혀질 거야.

- 205 -

③ May I | get | **down**?　　　나 | 가도 되니 | 내려?
③ I | ought to go | **down**.　　나는 잠수해야 해.
③ He | would not kneel | **down**.(Est3:5) 그는 | 꿇지 않으려 했다 | 아래로.
③ | Lie | **down**.　　　　　　　| 누워라 | 아래로.
③ | Sit | **down**/up.　　　　　 | 앉아라 | 내려/올려.
③ Jame Gumb | started | **down**.(2THr157) 그는 | 시작했다 | 내려가기.
③ We | will slide | **down**.　　우리는 | 미끄러져 | 내릴 거야.
③ You | may step | **down**.　　너는 (단에서) 내려가도 좋아.
③ She | broke | **down** again.(Mk14:72) 그녀는 가슴이 무너져 내렸어.
cf.① My heart | almost **broke**.　내 가슴이 미어질 듯 했어.
③ She | felt | **down**.　　　　그녀는 | 느꼈어 | 우울하게.
③ You | look | **down**.　　　　넌 | 보여 | 기운없어/우울하게.
③ Can you | come | **down** (a little)? 당신은 | 될 수 있나요 | 내려 깎게 (약간)?
(물건/장소)
③ The snow | comes | **down**.　눈이 | 온다 | 내려.
③ The car | broke | **down**.　 차가 | 고장 나서 | 내려앉았다.
③ What | broke | **down**?　　 무엇이 고장났어?
cf.The radio set | broke. "　　　라디오가 | 고장 났어
③ My computer | has been broken | **down** (all day).
　　내 컴퓨터는 | 고장 나서 | 작동되지 않았어 (온종일).
③ The car | went | **down**.　　차가 | 되었다 | 고장나게.
cf.① The generator | went.　　　발전기가 | 고장났어.
③ The engine | choked | **down**. 엔진이 | 막혀 | 고장났어.
③ The bricks | have fallen | **down**. 벽돌이 | 무너져 | 내려앉았다.
(관념/활동)
③ Prices | are going **down**/up.　물가가 | 가고 있어 | 내려|올라.
③ Export | have gone | **down** (this year). 수출이 | 갔어 | 내려, 금년에.
③ The birth rate | is going | **down**. 출산율이 | 가고 있어 | 내려.

```
              ③ The house | was burned | down.
```

예문은 ③형 NPP'(p)이다. P는 수동사, P'는 소사 down이다.
다음 두 문장으로 나눠진다. 즉 NPP'⇒NP+NP'의 관계에 있다.

③ The house | was burned | **down**. 집은 | 불타서 | 내려앉았다.
① The house | was burned.　　　　집이 | 불타졌다.
① The house | was **down**.　　　 집이 | 내려앉았다.

♣ 유형별 예문
③ He | was shot | **down**.　　　그는 | 총 맞아 | 쓰러졌다.
③ Four small airplanes | were tied | **down**. 작은 비행기 4대 | 묶여있었다 | 아래(지상)에.
③ The signal | had been copied | **down**. 그 신호는 | 복사되어 | 기록되었다.

⑤ NPN'P'(p)

| ⑤ He | burned ‖ the house | down. |

예문은 ⑤형 NPN'P'(p)이다. P는 타동사, P'는 소사 down이다.
다음 두 문장으로 나눠진다. 즉 NPN'P'⇒NPN'+N'P'의 관계에 있다.

⑤ He | burned ‖ the house | down.   그는 | 불태웠다 ‖ 집을 | 내려앉게.
② He | burned ‖ the house.   그는 | 불태웠다 ‖ 집을.
① The house | was down.   집이 | 내려앉았다.

♣ 유형별 예문
(사람)
⑤ | Bring ‖ your brother | down. | 데리고 ‖ 네 형제를 | 내려오라(Ge43:7)
⑤ She | had led ‖ them | down (through six floors).
    그녀는 | 인도했어 ‖ 그들을 | (6층을 지나) 아래로.
⑤ I | knocked ‖ him | down.   내가 | 때려 ‖ 그를 | 눕혔어.
⑤ | Put ‖ me | down.   나를 내려 줘.
⑤ They | set ‖ the king | down.   그들은 왕을 내려놓았어.
⑤ The boxer | struck ‖ his opponent | down. 그 권투선수는 | 때려서 ‖ 상대를 | 눕혔어.
⑤ You | can talk ‖ the sales person | down (to get a discount).
    너는 | 말하여 ‖ 그 판매원에게 | 내릴 수 있다 (할인 받기 위해).
⑤ I | didn't take ‖ him | down (on the elevator). 나는 그를 내려보내지 않았어 (엘리베이터로).
⑤ The news | brought ‖ the family | down. 그 뉴스가 | 했어 ‖ 가족을 | 우울하게.
⑤ Let this music [| calm ‖ you ¹ down]. 이 음악이 [너를 편안한 마음을 갖게] 해라.
⑤ You | got ‖ me | down.   너는 | 했다 ‖ 나를 | 실망하게.
⑤ | Don't let ‖ me | down. | 하지마라 ‖ 나를 | 실망하게.
⑤ Everybody wants [to | put ‖ me | down]. 모두가 원해 [| ~하기를 ‖ 나를 | 짓누르기~].
⑤ I | 'll take ‖ him | down.   나는 그를 혼내줄 거야.
(신체)
⑤ She | cast ‖ his eyes | down.   그녀는 | 깔았다 ‖ 눈을 | 아래로.
⑤ Ron | put ‖ his foot | down.   Ron은 | 디뎠다 ‖ 발을 | 아래로.
⑤ I want [to go out {and} | let ‖ my hair | down].
    나는 원해 [밖으로 나가{서} 머리칼 세우지 않고(편하게) 지내기].
(물건)
⑤ He | put ‖ the bottle | down.   그는 | 놓았어 ‖ 병을 | 내려.
⑤ Sam | set ‖ the pans | down.   Sam은 | 놓았어 ‖ 냄비들을 | 내려.
⑤ | Shoot ‖ them | down. | 쏴서 ‖ 그것들을 | 떨어뜨려라.
⑤ Josh | slammed ‖ the phone | down. Josh는 | 쾅 ‖ 전화기를 | 내려놓았어.
⑤ You | should keep ‖ this side of the box | down.
    너는 | 해야 해 ‖ 상자의 이 쪽 면이 | 아래로 가도록.
⑤ | Let ‖ an end | down! | 내려라 ‖ (밧줄) 끝을 | 아래로!
⑤ Guy | pushed ‖ the lever | down. Guy는 | 내렸어 ‖ 레버를 | 아래로.
⑤ | Turn ‖ the music | radio | down. 그 음악/라디오를 줄여라.
(관념/활동)
⑤ | Get ‖ his phone number | down. 그의 전화번호를 적어 놓아라.

⑤ I | 'll jot ‖ it | down.   그걸 메모해 둘게.
⑤ I | will take ‖ that | down.   내가 | 적을 게 ‖ 그것을 | 받아.
⑤ | Write ‖ your name | down. | 써라 ‖ 네 이름을 | 기록하여.
(장소/위치)
⑤ Would you | pull ‖ the shade | down? 너 | 당겨주겠니 ‖ 셰이드를 | 아래로?
⑤ We | had to shut ‖ the plant down. 우리는 발전소를 폐쇄했다.

---
⑤ He | burned 「down ‖ the house.

예문은 ⑤형 NP「P'(p)N'이다. N'와 P'의 위치가 바뀐 것이다.
「 표시는 P'가 N'을 서술함을 나타낸다. 다음과 같이 분석된다.
즉 NP「P'N'⇒ NPN'P'⇒NPN'+N'P'의 관계에 있다.

⑤ He | burned 「down ‖ the house.   그는 | 불태워 「내려앉게 했다 ‖ 집을.
=⑤ He | burned ‖ the house | down. 그는 | 불태워 ‖ 집을 | 내려앉게 했다..
② He | burned ‖ the house.   그는 | 불태웠다 ‖ 집을.
① The house | was down.   집이 | 내려앉았다.

♣ 유형별 예문
(사람)
⑤ They | brought 「down ‖ the ruler. 그들은 | 시켰다 「하야 ‖ 통치자를.
(물건)
⑤ | Let 「down ‖ the nets for a catch.(Lk5:4) | 던져라 「내려 ‖ 고기잡이 그물을.
⑤ | Put 「down ‖ your weapons. | 놓아라 「내려 ‖ 무기들을.
⑤ He | threw 「down ‖ his broken sword. 그는 | 던졌어 「아래로 ‖ 그의 부러진 검을.
⑤ Why don't you | turn 「down ‖ the newspaper? 왜 너는 신문을 아래로 내려 놓지 않니?
⑤ You | might cut 「down ‖ the amount of the water you use.
   너는 네가 쓰는 물의 양을 줄일 수 있어.
⑤ | Turn 「down | up ‖ the radio.   라디오(소리)를 줄여/올려라.
(관념/활동)
⑤ Did you | get 「down ‖[what I said]? 너 | 받아 「적었니 |[내가 말한 것을].
⑤ He | cheerfully put 「down ‖ his signature. 그는 | 유쾌하게 했다 「기록 ‖ 그의 서명을.
⑤ | Take 「down ‖[what I said]. [내가 말한 것을] 받아 적어.
⑤ | Write 「down ‖ your name. | 써서 「기록해라 ‖ 네 이름을.
⑤ He | lays 「down ‖ his life (for the sheep)..(Jn10:11) 그는 (양들을 위하여) 목숨을 버린다
(장소/위치)
⑤ He | will bring 「down ‖ your high fortified walls.(Isa25:12)
   그는 | 할 것이다 「(무너져) 내려앉게 ‖ 너의 장벽들을.
⑤ Beavers | cut 「down ‖ the small trees. 비버들은 | 끊어 「내린다 ‖ 작은 나무들을.
⑤ He | rolled 「down ‖ the window. 그는 | 돌려 「내렸어 ‖ 차창을.

⑦ NPP'P"(p)

---
⑦ The panes | fell | crushing | down.

예문은 ⑦형 NPP'P"(p)이다. P"는 소사 down이다.
다음 세 문장으로 나누어 진다. 즉 NPP'P"⇒NP+NP'+NP"의 관계에 있다.

⑦ The panes | fell | crushing | **down**. 유리창들이 | 떨어져 | 부서져 | 내렸다.
① The panes | fell.　　　　　　유리창들이 | 떨어졌다.
① The panes | were crushing.　유리창들이 | 부서졌다.
① The panes | were **down**.　　유리창들이 | 내려 있었다.

♣ 유형별 예문
⑦ The panes | fell | crushing | **down**. 유리창들이 | 떨어져 | 부서져 | 내렸다.
⑦ We | shall speaking | sitting | **down**. 우리는 | 말할 거야 | 앉아서 | 내려.

She beckoned him over. (over)

---

① NP(p)

---

① He | was **over**.

예문은 ①형 NP(p)이다. P는 소사 over이다.
소사 over는 '넘어/넘겨, 덮어, 다가, 끝나기'를 나타낸다.

① He | was **over**.　　　　　그는 | 다가 있었다.

♣ 유형별 예문
(사람)
① | **Over**.　　　　　　　　　| 넘어라. *뒷면으로 계속해라.
① I | 'll be right **over**.　　나 | 곧 그 쪽에 넘어/다가 갈게.
① Will you | be **over** (on Saturday)? 너 | 여기 오겠어 (토요일에)?
(사물)
① A small piece of flannel | was **over**. 플란넬 조각이 | 널려 있어.
① The rain | is **over** and gone.　　비가 | 완전히 그쳤어.
① It | 's all **over**.　　　　　　　　그건 | 다 끝났어.
① It | 's not(or never) **over** [till it | 's **over**]. [끝나기까지는] 끝난 것이 아니야.
① The troubles | are **over**(or past).　고난은 | 끝났어(지나갔어).
① The game | 's **over**(or up).　　　경기가 | 끝났어.
① The school | will be **over** (at three). 학교는 | 끝난다 (세 시에).

③ NPP'(p)

---

③ He | went | **over**.

예문은 ③형 NPP'(p)이다. P는 자동사 wen P'는 소사 over이다.
다음 두 문장으로 나눠진다. 즉 NPP'⇒ NP+NP'의 관계에 있다.

③ He | went | over.　　　　　　그는 | 갔다 | 다가/건너.
① He | went.　　　　　　　　　그는 | 왔다.
① He | was over.　　　　　　　그는 | 다가 있었다.

♣ 유형별 예문
(사람)
③ She | bent | over and patted the baby. 그녀는 | 굽혀서 | 위로. 아기를 토닥거렸다.
③ I | 'll come | over.　　　　　내가 | 올 게 | 그리로.
③ They | had crossed | over.　　그들은 | 가로질러 | 갔어.
③ He tripped and | fell | over.　그는 발이 걸려서 넘어졌어.
③ He | went | over and took the ram.(Ge22:13) 그는 넘어가서 양을 잡았다.
③ They | hurried | over.　　　　그들이 | 서둘러 | 다가(넘어)왔어.
③ Please, | turn | over.　　　　돌려 | 넘겨요.(뒷면으로 계속).
(사물)
③ A plane | flew | over.　　　　비행기가 | 날라갔어 | 위로(넘어).
③ The scandal | would soon blow | over. 그 스캔들은 | 곧 날려가 | 끝날 거야.*잠잠해지다
③ His speech | went | over well.　연설이 | 되었다 | 잘 끝나게.
③ All hope | would be given | over. 모든 희망은 | 포기되어 | 끝날 것이다.
③ The funeral | hurried | over.　장례식은 | 빨리 | 끝났다.
③ Your trouble | will soon pass | over. 너희들의 고통은 | 곧 지나 | 버릴 거야.
③* I don't know [when the work | is going | to be over].(NEI)(예정) *to be~구조
　　나는 [언제 일이 언제 끝날지] 모르겠다.
③* Our honeymoon phase | is supposed | to be over,(다락원)(추측) *to be~ 구조
　　우리의 신혼여행 단계는 | 예정이다 | 끝날.

⑤ NPN'P'(p)

⑤ She | beckoned ‖ him | over.

예문은 ⑤형 NPN'P'(p)이다. P는 동사 bring, P'는 소사 in이다.
다음 두 문장으로 나눠진다. 즉 NPN'P'⇒NPN'+N'P'의 관계에 있다.

⑤ She | beckoned ‖ him | over.　　그녀는 | 손짓했다 ‖ 그를 | 다가오도록.
② She | beckoned ‖ him.　　　　　그녀는 | 손짓했다 ‖ 그를.
① He | was over.　　　　　　　　그는 | 다가 있었다.

♣ 유형별 예문
(사람)
⑤ They | beckoned ‖ him | over.　그들이 | 손짓했다 ‖ 그를 | 오라고.
⑤ He | drew ‖ the blankets | over (him) 그는 | 당겨서 ‖담요들을 | 자신을 덮었다.
⑤ We | got ‖ customers | all over. 우리는 | 있어 ‖손님이 | 온 사방에.
⑤ She | accidently knocked ‖ me | over. 그녀가 | 우발적으로 부딪혀 ‖나를 | 넘어뜨렸어.
⑤ The cop | pulled ‖ me | over. 경찰이 | 끌어당겼어 ‖나를 | 다가오게.
⑤ | Send ‖ them | over.　　　　　 | 보내라 ‖그것들을 | 이리로.
⑤ Kay | wants ‖ you | over (tomorrow for a big steak).

　　　　　　Kay가 | 원해 ‖ 네가 | 오기를 (내일 큰 스테이크 먹으러).
(사물)
⑤ The wind | must have blown ‖ it | over. 바람이 | 불어 ‖ 그것을 뒤집어 놓았음에 틀림없다.
⑤ He | flipped ‖ her paper | over.   그는 | 가볍게 ‖ 그녀 답안지를 | 넘겼다.
⑤ | Pull ‖ it | over.   그것(차)를 여기에 붙여. *차 세워라.
⑤ Now, | throw ‖ your jacket | over. 자, | 던져라 ‖ 네 재킷을 | 덮어.
⑤ | Turn ‖ the page | over. | 돌려라 ‖ 페이지를 | 넘겨.
⑤ They | wanted ‖ it(=the ship) | over. 그들은 | 원했다 ‖ 배가 | 뒤집어지기.
⑤ | Get ‖ it | over. | 해라 ‖ 그것을 | 끝나게.
⑤ | Give 「over ‖ the play.   연극을 끝내라.
⑤* Pen | longed ‖ for the three years | to be over.(=end)(4EG331,2JJ53) *to be~구조
　　펜은 | 갈망했다 ‖ 3년이 ‖ 끝나게 되도록.
⑤* I | just want ‖ it | to be over.(=ended)(12JG506) *to be~구조
　　나는 | 단지 원해 ‖ 그것이 | 끝나게 되도록.

He gathered them together. (together/apart)

① NP(p)

① They	were together.

예문은 ①형 NP(p)이다. P는 소사 together이다.
together는 복수 명사들이 모이는 '동반관계'를 나타낸다.
apart는 복수 명사들이 쪼개어지는 '분리관계' 와 aside처럼 '이격' 의 뜻도 나타낸다.

① They | were together.   그들은 | 함께 있었다.

♣ 유형별 예문
(together)
① All the believers | were together.(Ac2:44) 모든 믿는 사람이 | 함께 있었다.
① We | 've been together six months. 우리는 | 같이 지내왔어 (6개월).
① They | were again together.   그들은 | 다시 함께 모였어.
① We | could be together (for New Years). 우리는 | 함께 지낼 수 있어 (신년에).
① She | 's really together.   그녀는 | 진짜로 안정적이다.
① The tips of Dumbledore's long, thin fingers | were together.
　　Dumbledore의 길고 가는 손가락은 | 모아져 있었다.
① His hands | were together.   그의 양손이 | 합쳐 있었다.
① The pieces | were together.   부품들이 | 결합했다.
(apart)
① The lovers | are apart.   연인들이 | 헤어지네.
① Why should we | be apart?   (왜) 우리는 | 헤어져야 해?
① Go but | apart.   가라 그러나 | 떨어져라.
① The machine | was apart.   그 기계는 | 분해되어 있었다.

③ The ledges | are far **apart**.   바위 턱은 | 멀리 떨어져 있었어.

③ NPP'(p)

> ③ They | gathered | **together**.

예문은 ③형 NPP'(p)이다. P는 자동사, P'는 소사 together이다.
다음 두 문장으로 나눠진다. 즉 NPP'⇒NP+NP'의 관계에 있다.

③ They | gathered | **together**.   그들은 | 모였다 | 함께.
① They | gathered.   그들은 | 모였다.
① They | were **together**.   그들은 | 함께 있었다.

♣ 유형별 예문
(together)
③ They | ate | **together**.   그들은 | 식사했다 | 함께.
③ We | were dancing | **together**.   우리는 | 춤추고 있었다 | 함께.
③ They | gathered | **together**.(1Sa8:4)   그들은 | 모였다 | 함께.
③ Hey! We | should get | **together**.   우리 | 되자(만나자) | 함께.
③ They | met | **together**.(Ac1:6)   그들은 | 만났다 | 함께.
③ His legs | sprang | **together**.   그의 다리가 | 꼬여 | 모아졌어.
③ The pieces | came | **together**.   부품들이 | 되었다 | 결합.
③ The piece | are all coming | **together**. 모든 부분들을 취합해보니 말이 된다.
③ Misfortunes | will happen | **together**. 불행들은 | 일어나곤 해 | 모여서.
③ Your stories | must hold | **together**. 네 이야기들은 서로 앞뒤가 맞아 떨어져야 해.
(apart)
③ We | drifted | **apart**.   우리는 | 떠돌았어 | 따로.
③ We | grew | **apart** (a long time ago). 우리는 | 자랐어 | 따로 (오래 전).
③ They | live | **apart**.   그들은 | 살아 | 떨어져.
③ ˩ A little **apart** ˩ the Rangers | sat. 약간 떨어져서 ˩ 기수들이 | 앉았어.
③ If Iraq is attacked, the coalition | would fall | **apart**.
     만약 이라크가 공격당하면, 연합은 깨어질 것이다.
③ His fingers | spread | **apart**.   그의 손가락들이 | 펴져 | 벌려졌다.
③ Letters from her | became further | **apart**. 그녀로부터의 편지들이 | 점차 되었다 | 드물어지게.
③ The session | came further | **apart**, and finally stopped.
     그 모임은 점차 드물어졌고, 마침내 중단되었어

> ③ They | were gathered | **together**.

예문은 ③형 NPP'(p)이다. P는 수동형, P'는 소사 together이다.
다음 두 문장으로 나눠진다. 즉 NPP'⇒NP+NP'의 관계에 있다.

③ They | were gathered | **together**.   그들은 | 모여졌다 | 함께.
① They | were gathered.   그들은 | 모여졌다.

① They | were **together**.   그들은 | 함께 있었다.

♣ 유형별 예문
(together)
③ We | can't be seen | **together**.   우리는 | 알려져서는 안된다 | 같이 있는 것이.
③ The eyelids | were glued | **together**.   눈꺼풀들이 | 풀로 붙인 듯이 | 모아졌다.
③ His jaws | were jammed | **together**.   그의 턱이 | 붙어 | 모아졌다.
③ His hands | were put | **together**.   그의 양손이 | 놓여졌다 | 합쳐.
③ The pieces | were put | **together**.   부품들이 | 되어졌다 | 결합.
③ We | 're happy | **together**   우리는 | 행복해 | 함께 있어. *비동사술어
③ We | are all in this | **together**.   우리는 | 모두 여기에 | 동참한다. *비동사술어)
(apart)
③ Aron | was set | **apart**.(1Ch23:13)   아론은 | 위치했다 | 떨어져
③ The machine | was taken | **apart**.   그 기계는 | 되어졌다 | 분해.

⑤ NPN'P'(p)

⑤ He | gathered ‖ them | **together**.

예문은 ⑤형 NPN'P'(p)이다. P는 타동사, P'는 소사 together이다.
다음 두 문장으로 나눠진다. 즉 NPN'P' ⇒ NPN'+N'P'의 관계에 있다.

⑤ He | gathered ‖ them | **together**.   그는 | 모았다 ‖ 그들을 | 함께.
② He | gathered ‖ them .   그는 | 모았다 ‖ 그들을.
① They | were **together**.   그들은 | 함께 있었다.

♣ 유형별 예문
(together)
⑤ I | will now bring ‖ them | **together**.(2Ki10:18) 나는 그들을 함께 모을 것이다.
⑤ He | saw ‖ two of them | **together**. 그는 | 보았다 ‖ 그 두 사람이 함께 있는 것.
⑤ Pull ‖ yourself | **together**. | 당겨라 ‖ 자신을 | 안정시켜. * 정신 차려라
⑤ They | fitted ‖ bones **together** and made skeletons. 그들은 뼈들을 함께 맞추어 골격을 만들었다.
⑤ He | couldn't keep ‖ his lips | **together**. 그는 | 할 수 없었다 ‖ 입을 | 다물어 지게.
⑤ Both | put ‖ their hands | **together** and applauded.
   두 사람은 | 모아 ‖ 그들의 손을 | 함께, 박수를 쳤다..
⑤ He | tapped ‖ his finger(tip)s | **together**. 그는 그의 손가락 끝을 모아 가볍게 두드렸어.
⑤ I | 'll get ‖ your things | **together**. 난 | (꾸려) 놓을 거야 ‖ 네 물건들을 | 함께.
⑤ They | hooked   the poles | **together**. 그들은 | 갈고리로 연결했다 ‖ 기둥들을 | 함께.
⑤ | Put ‖ the pieces | **together**. | 모아라 ‖ 조각들을 | 함께.
⑤ He | wrapped ‖ the tiny wires | **together**. 그는 | 쌌다 ‖ 가느다란 전선들을 | 함께.
⑤ Education is supposed [to bring people | **together**], but sometimes it | drives them | part
   if only one person gets it. 교육이 사람을 가깝게 만들어야 할 텐데 때로 한 사람만 교육을 받으면
   사이를 멀게 만든다.
(apart)
⑤ | Drag ‖ them | **apart**. | 놓아라 ‖ 그들을 | 뜯어.

⑤ Nothing | can keep ‖ us | **apart**.　　아무도 | 둘 수 없어 ‖ 우리를 | 갈라지게.
⑤ He | pulled ‖ (one of) them | **apart**. 그는 | 당겨서 ‖ 그들 (중 한사람)을 | 떼어 내었다.
⑤ | Set ‖ them | **apart**!(Jer12:3)　　| 놓아라 ‖ 그들을 | 떼어!
⑤ I | can't tell　the twins | **apart**. 나는 | 말(구별)할 수 없다 ‖ 그 쌍둥이를 | 떼어.
⑤ I | took the machine | **apart**.　　나는 | 했다 그 기계를 | 분해.
⑤ He | peeled ‖ the wet pages | **apart**. 그는 | 벗겨서 ‖ 젖은 쪽들을 | 뜯어내었어.

---

⑤ He | called 「**together** ‖ his relatives and close friends.

예문은 ⑤형 NP「P(p)'N'이다. N'과 P'와 위치를 바꾼 것이다.
「 표시는 P'가 N'을 서술함을 나타낸다.
다음과 같이 분석된다. 즉 NP「P'N' ⇒ NPN'P' ⇒ NPN'+N'P'의 관계에 있다.

⑤ He | called 「**together** his relatives and close friends.
=⑤ He | called ‖ his relatives and close friends | **together**.
　　그는 | 불렀다 ‖ 그의 친척과 가까운 친구들을 | 함께.
② He | called ‖ his relatives and close friends. 그는 | 불렀다 ‖ 그의 친척과 친한 친구들을.
① His relatives and close friends | were **together**. 그의 친척과 가까운 친구들이 | 모였다.

♣ 유형별 예문
(together)
⑤ So Laban brought 「**together** ‖ all the people of the place and gave a feast.(Ge29:22)
　　라반이 그 곳 사람을 다 불러 모아 잔치를 베풀었다.
⑤ ... he | had called 「**together** ‖ all the people's chief priests and teachers of the law,(Mt2:4)
　　그가 모든 대제사장과 백성의 서기관들을 불러 모았다.
(apart)
⑤ Jacob | set 「**apart** ‖ the young of the flock by themselves,(Ge30:40)
　　야곱은 이런 새끼 양들을 그들 끼리 따로 떼어 놓았다

⑤' NPN' 「P'(p)

---

⑤' We | are doing ‖ this 「**together**.

예문은 ⑤'형 NPN' 「P'(p)이다. P는 타동사, P'는 소사 together이다.
다음 두 문장으로 나눠진다. 여기서 P'는 N'이 아니라 N을 서술한다.
「 표시는 이를 나타낸다. 즉 NPN' 「P' ⇒ NPN'+NP'의 관계에 있다.

⑤' We | are doing ‖ this 「**together**. 우리는 | 하고 있어 ‖ 이것을 「함께.
② We | are doing ‖ this. 우리는 | 하고 있어 ‖ 이것을.
① We | are **together**. 우리는 | 함께 있다

♣ 유형별 예문
(together)
⑤' We | are doing ‖ this 「**together**. 우리는 | 하고 있어 ‖ 이것을 「함께.

⑤' We | made ‖ for home 「together. 우리는 | 갔어 ‖ 집으로 「함께.
(apart)
⑤' We | need ‖ some time 「apart. 우리는 | 필요해 ‖ 시간이 「떨어져 있게.

⑦ NPP'P"(p)

| ⑦ Mom and Dad | got | back | together. |

예문은 ⑦형 NPP'P"(p)이다. P"는 소사 together이다.
다음 세 문장으로 나눠진다. 즉 NPP'P"⇒NP+NP'+NP"의 관계에 있다.

⑦ Mom and Dad | got | back | together. 엄마와 아빠가 | 되었다 | 돌아오게 | 함께.
① Mom and Dad | got... 엄마와 아빠가 | 되었다...
① Mom and Dad | were back. 엄마와 아빠가 | 돌아왔다.
① Mom and Dad | were together. 엄마와 아빠가 | 함께 있었다.

♣ 유형별 예문
⑦ We | 're out | there | together. 우리는 | 나가 있다 | 그곳에 | 함께.
⑦ Shelves of well-used books | stood | packed | together.
  잘 사용되는 책들의 서가는 | 서 있었다 | 꽉 채워져 | 함께.
⑦ Yesterday we | went | dancing | together. 어제 우리는 | 갔다 | 춤추러 | 함께.

[Supplement]
(above) '위'
① Her room | is just above. 그녀의 방은 | 바로 위이다.
③ The bird | soared | above. 새가 | 솟아올랐다 | 위로.
⑤ Maybe you | should leave ‖ your bag | above. 아마 너는 네 백을 위(이층)에 두었을 거야.
(across) '건너, 가로질러, 전달'
(사람)
① He | 'll be soon across. 그는 | 곧 건너편에 도착할 거야.
③ He | came | across. 그는 | 왔다 | 건너.
③ We | 've got to get | across. 우린 | 가야 해 | 건너.
③ It's too wide. We | can't swim | across. 그건 너무 넓어. 수영하여 건널 수 없어.
⑤ I | helped ‖the old woman | across. 나는 | 도왔다 ‖노부인을 | 건너가게.
⑤ I | took ‖them | across. 나는 | 데리고 갔다 ‖그들을 | 건너편에.
⑤ He | passed 「across ‖the outgoing mail. 그는ㅣ 주었다 「건네 ‖발송할 우편물을.
(관념/활동)
① Their message | was across already. 그들의 | 메시지가 이미 전달되었다.
③ His message | is getting | across. 메시지가 | 지고 있다 | 가로질러(전달).
③ Your meaning | didn't really get | across. 당신의 뜻이 사실 전달이 안 된다.
⑤ You | got ‖ every single point | across. 너는 | 했다 ‖ 모든 논점을 | 전달되게.
(after) '뒤, 후'
① It | is not after, but before!(Ro4:10) 그건 | 후가 아니라 전이다.
③ [What | must come | after] must come. [후에 와야 하는 것은] 반드시 와야 한다.

⑤ No friendly drop < | to help ‖ me | **after**>? <내가 따라가게 도와 줄> 한 방울의 독도 없구나?
⑦ He | came | trembling | **after**. 그는 | 왔어 | 떨면서 | 뒤에.
(ahead) '앞, 앞서'
(사람)
① | Not too far **ahead** (now)! | 너무 앞서지 마 지금.
① You | 're **ahead**, Mr Luss. 넌 | 박자가 빨라, Luss군,.
③ | Please, go | **ahead**. | 청컨대 가요 | 앞서. *계속하다
③ Nate | hurried | **ahead**. Nate가 | 서둘러 | 앞섰다.
⑤ We | will send ‖ a scout | **ahead**. 우리는 | 보낼 거야 ‖ 선발대를 | 앞서.
(물건)
① Breakers | **ahead**! 파쇄기 | 전방에 있음!(위험!)
③ Another ship | was seen | far **ahead**. 다른 배가 | 보였다 | 먼 전방에.
⑤ We | saw ‖ another ship | far **ahead**. 우리는 | 봤어 ‖ 다른 배를 | 먼 앞에.
(관념/활동)
① A lot of work | is **ahead**. 많은 일이 | 앞에 있어.
③ Horrendous problems | lay | **ahead**. 끔찍한 문제들이 | 놓여 있었어 | 앞에.
⑤ We | 've got ‖ a lot of work | **ahead**. 우리는 | 두고 있어 ‖ 많은 일을 | 앞에.
(장소/위치)
① The goal post | is **ahead**. 골대가 | 앞에 있다.
⑤ Napster | has ‖ an even tough road | **ahead**. Napster는 | 두고 있다 ‖ 더욱 험한 길을 | 앞에.
(along) '연하여, 따라, 이동, 전달'
(사람)
① My sister | was not **along**. 누이는 | (따라) 가지 않았어.
① He | will be **along** shortly. 그는 | 곧 올 거야.
① (Why) aren't you | further **along**? (왜) 계속 같이 일하지 그래?
③ | Come | **along**. | 와라 | 따라.
③ We | 'd better get | **along** (now). 우리 | 움직이는 것이 좋겠어 | 함께 (지금).
③ I | will go | **along**. 나는 | 갈 거야 | 따라.
③ I | will play | **along**. 나는 | 놀 거야 | 따라.
③ I | 'll just run | **along**. 나는 | 바로 가봐야겠어 | 따라.
⑤ Would you | bring ‖ him | **along** too? 너는 | 오겠니 ‖ 그도 | 데려 (마찬가지로)?
⑤ We | 'll coach ‖ you | **along**. 우리 | 코치할 게 ‖ 널 | 데려가.
⑤ We | dragged ‖ her | **along**. 우리가 | 끌었다 ‖ 그녀를 | 데려.
⑤ I | took ‖ my sister | **along**. 나는 | 데려갔다 ‖ 누이를 | 아울러.
(관념/활동)
① Besides the law | will be **along**. 그 밖에도, 법이 | 따라올 것이다.
③ Operation SORGIE | was moving | right **along**. 소르지 작전은 | 가고 있었다 | 순조롭게 진행되어.
⑤ | Please pass ‖ my message | **along**. 전달해 주세요 | 제 말을 | 전해지게.
⑤ Can you | pass ⌈**along** ‖ a message? 당신은 내 말 좀 전해 주시겠어요?
⑦ Some gossip | got | passed | **along**. 이상한 이야기가 돌아다니고 있게 되었다.
(behind) '뒤'
(사람)
① We | 're **behind**. 우리는 | (일이) 늦어 있어.
③ We | will also come | **behind**. 우리도 | 올 거야 | 뒤에.

③ They | fell | behind.   그들이 | 처졌다 | 뒤.
③ They | were running | far behind. 그들은 | 달리고 있었다 | 멀리 뒤에서.
③ They | remained | behind.   그들은 | 남았다 | 뒤에.
③ I | 'm sailing | right behind.   난 | 배 저어간다 | 바로 뒤에서.
③ | Stay | behind. | 머물러라 | 뒤에.
③ | Don't be left | behind. | 쳐지지 마 | 뒤에.
③ They | are close | behind.   그들은 | 가까워 | 뒤에.
⑤ He | had soon left ‖ most of the crowds | behind. 그는 | 떠났다 ‖ 대다수 군중을 | 뒤에 두고.
⑦ They | came | close | behind.   그들은 | 왔어 | 가까이 | 뒤에.
⑦ Then came」the voice of Faramir | close | behind.
   그러자 들려왔어」Faramir의 목소리가 | 가까이 | 뒤에서.
⑦ Sam | came | up | behind.   Sam이 | 왔어 | 올라 | 뒤쫓아.
(사물)
① An Oscar nomination | cannot be far behind. 오스카상 지명이 되는 것은 | 그렇게 멀지않아.
③ All your problems | are left | behind. 네 모든 문제들은 | 남겨졌어 | 뒤에.
⑤ He | left 「behind ‖the strict instructions {with his secretaries} [(that no one should disturb him for an hour]). 그는 | 남겼다 「뒤에 ‖ {비서들에게} [아무도 한 시간 동안 그를 방해하지 말 것을 내용으로 하는] 엄격한 지시를.
⑤ I | left ‖ my wallet | behind.   나는 | 놓고 왔어 ‖ 지갑을 | 뒤에.
⑤ Somebody | left 「behind ‖a book. 누군가 | 두고 갔어 「뒤에 ‖책을.

(below) '아래'
① Enemy target | below.   적 목표 | 아래쪽에 (포착).
① Is it | above or below?   그것은 | 위니 아래니?
③ She | went | below.   그녀는 | 갔다 | 아래로.
⑤ I | found ‖ Mr. Heathcliff | below. 나는 | 발견했다 ‖ 히스클리프 씨를 | 아래에서.
⑦ Night | kept | chained | below. 밤이 | 계속 | 묶여있다 | 아래에.

(beneath) '아래 밑'
① Someone | was beneath .   누군가 | 밑에 있었다.
③ They | carefully entered | beneath and between;(TH501)
   그들은 | 조심스럽게 들어갔다 | 밑으로 그리고 사이로;
⑤ I | saw ‖ someone | beneath.   나는 | 보았다 ‖ 누군가 | 아래에 있는 것을.
⑦ The water | flowed | dark and swift and strong | beneath.
   물이 | 흘렀어 | 어둡고 빠르고 강하게 | 아래에.

(between) '사이'
① Don Quixote's chamber door only | was between. 돈키호테의 방의 문만 | 사이에 있었다.
③ We could not see the moon, for a cloud | came | between.
   우리는 달을 볼 수가 없었다. 구름이 | 끼었기 때문에 | 사이에.
③ A broad road | ran | between.   넓은 길이 | 달렸다 사이에.
③ Then, he | rushed | between.   그는 | 뛰어들었다 | 사이에.
⑤ But wide as pathless was the space (that | lay‖ our lives | between).
   (우리 삶을 사이에 두고 있는)그 공간은 길이 없을 정도로 넓다.
⑤ Placing her feet with the soles together, she placed ‖ him | between and held him fast.
   그녀는 그를 잡아 그녀의 두 발바닥 사이에 그를 끼워 넣어 꼼짝 못하게 했다.

(beyond) '너머'
① I | should be still be beyond.   나는 | 아직 저너머에 있어야 해.

①」 Beyond was」 the wilderness.　저 너머에 있어」 황야가.
③ My friend | lives | beyond.　내 친구는 | 산다 | 저 너머에.
③ The black darkness | loomed | beyond. 검은 어둠이 | 자리잡았다 | 저 너머.
⑤ You | may carry ‖ word of him | beyond. 당신은 | 전할 수 있어요 ‖그의 말을 | 그 너머.

(by) '옆'
(사람)
① I |'ll not be by.　난 | 옆에 안 있을 거야.
① Nobody | was by [when the fire broke out]. [불이 났을 때] 아무도 | 옆에 없었다.
③ One of the servant girls of the high priest | came | by.(Mk14:67)
　대제사장의 하녀 중 한 명이 | 왔다 | 옆에.
③ | Come | drop/stop | by.　| 와서 | 들러요 | 곁에 들러라.
③ Excuse me, I | can't get | by.　실례해요, 나 지날 수 없겠군요.
③ Jesus of Nazareth | is passing | by.(Lk18:37) 나사렛 예수가 | 지나고 있다 | 옆에.
③ We | are always close | by.　우리는 | 항상 가까이 | 곁에 있어.
⑤ | Let ‖ me | by.　나 옆을 지나게 해줘요.(앞지를 때)
⑦ I | sit | lazy | by.　나는 | 앉아 있어 | 게으르게 | 곁에.

(사물)
① The school | is close· by.(YHD)　학교는 | 가까이 곁에 있다. *근처에 있다
① His grief | is by and gone.　그의 슬픔은 | 옆으로, 가버렸다.
③ A group of swans | floated | by.　백조 떼가 | 떠서 | 지나갔다.
③ A train | roared | by.　기차가 | 요란하게 | 지나갔다.
③ Why did you let such a good chance [| go | by]? 왜 너는 좋은 기회가 [지나가게] 하니?
⑤ I |'ve laid/put/set ‖ some money | by (for college fees).
　난 | 놓았다(저축했다) ‖돈 약간 | 옆으로 제켜 (대학 학비로)
⑤ Let's [| put ‖ the subject | by (for the moment)].
　우리는 [그 문제를 (한동안) 불문에 붙이도록] 합시다..

(inside) '안쪽'
(사람)
① " | Inside, please."　" | 안으로 들어와요."
① All people | will be inside.　모든 사람들이 | 저 안에 들어갈 거야.
① You | shouldn't be inside (on a day like this). 너희들은 | (이런 날에) 안에 있으면 안되지.
③ He | then disappeared | inside.　그는 | 사라졌어 | 안으로.
③ | Get | inside, quick　| 와요 | 안으로, 빨리.
③ I |'m going | inside.　나는 | 가고 있어 | 안쪽에.
③ They | ran | inside.　그들은 | 달려갔어 | 안쪽에.
③ They | sat | inside.　그는 | 앉아 있었어 | 안쪽에.
③ They | stayed | inside (during the storm). 그들은 | 머물렀다 | 안에 (폭풍 중).
③ He | stepped | inside.　그는 | 발을 디뎠어 | 안으로.
③ Can we | please wait | inside?　우리 | 기다려도 돼요 | 안에서?
③ He | was led | inside.　그는 | 끌려갔다 | 안쪽에.
③ He | was locked | inside.　그는 | 잠겨져 | 안쪽에 있었다.
⑤ He | bowed ‖ them | inside.　그는 | 몸을 굽혀 ‖그들을 | 들게 했다.
⑤ He | escorted ‖ her | inside　그가 | 데려갔어 ‖그녀를 | 안에.
⑤ We | found ‖ no one | inside.(Ac5:23) 우리는 그 안에서 아무도 못 봤다.
⑤ I |'m gonna get ‖ her | inside.　난 | 데려오려 해 ‖그녀를 | 안에.

⑤ | Invite ‖ him | inside. | 초대해라 ‖ 그를 | 안에.
⑤ She | steered ‖ him | inside. 그녀는 | 데려갔어 ‖ 그를 | 안에.
⑤ | Just take ‖ the girl | inside. | 데려가라 ‖ 저 소녀를 | 안에.
⑤ He | ushered ‖ them | inside. 그는 | 안내했어 ‖ 그들을 | 안에.
(사물)
① A large and two smaller envelopes | were inside. 큰 봉투와 작은 봉투 두 개가 | 안쪽에 있었다.
① How many blocks of each color | are inside? 각 색깔의 블록이 얼마나 많이 | 안쪽에 있니?
③ Something | was moving | inside. 무언가 | 움직여 | 안쪽에서.
⑤ You | will not need ‖ it | inside. 너는 | 필요 없어 ‖ 그것을 ‖ 안쪽에 들일.
⑤ He | placed ‖ the cassette | inside (the tape recorder). 그는 | 넣었다 ‖ 카셋 테이프를 ‖ (녹음기) 안쪽에.
⑤ They | wanted ‖ cameras | inside. 그들은 | 원했어 ‖ 카메라를 ‖ 안에 들여오기를.

(outside) '바깥쪽'
(사람)
① He/Someone | is outside. 그가/누군가가 | 바깥에 있어.
① I | 've never been outside. 난 | 외부에 나가 본 적이 없어.
③ | Come | outside! | 나와라 | 바깥에.
③ We | are going | outside! 우리는 | 가려 해 | 바깥에.
③ She | 's playing | outside. 그녀는 | 놀고 있어 | 밖에서.
③ They | 're sitting | outside. 그는 | 앉아있었어 | 바깥에.
③ They | are standing | outside. 그들이 | 서 있다 | 바깥에.
③ | Step | outside! | 발을 디뎌라 | 바깥쪽에.
③ The MP | 's waited | outside. 그 헌병은 | 기다렸다 | 바깥에서.
⑤ He | took ‖ him | outside. 그는 | 데려갔다 ‖ 그를 | 밖에.
(사물)
① Something | is outside! 무언가 | 바깥에 있어!
③ Our pet bird | got | outside and flew up high as a kite. 우리들이 기르던 새가 | 가서 | 밖으로, 하늘 높이 날아올랐다.
③ The plans | have been left | outside. 설계도가 | 놓여 있었다 | 바깥에.
⑤ | Take ‖ this stuff | outside. | 가져가라 ‖ 이것을 | 바깥으로.
⑤ I | took ‖ the car | outside. 나는 | 가져왔어 ‖ 차를 | 바깥에.
⑤ He | tied ‖ his donkeys | outside. 그는 | 매어두었어 ‖ 나귀들을 | 바깥에.

(past) '지나'
(사람)
① We should have waited [until] they | were past]. 우리는 기다렸어야 했어 [그들이 | 지날 때까지].
① Since you | are past and gone, 네가 | 지나가고 없으니,
① The Bloody Baron | 's been past (twice already). 피투성이 남작이 | 지나갔다 ‖ 벌써 두번이나.
③ She | rustled | past. 그녀가 | 스치며 | 지나갔어.
③ The troops | marched | past. 군대가 | 행진하여 | 지나갔어.
⑤ His mother | led ‖ him | past. 그의 모친이 | 인도했다 ‖ 그를 | 지나게.
⑤ | Please let ‖ me | past. | 해주세요 ‖ 나를 | 지나게.
⑦ Mr. Weasley | came | clattering | past. 위즐리 씨는 | 왔어 | 통통걸음으로 | 지나.
(사물)
① First stair | 's past. 첫째 계단은 | 지났어.
① The best | is past. 최상의 것은 | 지났어.

① My fault | is past.　　　　　　내 과오는 | 지나간 것이야.
① The opportunity | is past.　　　기회는 | 지났어.
① The winter | is past.　　　　　겨울이 | 지났어.
① The time for discussion | is past.　토론시간은 | 지나갔다.
③ The bastard | went | right past.　그 녀석(잠수함 의인화) | 갔다 | 바로 지나.
③ The alligators watched the boat [| ease | past].
　　악어들은 보트가 [천천히 지나는 것]을 지켜보았다.
③ The worst | got | past.　　　　최악의 상황은 | 되었다 | 지나게.
　　그들은 | 발표했다 ‖ 당면한 위험이 | 지날 것이라고.
③ Time | drifted | past.　　　　시간이 | 흘러가 | 지났다.
③ Our holiday | flashed | past.　우리의 휴가가 | 섬광같이 | 지나갔다.
③ Four days | had gone | past.　나흘이 | 갔다 | 지나.
③ Make use of your time! It | hurries | past. 시간을 활용해라! 그건 | 급히 | 지나간다.
③ The spring | has slipped | past.　그 봄이 | 미끄러지듯 | 지났다.
⑤ I | will let ‖ the winter | past.　나는 | 할거야 ‖ 겨울이 | 지나가게.*겨울을 지낼 거야
⑤ I | pushed 「past ‖ a couple of cows. 나는 | 밀었다 「지나게 ‖ 소 두 세 마리를.
⑤ | Leave ‖the troubles | past and I must start anew.
　　| 버려둬라 ‖ 고난을 | 지나가게, 나는 새로 시작해야 한다.
⑤ Emily | perceived ‖ the crisis | past. 에밀리는 | 깨달았다 ‖ 위기가 | 지나갔음을.
⑤* They | announced ‖ the immediate danger | to be past(=ended). * to be~구조
　　그들은 | 선언했다 ‖ 당장의 위험은 | 지나갈 것이라고.

(through) '통해, 끝나'
(사람)
① I | was through.　　　　　　나는 | 전화 연결되었어/끝났어.
① You | are through.　　　　　너 | (시험) 통과했어(=합격이야).
① We | are through (for today).　우리는 | 일이 끝났어 (오늘).
① I | 've been through enough.　난 | 겪을 만큼 겪었어 (충분히).
① Tom and I | are through.　　톰과 나는 | 관계가 끝이야.
① He | was through (the door)　그는 | 통과했어 (그 문을).
① He | 's been through (the hole).　그는 | 통과한 적 있어 (그 굴을).
③ I | finally got | through.　　나는 | 결국 되었어 | 전화연결.
③ He | could not get | through.　그는 | 할 수 없었어 | 통과.
③ You | 'd better get | through.　너는 | 좋겠다 | 끝내는 것이.
③ Hee | scraped | through.　　그도 | 턱거리로 | 통과했어.
③ I | squeezed | through.　　나는 | 압착해 | 통과했어.
③ She | was put | through.　　그녀는 | 되었다 | 전화 연결.
⑤ | Let ‖ me | through.　　　| 해줘 ‖ 날 | 전화 연결/끝나게.
⑤ | Let ‖ him | through.　　　| 해라 ‖ 그를 | 통과하게.
⑤ He | led ‖ them | through.(Ps78:13) 그는 | 인도했다 ‖그들을 | 통과하게.
⑤ | Move ‖ him | through.　　| 옮겨라 ‖그를 | 통과시켜.
⑤ Dutch | ordered/waved ‖ him | through. Dutch가 | 지시/손짓했어 ‖그를 | 통과하게.
⑤ I | will see ‖ you | through.　내가 | 봐 줄게 ‖ 널 | 통과하게.
(사물)
① The bill | was through.　　　그 법안이 | 통과되었다.
③ Do you think [the Bill | will get | through (Congress)]?

당신은 [그 법안이 (의회에서) 통과될 것이라고] 생각하세요?
③ The bill | went | **through**. 그 법이 | 되었다 | 통과.
⑤ The government | has to put ‖ many bills | **through** (during this session).
　　정부는 | 시켜야 한다 ‖ 많은 법안을 | 통과 (이 회기 중).
⑤ Congress | voted ‖ the bill | **through** (without a debate).
　　의회는 | 투표하여 ‖ 그 법안을 | 가결시켰다 ((토의 없이)).
⑤ The Republican Party managed [| to vote 「**through** ‖ the bill].
　　공화당은 [그 법안을 가까스로 통과하게] 되었다.

(to) '향해'
(사람)
① She | was not **to**.　　그녀는 | 의식이 없었다.
③ After a while she | came | **to**. 한참 후 그녀는 | (돌아) 왔다 | 의식이.
⑤ He | brought ‖ her | **to** (by artificial respiration).
　　그는 | 들게 했어 ‖ 그녀를 | 정신들게 (인공호흡으로).
⑤ I | saw ‖ him | close **to**.　　나는 | 봤어 ‖ 그를 | 바로 눈앞에.

(사물)
① Is the door | **to**?　　문은 | 닫혀있니?
③ The great door | slammed | **to**.　거대한 문이 | 쿵 하고 | 닫혔다.
③ The lid | spang | **to**.　　뚜껑이 | 쾅하고 | 닫혔다.
③ The door (behind them) | was pulled | nearly **to**.
　　(그들 뒤에 있는) 문이 | 당겨져 | 거의 닫혔어.
⑤ I | can't get ‖ the lid of my trunk | quite **to**.
　　나는 | 할 수 없어 ‖ 트렁크의 뚜껑을 | 제대로 닫히게.
⑤ | Push ‖ the door | **to**.　　| 밀어서 ‖ 문을 | 닫아라.
⑤ He | wore ‖ his cap wrong side | **to**. 그는 모자를 뒤가 앞이 되게 썼어.

(toward(s)) '향해'
① The feast | is **toward**(=at hand).　잔치가 | 바로 시작되려 해.
③ A banquet | will be held | **towards**. 연회가 | 거행되려 한다 | 시작되어.
⑤ We | have ‖ a trifling banquet | **towards**. 우리는 | 한다 ‖ 조그만 연회를 | 시작하려.

(under) '아래'
(물리적 아래)
① We | 're **under** (water)　　우린 | (수면) 아래 있다.
③ He | went | **under** again.　　그는 | 했다 | 다시 잠수.
③ How long can you | stay | **under**. 얼마동안 넌 | 머물 수 있니 | 아래에(물속에서)?
⑤ Another wave folds over him and pulls ‖ him | **under**.
　　다른 파도가 그 위를 덮치고, 당겼다 ‖ 그를 | 물 아래로.

(관념적 아래)
① You damn right. I | 've been **under**. 네가 옳아. 난 | 지쳐 있다.
③ The rebels | were quickly brought | **under**..(OAD) 반군들은 | 신속히 되었다 | 진압.
③ You are extinct, gone down – | gone | **under**.
　　너희들은 후사가 끊어졌어, 망했어, | 되었어 | 몰락하게.
③ My father's firm | went | **under** (last year). 부친의 회사는 | 되었다 | 파산하게 (작년에).
③ You | must be kept | **under**.　너는 | 해야 한다 | 고분고분하게.
③ He's too tough. He | won't knuckle | **under**.
　　그는 너무 거칠어. 그는 | 무너지려 않을 거야 | 아래에. *항복하다

- 221 -

③ Our opponents | were snowed | under (by our sudden attack).
　　적은 | 파묻혔다 | 아래에 (우리의 기습으로). *대패하다.
⑤ She | kept ‖ him | under.　　그는 | 계속 했다 ‖ 그를 | 피곤하게.
⑤ The heavy debt | pulled ‖ Don | under. 과중한 빚이 | 했다 ‖ 돈을 | 파산하게.
⑤ Sure, it | would probably put ‖ the firm | under
　　확실히, 그것이 | 할 것이다 ‖ 그 회사를 | 파산하게 .
(무의식)
① In ten minutes, she | was under.　10분후, 그녀는 | 최면되었다.
③ She had lost herself and | gone | under.(VWLight205)
　　그녀는 의식을 잃고, | 되었다 | 무의식(수면)상태가.
⑤ The nurse | put ‖ Mike | under (before his operation).
　　수술 전 간호사는 | 했다 ‖ 마이크를 | 마취/잠들게.
⑤ No amount of drink seemed [| to put ‖ him | under for long].
　　아무리 많은 음주도 [그를 오래 잠들게 할 수] 없어 보였다.
(within) '안, 내부'
① Who | is within?　　누가 | 안에 있니?
① There is⌐ one | within.　　한 사람이 | 안에 있어.
③ He | lies | within.　　그는 | 누워있어 | 저 안에.
③ They | are busy | within.　　그들은 | 바빠 | 안에서.
③ Beauty | is found | within.　　아름다움은 | 찾아진다 | 내부에서.
⑤ I | heard ‖ some noise | within.　　나는 | 들었어 ‖ 무슨 소리를 | 안에서.
⑤ And I'd do anything to get you into my world, and | hold ‖ you | within.(Woman in love)
　　난 무엇이든 다 할 거에요 당신을 내 세계로 들어오게 하기 위해 마음속에 당신을 간직하기 위해.
⑦ Filth unnameable | were filed and hoarded | in the dark | within.
　　이름 모를 오물이 | 쌓여 저장되었다 | 어둠 속 | 안에.
(without) '바깥/없음'
(바깥)
① He | was without (at that time of the night). 그는 | 바깥에 있었다 (그날 밤 그 시간에).
③ The car | awaits | without.　　차가 | 기다린다 | 밖에서.
③ Darkness | has now fallen | without.(TH456) 어둠이 | 이제 내렸다 | 바깥에.
③ He | is waiting | without.　　그는 | 기다리고 있다 | 밖에서.
⑤ And they | cast ‖ him | without.　　그들은 | 던졌다 ‖ 그를 | 밖에.
⑤ She | dragged ‖ him | without.　　그는 | 끌어냈다 ‖ 그를 | 밖에.
(없음)
A: Has this same hermit any poultry?　　그 은자는 닭을 가지고 있나요?
B: ① Few hermits | are without.　　극소수의 은자들이 | (닭이) 없어요.
① No bathroom | should be without.　　목욕탕은 | 없으면 안 된다.
③ If there's no sugar, we | 'll have to do | without.
　　설탕이 없으면, 우리는 | 지내야만 한다 | 없이.
③ If you don't like the bread, you | can go | without.
　　네가 빵을 좋아하지 않으면, 넌 | 해도 돼 | 없이. *안 먹어도 돼
③ I'm sure [we | 'll manage | without]. 나는 [우리는 없이도 해 낼 수 있다고] 확신해.
A: Have you tried it without the -h 'hostname'? 너는 -h 호스트네임 없이 시도해 보았니?
B: ⑤ I | just tried ‖ it | without and it did work.
　　나는 | 시도했다 ‖ 그것 | 없이, 그래도 그것은 작동되었다.

B. 복합소사 술어

> He turned the light back on. (back on)

① NP(cp)

> ① The light | was back on.

예문은 ①형 NP(p)이다. P는 복합소사 back on이다.
back on은 2개의 소사가 결합한 복합소사이다.

① The light | was back on.   불이 | 다시 켜졌다.

♣ N 유형별 예문
① Their earmuffs | was back on.(2HP94) 귀 가리개는 | 다시 착용되었다.
① The light | was back on.(=on again) 불이 | 다시 켜졌다.
① The surgery | was back on.   수술이 | 다시 이루어졌다.
① The matches | are back on.   그 시합은 | 다시 붙게(시작) 된다.

③ NPP'(p)

> ③ The light | came | back on.

예문은 ③형 NPP'(p)이다. P는 자동사, P'는 복합소사 back on이다.
다음 두 문장으로 나눠진다. 즉 NPP'⇒NP+NP'의 관계에 있다.

③ The light | came | back on.   불이 | 되었다 | 다시 켜지게.
① The light | came...   불이 | 되었다
① The light | was back on.   불이 | 다시 켜졌다.
♣ 유형별 예문
③ The light | came | back on.(=on again) 불이 | 되었다 | 다시 켜지게.
③ That's the problem. I turned it off, but now it | won't come | back on.
   그게 문제예요. 컴퓨터를 껐는데 다시 안 켜져요.

> ③ The light | was turned | back on.

예문은 ③형 NPP'(p)이다. P는 수동형, P'는 복합소사 back on이다.
다음 두 문장으로 나눠진다. 즉 NPP'⇒NP+NP'의 관계에 있다.

③ The light | was turned | back on. 불이 | 돌려졌다 | 다시 켜지게.
① The light | was turned...   불이 | 돌려졌다.
① The light | was back on.   불이 | 다시 켜졌다.

♣ 유형별 예문

③ The light | was turned | back on.(=on again) 불이 | 돌려졌다 | 다시 켜지게.

⑤ NPN'P'(p)

> ⑤ He | turned ‖ the light | back on.

예문은 ⑤형 NPN'P'(p)이다. P는 타동사, P'는 복합소사 back on이다.
다음 두 문장으로 나눠진다. 즉 NPN'P'⇒NPN'+N'P'의 관계에 있다.

⑤ He | turned ‖ the light | back on. 그는 | 돌려 ‖ 불을 | 다시 켰다.
② He | turned ‖ the light.   그는 | 돌렸다 ‖ 불을.
① The light | was back on.   불이 | 다시 켜졌다.

♣ 유형별 예문
⑤ | Get ‖ those bricks | back on.(=on again) | 해라 ‖ 저 벽돌들을 | 다시 나르도록.
⑤ I wish [they | 'd get ‖ these lights | back on]. 나는 [그들이 불을 다시 오게 했으면] 좋겠어.
⑤ The Russian air-defense commander | ordered ‖ the radars | back on.
   러시아 방공사령관은 | 명령했다 ‖ 레이더를 | 다시 켜도록.
⑤ He | pulled ‖ his sweater | back on. 그는 | 당겨 ‖ 스웨터를 | 다시 입었다.
⑤ | Put ‖ your jacket | back on. | 해라 ‖ 재킷을 | 다시 입도록.
⑤ | Put ‖ your mask | back on. | 해라 ‖ 마스크를 | 다시 쓰도록.
⑤ She | tugged ‖ her glove | back on. 그녀는 | 끌어당겨 ‖ 그녀의 장갑을 | 다시 끼었다.
⑤ The door handle's come off. I | 'll screw ‖ it | back on.(EXD70)
   문손잡이가 떨어져 나갔다. 나는 | 틀어서 ‖ 그것을 | 다시 달 것이다..
⑤ My coat button came off. I | 'll sew ‖ it | back on.(EXD70)
   코트 단추가 떨어졌다. 나는 | 기워서 ‖ 그것을 | 다시 달아야겠다.
⑤ I | turned ‖ the television set | back on.(25NG75) 난 | 돌려 ‖ TV를 | 다시 켰다
⑤ | Turn ‖ the electricity | back on. | 돌려요 ‖ 전력이 | 다시 켜지게.

> ⑤ He | turned ⌜back on ‖ the light.

예문은 ⑤형 NP⌜P(p)'N'이다. N'과 P'가 위치를 바꾼 것이다.
⌜ 표시는 P'가 N'을 서술함을 나타낸다. 다음과 같이 분석된다.
즉 NP⌜P'N'⇒ NPN'P'⇒NPN'+N'P'의 관계에 있다.

⑤ He | turned ⌜back on‖ the light. 그는 | 돌려 ⌜다시 켰다 ‖ 불을.
=⑤ He | turned ‖ the light | back on. 그는 | 돌려 ‖ 불을 | 다시 켰다.
② He | turned ‖ the light.   그는 | 돌렸다 ‖ 불을.
① The light | was back on.   불이 | 다시 켜졌다.

♣ 유형별 예문
⑤ He | turned ⌜back on ‖ the light. 그는 | 돌려 ⌜다시 켰다 ‖ 불을.
⑤ He | pulled ⌜back on ‖ his jacket. 그는 | 당겨 ⌜다시 입었다 ‖ 상의를.
⑤ His right index finger | pushed ⌜back on ‖ the trigger.(EXO915)
   그의 오른쪽 검지가 | 밀어 ⌜다시 눌렀다 ‖ 방아쇠를..

[Supplement]
<~above>
(from above) '위에서/로부터'
① You | 're from below. I | 'm from above.(Jn8:23) 너희들은 아래서 났고 나는 | 위에서 났으며,
① Every good and perfect gift | is from above.(Jas1:17) 모든 선하고 완벽한 선물은 | 위에서 온다.
① There are joyous calls | from above, 즐거운 소리들이 들린다 | 위층에서.
③ | Seen | from above, the fields looked like a geometrical pattern.(OAD)
　　위에서 봤을 때, 들판은 기하학적인 패턴처럼 보였다
⑤' A brilliant white light | blinded ‖ him 「from above.
　　찬란하고 흰 빛이 | 눈멀게 했다 ‖ 그를 「위에서.
⑤' A voice | called ‖ down to us 「from above.(OAD)
　　한 목소리가 | 불렀다 | 우리에게 내려 향해 「위에서 |.
⑦ Fragments of glass | rained | on them | from above.(OAD)
　　유리 파편들이 | 비오듯했다 | 그들에게 | 위에서부터.
<~ahead>
(on ahead) '앞서 계속하기'
① | On ahead!　　　　　　　　　 | 먼저 계속해라!.
③ Go | on ahead and say I'll be late. 먼저 가서 내가 늦을 거라고 말해라.
③ The Dwarf | went | on ahead.　그 난쟁이족이 | 갔다 | 계속 앞서.
③ So the presents | were sent | on ahead.(Ge32:21) 그리하여 선물들이 | 보내졌다 | 먼저.
⑤ He told his servants [| to lead | them | on ahead].(Ge32:16)
　　그는 하인들에게 [그들을 먼저 인도해 가라고] 말했다.
⑤ | Wave ‖ them | on ahead.　　　 | 손짓해라 ‖ 그들에게 | 먼저 가라고
(up ahead) '앞에 일어나기/오르기'
① He | must be up ahead.　　　 그는 | 훨씬 앞서 있음이 분명해.
① There's a vacant parking space | up ahead. 빈 주차공간이 | 저 앞쪽에 하나 있어요.
③ There's a gap | in the road | up ahead. 공백이 | 도로 안에 있다 | 바로 앞에.
⑤ We | 've still got ‖ some great music | up ahead.
　　우린 | 아직 갖고 있다 ‖ 좋은 음악을 | 앞으로 나올.
<~behind>
(along behind) '뒤에서 움직이다/따르다'
① I | was along behind.　　　　　 나는 | 뒤따랐다.
③ Alex led, and I | followed | along behind. 알렉스는 앞서고 나는 | 따랐다 | 뒤에서 연해.
⑦ Tom | came | toiling | along behind. 톰이 | 왔다 | 힘들게 걸어 | 뒤 따라.
(from behind) '뒤로부터/뒤에서'
① The fourth shot | is from behind. 네 번째 샷은 | 뒤에서였다.
① It(=shooting) | was always from behind. 저격은 | 항상 뒤에서였다.
③ The Bulls | came | from behind (to win the game). 불스가 | 되었다 | 역전하게 (게임을 이기게).
③ The light from the living room | fell | from behind. 거실의 불빛이 | 떨어졌다 | 뒤에서.
⑤' They | attacked ‖ him 「from behind. 그들은 | 공격했다 ‖ 그를 「뒤에서..
⑤' A truck | hit ‖ my car 「from behind and left the scene.(NEJ)
　　한 트럭이 | 쳤다 ‖ 내차를 「뒤에서, 그리고 현장을 떠났다.,
⑤' Hands | grabbed ‖ him 「from behind.(4SK113) 손들이 | 잡았다 ‖ 그를 ‖'뒤에서
⑦ The enemy | came | down on them | from behind.(NED)
　　적이 | 왔다 | 그들에게 공격하여 | 뒤에서

⑦ I | came | upon her | from behind.(2CD426) 내가 | 왔다 | 그녀에게 다가 | 뒤에서.
<~below>
(down below) '아래에/내려가 있다'
① I | was down below.(LEG127)   나는 | 아래에 내려가 있었다.
③ She | disappeared | down below.(1LT604) 그녀는 | 사라졌다 | 아래로 내려가.
⑤ I thought [| to find ‖ you | down below].(2DC215) 나는 생각했다 [너를 저 아래에서 찾을 거라고].
(from below) '아래에서/로부터'
① The voice | was from below.   그 소리는 | 밑에서였다.
⑦ His voice | came | up | from below. 그의 목소리는 | 왔어 | 위로 | 아래로부터.
<~between> '중간, 사이'
(in between) '중간, 사이'
① I | 'm in between.   나는 | 중간에 있다.
③ I reached for the leash, but the dog | got | in between.
   나는 개의 목끈을 잡으려고 손을 뻗었지만, 개가 방해를 했다.
③ It's just [that so much | has happened | in between].
   그건 단지[우리 사이에 너무 많은 일이 일어났을 뿐]이다.
③ Then he | rushed | in between. 그때 그들이 | 돌진했다 | 그 중간에.
⑤ She | sips ‖ spoons of broth | in between. 그녀는 | 마신다 | 국 몇 숟갈을 | 간식으로.
<~down>
(back down) '다시/되돌아 내리기'
① He | was back down.(NED)   그는 | 다시 내려왔다.
③ He | lay | back down again.(=down again)(4SK221) 그는 | 누웠다 | 다시 내려..
③ And she | sat | back down again.(26JB11) 그리고 그녀는 | 앉았다 | 다시 내려.
⑤ Mr. Antolini | pulled ‖ me | back down.(=down again)(JDS185)
   안톨리니 씨는 | 당겼다 ‖ 나를 | 다시 내려앉게
⑤ He | put ‖ the receiver | back down.(1HP4)(=down again) 그는 | 놓았다 ‖ 수신기를 | 다시 내려.
⑤ He | set ‖ the phone | back down. 그는 | 놓았다 ‖ 전화를 | 다시 내려.
⑤ Ryan | waved ‖ them | back down. 라이언은 | 손짓으로 ‖ 그들을 | 다시 앉으라고 했다.
(upside down) '위쪽이 아래로/거꾸로'
① This slide | is upside down.(EXD514) 이 슬라이드는 | 거꾸로 되어 있다.
① Everything in this rotten country | is upside down.(Shogun44)
   이 썩은 나라의 모든 것이 | 거꾸로 되어 있다.
③ The picture | is hung | upside down.(=reversed)(AF) 그림이 | 걸려있다 | 거꾸로.
③ Everything here | happens | upside down.(YHD) 여기의 모든 것은 | 일어난다 | 거꾸로.
⑤ | Never display ‖ the flag | upside down.(EXD514) | 절대 게양하지 말라‖ 깃발을 . | 거꾸로.
⑤ I | 'll turn ‖ the rotten world | upside down..(EID939) 난 | 할 거야 ‖ 썩은 세상을 | 뒤엎어지게.
<~in>
(back in) '다시 들기'
① He | was back in.(=in again)   그는 | 안에 돌아와 있었다.(=다시 안에)
③ His hearing | clicked | back in. 그의 청각이 | 찰칵 | 돌아왔다.
③ Price | came | back in.   프라이스가 | 왔다 | 다시 들어.(2TC121)
③ "He | just got | back in. Please hold." 그가 금방 돌아왔어요. 기다리세요.
③ He | went | back in.(lmL54)   그는 | 갔다 | 다시 안으로.
③ Tate | reached | back in.(2THr282) 테이트는 | 도달했다 | 되돌아/다시 안으로.
③ All the yachts | will sail | back in (by noon). 모든 요트들이 | 항해해서 | 돌아올 거야.

⑤ Block | led ‖ his friend | back in. 블록은 | 안내했다 ‖ 그의 친구를 | 다시 안으로.(4TC555)
⑤ ... they | 'll send ‖ me | back in.(2JoS118) 그들은 | 보낼 거야 ‖ 날 | 다시 안에.*집어넣다
⑤ She | pushed ‖ the drawer | back in.(2THr282) 그녀는) | 밀어 ‖ 서랍을 | 되돌려/다시 넣었다.
⑤ He | yanked ‖ himself | back in..(3SK83) 그는 | 잡아채 ‖ 자신을 | 되돌렸다*정신 돌아오기

<~inside>
(back inside) '안쪽으로 돌아오기'
① He | was back inside.   그는 | 다시 안쪽에 돌아왔다.
③ No, I | 'm not going | back inside.(=inside again) 아니, 나는 | 가지 않겠다 | 다시 들어.
③ She and Rick | headed | back inside. 그녀와 릭은 | 향했다 | 다시 안으로.
③ She | ran | back inside.(Ac12:14)   그녀는 | 달려갔다 | 다시 안으로.
③ He | strode | back inside.   그는 | 성큼성큼 | 다시 안에 들어갔다.
⑤ A hand was trying [| to pull ‖ her | back inside].
    한 손이 [그녀를 다시 안쪽으로 끌어당기려] 하고 있었다.

<~out>
(inside out) '안쪽이 밖으로/뒤집혀'
① My umbrella | is inside out.(ECD1015) 우산이 뒤집혀 있다/ 안쪽이 밖으로 나왔다.
① Your underwear | is inside out.   너의 속옷이 | 뒤집혀져 있어요.
③ My umbrella | has blown | inside out.(OED) 내 우산이 | 날려서 | 뒤집어져 버렸다.
③ The umbrella | turned | inside out. 그 우산이 | 뒤집혔다 | 안쪽이 밖으로.
③ It was as if the whole world | had turned | inside out and upside down.
    마치 세상이 뒤죽박죽 된 듯 했다.
⑤ The strong wind | blew ‖ my umbrella | inside out.(EXD66)
    강한 바람이 | 불어 ‖ 우산을 | 뒤집었다/안이 밖으로 뒤집어지게.
⑤ I | 've got ‖ T-shirt | inside out. 난 | 입었다 ‖ 티셔츠를 | 뒤집어.
⑤ The man | is turning ‖his shirt | inside out. 남자가 셔츠를 뒤집고 있다.
⑤ The burglars | had turned ‖the house | inside out. 도둑들이 | 뒤집어 놓았다 ‖ 집을 | 왈칵.
⑤ You | 're wearing ‖ your socks | inside out. 넌 | 입고 있군 ‖ 양말을 | 뒤집어.

<~together>
(away together) '함께 떠나기'
① They | were away together.   그들은 | 함께 떠나 있었다.
③ They | had to run | away together to get married.
    그들은 | 해야 했다 | 함께 도망, 결혼하려고.
⑤ We | should steal ‖ ourselves | away together.
    우리는 | 슬그머니 | 우리 스스로 | 함께 사라져야 한다.
(back together) '다시 함께하기/함께 되돌아가기'
① They | were back together.(NED) 그들은 | 다시 함께 있었다/다시 함께 했다.
③ Mom and Dad | got | back together. 엄마와 아빠가 | 되었다 | 함께 돌아오게.*재결합하다
③ They | walked | back together.(CN682) 그들은 | 걸었다 | 다시 함께.
⑤ We've been tryin' [| to put ‖ her | back together].(Independence Day)
③ The crib | is put | back together. 아기 침대가 | 되었다 | 다시 맞춰지게.
③ We bring things [| put | back together]. 우리는 모든 것들을 [제 자리에 돌려놓게] 할 것이다.
③ The document had shredded into a thousand pieces and | had to be put | back together
    like pieces of a puzzle. 문서는 수천 조각으로 세절되고 퍼즐조각처럼 다시 맞춰져야 했다.
③ They | walked | back together. 그들은 | 걸어 | 함께 돌아갔다.
⑤ We've been tryin' [| to put ‖ her | back together].

우리는 [그 우주선을 원상으로 복구하려고] 노력해 왔어요.
⑤ He | put ‖ the instrument | back together. 그는 | 했다 ‖ 그 악기를 | 다시 조립.
⑤ You idiot! You | can't stick ‖ a broken window | back together again]!
이 바보야. 어떻게 깨진 창문을 다시 붙이냐!

(up together) '함께 오르기/서기'
① They | were up together.   그들은 | 함께 올랐다.
③ Big snowy mountains | are all heaped | up together. 큰 설산들이 | 포개져 | 서 있다 | 함께.
③ They | have been shacking | up together for three years. 그들은 3년간 동거해 왔다.
⑤ You | mix ‖ everything | up together. You confuse everything.
당신은 모든 걸 완전히 혼동하고 있어... 모든 걸 혼동하고 있어!

⟨~up⟩
(back up) '되돌아/물러서기/ 오르기'
① | Back up! | 다시 서! 또는 | 물러서!
③ He | never came | back up.   그는 | 못했다 | 다시 일어서지.
③ It | 'll come | right back up.   먹은 것이 | 올 거야 | 바로 다시 올라.*토하게 되다
③ He | was getting | back up.   그는 다시 일어서고 있었다.
③ Throughout the town, people | are getting (down and) | back up.
마을 사람들은 (기력을 잃고 헤매다가) 다시 정신을 차리곤 한다.
③ Reilly | stood | back up.   레일리는 | 섰다 | 다시 일어.
⑤ | Build ‖ it | back up soon as you can. | 건축하여 ‖ 그걸 | 할 수 있는 한 빨리 다시 세워라.
⑤ He | 'll fill ‖ it | back up.   그는 | 채울 거야 ‖ 그걸 | 다시 가득.
⑤ You remember that Miss Agawam's picture fell down? Pete and I hung ‖ it | back up.
아가웜 씨 사진 떨어졌던 것 기억나니? 피트와 내가 다시 걸었잖아.
⑤ He | lifted ‖ Rangdon | back up. 그는 | 붙들었다 | 랭돈을 | 다시 일어서도록.
⑤ We | picked ‖ him | right back up. 우리는 | 집어서 ‖ 그를 | 바로 따라 잡았다.
⑤ I | pulled ‖ him | back up.   나는 | 당겨 ‖ 그를 | 다시 세웠다.
⑤ He | pulled ‖ them(=blankets) | back up. 그는 | 당겨 | 모포들을 | 다시 올렸다.
⑤ Ride your bike down the hill, and your brother | will push ‖ it | back up.
자전거를 타고 언덕을 내려가, 그러면 네 형이 | 밀어 줄 거야 ‖ 그걸 | 다시 위로.
⑤ Langdon | snapped ‖ his head | back up. 랭돈은 | 펄쩍 | 머리를 | 뒤로 제쳤다.
⑤ He | turned ‖ the sound | back up. 그는 | 돌려 | 소리를 | 다시 올렸다.

⟨~within⟩
(from within) 안에서/으로부터
① The voice | was from within.   그 소리는 | 안에서였다.
③ A voice | answered | from within: 한 목소리가 | 답했다 | 안으로부터.
③ A nervous female voice | asked | from within. 긴장한 여자 목소리가 | 물었어 | 안에서.
③ Beauty | comes | from within.   아름다움은 | 온다 | 내면에서.

He worked the boat back and forth. (back and forth)

① NP(p)

| ① The boat | was back and forth. |

예문은 ①형 NP(p)이다. P는 복합소사 back and forth이다.
back and forth(앞뒤로/들락날락) 움직이다)'는 2개의 소사가 결합한 복합소사이다.

① The boat | was back and forth.   그 보트가 | 앞뒤로 움직이었다.

♣ 유형별 예문
① I | was back and forth, back and forth all day. 나는 | 하루 종일 들락날락 했다.
① It | was back and forth.   그것이 | 앞뒤로 움직였다.

③ NPP'(p)

| ③ The boat | moved | back and forth. |

예문은 ③형 NPP'(p)이다. P는 자동사, P'는 복합소사 back and forth이다.
다음 두 문장으로 나눠진다. 즉 NPP'⇒NP+NP'의 관계에 있다.

③ The boat | moved | back and forth. 그 배가 | 움직였다 | 앞 뒤로.
① The boat | moved.   그 배가 | 움직였다.
① The boat는 | was back and forth. 그 배가 | 앞뒤로 움직였다.

♣ N 유형별 예문
③ Waiters | scurried | back and forth (with gallons of rum punch).
    웨이터들이 | 서둘러 | 오고 갔어 ‖ 많은 램 펀치를 들고.
③ The guard | walked | benignly back and forth. 그 간수는 | 걸었다 | 여유 있게 앞뒤로.
③ Watch how the needle [| oscillates | back and forth] as the current continually changes.
    기류가 계속 변할 때 바늘이 어떻게 [앞뒤로] 진동하는지 보아라.
③ Gophers | ran | back and forth (across the road).
    땅 다람쥐들이 | 달렸어 | 앞뒤로 (길을 가로질러).
③ The pendulum in the clock | swung | back and forth. 그 시계추는 | 흔들렸다 | 왔다 갔다.
③ The game | see-sawed | back and forth. 경기가 엎치락뒤치락 했다.

| ③ The boat | was worked | back and forth. |

예문은 ③형 NPP'(p)이다. P는 수동형, P'는 복합소사 back and forth이다.
다음 두 문장으로 나눠진다. 즉 NPP'⇒NP+NP'의 관계에 있다.

③ The boat | was worked | back and forth. 그 배가 | 작동되었다 | 앞 뒤로 움직이기.
① The boat | was worked.   그 배가 | 작동되어졌다.
① The boat는 | was back and forth. 그 배가 | 앞뒤로 움직였다.

♣ 유형별 예문
③ The agreements | were faxed | back and forth (by the lawyers).
    합의서들이 (변호사들에 의해 앞뒤로 팩스로 오고 갔다.
③ The Gospel of Judas was | shipped | back and forth (to art dealers).
    유다서는 (예술품 상인들에게) | 배달되었다 | 전전하여.

⑤ NPN'P'(p)

| ⑤ He | worked ‖ the boat | back and forth. |

예문은 ⑤형 NPN'P'(p)이다. P는 타동사, P'는 복합소사 back and forth이다.
다음 두 문장으로 나눠진다. 즉 NPN'P'⇒NPN'+N'P'의 관계에 있다.

⑤ He | worked ‖ the boat | back and forth. 그는 | 작동했다 ‖ 그 배를 | 앞뒤로.
② He | worked ‖ the boat.   그는 | 작동했다 ‖ 보트를
① The boat | was back and forth.   그 보트는 | 앞뒤로 움직였다.

♣ 유형별 예문
⑤ He | mechanically shot ‖ his arms | back and forth.(GO30)
   그는 | 기계적으로 벋었다 ‖ 팔을 | 앞뒤로.
⑤ Grampa | waved ‖ his hand | back and forth. 할아버지는 | 흔들었다 ‖ 손을 | 앞뒤로.
⑤ They | swapped ‖ the photos | back and forth. 그들은 | 바꾸었다 ‖ 사진들을 | 앞뒤로.
⑤ Tom | swept daintily ‖ his brush | back and forth. 톰은 | 우아하게 쓸었다 ‖ 붓을 | 앞뒤로.
⑤ Javy | worked ‖ the boat | back and forth. 재비는 | 작동시켰다 ‖ 보트를 | 앞뒤로.
⑤ They | 're bouncing ‖ it | back and forth. 그들은 그것(회사업무)를 주고받으며 장난치고 있다.

⑦ NPP'P"(p)

| ⑦ The ravine | kept | flying | back and forth. |

예문은 ⑦형 NPP'P"(p)이다. P"는 복합소사 back and forth이다.
다음 세 문장으로 나눠진다. 즉 NPP'P"⇒NP+NP'+NP"의 관계에 있다.

⑦ The ravine | kept | flying | back and forth. 까마귀가 | 계속 | 날고 있었다 | 앞뒤로.(Ge8:7)
① The ravine | kept ...   까마귀가 | 계속했다.
① The ravine | was flying.   까마귀가 | 날고 있었다.
① The ravine | was back and forth. 까마귀가 | 앞뒤로 움직였다.

[Supplement]
(out and about) '평소처럼 거동하다'
① She | was out and about.(=doing the things you usually do)(YBM,GB451)
   그녀는 | 나가 이리 저리 움직였다/ 나가 다니고 있었다. ☆ 통상적으로 일하고 있다.
③ At least you've been able [| to get | out and about].(5HP82)
③ 적어도 당신은 [회복되어 평소처럼 거동할 수 있게] 되었습니다.
⑤ It's good [| to see ‖ old Mr Jenkins | out and about again].(OAD)
   [나이 드신 젠킨즈 씨가 다시 거동하는 것을 보는 것은] 좋습니다.
(up and about/around) '일어나 움직이기/병에서 회복하기'
① I | 'm up and about.   나는 | 나았다.
① She | 's up and around.   그녀는 | 일어나 주위에 다녀.
⑤ He let out a cry of surprise on [| finding ‖ the Patronne | up and about].
   [패트론 집안사람들이 활동하는 것을 보고] 그는 환성을 질렀다.

⑤ Until she | saw ‖ me | up and around she wouldn't leave me.
  그녀가 | 볼 때까지‖내가 | 일어나 다니는 걸, 떠나지 않을 거야.
(round and round) '빙빙돌기'
① | Round and round. | 빙빙 돌아라.
③ The skater | went | round and round (in circles).
  그 스케이트 선수는 | 갔다 | 빙글빙글 돌아 (원을 그리며).
⑤ The carnival rides | take ‖ people | around and around (in circles).
  카니발 놀이 기구 타기는 계속해서 빙빙 도는 건데요.
(above and beyond) '필요, 기대 이상'
① It | is above and beyond.   그것은 | 기대 이상이야.
③ Staff | went | above and beyond.(GG) 직원들은 필요, 기대 이상으로 노력했다.
(up and down) '오르고 내리기, 오르락 내리락'
① He | was always up and down.(17JG304) 그는 | 항상 오르락내리락했다. (감정의) 기복이 심했다.
A: How's your father? 아버지는 좀 어떠시니?
B: | Rather up and down, you know. | 좀 좋아지셨다 나빠지셨다 그래.
① " | Up and down! | Up and down! | Up and down!" I said.(26JB37)
  " | 위 아래로!/올리고 내리고! | 위 아래로! | 위 아래로!"라고 내가 말했다. (26JB37)
① The Markets | were up and down. (주식)시장은 | 오르고 내렸어.
① Things | have been rather up and down (for me recently). 사정이 | 다소 오락가락했다.
③ The boat | bobbed | up and down (on in the water).
  보트가 물위에서 이리저리 흔들리고 있었다 (물위에서 계속).
③ I go| up and down constantly, like a yo-yo.(YHD) 나는 | 간다 | 끊임없이 오르내려, 요요같이.
③ The elevator | goes | both up and down.(TOEIC) 승강기가 | 간다 | 위아래 양쪽으로.
③ I | jumped | up and down.(13JB23,17JB54) 나는 | 뛰었다 | 위아래로/깡충깡충 뛰었다.
③ Dickie's head | rocked | up and down. 디키의 머리가 | 요동했다 | 위아래로.
③ Vladimir | walks | up and down.(SB142) 블라디미르는 | 걷는다 | 오르락 내리락.
⑤ He | shook | his head | up and down.(5NG26,6JB64) 그는 |흔들었다 ‖ 머리를 | 위 아래로.
⑤ Vladimir | walks ‖ him | up and down.(SB142) 블라디미르는 | 걸린다 | 그를 | 위아래로.
⑦ She | kept | walking | up and down (outside the house).(OAD)
  그녀는 | 계속했다 | 걷기를 | 위아래로 (집 밖에서)
⑤ The horse | bobbed ‖ its head up and down. 말은 | 까딱까딱 움직였다 ‖ 머리를 | 위아래로.
⑤ He | jigged ‖his thumb | up and down. 그는 | 흔들었다 ‖ 엄지손가락을 | 위아래로.
⑤ He | took ‖ a pace or two | up and down. 그는 | 취했다 ‖한발자국이나두 발자국을 | 아래위로.
⑤ The waves | tossed ‖our boat | up and down. 파도가 | 흔들었다 ‖우리 배를 | 아래위로.
⑤ Vladimir | walks ‖ him | up and down. 블라디미르는 | 걷게 한다 ‖ 그를 | 아래위로.
(backward and forward) '앞뒤로'
① He | was backward and forward. 그는 | 앞으로 갔다 뒤로 갔다 했다.
③ The curtains | were flapping | backwards and forwards (in the wind).
  커튼이 | 펄럭이고 있었다 | 앞뒤로/이리저리 (바람에).
③ A frog | jumped | backward and forward. 개구리 한 마리가 | 뛰었다 | 앞뒤로.
③ A dog | ran | backward and forward (on the parapet). 개 한 마리가 | 달렸다 | 앞뒤로.
⑤ Pilot | was following ‖ him | backwards and forwards.
  파일롯(=개이름) | 따르고 있었다 ‖ 그를 | 앞뒤로.
⑤ She | shook ‖ him | backwards and forwards. 그녀는 | 흔들었다 ‖ 그를 | 앞뒤로.
(to and fro) '왔다 갔다'

① I | was to and fro.(RLS129) 나는 | 왔다 갔다 했다.
③ An empty bottle | tumbled | to and fro.(RLS13) 빈 병이 | 굴렀다 | 이리 저리.
③ Anatole | walked | to and fro.(1LT620) 아나톨은 | 걸었다 | 왔다 갔다하면서.
⑤ Ralph | rocked ‖ himself | to and fro.(WG209) 랠프는 | 흔들거렸다 ‖ 자신을 | 이리저리.
(down and out) '내려 나기/저조한 상태'
① He | was down and out.   그는 | 곤경에 처했다, 녹초 됐다.
③ I | feel | down and out these days. 나는 | 같아 | 요즘 기가 죽은 것.
(off and on, on and off) '떨어지다가 붙다, 붙다 떨어지다'
① Now we | are on again and off again, and I don't know what to do.
   이제 우리는 다시 붙었다가 다시 떨어진다, 나는 어찌할지 모른다.
① The pain | is off and on(or on and off). 통증이 | 들락날락한다.(=happens sometimes)
☆ 통증이 사라졌다가 나타난다.(또는 나타났다고 사라진다(종종 나타난다).
① The light | was on and off (a few weeks ago), 불이 | 켜졌다 꺼졌다 했다 (수 주전부터).
③ The seizure | continued | off and on (for twenty four-hours).(1JG469)
     발작이 | 계속된다 | 들락날락 (24시간 동안)
③ The sound | goes | on and off.(ECD676) 소리가 | 한다 | 켜지다가 꺼지다가.
③ It | is raining | on and off.(ECD1048,EJD) 비가 내리다가 그치다가 한다
③ Maternal behavior | couldn't be turned | on and off (at will).
     모성이란 | 할 수 있는 게 아니야 | 켰다 껐다 (마음대로)..
⑤ The thing on the bath ⟨that | turns ‖the water | on and off⟩ is a tap.
     목욕탕에서 ⟨물을 틀었다 잠갔다하는)⟩ 목욕탕의 물건은 | 수도꼭지이다.
⑤' I | see ‖ him 「on and off but not as much as I'd like.
     나는 | 본다 | 그를 「가끔, 내가 원하는 만큼 자주는 아니지만.
⑤' The pain | attacks ‖ me 「on and off.(=off and on)(ECD281)
     고통이 공격한다 ‖ 나를 「들락날락하면서/불규칙적으로.
(in and out) '들락날락'
① I |'m in and out (in five minutes).(5YK63,5JG470) 나는 | 들락날락 했다. (5분 안에)
① FBI agents | were in and out.   FBI 요원들이 | 드나들었어.
③ | Just ease | in and out. | 단지 편하게 | 드나들어라.
③ Florida state troopers | filtered | in and out. 플로리다주 민병대가 | 새어 | 들락날락 했다.
③ The stars | went | in and out.(2LR219) 별들은 | 되었다 | 들락날락하게.
③ The children | are freely popping | in and out. 아이들이 | 멋대로 드나들고 있다.
③ The river | winds | in and out. 강은 | 꾸불꾸불 | 굽이치며 흐른다.
⑤ I am trying to get as much sun to my plants as possible so I | move ‖ them | in and
     out very often. 나는 식물에 가능한 한 햇빛을 많이 주기 해 그들을 들락날락 옮긴다.
⑤ I practiced [to fold ‖ it(=a tray) | in and out]. 나는 [그것을 안과 밖으로 접어 포개기를] 연습했다.

■ 비정형동사 술어(non-finite verb)

A. -ed형

(1) 단순 -ed형

> He kept the door shut. (-ed)

① NP(-ed)

> ① The door | was shut.

예문은 ①형 NP(-ed)이다. P는 -ed형 shut이다.
-ed형은 수동형, be는 -ed형의 술어역할을 돕는 보조어(auxiliary)이다.

① The door | was shut.   그 문이 | 닫혀 있었다.

비정형동사(non-finite verb) 즉 :시제 없는 동사(tenseless verb)가 술어로 되는 경우이다.
비정형동사에는 -ed형, -ing형, to~형/원형이 있다.

♣ 유형별 예문
① The office | is cleaned (everyday).   회사는 | 청소가 이루어진다.(매일)
① The office | is being cleaned (right now). 회사는 | (지금) 청소가 이루어지고 있다.
① The office | was cleaned (yesterday). 회사는 | (어제) 청소가 이루어졌다.
① I | was done(or had, taken).(=cheated) 나는 | 하여(또는 가져, 취해) 졌다.*사기당하다
① May I help you?—No, thanks. I | 'm being helped.
    내가 도와줄가요? 아니, 고마워요. 난 (지금) 도움받고 있어요.
① I'm not going to the party. I | haven't been invited.
    나는 파티에 가지 않아. 나는 | 초대받지 않았어.
① The door | is being(or has been) painted.
    그 문이 | 페인트칠 해지고 있어요(또는 이미 칠해졌어요).
① The door | was shut.   그 문이 | 닫혀 있었다.
① Has this shirt | been washed?   이 셔츠 | 세탁된 것요?

③ NPP'(-ed)

> ③ The door | remained | shut.

예문은 ③형 NPP'(-ed)이다. P는 vi, P'는 -ed형 shut이다.
다음 두 문장으로 나눠진다. 즉 NPP' ⇒ NP+NP'의 관계에 있다.

③ The door | remained | shut.   그 문은 | 그대로 있었다 | 닫힌 채.
① The door | remained...   그 문이 | 그대로 있었다...
① The door | was shut.   그 문이 | 닫혀 있었다.

♣ 유형별 예문
③ Sludge and I | came | **prepared**,   슬러지와 나는 | 되었다 | 준비되었다.
③ There was a fight at the game, but nobody | got | **hurt**.
　　그 게임에서 싸움이 있었지만 아무도 | 않았다 | 다치지.
③ We didn't get a map, so we | got | **lost**.   우리는 지도를 가지지 않았다 그래서 길을 잃었다.
③ Nicole and Frank | are getting | **married**.   니콜과 프랭크는 | 되고 있다 | 결혼하게.
③ Graduation | finally got | **started**.   졸업식이 | 마침내 되었다 | 시작하게.
③ The door | remained | **shut**.   그 문은 | 그대로 있었다 | 닫힌 채.

---
　　　　　　　　③ The door | was kept | **shut**.

예문은 ③형 NPP'(-ed)이다. P는 keep의 수동형, P'는 -ed형 shut이다.
다음 두 문장으로 나눠진다. 즉 NPP'⇒NP+NP'의 관계에 있다.

③ The door | was kept | **shut**.　　그 문이 | 유지되었다 | 닫힌 채.
① The door | was kept...　　　　　그 문이 | 유지되었다...
① The door | was **shut**.　　　　 그 문이 | 닫혀져 있었다.

♣ 유형별 예문
③ The house | was left | **deserted**.   그 집은 | 버려졌다 | 황폐하게.
③ The door | was kept | **shut**.   그 문은 | 유지되었다 | 닫힌 채
③ The door | was slammed) | **shut**. 그 문은 | 쾅|탁 닫혀 | 닫혔다
③ She | was engaged | to be **married**.   그녀는 | 약혼되었다 | 결혼하기로.
③ Changes to the taxation system | are expected | to be **proposed**.
　　세제 변화가 | 기대된다 | 제안될 것이.

⑤　NPN'P'(-ed)

---
　　　　　　　　⑤ He | kept ∥ the door | **shut**.

예문은 ⑤형 NPN'P'(-ed)이다. P는 keep, P'는 -ed형 shut이다.
다음 두 문장으로 나눠진다. 즉 NPN'P'⇒NP+N'P'의 관계에 있다.

⑤ He | kept ∥ the door | **shut**.　　그는 | 유지했다 ∥ 그 문이 | 닫혀 있게.
③ He | kept ∥ the door...　　　　 그는 | 유지했다 ∥ ...그 문을.
① The door | was **shut**.　　　　 그 문이 | 닫혀져 있었다.

♣ 유형별 예문
(사역동사)
⑤ Lisa | had ∥ the roof | **repaired**.(=시키다) 리사는 | 시켰다 ∥ 그 지붕이 | 수리되게.
⑤ Have you | ever had ∥ your flight | **canceled**?(=당하다)
　　당신은 | 당한 적이 있나요 ∥ 비행기가 | 취소됨을?
⑤ Did you | make ∥ your views | **known**? 너는 | 했니(만들었니) ∥ 네 견해가 | 알려지도록?
(지각동사)
⑤ I | felt ∥ myself | **watched** (all the while). 나는 | 느꼈다 ∥ 나 자신이 | 주시됨을 (항상).

⑤ I | heard ‖ my name | called.　　나는 | 들었다 ‖ 내 이름이 | 불려짐을.
(일반동사)
⑤ I | got ‖ my car | washed.　　나는 | 시켰다 ‖ 내 차가 | 세차되게.(=시키다)
⑤ James | got ‖ his passport | stolen. 제임스는 | 당했다 ‖ 여권이 | 도난됨을.(=당하다)
⑤ He | kept ‖ the door | shut.　　그는 | 유지했다 ‖ 그 문이 | 닫혀있게.
⑤ She | slammed ‖ the door | shut. 그녀는 | 쾅하고 ‖ 그 문을 | 닫았다.

⑤' NPN'「P'(a)

| ⑤' He | left ‖ the hospital 「completely cured. |

예문은 ⑤'형 NPN'「P'(-ed)이다. P는 leave, P'는 -ed형 cured이다.
다음 두 문장으로 나뉘진다. 여기서 P': alone은 N을 서술한다.
「 표시는 이를 나타낸다. 즉 NPN'「P'⇒NPN'+NP'의 관계에 있다.

⑤' He | left ‖ the hospital 「completely cured. 그는 | 떠났다 ‖ 병원을 「완전히 나아져서.
② He | left ‖ the hospital.　　그는 | 떠났다 ‖ 병원을.
① He | was completely cured.　　그는 | 완전히 나아져 있었다.

♣ 유형별 예문
⑤' He | left ‖ the hospital 「completely cured. 그는 | 떠났다 ‖ 병원을 「완전히 나아서.
⑤' I | looked ‖ at him 「real surprised. 그는 | 쳐다 봤다 ‖ 그를 「진짜 놀라서.

⑦ NPP'P"(-ed)

| ⑦ This man | stands | before you | healed. |

예문은 ⑦형 NPP'P"(ed)이다. P"는 -ed형 healed 이다.
다음 세 문장으로 나눌 수 있다. 즉 NPP'P"⇒NP+NP'+NP"의 관계에 있다.

⑦ This man | stands | before you | healed. 이 사람은 | 서 있다 | 당신 앞에 | 나아서.
① This man | stands...　　이 사람은 | 서 있다
① This man | is before you.　　이 사람은 | 당신 앞에 있다.
① This man | is healed.　　이 사람은 | 나아 있다.

♣ 유형별 예문
⑦ He | went | there | only to be killed. 그는 | 갔다 | 거기에 | 죽임을 당하도록..
⑦ My mother | stood | there | kind of frozen. 내 모친은 | 서 있었다 | 거기 | 약간 언 상태로.
⑦ He | came | home | quite changed. 그는 | 왔다 | 집에 | 상당히 변화되어.
⑦ This man | stands | before you | healed.(Act4:10) 이 사람은 | 서 있다 | 당신 앞에 | 나아서.
⑦ I | go | about | blackened, but not by the sun;
　　나는 | 간다 | 여기저기 | 검게 되어, 그러나 햇볕 때문은 아니고.

(2) 분리전치사 수반 -ed형

$$\boxed{\text{We had our house broken into. (-ed pr)}}$$

① NP(-ed pr)

$$\boxed{\text{① Our house | was \textbf{broken} (∥) \underline{into}.}}$$

예문은 ①형 NP(-ed (∥))이다. P는 '-ed형+분리전치사' broken (∥) intot이다.
능동문 The thief | broke ∥ into our house. 수동문으로 바뀌면서 전치사의 목적어가 주어로 되고 남은 전치사는 동사 뒤에 잔류한 형태로서 그 전치사는 동사의 부속부분은 아니다.
(∥)는 이러한 관계를 표시한 것이다.

① Our house | was **broken** (∥) <u>into</u>.   우리 집이 | (대해) 침입당했다.

♣ 유형별 예문
(단순전치사)
(about~)
① In my family, money | was never been **spoken** (∥) <u>about</u>.
　　나의 가정에서는, 돈은 | (대해) 절대 말해진 적이 없다.
(after~)
① He | was **looked** (∥) <u>after</u> (by Ella).(=taken care of)
　　그는 | (대해) 뒤가 돌봐 졌다 (엘라에 의해).
① His opinions | were eagerly **sought** (∥) <u>after</u>. 그의 의견들이 | (대해) 절실하게 구하여졌다.
(at~)
① Mr. Dicey | is not to be **laughed** (∥) <u>at</u>.   다이씨 씨는 | (대해) 비웃어져서는 안된다.
① That | is being **looked** (∥) <u>at</u>.   그것이 | (대해) 쳐다보여 진다.
① You | ever been **shot** (∥) <u>at</u>, Judge? 당신은 | (대해) 총맞아 본 적이 있어요, 판사님?
① I don't like [| to be **shouted** (∥) <u>at</u>].   나는 [(대해) 꾸지람을 받은 것을] 좋아하지 않아.
(for~)
① I | am **done** (∥) <u>for</u>.(=I'm sunk)   나는 | (대해) 끝장났다(망했다).
① He | would be well **provided** (∥) <u>for</u>. 그는 | (위해) 잘 제공받게 될 것이다.
(into~)
① Our house | was **broken**(∥) <u>into</u> (a few days ago). 그의 집이 | (대해) 침입되었다 (며칠 전에).
① His disappearance | is being **looked** (∥) <u>into</u> (by the police).
　　그의 실종이 | (대해) 조사되는 중에 있다 (경찰에 의해)
(of~)
① Mr Perry | was **talked** (∥) <u>of</u>.   페리는 | (관해) 말해졌다.
① The expense | shall not be **thought** (∥) <u>of</u>. 그 비용은 | (대해) 생각되어서는 안된다.
(on~)
① Yet characters and structures | may thus be **acted** (∥) <u>on</u>.
　　그럼에도 성격과 구조는 | (대해) 이처럼 영향을 받을지 모른다.
① I haven't hurt so bad since I | was **stepped** (∥) <u>on</u>.
　　[나는 (대해 발에 밟힌 후] 그렇게 심하게 아프지는 않았다.
① Have you | been **waited** (∥) <u>on</u>?   당신은 | (대해) 시중을 받은 적이 있어요?
(over~)

① A dog | was run (‖) over (by the van). 개 한마리가 | (대해) 지나가졌다(=치었다) (소형 트럭에).
(to~)
① All her needs | were attended (‖) to. 그녀의 모든 필요들은 | (대해) 돌보아졌다. *처리되다①
It | shall be seen (‖) to (without fail). 그것은 | (대해) 돌봐 질 것이다 (틀림 없이).
① Always answer [when you | 're spoken (‖) to]! 항상 답변해라 [네게 (향해) 말해질 때에].
(upon~)
① After long haggling, a price | was agreed (‖) upon.
　　오랫동안 입씨름한 끝에. 값이 | (관하여) 합의 되었다..
① Bildad | was called (‖) upon. 빌닷이 | (대해) 불려졌다.
(with~)
① The problem | was seriously dealt (‖) with. 그 문제는 | (대해) 심각하게 다루어졌다
(복합전치사)
① All the old regulations | were done (‖) away with.
　　모든 옛 규정들은 | (대해)) 폐지되어 졌다.(=abolished)

③ NPP'(-ed pr)

　　　　　　　　③ Our house | got | broken (‖) into.

예문은 ③형 NPP'(-ed+pr)이다. P는 got, P'는 be broken into이다.
다음 두 문장으로 나눠진다. 즉 NPP'⇒ NP+NP'의 관계에 있다.

③ Our house | got | broken (‖) into. 우리 집이 | 되었다 | (대해) 침입되게.
① Our house | got... 우리 집이 | 되었다...
① Our house | was broken (‖) into. 우리 집이 | (대해) 침입되었다.

♣ N 유형별 예문
(단순전치사)
(after~)
③ The poor boy | requires | to be looked (‖) after.
　　그 불쌍한 소년은 | 요구된다 | (위해) 보살펴 줄 것이.
(at~)
③ He was lying in a trench [shooting and | getting | shot (‖) at].
　　그는 [사격하고 (대해)사격 당하면서] 참호 안에서 매복하고 있었다.
③ Cause I didn't want [| to get | laughed (‖) at], remember?
　　왜냐하면 나는 [(대해) 비웃음을 당하기를] 원치 않기 때문이야, 기억해?
③ The implications of the new law | will need | to be looked (‖) at.
　　새 법의 예상되는 영향은 | 필요할 것이다 | (대해) 보아지는 것이..
(for~)
③ He | really looked | done (‖) for. 그는 | 진짜 보였다 | (대해) 끝장 난 것으로.
(into~)
③ My car | got | broken (‖) into. 내가 | 되었다 | 침입받게.
③ His affair | came | to be looked (‖) into. 그의 행적이 | 되었다 | 조사
(on~)
③ Lucille didn't wait [| to get | called (‖) on]. 루씨는 [[(대해) 불려지게 됨을] 기다리지 못했다.
③ I | got | stepped (‖) on and so now I'm soiled.

나는 | 되었다 ‖ (대해) 밝히게, 그리고 나는 지금 흠투성이다.
(over~)
③ It | got | run (‖) over (by the ice cream truck).
　　그것은 | 되었다 | (대해) 치이게 (아이스크림 트럭에 의해).
(복합전치사)
③ That discrepancy | will need | to be done (‖) away with.
　　그 상이점은 | 필요할 것이다 | (이) 없애질 것이.

⑤　NPN'P'(-ed pr)

| ⑤ We | had ‖ our house | broken (‖) into. |

예문은 ⑤형 NPN'P'(-ed)이다. P는 keep, P'는 -ed형 shut이다.
다음 두 문장으로 나눠진다. 즉 NPN'P'⇒NP+N'P'의 관계에 있다.

⑤ We | had ‖ our house | broken (‖) into. 우리는 | 당했다 ‖ 우리 집이 | (대해) 침입됨을.
② We | had ‖ our house...　　　　　우리는 | 당했다 ‖ 우리 집이...
① Our house | was broken (‖) into. 우리 집이 | (대해) 침입당했다.

♣ 유형별 예문
(단순전치사)
(about~)
⑤ I | don't wish ‖ it | professionally spoken (‖) about.
　　나는 | 원치 않아 ‖ 그것이 | (대해) 직업적으로 말해지는 것을.
(after~)
⑤ I didn't have enough money ⟨ | to have ‖ mother | looked (‖) after⟩.
　　나는 ⟨내 모친이 (위해) 돌보아 지도록 시키기에⟩ 충분한 돈이 없다.
⑤ | Let ‖ his mother and family ‖ be looked (‖) after.
　　　| 하자 ‖ 그의 모친과 가족이 ‖ (대해) 돌봐지도록.
⑤ His liaison with Rachel | made ‖ him | less sought (‖) after.
　　그의 라헬과의 관계는 | 만들었다 ‖ 그를 | (대해) 덜 찾아지도록.
(at~)
⑤ "Traddles," said my friend, | finding ‖himself | looked (‖) at.
　　"트래들스," 내 친구가 말했다, | 발견하면서 ‖ 그 자신이 | (대해) 쳐다보이는 것을.
⑤ The fridge isn't working properly. I | 'm having ‖ it | looked (‖) at.
　　냉장고가 적절히 작동하고 있지 않아. 나는 | 시키고 있다 ‖ 그것이 | (대해) 돌봐지도록.
(for~)
⑤ Urique has spent thousands of dollar [| having ‖ him | looked (‖) for].
　　유리크는 [그가 (위해) 찾아지도록 시키는 데에] 수 천 달라를 사용했다.
⑤ It'd be a great comfort [| to see ‖ her | well provided (‖) for].
　　　[그가 (대해) 잘 제공되도록 보는 것]은 큰 위안이 될 것이다.
(into~)
⑤ We | had ‖ our car | broken (‖) into (last week).
　　우리는 | 당했다 ‖ 우리 차가 | (대해) 침입됨을 (지난주일).
⑤ He | would not let ‖ his house | be broken (‖) into.(Lk12:39)
　　우리는 | 하지 않을 것이다 ‖ 그의 집이 | 침입되게,

(of~)
⑤ I | 've heard ‖ him | {badly} **spoken** (‖) <u>of</u>. 나는 | 들었다 ‖ 그가 | {나쁘게} 말해지는 것을.
⑤ He | wants ‖ everything | to be **spoken** (‖) <u>of</u>. 그는 | 원한다 ‖ 모든 것이 | (대해) 말해지도록).
⑤ He | would not have ‖ himself | meanly **thought** (‖) <u>of</u>.
    그는 | 하지 않으려 한다 ‖ 자신이 | (관해)나쁘게 생각되게.
(on~)
⑤ We | see ‖ this | **acted** (‖) <u>on</u> (by farmers and gardeners
    우리는 | 본다 ‖이것이 ‖ (대해) 영향 받는 것을 (농부와 정원사들에 의해).
⑤ Pericone | had ‖ the lady | **waited** (‖) <u>on</u>. 페리콤은 | 시켰다 ‖ 그 부인이 | (대해) 시중 받도록.
(over~)
⑤ He | had let ‖ himself | **tripped** (‖) <u>over</u>. 그는 | 했다 ‖ 자신이 | (대해) 걸려 넘어지게.
(to~)
⑤ And she doesn't relax a hair [till she | gets ‖ the nuisance | **attended** (‖) <u>to</u>].
    그리고 그녀는 [귀찮은 일을 (대해) 당하기 전까지는] 머리카락 하나도 긴장을 늦추지 않는다.
⑤ That electric fire isn't safe. You | should have ‖ it | **seen** (‖) <u>to</u>.
    그 전열기는 안전치 않아. 넌 | 시켜야 해 ‖ 그것이 | (대해) 살펴보아지도록.
⑤ "All right, John, all right," returned the old man, | seeing ‖ himself | **spoken** (‖) <u>to</u>.
    "좋아 존 ", 노인이 대답했다, | 보면서 ‖ 자신에 | (대해) 말해지는 것을.
(upon~)
⑤ Yet | let ‖ this point | **agreed** (‖) <u>upon</u>. 그럼에도 | 해라 ‖ 이 점이 | (관해) 합의되도록.
⑤ He | felt ‖ himself | **called** (‖) <u>upon</u>, for her sake, to assert his authority.
    그는 | 느꼈다 ‖ 자신이 | (대해) 불려지는 것을, 그녀를 위해, 그의 권리를 주장하기 위해.
⑤ I would not have had poor James [| think ‖ himself | **slighted** (‖) <u>upon</u>].
    나는 [불쌍한 제임스가 자신을 (대해) 하찮게 생각되어 지지 않도록] 했어야 했다.
⑤ You | may consider ‖ yourself | to have been very leniently **dealt** (‖) <u>with</u>.
    너는 | 생각할지 몰라 ‖ 자신이 | (대해 매우 관대하게 다루어진다고.
(복합전치사)
⑤ They | had ‖ the piece of legislation | **done** (‖) <u>away with</u>.
    그들은 | 했다 ‖ 그 입법 부분이 | (대해) 폐지되어 지도록.

(3) to be -ed형

> He asked them to be seated. (to be -ed)

① NP(to be -ed)

> ① They | were to be seated.

예문은 ①형 NP(to -ed)이다. P는 to be -ed형인 to be shut이다.
-ed형은 수동형이고, be는 -ed형의 술어역할을 돕는 보조어(auxiliary)이다.

① They | were to be seated.   그들은 | 착석되려고 했다

♣ 유형별 예문

① What | is to be done?(2CD342)(예정) 무엇이 | 하여 져야 하나?(예정)
① This house | is to be let.(=will be)(EJD)(의도) 이 집은 | 임대될 예정이다..
① Rules | are to be observed.=(must be)(의무) 규칙은 | 준수되어야 한다.
① Nothing | was to be seen.(=could be)(SBE14)(가능) 아무것도 | 보일 수 없었다.
① They | were to be seated.(결과) 그들은 | 착석하게 되었다
① You | weren't to have been paid.(KM88)(완료) 너는 | 돈을 받지 말았어야 했다.
① Her last wish | was to be burned.(CRL81)동격) 그녀의 마지막 소원은 | 불태워지는 것이었다..

③ NPP'(to be -ed)

> ③ They | got | to be seated.

예문은 ③형 NPP'(to be -ed)이다. P는 능동사, P'는 to be -ed형 shut이다.
다음 두 문장으로 나눠진다. 즉 NPP'⇒ NP+NP'의 관계에 있다.

③ They | got | to be seated.   그들은 | 되었다 | 착석되려고..
① They | got... .   그들은 | 되었다...
① They | were to be seated.   그들은 | 착석되려고 했다.

♣ 유형별 예문
③ The town | appeared | to have been abandoned.(2DK232)(완료)
　　그 마을은 | 보였다 | 버려진 것처럼..
③ I | am beginning | to be appreciated.(OW20)(예상)(인정받다)
　　나는 | 시작하고 있다 | 인정받기를.
③ Then we both | asked | to be moved.(JDS109)(요구)
　　그러자 우리 둘 다 | 요청했다 | 이사되도록.
③ He | expects | to be invited.(REG254)(예상) 그는 | 기대한다 | 초대받기를.
③ My pants | need | to be washed?(2G55B)(필요) 내 바지는 | 필요하다 | 세탁되기가.
③ That | remains | to be seen.(SBE304)(예정) 그것은 두고 봐야지)
③ Whether the minister will quit over the issue | remains | to be seen.
　　장관이 그 논점을 포기할 것인지는 두고 볼 일이다.
③ There were some problems at first, but they | seem | to have been solved.(2G41B)(추측)
　　처음에는 약간의 문제가 있었지만 해결된 것 같아 보인다.
③ She | won't want | to be disturbed.(3G9B2)(의도) 그녀는 | 원치 않을 거야 | 방해받기를
☆ 다음의 필요동사(need, require, want)는 to be -ed형 술어 또는 -ing형 부가어를 취할 수 있다
③ My cell phone | needs | to be charged. 내 핸드폰은 | 필요하다 | 충전이.
③ Do you think [my pants | needs | to be washed]. [내 바지가 세탁이 필요하다] 생각하니?
③ The front gate | requires | to be mended. 앞문은 | 요구된다 | 수리가.

> ③ They | were asked | to be seated.

예문은 ③형 NPP'(-ed)이다. P는 keep의 수동형, P'는 -ed형 shut이다.
다음 두 문장으로 나눠진다. 즉 NPP'⇒NP+NP'의 관계에 있다.

③ They | were asked | to be **seated**. 그들은 | 요청되었다 | 착석되도록
① They | were asked. 그들은 | 요청되었다.
① They | were to be **seated**. 그들은 | 착석되려고 했다.

♣ 유형별 예문
③ She | was engaged | to be **married**.(PEG291)(의도) 그녀는 | 약혼했다 | 결혼하기로.
③ Changes to the taxation system | are expected | to be **proposed**.(3G23D)(예상)
  과세 체계 변경은 | 예상된다 | 제안받기가.
③ He | was told | to be **seated**.(O'B236)(요구) 그는 | 말해졌다 | 자리에 앉으라고.

⑤ NPN'P'(to be -ed)

> ⑤ He | asked ‖ them | to be **seated**.

예문은 ⑤형 NPN'P'(-ed)이다. P는 keep, P'는 -ed형 shut이다.
다음 두 문장으로 나눠진다. 즉 NPN'P'⇒NP+N'P'의 관계에 있다.

⑤ He | asked ‖ them | to be **seated**. 그는 | 요청했다 ‖ 그들에게 | 착석되도록.
② He | asked ‖ them.. .   그는 | 요청했다 ‖ 그들에게
① They | were to be **seated**.   그들은 | 착석되려고 했다.

♣ 유형별 예문
⑤ The customs officer | allowed ‖ the goods | to be **discharged**.(REG251)(허용-)
  세관원은 | 허용했다 ‖ 물품이 | 배출되도록.
⑤ They | applied ‖ for the court appearance | to be **postponed**.3G31B)(목적)
  그들은 | 지원했다 ‖ 법원의 출석이 | 연기될 것을.
⑤ He | asked ‖ them | to be **seated**.(O'B170)(요구) 는 | 요청했다 ‖ 그들에게 | 착석되도록
⑤ I expected ‖ the goods | to be **packed** and (to be) **loaded**.(REG251)(소망)
  나는 | 예상했다 ‖ 물건이 포장되어 적재될 것으로.
⑤ I don't like gay people, so I | let ‖ it | be **known**.
  나는 동성애자를 좋아하지 않아, 그래서 나는 | 허용했다 | 그것이 | 알려지도록.
⑤ | Let not ‖ the gates of Jerusalem | be **opened** until the sun be hot;(Ne7:3)
  | 하지 않으소서 ‖ 예루살렘 성문이 | 열리지 않도록, 해가 뜨거울 때까지.
⑤ I | 'd like ‖ it | (to be) **fried**(or cleaned, repaired).
  나는 | 원해요 ‖ 그것이 | 튀겨(청소, 수리) 되기(될 것)을.
⑤ The captain | ordered ‖ the flag | to be **hoisted**.(BEG310)(명령)
  선장은 | 명령했다 ‖ 국기가 | 게양되도록
⑤ I | understand ‖ him | to be **satisfied**.(DED).(판단) 나는 | 이해한다 ‖ 그가 | 만족되도록.

⑦ NPP'P"(to be -ed)

> ⑦ He | went | there | *only* to be **killed**.

예문은 ⑦형 NPP'P"(to -ed)이다. P"는 to be -ed형이다.
다음 세 문장으로 나눌 수 있다. 즉 NPP'P"⇒NP+NP'+NP"의 관계에 있다.

⑦ He | went | there | *only* to be killed.　그는 | 가서 | 거기에 | 마침내 살해되었다.
① He | went.　　　　　　　　　　　그는 | 갔다.
① He | was there.　　　　　　　　　그는 | 거기 있었다.
① He | was *only* to be killed.　　　그는 | 마침내 살해되었다.

♣ 유형별 예문
⑦ He | went | there | *only* to be killed.(OES165)
　　그는 | 가서 | 거기에 | 마침내 살해당했다.
⑦ I | 've just been standing | by lettuces | being talked (‖) to.(6AC196)
　　나는 | 단지 서 있었다 | 상추들 옆에 | 이야기를 들으면서.
⑦ He | was dragged | out from under his bed | to be shot.(1THr15)(목적)
　　그는 | 끌려 | 침대 밑에서 밖으로 ... 나와 | 총에 맞았다.

B. -ing형

> She kept me waiting. (-ing)

① NP(-ing)

> ① I | was waiting.

예문은 '-ing형' 술어로 이루어진 1형, NP(-ing)이다.
-ing형은 실현형(현실 | 계속 | 완료)이고 be는 -ing형에 격을 부여하는 보조어(auxiliary)이다.

① I | was waiting.　　　　　　나는 | 기다리고 있었다.

♣ 유형별 예문
(진행술어)
① She | 's eating. She | isn't reading.　그녀는 | 먹고 있다. 그녀는 | 읽고 있지 않다.
① I | 'm leaving. — Please don't leave.　나는 | 떠납니다. — 청컨데, 떠나지 마세요.
① What did he say? — I don't know. I | wasn't listening.
　　그가 뭐라고 했니? — 몰라. 난 듣고 있지 않았어.
① I waved to Helen, but she | wasn't looking.　그가 뭐라고 했니? — 몰라. 난 듣고 있지 않았어.
① It | 's raining. The sun | isn't shining.　비가 오고 있다. 해는 | 비치지 않고 있다
① Kelly fell asleep while she | was reading.　그녀가 읽는 동안 켈리는 잠들었다.
① They | 've been shopping.　　　그들은 | 쇼핑해 오고 있었다.
① Hurry up. I | 'm waiting.　　　서둘러라. 나는 | 기다리고 있어.
① They | 're running. They | aren't walking.　그들은 | 달리고 있다. 그들은 | 걷고 있지는 않다.
① I | 'm working. Are you | working?　나는 | 일하고 있다. 너는 | 일하고 있니?
(동격술어)
① Publicity | is communicating.　홍보는 | 소통하는 것이다.
① Seeing | is believing.　　　　보는 것은 | 믿는 것이다. *백문불여일견

③ NPP'(-ing)

| ③ I | stood | waiting. |

예문은 ③형 NPP'(-ing)이다. P는 자동사, P'는 -ing형 waiting이다.
다음 두 문장으로 나눠진다. 즉 NPP'⇒ NP+NP'의 관계에 있다.

③ I | stood | waiting.　　　　나는 | 서 있었다 | 기다리면서.
① I | stood.　　　　　　　　나는 | 섰다.
① I | was waiting.　　　　　나는 | 기다리고 있었다.

♣ 능동술어의 유형별 예문
③ He | came | crying.　　　　그는 | 왔다 | 울면서.
③ | Come | dancing.　　　　 | 오너라 | 춤추면서.
③ The family | ate | standing.　그 가족들은 | 먹었다 | 서서.
③ She | entered | running.　　그는 | 들었다 | 달리면서.
③ So kindly stand up and | get | moving! 그러니 친절하게 일어서서 | 해요 | 움직이기!
③ When these women | get | talking, they go on for hours.
　그 여자들이 | 되면 | 말하게, 그들은 몇 시간이고 계속한다.
③ We | went | shopping(or fishing, hunting, swimming).
　우리는 | 갔다 | 쇼핑 (또는 낚시, 사냥, 수영)
③ You | keep | interrupting [when I'm talking]! 너는 | 계속 | 방해하고 있다 [내가 말하고 있을 때!
③ Her husband | remained | standing. 그녀의 남편은 | 계속 | 서 있었다.
③ He | stood | talking/trembling/waiting). 그는 | 서 있었다 | 말하면서/떨면서/기다리면서.
③* Everyone | seemed | to be talking. 모두가 | 보였다 | 말하고 있는 것으로.
③* The photocopier | doesn't seem | to be working.
　그 복사기는 | 보여지지 않아 | 작동하는 것으로.

| ③ I | was kept | waiting. |

예문은 ③형 NPP'(-ing)이다. P는 수동사, P'는 waiting이다.
다음 두 문장으로 나눠진다. 즉 NPP'⇒NP+NP'의 관계에 있다.

③ I | was kept | waiting.　　나는 | 계속 되었다 | 기다리고 있게.
① I | was kept...　　　　　나는 | 계속 되었다....
① I | was waiting.　　　　　나는 | 기다리고 있었다.

♣ 유형별 예문
③ One person | was left | standing. 한 사람이 | 남겨졌다 | 서 있는채.
③ They | were seen | smiling.　그들은 | 보였다 | 웃고 있는 것이.
③ She | is(or was) busy | packing. 그는 | 바쁘다(또는 바빴다 | 짐싸면서.
③ You | should be home | resting. 그들은 | 집에 있을 것이다 | 쉬면서.
③ He | had been away | hunting. 그는 | 떠나가 있었다 | 사냥하면서.
③ Mother | is out | shopping/working). 어머니는 | 출타 중이다 | 쇼핑으로/일로.

⑤   NPN'P'(-ing)

| ⑤ He | kept ‖ me | waiting. |

예문은 ⑤형 NPN'P'(-ing)이다. P는 keep, P'는 waiting이다.
다음과 분석된다. 즉 NPN'P'⇒NP+N'P'의 관계에 있다.

⑤ He | kept ‖ me | waiting.   그는 | 계속 했다 ‖ 나를 | 기다리고 있게.
② He | kept ‖ me...   그는 | 계속했다 ‖ 나를....
① I | was waiting.   나는 | 기다리고 있었다.

♣ 유형별 예문
(사역동사)
⑤ He | have ‖ salesmen | calling.   나는 | 했다 ‖ 판매원이 | 부르도록.
(지각동사)
⑤ When we came into the house, we | could feel ‖ something | burning.
    우리가 그 집에 들어왔을 때, 우리는 | 느낄 수 있었다 ‖ 무언가 | 타고 있는 것을.
⑤ I | heard ‖ someone | laughing.   나는 | 들었다 ‖누군가 | 웃고 있는 것을.
⑤ I | could hear ‖ it | raining.   나는 비가 오는 것을 들을 수 있었다.
⑤ | Listen ‖ to the birds | singing. | 들어라 ‖새들이 | 노래하고 있는 것을.
⑤ He looked at her and | saw ‖ her | crying.(2EH20) ... 그는 | 보았다 ‖그녀가 | 울고 있는 것을.
⑤ I | 've never seen ‖ her | dancing. 나는 | 본 적이 없다 ‖그녀가 | 춤추는 것을.
⑤ Can you | smell ‖ something | burning? 너는. | 맡을 수 있니 | 무언가 | 타고 있는 것을?
(일반동사)
⑤ Her cries | brought ‖ the neighbours | running. 그의 외침이 | 초래했다 ‖ 이웃들이 | 달리도록.
⑤ Go ahead, Unload. I | got ‖ it | coming.(=expect)
    계속, 하역해. 나는 | 기대하고 있었다 ‖ 그것이 | 오는 것을
⑤ It | 's typical of him [| to keep ‖ everybody | waiting].
    [그가 모든 사람들을 기다리게 하는 것은] 그로서는 전형적이다.
⑤ You | must not leave ‖ the baby | crying. 너는 | 버려두지 않아야 한다 ‖ 아기가 | 울도록.
⑤ His comments | set ‖ me | thinking. 그의 코멘트가 | 했다 ‖ 나를 | 생각에 잠기도록.
⑤ This news | started ‖ me | thinking. 이 뉴스는 | 시작했다 ‖ 나를 | 생각에 잠기도록.

⑤' NPN' 「P'(-ing)

| ⑤' He | cut ‖ himself 「shaving. |

예문은 ⑤'형 NPN' 「P'(-ing)이다. P는 cut, P'는 shaving이다.
다음 두 문장으로 나눠진다. 여기서 P': shaving은 N을 서술한다.
「 표시는 이를 나타낸다. 즉 NPN' 「P'⇒NPN'+NP'의 관계에 있다.

⑤' He | cut ‖ himself 「shaving.   그는 | 베었다 ‖ 자신을 「면도하면서.
② He | cut ‖ himself.   너는 | 베었다 ‖ 자신을.
① He | was shaving.   그는 | 면도하고 있었다.

♣ 유형별 예문
⑤' Did you | cut ‖ yourself 「shaving?(=while you were shaving)
　　너는 | 베었니 ‖ 자신을 「면도하면서?
⑤' The Philistines | came ‖ toward him 「shouting.
　　블레셋 인들이 | 왔다 ‖ 그를 향해 「소리 지르면서.
⑤' He took the cup and | drank ‖ it 「standing.
　　그는 그 컵을 잡고 | 마셨다 ‖ 그것을 「서서.

⑦ NPP'P"(-ing)

| ⑦ She | stood | there | laughing. |

예문은 ⑦형 NPP'P"(-ing)이다. P"는 laughing 이다.
다음 세 문장으로 나눌 수 있다. 즉 NPP'P"⇒NP+NP'+NP"의 관계에 있다.

⑦ She | stood | there | laughing.　그녀는 | 서있었다 | 거기에 | 웃으면서.(Pop)
① She | stood.　그녀는 | 서있었다
① She | was there.　그녀는 | 거기에 있었다
① She | was laughing.　그녀는 | 웃고 있었다

♣ 유형별 예문
⑦ You | both now look | foolish | complaining.
　　너희들은 | 둘다 지금 보인다 | 바보같이 | 불평하고 있는 것이.
⑦ Stepahnie | was sitting | in an armchair | resting.
　　스테파니는 | 앉아있었다 | 팔걸이의자 안에 | 쉬면서.
⑦ A man | ran | out of the house | shouting. 한 남자가 | 달려 | 집밖에 나왔다 | 소리치면서.
⑦ The delegates | was dragged | away | kicking and screaming.
　　그 대표단은 | 끌려 | 떠나게 되었다 | 발로 차고 비명지르면서.
⑦ She | came | in | running.　그녀는 | 왔다 | 들어 | 달려서.
⑦ The guard | went | on | sleeping. 그 간수는 | 되었다 | 계속 | 잠자기.
⑦ Shall we | go | out | walking (tomorrow)? 우리는 | 갈까요 | 밖에 | 산책하러 (내일)?
⑦ He | went | out | hunting/shopping/swimming.
　　그는 | 갔다 | 밖에 | 사냥하러/쇼핑하러/수영하러
⑦ He | got | up | trembling (in every limb). 그는 | 되었다 | 일어나게 | 떨면서 (온 몸이).

C. to~/~형

(1) to~형

| He told me to wait. (to~) |

① NP(-to~)

| ① I | was to wait. |

예문은 'to~형' 술어로 이루어진 1형, NP(to~)이다.
to~형은 미연형(미래/추측/판단 등)이라고도 하며, 현실형 -ing와 구별된다
이에 따라 조동사 will | shall 또는 서법조동사(modal)와 같은 역할을 한다.

① I | was to wait.   나는 | 기다리려 했다.

♣ 유형별 예문
(예상/예정/계획)
① It rained and it | was to rain (later). 비가 왔고 비가 | 오려했다 (나중에).
① It was a done thing; Mr Elton | was to go. 그것은 끝난 일이었다; 엘톤 씨는 | 가려했다.
① What | is to be done?   무엇이 | 일어나게 되나?
(의도/목적/소망)
① If you | are to succeed, you must work hard. 네가 | 성공하려면, 너는 열심히 일해야 한다.
① This house | is to (be) let.(=for lease) 이 집은 | 임대하기로 되어있다.
(명령/의무/필요)
① You | are to start (at once).   너는 | (당장) 출발해야 한다.
① What | is {there} to say?   무엇이 | 말해져야 하나?
(가능/허가/능력)
① You | are not to smoke.   너는 | 흡연하면 안돼.
① Nothing | was to be seen.   아무 것도 | 볼 수 없었다.
(추측/판단/가정)
① He | is to blame.(=is to be blamed) 그가 | 비난받게 되어 있다.
① If he | were to come, say that I am absent. 그가 오게 된다면. 내가 부재중이라고 말해라.
(결과/운명)
① We | were to meet (again).(=things hidden in the future)
    우리는 | (다시) 만나게 되어 있었다.
① Byron left his native land, and he | was never to return.
    바이론은 조국을 떠났고. 다시는 돌아오지 않을 운명이었다.

③ NPP'(to~)

③ I | agreed | to wait.

예문은 ③형 NPP'(to~)이다. P'는 to wait이다.
다음 두 문장으로 나눠진다. 즉 NPP'⇒ NP+NP'의 관계에 있다.

③ I | agreed | to wait.   나는 | 동의했다 | 기다리기로.
① I | agreed...   나는 | 동의했다...
① I | was to wait.   나는 | 기다리려 했다.

♣ 유형별 예문
(예상/예정/계획)
③ He | hadn't arranged | to meet. We met by chance.
    우리는 | 주선하지 않았다 | 만나기로. 우리는 우연히 만났다.
③ We invited them to out party, but they | decided | not to come.

우리는 그들을 우리 파티에 초청했지만 그들은 | 결정했다 | 지 않기로.
③ Look at those black clouds! It | 's going | to rain. 저 검은 구름들 봐! 비가 올 것 같다.
③ It | started | to rain. 비가 오기 시작했다.
(의도/목적/소망)
③ He | agreed(or promised | to wait. 그는 | 동의(또는 약속) 했다 | 기다리기로.
③ She | asked | to go. 그녀는 | 요구했다 | 가기를.
③ I like this city very much. I | wouldn't like | to move.
   나는 이 도시를 매우 좋아해. 나는 | 원하지 않아 | 이사하기를.
③ They | don't want(or wish) | to go. 그들은 | 원하지(또는 바라지) 않아 | 가기를.
(명령/의무/필요)
③ Was she crazy? I | needed | to know. 그녀가 미쳤니? 나는 | 필요가 있다 | 알아야 할.
③ He | didn't need | to wait. 우리는 | 필요 없다 | 기다릴.
(가능/허가/능력)
③ They | didn't deserve | to win. 그들은 | 능력이 없었다 | 이길.
③ My brother | is learning | to drive. 내 형제는 | 배우고 있다 | 운전하기를..
③ He | managed | to escape. 우리는 | 가능했다 | 도피하는 것..
(추측/판단/가정)
③ I | feel | to blame. 나는 | 느낀다 | 비난받아야 할 것으로.
③ This | seems | to work. 이것은 | 보인다 | 작동하는 것으로.
(결과/운명)
③ The good old days | have gone | never to return.
   그 좋은 옛날은 | 가버렸다 | 다시 돌아오지 않고.

---

③ I | was told | to wait.

예문은 ③형 NPP'(a)이다. P는 수동형, P'는 to wait이다.
다음 두 문장으로 나눠진다. 즉 NPP'⇒NP+NP'의 관계에 있다.

③ I | was told | to wait.   나는 | 말해졌다 | 기다리라고
① I | was told...   나는 | 말해졌다...
① I | was to wait.   나는 | 기다려야 했다.

♣ 유형별 예문
(예상/예정/계획)
③ He | is sure | to come. 그는 | 확실하다 | 오는 것이.
(의도/목적/소망)
③ She | was determined | to come. 그녀는 | 결심되었다 | 올 것이.
③ He | was encouraged | to write. 그녀는 | 격려되었다 | 글쓸 것이.
③ No one else | was inclined | to go. 아무도 | 내켜하지 않았다 | 갈 것에.
③ A man of my age | won't be called (‖) upon | to dance.
   나 연령대의 남자는 | (대해) 요청되지 않을 것이다 | 춤추도록.
③ He | is ambitious | to succeed. 그는 | 야심이 있다 | 성공하려는..
③ He | is eager(or anxious) | to please. 그는 | 열망한다 | 즐겁게 하려고.
(명령/의무/필요)

③ He | was made | to go.   그는 | 되어졌다 | 가게.
③ He | was told | to wait.   그는 | 말해졌다 | 가라고.
③ He | was prevailed (∥) on | to stay. 그는 | 권유에 못이겨 | 머물어야 했다.
(가능/허가/능력)
③ I | 'm not allowed | to jump.   난 | 허용되지 않아 | 점프하도록..
③ Peter | has been taught | to sing. 피터는 | 가르쳐졌다 | 노래하도록.
③ They | were free | to go.   그들은 | 자유이다 | 갈 것이.
(추측/판단/가정)
③ You | were advised | to leave. 너는 | 권고되었다 | 떠나도록..
③ No one | may be open | to blame.(1Ti5:7) 아무도 책망 받을 것이 없도록 하라.
(결과/운명)
③ Man | is doomed | to die.   사람은 | 숙명이다 | 죽는 것이.

⑤ NPN'P'(to~)

⑤ He | told ∥ me | to wait.

예문은 ⑤형 NPN'P'(to~)이다. P'는 to wait이다.
다음과 분석된다. 즉 NPN'P'⇒NP+N'P'의 관계에 있다.

⑤ He | told ∥ me | to wait.   그는 | 말했다 ∥나에게| 기다리라고.
② He | told ∥ me.   그는 | 말했다 ∥나에게
① I | was to wait.   나는 | 기다리려 했다.

♣ 유형별 예문
(예상/예정/계획)
⑤ I | wasn't expecting ∥ them | to come. 나는 |기대하고 있지 않았다 ∥그들이 | 올 것으로.
⑤ I can't leave yet. I | 'm waiting ∥ for John | to call.
    나는 아직 떠날 수 없다. 나는 |기다리고 있다 | 존이 | 전화하기.
⑤ The Lord God | had not caused ∥ it | to rain.(Ge2:5ESV)
    주 하나님이 땅 위에 비를 내리지 않으셨다.
(의도/목적/소망)
⑤ He | motioned ∥ for Langdon | to enter.그는 | 손짓했다 ∥ 랭돈이 | 들어오도록.
⑤ He | wants(or wish) ∥ her | to stay. 그는 | 원한다(또는 바란다) 그녀가 | 머무르기를.
(명령/의무/필요)
⑤ She | asked(or told) ∥ me | to go. 그녀는 | 요구했다(말했다) ∥ 나를 | 가도록.
⑤ The officer | ordered ∥them | to fire. 그 장교는 | 명령했다 ∥그들이 | 사격하도록.
(가능/허가/능력)
⑤ We | couldn't get ∥ the car | to start. 나는 | 할 수 없었다 ∥ 그 차가 | 시동이 되도록.
⑤ I | 'm teaching ∥ my brother | to swim. 나는 | 가르치고 있다 ∥ 내 형제를 | 수영하게.
⑤ I | helped ∥ him | (to) pack. 나는 | 도왔다 ∥ 그를 | 짐을 꾸리게 |
(추측/판단/가정)
⑤ She | 's only got(or have) ∥ herself | to blame. 그녀는 | 단지 했다 ∥ 자신이 | 비난받도록.
(결과/운명)
⑤ He | left ∥ her | to die.   그는 | 버려두었다 ∥ 그녀가 | 죽게.

⑤ They | have preferred ‖ our relationship | *never* to have begun.
　　그들은 | 선호했다 ‖ 우리의 관계가 | 시작되지 않기를.

⑤' NPN' 「P'(to~)

> ⑤' I | promised ‖ him 「to wait.

예문은 ⑤'형 NPN' 「P'(to~)이다. P'는 to come이다.
다음 두 문장으로 나눠진다. 여기서 P'는 N을 서술한다.
「 표시는 이를 나타낸다. 즉 NPN' 「P'⇒NPN'+NP'의 관계에 있다.

⑤' I | promised ‖ him 「to wait.　나는 | 약속했다 ‖그에게 「기다릴 것을.
② I | promised ‖ him...　　　　나는 | 약속했다 ‖그에게 ...
① I | was to wait.　　　　　　나는 | 기다리려 했다.

♣ 유형별 예문
⑤' He | went ‖ to the church 「to pray. 그는 | 갔다 ‖ 그 교회에 「기도하러.(목적)
⑤' He | left ‖ home 「never to return. 그는 | 떠나 ‖ 집을 「다시 돌아오지 않았다.(운명)
⑤' I | promised ‖ him 「to come.　나는 | 약속했다 ‖ 그에게 「올 것을.(의도)

⑦ NPP'P"(to~)

> ⑦ He | made | ready | to fight.

예문은 ⑦형 NPP'P"(to~)이다. P"는 to fight 이다.
다음 세 문장으로 나눌 수 있다. 즉 NPP'P"⇒NP+NP'+NP"의 관계에 있다.

⑦ He | made | ready | to fight.　그는 | 했다 | 준비 | 싸우려고.
① He | made...　　　　　　　　그는 | 했다....
① He | was ready.　　　　　　　그는 | 준비되었다.
① He | was to fight.　　　　　　그는 | 싸우려 했다.

♣ 유형별 예문
(예상/예정/계획),
⑦ The linguist | stood | by | to translate. 그 언어학자는 | 서 있다 | 옆에서 | 번역하려고.
⑦ It | came | on | to rain (toward evening). (저녁에) 비가 오려고 했다 .
(의도/목적/소망)
⑦ He | went | there | to drink.　그는 | 갔다 | 거기에 | 마시려고
⑦ Jerub-Baal son of Joash | went | back home | to live.(Jdg8:29)
　　요아스의 아들 여룹바알은 자기 집에 돌아가 살았다.
⑦ I | am going | out | to fish.(Jn21:23) 나는 | 하고 있다 | 나가려고 | 고기잡으러.
⑦ The sun shone hot, and he | stopped | under a tree | to rest.
　　태양이 너무 뜨거웠고, 그는 | 멈췄다 | 한 나무 아래 | 쉬려고.
⑦ Every day a hundred noble men | sat | down with him | to dine.
　　매일 백 명의 귀족이 | 앉았다 | 그와 함께 | 식사하려고.
(가능/허가/능력)

⑦ He | made | ready | to joust.(=to fight) 그는 | 했다 | 준비 | 싸우려고.
(추측/판단/가정)
⑦ He | felt | inclined | to speak. 그는 | 느꼈다 | 하고 싶다고 | 말하려고..
(결과/운명)
⑦ He | couldn't get | close enough | to see. 그는 | 할 수 없었다 | 충분히 접근 | 보도록.
⑦ He | worked | hard | only to fail. 그는 | 공부했으나 | 열심히 | 오직 실패했다.

(2) ~형

> I'll let you go. (~)_

① NP(~)

> ① (You) | Go. or You | 'll go.

예문은 '~형' 술어로 이루어진 1형, NP(~)이다.
~형은 원형이라고 하며, 명령문 | 기원문, 서법조동사의 술어 등 현실적으로 일어나지 않고 있는 일이 일어날 것을 가정한다.

① (You) | Go. or You | 'll go.   (너는) | 가라. 또는 너는 | 갈 것이다.

♣ 유형별 예문
(명령문/기원문 동사)
① Freely you have received, | freely give.(Mt10:8) 너희가 거저 받았으니 거저 주어라
① | Look! There's been an accident. | 봐라! 사고가 있었다.
① Be careful. | Don't fall.   조심해. | 넘어지지 마라.
(서법조동사의 동사)
① George | *can't* drive.   조지는 | 운전을 못한다.
① I was tired last night, but I | *couldn't* sleep. 나는 지난밤에 피곤했지만, 잠을 이룰 수 없었다.
① It's a good movie. You | *should* go and see it. 그건 좋은 영화야. 너는 | 가서 그걸 보아야 해.
(특수 주어에 대한 원형 동사)
① All ⟨I could do⟩ | is **cry**.   ⟨내가 할 수 있는⟩ 전부는 | 우는 것이다.
① All ⟨I did yesterday⟩ | was **sleep**. ⟨내가 어제 한 것⟩ 전부는 | 자는 것이었다.
① The next thing ⟨we do⟩ | is **write**. ⟨우리가 할⟩ 다음 일은 | 글 쓰는 것이다.

③ NPP'(~)

> ③ | Go | get.

예문은 ③형 NPP'(~)이다. P'는 get이다.
다음 두 문장으로 나눠진다. 즉 NPP' ⇒ NP+NP'의 관계에 있다.

③ | Go | get. | 가라 | 가져라.
① | Go. | 가라.
① | get. | 가져라.

♣ 유형별 예문
③ I | 'll come | visit (soon).　　　나는 | 와서 | 방문할 것이다.(동시성)
③ Bruce! | Go | get!　　　브르스! | 가서 | 가져라.(")
③ You | have to make | do, don't you? 너는 | 해야 해 | 되도록, 너 그렇지 않니?(")
③ Dare ‖ we | interrupt?　　　우리가 | 감히 방해해도 되나요?(의문)

| ③ You | 'll be let | go. |

예문은 ③형 NPP'(~)이다. P는 수동형, P'는 원형 go이다.
다음 두 문장으로 나눠진다. 즉 NPP'⇒NP+NP'의 관계에 있다.

③ You | 'll be let | go.　　　너는 | 될 것이다 | 가게
① You | 'll be let...　　　너는 | 될 것이다 ...
① You | 'll go.　　　너는 갈 것이다.

⑤ NPN'P'(~)

| ⑤ I | 'll let ‖ you | go. |

예문은 ⑤형 NPN'P'(~)이다. P'는 원형 go이다.
다음과 분석된다. 즉 NPN'P'⇒NP+N'P'의 관계에 있다.

⑤ I | 'll let ‖ you | go.　　　나는 | 할 것이다 ‖ 널 | 가게.
② I | ‖ let ‖ you...　　　나는 | ...할 것이다 ‖ 널
① (You) | Go. or You | 'll go. (너는) | 가라. 또는 너는 | 갈 것이다.

☆ 사역/지각동사의 목적보어에서는 주어와 목적어의 동작시점이 같으므로(동시성) 미연형 to~의 to는 탈락된다. 다만, 수동문에서는 능동문의 주어가 'by+행위자'로 나타나거나 생략되어 동시성의 문제가 생기지 않으므로 to는 유지된다.

♣ 유형별 예문
(사역동사)
⑤ I | bade ‖ him | go.　　　나는 | 했다 ‖그를 | 가게.
⑤ Can we | have ‖ the window | open? 우리는 | 할 수 있나요 ‖ 그 창문을 ‖ 열게?
⑤ Come on! | Let‖'s | dance.　　　자! | 하자 ‖ 우리 | 춤추기.
⑤ | Let ‖ my people | go.　　　| 해라 | 내 백성들을 | 가게.(Ex9:1)
⑤ He's very funny. He | makes ‖ me | laugh.
　　　그는 매우 우수꽝스럽다. 그는 | 만든다 ‖ 날 | 웃게.
(지각동사)
⑤ We | felt ‖ the house | shake. 우리는 | 느꼈다 ‖ 그 집이 | 흔들리는 것을.
⑤ She | heard ‖ the door | open. 우리는 | 들었다 ‖ 그 문이 | 열리는 것을.
⑤ They | listened ‖ to me | speak. 그들은 | 들었다 ‖ 내게 | 말하는 것을.
⑤ I | 've never seen ‖ her | dance. 나는 | 본 적이 없다 ‖ 그녀가 | 춤추는 것을.
⑤ I | watched ‖ Fang | run. I | watched ‖ him | eat.
　　　나는 |지켜봤다 ‖ 팽이 | 달리는 것을. 나는 |지켜봤다 ‖그가 | 먹는 것을.

D. 전치사+비정형동사

```
              The smell makes me like vomiting. (pr -ing)
```

① NP(pr+nfv)

```
                        ① I │ 'm like vomiting
```

예문은 '전치사+비정형동사' 술어로 이루어진 ①형 NP(pr+nfv)이다.

① I │ 'm like vomiting.   나는 │ 토할 것 같다.

♣ 유형별 예문
(about~)
① The work │ is about finished.   그 일은 │ 거의 끝나있어.
① The water │ is about boiling.   물은 │ 곧 끓으려 하고 있다.
① We │ 're about to eat. Do you want to join us?
    우리는 │ 곧 식사하려고 한다. 너도 우리와 함께 하겠니?
(below~)
① Tonight temperatures everywhere │ will be well below freezing.
    오늘 밤 어느 곳이나 온도는 │ 한참 영하일 것이다.
(as~)
① Is the price │ as marked?   그 가격은 │ 표시된 대로이니?
① His breathing │ was not as labored. 그의 호흡은 │ 힘든 것 같지 않았다.
(for~)
① It │ was for granted [you were good friends]. [네가 친구였던 것이] 간주되었다.
① Moses │ was rather for dying.(=feel like dying) 모세는│차라리 죽으려고 했다.*죽을 것 같이 느끼다
① Anyone │ for jogging?(=who want jogging?) 누구 │ 조깅할 사람?
(in~)
① The proof of the pudding │ is in eating. 푸딩의 증명은 │ 먹어보는 데에 있다.
(like~)
① I │ was like vomiting.(=throwing up) 나는 │ 토할 것 같았다.
(on~)
① A lot of money │ was on advertising. 많은 돈이 │ 광고하는 데 들어갔다.

③ NPP'(pr+nfv)

```
                      ③ I │ feel │ like vomiting.
```

예문은 '전치사+비정형동사' 술어로 이루어진 ③형 NPP'(pr+nfv)이다.
다음과 같이 분석된다. 즉 NPP'⇒ NP+NP'의 관계에 있다.

③ I │ feel │ like vomiting.   나는 │ 느껴 │ 토할 것 같이.
① I │ feel...   나는 │ 느껴...
① I │ 'm like vomiting.   나는 │ 토할 것 같아.

♣ 유형별 예문
(about~)
③ This ten | look | about done.(=almost done)(Deer Hunter)
　이 10개는 | 보인다 | 된 것으로(거의 끝난 것으로)
③ I | set | about working.(=start working) 나는 | 시작했다 | 일하는 것에 대해.*일하기 시작하다.
(as~)
③ Things(or It) | did not go | as planned. 일들은(또는 그것은) | 되지 않았다 | 계획한 대로.
③ The operation | is proceeding | as scheduled. 그 작전은 | 진행하고 있다 | 계획한 대로.
(below~)
③ The temperatures | remained | below freezing (all day). 온도는 | 머물렀다 | 영하로 (온 종일).
(for~)
③ I | won't be taken | for granted.(=not valued just because I'm always there)
　나는 | 당연한 것으로 간주되지 않을 것이다.
③ All the Jewish background | would be taken | for granted.
　모든 유대인들의 배경은 당연한 것으로 간주되었다.
③ "What's it used for?" "It | is used | for cutting."
　"그것은 무엇에 사용되니?" "그것은 | 사용된다 | 자르는 데에."
③ He | was out | for shopping. 그는 | 나가 있었다. | 쇼핑을 위해(쇼핑하러)..
(like~)
③ I | feel | like vomiting.(ECD910) 나는 | 느껴 | 토할 것 같이.
③ Which team | looks | like winning? 어떤 팀이 | 보이니 | 이길 것 같아?
③ I | didn't feel | like being lectured (‖) to.(JDS10)
　나는 | 느끼지 않아 | (대하여) 강의를 받는 것으로. *받고 싶지 않아.
(on~)
③ The money | was spent | on advertising and marketing.(Make Money Online12)
　그 돈은 | 사용되었다 | 광고하는 것과 마케팅에.
(past~)
③ She | looked | past caring. 　그녀는 | 보였다 | 보살핌받기는 지나.

⑤ NPN'P'(pr+nfv)

| ⑤ The smell | makes ‖ me | like vomiting. |

다음은 '전치사+비정형동사' 술어로 이루어진 ⑤형 NPN'P'(pr+nfv)이다.
다음과 같이 분석된다. 즉 NPN'P'⇒ NPN'+NP'의 관계에 있다.

⑤ The smell | makes ‖ me | like vomiting.그 냄새는 | 만들어 ‖ 나를 | 토할 것 같이.
② The smell | makes ‖ me...　　　　그 냄새는 | 만들어 ‖ 나를...
① I | 'm like vomiting.　　　　　　　나는 | 토할 것 같아.

♣ 유형별 예문
(about~)
⑤ He | saw ‖ Peter and John | about to enter.(Ac3:3)
　그는 | 보았다 ‖ 베드로와 요한이 | 막 들어오는 것을.
(above~)
⑤ This afternoon's sunshine | could nudge ‖ the temperature | above freezing.(OAD)
　오늘 오후의 햇살은 | 움직일 수 있었다 ‖ 기온을 | 영상으로.

(as~)
⑤ Let's [| do ‖ it | as planned].   우리는 [그것을 계획된 대로 하도록] 하자.
(for~)
⑤ Everyone | counted ‖ the boy | for (or as) lost.
   모든 사람들이 | 간주했다 ‖ 그 소년이 | 실종된 것으로.
⑤ My boss | takes ‖ me | for granted.(=not valued just because I'm always there)
   내 상관은 | 간주한다 ‖ 나를 | 당연한 것으로
⑤ He | took ‖ his father's absence | for granted.(BP5)
   그는 | 간주했다 ‖ 아버지의 부재를 | 당연한 것으로
⑤ We | use ‖ the basement | for archiving. 우리는 |사용한다 ‖ 지하실을 | 기록보관 용도로.
(like~)
⑤ The smell | makes ‖ me | like vomiting. 그 냄새는 | 만든다 ‖ 나를 | 토할 것 같이.
(on~)
⑤ They | spent ‖ a lot of money | on advertising. 그들은 | 사용했다 ‖ 많은 돈을 | 광고에.

단문 짝수형

□ 부사 부가어(adverb)

We will treat him well. (ad)

② NPN'(ad)

② He │ is doing ‖ well.

예문은 ②형 NPN'(ad)이다. P는 자동사, N'는 '양태부사' 부가어 well 이다.
다음과 같이 분석된다. 즉 NPN'=NP+N'의 관계에 있다.

② He │ is doing ‖ well.　　　　너는 │ 하고 있다 ‖ 잘.
① He │ is doing. + ⓪ ‖ well.　　너는 │ 하고 있다 + ‖ 잘

♣ 유형별 예문
② This knife is very sharp. This knife │ cuts ‖ well.(CKE)
　　이 칼은 매우 날카롭다. 이 칼은 │ 자른다 ‖ 매우 잘
② Your book │ is selling ‖ well.(=is being sold well)(PEU601)
　　당신 책이 │ 팔리고 있습니다 ‖ 잘.(= 잘 팔려지고 있다)
② You │ 're doing ‖ well. Keep it up.(2G140A, 1DB9)　당신은‖ 하고 있어요 ‖ 잘.. 힘내세요.
② He │ dresses ‖ well.(=repetition or habit)(PEU150,2ST462)　그는 │ 옷을 입는다 ‖ 잘. (반복/습관))
② Your English is good. You │ speak ‖ very well.(1G5B)
　　　당신의 영어실력은 훌륭합니다. 당신은 │ 잘합니다 ‖ 매우 잘

☆ 부사가 주성분 자리에 올 경우는 부가어, 부속성분 자리에 올 경우는 부사어로 다룬다.
주로 양태부사 │ 시간부사가 주성분으로 오는 경우가 많고 특히 의문문/부정문의 경우에는 더욱 그러하다.
부가어: ② He │ will be treated ‖ very well.. ④ I │ answered ‖ the question ‖ calmly.
부사어: ① Those shoes │ are {very well} made. ② He │ {calmly} answered ‖ the question.(REG309)

② He │ will be treated ‖ well.

예문은 ②형 NPN'(ad)이다. P는 수동사, N'는 '양태부사' 부가어 well이다.
다음과 같이 분석된다. 즉 NPN'=NP+N' 의 관계에 있다.

② He │ will be treated ‖ well.　　그는 │ 대우받을 것이다 ‖ 잘
① He │ will be treated. + ⓪ ‖ well.　그는 │ 대우받을 것이다. + ‖ 잘

♣ 유형별 예문
② If he cooperates, then he │ will be treated ‖ very well.(9TC406)
　　만약 그가 협조한다면, 그는 │ 대우받을 것입니다 ‖ 매우 잘.

④ NPN'(ad)

④ We │ will treat ‖ him ‖ well.

예문은 ④형 NPN'N"(ad)이다. P는 타동사, N'는 '양태부사' 부가어 well 이다.
다음과 같이 분석된다. 즉 NPN'N"=NPN+N"의 관계에 있다.

④ We | will treat | him ‖ well.   우리는 | 대우할 것이다 ‖ 그를 ‖ 잘. .
② We | will treat | him. + ⓪ ‖ well. 우리는 | 대우할 것이다 ‖ 그를. + ‖ 잘. .

♧ 유형별 예문
④ You | 've done | that ‖ very well.(LEG14) 당신은 | 했어요 ‖ 그 일을 ‖ 아주 잘.L
④ That coat | becomes ‖ you ‖ well.(ECD1014) 그 코트는 | 어울린다 ‖ 당신에게 ‖ 잘.
④ I tried on a jacket in the store, but it | didn't fit ‖ me ‖ very well.(2G137C)
    매장에서 재킷을 입어봤지만, 그것은 | 맞지 않았어 | 나에게 ‖ 매우 잘은.
④ Can you | hear ‖ me ‖ well(or distinctly)?(CKE) 내가 잘(혹은 뚜렷이) 들리나요?
④ We | were good friends. We | knew ‖ each other ‖ well.(2G6E)
    우리는 좋은 친구였어요. 우리는 | 알았어요 ‖ 서로를 ‖ 잘.
④ She | raised ‖ all her children ‖ well.(CKE) 그녀는 그녀의 아이들을 모두 잘 키웠다.
④ He | speaks ‖ English ‖ very well(or perfectly).(1G91A,2G98B)
    그는 | 말합니다‖ 영어를 ‖ 아주 잘(또는 완벽하게)
④ You | have treated ‖ me ‖ well, but I have treated you badly.(1Sa24:17)
    당신은 | 대했다 ‖ 나를 ‖ 잘, 그러나 나는 당신을 나쁘게 대했다.

⑥ NPP'N'(ad)

⑥ We | will get | along ‖ well.

에문은 ⑥형 NPP'N'(ad)이다. N'는 부가어로 양태부사 부사well이다.
다음과 같이 분석된다. 즉 NPP'N'=NPP'+N'의 관계에 있다.

⑥ We | will get | along ‖ well.   우리는 | 될 것이다 | 지나게 ‖ 잘.
③ We | will get | along. + ⓪ ‖ well. 우리는 | 될 것이다 | 지나게. + ‖ 잘.

♧ 유형별 예문
⑥ Your argument | came | across ‖ well.(OAD) 당신의 주장은 | 되었다 | 전달 ‖. 잘.
⑥ My brother and I | get | along ‖ well.(2G134A) 형과 나는 | 된다 ‖ 사이좋게 ‖ 잘.
⑥ The game | started | off ‖ well, but gradually got worse.(OAD)
    경기가 | 시작했다 | 시작되어 ‖ 잘, 그러나 점차 나빠지게 되었다.
⑥ The pictures | came | out ‖ very well(or nicely).(ECD201)
    사진들이 | 왔다(되었다) | 나 ‖ 매우 잘(혹은 멋지게).
⑥ Some of them(pictures) | didn't turn | out ‖ very well.(ECD201,DED)
    그들(사진들 중 일부는 | 되지 않았다 | 나오게 ‖ 매우 잘은..

[Supplement]
(badly)
② Kristina | behaved ‖ so badly.(3G39X,261) 크리스티나는 | 행동해 ‖ 나쁘게.
② Our team | played ‖ badly.(1G84B) 우리 팀은 | 경기했다 ‖ 잘못.
② Are you | hurt ‖ badly(or bad: 비격식)?(OAD78) 너는 | 다쳤니 ‖ 몹시.
④ You have treated me well, but I | have treated ‖ you ‖ badly.(1Sa24:17)

당신은 나를 잘 대해주었지만, 나는 | 대했다 ‖ 당신을 ‖ 나쁘게.
④ She | wanted ‖ it ‖ real **badly**(or bad:비격식).(OAD)
　그녀는 | 원했다 ‖ 그것을 ‖ 정말 몹시 | 심하게.
⑥ He | always comes | off ‖ **badly** (in his fights with other boys).(OAD)
　그는 | 항상 된다 | 화나게 ‖ 심하게 (다른 소년들과 싸울 때).
⑥ My pupils | turned | out ‖ very **badly**.(JJR253)
　내 학생들이 | 되었다 | 드러나게 ‖ 매우 나쁘게.

(carefully)
② If people | drove ‖ more **carefully**, there wouldn't so many accidents.(2G82B)
　만약 사람들이 | 운전한다면 ‖ 더 조심스럽게, 그렇게 많은 사고가 일어나지 않을 것이다.
④ I | checked ‖ the form ‖ most **carefully**.(3G72C) 나는 | 확인했다 ‖ 서식을 ‖ 가장 주의깊게.
④ | Look ‖ at this picture ‖ **carefully**(or **closely**).(CKE)
　| 보세요 ‖ 이 그림을 ‖ 조심스럽게(또는 가까이).

(cold)
② "Well—" Ryan | stopped ‖ **cold**.(=suddenly)(CPD470) "글쎄요—" 라이언은 | 멈추었다 ‖ 갑자기.
④ His final request | stopped ‖ her ‖ **cold**.(=completely)(OAD)
　그의 마지막 요청은 | 멈추게 했다 ‖ 그녀를 ‖ 완전히 |

(differently)
② And the Vatican | feels ‖ **differently**,(2DB352) 바티칸은 | 느낀다 ‖ 다르게
② We | think ‖ **differently**, we | act ‖ **differently**,(1MiC315)
　우리는 | 생각한다 | 다르게, 우리는 | 행동한다 ‖ 다르게.
② The world | might well be arranged ‖ **differently**.(YNH269)
　세상은 | 배열되어 있을지도 모른다 ‖ 다르게.)
② The fact | can also be put ‖ **differently**.(Freud216) 그 사실은 ‖ 말해질 수도 있다 ‖ 다르게.
④ We | do ‖ things ‖ **differently**.(5JG4) 우리는 | 한다 ‖ 일을 ‖ 다르게.
④ Maybe I | might have looked ‖ at it ‖ **differently**.(OHS321)
　아마 나는 | 보았을 지도 모른다 ‖ 그것을 ‖ 다르게.)
④ We | can put ‖ the fact ‖ **differently**. 우리는 | 표현할 수 있다 ‖ 사실을 ‖ 다르게. .
④ Tomorrow you | will see ‖ everything ‖ quiet **differently**.(Ibsen132)
　내일 당신은 ‖ 볼 것에요 ‖ 모든 것을 ‖ 매우 조용하게.

(easily)
② This surface | cleans ‖ **easily**.(=is or can be cleaned easily)(LEG243) 이 표면은 | 닦아진다 ‖ 쉽게.
② The door | won't (or doesn't) open ‖ **easily**.(CKE)
　문이 | 열리려고 하지 않는다 (안 열린다) ‖ 쉽게.
② But Chief Eunuch Cao Jie | was not to be disposed (‖) of ‖ **easily**.(RTK1:4)
　그러나 환관장 조제는 | (대해) 처분될 수 없었다 ‖ 쉽게.
④ We | defeated ‖ the Italian team ‖ **easily**.(DED) 우리는 | 이겼다 ‖ 이탈리아 팀을 ‖ 쉽게.
④ I | found ‖ the tool ‖ **easily**.(SET242) 나는 | 찾았다 ‖ 그 도구를 ‖ 쉽게.
④ She gained the laurel [because she | solved ‖ the problem ‖ **easily**].(YBM)
　그녀는 월계관을 얻었다 [그녀가 문제를 | 쉽게 풀었기 때문에].
⑥ Some people | get | ill ‖ very **easily**.(3G21C) 어떤 사람들은 | 된다 | 아프게 ‖ 매우 쉽게.
⑥ This cloth material | doesn't wear | out ‖ **easily**.(DED)
　이 천 소재는 | 닳지 않는다 | 완전히 ‖ 쉽게.
⑥ The excitement | didn't quiet | down ‖ **easily**.(NEI)
　흥분이 | 조용히 되지 않았다 | 가라 앉아 ‖ 쉽게.

(hard)
② I | looked ‖ **hard**(or **closer**)(.22NG43, 22JB81) 나는 | 보았다 ‖| 열심히(또는 더 가까이).

② Lauren passed her exam because he | studied ‖ very **hard**].(2G5B)
　　로렌은 시험에 합격했다 [그가 공부를 매우 열심히 했기 때문에]
④ | Don't hit ‖ it ‖ so **hard**!(OAD)　　 | 때리지마 ‖ 그것을 ‖ 너무 세게!.

(right/rightly)
② If I | remember ‖ **rightly**, there's a train at six o'clock.(=correctly)(OAD)
　　내가 | 기억한다면 ‖ 바르게(또는 정확하게), 6시에 기차가 있다.
④ He | did ‖ it ‖ **right**.(OAD)(rightly는 비격식체) 그는 | 했다 ‖ 그것을 ‖바르게.
④ Did I | spell ‖ your name ‖ **right** (or **correctly**)?(rightly는 비격식체)(OAD)
　　내가 | 철자를 썼습니까 ‖ 당신의 이름을 ‖ 맞게(또는 정확하게)?
④ If you | treat ‖ people ‖ **right**. they | will treat ‖ you ‖ **right**.(OAD)
　　만약 당신이 | 대한다면 ‖ 사람들을 ‖ 바르게. 그들은 | 대할 것입니다 ‖ 당신을 ‖ 바르게.

(seriously)
② Ah, those were other times; education | then was taken ‖ **seriously**.(2UE208)
　　아, 그때는 다른 때였어; 교육이 | 그때는 | 받아들여졌어 ‖ 진지하게
④ (Why) do you | never take ‖ me ‖ **seriously**?(2G98B)
　　(왜) 너는 | 절대 받아들이지 않니(생각하지 않나) ‖ 진지하게?
④ He | took ‖ my joke ‖ **seriously**.(EJD,4DB30) 그는 | 받아들였다 ‖ 내 농담을 ‖ 진지하게.

(simply)
② He | dresses ‖ **simply**.(ODEG15) 그는 | 옷을 입는다 ‖ 간단하게.
② He | is dressed ‖ **simply** (or **plainly**).(DED) 그는 | 옷이 입혀진다 ‖ 간단하게(혹은 평범하게).
④ Anyway, | to put ‖ it ‖ **simply**, we still owe them £ 2,000.(OAD)
　　어쨌든, | 말하자면 ‖ 그것을 ‖| 간단히. 우리는 여전히 그들에게 2,000파운드 빚을 지고 있다.
④ He | could not say ‖ simple things ‖ **simply**.(2ST458)
　　그는 | 말할 수 없었다 ‖ 단순한 것도 ‖ 간단히.

(slowly)
② Can you | speak ‖ more **slowly**(or **slower**)?(격식 | 비격식)(OAD)
　　당신은 | 말할 수 있습니까 ‖ 더 천천히(또는 더 느리게).
② Can you | walk ‖ a bit more **slowly**?(2G102B) 당신은 | 걸어주실수 있나요 ‖ 좀 더 천천히?
④ I | opened ‖ the door ‖ **slowly**.(1G84B) 나는 | 열었다 ‖ 문을 ‖ 천천히.
⑥ Your memory | will come | back | **slowly**.(2DB16) 네 기억이 | 올 거야 | 돌아 ‖ 천천히.

(how)
② **How**⤴ did the accident | happen?(1G10D) 어떻게⤴ 사고가 | 일어났나요?
② "No, I can't. I | don't know ‖ **how**," she admitted.(Fr'n83)
　　"아니, 할 수 없어. 난 | 모르겠어 ‖ 방법을," 그녀가 인정했다.(목적어)
④ **How**⤴ do you | get ‖ to work?—By bus.(1G42D) 어떻게⤴ 넌 | 도착하니 ‖ 직장에? - 버스로.
④ I broke my finger last week?—**How** did you | do ‖ that ‖ ∨?(1G45C)
　　나는 지난 주에 손가락이 부러졌어요? - 어떻게⤴ 너는 | 했니 ‖ 그것을?

She doesn't drink tea very **often**. (ad)

---

② NPN'(ad)

---

② It | doesn't rain ‖ very **often**.

예문은 ②형 NPN'(ad)이다. P는 자동사, N'는 '빈도부사' 부가어 often이다.
다음과 같이 분석된다. 즉 NPN'=NP+N' 의 관계에 있다.

② It | doesn't rain ‖ very often. | 비가 오지 않아 ‖ 매우 자주는.
① It | doesn't rain ‖ very often. + ⓪‖ very often. | 비가 오지 않아. + ‖ 매우 자주.

☆ 부사가 주성분 자리에 올 경우는 부가어, 부속성분 자리에 올 경우는 부사어로 다룬다.
  주로 양태부사/시간부사가 주성분으로 오는 경우이고, 특히 의문문/부정문의 경우에는 더욱 그러하다.
  부가어: ② It | doesn't rain ‖ very often. ② Her novel | is reprinting ‖ already.
  부사어: ② I | {often} visit ‖ him. ② I {already} did it.

♧ 유형별 예문
② The weather is usually nice. It | doesn't rain ‖ very often.(1G6A)(단현)
    날씨는 보통 좋다. | 비가 안 온다 ‖ 매우 자주는.

④ NPN'(ad)

|④ She | doesn't drink ‖ tea ‖ very often.|

④ She | doesn't drink ‖ tea ‖ very often. 그녀는 | 마시지 않아 ‖ 차를 ‖ 매우 자주.
② She | doesn't drink ‖ tea.+ ⓪‖ very often. 그녀는 | 마시지 않아 ‖ 차를. + ‖ 매우 자주

♧ 유형별 예문
④ Julie | doesn't drink ‖ tea ‖ very often. 줄리는 | 마시지 않아 ‖ 차를 ‖ 매우 자주는.
④ We | don't watch ‖ television ‖ very often.(1G6A) 우린 | 보지 않아 ‖ 티비를 ‖ 매우 자주는.
④ I | see ‖ her ‖ quite often.(OAD)   나는 | 본다 ‖ 그녀를 ‖ 꽤 자주.

⑥ NPP'N'(ad)

|⑥ She | doesn't go | out ‖ very often.|

예문은 '양태부사' 부가어로 이루어진 ⑥형 NPP'N'(ad)이다.
다음과 같이 분석된다. 즉 NPP'N'=NPP'+N'의 관계에 있다.

⑥ She | doesn't go | out ‖ very often. 그녀는 | 가지 않는다 | 나 ‖ 매우 자주는.
③ Shes | doesn't go | out. + ⓪‖ very often. 그녀는 | 가지 않는다 | 나. + ‖ 매우 자주.

♧ 유형별 예문
⑥ Chris | doesn't go | out ‖ very often.(1G22D) 크리스는 | 가지 않아 | 나 ‖ 매우 자주는.
⑥ Does she | go | out ‖ often?(1G12B) 그녀는 | 가니 | 나 ‖ 자주?
⑥ We | must get | together ‖ more often.(3G18A) 우리는 | 되어야 해 | 함께 ‖ 더 자주.)

[Supplement]
(again)
② We | 'will meet ‖ again.   우리는 | 만날 거야 ‖ 다시.
② I | 'll be about ‖ again.   나는 | 움직일 거야 ‖ 다시.

② She | is at me ‖ **again**.   그녀는 | 내게 잔소리해 ‖ 또.
② The adventure | was on ‖**again**.   그 모험은 | 화제로 올랐어 ‖ 다시.
② Lauren, | Out ‖ **again**?   로렌, | 나왔니 ‖ 또?
② The telephone | is out ‖ **again**.   전화가 | 나갔어/고장이야 ‖ 또.
④ I command you, come out of him and | never enter ‖ him **again**.(Mk9:25)
   내가 명하노라 그에게서 나오라, 그리고 | 절대 들어가지 마라 ‖ 그에게 ‖ 다시는.
④ I | looked | at him ‖ **again**.   나는 | 쳐다 보았다 ‖ 그를 ‖ 다시.
⑥ Then he | went | upstairs ‖ **again**.(Ac20) 그리고 그는 | 갔다 | 위층으로 ‖ 다시.
⑥ You | 'll soon feel | well ‖ **again**.(OAD) 너는 다시 곧 기분이 좋아질 것이다.

(already)
② But he just had lunch. He | can't be hungry ‖ **already**.(2G27C)(단현)
   하지만 그는 방금 점심을 먹었다. 그는 | 배고플 수 없다 ‖ 벌써.
② Her novel | is reprinting ‖ **already**.(=being reprinted)(LEG243)
   그녀의 소설은 | 재인쇄 중이다 ‖ 이미.
④ Have you | typed | my letter ‖ **already**?(LEG173)(현완)
   당신은 | 타이핑(입력)하셨나요 ‖ 제 편지를 ‖ 벌써?
⑥ Ann grinned. She | was feeling | warmer ‖ **already**.(Fr'n132)
   앤은 빙그레 웃었다. 그녀는 | 느끼고 있다 | 더 따뜻하게 ‖ 벌써. (Fr'n132

(early)
② The bus | came | five minutes **early**.(OAD) 버스가 | 왔다 ‖ 5분 일찍.
④ I | arrived | to school ‖ **early**.(SAT) 나는 | 도착했다 ‖ 학교에 ‖ 일찍.

(late/lately)
② Rebecca | is going to(or might) call ‖ **later**.(1G27B)
   레베카가 | 전화할 예정이다(또는 전화할지 모른다) ‖ 나중에 |
② The room | will be cleaned ‖ **later**.(2G41A) 방은 | 청소될 것이다 ‖ 나중에.
② I think [the weather | will be nice ‖ **later**].(2G22A)
   나는 생각합니다 [날씨가 나중에 좋을 것이라고].
② She | was here | only **lately**.(KED)(단과) 그녀는 | 여기 있다 | 최근에서야.
② Has he | been here | **lately**?(KED)(현완) 그녀는 | 여기 있었니 | 최근에
④ We are having dinner. Can I | call | you ‖ **later**?(1G3B)(단현)
   우리는 저녁 식사 중입니다. 내가 | 전화 드려도 될까요 ‖ 당신에게 ‖ 나중에?
④ Joe | has been eating ‖ too much | **lately**.(2G10B)
   Joe가 | 해 오고 있습니다 ‖ 과식을 | 최근에.
④ Are you | seeing ‖ anyone ‖ **lately**?(=these days)(CKE)(현진)
   당신은 | 만나고 있나요 ‖ 누군가를 ‖ 최근에(=요즘)?
⑥ Chris | hasn't been feeling | well ‖ **lately**(=recently).(2G9B)(현완진)
   크리스는 | 느끼고 있지 않아 오고 있어요 | 건강하게 ‖ 요즘.
⑥ I | 'll call | back ‖ **later**.(3G94B)   제가 | 전화할 게요 ‖ 다시 ‖ 뒤에.
⑥ Are you | going | out ‖ **later**?(1G97C)(현진) 너는 | 갈 거니 | 나 ‖ 나중에?
⑥ I | got | up | **late** (this morning).(2G99B) 나는 | 되었다 | 일어나게 ‖ 늦게(오늘아침).

(long/longer)
② The vegetables didn't tasted good. They | have been cooked ‖ too **long**.(2G41C)(현완)
   야채들이 맛이 없었다. 그것들은 | 요리되어 졌다 ‖ 너무 오래.
② How **long** have they | been married ∨?(2G11A)(현완)
   얼마나 오래 그들은 | 결혼한 상태입니까(결혼한 지 얼마나 되었습니까)?
② How **long** will you | be away?(1G102B)(단미) 얼마나 오래 당신은 | 자리를 비우실 건가요?

② She | hasn't been waiting ‖ very **long**.(2G11A)(현완진)
　 그녀는 | 기다려 오고 있지 않았다 ‖ 매우 오래(전부터).
② I | can't stay ‖ any **longer**. I | can stay ‖ no **longer**.(DED)(단현)
　 나는 | 머물 수 없어요 ‖ 더 이상 오래.
④ I'm learning Arabic, but I | haven't been learning ‖ it ‖ very **long**.(2G10C)(현완진)
　 나는 아랍어를 배우고 있어요. 그러나 나는 | 배워 오고 있어요 ‖ 그걸 ‖ 너무 오래.
④ She | hadn't been living ‖ here ‖ very **long**.(2G10C)(과완진)
　 그녀는 | 살아오고 있지 않았어요 ‖ 여기서 ‖ 아주 오래는.
④ I |. can't stand ‖ this heat ‖ any **longer**.(DED)(단현)
　 나는 | 참을 수가 없어요 ‖ 이 더위를 ‖ 더 이상.
④ I | can't wait ‖ for him ‖ any **longer**.(DED)(") 난 | 기다릴 수 없어 ‖ 그를 ‖ 더 이상,)
⑥ Megan | doesn't work ‖ here ‖ **any longer**(or anymore).(2G108B)(단현)
　 메간은 | 일하지 않아요 | 여기서 ‖ 더 이상.
(recently)
② I | haven't been able to come ‖ **recently**.(2G25B)(현완)　나는 | 올 수 없었다 ‖ 최근에.
④ I | started ‖ drinking coffee ‖ **recently**.(2G17B)(단과)
　 나는 ‖ 마시기 시작했다 ‖ 커피를 ‖ 최근에.
④ Have you | heard ‖ from Ben ‖ **recently**?(2G7C)(현완)
　 넌 | 들은 적이 있니 ‖ 벤으로부터 ‖ 최근에?
(soon)
② We | 'll be home ‖ **soon**.　　우린 | 집에 갈/닿을 거야 ‖ 곧.
② He | will be around ‖ **soon**.　 그는 | 이 주위로 올 거야 ‖ 곧.
⑥ How **soon** can you | get | here ‖ ∨? 너는 여기 얼마나 빨리 올 수 있니?
(yet)
② Sally is still here. She | didn't leave(or hasn't left) ‖ **yet**.(2G8D)(단과/현완)
　 샐리는 아직 여기 있어. 그녀는 | 떠나지 않았어(또는 떠난 바가 없어) ‖ 아직.
② A: Where is Emma? B: She | isn't here ‖ **yet**..(1G93B)(단현)
　 A: 엠마는 어딨어? B: 엠마는 | 여기 없어 ‖ 아직.
② A; What are you doing tonight? B: I | don't know ‖ **yet**.(1G93B)(단현)
　 A; 오늘 밤에 뭐할 거니? B: 나는 | 모르겠어 ‖ 아직
② Have Sara and Nick | arrived ‖ **yet**?(=until now)(1G19D)(현완)
　 사라와 닉은 | 도착하지 않았니 ‖ 아직? (=지금까지)
② He | is not down ‖ **yet**.　　그는 | (아래층) 안 내려왔어 ‖ 아직..
② He | 's not in ‖ **yet**.　　　 그는 | 들어오지 않았어 ‖ 아직.
④ I | didn't finish (or haven't finished ‖ my homework ‖ **yet**.(1G93B)(단과/현완)
　 난 | 끝내지 않았어(또는 아직 끝내지 못했어) ‖ 내 숙제를 ‖ 아직.
④ Did it | stop(or Has it | stopped) ‖ raining ‖ **yet**?(2G8D)(단과)
　 그거 | 멈추지 않았니 (멈쳐 버리지 않았니) ‖ 비내리기를 ‖ 아직?
④ I'm learning Arabic, but I | haven't learned ‖ very much ‖ **yet**.(2G10C)(현완)
　 나는 아랍어를 배우고 있지만 | 배우지 못했다 ‖ 매우 많이 ‖ 아직.
④ He | 'll be busy ‖ for ages ‖ **yet**.(OAD) 그는 | 바쁠 거야‖ 오랫동안 ‖ 아직((이제/앞으로)
⑥ Has Martha | got | over her illness ‖ **yet**?(=recover)(LEG155)(현완)
　 마사는 | 되지 않았니 | 병이 낫게 ‖ 아직?

□ 명사 부가어(noun)

A. 명사 목적어

> I bought her a hat. (n)
> I gave her the keys. (n)

② NPN'(n)

> ② I | bought ‖ a hat.
> ② I | gave ‖ the key.

예문은 ②형 NPN'(n)이다. N'는 명사구 목적어다.
다음과 같이 분석된다. 즉 NPN'=NP+N' 의 관계에 있다.

② I | bought ‖ a hat.   나는 | 샀다 ‖ 한 모자를.
① I | bought. + ⓪ ‖ a hat.   나는 | 샀다. + ‖ 한 모자.

② I | gave ‖ the key.   나는 | 주었다 ‖ 그 열쇠를.
② I | gave... + ⓪ ‖ the key.   나는 | 주었다... + ‖ 그 열쇠

☆ 동사의 종류
(a) 2개의 목적어를 취하는 동사(3G29, PEU602,CEG159,) :
    answer, ask, bear, bet, book, bring, build, buy, call, cause, cook, cost, deal, deny, do, draw, envy, feed, fetch, find, fine fix, flush, fry, gather, get, give, grant, grudge, guarantee, hand, hire, intend, kick, kiss, leave, lend, make, mail, offer, order, owe, pass, pay, peel, play, post, present, promise, pour, read, reach, refuse, save, sell, send, show, sing, slay, spare, strike, take, teach, tell, throw, win, wish, write
(b) 직접목적어 뒤에 전치사구 간접목적어/목적격술어를 취하는 동사(3G29A,B):
    to~: ask, award, give, grant, hand, lend, offer, owe, pass, promise, show, teach, tell, throw
    for~: answer, book,, build, buy, catch, choose, cook, fetch, find, get, make, order, peel, pour, reach, save, spare
    to~/for~: answer, bring, do, leave, play, post, read, sell, send, sing, take, wish, write
    of~: ask, demand, expect, inquire, need, request, require, want
(c) for/to를 사용하여 두 목적어의 순서를 바꿀 수 없는 동사(3G29C):
    allow, cost, deny, envy, fine, forgive, guarantee, pardon, permit, refuse, save

♧ 유형별 예문
(파생 2형 목적어)
② Can I | ask ‖ a question?(1G66A)   내가 | 물어도 될까요 ‖ 한 질문을?
② Could I | borrow ‖ some money?(EXD264) 내가 | 빌릴 수 있을가 ‖ 돈 좀?.
② I | bought ‖ a hat.   나는 | 샀다 ‖ 한 모자를.
② This book | costs ‖ ten dollars.(CES42) 이 책은 | 걸린다(가격이다) ‖ 10불.
② I cooked, so you | should do ‖ dishes.(1G58C,106B) 나는 요리했어, 너는 ‖ 해야 해 ‖ 접시 닦기를.
② I | did ‖ my best, But I didn't win the race.(1G58C) 나는 | 했다 ‖ 나의 최선을.
② The children | are doing ‖ their homework.(1G3A) 어린이들은 | 하고 있다 ‖ 그들의 숙제를.

② They | usually do ‖ the laundry (on Saturdays).(1G58C) 그들은 | 통상 해 ‖ 세탁을 (토요일에).
② I | will do ‖ the shopping.(2G51A) 내가 | 할 거야 ‖ 쇼핑을.
② Did you do your homework?—No, I | didn't have ‖ time.(1G12C)
　　너는 숙제 했니? 아니, 나는 | 없었어 ‖ 시간이.
② I'd drag him in [if it | do ‖ any good. 도움이 된다면 나는 그를 끌어드릴 거야.
② Hello, can I speak to Lisa, please?—Sure, I | 'll get ‖ her.(1G57A)
　　안녕, 리사에게 전화할 수 있을까요? -물론 내가 | 데려올 게요 ‖ 그녀를.
② I | made ‖ a cake.(1G58B)　　　나는 | 만들었다 ‖ 케이크를.
② I'm sorry. I | made ‖ a mistake.(1G58D) 미안해, 내가 실수 했어.
② He | made ‖ it.(비인칭적어)(SET249) 그는 해냈어.
② It's late. | Don't make ‖ any noise.(1G58D) 늦었어. 소리내지 마라.
② Is it difficult [| to get(=find)) ‖ a job (at the moment)]?(1G57A) [(지금) 일 구하기가] 어렵니?
② I didn't have enough money ⟨to | pay ‖ the rent⟩.(2G132B)
　　나는 ⟨임차료를 갚기에⟩ 충분한 돈을 갖고 있지 않았다.
② But they | paid ‖ no attention and went off..(Mt22:5)
　　그러나 그들은 | 주지 않았다 ‖ 아무른 주목도, 그리고 떠나갔다.
② Maria | is reading ‖ a newspaper.(1G4A) 마리아는 | 읽고 있어 ‖ 한 신문을.
② My parents | send ‖ their love.(OAD) 내 부모는 | 보내 ‖ 그들의 사랑을.
② " | Sing ‖ a song." "Which song ‖ should I | sing?"(2G83D)
　　" | 노래해 ‖ 한 노래를." "어떤 노래를 | 내가 | 불러야 해?
② You | tell ‖ me.(ECD965)　　　　당신이 | 말하세요 ‖ 제게. * 말해 보세요.
② You | must not tell ‖ anybody, OK?(ECD976) 너는 | 말하면 안돼 ‖ 누구에게도, 알았지?
② Is it raining?—Yes, | take ‖ an umbrella.(1G4A) 비가 오고 있니? 그래, | 가지고 가라 ‖ 우산을.
② | Take(or Have) ‖ a closer(or another) look.(3DB262,1LT859).
　　| 해라 ‖ 더 가까운 (또는 또 다른) 쳐다보기.
② The trip | took ‖ three hours.(2G78D) 그 여행은 | 걸렸다 ‖ 3시간.
② I | wrote ‖ some letters.(1G55B) 나는 | 썼다 ‖ 편지들을.
(본래 2형 목적어)
② I | cleaned ‖ my room.(1G58B)　　나는 | 청소했다 ‖ 방을.
② Did you | get(=receive) ‖ my postcard?" Yes, I got it yesterday."(1G57A)
　　너는 | 받았니 ‖ 내 우편엽서를? 그래, 어제 받았어.
② We | are having ‖ dinner. Can I call you later?(1G3B,X)
　　우리는 | 하고 있어 ‖ 저녁식사를. 나중에 전화하면 되겠니?
② Could I | have ‖ the salt, please?(2G35B) 청컨대. 제가 소금 좀 가질까요?
② I | 'm having ‖ a bad day. Everything is going wrong.(1G59B)
　　나는 일진이 나빠. 모든 일이 잘못되고 있다.
② They | had ‖ a nice time. They enjoyed themselves.(1G64A,2G16C)
　　그들은 | 가졌어 ‖ 좋은 시간을. 그들은 즐겼다.
② I | have ‖ a question.(ECD745) 나는 | 있어요 ‖ 한 질문이.
② I'm sorry I'm nervous. But I | can't help ‖ it.(2G55A)
　　내가 긴장해서 미안해. 그러나 나는 | 억제할 수 없어 ‖ 그것을.
② I'm sorry. Did I | hurt ‖ you?(1G6B) 미안해. 내가 | 상처주었니 ‖ 너를?
② He | doesn't know ‖ much.(2G104X) 그는 | 몰라 ‖ 많은 것을.
② I | don't like ‖ Fred, and Fred | doesn't like ‖ me.(1G6B)
　　나는 | 좋아하지 않아 ‖ 프레드. 그리고 프레드는 | 좋아하지 않아 ‖ 나를.
② He's eating an ice cream cone. He | likes ‖ ice cream.(1G4A)

그는 아이스크림콘을 먹고 있어. 그는 | 좋아해 ∥ 아이스크림을.
② Shall I. open | the window? – No, it's OK. I'll do it."(1G58A) 아니, 괜찮아. 내가 | 할 게 ∥ 그걸.
② You | should prepare ∥ the project work.(YBM) 너는 | 준비│마련해야 해 ∥ 그 프로젝트 일을.
② I've never heard of him. I wish [I | could say ∥ the same].(CEG393)
　　나는 그에 관해 들은 적이 없어. [내가 들은 적이 있는 것처럼 말할 수 있으면] 좋겠어.
② Do your parents | speak ∥ English? Yes, they do.(1G7D) 네 부모는 | 말하니 ∥ 영어를? 응, 그래.
② Look, there's Sarah. She | 's wearing ∥ a brown coat.(1G3B)
　　보아라, 사라가 있어. 그녀는 | 입고 있어 ∥ 갈색 코트를.
*② He is there, because he | can't help ∥ being there.(ML37) *'being+명사' 목적어
　　그는 그곳에 있습니다. 왜냐하면 그는 그곳에 있는 것을 억제할 수 없으므로.
*② Do you | like ∥ being a student?(2G56A)(=you are a student.—do you like it?)
　　여러분은 학생인 것(사실)을 좋아하나요? (=여러분은 학생입니다.–그것을 좋아하나요?)

```
            ② She  |  was given  ∥  the key.
            ② The key  |  was given  ∥  (to) her.
```

예문은 ②형 NPN'(n)이다. P는 수동사, N'는 잔류/수동목적어이다.
다음과 같이 분석된다. 즉 NPN'=NP+N' 의 관계에 있다.
2개의 목적어로 이루어진 능동문 ④형에서 1개의 목적어가 수동문 ②형의 주어가 되면 나머지 목적어는 수동사 뒤에 잔류하므로 잔류목적어/수동목적어로 부른다.

② She | was given ∥ the key.　　　그녀는 | 주어졌다 ∥ 그 열쇠가.
① She | was given...+ ⓪ ∥ the keys.　그녀는 | 주어졌다. + ∥ 그 열쇠가.

② The key | was given ∥ (to) her.　그 열쇠가 | 주어졌다 ∥ 그녀에게.
① The key | was given + ⓪ ∥ (to) her. 그 열쇠가 | 주어졌다. +∥ 그녀에게.

☆ 동사의 종류
간목 수동태 가능: ask, buy, forgive, give, grant, lend, offer, pay, refuse, promise, send, serve, show, tell, teach, write
직목 수동태 가능::bring, choose. cook, do, find, get, make, pass, read, sell, send, write

♧ 유형별 예문
(간목주어)
② He | was asked ∥ a difficult question.(REG196) 그는 | 물어졌다 ∥ 한 어려운 질문이.
② We | were all bought ∥ little presents.(PEU603) 우리 | 모두 사 주어졌어 ∥ 작은 선물들이.
② He | was fined ∥ 100 dollars (for a parking fine).(DED) 그는 | 벌금에 처해졌다 ∥ 100불에.
② He | was forgiven ∥ his negligence.(EJD678) 그는 | 용서되어졌다 ∥ 그의 실책이.
② Her sister | was given ∥ the car.(PEU415) 그녀의 자매는 | 주어졌다 ∥ 그 차가
② The police | were given ∥ the information.(2G42A,PEU389) 경찰은 | 주어졌다 ∥ 정보가.
② I | was granted ∥ permission to visit the palace.(OAD) 나는 | 허락되었다 ∥ <궁전 방문할> 허가가.
② You | were lent ∥ ten thousand pounds (last year).(PEU389) 너는 | 빌려 주어졌다 ∥ 1만 파운드가.
② I | was offered ∥ the job, but I refused it.(2G42A,42D,139D)
　　나는 | 제공되었다 ∥ 그 일이, 그러나 나는 그걸 거절했다.
② The men | was paid ∥ $200 (to do the work).(2G42A) 그 남자는 | 지불되어졌어 ∥ 200불이.
② I | was promised ∥ this book.(REG178) 나는 | 약속되었다 ∥ 이 책이(받기가).

② He | was refused ‖ a visa because he had been in prison.(PEU389)
그는 | 거절되었다 ‖ 비자가 [그가 수감된 적이 있었으므로].
② I | 've just been sent ‖ a whole lot of information.(PEU389) 난 | 보내졌어 ‖ 아주 많은 정부가.
② Everyone at the celebration | was served ‖ delicious food.(1AN428)
그 축하연에 있던 모두가 | 제공되었어 ‖ 맛있는 음식이.
② Have you | been shown ‖ the new machine?(2G42A, PEU389) 너는 | 보여진 적 있니 ‖ 새 기계가?
② They | are taught ‖ French (at the school).(REG189) 우리는 | 가르쳐진다 ‖ 불어가 (학교에서)
② We | will never be told ‖ the real truth.(PEU389) 넌 | 말해지지 않을 거야 ‖ 진짜 진실이.
② We | weren't told ‖ much.(5JG50)   우리는 | 말해지지 않았다 ‖ 많이.
(직목주어)
② Your offense | will be forgiven ‖ you.(BEG248) 네 위반은 | 용서될 거야 ‖ 네게.
② The information | was given ‖ (to) the police.(2G42A) 그 정보가 | 주어졌다 ‖ 경찰에
② Wisdom and knowledge | will be given ‖ (to) you.(2Ch1:12) 지혜와 지식이 | 주어질 것이다 ‖ 네게.
② The book | was lent ‖ (to) me.(REG389) 그 책이 | 빌려졌다 ‖ 내게
② A job | was offered ‖ (to) him.(영작문사전) 한 일이 | 제공되었다 ‖ 그에게.
② A letter | was sent ‖ (to) me (by her).(DBE66) 한 편지가 | 보내졌어 ‖ 내게,
② French | is taught ‖ (to) us (by her). 불어가 | 가르쳐 진다 ‖ 우리에게.
② The truth | has been told ‖ (to) her.(Forum) 진실이 | 말해졌다 ‖ 그녀에게.
(분리전치사 수반 잔류목적어)
② He | was known ‖ very little (‖) about.(2G42D) 그는 | 알려졌다 ‖ (대해) 매우 적게.
② The robber | must be laid ‖ hold (‖) of.(GE99) 그 도둑은 | 놓여 져야 해 ‖ (대해) 잡혀짐이.
② Get out of here! I | will not be made ‖ a fool (‖) of.(SBE87,WSM47)
여기 떠나! 나는 | (대해) 만들어지지 않을 거야 ‖ 바보로.
② She wanted [| to be (petted and) | made ‖ much (‖) of].(MM427)
그녀는 [(어루만져지고) (대해) 대단한 것으로 만들어지기] 원했다.
② At last the ship(or the car) | was lost ‖ sight (‖) of.(KEG182,SSE176)
결국 그 배(또는 그 차)는 | 잃어 졌다 ‖ (대해)보여짐이.
② The family | would be taken ‖ care (‖) of.(5JG108, PEU386, LC'312)
그 가족은 | 되어질 거야 ‖ (대해) 보살펴지게.
② Don't worry about the booking. It | 's all been taken ‖ care (‖) of.(JB238)
부킹에 대해 염려하지 마라. 그건 | 모두 되었다 ‖ (eogo 보살펴지게.
② Your remarks | have been taken ‖ careful note (‖) of.(OPV372)
네 지적은 | 취해졌다 ‖ (대해) 주의 깊은 주목이.
② The news | was paid ‖ no attention (‖) to.(DBE67) 그 소식은 | 주어지지 않았어 ‖ (대해) 주의가.
② Most of us | would rather be found ‖ fault (‖) with (to our faces).(SBE88)
우리 대부분은 | 차라리 발견되는 것이 좋았을 거야 ‖ (대해) 흠이 (면전에서).

④ NPN'N"(n)

④ I	bought ‖ her ‖ a hat.
④ I	gave ‖ her ‖ the key.

예문은 ④형 NPN'N"(n)이다. P는 4형 타동사, N'는 직접목적어들이다.
다음과 같이 분석된다. 즉 NPN'N"=NPN+N"의 관계에 있다.

④ I | bought ‖ her ‖ a hat.   나는 | 사주었다 ‖ 그녀에게 ‖ 한 모자를.

② I | bought ‖ her ‖ a hat.　　　　나는 | 사주었다 ‖ 그녀에게. +‖ 힌 모자

④ I | gave ‖ her ‖ the key.　　　　나는 | 주었다 ‖ 그녀에게 ‖ 열쇠를.
② I | gave ‖ her. .+ ⓞ‖ the key.　　나는 | 주었다 ‖ 그녀에게. +‖ 그 열쇠

♣ 유형별 예문
④ She | asked ‖ me ‖ my name.(2G130C) 그녀는 | 물었다 ‖내게 ‖ 내 이름을.
④ Can I | ask ‖ you ‖ a question(or a favor, something)?(2G129B)
　　내가 | 물어도 될까요 ‖ 당신께 ‖ 한 질문(또는 한 호의를, 뭔가)을
④ She | had borne ‖ him ‖ a child. 그녀는 | 낳아줬어 ‖ 그에게 ‖ 한 아이를.
④ I | 'll bet ‖ you ‖ ten dollars.(PEU602) 난 | 걸겠다 ‖네게 ‖ 10불을.
④ I | booked ‖ her ‖ a room.(3G29D) 나는 | 예약해줬어 ‖ 그녀에게 ‖ 방 하나를.
④ She | blew ‖ him ‖ a kiss and quickly took off.(1DB517)
　　그녀는 | 불어주었다 ‖그에게 ‖ 키스를 그리고 재빨리 떠났다.
④ He | built ‖ the children ‖ a tree-house.(PEU602) 그는 | 지어줬어 ‖ 어린이들에게 ‖ 나무 집을.
④ Can you | bring ‖ me ‖ some milk?(3G29A) 넌 | 가져다 줄 수 있니 ‖ 내게 ‖밀크 좀?
④ I | bought ‖ my mother ‖ some flowers.(1G97C) 나는 | 사드렸다 ‖ 나의 어머니께 ‖꽃 약간을.
④ It | will cause ‖ you ‖ a lot of trouble.(ZEG96) 그것은 | 초래할 거야 ‖네게 ‖ 많은 문제를.
④ She | cooked ‖ her husband ‖ some sausages.(OAD) 그녀는 | 요리했다 ‖ 남편에 ‖ 소시지 약간.
④ He | cut ‖ his mother ‖ one or two pieces of very thin bread.(DHL158)
　　그는 | 잘라드렸어 ‖ 모친에게 ‖ 매우 가늘게 빵 한,두 조각을.
④ He | dealt ‖ me ‖ two Aces.(give)(OAD,1DBi378) 그는 | 주었어 ‖내게 ‖ 2개의 에이스를.
④ He | denied(or grudged) ‖ his son ‖ nothing. 그는 | 거절(아까워) 하지 않았다 ‖ 아들에게 ‖ 무엇 도.
④ Liz, can you | do ‖ me ‖ a favor?(2G35A, 1G58C) 리즈, 너는 | 보여 줄 수 있나 ‖내게 ‖ 호의를?!
④ It would seem [that sleep | did ‖ you ‖ some good].(3TC23,1ST39)
　　[수면이 네게 상당한 도움을 준 것] 같아 보여.
④ Give me your pardon, sir: I | 've done ‖ you ‖ wrong.(2WS139)
　　용서해 주세요, 선생님; 나는 | 했어요 ‖ 당신에게 ‖ 잘못을.
④ This picture | does not do ‖ you ‖ justice.(사진이 잘 안 나오다)(SBE290)
　　이 사진은 | 하지 않아 ‖ 네게 ‖ 공평한 평가를.
④ Would you | draw ‖ me ‖ a map?(ECD101) 너는 | 그려줄 주 있니 ‖내게 ‖ 지도를?
④ That | earned ‖ the Captain ‖ a curious look.(9TC447) 그것은 | 주었다 ‖ 선장에게 ‖ 이상한 표정을
④ We all | envied ‖ him ‖ his lifestyle.(3G29C) 우리 모두 | 부러워했다 ‖ 그에게 ‖ 생활 스타일을.
④ She | fed ‖ them ‖ sandwiches and fried potatoes.(12JG466)
　　그녀는 | 먹였어 ‖그들에게 ‖ 샌드위치와 튀김 감자를.
④ | Fetch ‖ me ‖ my gloves (this moment). | 갖다 줘 ‖내게 ‖ 내 장갑을 (지금).
④ They | found ‖ him ‖ a new wife.(4JG398) 그들은 | 물색해주었어 ‖ 그에게 ‖ 새 아내를.
④ He | found ‖ me ‖ a job.(PEG77, ECD700) 그는 | 찾아 주었어 | 내게 ‖ 한 일을.
④ Follow me, Baronm, we | shall find ‖ you ‖ a place.(5ST269)
　　따라 와, 바로늠, 우리는 | 찾아 줄 게 ‖네게 ‖ 자리를.
④ I | 'll fix ‖ you ‖ some tea (later)(LSW927,OAD) 나는 | 만들어 줄게 ‖네게 ‖ 차를.
④ The lawyer | flashed ‖ him ‖ a vulnerable smile.(HaM793)
　　그 변호사는 | 씩 웃었어 ‖그에게 ‖ 한 유약한 미소를.
④ I | 'll fry ‖ you ‖ some eggs.(RM42, ACa82) 나는 | 후라이 해줄 ‖내게 ‖ 달걀 약간을.
④ The doctor | forbids ‖ him ‖ wine.(SED927) 의사는 | 금해 ‖그에게 ‖ 술을.
④ | Forgive ‖ me ‖ my debt.(ZEG98) | 용서해요 ‖ 내게 ‖ 나의 빚을.

④ She | gathered ‖ them ‖ flowers. 그녀는 | 모아줬다 ‖ 그들에게 ‖ 꽃들을.
④ | Please get ‖ me ‖ a porter.(ECD403) | 구해줘요 ‖ 내게 ‖ 짐꾼을.
④ Can you | get ‖ me ‖ a newspaper when you go out?(1G97C)
　　네가 나갈 때 나에게 신문을 구해 줄래?
④ You | got ‖ Hanna ‖ that good place.(1JA8) 너는 | 얻어주었다 ‖ 한나에게 ‖ 좋은 자리를.
④ I | gave ‖ Sarah ‖ the keys.(1G97A,3G22A) 나는 | 줬어 ‖ 사라에게 ‖ 열쇠들을.
④ Can I | give ‖ you ‖ a ride?(TEPS) 내가 | 해줄까 ‖ 네게 ‖ 승차를?
④ Vittoria | gave ‖ Langdon ‖ an unsettled look.(1DB117)
　　비토리아는 | 보여줬어 ‖ 랭돈에게 ‖ 불안한 표정을.
④ Can't you | give ‖ me ‖ a straight yes or no?(OAD860) 넌 | 줄 수 없니 ‖ 내게 ‖ 직답 예/아니오를.
④ | Give ‖ me ‖ time before I answer.(ECD511) 내가 말하기 전 시간을 줘.
④ Actually, he | 's giving ‖ me ‖ a hard time.(TEPS) 실제로 그는 | 주고 있어 ‖ 내게 ‖ 힘든 시간을.
④ He | would have given ‖ most women ‖ their own way.(MM627)
　　그는 | 하게 주었을 거야 ‖ 대부분의 여자들에게 ‖ 그들 자신들의 방식을?
④ He | granted ‖ us ‖ our request.　그는 | 허락했어 ‖ 우리에게 ‖ 요구를.
④ I | can guarantee ‖ you ‖ a good price. 나는 | 보장할 수 있어 ‖네게 ‖ 좋은 가격을.
④ Dr. Robey | handed ‖ David ‖ a piece of string.(CEG159,JWG127)
　　로비 박사는 | 넘겨주었어 ‖대비드에게 ‖ 끈 한 조각을.
④ I | hired ‖ us ‖ a lawyer.(4JG123)　　나는 | 고용했다 ‖우리에게 ‖ 변호사를.
④ He | intended ‖ her ‖ no harm.(OAD) 그는 | 의도하지 않았어 ‖ 그녀에게 ‖해를s
④ I | 'll keep ‖ you ‖ only a minute.(ECD872) 나는 | 줄 거야 ‖ 네게 ‖ 단 1분만.
④ Annie | kissed ‖ her mother ‖ good-night.(DHL197,200,Freud283)
　　애니는 | 키스 했어 ‖ 그녀의 모친에게 ‖ 잘자라고.
④ She | left ‖ him ‖ some food.　　그녀는 | 남겨 두었어 ‖그에게 ‖ 약간의 음식을.
④ He | left ‖ his children ‖ nothing when he died.(PEU602)
　　그는 | 남기지 않았어 ‖ 아이들에게 ‖ 아무 것도, 그가 죽었을 때.
④ I | lent ‖ Joe ‖ some money.(1G97C,77B) 나는 | 빌려주었어 ‖ 조에게 ‖ 약간의 돈을.
④ Won't you ‖ lend ‖him ‖ your car (this evening)? 너는 | 빌려주겠니 ‖그에게 ‖ 네 차를 (오늘 저녁)?
④ Don't forget [| to mail ‖ your mother ‖ that letter]. [모친께 그 편지를 부치기를] 잊지 마라
④ I | made ‖ Ann ‖ a cake.(PEG77) 나는 | 만들어주었어 ‖ 앤에게 ‖ 케이크를.
④ I | must make ‖ you ‖ an apology.(SET249)나는 | 해야해 ‖네게 ‖사과를.
④ I | ordered ‖ you ‖ a beer.　　　나는 | 주문해 줬어 ‖ 네게 ‖ 맥주 한잔.
④ They | offered ‖ me ‖ the job(or Hicken's place).(2G42A)
　　그들은 | 제공했어 ‖나에게 ‖ 그 일을(또는 힉켄스의 자리를).
④ She | still owes ‖ me ‖ some money.(3G10B) 그녀는 | 아직 빚지고 있어 ‖내게 ‖ 약간의 돈을.
④ | Please pardon ‖ me ‖ my misbehavior at the party.(DED)
　　| 용서해 주세요 ‖ 내게 ‖ 파티에서의 나의 잘못된 행동을.
④ Can(Or Could you | pass ‖ me ‖ the salt, please?(1G97C,52A)
　　당신은 | 넘겨주실 수 있어요 ‖ 내게 ‖ 소금을, 청컨대?
④ Somebody | paid ‖ the man ‖ $200.(2G42A) 누군가 | 지불했어 ‖그 남자에게 ‖ 200불.
④ Can I | play ‖ you ‖ my new album?(PEU602) 내가 | 틀어줄까 ‖네게 ‖ 내 새 앨범을?
④ He | played ‖ me ‖ a trick.(DBE12,SSE12) 그는 | 썼어 ‖ 나에게 ‖ 술수를.
④ I | 'll post ‖ her ‖ the report (tomorrow).(PEU602) 난 | 부칠 거야 ‖ 그녀에게 ‖ 보고서를 (내일).
④ Let me [| pour(or fix, buy) ‖ you ‖ a drink].(ECD452,448,809)
　　내가 [네게 술 한잔 부어(또는 만들어, 사서)] 주도록 허락해 줘.
④ He | presented ‖ me ‖ a nice gift.　그는 | 선사했어 ‖ 내게 | 좋은 선물을.

④ A man | promised ‖ him ‖ a job.(CEG159) 한 남자가 | 약속했어 ‖ 그에게 ‖일을.
④ I | read ‖ Suzanne ‖ a story.(3G29A, PEU602) 나는 | 읽어줬어 ‖수잔에게 ‖이야기를.
④ Will you | reach ‖ me ‖ my hat?(ZEG96) 너는 | 닿을 수 있니 ‖ 내게 ‖ 내 모자에?
④ I | cannot refuse ‖ our excellent hostess ‖ a small favor.(5ST260)
    나는 | 거절할 수 없어 ‖ 우리의 탁월한 안주인에 ‖ 작은 호의를.
④ | Save ‖ me ‖ some food. | 남겨줘 ‖ 내게 ‖ 약간의 음식.
④ I | sold ‖ him ‖ the painting.   나는 | 팔았어 ‖그에게 ‖ 그 그림을.
④ He | served ‖ us ‖ tea and toast. 그녀는 봉사했어 ‖우리에게 ‖ 차와 토스트를.
④ I | sent ‖ you ‖ an e-mail. Did you get it?(1G97C)
    나는 보냈어 ‖ 네게 ‖ 한 이메일을. 그것 받았니?
④ The teacher | set ‖ the students ‖a difficult problem.
    그 교사는 | 출제했어 ‖ 학생들에게 ‖ 한 어려운 문제를.
④ She | sang ‖ her baby ‖ a song.(3G29B) 그녀는 | 불러줬어 ‖애기에게 ‖ 한 노래를
④ But she | shot(or fired) ‖ him ‖ a dirty look.(Pa'd19, 1DB99)
    그러나 그녀는 | 쏘았어 ‖ 그에게 ‖ 기분 나쁜 눈길을.
④ Nicole | showed ‖ us ‖ her vacation photos.(1G97C,2G42A)
    니콜은 | 보여줬어 ‖ 우리에게 ‖ 그녀의 휴가 사진들을.
④ Can you | show ‖ me ‖ the way to the station? 당신은 | 알려 주시겠어요 ‖ 내게 ‖ 역에 가는 길을?
④ And so I | will show ‖ you ‖ how.(6JB5) 그래서 나는 | 보여줄 것이다 ‖ 너에게 ‖ 방법을.(목적어)
④ | Slay ‖ me ‖ this renegade.(3LR128) | 살해해 줘라 ‖ 나에게 ‖ 이 배신자를.
④ I | struck ‖ him ‖ a heavy blow.(ZEG98) 나는 | 쳤어 ‖그를 ‖ 강타를.
④ Can you | spare ‖ me ‖ this book?(ZEG96) 너는 | 내어 ‖ 내게 ‖ 책을?
④ Let's [| take ‖ her ‖ some flowers].(PEU602) 우리 [그녀에게 약간의 꽃들은 갖다 주도록] 하자.
④ I | took ‖ her ‖ some money.(some money to her)(PEU603) 난 | 갖다 줬어 ‖ 그녀에게 ‖ 돈 약간을.
④ He thought [that he | now teach ‖ them ‖ a lesson].((JB168)
    그는 [이제 그가 그들에게 수업을 가리친다고] 생각했어.
④ | Tell ‖ her ‖ the whole story. | 말해 줘 ‖그녀에게 ‖ 이야기 전부를.
④ Can you | tell ‖ me ‖ the time?(ECD90) 너 | 말해 줄 수 있니 ‖내게 ‖ 시간을?
④ | Throw ‖ me ‖ the ball.(PEU602) | 던져라 ‖ 내게 ‖ 그 공을.
④ We | wish ‖ you ‖ a Merry Christmas.(PEU602) 우리는 | 원해 ‖ 네게 ‖ 즐거운 성탄을.
④ I | wish ‖ you ‖ luck(or success, a happy birthday.).(2G39A)
    나는 | 기원해 ‖ 네게 ‖ 행운(성공, 행복한 생일을?
④ He | wrote ‖ me ‖ a letter.(ZEG96) 그는 | 썼어 ‖내게 ‖ 한 편지를.
④ She | wrote ‖ me ‖ an account of her journey.그녀는 | 썼어 ‖내게 ‖ 여행 이야기를.
④* She | didn't like ‖ him ‖ being a stunt man.(NED) *being+목적어r
    그녀는 | 좋아하지 않았다 ‖ 그가 스턴트맨인 것을.

B. 명사 부가어(협의)

> He always said things that way. (n)

② NPN'(n)

- 269 -

```
                    ② He │ went ‖ that way.
```

예문은 ②형 NPN'(n)이다. N'는 부가어인 명사구 that way.이다.
다음과 같이 분석된다. 즉 NPN'=NP+N' 의 관계에 있다.

② He │ went ‖ that way.   그는 │ 갔다 ‖ 저 방향으로.
① He │ went... + ⓪‖ that way   그는 │ 갔다. +‖ 저 방향.

♧ 유형별 예문
(사람/물건)
② Short hair really │ becomes │ you.(OAD) 짧은 머리가 │ 어울린다 ‖ 네게
   * 어울리다/보기 좋다. 수동태/진행형불가, 의인화주어.
② Such behaviour │ did not become │ her.(OAD)
   그러한 행동이 │ 적절하지/어울리지 않았다 ‖ 그녀에게
② We │ talk ‖ base ball.(CRL267)   우리는 말한다 ‖ 야구를. *잡담하다
(관념/정도)
② The servant │ bowed ‖ his thanks.(ZEG154) 그 하인은 │ 절했다 ‖ 감사표시로.
② He │ lacks ‖ confidence.(OAD)(수동태 불가) 그는 │ 부족하다 ‖ 확신이
② We │ nodded ‖ a welcome.(ZEG154) 그는 │ 끄덕였다 ‖ 환영 표시로.
② She │ talks ‖ a lot of sense.(1MiC200) 그는 │ 말한다 ‖ 많은 상식을. *허튼소리 지껄이다
② My father's shoulders │ dropped ‖ a few inches.(7JG384)) 아버지 어깨는 │ 쳐졌다 ‖ 몇 인치.
② This desk │ measures ‖ 125×60cm.(LEG242,3G1X) 이 책상은 │ 치수가 ‖ 125×60cm이야,
② He │ weighs ‖ one hundred and twenty kilos!(3G44C) 그는 │ 무게 나간다 │ 120 킬로.
② She │ 's just run ‖ five miles.(2G109B,1G28,2G26E) 녀는 │ 방금 달렸다 ‖ 5마일.
② He │ had travelled ‖ some miles, his horse and he.(LSW776)
   그는 │ 여행했었다 ‖ 몇 마일을, 그의 말과 그가.
② They have a lot of books. They │ read ‖ a lot.(1G5A) 그들은 책이 많다. 그는 │ 읽는다 ‖ 많이
② He │ isn't in the office ‖ much.(OAD) 그는 │ 사무실에 있지 않아 ‖ 많이.
② Do you mind [if we │ pay ‖ Dutch]?(EID324) Let's [│ go ‖ Dutch].
   [우리 각자 지불하는데] 반대하니? 우리 [각자 내도록] 하자.
(위치/방향/방식)
(home)
② I │ 'm going ‖ home (now).(1G56A,109B, PEU433) 난 │ 가고 있어 ‖ 집으로 (지금)
② We │ headed(or started) ‖ home.(18NG41,13NG48) 우리는 │ 향했다(또는 출발했다) ‖ 집으로.
② We │ had to walk ‖ home (last night).(1G34A,109B) 우리는 │ 걸어야 했어 ‖ 집으로 (간밤에).
②* At 7:15 she │ left ‖ home and drove to the airport.(1G11X) *목적어
   7시 15분에 그녀는 │ 떠났어 ‖ 집을 그리고 공항으로 운전했어.
(direction)
② " │ Come ‖ east,"(5TC447)   │ 오라 ‖ 동쪽으로.
② We │ went ‖ south.(3SK226,6NG24) 우리는 │ 갔다 ‖ 남쪽으로.
② They │ continued ‖ south.(1MiC292) 우리는 │ 계속했다 ‖ 남쪽으로
② He │ drove ‖ north.(2TC762)   우리는 │ 운전했다 ‖ 북쪽으로.
② All │ were moving ‖ east.(2SK123,332) 모두가 │ 이동하고 있었다 ‖ 동쪽으로.
② They │ ran ‖ northeast.(5TC449)   그들은 │ 달렸다 ‖ 북동쪽으로.
② The two officers │ walked ‖ west.(5TC498) 두 장교들은 │ 걸었다 ‖ 서쪽으로.

(way)
② | Come ‖ this way.(PEU606,4AC18) | 오라 ‖ 이리로
② Has anyone | come ‖ this way? 누가 | 왔니 ‖ 이 길로?
② You | 've come ‖ a long way.(ECD53) 너는 | 왔다 | 먼 길을.
② He | went ‖ that way.(DED) 그는 | 갔다 ‖ 그쪽으로.)
② Are you | going ‖ my way?(Nu24:25) 너는 | 가고 있니 ‖ 나의 길을?
② | Always look ‖ both ways before you cross the street.(1G99A)
　　 | 항상 봐라 ‖ 양쪽 길을 네가 거리를 건너기 전에.
② Mr. Smith | works ‖ that way.(AES70) 스미스 씨는 | 일한다 ‖ 그런 식으로.
② You | are wonderful ‖ just the way ⟨you are⟩. 너는 | 좋아 ‖ ⟨현재 너⟩ 바로 그대로가.
② We | 're with you ‖ all that way.(") 우리는 | 네게 찬성이야 ‖ 모든 점에서.
② I don't understand you [when you | talk ‖ that way].(=manner)(Fr'n119)
　　 [네가 그런 식으로 말할 때] 나는 너를 이해하지 못해.
② We | 're with you ‖ all that way. 우리는 | 너와 함께 한다 ‖ 모든 것에서.
(others)
② Are you | going to go ‖ any place (this year)?(PEU433) 너는 | 가려 하니 ‖ 어떤 곳을 (올해?
② That boy | 's going ‖ places, believe me.(=successful)(PEU408,ECD1179)
　　 그 소년은 | 가고 있다 ‖ 장소들을(=성공적이다), 날 믿어.
② He | walked ‖ the hall(or the floor)(5JG211,371) 그는 | 걸었다 ‖ 홀을(또는 마루를).
② It | 's usually very cold ‖ here.(1G92B,2G102X) | 너무 추워 ‖ 여기는.
② It | 's very warm ‖ here. Shall I open the window?(1G29C) | 너무 따뜻해 ‖ 여기는. 나 창문 열까?
②* | Look ‖ here(or there)!(2LR255) | 봐라 ‖ 여기(또는 저기)를! *목적어
②* He | descended ‖ the stairs (or the hill) (slowly).(KG1)
　　 그는 | 내려왔다 ‖ 계단을 (또는 언덕을) (천천히) *목적어
②* He | entered ‖ the room.(DED) 나는 | 들었다 ‖ 방에. *목적어

④ NPN'N"(n)

| ④ He | always said ‖ things ‖ that way. |

예문은 ④형 NPN'N"(n)이다. P는 타동사, N'는 명사구 부가어 that way이다.
다음과 같이 분석된다. 즉 NPN'N"=NPN+N"의 관계에 있다.

④ He | always said ‖ things ‖ that way. 그는 | 말했다 ‖ 사물을 ‖ 그런 식으로.
② He | always said ‖ things + ⓪‖ that way. 그는 | 말했다 ‖ 사물을. + ‖ 그런 식

♧ 유형별 예문
(관념/정도)
④ And so I | opened ‖ the door ‖ a crack.(1JB44) 그리고 그래서 나는 | 열었다 ‖ 문을 ‖ 약간.
④ This bicycle | has carried ‖ me ‖ 500 miles. 이 자전거는 | 운반했다 ‖ 나를 ‖ 500마일.
④ The repair | cost ‖ me ‖ a lot(or $10).(PEU602) 수리비는 | 들었다 ‖내게 ‖ 많이(또는 10불)
④ I | see ‖ David ‖ a lot.(=very often)(2G85C) 나는 | 본다 | 대빗을 ‖ 많이(=매우 자주).
④ We like movies, so we | go ‖ to the movies ‖ a lot.(1G81C)
　　 우리는 영화를 좋아해, 그래서 우리는 | 가 ‖ 극장에 ‖ 많이.
④ I | don't like ‖ him ‖ very much.(1G81C) 나는 | 좋아하지 않아 ‖ 그를 ‖ 매우 많이는.
④ I | like ‖ Italian food ‖ very much.(1G91A) 나는 | 좋아해 ‖ 이태리 음식을 ‖ 매우 많이.

④ You watch TV all the time. You | shouldn't watch ‖ TV ‖ so **much**.(1G33C,84C)
④ 너는 | 온 시간 TV를 본다. 너는 | 보면 안된다 ‖ TV를 ‖ 너무 많이.)
④ It was kind of you to help us. | Thank ‖ you ‖ very **much**.(1G113A)
　　도와주셔서 감사합니다. | 감사합니다 ‖ 당신에게 ‖ 너무 많이.
(위치/방향/방식)
(home)
④ They | had to carry ‖ him ‖ **home**.(MiC424) 그들은 | 운반해야 했다 ‖ 그를 ‖ 집으로.
④ I ‖ 'll drive ‖ you ‖ **home**.　　　　난 | 운전해 줄 거야 ‖ 너를 ‖ 집으로.
④ I | am taking ‖ you ‖ **home**.(17NG7) 나는 ‖데려가고 있어‖ 너를 ‖ 집으로.
(direction)
④ She | brought ‖ him ‖ **south**.　　　그녀는 | 데려갔다 ‖그를‖ 남쪽으로.
④ That one | will lead ‖ us ‖ **south**.　그것은 | 인도할 거야 ‖우리를‖ 남쪽으로.
④ | Move ‖ the second regiment ‖ **north**. | 이동해라 ‖ 2연대를 ‖ 북쪽으로.
④ What | 's sending ‖ everybody ‖ **north**? 무엇이 | 보내고 있니 ‖ 모두를 ‖ 북쪽으로?
④ A handful of Saudi liaison officers | waved ‖ them ‖ **south**.
　　소수의 연락장교들이 | 손짓했어 ‖ 그들을 ‖ 남쪽으로 향하라고.
(way)
④ He | always said ‖ things ‖ that **way**.(JDS182) 그는 항상상 그런 식으로 말했디.
④ She | turned ‖ her crazy face ‖ the other **way**.(JDS166)(다른 쪽으로)
　　그녀는 | 돌렸다 ‖ 그녀의 미친 얼굴을 ‖ 그 반대쪽으로
④ You | can't have ‖ it ‖ both **ways**.(=choose one from both) 너는 | 가질 수 없어 ‖ 그걸 ‖ 양쪽다.
④ | Do ‖ it ‖ (in) **anyway** <you like>.(PEU606) | 해라 ‖ 그걸 ‖<네가 좋아하는> 방식으로.
④ I ‖ 'll meet ‖ you ‖ **halfway**.(=compromise) 난 | 만날 거야 ‖ 너를 ‖ 중간에서.(협상하다)
(others)
④ "I | don't take ‖ people ‖ **places**," Kristoff replied.(Fr'n57)
　　"나는 | 옮겨주지 않아 ‖ 사람들을 ‖ 장소로." 크리스토프가 대답했다.
④ Are you | going to make(or take)‖ a trip ‖ any **place** (this year)?
　　너는 | 할 예정이니 ‖ 여행을 ‖ 어느 곳이든 (올해)?
④ They | don't turn ‖ left ‖ **here**?"(LEG251) 그들은 | 틀지 않아 ‖ 왼쪽으로 ‖ 여기서.
④ Carlos | takes ‖ the bus ‖ **everywhere**.(1G32A) 칼로스는 | 데려간다 ‖ 버스를 ‖ 어디로든지.

⑥ NPP'N'(n)

⑥ He | seemed | lucky ‖ that **way**.

예문은 ⑥형 NPP'N'(n)이다. N'는 명사구 부가어 that way이다.
다음과 같이 분석된다. 즉 NPP'N'=NPP'+N'의 관계에 있다.

⑥ He | seemed | lucky ‖ that **way**. 그는 | 보였다 | 행운으로 ‖ 그런 식으로.
③ He | seemed | lucky. + ⓪‖ that **way**. 그는 | 보였다 | 행운으로. + ‖ 그런 식

♧ 유형별 예문
(관념/정도)
⑥ She | cried | out ‖ his **name**.(OAD) 그녀는 | 불렀다 | 드러나게(외쳐) ‖ 그의 이름을.
⑥ I'm surprised [that Ann | didn't get | offered ‖ the **job**].(2G42D)
　　나는 [앤이 그 일을 제공받게 되지 않았다는 것이] 놀라웠다.

⑥ Sally | doesn't go | out ‖ much, does she?(1G39) 샐리는 | 가지 않다 | 나 ‖ 많이?
⑥ He | trembled | out ‖ prayers.(DAD) 그는 | 떨면서 했다 | 드러내 ‖ 기도를.
⑥ I | got | paid ‖ nine hundred dollars (for this tria)l.(12JG511)
　　나는 | 되었다 | 지불받게 ‖ 9백불을 (재판을 위해)
(위치/방향/방식)
(way)
⑥ So he left Bethel and | went | home ‖ another way.(1Ki13:10)
　　그래서 그는 베델을 떠나, | 갔다 | 집에 ‖ 다른 길로.
⑥ We | went | there ‖ the usual way.(PEU606) 우리는 | 갔다 | 거기 ‖ 통상적인 길로.
⑥ Often things | don't work | out ‖ the way ⟨you expect⟩.(2G317)
　　종종 일들은 | 작동하지 않는다 | 드러나게 ‖⟨네가 기대한⟩ 그 방식으로.
⑥ He | seemed | lucky ‖ that way. 그는 | 보인다 | 행운으로 ‖ 그 방식으로.
(others)
⑥ Uncle Vernon | backed | away ‖ several pace.(4HP43)
　　버논 삼촌이 | 뒤로 | 떨어졌다 ‖ 여러 걸음.
⑥ Are you | going to go | on a trip ‖ any place (this year)?
　　너는 | 가려고 하니 | 여행으로 ‖ 어느 곳이나 | (금년)?
⑥ Shall the shadow | go | forward ‖ ten steps or | go | back ‖ ten steps?(2Ki:20:9)
　　그림자가 | 갈까 | 앞으로 ‖ 10발짝 또는 | 갈까 | 뒤로 ‖ 10발짝?
⑥ Your faith in God | has become | known ‖ everywhere.(1Th1:8)
　　하나님의 안에 있는 네 믿음이 | 되었다 | 알려지게 ‖ 모든 곳에.

> Have you seen her this morning? (n)

② NPN'(ad)

> ② I | didn't shave ‖ this morning.

예문은 ②형 NPN'(n)이다. N'는 시간 부가어인 명사구 this morning.이다.
다음과 같이 분석된다. 즉 NPN'=NP+N' 의 관계에 있다.

② I | didn't shave ‖ this morning.　　나는 | 면도하지 않았다 ‖ 오늘 아침에.
① I | didn't shave. + ⓪ ‖ this morning. 나는 | 면도하지 않았다. + ‖ 오늘 아침

♣ 유형별 예문
(단순현재)
② She | works ‖ (on) Saturday mornings.(2G118D) 그녀는 | 일한다 ‖ 토요일 오전(에).
② He | 's almost always on ‖ Thursday. 그는 | 거의 항상 기분이 고조된다 ‖ 목요일.
② You | are history ‖ today. 너 오늘이 제삿날이야..
☆ 구어체에서 days/dates 앞에는 보통 on을 생략 한다
② The office | is cleaned ‖ every day.(1G21A) 사무실은 | 청소된다 ‖ 매일
② You | are in court ‖ next day. 너는 | 재판이다 ‖ 다음 날.
② Profits | are off ‖ this year. 이익이 | 떨어진다 ‖ 올해.

☆ 'every/last/next/this +시간명사' 앞에는 at/on/in 을 쓰지 않는다.
② Last year Rachel was 22, so she | is 23 ‖ now.(1G10B)
　지난 해 레이첼은 22이었고, 그래서 그녀는 23이야 ‖ 지금.
② The case | in process ‖ now.　　그 건은 | 진행 중이야 ‖ 지금.
② Mr. Kim | is away ‖ now.　　　김씨는 | 지금 없어요 ‖ 지금.
② I | must be off ‖ now.　　　　나는 | 떠나야 해 ‖ 지금.
② What movies | are out ‖ now?　어떤 영화들이 | 나와 있니 ‖ 요즘?
② Business | is good ‖ just now.(OAD) 사업이 | 호황이다 | 바로 지금.
(단순과거)
② He | left ‖ just(or only/even) now.(DED)　just ~/even ~)
　그는 | 떠났다 ‖ 바로 지금(또는 금방/방금/막/조금 아까)
② I | didn't shave ‖ this morning.(3G3A) 나는 | 면도하지 않았다 ‖ 이 아침.(아침이 이미 지남)
② The office | was cleaned ‖ yesterday.(1G22A) 사무실은 | 청소되었어 ‖ 어제
② You | were late ‖ yesterday.(1G10A) 우리는 | 늦었다 ‖ 어제.
② I | was tired ‖ last night.(1G10A) 나는 | 피곤했다 ‖ 지난 밤
② They weather | was nice ‖ last week.(1G10A,1G21A) 날씨는 | 좋았다 ‖ 지난 주.
② Life | was harder ‖ then because neither of us had a job.(OAD)
　인생은 | 더 힘들었다 ‖ 그때, 우리 둘 다 직업이 없었으므로.
(단순미래)
② Those shoes are very well mad. They | 'll last ‖ a long time.(2G22B)
　그 신발은 잘 만들어졌어, 그건 | 견딜 거야 ‖ 오랜 시간.
② The vegetables didn't tasted good. They | have been cooked ‖ too long.(2G41C)
　그 채소는 맛이 안 좋았어. 그건 | 요리되었어 ‖ 너무 오래.
(과거미래)
② My car | wouldn't start ‖ this morning.(OAD) 차가 | 작동하지 않으려 했다 ‖ 오늘 아침
② Tom | might be able to come ‖ tomorrow.(2G25B)(현대) 톰은 | 올 수 있을지 몰라 ‖ 내일.
(현재진행)
② The office | is being cleaned ‖ right now.(1G23A) 사무실은 | 청소되고 있어 ‖ 바로 지금.
② Are you | leaving ‖ now?　Yes, I am.(1G4C)(미래) 너는 | 떠나고 있니 ‖ 지금.
② I | 'm not working ‖ next week.(1G21A)(미래) 나는 | 일하지 않는다 ‖ 다음 주.
(현재완료)
② I | haven't shave ‖ this morning.(3G3A)(계속)(아침이 계속 중) 나는 | 면도하지 않았다 ‖ 이 아침.

④ NPN'(n)

④ Have you | seen | her ‖ this morning?

예문은 ④형 NPN'N"(n)이다. P는 타동사, N'는 시간 부가어인 명사구 this morning.이다.
다음과 같이 분석된다. 즉 NPN'N"=NPN+N"의 관계에 있다.
④ Have you | seen ‖ her ‖ this morning?　당신은 | 본 적이 있나요 ‖ 그녀를 ‖ 오늘 아침?
② Have you | seen ‖ her? + ⓪ ‖ this morning 당신은 | 본 적이 있나요 ‖ 그녀를. + ‖ 오늘 아침

♧ 유형별 예문
(단순현재)
④ He | reads | a newspaper ‖ every day.(1G91A) 그는 | 읽는다 ‖ 신문 한 질을 ‖ 매일
④ They | watch ‖ television ‖ every night.(1G11A) 그들은 | 시청한다 ‖ 텔레비전을 ‖ 매일

☆ 'last/next/this/every+ time words(시간어)' 앞에는 at/on/in 을 사용하지 않는다.(2G118D).
다만, 시간명사가 포함된 복합명사의 경우에는 그렇지 않다. I went to sea **in** this summer vacation.
(단순과거)
④ I | did ‖ a lot of work ‖ yesterday.(2G9B) 나는 | 했다 ‖ 많은 일을 ‖ 어제.
④ What | 's up | with you ‖ now? 무슨 일 | 있니 | 네게 ‖ (지금?
④ She | finished ‖ it ‖ just now.(SSE570)(현완 사용불가) 그녀는 | 끝냈어 ‖그것을 | 방금.
④ I | went ‖ to the movies ‖ three times last week.(2G5A)
나는 | 갔다 ‖극장에 ‖ 지난 주 세 번.
④ Did you | go ‖ to Spain ‖ last year?(1G21A) 너는 | 갔니 ‖ 스페인에 ‖ 작년.
④ They | left ‖ for Spain ‖ early this morning.(2G9B) 나는 | 떠났다 ‖ | 스페인으로 ‖ 이른 아침
④ I | didn't play ‖ golf ‖ last summer.(2G9B) 나는 | 경기하지 않았다 ‖골프를 ‖ 지난 여름.
④ Mirsat | studied ‖ Langdon ‖ a long moment.(2DB518)(기간)
미르사트는 | 연구했다 ‖ 랭돈을 ‖ 약간 오랜 순간.
④ We | didn't take ‖ a vacation ‖ last year?(1G19C) 우리는 | 하지 않았다 ‖ 휴가를 ‖ 작년.
④ Did it | take ‖ you ‖ a long time [to find a job]?(1G49C)
[일을 찾는것은] | 걸렸니 ‖ 네게 ‖ 긴 시간이.
④ They | watched ‖ television ‖ last night.(1G11A,25A) 그들은 | 시청했다 ‖ 텔레비전을 ‖ 지난밤.
(단순미래)
④ Did you call Juile? — Oh, no I forgot? I | 'll call ‖ her ‖ now.(2G20A)
너 줄리 전화했니? - 아니, 나 잊었어? 내개 | 전화할 게 그녀에게 ‖ 지금.
④ We | 'd better get | along ‖ now. 우리 | 움직이는 것이 좋겠어 | 함께 ‖ 지금.
④ I | 'll see ‖ you ‖ (on) Friday.(2G118D,1G104A) 난 | 볼 거야 ‖ 널 금요일(에).
④ It | will take ‖ me ‖ an hour [to cook dinner].(1G49C)
[저녁을 요리하는 것은] | 걸릴 거야 ‖ 내게 ‖ 한 시간.
(현재진행)
④ Are you | doing ‖ anything ‖ this weekend?(1G77) 너는 | 하니 ‖ 무엇을 ‖ | 이 번 주말?
④ I | 'm not going to have breakfast ‖ this morning.(1G25) 난 | 조반을 먹지 않으려 해 ‖ 오늘 아침.
④ We | 're having ‖ a party ‖ next weekend?(1G21A)(미래) 우리는 | 연다 ‖ 파티를 ‖ 다음 주.
④ They | are playing ‖ tennis ‖ now.(1G24A)(현진) 그들은 | 경기하고 있어 ‖ 테니스를 ‖ 지금.
④ He | is playing ‖ tennis ‖ tomorrow.(1G26A)(미래) 그는 | 경기한다 ‖ 테니스를 ‖ 내일.
④ I | 'm travelling ‖ a lot ‖ these days.(PEU452)(") 나는 | 여행하고 있다 ‖ 많이 ‖ 오늘날.
(과거진행)
④ They | were playing ‖ tennis ‖ yesterday. 그들은 | 경기하고 있었다 ‖ 테니스를 ‖ 어제.
(미래진행)
④ Don't call me between 7and 8. We | 'll be having dinner ‖ then.(2G23B)
7시와 8시 사이에 전화하지 마. 우리는 | 저녁먹고 있을 거야 | 그때는.
(현재완료)
④ I | have done ‖ a lot of work ‖ today.(2G9B)(완료) 나는 | 해치웠다 ‖ 많은 일을 ‖ 오늘.
④ Amy | has sent ‖ lots of e-mails ‖ this morning.(2G10C)(결과) 애미는 | 보냈다 ‖ 많은 이메일을
④ Have you | had ‖ a vacation ‖ this year?(2G7D)(") 너는 | 가졌니 ‖ 휴가를 ‖ 올 해?
④ They | 've played ‖ tennis ‖ three times this week.(2G10A)(경험/빈도)
그들은 | 경기했다 ‖ 테니스를 ‖ 이번 주 3차례.
④ Susan really loves that book. She | 's read ‖ it ‖ three times.(2G7B)(")
수잔은 그 책을 정말 좋아해. 그녀는 | 읽었어 ‖ 그것을 ‖ 세 차례.
④ Have you | seen ‖ Lisa ‖ this morning?(2G9B)(계속) 너는 | 보았니 ‖ 리사를 ‖ 오늘 아침?
(현재완료진행)

④ Ben is watching TV. He | 's been watching ‖ TV ‖ all day.(2G9C)
벤은 티비를 시청하고 있어. 그는 | 시청해 오고 있었다 ‖티비를‖ 온종일.
④ Amy is writing e-mails. She | 's been writing ‖ emails ‖ all morning.(2G9C)
애이미는 이메일을 쓰고 있어. 그녀는 | 써오고 있었다 ‖이메일은 ‖ 오전 내내.

⑥ NPP'N'(n)

⑥ A letter | arrived | for you ‖ this morning.

예문은 ⑥형 NPP'N'(n)이다. N'는 시간 부가어인 명사구 this morning.이다.
다음과 같이 분석된다. 즉 NPP'N'=NPP'+N'의 관계에 있다.

⑥ A letter | arrived | for you ‖ this morning.
　한 편지가 | 도착했다 | 널 위해 ‖ 오늘 아침에.
③ A letter | arrived | for you. + ⓪ ‖ this morning.
　편지가 | 도착했다 | 널 위해. + ‖ 오늘 아침

♣ 유형별 예문
(단순현재)
⑥ Her divorce case | comes | up ‖ next month.(OAD) 이혼 사건은 | 온다 | 올라 ‖ 다음 달.
⑥ The new model | goes | on sale ‖ next month.(OAD) 새로운 모델은 | 간다 | 세일로 ‖ 다음 달.
⑥ We | go | on vacation ‖ every summer.(1G104D) 우리는 | 간다 | 휴가를 ‖ 여름마다.
⑥ We | go | camping ‖ tomorrow.(SBE34))(단미대용) 우리는 | 간다 | 캠핑 ‖ 내일 |
⑥ Can you | hold | on ‖ a minute?(can you wait?)(1G206) 넌 | 지속할 수 있니 | 계속 ‖ 1분간?
(단순과거)
⑥ A letter | arrived | for you ‖ this morning.(OAD) 한 편지가 | 도착했다 | 널 위해 ‖ 오늘 아침.
⑥ He | came | in ‖ just now.(DBE31)(현완 불가) 그는 | 왔다 | 들어 ‖ 방금.
⑥ Nicole | got | married ‖ last week.(1G42A) 니콜은 | 되었어 | 결혼하게 ‖ 지난 주.
⑥ They | got | married ‖ (on) March 12.(2G118D) 들은 | 되었어 |결혼하게‖ 3월 12일.
⑥ The team | went | 11-0 ‖ last season. 그 팀은 | 되었어 ‖ 11 대 0 이 ‖ 지난 시즌.
③ He | stayed | in ‖ all day. 　　　　　그는 |머물렀다 |집에‖ 종일.
⑥ Did she | go | out ‖ last night?(1G12B) 그녀는 | 갔니 | 나 ‖ 지난 밤?
⑥ He | stood | there ‖ a second.(24JB13) 그는 | 서 있었다 | 거기에 ‖ 1초간.
(단순미래)
⑥ We | go | camping ‖ tomorrow.(SBE34) 우리는 | 간다 | 캠핑 ‖ 내일
⑥ I | 'm staying | at home ‖ this evening.(1G23C) 나는 | 머물 것이다 | 집에 ‖ 오늘 저녁.
(현재진행)
⑥ How do you | feel | ∨ ‖ now?(2G4A) 너는 | 느끼니 | 어떻게 ‖ 지금?
⑥ How are you | feeling | ∨ ‖ now?(2G4A) 너는 | 느끼고 있니 | 어떻게 ‖ 지금?
⑥ You | are looking | good ‖ today.(2G4E) 너는 | 보이고 있어 | 좋게 ‖ 오늘은.
⑥ I | 'm staying | at home ‖ this evening.(1G26C) 나는 | 머물고 있다(머문다)| 집에 ‖ 오늘 저녁.

☐ 전치사구 부가어(preposition phrase)

A. 단순 전치사구 부가어(simple preposition phrase)

> I gave the key to her. (to~)
> He took the boy to the park. (to~)

② NPN'(pr~)

> ② I | gave ‖ (to) her.
> ② He | went ‖ to the park.

예문은 ②형 NPN'(pr~)이다. P는 자동사, N'는 전치사구 부가어(협의) | 목적어이다. 다음과 같이 분석된다. 즉 NPN'(pr~)=NP+N'(pr~)의 관계에 있다.

② I | gave ‖ (to) her.   나는 | 주었다 ‖ 그녀에게.
① I | gave…+ ⓪ ‖ (to) her.   나는 | 주었다…+ ‖ 그녀에게..

② He | went ‖ to the park.   그는 | 갔다 ‖ 공원에.
① He | went. + ⓪ ‖ to the park. 그는 갔다. + ‖ 공원에

♣ 유형별 예문
(목적어)
② I | 'll agree ‖ to your suggestion if you lower the price.(PEU426,RTK71:91)
  나는 | 동의할 거야 ‖ 네 제안에, 네가 가격을 낮춘다면.
② He | apologized ‖ to me.(2G128D)(행위의 상대방) 그는 | 사과했어 ‖ 내게
② "Whoa!" Hans | called ‖ to the horse, catching his reins.(Fr'n94)(대상)
  "와!" 한스가 | 불렀어 ‖ 그 말에게, 고삐를 잡으면서.
② No one | shall dictate ‖ to me.(ECD523) 아무도 | 강요할 수 없어 ‖ 내게.
② You | 're not listening ‖ to me.(1G3A) 너는 | 듣고 있지 않아. 나에게.
② She | looked ‖ to Langdon.(1DB104)(향해보다) 그녀는 | 보았어 ‖ 랭돈에 향해.
② | Look ‖ to your bags!(=check on, keep an eye on)(6WS6,50) | 지켜 보아라 ‖ 네 가방을
② I | looked ‖ to the right.(17NG30) 나는 | 보았다 ‖ 오른 쪽을 향해.
② Can I | speak ‖ to Chris, please?(1G111A) 나 | 말할 수 있어요 ‖ 크리스에게?
② This paragraph | refers ‖ to the events of last year.(OAD)
  이 파라그라프는 | 언급해 ‖ 작년의 이벤트에 대해.
② You | never talk ‖ to me.(1G61B) 너는 | 절대 말하지 않아 ‖ 나에게.
② I tried calling the company. but they didn't answer, so I | wrote ‖ to them.(1G114A)
☆ '전치사+목적어'를 전치사구 목적어(prepositional object)라고도 부른다.(LSW129-130)
(부가어)
② Does this book | belong ‖ to you?(1G111A)(소속) 이 책이 | 속하니 ‖네게?
② Larry | flew ‖ to Jamaica.(LEG127)(방향 | 도착점) 래리가 | 날아갔어 ‖ 자마이카로.
② I | usually get(or arrive) ‖ to work (before 8:30).(1G54C)(방향 | 도착점)
  나는 | 통상 도착한다 ‖ 직장에 (8시반 전에)

② I | went ‖ to a party (last night).(1G106B) 나는 | 갔다 ‖ 파티에 (지난밤).
② I was very tired and | went ‖ to sleep (quickly).(1G53A,24JB79)
　　나는 매우 피곤해서. | 갔다 ‖ 잠으로 (잠이 들다) (빨리). (1G53A, 24JB79)
② Dan | doesn't go ‖ to an office. He works at home.(1G106B)
　　댄은 | 가지 않는다 ‖ 사무실에. 그는 집에서 일해.
② I can't find my pen. What | happened ‖ to it?(1G111A) 펜을 찾을 수 없어. 그것 어떻게 됐니?
② He | succeeded ‖ to his father's estate.(DED) 그는 | 상속했다 ‖ 아버지의 재산을.
② He | took ‖ to the park.　　　그는 | 갔다 ‖ 공원을 향하여..

```
② The key   | was given  ‖ (to) her.
② The boy   | was taken  ‖ to the park.
```

예문은 ②형 NPN'(pr~)이다. P는 수동사, N'은 전치사구 수동목적어이다.
다음과 같이 분석된다. 즉 NPN'=NP+N' 의 관계에 있다.

② The key | was given ‖ (to) her. 그 열쇠들은 | 주어졌다 ‖ 그녀에게.
① The keys | was given. + ⓪ ‖ (to) her. 그 열쇠들은 | 주어졌다. + ‖ 그녀에게.

② The boy | was taken ‖ to the park. 그 소년은 | 데려가졌다 ‖ 공원에.
① The boy | was taken. + ⓪ ‖ to the park. 그 소년은 | 데려가졌다. + ‖ 공원에.

♧ 유형별 예문
(목적어)
② Your offense | will be forgiven ‖ (to) you.(BEG248) 너의 죄는 | 용서될 것이다 ‖ 네게.
② The key | was given ‖ (to) her. 열쇠는 | 주어졌다 ‖ .그녀에게.
② The information | was given ‖ (to) the police.(2G42A,3G22A) 그 정보는 | 주어졌다 ‖ 경찰에.
② The book | was lent ‖ (to)) me.(REG389) 그 책은 | 빌려줬어요 ‖ 내게.)
② A job | was offered ‖ (to) him.(영작사전) 일자리가 | 제안되었다 ‖ 그에게.
② A letter | was sent ‖ (to) me (by her).(DBE66,AES82) 한 통의 편지가 | 쭈어졌다 ‖ 내게.
② The boy | was taken ‖ to the park. 그 소년은 | 데려 졌다 ‖ 공원에.
② French | is taught ‖ (to) us (by her). 프랑스어는 | 가르쳐진다 ‖ 우리에게 (그녀에 의해).
② The truth | has been told ‖ (to) her.(Forum) 진실은 | 말해졌다 ‖ 그녀에게.
☆ 전치사구 목적어의 경우 다음과 같이 그 전치사의 목적어를 주어로 하는 수동문이 성립한다. ② She | was given ‖ the keys. ① I | 'm not being listened (‖) to.이다. to는 주어와 분리된 채 잔류한다.
　② My words | were paid ‖ no attention (‖) to. to는 잔류가 원칙이지만 give의 경우에는 생략된다.
(부가어)
② The problem | was explained ‖ to us.(3G22A) 그 문제는 | 설명되었다 ‖ 우리에게.
② I | am used ‖ to the weather in this country.(2G59D) 나는 | 익숙하다 ‖ 이 나라의 날씨에.

```
② He | 's always very nice ‖ to me.
```

예문은 ②형 NPN'(pr~)이다. P는 비동사술어, N'은 전치사구 부가어(협의)이다.
다음과 같이 분석된다. 즉 NPN'=NP+N' 의 관계에 있다.

② He | 's always very nice ‖ to me. 그는 | 언제나 매우 친절하다 ‖ 나에게.
② He | 's always very nice. + ⓪ ‖ to me. 그는 | 언제나 매우 친절하다. + ‖ 나에게.

♣ 유형별 예문
② Sue | is married ‖ to a dentist.(1G110A)(상태의 대상) 수는 | 결혼한 상태야 ‖ 치과의사에게
② He | 's always very nice ‖ to me.(1G110A)(감정의 대상) 그는 | 언제나 매우 친절하다 ‖ 나에게.
② (Why) were you | unfriendly ‖ to Lucy?(")2G127A) (왜) 너는 | 불친절하니 ‖ 루시에게?
② Your writing | is similar ‖ to mine.(2G128C)(비교의 대상) 네 글씨는 | 비슷하다 ‖내 것에.
② That | 's news ‖ to me.(Truman Show)(") 그것은 | 뉴스야 ‖ 내게.
② This book | is of great interest ‖ to us.(") 이 책은 | 매우 중요해 ‖ 우리에게.

④ NPN'N"(pr~)

> ④ I | gave ‖ the key ‖ to her.
> ④ He | took ‖ the boy ‖ to the park.

예문은 ④형 NPN'N"(pr~)이다. P는 타동사, N'는 전치사구 목적어/부가어(협의)이다.
다음과 같이 분석된다. 즉 NPN'N"=NPN+N"의 관계에 있다.

④ I | gave ‖ the key ‖ to her.   나는 | 주었다 ‖ 그 열쇠를 ‖ 그녀에게.
② I | gave ‖ the key. + ⓪ ‖ to her 나는 | 주었다 ‖ 그 열쇠를.+‖ 그녀에게

④ He | took ‖ the boy ‖ to the park. 그는 | 데려갔다 ‖ 그 소년을 ‖ 공원에.
② He | took ‖ the boy. + ⓪ ‖ to the park. 그는 | 데려갔다 ‖ 그 소년을.+‖ 공원에

♣ 유형별 예문
(목적어)
④ I | asked ‖ a question about withoutness ‖ to him.(국제영어사전)
   나는 | 물었다 ‖ <없다는 것에> 대한 질문을 ‖ 그에게.
④ They | donated ‖ money ‖ to the museum.((PEU603) 그들은 | 기증했다 ‖ 돈을 ‖ 박물관에.
④ That's my book. | Give ‖ it ‖ to me.(=Give me it)(1G94B,LSW929)
   그건 내 책입니다. | 주세요 ‖ 그것을 ‖ 제게.
④ I | lent ‖ my car ‖ to a friend of mine.(1G94B) 나는 | 빌려줬다 ‖ 차를 ‖ 내 친구에게.
④ Can you | pass ‖ that bandage ‖ to me?(3G29A) 넌 | 건네 줄 수 있니 ‖그 붕대를 ‖ 내게?
④ All the students | paid ‖ no attention ‖ to him. 모든 학생들은 | 안 주었다 ‖주목을 ‖ 그에게.
④ They | paid ‖ no attention ‖ to my words.(SBE87) 그들은 | 주지 않았다 ‖ 주의를 ‖내 말에.
④ He | played ‖ the piece ‖ to me.(or for me)(3G29B) 그는 | 연주했다 ‖ 그 곡을 ‖ 나에게.
④ I | prefer ‖ tea ‖ to coffee.(2G58B, 3G133C)(비교대상) 나는 | 선호한다 ‖ 차를 ‖ 커피보다.
④ Cows | provide ‖ milk ‖ to us.(or for us)(3G29B)
   암소는 | 공급한다 ‖ 우유를 ‖ 우리에게(또는 우리를 위하여)
④ Did you | send ‖ a postcard ‖ to Kate?(1G94B) 너 | 보냈니 ‖ 한 엽서를 ‖ 케이트에게?
④ She | served ‖ beer ‖ to them.(SBE268) 그녀는 | 봉사했다 ‖ 맥주를 ‖ 그들에게.
④ You | showed ‖ them(=pictures) ‖ to us .(1G94B) 너는 | 보여줬다 ‖ 그림들을 ‖ 우리에게.
④ The attendant | showed ‖ us ‖ to our seats..(OAD)(안내[인도]하다)
④ Can you | sing ‖ that song ‖ again to us?(3G29B)

④ 너는 | 불러줄 수 있니 ‖ 그 노래를 ‖ 우리에게 다시?
④ She | told ‖ this joke ‖ to me.(3G29D) 그녀는 | 이야기했어 ‖ 농담을 ‖ 내게.
④ Lisa | threw ‖ the key ‖ to me (from the window).(2G129D)
  리자는 | 던졌어 ‖ 그 키를 ‖ 내게 (창문으로부터)
④ I hadn't got time to visit Ann, so I | wrote ‖ a letter ‖ to her.(3G29B)
  나는 앤을 방문할 시간이 없었다. 그래서 | 썼다 ‖ 한 편지를 ‖ 그녀에게.
☆ In English, new information usually comes at the end of the clause. So, when the indirect object is new information and direct object is not, the indirect object is put at the end of the clause.(Cobuild, ibd at 160)
☆ Instead of putting the indirect object in front of the direct object, it is possible to put it in a prepositional phrase that comes after direct object.(Cobuild, ibd at 159) If the DO is a pronoun, a pattern with DO+preposition is usual.(3G29A)

(부가어)

④ I | 'm not asking ‖ Tom ‖ to the party.(3G10C) 나는 | 요청하고 있지 않아 ‖ 톰을 | 파티로.
④ He | called ‖ them ‖ to him.(GB484) 그는 | 불렀다 ‖그들을 ‖ 그의 쪽으로.
④ He | carried ‖ the baby ‖ to the doctor.(PEU603) 그는 | 데려갔다 ‖ 그 아기를 ‖ 의사에게.
④ She | described ‖ the situation ‖ to me.(*but not* me the situation)(3G29D,PEU603)
  그녀는 | 묘사했다 ‖ 그 상황을 ‖ 나에게. She | described ‖ me ‖ the situation.은 불가
④ Can you | explain ‖ this word ‖ to me?((2G129A) 너 | 설명할 수 있니 ‖ 이 단어를 ‖ 내게?
④ Larry | went ‖ by plane ‖ to Jamaica.(LEG127) 래리는 | 갔다 ‖ 비행기로 ‖ 자마이카에.
④ I | generally go ‖ by bus ‖ to work.(3G47D) 나는 | 일반적으로 간다 ‖ 버스로 ‖ 직장에.
④ She | introduced ‖ me ‖ to her friends.(NED) 그녀는 | 소개했다 ‖ 나를 ‖ 그녀 친구들에게.
④ They | invited ‖ a few people ‖ to their wedding.(3G133C)
  그들은 | 초대 했다 ‖ 몇 명의 사람들을 ‖ 결혼식에.
④ An inflation rate of on 2 percent | makes ‖ a big difference ‖ to exports.(3G42D)
  2%의 인플레이션 율은 | 만든다 ‖ 큰 차이를 ‖ 수출에.
④ She | had made ‖ it ‖ to the door.(Fr'n120) 그녀는 그 문으로 향해 갔다.
④ I'd like [| to propose ‖ a toast ‖ to the bride and groom].(OAD)
  나는 [신랑 신부에게 건배를 제의하고] 싶습니다.
④ I | pushed ‖ the plate ‖ to Ann.((PEU603) 나는 밀었다 ‖ 접시를 ‖ 앤 쪽으로.
④ Ann | said ‖ good-bye ‖ to me and left.((2G46C)
  앤은 | 말하고 ‖ 안녕이라고 ‖ 내게, 그리고 떠났다.
④ Can you | suggest ‖ a good dentist ‖ to me?((PEU603)
  너는 | 제안할 수 있습니까 ‖ 좋은 치과의사를 ‖ 내게?
④ And I | smiled ‖ myself ‖ to sleep.(24JB86) 나는 | 미소로 청했다 ‖ 내 자신을 ‖ 잠에.
④ I | suggested ‖ another plan ‖ to the committee.(YBM)
  나는 | 제의했다 ‖ 또 다른 계획을 ‖ 위원회에.
④ He hates going shopping. I | have to take ‖ his clothes ‖ to him.(3G29X)
  그는 쇼핑 가는 것을 싫어해. 나는 | 가져가야 해 ‖ 그의 옷들을 ‖ 그에게.
④ Shall I | take ‖ a gift ‖ to my host family?(OAD)
  내가 | 가져가야 할까요 ‖ 나의 호스트 가족에게 ‖ 선물을?
④ I | generally take ‖ the bus ‖ to work.(3G47D) 나는 | 일반적으로 탄다 ‖ 버스를 ‖ 출근차.
④ He | took ‖ the boy ‖ to the park.(방향 | 도착점) 그는 | 데려갔다 ‖ 그 소년을 ‖ 공원으로.
☆ (대)명사 간접목적어를 취하지 않는 동사: admit, announce, carry, demonstrate, donate, explain, introduce, mention, prove, push, report, say, suggest(3G29D,PEU603)

---

④ | Just picture 『to yourself ‖ the war and its terror.

예문은 ④형 NPN"(pr~)N'이다. N"는 전치사구 부가어이다.
다음과 같이 분석된다. 즉 NPN"N'(pr~)=NNPN'N"(pr~)=NPN'+N"(pr~)의 관계에 있다.

④ | Just picture 『to yourself ‖ the war and its terror. | 그려라 『자신에게 ‖ 전쟁과 그 공포를.
② | Just picture ‖ the war and its terror.+⓪ ‖ to yourself | 그려라 ‖ 전쟁과 그 공포를.+자신에게

♧ 유형별 예문
④ I | am sending 『to you ‖ Timothy, my son whom I love, who is faithful in the Lord.(1Co4:17)
　　내가 주 안에서 내 사랑하고 신실한 아들 디모데를 너희에게 보내니

⑥ NPP'N'(pr~)

```
            ⑥ The truth | became | known ‖ to us all.
```

예문은 ⑥형 NP'P"N"(pr~)이다. N'는 전치사구 부가어(협의)이다.
다음과 같이 분석된다. 즉 NP'P"N"=NP'P"+N"의 관계에 있다.

⑥ The truth | became | known ‖ to us all. 진실이 | 되었다 | 알려지게 ‖ 우리 모두에게.
③ The truth | became | known.+ ⓪ ‖ to us all. 진실이 | 되었다 | 알려지게.+우리 모두에게.

♧ 유형별 예문
⑥ It's not good [| to appear | that way ‖ to other people].(KsS139)
　　[| 등장하는 것은 | 다른 사람들에게 ‖ 그런 식으로 |] 좋지 않아요.
⑥ She | 's kind of grown | attached ‖ to me.(ECD538)
　　그녀는 | 되었다 | 애착을 가지게 ‖ 나에게.
⑥ We | became(or got, grew) | accustomed‖ to the noise.(NED)
　　우리는 | 되었다 | 익숙하게 ‖ 그 소리에 대해.
⑥ The truth | became | known ‖ to us all.(EJD)
　　진실이 | 되었다 | 알려지게 ‖ 우리 모두에게.
⑥ Their bodies | have become | adapted ‖ to high altitudes.(3G21C)
　　그들의 몸은 | 되었다 | 적응되게 ‖ 높은 고도에.
⑥ We | are inseparably bound | in love ‖ to each other.(ECD538)
　　우리는 | 떨어질 수 없게 매였어 | 사랑에 ‖ 서로에게.
⑥ | Come | with me ‖to Sir Meligrance's castle.(KA17) | 오라 | 나와 함께‖ 멜리그란스 성 으로.
⑥ The children | came | running ‖ to her.(MBE50) 아이들이 | 왔다 | 달려 ‖ 그녀에게.
⑥ Byron | fell | victim ‖ to Alzheimer's disease.(YBM)
　　그는 | 죽었다 | 희생자로 ‖ 알즈하이머 병에.
⑥ Langdon | felt | widely drawn ‖to her.(1DB567) 랭돈은 | 느꼈다 | 넓게 끌려지게 ‖ 그녀에게.
⑥ I expect [we | 'll get | used ‖ to the noise].(2G59B)
　　나는 [우리가 그 소리에 익숙하게 될 것을] 기대한다.
⑥ I | don't often get | invited ‖ to parties.(2G42D) 나는 | 종종 된다 | 초청받게 ‖ 파티에.
⑥ She | went | downstairs ‖ to the cellar.(3G74D) 그는 | 갔다 | 아래층으로 ‖ 지하실을 향해.
⑥ And so finally Mother | gave | in ‖ to me.(6JB71) 마침내 어머니가 | 주셨다 | 양보해 ‖ 내게.
⑥ Abram | passed | through the land ‖ to the place at Shechem.(Gen12:6)
　　아브람은 | 지나 | 그 땅을 통과하여 셈엠에 있는 그 장소에 이르렀다.

⑥ That | seems | the best solution ‖ to me.(Shadows in the Wind 98)
　그것은 | 보인다 | 가장 좋은 해결책으로 ‖ 나에게.
⑥ That | sounds | good ‖ to me.(LSW443)　그것은 | 들린다 | 좋게 ‖나에게.
⑥ This | doesn't sound | like a good idea ‖ to me.(13JB25)
　이것은 | 보이지 않는다 | 좋은 생각 같이 ‖ 나에게.
⑥ | Don't talk | back ‖ (to) your teacher.(=retort) | 말하지 마세요 | 대꾸하여 ‖ 선생님께.
⑥ We | walked | up the hill ‖ to the house.(1G108) 우리는 | 걸었다 | 언덕 위로 ‖집을 향해.

[Supplement]: to death
② I | was going to choke ‖ to death.(JDS173) 나는 | 숨막혀 ‖ 죽을 뻔 했다.
② I | put ‖ to death and I bring to life.(Deu32:39) 나는 죽이기도 하며 살리기도 한다.
② We |'d starve ‖ to death.(JDS173)　 우리는 | 굶어 ‖ 죽을 뻔 했다.
② I |'m hungry ‖ to death.　　　　나는 | 배고파 ‖ 죽을 지경이다..
② I |'m scared ‖ to death.(ECD173) 나는 | 놀라서 ‖ 죽을 지경이다.
④ The movie | bored ‖ me ‖ to death.(ECD212) 그 영화는 | 지루하게 했다 ‖ 나를 ‖ 죽도록.
④ Are you going to feed me or | talk ‖ me ‖ to death?(8JG45)
　　너는 나를 먹여 살릴 거야 아니면, | 말로 ‖ 나를 ‖ 죽게 할 거야?)
④ He | starved | himself ‖ to death.(MM760) 그는 | 굶었다 ‖ 자신이 ‖ 죽을 정도로.
④ I think [your present | will thrill ‖ Sandy ‖ to death].(EID894)
　　[당신의 선물이 샌디에게 죽을 정도로 흥분시킬 것이라고] 나는 생각한다.
④ She | has worried ‖ me ‖ to death.(1LT639) 그녀는 | 걱정시켰다 ‖ 나를 ‖ 죽을 만큼.
⑥ Alice | looked | done | almost to death.(2SK179) 엘리스는 | 보였다 | 끝나게 ‖ 거의 죽게.

They drank coffee from paper cups. (from~)

---

② NPN'(pr~)

---

② He | is drinking ‖ from the glass.

예문은 ②형 NPN'(pr~)이다. P는 자동사, N'는 전치사구 부가어이다.
다음과 같이 분석된다. 즉 NPN'(pr~)=NP+N'(pr~)의 관계에 있다.

② He | is drinking ‖ from the glass.　　그는 | 마시고 있다 ‖ 그 잔으로부터.
① He | is drinking. + ⓪ ‖ from the glass. 그는 | 마시고 있다. + ‖ 잔으로부터.

❧ 유형별 예문
② Have you | heard ‖ from Jane (recently)?(2G131B) 너 | (소식)들었니 ‖ 제인으로부터 (근래)?
② But I | part ‖ from youl, the time is up.(FN24) 나는 | 헤어 진다 ‖ 너로부터, 시간이 되었다.
② Who | has been drinking ‖ from my cup?(EJD,4JG57) 누가 | 마셔오고 있었니 ‖ 내 컵으로?

---

② I | was delivered ‖ from the lion's mouth.

예문은 ②형 NPN'(pr~)이다. P는 수동사, N'는 전치사구 부가어이다.

다음과 같이 분석된다. 즉 NPN'(pr~)=NP+N'(pr~)의 관계에 있다.

② I | was delivered ‖ <u>from</u> the lion's mouth.   나는 | 구해졌다 ‖ 사자 입에서.
① I | was delivered. + ⓞ ‖ <u>from</u> the lion's mouth. 나는 | 구해졌다 +‖ 사자 입에서.

♣ 유형별 예문
② And I | was delivered ‖ <u>from</u> the lion's mouth.(2Ti4:17) 나는 | 구원되었다 ‖ 사자 입으로부터.
② Today you are driving me from the land, and I | will be hidden ‖ <u>from</u> your presence;(Ge4:14)
   오늘 주께서 나를 지면에서 나를 쫓아내시니 내가 주의 면전에서 감추어질 것입니다.

```
          ② She | is very different ‖ from her sister.
```

예문은 ②형 NPN'(pr~)이다. P는 자동사, N'는 전치사구 부가어이다.
다음과 같이 분석된다. 즉 NPN'(pr~)=NP+N'(pr~)의 관계에 있다.

② She | is very different ‖ <u>from</u> her sister.   그는 | 매우 다르다 ‖ 그녀 자매로부터.
① She | is very different. + ⓞ ‖ <u>from</u> her sister. 그는 | 매우 다르다.+‖ 그녀 자매로부터.

♣ 유형별 예문
② Lisa | is very different ‖ <u>from</u> her sister.(1G110A)(구별대상)
   리사는 | 매우 다르다 ‖ 그녀의 자매로부터.
② Is Portuguese very different <u>from</u> Spanish?(OAD)(구별대상)
   포르투갈어는 | 매우 다른가요 ‖ 스페인 어로부터?
② I |'m tired ‖ <u>from/with</u> hard work.   나는 | 피곤해 ‖ 중노동으로.
② He | is weak ‖ <u>from</u> the hunger.(EJD693)(원인/이유) 그는 | 쇠약하다 ‖ 굶주림으로.

④ NPN'N"(pr~)

```
          ④ They | drank ‖ coffee ‖ from paper cups.
```

예문은 ④형 NPN'N"(pr~)이다. N"는 전치사구 부가어이다.
다음과 같이 분석된다. 즉 NPN'N"(pr~)=NPN'+N"(pr~)의 관계에 있다.

④ They | drank ‖ coffee ‖ <u>from</u> paper cups.   그들은 | 마신다 ‖ 커피를 ‖ 종이컵으로부터.
② They | drank ‖ coffee.+ⓞ‖<u>from</u> paper cups. 그들은 | 마신다 ‖ 커피를.+‖ 종이컵으로부터.

♣ 유형별 예문
④ He | never asked ‖ anything ‖ <u>from/of</u> me.
   그는 | 요구하지 않았다 ‖ 어떤 것도 ‖ 나로부터/내게서.
④ They | asked ‖ <u>for</u> feedback ‖ <u>from</u> consumers.(YBM)
   그들은 | 요청했다 ‖ 피드백을 ‖ 소비자들로부터.
④ I | 'm going to borrow‖ some money ‖ <u>from</u> the bank.(1G91A)
   나는 | 빌리려고 한다 ‖ 약간의 돈을 ‖ 은행으로부터.
④ Mother | called ‖ <u>to</u> me ‖ <u>from</u> Ollie's room.(24JB79)
   엄마가 | 불렀다 ‖ 나에게 ‖ 올리 방에서.

④ And lead us not into temptation, but | deliver ‖ us ‖ from the evil one.(Mt6:13)
　우리를 시험에 들게 하지 마시옵고 다만 악에서 구하시옵소서
④ Most of them | drank ‖ coffee ‖ from paper cups.(4JG45, HaM565)
　그들 대부분은 | 마셨다 ‖ 커피를 ‖ 종이컵으로.
④ We | must distinguish ‖ good ‖ from evil.(DED) 우리는 | 구별해야 한다 ‖ 선을 ‖ 악으로부터..
④ Sunblock | protects ‖ the skin ‖ from (or against) the sun.(2G132C)
　선크림은 | 보호한다 ‖ 피부를 ‖ 태양으로부터.
④ She | saved ‖ her baby ‖ from the fire. 그녀는 | 구했다 ‖ 그녀의 아기를 ‖ 불에서.
④ We | can see ‖ the ocean ‖ from our hotel window.(2G25A)(위치/입장)
　우리는 | 볼 수 있다 ‖ 바다를 ‖ 호텔 창문으로부터.
④ He | shouted | to me ‖ from the other side of the street.(2G129D)
　그는 | 소리쳤다 ‖ 내게 ‖ 거리의 다른 편으로부터.
④ I | cannot tell ‖ him ‖ from his twin brother.(distinguish)(구별대상)
　나는 | 이야기할 수 없다 ‖ 그를 ‖ 그의 쌍둥이 형제로부터.*구별하다
④ You | can tell ‖ a lot about a person ‖ from their handwriting.(OAD)(판단근거)
　당신은 | 말할 수 있습니다 ‖ | 사람에 대한 많은 것을 ‖ 그들의 손 글씨로부터.

```
                 ④ I | will remove 『from you ‖ your heart of stone,
```

예문은 ④형 NPN"(pr~)N'이다. N"는 전치사구 부가어이다.
다음과 같이 분석된다. 즉 NPN"N'(pr~)=NNPN'N"(pr~)=NPN'+N"(pr~)의 관계에 있다.

④ I | will remove ‖ 『from you ‖ your heart of stone. 나는 | 제거할 것이다 『네게서 ‖ 굳은 마음을.
② I | will remove ‖ your heart of stone.+Ⓞ‖ from you 나는 | 제거할 것이다 ‖ 네게서.+‖ 굳은 마음

♧ 유형별 예문
④ I | will remove 『from you ‖ your heart of stone and give you a heart of flesh.(Eze36:26)
　너희 육신에서 굳은 마음을 제거하고 부드러운 마음을 줄 것이다.
④ I | will wipe 『from the face of the earth ‖ every living creature I have made.(Ge7:4)
　내가 지은 모든 생물을 지면에서 쓸어버리리라

⑥ NPP'N'(pr~)

```
                 ⑥ She | felt | different ‖ from others.
```

예문은 ⑥형 NP'P"N"(pr~)이다. N'는 전치사구 부가어(협의)이다.
다음과 같이 분석된다. 즉 NP'P"N"=NP'P"+N"의 관계에 있다.

⑥ She | felt | different ‖ from others.　그녀는 | 느낀다 | 다르게 | 다른 사람들로부터.
⑥ She | felt | different. + Ⓞ ‖ from others. 그녀는 | 느낀다 | 다르게.+‖ 다른 사람들로부터.

♧ 유형별 예문
⑥ He | became | free ‖ from lust and desires. 그는 | 되었다 | 자유롭게 ‖ 탐욕과 욕망에서.
⑥ The organization | broke | loose ‖ from its sponsors.(=separate)(OAD)
　그 조직은 | 와해되었다 | 느슨하게 ‖ 스폰서로부터.(=분리되다)

⑥ The horse | had broken | loose ‖ from its tether.(OAD)
　그 말은 | 끊어졌다 | 느슨하게 ‖ 그것의 끈으로부터.
⑥ The mountain | shows | purple ‖ from here.(DED 산이 | 보인다 | 자줏빛으로 ‖ 여기서는.
⑥ Lucien | was carried | screaming ‖ from the court.(12JG29)
　루시엔이 | 옮겨졌다 | 비명을 지르면서 ‖ 법정으로부터
⑥ The police | came | under attack ‖ from the demonstrators.
　경찰이 | 되었어 | 공격당하게 ‖ 시위자들로부터.
⑥ The people | came | running ‖ from all directions.(Ac21:30)
　사람들이 | 왔다 | 달리면서 ‖ 온 사방에서.
⑥ She | felt | different ‖ from others.(DHL226) 그는 | 느꼈다 | 다르게 ‖ 다른 사람들로부터.
⑥ She | felt | sick ‖ from tiredness.(OAD)(이유) 그녀는 | 느꼈다 | 아프게 ‖ 피곤으로부터.
⑥ I'll call you when [I | get | home ‖ from work].(2G24A)
　나는 [내가 퇴근하여 집에 올 때] 전화할 게요.
⑥ Water | gushed | forth ‖ from a hole in the rock.(OAD)
　물이 | 뿜어져 나왔다 | 앞으로 ‖ 바위에 있는 한 구멍으로부터.

> He told me about the war. (about~)
> That trees deprive the house of light. (of~)

② NPN'(pr~)

> ② He | told ‖ about/of the war.
> ② We | should dispose ‖ of them.

예문은 ②형 NPN'(pr~)이다. N'는 전치사구 목적어이다.
다음과 같이 분석된다. 즉 NPN'(pr~)=NP+N'(pr~)의 관계에 있다.

② He | told ‖ about/of the war.　그는 | 말했다 ‖ 전쟁에 관해/을.
① He | told... + ⓞ ‖ about/of the war 그는 | 말했다.+ ‖ 전쟁에 관해/을.

② We | should dispose ‖ of them. 우리는 | 처분해야 한다 ‖ 그것들을
① We | should dispose... ‖ of them. 우리는 | 처분해야 한다. + ‖ 그것들을

♣ 유형별 예문
(about~)
② We | agree ‖ about the most things.(PEU426) 우리는 | 동의해 ‖ 대부분 일들에 관해.
② He's very selfish. He | doesn't care ‖ about other people.(2G130B)
　그는 매우 이기적이야, 그는 | 관심두지 않아 ‖ 다른 사람들에 관해.
② I | dreamed ‖ about you (last night).(2G131A) 나는 | 꿈꾸었다 ‖ 네게 관해 (지난밤)
② I heard of him but I | did not hear | about him.(EPL34)
　나는 그의 존재에 대해 들었지만 | 듣지 못했어 | 그에 관해
② I | dreamed ‖ about you (last night).(2G131A) 나는 | 꿈꾸었다 ‖ 네게 관해 (지난밤)
② I heard of him but I | did not hear | about him.(EPL34)
　나는 그의 존재를 들었으나 | 듣지 않았다 ‖ 그에 관하여/대하여는.

④ I | 've heard ‖ a lot(or so much/a great deal) ‖ about you.(ECD8)
　　나는 | 들었다 ‖ 많이(그렇게 많이/상당히) ‖ 너에 대하여.
② He | looked ‖ about/around the hall.(EPL33,1NG49,5NG17)) 그는 | 보았다 ‖ 홀 근처 | 주위)를.
② You | know | about Amanda's baby, don't you?(OAD)
　　너는 | 알아 | 아만다의 애기에 관하여, 그렇지 않니?
② The factory workers | didn't know ‖ about the wrong truck.(YBM)
　　공장 근로자들은 | 알지 못했다 ‖ 이 잘못 온 트럭에 대해.
② They | talked ‖ about/over) him.(about him) 그들은 | 이야기 했다 ‖ 그에 대해.
② We | talked ‖ about the problem.(2G60A,1G1092E) 우리는 | 이야기 했다 ‖ 그 문제에 대하여.
② "Will you lend me the money?" "I | 'll | think ‖ about it."(2G131A)
　　"내게 돈 빌려줄 수 있니." "난 | 생각해 볼 게 ‖ 그것에 관하여.
② He | never thinks ‖ about other people.(1G111A) 그는 | 결코 생각하지 않아 ‖ 다른 사람들에 관해.
② I need time < | to think ‖ about/over your proposal>.
　　나는 <네 제안에 관해/대해 생각할> 시간이 필요해.
② We | 'll see ‖ about that (tomorrow).(=consider)(PEU493,3TC24)
　　우리는 | 볼(생각 할) 거야 ‖ 그것에 관해 (내일).
(of~)
('관하여' 용법)
② George | was complaining ‖ of a pain <in his stomach>.(2G131E)
　　조지는 | 불평하고 있었다 ‖ <위장 안의> 통증에 관해.
② Don't tell anyone what I said.-No, I | wouldn't dream ‖ of it.(2G131A)
　　내가 말한 것을 아무에게 말하지 마.- 아니, 나는 | 꿈도 꾸지 않을 거야 ‖ 그것에 관해.
② "Who is Tom Hart?" "I have no idea. I | 've never heard ‖ of him.(2G131B,La1:21)
　　"톰 하트가 누구니?" "나는 몰라, 나는 | 들은 적이 없어 ‖ 그의 존재에 대해?
② I | know ‖ of him but I do not know about him.(존재에 대해 알다)(EPL34)
　　나는 | 알아 ‖ 그의 존재에 대해, 그러나 나는 그에 관해서는 몰라.
② They | will speak ‖ of the glorious splendor of your majesty,..(Ps145:5)
　　주의 존귀하고 영광스러운 위엄에 관해 말할 것이다
② The coffee shops and knitting clubs | talked ‖ of nothing else.(17JG104)
　　커피숍과 뜨개질 클럽은 | 말하지 않았어 ‖ 무엇에 관하여도.
② He told me his name, but I | can't think ‖ of it (now).(2G131C)
　　그는 내게 그의 이름을 말했지만 | 나는 | 생각할 수 없어 ‖ 그것을 (지금).
② He | never thinks ‖ of other people.(1G111A,SBE87) 그는 | 결코 생각지 않아 ‖ 다른 사람에 관해.
② I | 'll think ‖ of some way to get him back. I'll think of it tomorrow.(MM1024,2G131C)
②* I don't think [anything | would come ‖ of this canvass..(1THr71)*부가어(출처)j
②* We had an enormous meal. It | consisted ‖ of seven courses.(2G132A) *부가어(구성)
('약한 제거' 용법)
② They | ate sparingly ‖ of the side meat and dried peas.(MM486)(조금씩 내어 먹다)
② I'll call the tech department and ask [(how) we | should dispose ‖ of them].(SAT)
　　나는 기술 부서에 전화해서 [(어떻게) 그것들을 처분해야 하는지] 묻겠습니다.
② You give but little [when you | give ‖ of your possessions].(Prophet24)
　　당신은 [당신의 소유물을 주는 때에] 오직 거의 조금만 줍니다.

② Little | was known ‖ about him.
② They | were deprived ‖ of food.

예문은 ②형 NPN'(pr~)이다. P는 수동사, N'는 전치사구 부가어(수동목적어)이다.
다음과 같이 분석된다. 즉 NPN'(pr~)=NP+N'(pr~)의 관계에 있다.

② Little | was known ‖ about him.　　　거의 | 알려지지 않았다 ‖ 그에 관해.
① Little | was known...+ ⓞ ‖ about him　거의 | 알려지지 않았다. ‖ 그에 관해.

② They | · were deprived ‖ of food.　　그들은 | 박탈당했다 ‖ 음식에서.
① They | were deprived. + ⓞ ‖ of food.　그들은 | 박탈당했다.+‖ 음식에서.

♧ 유형별 예문
(about~)
② Much debate | has been heard ‖ about Thornton's new book.(3G50A)
　　많은 논쟁이 | 들려왔어 ‖ 손톤의 새 책에 관하여.
② He was a mystery man. Very little | was known ‖ about him.(2G42D)
　　그는 신비로운 사람이었다. 거의 | 알려지지 않았다 ‖ 그에 대해.
② Little | is known ‖ about the painter's early life.(3G52A, PEG18)
　　거의 | 알려져 있지 않아 ‖ 그 화가의 초기 생애에 관하여.
② Yes, that Beethoven business. I | was told ‖ about it.(3ST342)
　　예, 그 베토벤 사업, 나는 | 이야기 들었다 ‖ 그것에 관하여.
② I knew he was a strange person. I | had been warned ‖ about him.(2G131F)
　　나는 그가 이상한 사람이었음을 알았어. 나는 | 경고되어졌다 ‖ 그에 관하여.
(of~)
② What would a student do [if they | were deprived ‖ of book]?(1VP263)
　　학생들은 무엇을 하였을까 [만약 그들이 | 빼앗겼다면 ‖ 책이]?
② They | were (imprisoned and) deprived ‖ of their basic rights.(OAD)
　　그들은 | (투옥되었고) 박탈당했습니다 ‖ 기본권이.
② I must whiten them a little. It | 's expected ‖ of me.(HA288)
　　나는 그걸 약간 희게 해야 해. 그것이 | 기대되었어 ‖ 내게서
② Mulligan | is stripped ‖ of his garment.(3JJ19)　멀리건은 | 벗겨졌다 ‖ 옷이.
② Great care | should be taken ‖ of them.(SBE87)　큰 주의가 | 취해져야 해 ‖ 그들에게.

---

② I | am sorry ‖ about that.

예문은 ②형 NPN'(pr~)이다. P는 비동사술어, 전치사구 부가어이다.
다음과 같이 분석된다. 즉 NPN'(pr~)=NP+N'(pr~)의 관계에 있다.

② I | am sorry ‖ about that.　　나는 | 유감이다‖ 그것에 관해..
① I | am sorry. + ⓞ ‖ about that.　나는 | 유감이다.+ ‖ 그것에 관해..

♧ 유형별 예문
(about~)
② Are you | angry ‖ about last night?(1G113A)　너는 | 화났니 ‖ 지난밤에 대해?
② I'm afraid I can't help you. I | 'm sorry ‖ about that.(1G110A)
　　나는 널 도와 줄 수 없을지 몰라. 나는 | 미안해 ‖ 그것에 관하여.
② I think she's arriving tonight, but I | 'm not sure ‖ about that.(2G128C)

나는 그녀가 오늘 밤 도착한다고 생각해, 그러나 | 확신이 없어 ‖ 그것에 관하여.
② If you | are worried ‖ about the problem, you should do something about it.(2G130A)
　네가 | 걱정된다면 ‖ 그 문제에 관하여, 그것에 관해 너는 무언가 해야 해.
② That | 's enough ‖ about the political situation.(2G138B)
　그것은 | 충분하다 ‖ 그 정치적 상황에 관하여.

(of~)
② Thank you. That | 's very nice ‖ of you.(서술대상)(1G1C, LSW515)
　고마워요, 그것은 | 매우 멋져요 ‖ 당신으로서.
② The room | was full ‖ of people.(1G110A) 그 방은 | 꽉 찼다 ‖ 사람들로.
② I | 'm a little short ‖ of money. Can you lend me some?(2G128B)
　나는 | 좀 부족해요 ‖ 돈이. 당신은 내게 약간 빌려주실 수 있나요?
② He didn't trust me. He | was suspicious ‖ of me.(2G128A)
　그는 나를 신뢰하지 않았다. 그는 | 의심스러워했다 ‖ 나에 관해..
② I think she's arriving tonight, but I | 'm not sure ‖ of that.(2G128C)
　나는 [그녀가 오늘 밤 도착한다고] 생각하지만 나는 | 확신이 없어요 ‖ 그것에 관해.
② Are you afraid of spiders?-Yes, I | 'm terrified ‖ of them.(1G1B)
　너는 거미들을 무서워 해?- 응, 나는 | 경악해 ‖ 그것들을. *비동사술어.
② He keeps on criticizing me. I | 'm really tired ‖ of it.(2G138A)
　그는 계속 저를 비난해요. 나는 | 정말 지쳤어요 ‖ 그것에 관해.

④ NPN'N"(pr~)

> ④ He | told ‖ me ‖ about/of the war.
> ④ That trees | deprive ‖ the house ‖ of light.

예문은 ④형 NPN'N"(pr~)이다. N'는 전치사구 목적어이다.
다음과 같이 분석된다. 즉 NPN'N"(pr~)=NPN'+N"(pr~)의 관계에 있다.

④ He | told ‖ me ‖ about/of the war. 　그는 | 말했다 ‖ 전쟁에 관해/을.
② He | told ‖ me... + ⓪ ‖ about/of the war 　그는 | 말했다. + ‖ 전쟁에 관해/을.

④ That trees | deprive ‖ the house ‖ of light . 나무들은 | 박탈한다 ‖ 집을 ‖ 빛에서.
④ That trees | deprive ‖the house...+⓪ ‖ of light. 그 나무들은 | 박탈한다 ‖ 집을.+‖ 빛에서

♧ 유형별 예문
(about~)
④ Can I | ask ‖ you ‖ about your room rates, please?(NEI)
　내가 | 물어도 될까요 ‖ 방 가격에 관해, 청컨대?
④ He | complained ‖ to the manager of the restaurant ‖ about the food.(1G128E)
　그는 | 불평했어 ‖ 그 식당의 지배인에게 ‖ 음식에 관하여.
④ I just thought [the girl | 's got ‖ a thing ‖ about dirt].(=strong feelings)(Fr'n60)
　나는 단지 [그 소녀가 강한 유감이 있다고] 생각했어.
④ We | knew ‖ very little ‖ about Kerr.(2JP234) 우리는 | 알았다 ‖매우 조금 ‖케르에 관해..
④ Do you | know ‖ anything ‖ about car engines? A little.(3G52A)
　너는 | 아니 ‖ 뭔가를 ‖ 차 엔진에 관하여?
④ You | know ‖ a little(or a lot, much) ‖ about cars.(2G104X,99X,3G52A)

우리는 | 알아 ‖ 약간(또는 많이) ‖ 차에 관하여.

④ I'm glad [you | reminded ‖ me ‖ about the meeting].(1G128D)
　　나는 [네가 그 모임에 관해 나를 상기 시켜 준 것이] 기뻐.
④ I | would speak ‖ to Joe ‖ about it.(Exp471,OAD) 나는 | 말하려 해 ‖ 조에게 ‖ 그것에 관해.
④ He | spoke ‖ to the crowd ‖ about it. 그는 | 말했다 ‖ 군중에게 ‖ 그것에 관해.
④ Did you | talk ‖ to Paul ‖ about the problem?(1G111A)
　　너는 | 이야기 했나 ‖ 폴에게 ‖ 그 문제에 관해?
④ | Do not speak ‖ ill ‖ about the ruler of your people.(Ac23:5)
　　　| 말하지 마라 ‖ 나쁘게 ‖ 네 백성의 통치자에 관하여.
④ Mr. Johnson | told ‖ me ‖ about you.(ECD9) 존손 씨는 | 말했어 ‖ 내게 ‖ 너에 관하여.
④ He | told ‖ me ‖ about/of the war. 그는 | 말했다 ‖ 전쟁에 관해.
④ We | will tell ‖ him ‖ about/of the news.(DED)
　　우리는 | 이야기 할 거야 ‖ 그에게 ‖ 그 소식에 관해/을.
④ Have you | told ‖ anybody ‖ about your new job?(2G201,LEG155)
　　너는 | 이야기 했니 ‖ 누구에게 ‖ 너의 새 일에 관하여?
④ Vicky | warned ‖ me ‖ about the traffic.(1G128E) 비키는 | 경고했어 ‖ 내게 ‖ 교통체증에 관해.
(of~)

('관하여' 용법)
④ | Please advise ‖ us ‖ of any change of address.
　　| 충고해 주세요 ‖ 우리에게 ‖ 주소의 어떤 변경에 관해.
④ I | can assure ‖ you ‖ of her honesty.(DBE12) 나는 | 확인할 수 있다 ‖ 네게 ‖ 그녀의 정직함을.
④ Just wait till I | lay(or take, keep) ‖ hold ‖ of you.(NPV420)
　　내가 너를 붙잡을 때까지 단지 기다리기만 해.
④ The house | reminds ‖ me ‖ of the one I lived in when I was a child.
　　이 집은 | 상기시켜 ‖ 나를 ‖ <내가 어린이였을 때 살았던> 그 집을.
④ Will you | speak ‖ to him ‖ of lessons?(NED) 너는 | 말해 줄래 ‖ 그에게 ‖ 수업들에 관하여?
④ I|'ve had ‖ enough ‖ of my job.(1G110A) 나는 | 했다 ‖ 충분할 만큼 ‖ 나의 직업에 관해.
④ We | lost ‖ the sight ‖ of the car.(SSE176) 우리는 | 잃었다 ‖ 모습을 ‖ 차의.
④ You | shall not make ‖ a fool ‖ of me.(SBE330) 너는 | 만들면 안된다 ‖ 바보를 ‖ 나를/내게서.
④ They | made ‖ much(or light, fun) ‖ of him.(YBM, DED)
　　그들은 | 만들었어 ‖ 대단하게(사소롭게, 재미) ‖ 나를 | 에게서.
④ He | never speak ‖ ill(or highly, well) ‖ of others.(SBE58,94,3Jn12)
　　그는 | 결코 말하지 않아 ‖ 나쁘게 (높게, 잘) ‖ 다른 사람들을.
④ Don't lose this book. | Take ‖ care ‖ of it.(1G111A),131D)
　　이 책 잃어버리지 마. | 해라 ‖ 조심을 ‖ 그것에 관해.
④ I|'ll take ‖ care ‖ of all the travel arrangements.(1G127B,LSW428)
　　난 | 취할 거야 ‖ 보살핌을 ‖ 모든 여행 준비들에.
④ I | have taken ‖ careful note ‖ of your remarks.(OPV372)
　　나는 | 취했어 ‖ 신중한 주의를 ‖ 네 지적에서.
④ A friend of hers | takes ‖ care ‖ of her children.(1G111A)
　　그녀의 한 친구가 | 해 ‖ 보살핌을 ‖ 그녀의 아이들에게.
④ I | didn't think ‖ much(or highly) ‖ of myself].(KM304)
④ What did you think of the film?—I | didn't think ‖ much ‖ of it.(2G131C)
　　너는 그 영화를 어떻게 생각해? - 나는 | 생각하지 않아 ‖ 대단하게 ‖ 그것을.
④ Everyone | thinks ‖ highly(or lightly) ‖ of her teaching.(3G71C)
　　모두가 | 생각한다 ‖ 높이(가볍게) ‖ 그녀의 가르침에.
④ He | wanted ‖ very little ‖ of others.(VW262)

그는 | 원치 않았다 ‖ 거의 아무 것도 ‖ 다른 사람들에게서.
④ Scientists | warned ‖ us ‖ of the effects of global warming.(1G128E)
　과학자들은 | 경고했어 ‖ 우리에게 ‖ 지구온난화의 효과를 | 에 관해.
('제거' 용법)
④ I | asked ‖ a question(or a favor) ‖ of him.(ECD57)
　나는 | 요구했다 ‖ 한 질문(또는 호의를) ‖ 그에게서.
④ I | cleared ‖ my desk ‖ of papers,(OAD) 나는 | 청소했다 ‖ 내 책상을 ‖ 서류들에서. *치우다
④ We | cleared ‖ the road ‖ of snow.(TBP150)(OAD) 우리는 | 청소했다 ‖ 도로를 ‖ 눈에서.
④ I | demand ‖ one thing ‖ of you.(2Sa3:15) 나는 | 요구한다 ‖ 한 가지를 ‖ 네게서.
④ That trees | deprive ‖ the house ‖ of light.(1VP263) 그 나무들은 | 박탈한다 ‖ 집을 ‖ 빛에서.
④ (Why) should you | deprive ‖ yourself ‖ of such simple pleasures?(OAD)
　(왜) 너는 | 빼앗아 하니 ‖ 네 자신을 ‖ 그러한 단순한 즐거움을 ‖ 에서?
④ The parents | expected ‖ too much ‖ of(or from) their son.(EJD)
　그 부모들은 | 기대했다 ‖ 너무 많이 ‖ 그들의 아들에게서(로부터).
④ He | emptied ‖ his purse ‖ of its contents.(ES500,SBE268)
　그는 | 비웠다 ‖ 그의 지갑을 ‖ 그 내용물들을/에서.
④ She | gave ‖ him ‖ of that fair enticing fruit.(Milton234)
　그녀는 | 주었다 ‖ 그에게 ‖ 그 아름다운 유혹적인 과일에서. *분리해서 주다
④ | Give ‖ one another ‖ of your bread.(KG16)
　| 주십시오 ‖ 서로에게 ‖ 당신들의 빵에서. *떼어서 나눠먹다
④ | Don't make ‖ anything ‖ of it.(Think nothing of it).(ECD27)
　| 만들지 마라 ‖ 아무 것도 ‖ 그것에서.(그건 생각지도 마라)
④ They | rid ‖ the house ‖ of rats.(SBE268) 그들은 | 제거했다 ‖ 집을 ‖ 쥐에게서. *쥐를 제거하다
④ A pickpocket | robbed ‖ me ‖ of my purse.(TBP150)
　소매치기가 | 강탈했다 ‖ 나를 ‖ 지갑에서.
④ They | stripped ‖ him ‖ of his clothes..(Lk10:30,SBE266)
　그들은 | 벗겼다 ‖ 그를 ‖ 그의 옷에서.
④ Each animal | takes ‖ advantages ‖ of the instincts of others.(Darwin181)
　각 동물은 | 취한다 ‖ 이득을 ‖ 다른 것들의 본능에서.
☆: of는 off, out of, from 에 비해 '약한 분리' 용법을 나타낸다

⑥ NPP'N'(pr~)

| ⑥ They | became | fond ‖ of each other. |

예문은 ⑥형 NP'P"N"(pr~)이다. N'는 전치사구 부가어(협의)이다.
다음과 같이 분석된다. 즉 NP'P"N"=NP'P"+N'의 관계에 있다.

⑥ They | became | fond ‖ of each other. 그들은 | 되었어 | 좋아하게 ‖ 서로에 관해.
③ They | became | fond. + ⓪ ‖ of each other. 그들은 | 되었어 | 좋아하게.+‖ 서로에 관해.

♧ 유형별 예문
(about~)
⑥ I | felt | proud ‖ about that news.(20JB23) 나는 | 느꼈다 ‖ 자랑스럽게 ‖ 그 소식에 대해.
⑥ | Don't get | upset ‖ about it.(3G21C) | 되지 마세요 ‖ 화나게 ‖ 그것에 대해.
(of~)

⑥ He | had become | aware ‖ of the city.(5SKa) 그는 | 되었다 | 알게 ‖ 그 도시를.
⑥ They | became | fond ‖ of each other.(3G93A) 그들은 | 되었다 | 좋아하게 ‖ 서로를.
⑥ All have sinned and | fall | short ‖ of the glory of God.(Ro3:23)
   모든 사람이 죄를 범하였으매 하나님의 영광에 이르지 못하더니
⑥ All of sudden I | felt | shy ‖ of that guy.(7JB21) 갑자기 나는 | 느꼈다 | 수줍게 ‖ 그 자에게.
⑥ I | got | tired ‖ of the work. 나는 | 되었다 | 지치게 ‖ 그 일에.
⑥ He | looked | nervous ‖ of me.(7JB21) 그는 | 보였다 | 긴장되어 ‖ 내게 대해.
⑥ John | has run | out ‖ of water.(2G136X) 존은 | 딸렸다 | 떨어져 ‖ 물이. *약한 분리

The boy threw a ball at him. (at~)

② NPN'(pr~)

② He | shot ‖ at me.

예문은 ②형 NPN'(pr~)이다. P는 자동사, N'는 전치사구 목적어이다.
다음과 같이 분석된다. 즉 NPN'(pr~)=NP+N'(pr~)의 관계에 있다.
② He | shot ‖ at me.   그는 | 발사했다 ‖ 나에 (근접하게) 향하여.
① He | shot, + ⓪ ‖ at me.   그는 | 발사했다. +‖ 그에 (근접하게) 향하여.

♧ 유형별 예문
(목적어)
② She | grabbed ‖ at/for the branch, missed and fell.
   그녀는 | 잡으려 시도했다 ‖ 나무 가지에 근접하여/향하여, 놓치고 떨어졌다.
cf② She | grabbed ‖ the branch. 그녀는 | 잡았어 | 나무 가지를. *grab it는 실현, grab at it는 미실현
② Eragon | kicked ‖ at Murtagh's right hip.(1CP502) 에라곤은 | 찼다 ‖ 머태그의 오른 쪽 엉덩이를.
② I look stupid with this haircut. Everybody | will laugh ‖ at me.(2G129C)
   나는 이 머리칼로 우둔하게 보여. 모두가 | 비웃을 거야 ‖ 나를(향해).
② She | is looking ‖ at him.(1G61D) 그는 | 쳐다보고 있다 ‖ 그를.
② He | 's looking ‖ at his watch.(1G111A) 그는 | 보고 있었다 ‖ 그의 시계를 쳐다.
② Eat your food properly! Stop [| picking ‖ at it].(EPV422) [그걸 향해 찌르는 것을] 그만둬라.
② He | pointed ‖ at the secretary, who despised being pointed at.(6JG273)
   그는 | 가리켰다 ‖ 그 비서를 향해, 그리고 그녀는 가리킴을 당하는 것을 경멸하였다..
② We saw someone with a gun [| shooting ‖ at birds].(2G129C)
   우리는 총을 가진 누군가가 [새들을 향해 쏘는 것을] 보았다.
② She | snatched(or jerked) ‖ at my shirt, but I ducked back.(JLC83,84)
   그녀는 | 낚아채었지만 ‖ 내 셔츠를 잡아, 나는 몸을 뒤로 젖혔다.
(부가어)
② Water | boils ‖ at 100 degree Celsius.(1'G112B) 물은 | 끓는다 ‖| 섭씨 100에.
② This train is very fast. They | can travel ‖ at very high speed.(1G109X)
   이 열차는 매우 빨라. 그것들은 | 이동할 수 있다 ‖ 매우 빠른 속도로.
② The father | was amazed ‖ at/by his child's talent. 아버지는 | 놀랐어 ‖ 그의 어린애의 재능에.
② Everybody | was surprised ‖ at /by the news.(2G127C) 모두가 | 놀랐다 ‖ 그 뉴스에.
② Are you | good ‖ at math/English?(1G1103A,OAD) 너 | 잘하니 ‖ 수학/영어에 있어서?

④ NPN'N"(pr~)

| ④ The boy | threw ‖ a ball ‖ <u>at</u> me. |

예문은 ④형 NPN'N"(pr~)이다. N'는 전치사구 목적어이다.
다음과 같이 분석된다. 즉 NPN'N"(pr~)=NPN'+N"(pr~)의 관계에 있다.

④ The boy | threw ‖ a ball ‖ <u>at</u> me.   소년이 | 던졌다 ‖ 볼을 ‖ 나에 (근접하게) 향하여.
② The boy | threw ‖ a ball. + ⓪ ‖ <u>at</u> me. 소년이 | 던졌다 ‖ 볼을. + ‖ 나에 (근접하게) 향하여.

♧ 유형별 예문
(목적어)
④ He | looked ‖ <u>behind</u> him ‖ <u>at</u> the rows of cars and deputies.(12JG74)
　　그는 | 보았다 ‖ 그의 뒤를 ‖ 차들과 보안관들의 행열을 쳐다.
④ The doctor | looked ‖ <u>over</u> his glasses ‖ <u>at</u> Ryan's fingers.(3TC24)
　　의사는 | 보았다 ‖ 그의 안경너머로 ‖ 라이안의 손가락들을 향해.
④ | Don't point ‖ that knife ‖ <u>at</u> me. It's dangerous.(2G129C,2G36A)
　　| 겨누지 마라 ‖ 그 칼을 ‖ 나에 근접하여. 그것은 위험해.
④ | Point ‖ it ‖ <u>at</u> the deck.(Star Wars160) | 겨눠라 ‖ 그걸 ‖ 갑판을 향해.
④ | Have ‖ a shot ‖ <u>at</u> it.(have a go | try)(LEG204) | 해라 ‖ 시도를 ‖ 그것에.
④ Somebody | threw ‖ an egg ‖ <u>at</u> the politician.(2G129D)
　　누군가가 | 던졌다 ‖ 한 달걀을 ‖ 그 정치가에 향해.
④ | Don't throw ‖ stones ‖ <u>at</u> the birds.(NEI) | 던지지 마라 ‖ 돌을 ‖ 새들을 향해.
(부가어)
④ A car | uses ‖ more gas ‖ <u>at</u> 70 miles an hour than at 55.(1G109B) *부가어
　　승용차는 | 사용한다 ‖ 더 많은 휘발유를 ‖ 시속55마일보다 70마일에서.

⑥ NPP'N'(pr~)

| ⑥ She | got | angry ‖ <u>at</u> me. |

예문은 ⑥형 NP'P"N"(pr~)이다. N'는 전치사구 부가어(협의)이다.
다음과 같이 분석된다. 즉 NP'P"N"=NP'P"+N'의 관계에 있다.

⑥ She | got | angry ‖ <u>at</u> me.   그녀는 | 되었다 | 화나게 ‖ 나에 (근접하게) 향하여.
③ She | got | angry. + ⓪ ‖ <u>at</u> me. 그녀는 | 되었다 | 화나게.+‖ 나에 (근접하게) 향하여.

♧ 유형별 예문
⑥ Instead, she | got | angry ‖ <u>at</u> Mom.(KsS94) 대신, 그녀는 | 되었다 ‖ 화나게 ‖ 엄마에(대해).
⑥ My mouth | fell | open ‖ <u>at</u> that sight.(19JB13) 내 입이 | 떨어져 | 열렸다 ‖ 그 광경에.
⑥ | Turn | left ‖ <u>at</u> traffic light.(1G117B) | 회전해 | 좌로 ‖ 교통신호에서.
⑥ Go along this road, | then turn | left ‖ <u>at</u> the store.(1G1170C)
　　이 길을 따라 가, | 그리고 회전해 | 왼쪽으로 ‖ 가게에서.

| I didn't charge her for dinner. (for~) |

② NPN'(pr~)

> ② I | paid ‖ for dinner.

예문은 ②형 NPN'(pr~)이다. P는 능동사, N'는 전치사구 목적어이다.
다음과 같이 분석된다. 즉 NPN'(pr~)=NP+N'(pr~)의 관계에 있다.

② I | paid ‖ for dinner.　　　나는 | 지불했다 ‖ 만찬을 위해..
① I | paid. + ⓪ ‖ for dinner.　나는 | 지불했다. + ‖ 만찬을 위해.

♧ 유형별 예문
(목적어)
② We | must allow ‖ for some delay.(DED) 우리는 | 허용해야 한다 ‖ 약간의 지체를.
② I think you'd be good at this job. (Why) don't you | apply ‖ for it?(2G130C)
　　나는 네가 이 일에 잘 할 거라고 생각해, (왜) 너는 | 지원하지 않니 ‖ 그것에?
② When I realized I was wrong, I | apologized ‖ for my mistake.(2G132A)
　　내가 잘못인 것을 깨달았을 때, 나는 | 사과했다 ‖ 나의 실수를
② The little boy | asked ‖ for a sweet.(PEG247) 그 작은 소년은 | 요구했다 ‖ 사탕을.
② I | asked ‖ for a loan.(LEG287) 나는 | 요구했다 ‖ 대출을.
② The injured man's wife | called ‖ for an ambulance.(YBM)
　　그 부상한 남자의 처가 | 소환했다 ‖ 구급차를.
② The occasion | calls ‖ for prompt action. 이 경우는 | 요구한다 ‖ 즉석 행동을.
② Would you | care ‖ for a cup of coffee?(like)(2G130B,2G130B)
　　당신은 | 마실 마음이 있으십니까 ‖ 커피 한잔을?
② The last punch | did ‖ for him.(killed)(CED) 그 마지막 펀치가 | 끝냈다(죽였다) ‖ 그를.
② I | 'm looking ‖ for Sarah. Have you seen her?(1G111A)
　　나는 | 찾고 있다 ‖ 사라를. 너는 그녀를 본 적 있니?
② She lost her key. She | is looking ‖ for it.(search, try to find)(1G111A)
　　그녀는 열쇠를 잃었다. 그녀는 | 찾고 있다 ‖ 그걸 위해.
② I | didn't pay ‖ for them.(different people)(1G61B)
　　나는 | 지불하지 않았다 ‖ 그들을 위해(대신하여).
② Excuse me, sir. You | haven't paid ‖ for the drink.(PEU429)
　　실례해요. 당신은 | 지불하지 않었어요 ‖ 음료수 값을.
② I just started [| to prepare ‖ for the mid-term exam].(대비,각오)(YBM)
　　나는 [중간시험에 대비하여 준비하기를] 시작했다.
② The old lady has no one <| to provide ‖ for her>.(EPV427)
　　그 늙은 숙녀는 <그녀를 위해 돌봐 줄> 아무도 없다.
② The king | have sent ‖ for you.(Hamlet, SBE87, BSH431) 그 왕이 | 소환했다 ‖ 너를.
② Are you | waiting ‖ for Sue?(1G4A,114A) 너는 | 기다리고 있니 ‖ 수를?
(부가어)
② Our dog | went ‖ for the postman (this morning).(attack)(LEG155)
　　우리 개가 | 갔다 ‖ 우체부를 향해 공격해 (오늘 아침)
② He | made ‖ for/toward the door and tried to escape.
　　그는 | 갔어 ‖ 문을 향해 그리고 도망하려 했어.
② I haven't seen her [since she | left ‖ for the office (this morning)].(2G130C)
　　[(오늘 아침) 그녀가 사무실을 향해 떠난 후] 나는 그녀를 보지 못했다.

| ② She | was not charged ‖ for dinner. |

예문은 ②형 NPN'(pr~)이다. P는 수동사, N'는 전치사구 수동목적어이다.
다음과 같이 분석된다. 즉 NPN'(pr~)=NP+N'(pr~)의 관계에 있다.

② She | was not charged ‖ for dinner.   그녀는 | 부담 지워지지 않았다 ‖ 만찬을 위해.
① She | was not charged. + ⓪‖ for dinner. 그녀는 | 부담 지워지지 않았다.+ ‖ 만찬을 위해.

♧ 유형별 예문
② I | was asked ‖ for my present address.(3G66D)나는 | 질문 받아어 ‖ 나의 현주소를.
② Bildad | was called (‖) upon ‖ for the ex-hermit's history.(OHS216)
   빌닷은 | 요구되었다 ‖ 전의 은둔자의 역사에 관하여.
② She | was not charged ‖ for dinner. 그녀는 | 부담지워지지 않았다 ‖ 만찬을 위해.
② His crime | was forgiven ‖ for his minority. 그의 범죄는 | 용서되었어 ‖ 미성년자라는 이유로.
② He | was well known ‖ for his noble acts.(SBE86) 그는 | 잘 알려졌다 ‖그의 고귀한 행동으로.
② She | was well reported (‖) of ‖ for good work.(Aug231)
   그녀는 | 관해) 잘 보고되었다 ‖ 좋은을 f 한 것으로.
② A secretary | was sent ‖ for coffee.(Firm32) 비서는 | 보내졌다 ‖ 커피 가지러.
(비동사술어)
② That | 's too much responsibility ‖ for a child.OAD) 그것은 | 지나친 책임이다 ‖ 어린애로서는.
② Who | was responsible ‖ for all that noise last night?(2G128C)
   누가 | 책임 있니 ‖ 지난 밤의 모든 시끄러운 소리에?
② Hawaii | is famous ‖ for its beach.(1G58C) 하와이는 | 유명하다 ‖ 그 해변으로.
② Everybody said [I | was to blame ‖ for the accident].(2G132B)
   모두가 [내가 그 사고에 책임이 있다고] 말했다.

④ NPN'N"(pr~)

| ④ I | didn't charge ‖ her ‖ for dinner. |

예문은 ④형 NPN'N"(pr~)이다. P는 타동사, N'는 전치사구 목적어이다.
다음과 같이 분석된다. 즉 NPN'N"=NPN+N"의 관계에 있다.

④ I | didn't charge ‖ her ‖ for dinner. 나는 | 부담시키지 않았다 ‖ 그녀에게 ‖ 만찬에 대해.
② I | didn't charge ‖ her.+ ⓪‖ for dinner. 나는 | 부담시키지 않았다 ‖그녀에게.+‖ 만찬에 대해.

♧ 유형별 예문
(능동태)
④ The little boy | asked ‖ me ‖ for a sweet.(PEG247,Jn14:14)
   그 작은 소년은 | 요구했다 ‖ 내게 ‖ 사탕을.
④ A man stopped me and | asked ‖ me ‖ for money.(1G111A,LEG287)
   한 남자가 나를 정지시키고, | 요구했다 ‖ 나에게 ‖ 돈을.
④ I | apologized ‖ to them ‖ for my mistake.(2G132A) 나는 | 사과했다 ‖ 그들에게 ‖ 내 실수로.
④ Everybody | blamed ‖ me ‖ for the accident.(2G132B) 모두가 | 비난했다 ‖ 나를 ‖ 그 사고로.
④ He | fixed ‖ the tap ‖ for me.(but not He fixed me the tap)(3G29D)

　　　　그는 | 고쳤다 ‖ 수도꼭지를 ‖ 나를 위하여..
☆ (대)명사 간접목적어 | 목적보어를 취하지 않는 동사: fix, collect, hold, mend, repair(3G29D)
　단, fix의 직접목적어가 food/drink인 경우는 제외(OAD482) Can I fix you a drink? Can I fix a drink for you?

④ I | 've looked ‖ everywhere ‖ <u>for</u> it.(search)(1G78C) 나는 | 봤다 ‖ 사방을 ‖ 그것을 찾아.
④ I | looked ‖ along the shelves ‖ <u>for</u> the book ⟨I needed⟩.(OAD)
　　　나는 | 보았다 ‖ 책장을 연해 ‖ 내가 필요한 책을 찾아.
④ I | searched ‖ the house ‖ <u>for</u> my keys, but I still can't find it.(2G130C)
　　　나는 | 수색했다 ‖ 집을 ‖ 내 열쇠들을 위해. 그러나 아직 찾을 수 없어.
④ | Please send ‖ someone ‖ <u>for</u> the doctor. | 보내줘요 ‖ 누군가 ‖ 의사를 부르러.
④ Paul | sent ‖ to Ephesus ‖ <u>for</u> the elders of the church.(Act20:17)
　　　바울은 | 보냈다 ‖ 에베소에 ‖ 교회의 장로들을 부르러.
④ He | kindly collected ‖ some library books ‖ <u>for</u> me.(3G29X)
　　　그는 | 친절하게 모아 주었어 ‖ 약간의 도서관 책을 ‖ 나를 위해.
④ The college | prepares ‖ students ‖ <u>for</u> a career in business.(OAD)
　　　그 대학은 | 준비시켜 ‖ 학생들을 ‖ 사업의 경력에 대비하여.
(수동태)
④ Bildad | was called (‖) <u>upon</u> ‖ vivaciously ‖ <u>for</u> the ex-hermit's history.(OHS216)
　　　빌닷은 | 요구되었다 ‖ 생생하게 ‖ 전의 은둔자의 역사에 관하여.
④ His crime | was forgiven ‖ him ‖ <u>for</u> his minority.
　　　그의 범죄는 | 용서되었다 ‖ 그에게 ‖ 미성년자라는 이유로.
④ He | was well known ‖ to the people ‖ <u>for</u> his noble acts.(SBE86)
　　　그는 | 잘 알려졌다 ‖ 사람들에게 ‖ 그의 고귀한 행동으로.
(자동사 :부가어)
④ I | went ‖ to the store ‖ <u>for</u> some fruit.(1G52B) 난 | 갔다 ‖ 가게에 ‖ 약간의 과일을 위해
④ They | 're going ‖ to Brazil ‖ <u>for</u> a vacation.(1G52B) 그들은 | 간다 ‖ 브라질에 ‖ 휴가차.

⑥ NPP'N'(pr~)

| ⑥ I | feel | sorry ‖ <u>for</u> them. |

예문은 ⑥형 NP'P"N"(pr~)이다. N'는 전치사구 부가어(협의)이다.
다음과 같이 분석된다. 즉 NP'P"N"=NP'P"+N'의 관계에 있다.

⑥ I | feel | sorry ‖ <u>for</u> them.　　나는 | 느낀다 | 유감으로 ‖ 그들에게.
③ I | feel | sorry. + ⓪ ‖ <u>for</u> them. 나는 | 느낀다 | 유감으로. ‖ 그들에게.

♧ 유형별 예문
⑥ I | arrived | late ‖ <u>for</u> the concert.(3G71C) 나는 | 도착했다 | 늦게 ‖ 연주회에. ㄴ
⑥ She | cried | out ‖ <u>for</u> him.(12JG484) 그녀는 | 소리쳤다 | 드러내게 ‖ 그를 위해.
⑥ Where did you | go | ∨ ‖ <u>for</u> vacation?(1G12D) 어디에 너는 | 갔었니 ‖ 휴가로?
⑥ You | 'll feel | better ‖ <u>for</u> a good night's sleep.(OAD)(조건)
　　　당신은 . 느낄 거에요 | 더 좋게 ‖ 하루 잠의 좋은 잠으로.
⑥ I | feel | sorry ‖ <u>for</u> them.(1G110A, 2G127D) 나는 | 느낀다 | 미안하게 ‖ 그들을 위해,
⑥ She | feels | beside herself ‖ <u>for</u>(or <u>with</u>) joy. 그녀는 | 느껴 | 제 정신이 아니게 ‖ 기쁨으로.
⑥ This room | would look | more cheerful ‖ <u>for</u> a spot of paint.(OAD)
　　　이 방은 | 보일 것입니다 | 더 기분 좋게 ‖ 약간의 페인트칠로.

⑥ He | was made | responsible ‖ for all ⟨that was done there⟩.
　그는 | 만들어 졌다 | 책임지도록 ‖ ⟨그곳에서 일어난⟩ 모든 일로.

He kissed her on/in the forehead. (on~/in~)

---

② NPN'(pr~)

② He | tugged ‖ on his beard.

예문은 ②형 NPN'(pr~)이다. P는 능동사, N'는 전치사구 목적어이다.
다음과 같이 분석된다. 즉 NPN'(pr~)=NP+N'(pr~)의 관계에 있다.
on~은 '접촉', in~은 '안│내부'를 나타낸다.

② He | tugged ‖ on his beard.　그는 | 당겼다 ‖ 그의 수염에 닿아..
① He | tugged ‖ + ⓞ ‖ on his beard.　그는 | 당겼다... +‖ 그의 수염에 닿아.

♧ 유형별 예문
(on~)
② We | agreed ‖ on the immediate solution of the problem.(EJD)
　우리는 | 동의했다 ‖ 그 문제의 즉각적인 해결에 대해.
② What time will you be home?-I don' know. It | depends ‖ on the traffic.(2G139D)
　너는 언제 집에 있을 거니? - 나는 몰라, 그것은 | 의존해 ‖ 교통체증에.
② I | looked ‖ on the bed.(1NG21) 나는 | 보았다 ‖ 침대 표면을.
② You | can always rely ‖ on Pete. He'll never let you down.(2G139D)
　너는 | 항상 의존할 수 있다 ‖ 피트에게. 그는 널 절대 실망시키지 않을 거야.
② The bigger boys | used to set ‖ on him (almost every morning).(attack)(EPV180)
　더 큰 소년들은 | 공격하곤 했다 ‖ 그에 대해 (거의 매일 아침)
② And nobody | tapped ‖ on me.(1JB45,5) 그리고 누군가 | 살짝 두드렸다 ‖ 나를.
② | Don't trample ‖ on the flowers!(NEI) | 밟지 마라 ‖ 그 꽃들을.
② I | tugged ‖ on her dress.(2JB21) 나는 | 당겼다 ‖ 그의 드레스를.
② He | resolved ‖ on (making) an early start.(OAD) 그는 | 다짐했다 ‖ 이른 출발을.
(신체)
② I | pulled ‖ on Grandma's arm.(2JB21,8JG62) 나는 | 당겼다 ‖ 할아버지의 팔을.
② Orik | tugged ‖ (on) his beard.(2CP615) 오릭은 | 당겼다 ‖ 그의 수염을.
(in~)
② Do you | believe ‖ in God?(believe that God exists)(2G133A,Jn3:16)
　당신은 | 믿습니까 ‖ 하나님의 존재를?
② I | looked ‖ in the wastebacket.(1NG21) 나는 | 보았다 ‖ 휴지통 안을.
② Helen is a lawyer. She | specialize ‖ in corporate law.(2G133A)
　Helen은 변호사다. 그녀는 | 전문으로 한다 ‖ 회사법을.
(신체)
② He | is aching ‖ in his bone (for the homeward journey).(4LR290)
　그는 | 아파하고 있어 ‖ 뼈 속까지 (고향길 여행을 위해).

> ② She | was kissed ‖ on the forehead.

예문은 ②형 NPN'(pr~)이다. P는 수동사, N'은 전치사구 수동목적어이다.
다음과 같이 분석된다. 즉 NPN'=NP+N'의 관계에 있다.

② She | was kissed ‖ on the forehead. 그는 | 키스 받았다 ‖ 이마에.
① She | was kissed. + ⓪ ‖ on the forehead. 그는 | 키스 받았다. + 이마에.

♧ 유형별 예문
(on~)
(신체)
② George | was hit ‖ on the head (by a stone).(2G201) 조지는 | 맞았어 ‖ 머리에 (돌로).
② She | was kissed ‖ on the forehead. 그는 | 키스 받았다 ‖ 이마에.
(비동사술어)
② Traffic | was relatively light ‖ on the streets and sidewalks.(3TC1)
　교통은 | 상대적으로 가벼웠어 ‖ 거리와 보도에.
② I | 'm a little low ‖ on cash.(Pelican87) 나는 | 약간 부족해 ‖ 현금이.
(in~)
② There are <more> things in heaven and earth, Horatio, <Than | are dreamt (‖) of ‖ in
　your philosophy.>(2WS50) Horatio, 하늘과 땅에는 인간의 철학으로는 상상할 수 없는 많은 일이 있소.
(신체)
② He | 's hit ‖ in the chest.(2THr3995)　그는 | 맞았다 ‖ 가슴에.
② He | was shot ‖ in the leg.(PEU65) 그는 | 총격당했다 ‖ 다리에.
② He | had been struck ‖ in the stomach.(Eragon431) 그는 | 맞았어 ‖ 위장에.
② He | 's a little touched ‖ in the head.(crazy)(ECD1146) 그는 | 약간 건드려졌다 ‖ 머리에(정신이상)
② He | was wounded ‖ in left leg.(SBE86) 그는 | 다쳤다 ‖ 왼쪽 다리가.
(비동사술어)
② I | 'm interested ‖ in art.(1G1A, 113A) 난 | 관심이 있다 ‖ 미술에.
② Is it | cold ‖ in your room? - Yes, a little.(1G2A,1G74A) | 춥니 ‖ 네 방 안은? - 응, 조금.
(기타 신체 전치사)
② It | 's too tight ‖ across the back.(OAD) 그것은 | 너무 꽉 조여 ‖ 등을 가로질러.*비동사술어
② He | was shot ‖ through the heart.(RLSd93) 그는 | 총격당해 ‖ 심장을 관통했다.

④ NPN'N"(pr~)

> ④ He | kissed ‖ her ‖ on the forehead.

예문은 ④형 NPN'N"(pr~)이다. P는 타동사, N'는 전치사구 목적어이다.
다음과 같이 분석된다. 즉 NPN'N"=NPN+N"의 관계에 있다.

④ He | kissed ‖ her ‖ on the forehead.　그는 | 키스했다 ‖ 그녀에게 ‖ 이마에.
② He | kissed ‖ her. + ⓪ ‖ on the forehead. 그는 | 키스했다 ‖ 그녀에게.+ ‖ 이마에

♧ 유형별 예문
(on~)

④ We | congratulated ‖ him ‖ on his success.(OAD) 우리는 | 축하했다 ‖ 그에게 ‖ 그의 성공에 대해.
④ He | did ‖ badly ‖ on the test(or the exam).(2G102C) 그는 | 했다 ‖ 나쁘게 ‖ 시험에서.
④ O God; | look ‖ with favor ‖ on your anointed one.(Ps84:9)
　오 하나님; | 보세요 ‖ 호의적으로 ‖ 당신의 기름 부음받는 자를.
④ Herbert | had told ‖ me ‖ on former occasions.(2CD375)
　허버트는 | 이야기 했다 ‖ 나에게 ‖ 전의 경우에 대해.
④ We | think ‖ so differently ‖ on this point.(1JA51) 우리는 | 생각한다 ‖ 매우 다르게 ‖ 그 점에 대해.
(신체)
④ He | kissed ‖ her ‖ on the forehead.(4HP636) 그는 | 키스했다 ‖그녀를 ‖ 이마를.
④ He | struck ‖ Peter ‖ on the side.(Ac12:7, SBE266) 그는 | 쳤다 | 베드로를 | 옆구리를.
④ I | touched(or patted, tapped)‖him ‖ on the shoulder.(2G134A,EID658,20NG26)
　나는 | 접촉했다(또는 만졌다, 두드렸다) ‖ 그를 | 어깨를.

(in~)
④ | Train ‖ a child ‖ in the way <he should go>.(Pro22:6)
　| 훈육해라 ‖ 아이를 <그가 가야 하는> 방법으로.
④ No one | would ever see ‖ her ‖ in the same way again.(Fr'n47)
　아무도 | 보려하지 않을 거야 ‖ 그녀를 ‖ 그 같은 방식으로 (다시).
(신체)
④ Can you | look ‖ me ‖ in the eye?(PEU65, ECD980) 너 | 볼 수 있니 ‖ 나를 ‖ 내 눈을?
④ She | 'dd hit ‖ him ‖ in the chest, then(2THr3995) 그녀는 | 맞췄다 ‖ 그를 ‖ 가슴에.
④ He | hit ‖ him ‖ in the stomach.(PEU65) 그는 | 쳤다 ‖ 그를 ‖ 복부를.
④ Then, with all her might, she | punched ‖ him ‖ in the face.(Fr'n132)
　그리고, 모든 힘을 다해, 그녀는 | 펀치를 날렸다 ‖그에게 ‖ 얼굴에.
(기타 신체 전치사)
④ The chaplain | was seizing ‖ Major Dandy ‖ about the waist.(Catch451)
　그 목사는 | 잡고 있었다 ‖ 댄디 소령을 ‖ 허리 주위를.
④ She | stabbed ‖ herself ‖ above the breast.(DQ311) 그녀는 | 찔렀다 ‖ 자신을 ‖ 가슴 위에.
④ He | hit(or whacked) ‖him ‖ across the face(or ear)(OAD,Pa'd291)
　그는 | 쳤다(때렸다) ‖ 그를 ‖ 얼굴(귀)를 가로질러.
④ Wood | seized ‖ Harry ‖ around the neck.(3HP312) 우드는 | 잡았다 ‖ 해리를 ‖ 목 주위를.
④ Jehu | shot ‖ Joram ‖ between the shoulders.(2Ki9:24)
　예후는 | 쏘았다 ‖ 요람을 ‖ 어깨 사이에.
④ Someone | grabbed ‖ her ‖ by the arms before she hit the floor.(Fr'n35)
　누군가 | 잡았다 ‖ 그녀를 ‖ 팔 옆을, 그녀가 마루바닥에 부딪히기 전.
④ He | took(or caught) ‖ him ‖ by the hand.(SBE266, Lk8:54) 그는 | 잡았어 ‖ 그를 ‖ 손으로.
④ Miss Pringle | pulled ‖ Clarinda ‖ by the hair(or the sleeve).(LEG82)
　프링글 양은 | 당겼다 ‖ 클라린다를 ‖ 머리칼을.
④ The master | hit ‖ me ‖ over the head.(Chekhov54) 그 주인이 | 쳤어 ‖ 나를 ‖ 머리 위를.
④ He | shot ‖ the new captain ‖ through the head.(DD229)
　그는 | 쏘았다 ‖ 새 선장에게 ‖ 머리를 관통해.
④ Most of us | would rather be found ‖ fault (‖) with ‖ to our faces.(SBE88)
　우리들 대부분은 | 차라리 (대해) 잡히는 게 좋을 것이다 ‖ 흠을 ‖ 면전에서.
④ Sikes | caught ‖ him ‖ under the arms.(2SK83) 시크스는 | 잡았다 ‖ 그를 | 팔 아래를.
④ The Lord | looked | down from heaven ‖ upon the children of men.(Ps14,2KJV)
　주는 | 보셨다 ‖ 하늘로부터 내려 ‖ 사람의 어린애들을.

⑥ NPP'N'(pr~)

⑥ We | are running | low ‖ on gas.

예문은 ⑥형 NP'P"N"(pr~)이다. N'는 전치사구 부가어(협의)이다.
다음과 같이 분석된다. 즉 NP'P"N"=NP'P'+N'의 관계에 있다.
⑥ We | are running | low ‖ on gas.   우리는 | 지고 있다 | 낮아(줄어) ‖ 석유에.
③ We | are running | low. + ⓪ ‖ on gas. 우리는 | 지고 있다 | 낮아(줄어). + ‖ 석유에

♧ 유형별 예문
(on~)
⑥ We | are running | low ‖ on gas.(NED) 우리는 | 지고 있다 | 낮아 ‖ 석유가.
⑥ He | went | cold turkey ‖ on cigarette.(NED) 그는 | 되었다 | 금단현상이 ‖ 담배에.
⑥ I | agree | with you ‖ on that.(ECD943) 나는 | 동의한다 ‖ 너와 함께 ‖ 그에 대해.
⑥ I | 'll go | along with you ‖ on that.(ECD943) 나는 | 간다 | 너에 따라서 ‖ 그에 대해.
(in~)
⑥ Cathy | got | more and more bored ‖ in her job.(2G103C)
  Cathy가 | 되었다 ‖ 점점 더 지루해지게 ‖ 그녀의 직장에서.
⑥ It | smells | funny ‖ in there.(LSW443) 그것이 | 냄새나요 | 이상하게 ‖ 그 안에서..
⑥ Nobody | spoke | out ‖ in his defense.(OAD)
  아무도 | 말하지 않았다 | 드러내어 ‖ 그의 변호에.
⑥ The tree | was blown | down ‖ in the storm (last week).(2G139B)
  그 나무가 | 날려갔다 | 아래로 ‖ 폭풍으로 (지난주))
(신체)
⑥ He | got (or went) | red ‖ in the face.(Insomnia300) 그는 | 되었어 | 붉게 ‖ 안면이.
⑥ He let out a yell when he | got | punched ‖ in the eye.(KsS93)
  그는 소리를 질렀어, 그가 | 되었을 때 | 펀치를 맞게 ‖ 눈에.

He threw the letter into the fire. (into~)

② NPN'(pr~)

② Somebody | broke ‖ into my car.

예문은 ②형 NPN'(pr~)이다. P는 자동사, N'는 전치사구 목적어이다.
다음과 같이 분석된다. 즉 NPN'(pr~)=NP+N'(pr~)의 관계에 있다.

② Somebody | broke ‖ into my car. 누군가 | 침입했다 ‖ 내 차안으로.
① Somebody | broke...+ ⓪ ‖ into my car. 누군가 | 침입했다.+ ‖ 내 차안으로.

♧ 유형별 예문
(목적어)
② Somebody | broke ‖ into my car and stole the raido.(2G133X,ECD266)
  누군가 | 침입했다 ‖ 나의 차에, 그리고 라디오를 훔쳤다..
② We | inquired ‖ into the affair.(OAD) 우리는 | 조사했다 ‖ 그 사건을.

② She | looked ‖ into the box.(EJD917) 그녀는 | 보았다 ‖ 상자 속을.*조사하다
② The committee | looked ‖ into the matter.(EJD917) 그 위원회는 | 조사했다 ‖ 그 사건을.
(부가어)
② He lost control of the car and | crashed ‖ into a wall.(2G133B)
　그는 차의 통제력을 잃었고 | 부서졌다 ‖ 벽에 부딪혀.
② Elsa | had grown ‖ into a lovely woman.(PPV139)(변화)
　엘사는 | 자랐다 ‖ 한 사랑스러운 여인으로.
② The cloud | melted ‖ into rain.(DED) 구름이 | 녹았다 ‖ 비로.
② I | 'm moving ‖ into my new apartment (on Friday).(2G135A)
　나는 | 이사한다 ‖ 새로운 아파트로 (금요일에).

```
                    ② Oranges | are imported ‖ into Britain.
```

예문은 ②형 NPN'(pr~)이다. P는 수동사, N'는 전치사구 수동목적어이다.
다음과 같이 분석된다. 즉 NPN'(pr~)=NP+N'(pr~)의 관계에 있다.

② Oranges | are imported ‖ into Britain.　오렌지가 | 수입된다 ‖ 영국에.
① Oranges | are imported. + ⓪ ‖ into Britain. 오렌지가 | 수입된다. +‖ 영국에

♧ 유형별 예문
② The book | is divided ‖ into three parts.(2G133B) 그 책은 | 나누어진다. ‖ 세 부분으로.
② Hemingway's books | have been translated ‖ into many languages.(2G133B)
　헤밍웨이의 책들은 | 번역되어 졌다 ‖ 많은 언어들로.
② Oranges | are imported ‖ into Britain.(1G19) 오렌지가 | 수입된다 ‖ 영국에.

④ NPN'N"(pr~)

```
                ④ He | threw ‖ the letter ‖ into the fire.
```

예문은 ④형 NPN'N"(pr~)이다. P는 타동사, N'는 전치사구 부가어(협의)이다.
다음과 같이 분석된다. 즉 NPN'N"=NPN+N"의 관계에 있다.
④ He | threw ‖ the letter ‖ into the fire.　　그는 | 던졌다 ‖ 그 편지를 ‖ 불 속으로.
② He | threw ‖ the letter. + ⓪ ‖ into the fire. 그는 | 던졌다 ‖ 그 편지를.+‖ 불 속으로,.

♧ 유형별 예문
④ The river | divided ‖ the city ‖ into two parts.(2G316)
　그 강은 나눈다 ‖ 그 도시를 ‖ 두 부분으로.
④ The heat of sun | melted ‖ the candles ‖ into shapeless masses.(EPL233)
　태양의 열기가 | 녹였어 ‖ 그 초들을 ‖ 형태 없는 덩어리로.
④ He | threw ‖ the letter ‖ into the fire.(OAD) 그는 | 던졌다 ‖ 그 편지를 ‖ 불 속에.
④ Can you | translate ‖ this passage ‖ into German?(OAD)
　당신은 | 번역할 수 있습니까 ‖ 이 구절을 ‖ 독일어로?
④ Extortion | turns ‖ a wise man ‖ into a fool.(Ecc7:7)
　고문은 | 변하게 한다 ‖ 현명한 사람을 ‖ 바보로.

⑥ NPP'N'(pr~)

> ⑥ We | came | naked ‖ into the world

예문은 ⑥형 NP'P"N"(pr~)이다. N'는 전치사구 부가어(협의)이다.
다음과 같이 분석된다. 즉 NP'P"N"=NP'P"+N'의 관계에 있다.

⑥ We | came | naked ‖ into the world   우리는 | 왔다 | 벌거벗은 채 ‖ 세상 속으로.
⑥ We | came | naked. + ⓪ ‖ into the world   우리는 | 왔다 | 벌거벗은 채. ‖ 세상 속으로.

♧ 유형별 예문
⑥ The group | broke | out ‖ into laughter.(HK24)
  그 그룹은 | 터뜨려 | 내었다 ‖ 웃음 속으로.
⑥ We | came | naked ‖ into the world and we shall depart naked from it.(Job1:21)
  우리는 | 왔다 | 벌거벗은 채 ‖ 세상 속으로. 우리는 벌거벗은 채 그것으로부터 떠날 것이다.
⑥ She | flew | off the horse ‖ into a snowdrift!(Fr'n132)
  그녀는 | 날아갔다 | 말에서 떨어져 | 말에서 ‖ 눈보라 속으로.
⑥ I | jumped | over the wall(or fence) ‖ into the garden.(1G109,3G88A)
  나는 | 뛰어 들었다 | 벽(또는 울타리)을 넘어 ‖ 정원 속으로
⑥ Hans | fell | backward ‖ into the water.(Fr'n132) 한스는 | 넘어져 빠졌다 | 뒤로 | 물속에.

> She usually goes to work by bike. (by~/through~)

② NPN'(pr~)

> ② She | usually travels ‖ by car.

예문은 ②형 NPN'(pr~)이다. P는 자동사, N'는 전치사구 부가어(협의) 목적어이다.
다음과 같이 분석된다. 즉 NPN'(pr~)=NP+N'(pr~)의 관계에 있다.
by~/through는 주로 '동작의 방법, 대상'을 나타낸다.

② She | usually travels ‖ by car. 그녀는 | 통상 여행한다 ‖ 차로.
① She | usually travels. + ⓪ ‖ by car. 그녀는 | 통상 여행한다.+ ‖ 차로.

♧ 유형별 예문
(by~)
② Can I | pay ‖ by credit card?(2G125A) 내가 | 지불해도 될까요 ‖ 신용카드로?
② Do you like [| travelling ‖ by car]?(1G109C) 너는 [자동차로 여행하는 것] 좋아해?
(through~)
② She | drove ‖ through a red light. 그녀는 | 운전했다 ‖ 빨간 불을 통과해.
② He | failed ‖ through laziness.(EPL360) 그는 | 실패했다 ‖ 게으름으로.
② He | 's just going ‖ through the motions. 그는 | 단지 내고 있다 ‖ 시늉만.
② The man | is looking ‖ through binoculars.(TOEIC) 남자가 | 보고 있다 ‖ 쌍안경을 통해.
② You | 've run ‖ through us all.(OOA212) 넌 우리 모두를 만났군.(

② We do seem [| to run ‖ through them], don't we?(2HP334)
우린 [그들(교수 후보군)을 다 사용한 것] 같지 않니?
② They | picked ‖ through lettuce.(PPV67) 그들은 | 끼적거렸다 ‖ 상추를.
② I do know [he | 's lying ‖ through his teeth].(ECD1131) 나는 [그가 뻔한 거짓말하는 것을] 알아.
② My daughter | lied ‖ through her throat.(EID510) 내 딸이 | 거짓말했다 ‖ 뻔하게.
② The window is <so> dirty <I | can't see ‖ through it>..(PPV196)
창문이 <너무> 더러워 <나는 그걸 통해 볼 수 없다>.
② I | can see ‖ right through you.(4HP522) 나는 | 바로 볼 수 있어(간파할 수 있어) ‖ 네 생각을.
② The president | speaks ‖ through a translator.(EPL362) 대통령은 통역을 통해 연설 한다
② He | saw ‖ through their duplicity.(Lk20:23) 그는 | 보았다 ‖ 그들의 이중성을 꿰뚫어.
② You | 're always talking ‖ through your hat!.(ECD136) 넌 | 항상 말한다 ‖ 모자를 통해!*허튼 소리

---

② He | is liked ‖ by everybody.

예문은 ②형 NPN'(pr~)이다. P는 수동사, N'는 전치사구 부가어(협의)이다.
다음과 같이 분석된다. 즉 NPN'(pr~)=NP+N'(pr~)의 관계에 있다.

② He | is liked ‖ by everybody.   그는 | 호감 받는다 ‖ 모든 사람에게.
① He | is liked. + ⓪‖ by everybody. 그는 | 호감 받는다.+ ‖ 모든 사람에게.

♧ 유형별 예문
(by~)
② The fruit | might assuredly be acted (‖) on ‖ by natural selection.(Darwin146)
그 과일은 | (대해) 확실히 영향 받았을지 모른다 ‖ 자연적인 선택에 의해.
② The children | were barked (‖) at ‖ by the bulldog.(SBE86)
그 어린이들이 | (대해) 짖어짐을 당했다 ‖ 불독에 의해.
② I | was bitten ‖ by a dog.(1G109C) 나는 | 물렸다 ‖ 개에게
② Weakness in one limb | is often compensated (‖) for ‖ by exceptional trength in the
others.(BSH75) 한 부위의 약함은 | 종종 보상된다 ‖ 다른 부위의 예외적 강함에 의해.
② This practice | has long been done (‖) away with ‖ by them.(SBE330)
이 관행은 | (그것이)오랫동안 폐지되었다 ‖ 그들에 의해.
② Pearl-handed .45s | are frowned (‖) upon ‖ by town marshals.(OHS394)
진주 손잡이의 45구경 권총이 | 찌푸림을 당했다 ‖ 읍 보안관에 의해.
② And yet my jealousy, my watchful surveillance of Albertine | were immediately guessed
(‖) at ‖ by her.(3ST337) 그리고 그럼에도 나의 질투는, 나의 알베르틴에 대한 주의 깊은 감시는 |
(대해) 즉시 추측되어 졌다 ‖ 그녀에 의해.
② I | 'm very impressed ‖ by her English. It's very good.(2G127C)
나는 | 매우 인상 깊었다 ‖ 그녀의 영어에. 그건 매우 좋아.
② The expression | was so often insisted (‖) on ‖ by Cuvier.(Darwin154)
그 표현은 | 그렇게 자주 주장되어졌다 ‖ 큐비어에 의해.
② Jil | is liked ‖ by everybody.(3G125C)(행위자) 그는 | 좋아해진다 ‖ 모두에 의해.
② He | was looked (‖) after ‖ by Ella.(taken care of)(3G22D) 그는 | 돌봐 졌다 ‖ 엘라에 의해.
② He | was laughed (‖) at ‖ by him.(SBE85) 그는 | 비웃음 받았다 ‖그에 의해.
② He | was looked (‖) up to ‖ by them.(SBE85) 그는 | 존경받았다‖ 그들에 의해.
② Carry | is always being put (‖) upon ‖ by her boss.(be used)(EID708)

캐리는 | 항상 이용되어지고 있다 ‖ 그녀의 상사에 의해.
② The situation | could be put (‖) up with ‖ by her.(NED)
그 상황은 | (대해) 참을 수 없었다 ‖ 그녀에게는.
② A dog | was run (‖) over ‖ by the van.(=collided)(SBE84) 한 개가 | 치였다 ‖ 밴에
② I | was set (‖) upon ‖ by a large dog.(=be attacked)(OAD) 나는 | 공격 당했다 ‖ 큰 개에게
② Demetrius | is well spoken (‖) of ‖ by everyone.(=be praised)(3Jn18)
데메드리오는 | (대해) 잘 말해진다 ‖ 모든 사람에게. *칭찬 받다.
② The use of fire | was thought (‖) of ‖ by a genius.(SBE330)
불의 사용은 | (대해) 생각되어졌다 ‖ 한 천재에 의해.
② CBS Records | was taken (‖) over ‖ by Sony.(OAD, 2UE393)
CBS 음반사는 | (대해) 인수되었다 ‖ 소니에 의해.l
② Each of us | is watched (‖) over ‖ by a special god.(2ST324)
우리 각자는 | (대해) 감시된다 ‖ 한 특별한 신에 의해.
② The program | was watched ‖ by millions of people.(2G125C)
그 프로그램은 | 시청되어졌다 ‖ 수 백 만 사람들에 의해.
② He | has been written (‖) to ‖ by Mr. Murdstone.(1CD137)
그는 | (대해) 편지가 쓰여졌다 ‖ 머드스톤 씨에 의해.
(비정형동사 술어)
② I | am out | (by) ten dollars.(ten dollars out)(EJD) 나는 | 모자라 ‖ 10불.
② The estimate | was out ‖ by {more than} $100.(=wrong)(OAD)
그 평가는 | 틀렸어 ‖ 100불 이상으로.

(through~)
② All nations on earth | will be blessed ‖ through him.(Ge18:18)
천하만민은 그를 인하여 복을 받게 될 것이다.

④ NPN'N"(pr~)

> ④ She | usually goes ‖ to work ‖ by bike.

예문은 ④형 NPN'N"(pr~)이다. P는 타동사, N'는 전치사구 부가어(협의)이다.
다음과 같이 분석된다. 즉 NPN'N"=NPN+N"의 관계에 있다.

④ She | usually goes ‖ to work ‖ by bike. 그녀는 | 통상 간다 ‖ 직장에 ‖ 자전거로.
② She | usually goes ‖ to work. + ⓪ ‖ by bike. 그녀는 | 통상 간다 ‖ 직장에.+ ‖ 자전거로.

♣ 유형별 예문
(by~)
(능동문)
④ You | can contact ‖ me ‖ by phone, by fax, or by e-mail.(2G125A)
당신은 | 접촉할 수 있습니다. ‖ 내게 ‖ 전화, 팩스, 이메일로.
④ Jane | usually goes ‖ to work ‖ by bike.(1G109C) 제인은 | 통상 간다 ‖ 직장에 ‖ 자전거로
④ They | sell ‖ salt ‖ by the pound.(SBE330) 그들은 | 판다 ‖ 소금을 ‖ 파운드 단위로.
(수동문)
④ Her dress | was made ‖ fun (‖) of ‖ by the boys.(SBE330)
그녀의 옷은 | 만들어졌다 ‖ 웃음거리로 ‖ 소년들에게..
④ No attention | was paid ‖ to my words ‖ by them.(SBE330)

아무런 관심도 | 주어지지 않았다 ‖ 내 말에 ‖ 그들에 의해.
④ My words | were paid ‖ no attention (‖) to ‖ by them.(SBE330)
　내 말은 | 주어지지 않았다 ‖ 아무 주의도 ‖ 그들에 의해.
④ The baby | was taken ‖ good care (‖) of ‖ by her.(DBE67)
　그 애기는 | 취해졌다 ‖ 좋은 보살핌이 ‖ 그녀에 의해.
④ It | may subsequently have been taken ‖ advantage (‖) of ‖ by the descendents of the species.(Darwin147,181) 그것은 | 　그후 취해졌을 지도 모른다 ‖ 장점이 ‖ 종의 후손들에 의해.
④ I | was taken | unawares ‖ by his question.(unexpectedly)(1CP331)
　나는 | 당하게 되었어 ‖ 부지불식간 ‖ 그의 질문에.

(through~)
④ The light | enters ‖ your eyes ‖ through the pupil.
　빛은 눈동자를 통해. | 들어간다 ‖ 네 눈을. (7ESL44)
④ Can you | get ‖ a ticket ‖ through somebody you know?
　아는 사람 통해 티켓 좀 얻을 수 없겠어요?(ECD899)
④ I | heard ‖ of you ‖ through Mr. John. 　나는 | 들었어 ‖ 네 존재를 ‖ 존 씨를 통해.
④ I | heard ‖ it ‖ through the grapevine.(ECD973) 나는 | 들었다 ‖ 그것을 ‖ 포도넝쿨(소문)로.
④ He | lost ‖ his position ‖ through neglect of duty.(EPL361) 그는 | 잃었다 ‖ 자리를 ‖ 의무소홀로.
④ He | made ‖ it ‖ through your help.(EPH30) 그는 | 해냈다 ‖ 그걸 | 너 덕분에.
④ He | 's watching ‖ the world ‖ through the window. 그는 | 보고 있다 ‖ 세상을 ‖ 창을 통해.

⑥ NPP'N'(pr~)

| ⑥ I | was woken | up ‖ by a loud noise. |

예문은 ⑥형 NP'P"N"(pr~)이다. N'는 전치사구 부가어(협의)이다.
다음과 같이 분석된다. 즉 NP'P"N"=NP'P"+N'의 관계에 있다.

⑥ I | was woken | up ‖ by a loud noise. 나는 | 깨어 | 일어났다 ‖ 한 큰 소리에.
⑥ I | was woken | up. + ⓪ ‖ by a loud noise. 나는 | 깨어 | 일어났다.+‖ 한 큰 소리에
♧ 유형별 예문
(능동문)
⑥ Have you | come | here ‖ by plane or on foot?(2G125B)
　너는 | 왔니 | 여기 ‖ 비행기로 아니면 도보로?
⑥ You | can't get | there ‖ by car. You have to go on foot.(1G109C)
　너는 | 갈 수 없다 | 거기에 ‖ 승용차로. 도보로 가야해.
⑥ Hose prices | went | up ‖ by 10%.(OAD) 호스 값이 | 갔다 | 올라 ‖ 10%로.
⑥ She | sat | fascinated ‖ by the sunset.(SBE34) 그녀는 | 앉아 있었다 | 매혹되어 ‖ 노을에.
⑥ He | felt | deeply hurt ‖ by his criticism.(3G71C)
　그는 | 느꼈다 | 깊이 상처받게 ‖ 그의 비판에 의해
(수동문)
⑥ He | was detained | prisoner ‖ by Henry IV. 그는 | 구금되었다 | 수인으로 ‖ 헨리 5세에게.
⑥ Old Mme de Cambremer | got | hit ‖ by a ball.(2ST507)
　캠브레 노부인은 | 되었다 | 맞게 ‖ 한 공에.
⑥ He | was knocked | down ‖ by a bus.(OAD) 그는 | 치여 | 쓰러졌다 ‖ 버스에 의해.
⑥ Olive | is really turned | on ‖ by astronomy.(=interested)(EID929)
　Olive는 | 정말 돌아진다 | 관심 있게 ‖ 천문학에 의해.

⑥ It | got | run (‖) over ‖ by the ice cream truck.(4JB21,1JB64)
그것은 | 되었어 | (대해) 치이게 ‖ 그 아이스크림 트럭에.
⑥ Wisdom | is proved | right‖ by all her children(deeds).(Lk7:35;Mt11:19)
지혜는 | 증명된다 | 옳게‖ 그녀의 모든 자식들(행위들)에 의해.
⑥ I | was woken | up ‖ by a loud noise.(2G201) 나는 | 깨어 | 일어났다 ‖ 큰 소리에.

Can I help you with that bag? (with~)

② NPN'(pr~)

② He | always helps ‖ with the housework.

예문은 ②형 NPN'(pr~)이다. P는 자동사, N'는 전치사구 부사어(협의)이다.
다음과 같이 분석된다. 즉 NPN'(pr~)=NP+N'(pr~)의 관계에 있다.

② He | always helps ‖ with the housework.   그는 | 항상 돕는다 ‖ 집안 일로.
① He | always helps. + ⓪ ‖ with the housework. 는 | 항상 돕는다. +‖ 집안 일로.

♤ 유형별 예문
(목적어)
② There was an accident this morning. A bus | collided ‖ with a car.(2G133C)
  아침에 사고가 있었어. 한 버스가 | 충돌했어 ‖ 한 승용차와.
② I | have done ‖ with him.(=I am through with him)((DED) 나는 | 끝났어 ‖ 그와,
② We | had to deal ‖ with hundreds of complaints.(3G28D,2CPV42)
  우리는 | 다루어야 했어 ‖ 수 백 개의 고소들은.
② Can we | dispense ‖ with the formalities?(OAD) 우리는 | 없이 할 수 있니 ‖ 형식적인 것을?
② Someone | had obviously tampered ‖ with the brakes of my car.(OAD)
  누군가가 | 확실히 함부로 손을 댔다 ‖ 내 차 브레이크에.
(부가어)
② He | always helps ‖ with the housework.(OAD) 그는 | 항상 돕는다 ‖ 집안일을.
② Hagrid's back door | had opened ‖ with a bang.(3HP402)
  해그리드의 뒷문은 | 열렸었다 | 빵하는 소리와 함께.
② The book | shut ‖ with a thud.(ImL8) 그 책은 | 닫혔다 ‖ 퍽하는 소리와 함께.
② I | could do ‖ with a drink.(need or want with sth | sb)(LEG206,2CPV42)
  나는 | 할 수 있어(마시고 싶어) ‖ 술 한 잔과.
② He | was beside himself ‖ with fear/anger. 그는 | 이성을 잃었어 ‖ 공포/분노로

② He | was afflicted ‖ with a serious disease.

예문은 ②형 NPN'(pr~)이다. P는 수동사, N'는 전치사구 수동목적어이다.
다음과 같이 분석된다. 즉 NPN'(pr~)=NP+N'(pr~)의 관계에 있다.

② He | was afflicted ‖ with a serious disease. 그는 | 시달렸다 ‖ 심각한 병으로.

① He | was afflicted…+ ⓪ ‖ with a serious disease. 그는 | 시달렸다…+ ‖ 심각한 병으로.

♤ 유형별 예문
(수동목적어)
② He | was afflicted ‖ with (or by)a serious disease.(SBE86)
　그는 | 시달렸다 ‖ 심각한 병으로(또는 의해).
② Titinius | is enclosed (‖) round about ‖ with horsemen(행위자)(8WS202)
　티티뉴스는 | 둥글게 에워싸였어 ‖ 기병들에게.
② When you | 're finished ‖ with that book, can you put it back on the shelf?
　네가 | 끝내면 ‖ 그 책을, 책장에 다시 놓아 줄 수 있니?
(부가어)
② The problem | can be got (‖) over ‖ without too much difficulty.(OAD)
　그 문제는 | (대해) 해결될 수 있다 ‖ 지나치게 큰 어려움 없이.
② The door | must have been opened ‖ with a key.(2G125C)
　그 문은 | 열렸음에 틀림없다 ‖ 한 열쇠로.
② Elizabeth | had been listened (‖) to ‖ with much more pleasure.(2JA47)
　엘리자베스는 | (대해) 들려 졌었다 (‖) 훨씬 더 기쁜 마음으로.
② He | was looked (‖) at ‖ with a great admiration. 그는 | (대해) 쳐다 봐 졌다 ‖ 큰 경탄으로.
② He | was looked (‖) up to ‖ with great respect.(HS35)
　그는 | (대해) 우러러 봐 졌다 ‖ 큰 존경으로.
② The door | was shut ‖ with a snap.(4HP151) 문이 | 닫혔다 ‖ 탁 소리와 함께.)
② His emissary | was treated ‖ with great kindness.(RTK18:59)
　그의 사절은 | 대우 받았다 ‖ 대단한 친절함으로.

| ② We | weren't happy ‖ with the hotel. |

예문은 ②형 NPN'(pr~)이다. P는 비동사술어, N'는 전치사구 수동목적어이다.
다음과 같이 분석된다. 즉 NPN'(pr~)=NP+N'(pr~)의 관계에 있다.

② We | weren't happy ‖ with the hotel.　　우리는 | 만족하지 않았다 ‖ 그 호텔에.
① We | weren't happy. +⓪ ‖ with the hotel. 우리는 | 만족하지 않았다. +‖ 그 호텔에.

♤ 유형별 예문
② Jane | is bored ‖ with her job.(2G97A,127C) 제인은 | 싫증나 있다 ‖ 그녀의 직업에.
② You | must be careful ‖ with this knife. It's very sharp.(1G29B)
　너는 | 주의해야 해 ‖ 이 칼에. 그건 매우 예리해.
② Were you | happy ‖ with your exam results?(2G127B,OAD) 너는 | 행복하니 ‖ 네 시험결과에?
② We | weren't happy ‖ with the hotel.(1G10.3X) 우리는 | 행복하지 않았다 ‖ 그 호텔에.
② I | 'm very impressed ‖ with her English. It's very good.(2G127C)
　난 | 매우 감명을 받았다 ‖ 그녀의 영어실력에. 그것은 매우 훌륭하다.)
② I | was very pleased ‖ with the present ⟨you gave me⟩.(2G127B)
　나는 | 매우 기분 좋았어 ‖⟨네가 내게 준⟩ 그 선물로.
② Are you | satisfied ‖ with the way that the business is being run.(3G93A)
　당신은 | 만족하십니까? ‖ ⟨사업이 운영되고 있는⟩ 방식에?

④ NPN'N"(pr~)

| ④ Can I | help ‖ you ‖ <u>with</u> that bag? |

예문은 ④형 NPN'N"(pr~)이다. P는 타동사, N'는 전치사구 부가어(협의)이다. 다음과 같이 분석된다. 즉 NPN'N"=NPN+N"의 관계에 있다.

④ Can I | help ‖ you ‖ <u>with</u> that bag?   제가 | 도울까요 ‖ 당신을 ‖ 그 가방(드는 것)?
② Can I | help ‖ you? + ⓪ ‖ <u>with</u> that bag   제가 | 도울까요 ‖ 당신을. +‖ 그 가방(드는 것)

♧ 유형별 예문
(목적어)
④ He | furnished ‖ the hungry ‖ <u>with</u> food.(=food to the hungry)(YBM)
　　그는 | 주었다 ‖ 배고픈 사람들에게 ‖ 음식을.
④ He | presented ‖ her ‖ <u>with</u> a bouquet of roses.(SBE268)
　　그는 | 선사했다 ‖ 그녀에게 ‖ 장미 한 다발을.
④ The school | provided ‖ all its students ‖ <u>with</u> books.(3G133C)
　　그 학교는 | 제공했다 ‖ 모든 그학교 학생들에게 ‖ 책들을.
④ The city | supplies ‖ the children ‖ <u>with</u> books.(=books for the children)(DED)
　　시(市)에서는 | 공급한다 ‖ 아이들에게 ‖ 책을.
(부가어)
④ I | always associate ‖ pizza ‖ <u>with</u> Italy.(3G28E) 나는 | 항상 연상지어 ‖ 피자를 ‖ 이태리와.
④ She | cut ‖ himself ‖ <u>with</u> a knife.(1G61A,1G109D) 그녀는 | 상처냈다 ‖ 자신을 ‖ 한 칼로.
④ His walking stick | fell ‖ to the ground ‖ <u>with</u> a clatter.(5HP19)
④ Take this pot and | fill ‖ it ‖ <u>with</u> water.(2G133C) 항아리를 가져가서 | 채워 ‖ 그걸 ‖ 물로.
④ Mike | is having ‖ trouble ‖ <u>with</u> his car.(2G16C) Mike는 | 겪고 있어 ‖ 어려움을 ‖ 차로.
④ Can I | help ‖ you ‖ <u>with</u> that bag?(TOEIC) 내가 | 도울까 ‖ 너를 ‖ 그 백으로에?
④ He | helps ‖ me ‖ <u>with</u> my cases.(16NG7) 그는 | 돕는다 ‖ 나를 ‖ 내 사건으로.
④ He | will help ‖ us ‖ <u>with</u> his magic.(KA) 그는 | 도울 거야 ‖ 우리를 ‖ 마법으로.
④ He | looked ‖ at her ‖ <u>with</u> a hurt expression.(OAD)
　　그는 | 봤다 ‖ 그녀를 ‖ 마음이 상한 표정으로.
④ | Do not repay ‖ evil ‖ <u>with</u> (or <u>for</u>) evil, but ‖ ~~with~~ blessing.(1Pe3:9)
　　| 보답하지 말라 ‖ 악을 ‖ 악으로, 그러나 ‖ 복으로 (보답하십시오).)
④ He | had spent ‖ most of his time ‖ <u>with</u> the pictures.(1THr82))
　　그는 | 보냈었다 ‖ 대부분의 그의 시간을 ‖ 사진으로.
④ You | are always treating ‖ me ‖ <u>with</u> contempt!(RTK16:111)
　　당신은 | 대하고 있습니다 ‖ 나를 ‖ 경멸하는 태도로.
④ The door | must have been opened ‖ <u>by</u> somebody ‖ <u>with</u> a key.(2G125C)
　　그 문은 | 열렸음에 틀림없어 ‖ 누군가에 의해 ‖ 한 열쇠로.

⑥ NPP'N'(pr~)

| ⑥ I | feel | comfortable ‖ <u>with</u> you. |

예문은 ⑥형 NP'P"N"(pr~)이다. N'는 전치사구 부가어(협의)이다. 다음과 같이 분석된다. 즉 NP'P"N"=NP'P"+N'의 관계에 있다.

⑥ I | feel | comfortable ‖ with you.   나는 | 느낀다 | 편안하게 ‖ 너와 함께.
③ I | feel | comfortable. + ⓪ ‖ with you. 나는 | 느낀다 | 편안하게. + ‖ 너와 함께..

♧ 유형별 예문
⑥ | Don't come | the moralist ‖ with me.(대상) | 굴지 마 | 도덕군자처럼 ‖ 내게.
⑥ She | 's fallen | behind ‖ with the payments.(OAD) 그녀는 | 쳐져 있다 | 뒤 ‖ 지불에.
⑥ I | feel | comfortable ‖ with you.(조건) 나는 | 느껴 | 편안하게 ‖ 너와 함께 하면.
⑥* I | feel | encouraged ‖ to be with you.(ECD561) 나는 | 느껴 | 고무적으로 ‖ 너와 함께라면.
⑥ I | got | through ‖ with good grades.(EJD1863) 나는 | 됐다 | 통과하게 ‖ 좋은 성적으로.
⑥ You | can't go | wrong ‖ with that, can't you?(LSW445).
   당신은 | 될 수 없어요 | 잘못 ‖ 그것으로, 당신은 그럴 수 없죠? *구어체.
⑥ He | went | home ‖ with heavy steps.(LSW445). 우리는 | 갔다 | 집에 ‖ 무거운 걸음으로.
⑥ I | look | stupid ‖ with this haircut. Everybody will laugh at me.(2G129C)
   나는 | 보여요 | 어리석게 ‖ 이 이발로 인해, 모두들 저를 비웃을 거예요.

They haven't had a vacation for ten years. (for~)

---

② NPN'(pr~)

② She | has been in Brazil ‖ for three days.

예문은 ②형 NPN'(pr~)이다. P는 비동사술어, N'는 전치사구 시간 부가어이다.
다음과 같이 분석된다. 즉 NPN'(pr~)=NP+N'(pr~)의 관계에 있다.

② She | has been in Brazil ‖ for three days. 우리는 | 브라질에 있었다 ‖ 3일간.
① She | has been in Brazil. + ⓪ ‖ for three days. 우리는 | 브라질에 있었다. +‖ 3일간.

♧ 유형별 예문
(after~/before~)
② We | 'll leave ‖ after lunch.(OAD) 우리는 | 떠날 것이다 ‖ 점심 식사 후에.
② With (any) luck, we | 'll be home ‖ before dark.
   (조금이라도) 운이 좋으면, 우리는 집에 닿을 수 있을 것이다 ‖ 어두워지기 전에.
(at~)
② They | arrived ‖ at 5:00.(2G118A) 그들은 | 도착했습니다 ‖ 5시에.
② I | 'm really busy ‖ at the moment.(3G67B,2G118A) 나는 | 정말로 바쁘다 ‖ 지금.
② We | are off duty ‖ at 5 p.m.)   우리는 | 일이 끝나 ‖ 5시에. .
② The school | will be over ‖ at three). 학교는 | 끝난다 ‖ 세 시에.
(between~)
② It's | cheaper ‖ between 6 p.m. and 8 a.m.(OAD)(범위)
   그것은 | 더 싸다 ‖ 오후 6시부터 오전 8시 사이에.
(beyond~)
② You | 're hardened and calloused ‖ beyond your years.
   너는 | 굳어지고 무감각해진다 ‖ 세월이 지나면.

(by~)
② Fred | will be back ‖ by Monday.(not later than)(2G117)
　　프레드는 | 돌아올 것입니다. ‖ 월요일까지.(늦어도)
② We'd better hurry. We | have to be home ‖ by 5:00.(")2G117A)
　　우린 서둘러야겠네요. 우리는 | 집에 도착해야 합니다 ‖ 5시까지는.
② Where's Sue? She | should be here ‖ by now.(")(2G117A)
　　수는 어디 있죠? 수는 | 여기 올 겁니다 ‖ 지금쯤이면.
(for~)
② They | 've been married ‖ (for) ten years.(기간;for생략가능)(2G12B)(현완)
　　그들은 | 결혼한 상태입니다 ‖ 10년(간)..
② She | has been in Brazil ‖ for three days..(")(1G17A)(현완)
　　그녀는 | 브라질에 있었습니다 ‖ 3일간..
② The weather | was warm ‖ for the time of year. 날씨는 | 따뜻했다 ‖ 연중 그맘때치곤.
② I | was off ‖ for the afternoon).　나는 | 비번이었어 ‖ 오후 동안.
(from~)
② Refreshment | will be available ‖ from 8:30 onwards.(3G9D)
　　다과는 | 가능합니다 ‖ 8시 30분부터 계속.
② Eggs | are a bit down ‖ from last week.(=when sth starts)(변화전 상태)
　　계란은 | 조금 하락했습니다 ‖ 지난주보다.(뭔가 시작하는 때)
(in~)
② They | arrived ‖ in June(or in 2012)(시기)(2G118A) 그들은 | 도착했다 ‖ 6월(또는 2012년)
② He | 'll be back ‖ in a week.(=a week from now)(2G118E)
　　그는 | 돌아올 것입니다 ‖ 일주일 후에.(=지금부터 1주일 후)
(on~)
② They | arrived ‖ (on) Friday.(시기;on생략가능)(2G118A) 그들은 | 도착했어‖ 금요일(에)
② I | 'm leaving ‖ (on) Friday night.(")(1G108B) 나는 | 떠납니다. ‖ 금요일 밤(에).
② Will you | be over ‖ on Saturday)? 너 | 여기 오겠어 ‖ 토요일에?
☆ In spoken English, we often leave out on before days and dates.(2G118D)
(over~)
② I | was in Mu-joo ‖ over the winter.(PPV189) 나는 | 무주에 있었다 ‖ 겨울 내내.
(past~)
② Cindy, you | can't work ‖ past 5 PM today..(TOEIC) 신디! 넌 | 일할 수 없어 ‖ 오늘 5시 지나.
(through~)
② They | giggled ‖ through the lecture.(EPL360) 그는 | 웃어댔다 | 강의가 끝날 때까지.
② Well, now's the time to get one. The sale | lasts ‖ through Friday.(TOEIC)
　　그럼 이번에 한 벌 구입해요. 금요일까지 세일한대요.
② It | rained ‖ through the night.　| 비가 왔다 | 밤새.(EPL360)
(until~)
② You | have ‖ until 5 P.M. tomorrow.　내일 오후 5시까지 시간을 주겠어.
② I | 'll be working ‖ until 11:30.(to say how long a situations continues)(2G117B)
　　나는 |근무할 예정입니다 ‖ 11시 30분까지.(상황이 얼마나 오래 지속하는지 말하기 위해)
② They're leaving town tomorrow. They | 'll be away ‖ until Friday.(1G102B)
　　그들은 내일 마을을 떠날 것입니다. 그들은 | 떠나있을 것입니다 ‖ 금요일까지.
(within~)
② Your account balance | must be paid ‖ within thirty days.(이내)(TOEIC)
　　계좌잔고 | 지급되어야 합니다 ‖ 는 30일 이내에.

② The entire building | 's been renovated ‖ within the past eight years.
　빌딩 전체가 | 개조되었어 ‖ 지난 8년 안에.
② Payment | is due ‖ within 3 months days of the invoice date.(")(ECD793)
　지불은 | 기일이 됩니다 ‖ 송장 발행일로부터 3개월 이내에.

④ NPN'N"(pr~)

> ④ They | haven't had | a vacation ‖ for ten years..

예문은 ④형 NPN'N"(cpr~)이다. P는 타동사, N'는 전치사구 부가어(협의) | 목적어이다. 다음과 같이 분석된다. 즉 NPN'N"=NPN+N"의 관계에 있다.

④ They | haven't had | a vacation ‖ for ten years..
　그들은 | 가지지 못했다 ‖ 휴가를 ‖ 10년간.
② They | haven't had | a vacation. .+ ⓪ ‖ for ten years..
　그들은 | 가지지 못했다 ‖ 휴가를 ‖ 10년간.

♧ 유형별 예문
(after~/before~)
④ | Do ‖ your private affairs ‖ after work.((NE])(단현) 사적인 일은 ‖ 퇴근 후에.)
④ I | usually get ‖ to work ‖ before 8:30.(1G47C)(단현)
　나는 | 보통 출근해 ‖ 직장에 ‖ 8시 30분 이전.
④ I'm sure [we | 'll see ‖ each other ‖ before the weekend].(2G109D)(단미)
　[우리가 주말 전에 서로 만날 것을] 나는 확신합니다.
④ I | will contact ‖ you ‖ before then.(5JG37)(단미) 제가 ‖ 연락드리겠습니다 ‖ 그전에.
(at~)
④ Jane | starts ‖ work ‖ at 7:00, so she has to get up at 6:00.(1G21A)(단현)
　제인은 | 시작한다 ‖ 일을 ‖ 7시에, 그래서 그녀는 6시에 일어나야 한다.)
④ What were you | doing ‖∨‖ at 3:00?(1G21A)(현진) 너는 | 하고 있었니 ‖ 무엇 ‖ 3시에?
(by~)
④ Robert | will call ‖ us ‖ by 10 o'clock. He promised to.(3G65B)(단미)
　로버트는 | 전화할 것이다 ‖ 10시까지. 그가 우리에게 그는 약속했다.)
④ I | 'll have finished ‖ my work ‖ by 11:30.(not later than)(2G117B)(미완)
　난 | 끝내겠다 ‖ 내 일을 ‖ 11시 30분까지(늦지 않게).
(for~)
④ Nobody | slept ‖ in this room ‖ for years.(SBE87,330)(단과)
　아무도 | 자지 않았다 ‖ | 이 방에서 ‖ 몇 년 동안.
④ It | stopped ‖ raining ‖ for a while, but now it's raining again.(2G8C)(현진)
　| 그쳤다 ‖ 비오는 것을 ‖ 잠시 동안, 그러나 지금은 다시 비가 내리고 있다.
④ They | haven't had ‖ a vacation ‖ for ten years.(")(2G12B)(현완)
　그들은 | 가지 않았다 ‖ 휴가를 ‖ 10년 동안.
④ I | 've been looking ‖ for you ‖ for the last half hour.(")(2G89B)(현완진)
　나는 | 찾고 있었다 ‖ 너를 ‖ 지난 30분 동안.
(in~)
④ It | rains ‖ a lot ‖ in the winter.(1G5A)(단현)) | 비가 온다 ‖ 많이 ‖ | 겨울에.
④ Now we live in Denver. We | came ‖ to Denver ‖ in 2004.(1G102C)(단과)

지금 우리는 덴버에 산다. 우리는 ‖ 왔다 ‖ 덴버에 ‖ 200년에.
④ Bye! I ‖ 'll see ‖ you ‖ in a few days.(=a few days from now)(1G101E)(단미)
　　안녕! 나는 볼 거야 ‖ 너를 ‖ 며칠 지난 후.(=지금부터 며칠에)
④ I ‖ 've met ‖ a lot of people ‖ in the last few days.(2G7C)(현완)
　　나는 ‖ 만났다 ‖ 많은 사람들을 ‖ 지난 며칠 동안.
(on~)
④ Sophie ‖ is going ‖ to the dentist ‖ (on) Friday.(days/dates)(1G23B)(현진)
　　소피는 ‖ 갈 예정이다 ‖ 치과에 ‖ 금요일.
④ I ‖ 'll see ‖ you ‖ (on) Friday morning.(fixed time)(2G118C)(단미)
　　나는 ‖ 볼 거야 ‖ 너를 ‖ 금요일 아침에.(고정 시간)
④ Sue ‖ does ‖ a lot ‖ on weekends.(1G41B)(단현)(on 생략불가)
　　Sue는 ‖ 한다 ‖ 많이 ‖ 주말에.
(through~)
④ I ‖ teach ‖ English ‖ right through the year. 나는 ‖ 가르친다 ‖ 영어를 ‖ 일년 내내.(PPV242)
(until~)
④ They ‖ are giving ‖ us ‖ until this evening. 그들은 ‖ 주고 있다 ‖ 우리에게 ‖ 오늘 저녁까지 시간.
(within~)
④ We ‖ usually fill and ship ‖ an order ‖ within one week(ECD797)(단현)
　　우리는 ‖ 보통 작성하여 발송한다 ‖ 주문서를 ‖ .1주일 이내에.
④ I ‖ will finish ‖ it ‖ within a week.(SBE212)(단미) 나는 ‖ 끝낼 거야 ‖ 그것을 ‖ 일주일 안에(이내)

⑥ NPP'N'(pr~)

⑥ He ‖ stayed ‖ with us ‖ for three days.

예문은 ⑥형 NP'P"N"(pr~)이다. N'는 전치사구 부가어(협의)이다.
다음과 같이 분석된다. 즉 NP'P"N"=NP'P"+N'의 관계에 있다.

⑥ He ‖ stayed ‖ with us ‖ for three days.　　그는 ‖ 머물렀다 ‖ 우리와 함께 ‖ 3일간,
③ He ‖ stayed ‖ with us. + ⓪ ‖ for three days. 그는 ‖ 머물렀다 ‖ 우리와 함께.+‖ 3일간,

♧ 유형별 예문
(after~/before~)
⑥ Gary went to college but ‖ dropped ‖ out ‖ after a year.(2G135D)(단과)
　　Gary는 대학에 갔지만 ‖ 자퇴했다 ‖ 끝나게 ‖ 1년 후에.
⑥ During that time, he ‖ never got ‖ home ‖ before midnight.(KsS66)(단과)
　　그 시간 동안, 그는 ‖ 가지 않았다 ‖ 집에 ‖ 자정 전에.
(at~)
⑥ The plane ‖ arrives ‖ in New York ‖ at 7:30 tomorrow morning.(1G23A)(단현)
　　비행기는 ‖ 도착한다 ‖ 뉴욕에 ‖ 내일 아침 7시 30분.
⑥ Jane starts work at 7:00, so she ‖ has to get ‖ up ‖ at 6:00.(1G31A)(단현)
　　제인은 7시에 일을 시작해서, 그녀는 ‖ 일어나야 한다 ‖ 깨어 ‖ 6시에.
⑥ I don't like [‖ going ‖ out ‖ at night].(2G118B)(단현) 난 [밤에 밖에 나가는 것]을 좋아하지 않아.
(back~)
⑥ Believe or not, she ‖ looked ‖ good ‖ back then.(12JG504)(단과)
　　믿거나 말거나, 그녀는 ‖ 보였다 ‖ 좋아 ‖ 그 당시에는

(beyond~)
⑥ You | must not stay | here ‖ beyond the usual hour.
　　너는 | 머물어서는 안 돼 | 여기에 ‖ 통상적인 시간을 넘어.
(by~)
⑥ All the yachts | will sail | back in ‖ by noon.(not later than)
　　모든 요트는 | 항행할 것입니다 | 회항하여 ‖ 정오까지.((적어도)
(for~)
⑥ They | went | talking ‖ for hours.(SBE46)(단과) 그들은 | 되었다 | 얘기하는 것이‖몇 시간 동안.
⑥ Gray | stayed | with us ‖ for three days.(1G102D)(단과) 그레이는 | 머물렀다 ‖우리와 ‖ 3일간.
⑥ I |'m going | away ‖ for the weekend?(1G102D,OAD)(현진) 난 | 간다 | 떠나 ‖ 주말에?
③ The matches | went | on ‖ for five days last time). 시합은 | 했다 | 계속 ‖ 지난 5일간.
⑥ She | could sit | nowhere ‖ for long.(LC'110) 그녀는 | 앉을 수 없었다 | 어디에도 ‖ 오래 동안.
(in~)
⑥ I | usually feel | tired ‖ in the morning.(fixed time)(2G4E) 난 | 통상 느껴 | 피곤하게 ‖ 아침에.
⑥ I | always get | hungry ‖ in the afternoon.(2G3A) 나는 | 항상 된다 | 배고프게 ‖ 오후에.
⑥ I | stayed | at home ‖ in (or during) the summer.(동안)(3G90A)(단과)
　　나는 | 머물었다 | 집에 ‖ 여름에(또는 동안)
⑥ I | learned | to drive ‖ in four weeks.(=took me four weeks)(2G118E)(단과)
　　저는 | 배웠다 | 운전하기 ‖ 4주 안에.(= 4주가 걸렸다)
(on~)
⑥ I've got a new apartment. I |'m moving | in ‖ (on) Friday.(2G135A)(현완)
　　난 새 아파트를 구했어요. 난 | 이사하여 | 들거에요 ‖ 금요일에.
⑥ They | got | married ‖ (on) March 12.(2G118D) 그들은 | 되었다 | 결혼하게 ‖ 3월 12일.
⑥ They like [| to eat | out ‖ on weekend(s)].(1G101B) 그들은 | [주말에 외식하기]를 좋아해.
(through~)
⑥ She | lived | in the house ‖ all through her life. 그녀는 | 살았다 | 그 집에서 ‖ 일생 내내.
(within~)
⑥ She | ran | through the entire estate ‖ within two years.(이내)(OAD)
　　그녀는 | 운영했다 | 전체 부동산에 걸쳐 ‖ 2년 이내에.

[Supplement]
(across~) '~을 건너, 가로질러'
② I | came/ran ‖ across him.　　　나는 | 우연히 마주쳤어 ‖ 그와.
② He | glanced ‖ across the table.　　그는 | 힐끗 보았어 ‖ 탁자 건너.
④ He | flipped/slid ‖ a sheet of paper ‖ across the table.
　　그는 | 던졌다/밀었다 ‖ 종이 한 장을 | 탁자 가로질러.
④ He | hit | him ‖ across the face.　그는 | 때렸다 ‖ 그를 | 면상에 걸쳐.
(after~)　'~를 따라/좇아, ~의 뒤'
② I | asked ‖ after him.　　　　　나는 | 물었어 ‖ 그의 안부를.
② Did they | inquire　after/for me?　그들은 | 물었니 ‖ 내 안부를?
② Kathy | looks | after him.(care for, tend to)(3G22D,2G130D) 케이티는 | 본다 ‖ 그를 살펴.
② I |'ll look ‖ after the luggage.　내가 | 지킬 게 ‖ 그 가방을.
② I | will not report ‖ after her.　나는 | 보고하지 않을 거야 ‖ 그녀에 관해.
② She | takes ‖ after her father.　그녀는 | 닮아 있다 ‖ 아버지를.
② Soon after dark, ‖ they | arrived. 어두워진 후 곧 ‖ 그들이 | 도착했다.

② I | am eager ‖ after/for knowledge. 나는 | 갈망해 ‖ 지식을.
④ She | takes ‖ that ‖ after their her mother. 그녀는 | 닮았어 ‖ 그 점에서 ‖ 그녀 엄마를.
⑥ He | often stays | in the office ‖ after hours. 그는 | 종종 남는다 | 사무실에 ‖ 근무시간 후.

(against~) '~에 대해/부딪혀/기대어/대조하여'
② The glass | broke ‖ against the wall. 유리잔이 | 깨졌어 ‖ 벽에 부딪쳐.
② He | was leaning ‖ against the rail.(EJD) 그는 | 기대고 있었어 ‖ 난간에.
② Frodo | was hurled ‖ against the wall and pinned.(1LR365)
  프로도는 | 팽개쳐져서 ‖ 뒷벽에 부딪쳐, 꼼짝할 수 없었다.
② Are we | insured ‖ against theft? 우리 | 보험 들었니 ‖ 도난에 대해?
② Passengers | are warned ‖ against pickpockets. 승객 여러분 | 조심하세요 ‖ 소매치기에.
② The U.S. dollars | is down | against most foreign currencies today.
  미국 달러는 | 내려 있다 ‖ 오늘날 대부분의 외화에 대해.
② What's ↵ the rate of exchange ‖ against the dollar? 달러에 대해 환율은 어떠냐?
④ You | 're just banging | your head ‖ against the brick wall.(EID68)
  너는 정말 쓸데없이 시간 낭비하고 있다.
④ He | leaned ‖ the umbrella | against the wall. 그는 | 놓았다 ‖ 우산을 ‖ 벽에 기대어.
④ She | struck(or hit) ‖ her head ‖ against the wall.(SED70)
  그녀는 | 부딪쳤어 ‖ 그녀의 머리를 | 벽에 대어.
④ I | threw ‖ a ball ‖ against the wall. 나는 | 던졌어 ‖ 볼을 ‖ 벽에 부딪치게.
④ They | took ‖ precautions ‖ against fire. 그들은 | 취했다 ‖ 예방책을 ‖ 화재에 대비해.
④ He | warned ‖ me ‖ against pickpockets. 그는 | 경고했다 ‖ 나를 ‖ 소매치기에 대해.
④ You | must weigh ‖ the benefits ‖ against the cost. 넌 | 교량해야 한다 ‖ 이익을 ‖ 비용에 대해.
⑥ The pearls | looked | good ‖ against her tanned neck.
  진주목걸이가 | 보였다 | 멋져 ‖ 그녀의 검게 탄 목과 대조되어.
⑥ Everyone in the crowd | would crush | back | against the walls.(CN230)
  군중 모두는 | 부딪힐 것이다 | 뒤로 ‖ 벽들에.

(along~) '연하여, 따라'
② He | cut ‖ along the side-road. 그는 | 튀었어 ‖ 뒷골목으로.
② He | gazed/looked ‖ along the ceilings. 그는 | 보았어 ‖ 천장을 따라.
② Paul | is of immediate interest ‖ along the workbenches.
  폴울은 | 곧 관심거리가 되어있다 ‖ 작업장에서.

(among~) '~셋 이상의 가운데'
② His servants | were whispering ‖ among themselves.2Sa12:19) 하인들이 | 수군거리고 있었다 ‖ 서로.
② I | 'm at home | among trees. 나는 나무 타기는 자신 있어.
④ | Stop ‖ grumbling ‖ among yourselves.(Jn6:42) 너희는 서로 수군거리지 말라

(around~) '~의 주위' .
② He | is a little rough ‖ around the edges. 그는 약간 미숙한 점이 있다.
② | Don't beat ‖ around the bush. | 치지 마 ‖덤불 주위를.(요점을 말해)
② There is a way < | to get ‖ around this problem>. <이 문제를 회피> 하나의 방법이 있어.
② He | glanced/looked ‖ around the room. 그는 | 힐끗 보았어 ‖ 방 주위를.
② The moon | moves ‖ around the earth. 달은 | 운동한다 ‖ 지구 주위를.
② The vending machine | works ‖ around the clock. 이 자동판매기는 | 작동해 ‖ 24시간.

(as~) '~ 로서, ~처럼' .
② She | is through ‖ as a singer. 그는 | 끝났어 ‖ 가수로는.
② I | thought ‖ as much. 나는 | 생각했다 ‖ 그렇게(=so).

④ He | has said ‖ as much (in some interviews). 그는 | 말한 적이 있다 ‖ 그렇게 (일부 인터뷰에서)
(below~) '~의 아래'.
② Her skirt | reaches ‖ just below the knees. 그녀의 스커트는 | 도달해 ‖ 무릎 바로 밑에.
② | Please do not write ‖ below this line. | 쓰지 마십시오 ‖ 이 선 아래에.
④ You | hit ‖ me ‖ below the belt. 너는 | 쳤다 ‖ 나를 ‖ 벨트아래에.(반칙이다)
(beside~) '~의 측면(側面)'
② Beside him ‖ she | is an angel.   그에 비하면 ‖ 그녀는 | 천사야.
② She | is mere a child ‖ beside you. 그녀는 | 단지 어린애야 ‖ 네 옆에서는(=너와 비교하면).(EJD)
⑥ She | seems | dull ‖ beside her sisters..(SED) 그녀는 | 보여 | 둔해 ‖ 동생과 비교하면.
⑥ My painting | looks | childish ‖ beside yours. 내 그림은 | ~보여 | 유치해 ‖ 네 것과 비교하면).
(between~) '~2이상의 사이' .
② You | must choose ‖ between Bill(=the horse) and your master.
   너는 | 선택해야 한다 ‖ 그 말과 너 주인 중에서 하나를.
② The morning sun | peeked | between the buildings. 아침해가 | 엿보았다 ‖ 건물 사이를.
② I | spend ‖ between five and ten thousand won·a day. 나는 | 쓴다 ‖ 하루 5천원과 만원 사이.
② Diplomatic messages | have to be read ‖ between the lines.
   외교문서는 | 읽어져야 한다 ‖ 행간에 숨은 뜻이.
④ Jehu | shot ‖ Joram ‖ between shoulders.(2Ki9:24) 예후가 요람의 두 팔 사이를 쏘았다.
④ That day we | sent ‖ between three and four thousand shells ‖ to the enemy troops.
   그날 우리는 적에게 3~4천발의 포격을 가했다.
(into~) '~의 안을 향해'
② They | stumbled ‖ into an undercover operation ⟨in progress⟩.
   그들은 | 굴러 들었어 ‖ ⟨진행중인⟩ 함정수사에.
④ The secretary | showed ‖ me ‖ into/to the reception room.
   그 비서는 | 안내했어 ‖ 나를 ‖ 응접실 안에/응접실에.
(like~) '~과 같이, 처럼'
② | Don't look ‖ like that. | 보지마 ‖ 그런 식으로.
② I | will not spoken (‖) to ‖ like that. 나는 | 말을 듣고 싶지 않아 ‖ 그런 식으로.
② The candles | are arranged ‖ like so.(OAD) 촛불들은 | 배열되어 있다 ‖ 그렇게.
② I | will not be talked (‖) to ‖ like this!(NED) 나는 | (대해) 말해지지 않을 거야 ‖ 이런 식으로.
④ | Don't look ‖ at me ‖ like that.(OAD) | 보지 마라 ‖ 나를 ‖ 그런 식으로..
④ | Don't talk ‖ to me ‖ like that.(NEI) | 말하지 마라 ‖ 나에게 ‖ 그런 식으로.
⑥ I'm sorry [| to barge | in on ‖ like this]. 미안해 [이렇게 쳐들어 와서].
⑥ | Don't sneak ‖ up on me ‖ like that. | 살며시 다가오지 마 ‖ 내게 ‖ 그렇게
(off~) '~에서 떨어져'
② They | ate ‖ off gold plates.(EPL258) 그들은 | 먹었다 ‖ 금 접시에서 퍼서.
② He | lives ‖ off his savings.(EID519) 그는 | 산다 ‖ 저축에 의지해.
② He | 's always mooching ‖ off his friends. 그는 늘 친구들에게 빈대 붙는다. *뜯어먹고 산다
④ They | ate | rice ‖ off banana leaves.(EPL258) 그들은 바나나 잎에 담아놓은 밥을 떠먹었다.
④ He | makes ‖ a living ‖ off the tourists.(YHD) 그는 | 영위한다 ‖ 삶을 ‖ 관광객을 상대로 하여.
④ I | can't think ‖ of his name ‖ off hand.(ECD11) 난 | 생각할 수 없어 ‖ 그의 이름을 ‖ 당장.
(out~) '~의 밖을, ~을 통해 밖으로'
② He | gazed/looked ‖ out the window.그는 | 응시했다 ‖ 창 밖을.
② Will the old man | live ‖ out the month? 그 노인은 | 살 수 있을까 ‖ 이달 말까지?
② "It | 's cold ‖ out here," Jack told his daughter.(3TC155) | 추워 ‖ 여기 밖은.

② It │ would be unusual ‖ out here.　　그건 │ 특별한 일 아니야 ‖ 여기서는.
④ │ Say ‖ it ‖ out loud.　　　　　　(말할 것 있으면) 크게 말해.
(over~)　'~에 너머, ~을 두고'
② How would they │ get ‖ over that problem, he wondered.
　　그들이 그 문제를 어떻게[풀 것인지, 그는 궁금해 했다.
② He │ never glossed ‖ over the matter.(DED) 그는 │ 얼버무리지 않았어 ‖ 그 문제에 대해.
② He │ looked ‖ over his shoulder.(2HP154) 그는 │ 보았다 ‖ 어깨너머로.
② He │ didn't look ‖ over the edge.(OAD,EPN96) 그는 │ 보지 않았어 ‖ 모서리 위를.
② The van │ run ‖ over a dog.(SBE84) 밴 차가 │ 치었다 │ 개를 넘어.
② Julie and I tried [│ to talk ‖ over the incident]. 줄리와 나는 [그 일에 대해 의논해] 보려 했다.
④ Can you │ talk ‖ about this ‖ over dinner?(EXD531)
　　년 │ 이야기할 수 있을까 ‖ 이것에 대해 ‖ 저녁 먹으면서.
⑥ Two gentlemen │ were sitting │ alone ‖ over their wine.(UTC7)
　　두 신사가 │ 앉아 있었다 │ 홀로 ‖ 술을 마시면서.
(toward(s)~)　'~쪽을 향하여'
② │ Go ‖ toward the door.　　　　　│ 가라 ‖ 창문 쪽으로.
② The money │ will go ‖ towards a new school building.
　　그 돈은 │ 갈(쓰일) 것이다 ‖ 새 학교 건물을 짓는데.
② They │ were heading ‖ towards the border.(OAD) 그들은 │ 향하고 있었다 ‖ 국경 쪽을 향해.
② He │ looked ‖ toward the heaven.(Jn17:1) 그는 │ 보았다 ‖ 하늘을 향해.
② I │ made ‖ toward him.　　　　　나는 │ 갔어 ‖ 그의 쪽으로.
② It │ occurred ‖ toward the end of the war. 그것은 │ 일어났어 ‖ 전쟁이 끝나기 가까이.
② For weeks we │ traveled ‖ toward the east. 수주간 우리는 │ 여행했어 ‖ 동쪽을 향해.
② He │ turned ‖ toward the woman.(Lk7:44) 그는 │ 몸을 돌렸다 ‖ 그 여자에게.
② A toy soldier │ is walking ‖ toward me.(YBM) 한 장난감 병정이 │ 걸어오고 있다 ‖ 나를 향해.
cf② The marching band │ headed ‖ the parade. 악대가 │ 선도했어 ‖ 퍼레이드를.
② These men │ are friendly ‖ toward us.(Ge34:21) 이 사람들은 │ 우호적이다 ‖ 우리를 향해.
④ Hermione │ pulled ‖ Ron's predictions ‖ towards her.
　　Hermione은 │ 끌어당겼어 ‖ Ron의 점술숙제들을 ‖ 그녀 앞으로.
④ They │ 're saving │ money ‖ toward a new house.(YHD)
　　그들은 │ 저축하고 있다 │ 돈을 ‖ 새 집을 짓기 위해.
④ They │ took ‖ a few steps ‖ toward the Indian. 그들은 │ 옮겼어 ‖ 몇 발자국을 ‖ 인디안 쪽으..
④ │ Turn ‖ my heart ‖ toward your statutes.(Ps119:36) │ 돌려줘요 ‖ 내 마음을 ‖ 주의 법에 향하게.
⑥ Your words │ turned │ sullen ‖ toward your wife.(KsS121) 네 말은 │ 변했다 ‖ 심통맞게 ‖ 처에게.
(under~)　'~의 아래'
② Can you │ check ‖ under the hood? 후드 아래(엔진과 엔지오일 등)을 체크해 주겠어요?
② I │ looked ‖ under the bed.(1NG21) 나는 │ 봤어 ‖ 침대 아래를.
② Harry │ sang ‖ under his breath.　　Harry는 │ 노래했어 ‖ 속으로(정황).
④ I │ can breathe ‖ longer than 60 seconds ‖ under water?
　　나는 │ 숨을 참을 수 있어 ‖ 60초 이상 ‖ 물 속에서.
④ He had enjoyed [│ muttering ‖ nonsense words ‖ under his breath].
　　그는 즐겼어 [│ 중얼거림을 ‖ 이상한 말을 ‖ 속으로].
⑥ The boat │ went │ down ‖ under his watch.
　　그 배는 │ 되었다 │ 가라앉게 ‖ 그가 지켜보는 동안.
(upon~)
② The prophet Isaiah │ called ‖ upon the LORD.(2Ki20:11) 이사야 선지자는 │ 찾았다 ‖ 주를.

② I | can count ‖ upon all of you.　나는 | 의지할 수 있어 ‖ 너희 모두에게.
② He | decided ‖ upon an ambush.(RTK27:28) 그는 | 결정했다 ‖ 기습을.
② | Look ‖ upon my suffering.(Ps120:153) | 보소서 ‖ 나의 고통을.
② Mr. Stanfiled, the public defender, | will play ‖ upon/on your sympathies.
　　국선변호인 스탠필드씨는 | 자극하려 들 겁니다 ‖ 여러 분의 동정심을.
(within~) '~의 안에 동반'
② My heart | is faint/in anguish ‖ within me.(Jer8:18/Ps55:4)
　　나의 마음이 | 번뇌/아파한다 ‖ 내 속에서.
④ How much does it cost [| to mail ‖ a letter ‖ within Canada]?
　　얼마나 들어요 [| 부치는 데는 ‖ 편지를 ‖ 캐나다 내에서]?
⑥ My heart | grew ‖ hot ‖ within me.(Ps39:3) 내 마음이 | 되었다 | 뜨거워지게 ‖ 내 속에서.
⑥ My heart | has melted | away ‖ within me.(Ps22:14) 마음이 | 녹아 | 없어졌다 ‖ 내 속에서.
(without~) '~의 없이'
② I | can't live ‖ without you.(조건)(ECD558) 나는 살 수 없다 ‖ 너 없이는.
② No man | can live ‖ without food.　누구도 | 못살아 ‖ 음식 없이.
② We | can't succeed ‖ without your advice. 우리는 | 성공할 수 없어 ‖ 네 충고 없이는.
cf② **Without** his advice, I | would have failed. 그의 충고가 없었더라면, 나는 | 실패했을 것이다.
② Life | is not possible ‖ without water.(1G703A) 삶은 | 불가능해 | 물이 없으면.
② I | 'm helpless ‖ without you.　나는 | 아무 것도 못해 ‖ 너 없이.
② It | 's no fun ‖ without you.　그건 | 아무 재미없어 ‖ 너 없이는.
② This firm | is over ‖ without me.　이 회사는 | 끝이야 ‖ 나 없으면.
④ What could I | do ‖∨‖ without you? 무엇을 내가 | 할 수 있겠니 ‖ 너 없이는?
④ She | accepted ‖ this ‖ without question. 그녀는 | 받아들였어 ‖ 이것을 ‖ 질문 없이.
④ He | found ‖ the place ‖ without difficulty. 그는 | 찾았다 ‖ 그 장소를 ‖ 어려움 없이.
④ They | hated ‖ me ‖ without reason.(Jn12:25) 그들은 | 미워했어 ‖ 나를 ‖ 이유 없이.
④ I | can't read ‖ that road sign ‖ without my glasses.(OAD)
　　난 | 읽을 수가 없다 ‖ 저 도로표지판을 ‖ 안경 없이.
⑥ This place | would fall | apart ‖ without her.((TOEIC)
　　이 장소는 | 떨어질 거야 | 부서져 ‖ 네가 없다면
⑥ I | feel | uneasy(or empty) ‖ without you.(ECD555)(조건)
　　나는 | 느껴 | 불안(또는 공허)하게 ‖ 네가 없으면.
(etc.)
② He | looked ‖ behind him.　그는 | 보았다 ‖ 그의 뒤를.
② You | 're still wet ‖ behind your ears. 너는 태어난 지 얼마 안된 풋내기야.
② They had thought [she | had married ‖ beneath her]
　　그들은 [그녀가 사회적 지위가 낮은 사람과 결혼했다고] 생각했다.
② Can we | get ‖ beyond Mideastern Oil? 우리는 중동석유(고갈)후를 대처할 수 있을까?
② Their eyes | did not look ‖ beyond the River. 그들의 눈은 | 보지 못했어 ‖ 강 너머를.
② He | looked ‖ down the list.　그는 | 보았다 ‖ 목록을 훑어.
② | Look ‖ inside your mind.　　| 드려다 보라 ‖ 네 마음속을.
② If you | look ‖ past the town hall, you'll see the police station.(OED)
　　시청 너머를 보면 경찰서가 보일 겁니다.
② He | was famous ‖ throughout the country. 그는 | 유명해 ‖ 전국을 통해.
② Australia | were ahead | throughout the game. 호주가 | 앞섰어 ‖ 경기 전체를 통해.
② You | 're barking ‖ up the wrong tree. 너는 | 짖고 있다 ‖ 다른 나무 위로* 헛다리 짚고 있다.
④ Did you | offer ‖ cash ‖ up front? 너는 | 제의했니 ‖ 돈을 ‖ 곧바로?

B. 복합 전치사구 부가어(complex preposition phrase)

> We'll take him up to the castle. (up to~)

② NPN'(cpr~)

> ② We | will go ‖ up to the castle.

예문은 ②형 NPN'(cpr~)이다. P는 능동사, N'는 복합전치사구 부가어이다.
다음과 같이 분석된다. 즉 NPN'(pr~)=NP+N'(pr~)의 관계에 있다.
up into~는 '~의 위 쪽으로'를 나타낸다.

② We | will go ‖ up to the castle.   우리는 | 갈 것이다 ‖ 성으로 향해 올라.
① We | will go. + ⓪ ‖ up to the hill. 우리는 | 갈 것이다.+ ‖ 성으로 향해 올라.

♧ 유형별 예문
② One of the dogs | bounded ‖ right up to him. 개 한 마리가 | 달려들었어 ‖ 바로 그 상체fh.
② Jack | caught ‖ up to the bus. 잭은 | 따라 잡았어 ‖ 그 버스를.
② A stranger | came ‖ up to me.   낯선 사람이 | 왔다 ‖ 내게 다가.
② The waters | have come ‖ up to my neck.(Ps69:1) 물이 | 차왔다 ‖ 목까지.
② We | 'd better get ‖ up to the school. 우린 | 가는 것이 좋겠어 ‖ 학교로 올라.
② We | will go ‖ up to the castle. 우리는 | 갈 것이다 ‖ 성으로 향해 올라.
② I | headed ‖ up to Joe's.   나는 | 향했어 ‖ 호세의 가게까지.
② The others | would tally ‖ up to thirty years. 다른 것들은 | 이를 수 있어 ‖ 30년형에.
cf② I | 'm up to my ears ‖ in work. 나는 | (귀까지) 꽉 찼어 ‖ 일이.
② He | really looks ‖ up to his old brother. 그는 | 정말로 본다. ‖ 그의 형을 우러러.*존경하다

④ NPN'N"(cpr~)

> ④ We | 'll take ‖ him ‖ up to the castle.

예문은 ④형 NPN'N"(cpr~)이다. P는 타동사, N'는 복합전치사구 부가어(협의)이다.
다음과 같이 분석된다. 즉 NPN'N"=NPN+N"의 관계에 있다.

④ We | 'll take ‖ him ‖ up to the castle. 우리는 | 데려갈 것이다 ‖ 그를 ‖ 성을 향해 올라.
② We | 'll take ‖ him...+ ⓪ ‖ up to the castle. 우리는 | 데려갈 거야 ‖ 그를.+‖성을 향해 올라.

♧ 유형별 예문
④ He | drew ‖ me ‖ up to him.   그는 | 끌어당겼다 ‖ 나를 ‖ 그에게.
④ The company | grants ‖ workers ‖ up to one year of paid-leave.
  그 회사는 | 준다 ‖ 근로자들에게 ‖ 1년까지의 유급휴가를.(시간)
④ I | did invite ‖ you ‖ up to Ohio. 나는 | 초대했어 ‖ 널 ‖ Ohio에 올라오게.
④ I | 'll lead ‖ him ‖ up to the story. 나 | 유도할거야 ‖ 그를 ‖ 그 이야기로.
④ I | 'll make ‖ it ‖ up to you (in salary). 나는 | 보상할 게 ‖ 그것을 ‖ 네게 (봉급으로).
④ | Roll ‖ large rocks ‖ up to the mouth of the cave.(Jos10:18) 굴어귀(까지) 큰 돌을 굴려 막아라.

④ | Take ‖ it ‖ up to your place.(1Sa6:21) 그것을 네 장소까지 옮겨가라.
④ We | 'll take ‖ him ‖ up to the castle.(KA364) 우린 | 데려갈 거야 ‖ 그를 ‖ 성을 향해 올라가도록.
④ | Count ·off ‖ fifty days ‖ up to the day ⟨after the seventh Sabbath⟩.(Lev23:16)
  | 계산하라 ‖ 50일을 ‖ ⟨7번 째 안식일 다음의⟩ 날까지.

⑥ NPP'N'(cpr~)

> ⑥ The roadworks | are likely to go | on ‖ up to the end of May.

예문은 ⑥형 NP'P"N"(cpr~)이다. N'는 복합전치사구 부가어(협의)이다.
다음과 같이 분석된다. 즉 NP'P"N"=NP'P"+N'의 관계에 있다.

⑥ The roadworks | are likely to go | on ‖ up to the end of May.
  도로 공사는 | 될 것 같아 | 진행 ‖ 5월말정도까지.
③ The roadworks | are likely to go | on.+ ⓪ ‖ up to the end of May.
  도로 공사는 | 될 것 같아 | 진행. + ⓪ ‖ 5월말정도까지.

♧ 유형별 예문
⑥ The roadworks | are likely to go | on ‖ up to the end of May.(3G90C)
  도로 공사는 | 될 것 같아 | 진행 ‖ 5월말정도까지.

[Supplement]
⟨~at~⟩
(across at~) '에 가로질러'
② When my name was called, he | looked ‖ across at me.(OAD)
  내 이름이 불렸을 때, 그는 | 보았어 ‖ 나를 가로질러 쳐다.
(around at~) '에 주위에'
② People | looked ‖ around at them.(3HP91,5TC317) 사람들은 | 보았다 ‖ 그들 주위를 쳐다.
(back at~) '에 뒤돌아'
② He | looked ‖ back at the whispers.(1HP4, Fr'n90) 그는 | 봤다 ‖ 속삭이는 자들을 되돌아 쳐다.
(down at~) '~의 아래 근접(밀접)'.
② I | glanced/looked ‖ down at him. 나는 | 내려다 보았다 ‖ 그를.
② In the beginning, Americans | would often look ‖ down at me.(NEI)
  처음에, 미국인들은 | 종종 보곤 했죠 ‖ 나를 내려다. *무시하다.
② They | peered ‖ down at the pool. 그들은 | 내려보았어 ‖ 연못을.
(in at~) '에 안에'
② She | instantly looked ‖ in at one of the windows.(Exp114)
  그녀는 | 당장 보았다 ‖ 그 창문들의 하나에 대해 들여다.
(out at~) '에 밖에'
② They | were looking ‖ out at the misty grounds.(4HP490)
  그들은 | 보고 있었다 ‖ 안개 낀 땅에 대해 내다
② "No," Elsa cried, | looking ‖ out at her frozen kingdom.(Fr'n100)
  "아니," 엘사가 소리쳤어, | 보면서 ‖ 그녀의 얼어붙은 왕국을;
(up at~) '에 위에'
② We | looked ‖ up at the stars ⟨in the sky⟩.(1G112,2G71B, Exp262)

우리는 | 보았어 〈하늘의〉 별들을 위로 쳐다.
② Pettigrew | was staring ‖ up at them.(3HP374) 페티그루는 | 응시하고 있었다‖ 그들에게 올려다.
〈~in~〉
(out in~) '안을 내다'
② She | looked ‖ out in the garden.(1MT16) 그녀는 | 보았다 ‖ 정원 안을 내다.
(up in~) '안을 올려'
② She | looked ‖ up in the trees.(Pigeon English207) 그녀는 | 보았다 ‖ 나무들 안을 올려다.
④ I | looked ‖ it(=the word) ‖ up in a dictionary.(1G208). 나는 | 봤다 ‖ 그것을 ‖ 사전 안에서 찾아.
〈~into~〉
(away into~) '안쪽으로 사라져'
② People | were running ‖ away into the woods.(4HP107) 사람들이 | 달린다 ‖ 숲 속에 도망하여.
④ She | threw ‖ it | far away into the water.(KA13) 그녀는 | 던졌다 ‖ 그걸 ‖ 멀리 물속에 떨어지게.
(back into~) '~안쪽으로 복귀'
④ Arthur | put ‖ the sword ‖ back into the stone. Arthur는 | 넣었다 ‖ 그 검을 ‖ 돌 안에 도로.
(down into~) '~의 아래 안/내부 지향'
② I | shall go ‖ down into a cave.   나는 | 갈 거야 ‖ 굴 안에 내려.
(on into~) ' ~의 안쪽의 표면, 안쪽에 붙어'
⑥ The boat | passed | glimmering ‖ on into the night.
    그 배는 | 사라졌어 | 흐릿하게 빛나면서 | 밤의 어둠 속으로.
(out into~) '~속으로/~의 안쪽에 나(出)가'
② They all | rode ‖ out into the fields.(KA17) 그들 모두 | 말타고 ‖ 들판속으로 나갔다.
② She | ran ‖ out into the forest.   그녀는 | 달려나갔어 ‖ 숲속으로.
④ He | led ‖ us ‖ out into the garden.(2UE289) 그는 | 이끌었다 ‖ 우리를 ‖ 나가서 정원 속으로.
④ Hagrid | threw ‖ the owl ‖ out into the storm. Hagrid는 | 날려보냈어 ‖ 부엉이를 ‖ 바깥 폭풍속에.
(up into~) '~의 위 안쪽으로'
④ Jehu | helped ‖ him ‖ up into the chariot.(2Ki10:15) 예후가 그를 끌어 병거에 올렸다.
〈~of~〉
(as of~) '~현재/부로'
④ We | 've heard | nothing ‖ as of today.(5JG76) 우리는 | 들은 바 없다 ‖ 아무 것도 ‖ 오늘부로.
⑥ I | start | on a diet ‖ as of today.   나는 | 시작해 | 다이어트 ‖ 오늘부로.
(out of~) '~의/~으로부터 밖으로'
② She and Wemmick | drank ‖ out of one glass.(Exp298) 그녀와 웨미크는 | 마셨다 ‖ 잔에서.
② I | 'm living ‖ out of a suitcase.(9JG192) 나는 | 산다 ‖ 여행용 가방 하나로.
② She | looked ‖ out of the window.   그녀는 | 보았다 ‖ 창 밖을.
② I | 'm living ‖ out of a suitcase.   난 가방 하나로 이리저리 옮겨 살아.
② We | were watching ‖ out of curiosity. 우리는 | 보고 있었어 ‖ 호기심에서,
④ He | did | it ‖ out of necessity.   그는 | 했어 ‖ 그걸 ‖ 필요에 의해.
④ I | helped ‖ her ‖ out of pity/sympathy) 나는 | 도왔다 ‖ 그녀를 ‖ 불쌍해서/ 동정심으로.
④ These women were helping [| to support | them ‖ out of their own means].
    이 여자들은 [그들 자신들의 방법으로 그들을 부조하기 위해] 돕고 있었다.
〈~on~〉
(back on~) '~에 되돌아'
② When I | look ‖ back on that time, I was very foolish.(NEI,2G142C)
    우리가 | 볼 때 ‖ 그 시절을 되돌아, 나는 매우 바보스러웠어.*회상하다
(down on~) '~에 내려', '~의 아래 표면'

- 319 -

② You | must not look ‖ <u>down on</u> the poor.(DED, ECD161)
(in on~) '에 안에'
② No one | looked ‖ <u>in on</u> little Luke.(Pa'd207) 아무도 | 방문하지 않았어 ‖ 작은 루크를.
(out on~) '밖에 부착', '내어(出) ~에 부착'
② She | held ‖ <u>out on</u> me (<u>with</u> information). 그녀는 | 털어놓지 않았다 ‖ 내게. (정보를).
② What will I miss ‖ <u>out on</u> ∨?(Weverse)(놓치다) 우리가 무엇을 놓칠 건가?(Lk8:3)
  이 여자들은 돕고 있었다 [그들 자신의 소유로 그들을 부양하면서]

⟨~to~⟩
(across to~) '을 건너/가로질러 지향' 을 나타낸다.
② Her explanation | did not get ‖ <u>across to</u> his students.
  그의 설명은 | 납득시키지 못했다 ‖ 학생들에게.
② I | 'm just going ‖ <u>across to</u> the post office. 나는 | 가고 있다 ‖ 우체국 향해 건너가고.
④ I | couldn't get ‖ my message ‖ <u>across to</u> the idiot.
  나는 | 시킬 수 없었어 ‖ 나의 생각을 납득 ‖ 그 멍청이에게.
④ He | handed ‖ a copy ‖ <u>across to</u> him. 그는 | 넘겼어 ‖ 한 사본을 ‖ 그의 쪽으로 건네.
cf④ She | handed ‖ the letter ‖ <u>to me</u>. 그는 | 넘겼어 ‖ 그 편지를 ‖ 내게.
② I | 'm coming ‖ <u>down to</u> you.(2LR237) 내가 | 오고 있다 ‖ 네게 향해 아래로.
② I | walked ‖ <u>from</u> my house <u>to</u> the Mall.(the range)(1G106A,2G58C)
  나는 | 걸었다 ‖ 집에서부터 쇼핑몰을 향해.(범위)
② William Shakespeare | lived ‖ <u>from</u> 1564 <u>to</u> 1602.(2G58C)
  윌리엄 셰익스피어는 | 살았다 ‖ 1564년부터 1602년까지.
② He | always gives ‖ <u>in to</u> his wife.(SBE307) 그는 | 항상 양보한다 ‖ 아내에게.
② Should we | drive(or go) ‖ <u>on to</u> the next one?(2G138A,ECD529)(방향)
  우리는 | 운전해야(또는 가야) 합니까 ‖ 다음 것으로 향해 붙어.
② Mr. Temple | jumped ‖ <u>on to</u> (or <u>onto</u>) the stage.(LEG148)(")
  미스터 템플이 | 뛰었다 ‖ 무대 표면으로 향해.
② | Come ‖ <u>over to</u> Macedonia and help us.(Ac15:36) | 와서 ‖ 마케도니아로 건너, 우릴 도와줘.
(along to~) '연하여 지향'
④ I | 'll pass/send ‖ it ‖ <u>along to</u> my client. 나는 | 전할/보낼 거야 ‖ 그것을 ‖ 내 의뢰인에게.
(around to~) '~의 주위로 지향'.
④ We | eventually brought ‖ them ‖ <u>round to</u> our point of view.
  우리는 | 결국은 끌어갔어 ‖ 그들을 ‖ 우리 견해에 가깝게.
④ He | had brought ‖ the conversation ‖ <u>around to</u> this topic.
  그는 | 몰고 갔어 ‖ 대화를 ‖ 그 토픽 쪽으로.
(away to~) ' ~를 떼어 ~으로'
② I | am going ‖ <u>away to</u> Camelot. 나는 | 갈 거야 ‖ 카멜롯으로 멀리.
④ He wanted [| to take ‖ you ‖ <u>away to</u> his castle]. 그는 원했다 [너를 그의 성으로 멀리 데려가기].
⑥ You | took 「<u>away</u> ‖ her (|) <u>to</u> your castle. 너는 | 데려갔어 「떼어 네 성으로 ‖ 그녀를.
(back to~) '~으로 복귀.
② Why don't you | cut ‖ <u>back to</u> town? 왜 너는 마을로 도로 가지 않니?.
② The temple guard | went ‖ <u>back to</u> the chief priests.(Jn7:45)
  사원지기는 | 갔다 ‖ 대제사장에게 되돌아.
② How dare you | talk ‖ <u>back to</u> me? 어떻게 감히 네가 | 말대꾸 해 ‖ 내게 ?
④ I | will bring ‖ you ‖ <u>back to</u> Camelot. 나는 널 카멜롯에 돌려 보낼 거야.
④ I | would like [| to give ‖ something ‖ <u>back to</u> you]. 나는 하려해 [네게 무언가를 돌려주려고].
④ They | sent ‖ the Indians ‖ <u>back to</u> the village. 그들은 | 보냈어 ‖ 그 인디안들을 ‖ 마을로 돌려

④ Will you | take ‖ me ‖ back to the hotel? 너는 | 해주겠니 ‖ 나를 ‖ 호텔에 돌아가게?
(down to~) '~의 아래 지향'
② I | 'm coming ‖ down to you.　　　나는 | 오고 있어 ‖ 네게 내려.
② They | went ‖ down to the sea.　　그들은 | 갔어 ‖ 바다 아래로.
④ | Lead ‖ Frodo ‖ down to the bank. | 인도해라 ‖ Frodo를 ‖ 둑 아래로.
④ He | took ‖ the king ‖ down to the lake. 그는 | 데려갔어 ‖ 왕을 ‖ 호수 아래로.
(forth to~) '~의 앞쪽/전방 지향'
④ | Call ‖ her ‖ forth to me.　　　　| 불러라 ‖ 그녀를 ‖ 내 앞으로.
(forward to~) '앞으로 지향'
② Are you | looking ‖ forward to the weekend?(2G58C,134B) 너는 | 고대하고 있니 ‖ 주말을?
(from~ to~) '~에서 ~으로'
② | Count ‖ from one to ten.　　　　| 세어라 ‖ 하나에서 열까지.
② They | went ‖ from room to room. 그들은 | 갔다 ‖ 방에서 방으로.
② He | grinned ‖ from ear to ear.　그는 | 웃었어 ‖ 입이 찢어지게.
② We | saw ‖ from ten to twenty yacht. 우리는 | 보았어 ‖ 10~ 20척의 요트를.
② He | trembled ‖ from head to foot.(5HP788) 그는 | 떨었다 ‖ 머리끝에서 발끝까지.
④ We | lived ‖ in Japan ‖ from 1996 to (or until) 2005.(1G102A)
　　우리는 | 살았다 ‖ 일본에 ‖ 1996년부터 2005년까지.
⑥ Jesus | travelled | about ‖ from one town to another.(Lk8:1)
　　예수께서 | 여행했다 | 여기저기 ‖ 한 읍에서 다른 읍으로.
(on to~) '표면을 향해'
④ I | put ‖ the pen ‖ on to(or onto) the table.(LEG148) 나는 | 놓았다 ‖ 펜을 ‖ 테이블 위로 향해.
⑥ They | came | out ‖ on to the top of the castle.(KA4)
　　그들은 | 왔다 | 나 ‖ 그 성의 꼭대기 표면으로 향해.
(down on to) '~의 아래 표면 지향'.
④ Each one | forced ‖ the other's hand ‖ down on to the table.
　　각자가 | 힘썼다 ‖ 상대방 손을 ‖ 책상 위에 넘어지게. * 팔씨름
(out to~) '~에 밖으로', out to~는 '~을 향해 남(出)'
② He | came ‖ out to the jousting field. 그가 | 나왔어 ‖ 싸움터로.
② When the Lord saw her, his heart | went ‖ out to her.(Lk7:13)
　　주께서 그 과부를 보시{고} 불쌍히 여겼다.
② The ship | went ‖ out to sea.　　　배가 | 나갔어 ‖ 바다로.
② Notes | was handed ‖ out to all students. 통신문이 | 전달되었다 ‖ 모든 학생들에게.
② We | put ‖ out to sea.(Ac16:11)　　우리는 | 떠났어 ‖ 바다로.
④ We | 'll send ‖ an application ‖ out to you. 우리는 | 보낼 거야 ‖ 지원서를 ‖ 네게.
④ I | took ‖ her ‖ out to dinner.　　나는 | 데려갔어 ‖ 그녀를 | 외식에.
④ She | took ‖ Liam ‖ out to the park.(LSW934) 그녀는 | 데려갔다 ‖ 리암을 ‖ 공원을 향해 밖으로.
(through to~) '~을 통해 지향.
② I dunno [if you | got ‖ through to him]. 난 몰라 [네가 | 되었는지 ‖ 그의 고집을 꺽게].
② This train | goes ‖ through to Paris. 이 기차는 | 간다 ‖ 파리로 직행으로.
④ I | 've checked ‖ your bag ‖ through to your destination.
　　나는 | 체크했어요 ‖ 당신 가방을 ‖ 목적지까지 가도록.
④ Will you | put ‖ me ‖ through to Mr. John? 나를 존 씨에게 연결시켜 주시겠어요?
④ May I | take ‖ you ‖ through to the dining room? 내가 | 안내할까요 ‖ 당신을 ‖ 식당으로.
(over to~) '너머 지향', '~의 쪽에 넘어'.

② | Come ‖ over to Macedonia.(Ac16:9) | 오라 | Macedonia로 넘어.
④ She | beckoned ‖ Harry ‖ over to her. 그녀는 | 손짓으로 ‖ Harry를 | 그녀에게 오게 했어.
④ They | gave ‖ him ‖ over to the police. 그들은 | 주었다 ‖ 그를 ‖ 경찰에 넘겨.
⑥ | Come | on ‖ over to the car. | 오라 | 가까이 | 차 쪽으로.

<~with~>
(away with~) '~을 없애기', '~와 함께 이격하여/떨어져'
② He | had done ‖ away with Beddoes^ and had fled).(=kill)((1ACD603)
  그는 | 했다 ‖ 베도스를 제거, 그리고 도망쳤다. *죽이다
② Please, | do ‖ away with that broken TV. | 버려요 ‖ 고장난 TV를 없애.
cf① All the old regulations | were done (‖) away with. 모든 옛 규정은 | 사라져 버렸다.
② He | made ‖ away with those <who stood in the way>. 그는 | 제거해버렸다 ‖ 방해자들을.
(along with~) 은 '연하여 함께'
② That | happened ‖ along with everything else. 그것은 | 일어났어 ‖ 다른 모든 일과 마찬가지로.
② I | go ‖ along with that idea.   나도 | 찬성해 ‖ 그 의견에.
(up with~) '~와 함께 위로, ~에 가까이/따라잡아'
② I | cannot put ‖ up with this headache. 나는 | 참을 수 없다 ‖ 이 두통을.
cf① This headache | cannot be put (‖) up with.
② I | will catch ‖ up with you (in a few minutes). 나는 | 따라잡을 거야 ‖ 네게 (몇 분 안에).
② We | have to put ‖ up with a lot of noise from traffic.(=tolerate)(2G141D)
  우리는 | 해야 한다 ‖ ‖ 교통으로 인한 많은 소음을 참도록.
② I│'m fed ‖ up with my job. I want to do something different.(1G110A)
  난 | 진저리났다 ‖ 내 일과 함께, 저는 뭔가 다른 일을 하고 싶다.
<etc.>
② He | looked ‖ back down the tunnel.(Race to the Heart39) 그는 | 보았다 ‖ 터널 아래를 돌아.
② I | can't look ‖ away from this microscope (for five more minutes).
  나는 | 눈을 뗄 수 없어 ‖ 현미경으로부터 (5분 동안).
④ | Tilt ‖ your head ‖ back toward the light. | 젖혀라 ‖ 너 고개를 ‖ 불빛을 향해 뒤로.

□ 소사 부가어(particle)

> She tore the paper up. (up)

② NPN'(ad)

> ② They | broke ‖ up.

예문은 ②형 NPN'(p)이다. P는 자동사, N'는'양태 소사 부가어 up 이다.
다음과 같이 분석된다. 즉 NPN'=NP+N' 의 관계에 있다.

② They | broke ‖ up.　　　그들은 | 갈라섰다 ‖ 완전히.
① They | broke. + ⓪ ‖ up.　그들은 | 갈라섰다. + ‖ 완전히

♧ 유형별 예문
② The engine caught fire and | blew ‖ up.(2G141C)
　엔진에 불이 붙어서 완전히 터졌다. *폭발하다
② Finally three houses | have burned ‖ up.(")(EPN83)(전소하다)
　마침내 세 채의 집이 | 불에 탔다 ‖ 완전히. *전소하다
② They | broke ‖ up (last month).(")(3CD327)
　그들은 | 깨어졌다 ‖ 완전히 (지난달). *헤어지다 | 파산하다.
② It was raining when we got up, but it | cleared ‖ up (during the morning)(2G141C)↴
　일어나보니 비가 오고 있었는데, | 개었다 ‖ 완전히 맑게 (아침에).
② The stream | has dried ‖ up.(=completely)(OAD1428) 개천이 | 말랐다 ‖ 완전히.
② ... the water | had dried ‖ up (from the earth).(Ge8:13)(=completely)
　물이 | 말랐었다 ‖ 완전히 (땅 표면에서).
② I've decided to become a minister [when I | grow ‖ up.(YBM)(완전히 자라다/장성하다)
　나는 [내가 | 자랐을 때 ‖ 완전히] 목사가 되려고 결정했다.
② I'm surprised to hear [that Sue and Paul | have split ‖ up].(2G141D)
　[Sue와 Paul이 헤어졌다는 소식을 듣고] 나는 깜짝 놀랐다.

> ② The paper | was torn ‖ up.

예문은 ②형 NPN'(ad)이다. P는 수동사, N'는'양태소사 부가어 up이다.
다음과 같이 분석된다. 즉 NPN'=NP+N' 의 관계에 있다.

② The paper | was torn ‖ up.　　　그 종이는 | 찢어졌다 ‖ 완전히/갈갈이
① The paper | was torn. + ⓪ ‖ up.　그 종이는 | 찢어졌다. + ‖ 완전히/갈갈이

♧ 유형별 예문
② A friend of mine was attacked and | beaten ‖ up (a few days ago).((2G141C)
　제 친구가 공격당해서, | 맞았다 ‖ 흠씬 ‖ (며칠전). *completely 완전히 | 흠씬
② The bridge | was blown ‖ up (during the war).(2G141C)

　　　　그 다리는　|　날라 갔다 ‖ 완전히 (전쟁 중) *다리가 폭파되다
② The group　|　was broken ‖ up.(")(3CD327)
　　　　그 그룹이　|　부서졌다 ‖ 완전히 | * 해체되다.
② I　|　was stood　|　up.　　　　　나는 | 세워졌다 ‖ 완전히. *나 바람맞았어.
② Most of the space in the room　|　was taken ‖ up (by a large table.)
　　　　방의 대부분의 공간은　|　취해 졌다 ‖ 완전히 (큰 테이블에 의해) *독차지하다

④ NPN'N"(p)

| ④ She　|　tore ‖ the paper ‖ up. |

예문은　④형 NPN'N"(p)이다. N"은 양태소사 부가어 up이다.
다음과 같이 분석된다. 즉 NPN'N"=NPN+N"이다.

④ She　|　tore ‖ the paper ‖ up.　　　그녀는 | 찢어버렸다.‖ 그 종이를 ‖ 갈가리
② She　|　tore ‖ the paper. + ⓪ ‖ up. 그녀는 | 찢어버렸다.‖ 그 종이를. + ‖ 갈가리

♧ 유형별 예문
④ We　|　ate ‖ all the food ‖ up.(=completely)(OAD,EJD) 우리는 그 음식을 다 먹었다.
④ Look at this mess! Who　|　is going to clean ‖ it ‖ up?(")(2G141D)
　　　　이 엉망진창을 보세요! 누가　|　치울 건가요 ‖ 그것을 ‖ 깨끗이?
④ She　|　filled ‖ my glass ‖ up.(")(CEG167) 그녀는 | 채웠다 ‖ 내 잔을 ‖ 완전히.
④ The two brothers look very similar. Many people　|　mix ‖ them　‖ up.(2G141D)
　　　　그 두 형제는 매우 닮았다. 많은 사람들이　|　혼동한다 ‖ 그들을 ‖ 완전히.
④ I　|　just tore ‖ the letter ‖ up and thew it away.(=into pieces)(2G141C)
　　　　나는　|　방금 찢었다 ‖ 그 편지를 ‖ 갈기갈기, 그것을 던져 버렸다..(=조각으로)
④ You　|　stood ‖ me ‖ up (at the club the other day).
　　　　너는　|　세웠다 ‖ 나를 ‖ 완전히 (클럽에서 일전에). *바람 맞히다

| ④ She　|　tore 『up ‖ the paper. |

예문은 ④형 NP 『N"(p)N'이다. N"은 양태소사 부가어 up이다.
다음과 같이 분석된다. 즉 NP 『N"(p)N'=NPN'N"=NPN+N"이다.

④ She　|　tore 『up ‖ the paper.　　　그녀는 | 찢어버렸다.『완전히/갈가리 ‖ 그 종이를.
=④ She　|　tore ‖ the paper ‖ up.　　그녀는 | 찢어버렸다.‖ 그 종이를 ‖ 완전히/갈가리
② She　|　tore ‖ the paper. + ⓪ ‖ up. 그 녀는 | 찢어버렸다.‖ 그 종이를. ‖ 완전히/갈가리

⑥ NPP'N'(p)

| ⑥ I　|　got　|　washed ‖ up. |

예문은 ⑥형 NPP'N'(p)이다. N'은 양태소사 부가어 up이다.
다음과 같이 분석된다. 즉 NPP'N'=NPP'+ N'이다.

⑥ I | got | washed ‖ up.　　　　나는 | 되었다 | 씻어지게 ‖ 완전히.
③ I | got | washed. + ⓪ ‖ up.　나는 | 되었다 | 씻어지게. + ‖ 완전히

The umpire gave the ball out. (out)

---

② NPN'(p)

---

② He | looked ‖ out.

예문은 ②형 NPN'(p)이다. P는 N'는 위치/방향 소사 부가어 out이다.
다음과 같이 분석된다. 즉 NPN'=NP+N' 의 관계에 있다.

② He | looked ‖ out.　　　그는 | 보았다 ‖ 밖를.
① They | broke. + ‖ up.　그는 | 보았다. + ‖ 밖

♧ 유형별 예문
② They | called | out.(Ac10:1)　　　그들은 | 불렀다 | 외쳐.
② I went to the window and | looked ‖ out.(1G115,X)
　　나는 창문으로 가서, | 보았다 ‖ 밖을(내다).
② She moved to the window, and | stared ‖ out.(2DE590)
　　그녀는 창문 쪽으로 이동하여, | 응시했다 ‖ 밖을.
② | Watch(or Look) ‖ out!(be careful, beware)(1G206,Fr'n86) 조심해라.
② It | is raining(or pouring) ‖ out (or outside).(ECD1047)
　　비가 | 오고 (또는 쏟아지고) 있다 ‖ 밖에서(또는 바깥쪽에서)
② He | reached ‖ out (to give her a hug).(=hand out)
　　그는 | (손을) 뻗었다 ‖ 내어 (그녀를 안아주기 위해.(=손을 내밀다)
② You always tell me, you | can't hold ‖ out.(JMV109))
　　너는 항상 나에게 말한다. 네가 | 억제할 수 없다고 | 발설함을.

④ NPN'N"(p)

---

④ The umpire | gave ‖ the ball ‖ out.

예문은 ④형 NPN'N"(p)이다. N"은 위치 | 방향소사 부가어 out이다.
다음과 같이 분석된다. 즉 NPN'N"=NPN+N"이다.

④ The umpire | gave ‖ the ball ‖ out.
　　심판이 | 선언했다 ‖ 그 공이 | 아웃임을.
② The umpire | gave ‖ the ball. + ⓪ ‖ out.
　　심판이 | 선언했다 ‖ 그 공을. + ‖ 아웃

♧ 유형별 예문
④ The umpire | gave ‖ the ball ‖ out.(OAD) 심판이 | 선언했다 ‖ 그 공이 | 아웃임을.
④ ... the umpire | gave ‖ him ‖ not out. 심판이 | 선언했다 ‖ 그가 ‖ 아웃이 아님을.

⑥ NPP'N'(p)

> ⑥ It | looks | like rain ‖ out.

예문은 ⑥형 NPP'N'(p)이다. N'은 위치 | 방향 소사 부가어 up이다.
다음과 같이 분석된다. 즉 NPP'N'=NPP'+ N'이다.

⑥ It | looks | like rain ‖ out.　　　| 보인다 | 비가 내리는 것같아 ‖ 밖에서.
③ It | looks | like rain ‖ out.　　　| 보인다 | 비가 내리는 것같아. + ‖ 밖

[Supplement 1] 양태
(over)
② The pleasant, open face of our visitor | clouded ‖ over.(2ACD658)
　　방문객의 유쾌하고 열린 얼굴은 | 흐려졌다 ‖ 완전히.
② The lake | was frozen ‖ over.(OAD) 호수가 다 꽁꽁 얼어붙었다.
④ Charlie | looked ‖ the report ‖ over.(=in a quick or hurried way)(CES110).
=④ Charlie *| looked 『over ‖ the report. 찰리는 | 보았다 『대충 훑어』 그 보고서를..
④ He | read ‖ the newspaper‖ over.(=thoroughly) 그는 | 읽었다 ‖ 신문을 ‖ 속속들이.
⑥ The thought made her [| go | stiff ‖ all over].(the whole body)(HaM695)
　　그 생각은 그녀를 [온 몸이 굳어지게 되게] 만들었다.
(through)
② You | are soaked ‖ through!(=completely)(OAD, DED2466) 너는 | 젖어 있다 ‖ 완전히.
② I | was wet ‖ through.(")(DED,GE128) 나는 | 젖었다 ‖ 완전히.
④ The heavy rain | wet ‖ us ‖ through.(=thoroughly) 심한 비가 우리를 완전히 젖게 했다.
⑥ That | sounds | like my sister ‖ all over.(=completely) 그것은 완전히 내 자매같이 들린다.
⑥ He | got | wet(or soaked ‖ through.(=completely)(OAD) 그는 | 되었다 | 젖게 ‖ 완전히.
⑥ He | was soaking | wet ‖ through, but he would not change.(")
　　그는 완전히 젖고 있었지만, 옷을 갈아입지 않으려 했다.
[Supplement 2] 위치/방향
(about)
② | Look ‖ about.(=Look about you)(6AC175) | 봐라 ‖ 근방을.
④ They | may thump and punch | me ‖ about.(here and there)(Moby6)
　　그들은 | 후려갈기고 쥐어박을 지도 모른다 ‖ 나를 ‖ 여기저기.
(around)
② | Look ‖ aroud.(=Look around you). | 봐라 | 주위를.
④ | Show | him | around.　　　　　| 보여줘라 ‖ 주위를.
④ I | will) see ‖ you | around(or later).(ECD22) 나중에 봐요.
(down)
② Her mother | glanced ‖ down.(4DB457) 그녀의 모친은 | 힐끗 보았다 ‖ 아래를.
② I | looked(or peered)‖ down.(22JB81,4SK457) 나는 | 보았다(응시했다) ‖ 아래로.
② I | can't see ‖ down.(14NG21)　　　나는 | 볼 수 없다 ‖ 아래를.
② He | reached ‖ down and grasped the ring.(=hand down)
　　그는 | 손을 뻗었다 | 아래로, 그리고 반지를 잡았다.(손을 내리다)
④ The men | are staring | at each other ‖ down.(downside)(TOEIC)
　　남자들이 | 응시하고 있다 ‖ 서로 ‖ 아래(쪽)으로.

(inside)
② I | looked(or peered) ‖ inside.(9NG37,28;19JB17) 나는 | 보았다(응시했다) ‖ 안쪽을.
② She | is all soft ‖ inside.(KsS173) 그녀는 | 모두 부드럽다 ‖ 내면이..
② You | are all black ‖ inside.(BP168) 너는 | 안전히 검다 ‖ 내면이.
② It | was dim ‖ inside.(HL139) | 어두컴컴했다 ‖ 안쪽이.
⑥ I | felt | happy(or shaky) ‖ inside.(19JB7,25JB8) 나는 | 느꼈다 | 행복하게(혹은 떨리게) ‖ 속으로.
⑥ The orange | appears | rotten ‖ inside. 그 오렌지는 | 보인다 | 썩은 것으로 ‖ 속이.

(outside)
② He parted the curtain slightly and | looked ‖ outside.(HaM570;12JB17)
  그는 커튼을 살짝 가르며, | 보았다 ‖ 밖을(내다)
② It | was raining(or freezing, scorching, cold) ‖ outside.(4JG302,LEG60)
  | 비가 내리거 있었다 | (또는 얼고 있었다, 찌고 있었다, 추웠다 ‖ 바깥은.
② It | was dark ‖ outside.(2DB13) | 어두웠다 ‖ 바깥은
④ It |'s raining | cats and dogs ‖ outside. | 비가 내리고 있다 | 억수같이 ‖ 바깥에서.
④ It |'s blowing ‖ a gale ‖ outside. | 불고 있다 | 강풍이; ‖ 바깥에서.
⑥ It | felt | chilly ‖ outside.(MJL419) | 느껴졌다 | 춥게 ‖ 바깥은.
⑥ The house | is painted | green ‖ outside.(OAD)
  그 집은 | 칠해져 있다 | 초록으로 ‖ 바깥이.

(over)
② She | looked(or peered, glance) ‖ over and saw Olaf.(Fr'n90,2JS599.CRL208.RLS145)
  그녀는 | 쳐다보았다 (혹은 훔쳐보았다, 힐끗 보았다) | 올라프 너머로
② When I drink something hot, my glasses | mist ‖ over.(OAD)
  내가 뜨거운 걸 마실 때, 내 안경이 | 안개가 끼어요 ‖ 덮어서)
② There are cheap flights at the weekends: | see ‖ over.(=the next page)(PEU4)
  주말에는 저렴한 항공편이 있습니다: | 보세요 ‖ 넘어.(=다음 페이지)
② It(=the rope) | was fast ‖ above.(=on the upper side)(2LR240)
  그것(=로프가) | 단단히 고정되었다 ‖ 위쪽이.
② The lake | is(or has) completely frozen ‖ over.(ECD1051)
  그 호수가 | 얼어 있다(또는 얼어버렸다) ‖ 위쪽이.
④ The man | is knocking ‖ the car ‖ over.(on the whole surface)(TOEIC)
  그 남자가 | 두드리고 있다 ‖ 그 차를 ‖ 전체 표면에.
④ He | painted ‖ the door ‖ over. 그는 | 페인트칠 했다 ‖ 문을 ‖ 전체 표면에. *덧칠하다.

(others)
② We | looked ‖ above.(AnF115)   우리는 | 봤다 ‖ 위를.;
② For prices and delivery charges, | see ‖ above.(=written above)(PEU4)
  가격 및 배송비에 대해. 위 (기재) 참조하세요.
② He | was looking(or staring) ‖ straight ahead.(=forward)(OAD,5JG231)
  그는 | 보고(응시하고) 있었다 ‖ 바로 앞을(= 앞으로)
② Gandalf | pointed ‖ ahead.(2LR116,Fr'n67) 갠달프는 | 가리켰다 ‖ 앞을
② She | looked ‖ around [when he called].(OAD,2G134X)(1NG37)
  그녀는 | 보았다 ‖ 주위를 [그가 전화했을 때].
② Somebody shouted my name, so I | turned ‖ around.(1G115, 2G134A)
  누가 내 이름을 외쳐서, 나는 | 돌아서 ‖ 봤다
② | Don't look ‖ away [while you are driving.] | 보지 마세요 ‖ 곁눈질 하여 [운전하고 있는 동안]..
② Kristoff | looked ‖ away.(Fr'n65) 크리스토프는 | 보았다 ‖ 옆으로, *외면하다
② | Don't look ‖ back and don't stop anywhere in the plain!(Ge19:17

| 보지 말라 ‖ 뒤를 돌아, 그리고 평원 어디에도 멈추지 말라! 1
② Amazingly, Skip | hadn't looked ‖ back.(3TC133)
　　놀랍게도 스킵은 | 돌아보지 않았다 ‖ 뒤를. *회고하다)
② I | thought ‖ back.(1MiC289)　　나는 | 생각했다 ‖ 뒤를.(회상하다)
② He | looked ‖ backward.(MC96)　　그는 | 보았다 ‖ 뒤쪽을 향해.
② | Don't look ‖ behind.(EJD)　　| 보지말라 ‖ 뒤를;.
② He | then pointed ‖ below.　　그는 | 그때 가리켰다 ‖ 아래를..
② For details, | see ‖ below.(OAD)　　세부적인 것에 대해, 아래 참조하세요.
② He | was shot ‖ behind.(=on the back)(CEG296) 그는 | 총을 맞았다 ‖ 뒤에.
② You can see the snow falling [if you | look ‖ forth].(YBM)
　　눈이 내리는 것을 볼 수 있습니다 [만약 당신이 | 보면 ‖ 앞으로].
② I | leaned ‖ forward.(14NG20)　　나는 | 기대었다 ‖ 앞으로.
② | Look ‖ forward and stand still.(ECD198)
　　| 쳐다 보세요 ‖ 앞을 향해, 그리고 조용히 서 계세요.
② She | leaned ‖ in.(4DB236)　　그는 | 기대었다 ‖ 안으로.
② A young woman | is peeking(or looking) ‖ in.(SsK115,CRL178)
　　한 젊은 여자가 훔쳐보고(들여다 보고 있다 ‖ 안을.
② Two uniformed men | stared ‖ in.(SsK115)
　　제복입은 두 사람이 | 빤히 쳐다보았다 ‖ 안을 들여다.
② "Hello, Mrs. Chandler," she said, | looking ‖ off.(=look away)(7JG184)
　　"안녕하세요, 챈들러 부인." 그녀가 말했다. 시선을 떼면서.
② You cannot sit still and | look ‖ on.(=leisurely)(RTK110:2,)
　　당신은 가만히 앉아서 한가롭게 볼 수는 없다.
② Geroge | looked ‖ up.(1JoS51)　　조지는 | 쳐다보았다 ‖ 위를.
② He heard a plane, so he | looked(or glanced) ‖ up.(1G115X,↲
　　그는 비행기 소리를 들었고, 그래서 그는 | 쳐다 보았다(혹은 힐끗 보았다) ‖ 위를.
② He | reached ‖ up (to loosen the scarf around his neck).(hand up)(CED)
　　그는 | 손을 뻗었다 ‖ 위로 (목에 두른 스카프를 풀기 위해. (손을 올리다)
② The partnership | was crumbling ‖ within(or inside).
　　그 파트너십이 | 무너지고 있었다 ‖ 내부에서(또는 안쪽에서).
② It | is still ‖ within (or inside).(2ACD299) 그것은 | 아직 ‖ 안(또는 안쪽)에.
② It | is green ‖ without (or outside) and | yellow ‖ within(or inside).(OAD)
　　그것은 | 초록색이고 ‖ 밖이(또는 바깥쪽이), | 노란색이다 | 안이(또는 안쪽이).

[Supplement 3] 시간
(after)
② What | happened ‖ after?(REG319)(단과) | 무슨 일이 있었나요 ‖ 후에?
④ We | can do | that ‖ after.(REG318)(단현) 우리는 | 할 수 있다 ‖ 후에.
④ I | never saw ‖ him ‖ after.(REG315)(단과) 나는 | 결코 보지 않았다 ‖ 그를 ‖ 후에.
⑥ He | went | out of the house | soon after.(DHL535)(단과)
　　그는 | 갔다 | 집에서 나 ‖ 곧 후에.
(before)
② He | had never flown ‖ before.(2G14B)(과완) 나는 | 비행기를 타본 적이 없어요 ‖ 전에.
② The sun was shining. But it | had been raining ‖ before.(2G14B)(과완진))
　　태양은 빛나고 있었다. 하지만 | 비가 오고 있었다 ‖ 전에.
② Haven't we | met ‖ before?(OAD)(현완) 우리 | 만난 적 없나요 ‖ 전에?
② Have you | been there | before?(REG322)(현완) 당신은 | 거기에 있어 본 적이 있나요 ‖ 전에?

② You | 've been like that ‖ before.(현완) 너는 | 그랬어 ‖ 전에도.
④ He | hasn't driven ‖ a car ‖ before.(=has never driven)(2G7D).(")
   그는 | 운전해 본 적이 없다 ‖ 자동차를 ‖ 전에. (= 운전해 본 적이 없다)
④ I | heard ‖ that ‖ before.(REG322)(단과) 나는 | 들었다. ‖ 그것을 ‖ 전에.
④ I | have met ‖ him ‖ before.(3G5D,1G16C)(현완) 나는 ‖ 만난 적이 있다 ‖ 그를 ‖ 전에.
⑥ Haven't we | met | somewhere ‖ before?(현완) 우리는 | 만난 적이 없나 | 어디선가 ‖ 전에?
(since)
② He | has not been heard (‖) of ‖ since.(NEI)(현완) 그는 그 이후로 (대해) 소식을 듣지 못했다.
④ He left home two weeks ago and we | haven't heard ‖ from him ‖ since.(OAD)(")
   그는 2주 전에 집을 떠났는데 우리는 | 소식은 듣지 못했다 ‖ 그로부터 ‖ 그후.

[Supplement 4] 복합소사
(from within)
② The door | opens ‖ from within.   그문이 | 열린다 ‖ 안으로부터.
② The front doors | sealed ‖ from within.(4DB426) 그 앞문은 | 밀폐됩니다 ‖ 안으로부터.
⑥ The door | swung | open ‖ from within.(3DB244) 문이 | 흔들려 | 열린다 ‖ 안쪽에서부터
⑥ A country | were supposed | saved ‖ from within, not without.(2TC697)
   국가는 | 추정되었다 | 구해지는 것으로 ‖ 외부가 아닌 내부로부터.
(through and through)
② He | is an Irishman ‖ through and through.(=thoroughly)(EJD) 그는 | 아일랜드 남자이다 ‖ 철저히.
④ I | know ‖ her ‖ through and through.(=thoroughly, completely)(EJD,1Th5:23)
   나는 | 알고 있다 그녀를 ‖ 철저하고 철저하게.(=철저하게, 완전히)
(up and down)
② I | looked ‖ up and down and across.(2MT63) 나는 | 보았다 ‖ 아래위로 그리고 가로질러.
④ He | took ‖ a pace or two ‖ up and down.(GO209) 그는 | 취했다 ‖ 한두 걸음 ‖ 위아래로
(others)
② The lady did a snort and | turned ‖ back around.(26JB42) 아주머니는 | 돌아섰다 ‖ 빙둘러.
② He | was shot ‖ from behind [as he ran away].(OAD) 그는 | 총에 맞았다 ‖ 뒤로부터 [도망갈 때].
② We all | looked ‖ down below.(AnF115) 우리는 | 모두 보았다 ‖ 아래쪽 내려.)
② Your education | is far ‖ from over.(5JG8) 너의 교육은 | 멀다 ‖ 끝나기로부터. *너무 멀었다.
④ …it | did not come | to me ‖ from beyond.(FN31) 그것은 | 오지 않았다 ‖ 제게 | 저 너머에서
④ She | does | gardening ‖ in between.(DED,CRL317) 그녀는 | 한다 ‖ 정원 가꾸기를 ‖ 그 사이에.
④ You | mix ‖ everything ‖ up together. You confuse everything(LP36).
   당신은 | 섞습니다. ‖ 모든 것을 ‖ 함께 완전히. 당신은 모든 것을 혼란스럽게 합니다
④ He | knew | the process ‖ backward and forward.(=completely)(MED)
   그는 | 안다 ‖ 그 과정을 ‖ 앞뒤로. (=완전히)
⑥ The box | was painted | blue ‖ inside and outside. 상자는 | 칠해져 있었다 | 파란색으로 ‖ 안팎에.

☐ 비정형동사 부가어(non-finite verb)

A. -ed형 부가어

> I hate him to be criticized. (to be -ed)

② NPN'(-ed)

> ② He | hates ‖ to be criticized.

예문은 ②형 NPN'(-ed)이다. N'는 -ed형 to be criticized이다.
-ed형은 수동형이고, to be는 -ed형의 부가어 역할을 돕는 보조어(auxiliary)이다.

② He | hates ‖ to be criticized.　　그는 | 싫어한다 ‖ 비판받기를.
① He | hates,,,+ ⓪ ‖ to be criticized. 그는 | 싫어한다. + ‖ 비판받기.

☆ 비정형동사(non-finite verb) 즉 :시제 없는 동사(tenseless verb)가 부가어로 되는 경우이다.
　비정형동사에는 -ed형, -ing형, to-형/원형이 있다. 타동사나 전치사의 목적어로 사용되는-ing형을 동명사(gerund)라고도 한다. 그러므로 부가어 중 -ing형은 타동사의 목적어 또는 전치사가 생략된 전치사의 목적어이고, -ed형은 동명사/부정사와의 결합을 통해 기능한다.

♧ 유형별 예문
('to be+-ed형' 부가어)
② He | hates ‖ to be criticized.(LEG242) 그는 | 싫어한다 ‖ 비난 받기를.
② Some dogs | don't like ‖ to be held.(Vlive) 어떤 개들은 | 싫어한다 ‖ 잡혀있기를.
② He | refused ‖ to be comforted.(Ge37:35NASB) 그는 | 거부했다 ‖ 위로받기를.
② She | was afraid ‖ to be seen.(서술대상) 그녀는 | 두려워했다 ‖ 사람들에게 보이기를.
② It | was almost intolerable ‖ to be borne.(NH57)(") 그것은 | 거의 참을 수 없었다 ‖ 감당하기가.
② You | were lucky ‖ not to be killed.(HL325)(감정의 원인) 너는 | 운이 좋았다 ‖ 죽지 않아서.
('-ing+-ed형' 부가어)
② She | just couldn't bear ‖ being separated.　그녀는 | 그냥 견딜 수 없었다 ‖ 떨어져 있는 것을.
② The Hendersons | really enjoy ‖ being retired.(YBM) 그 가족은 | 정말 즐긴다 ‖ 은퇴하는 것을.
② I | also hate ‖ being bitten and there will be loads of insects.
　　　저는 | 또한 싫어 합니다 ‖ 물리는 것을. 많은 곤충들이 있을 것입니다.
② I | don't like ‖ being drunk.(다락원) 나는 | 좋아하지 않아요 ‖ 술에 취하는 것을.
② He | resents(or resented) ‖ being accused.(LEG315)(단순동명사)
　　그는 | 분개한다(하였다) ‖ 고발당한 것에 대해.
② He | resents(or resented) ‖ having been accused.(LEG315)(완료동명사)
　　그는 | 분개합니다(하였습니다) ‖ 고발당했던 것에 대해.
② They knew [they | risked ‖ being arrested].(OAD)
　　그들은 [자신들이 | 위험을 무릅쓴 것을 ‖ 체포되는 것에]을 알고 있었다.
(분리전치사 수반 -ed형 부가어)
② He | can't bear ‖ to be laughed ‖ at.(OAD) 그는 | 참을 수 없다 ‖ (대해) 비웃어 지기가.
② I | won't bear ‖ to be thought (‖) about.(BEG326) 나는| 참을 수 없다‖ (대해) 생각해 지기가.

② I(or He) | can't bear ‖ being **laughed** (‖) at.(DED, OAD)
　　나(혹은 그)는 | 참을 수 없다 ‖ (대해) 비웃음 당하는 것을.
② An hours afterwards they | had ceased ‖ to be **spoken** (‖) of.(JJR271)
　　몇 시간 후에 그들은 | 중단하였다 ‖ (대해) 말해지기를.
② He | narrowly escaped ‖ being **run** (‖) over.(PEG231,BEg321)
　　그는 | 가까스로 모면했다 ‖ (대해) 치이는 것을.
② I | don't like ‖ being **pointed** (‖) at. 나는 | 좋아하지 않는다 ‖ (대해) 지적받는 것을.
② The poor boy | requires ‖ being **looked** (‖) after.
　　그 가엾은 소년은 | 필요한다 ‖ (대해) 돌보아지는 것을.

④ NPN'N"(-ed)

| ④ I | hate ‖ him ‖ to be **criticized**. |

예문은 ④형 NPN'N"(-ed)이다. N"는 -ed형 to be criticized이다.
다음과 같이 분석된다. 즉 NPN'N"=NPN'+N"의 관계에 있다.

④ I | hate ‖ him ‖ to be **criticized**.　　나는 | 싫어한다 ‖ 그가 ‖ 비판받기를.
② I | hate ‖ him... ,+ ⓪ ‖ to be **criticized**. 나는 | 싫어한다 ‖ 그를. + ‖ 비판받기

♧ 유형별 예문
('to be+-ed형' 부가어)
④ I | hate ‖ him ‖ to be **flogged**!(EB141) 나는 | 싫다 ‖ 그 사람이 ‖ 채찍질 당하기가)
④ I | like ‖ it ‖(when it is) **fried**(or **boiled**).(LEG243) 나는 | 좋다 ‖ 그것이 ‖ 튀겨진(삶아진)것이.
(분리전치사 수반 -ed형 부가어)
④ I | don't suffer ‖ it ‖ to be **spoken** (‖) of.(2CD89) 난 | 참지않는다 ‖ 그것이 ‖ (대해) 말해지기를

B. -ing형 부가어

| He has trouble walking. (-ing) |

② NPN'(-ing)

| ② He | doesn't like ‖ **walking**. |

예문은 ②형 NPN'(-ing)이다. N'은 -ing형 목적어 dancing이다.
다음과 같이 분석된다. 즉 NPN'=NP+N'의 관계에 있다.

② He | doesn't like ‖ **walking**.　　나는 | 좋아하지 않는다 ‖ 걷는 것을.
① He | doesn't like... + ⓪ ‖ **walking**. 나는 | 좋아하지 않는다.... + ‖ 걷는 것

♧ 유형별 예문
[-ing형만 취하는 동사]

(종료/중단/연기)
② We | finished ‖ eating.(25NG75)   그는 | 끝냈다 ‖ 먹는 것을.
② I | quit ‖ smoking.(OAD,SSE401)   그는 | 그만 두었다 ‖ 담배 피우는 것을.
② He | stopped ‖ reading and answered the phone.(1G14B,2G8A)
　　 그는 | 멈추었다 ‖ 읽는 것을, 그리고 ┤ 전화를 받았다.
(회피/부인)
② I | dislike ‖ smoking.　　　　　나는 | 싫어한다 ‖ 담배 피우는 것을.
② She tried to be serious, but she | *couldn't* forebear ‖ laughing.(2G55D)
　　 그녀는 진지하려고 노력했지만, 그녀는 | 참을 수가 없었다 ‖ 웃는 것을.
② I | *could* not help ‖ laughing.(avoid, forbear, resist)(2G55C,OES228)
　　 나는 억제할 수 없었다 ‖ 웃는 것을.(피하다, 참다, 저항하다)
② What | prevented ‖ your coming?(YBM) 무엇이 | 막았니 ‖ 너의 오는 것을.
(실행/인정)
② They | don't allow ‖ parking.(PEG235) 그들은 | 허용하지 않는다 ‖ 주차하는 것을.)
② I | enjoy ‖ dancing(or reading).(1G53B,2G51A) 나는 | 즐긴다 ‖ 춤추는 것(또는 책읽는 것)을
② I | hear ‖ shouting.(LEG314)　　　나는 | 듣는다 ‖ 고함지르는 것을
② He | knows ‖ swimming(or to swim).(dyson) 그는 | 알고 있다 ‖ 수영하는 것(또는 수영하기)를.
(권고/제안)
② I | suggest ‖ leaving (now).　　나는 | 제안한다 ‖ 떠나는 것을 (지금).
(가상/회상/예측)
② I | don't much fancy ‖ banking.　나는 | 별로 좋아하지 않아 ‖ 은행 업무하는 것을
② He | could not imagine ‖ her dying.(MJL456). 그는 | 상상할 수 없었다 ‖ 그녀의 죽는다는 것을
(b) -ing형(목적어) 또는 to~형(부가어)을 취하는 동사
(감정/태도/의도/제안)
② I | *can't* bear ‖ waiting(or to wait).(PEG235) 나는 | 참을 수 없다 ‖ 기다리는 것(기다리기)를.
② The joke | doesn't bear ‖ repeating.(OAD) 농담은 | 참지 않는다 ‖ 반복하는 것을.
② | Don't bother ‖ answering(or to answer) — we already know.
　　 | 신경쓰지마세요 ‖ 대답하는 것을(혹은 대답하기에) — 우리는 이미 알아요..
② He | declined ‖ explaining(or to explain).(SED) 그는 | 거절했다 ‖ 설명하는 것(혹은 설명하기)를.
② Stephanie | hate ‖ flying(or to fly).(2G56A) 스테파니는 | 싫어한다(싫다) ‖ 나는 것(또는 날기가).
② I | intend ‖ going(or to go).(OAD) 나는 | 의도한다 ‖ 가는 것(가기)를.
② Anna | loves(or likes) ‖ dancing(or to dance).(1G53C) 안나는 | 좋아한다‖춤추는 것(또는 춤추기).
(요구/의무/필요)
② The problems | deserves ‖ solving(or to be solved).(SED)
　　 문제들은 | 가치가 있다 ‖ 해결하는 것이(해결되어지기가)
② My cell phone | needs ‖ charging(or to be charged).(2G55B)
　　 내 휴대폰은 | 필요하다 ‖ 충전하는 것이(또는 충전되어지기가)
② The front gate | requires ‖ mending(or to be mended).(LEG315)
　　　그 앞문은 | 요구한다 ‖‖ 수리하는 것이(또는 수리되어지기가)
② The grass | wants ‖ cutting (or to be cut). 이 잔디는 | 필요하다 ‖ 깎는 것이(또는 깎여지기가)
② The next step | wants ‖ considering (or to be considered).(2AD312)
　　　그 다음 단계는 | 필요하다 ‖ 고려하는 것이(또는 고려되어지기가)
☞ 이상의 경우 'to be -ed'는 3형 술어에 해당한다.
[분리전치사 수반 -ing형을 취하는 동사]
② I | won't bear ‖ thinking (‖) of(").(BEG326) 나는 | 참지 않을 거야 ‖ (대해) 생각하는 것을.
② His sufferings | don't bear ‖ thinking (‖) about(or to be thought about).(OAD)

그의 고통은 | 참지 못한다 ‖ (대해) 생각하는 것을(혹은 생각되어야 하기를).
② My grandmother | needs ‖ looking (‖) after(or to be looked after).(2G55X)
　　나의 할머니는 | 필요하다 ‖ (대해) 돌보는 것이(또는 돌보여지기가).)
② Those children | require ‖ looking (‖) after.(PED) 아이들은 | 요구한다 ‖ (대해) 돌보는 것을.

> ② We | went ‖ shopping.

예문은 ②형 NPN'(-ing)이다. N'은 -ing형 부가어(협의) shopping이다.
다음과 같이 분석된다. 즉 NPN'=NP+N'의 관계에 있다.

② We | went ‖ shopping.　　　　우리는 | 갔다 ‖ 쇼핑하러..
① We | went.+　⓪‖ shopping.　　우리는 | 갔다. + ‖ 쇼핑.

♧ 유형별 예문
(능동술어의 부가어)
② I | 'm going ‖ skiing.(1G53D)　　나는 | 가고 있다/갈 예정이다 ‖ 스키하러.
② He | has gone ‖ skiing.(1G53D)　나는 | 가버렸다 ‖ 스키하러.
② We | went ‖ shopping(or hunting, skiing, swimming).(1G53D)(부사적 대격으로 보는 견해)
　　우리는 | 갔다 ‖ 쇼핑하러(또는 사냥하러, 스키하러, 수영하러)
② I | went ‖ (a) fishing.(DD72,SED)(고어전치사 a~(=in the action of~)가 생략된 구조로 보는 견해)
(비동사술어의 부가어)
② I | am done ‖ working.(=finished)(1OH34) 나는 | 마쳤다 ‖ 일하는 것을.
② I | was done ‖ arguing.(2JP228) Are you | done ‖ talking?
　　나는 | 마쳤어요 ‖ 논쟁하는 것을. 됐어요 당신은 | 다 했나요 ‖ 이야기하는 것을?
② On the other hand, fathers | were busy ‖ working.(=in | with working)(NEI)
　　반면에, 아버지들은 | 바빴다 ‖ 일하느라. * while(~하면서)이 생략된 경우는 3형이 된다

④ NPN'N"(-ing)

> ④ He | has ‖ trouble ‖ walking.

예문은 ④형 NPN'N"(-ed)이다. N"는 -ing형 부가어 walking이다.
다음과 같이 분석된다. 즉 NPN'N"=NPN'+N"의 관계에 있다.
④ He | has ‖ trouble ‖ walking.　　그는 | 있다 ‖ 어려움이 ‖ 걷는 것에.
② He | has ‖ trouble.+ ⓪ ‖ walking　그는 | 있다 ‖ 어려움이. + ‖ 걷는 것.

♧ 유형별 예문
(회피/부인)
④ What | prevented ‖ you ‖ (from) coming?(YBM) 무엇이 | 막았니 ‖ 너를 ‖ 오는 것(으로부터)?
(실행/인정)
④ He can't walk well. He | has ‖ trouble ‖ walking.(2G312)
　　그는 잘 걷지도 못한다. 그는 | 있다 ‖ 애로가 ‖ 걷는 것에.
④ I| must insist ‖ on him(or his) ‖ paying.(LEG318) 나는 | 고집해야 한다 ‖ 그(그의 ‖ 지불하는 것을.
④ She | 's spent ‖ most of the time ‖ reading.(6AC14) 그녀는 | 보냈다 ‖ 대부분 시간을 ‖ 책 읽느라고.
④ We | spent ‖ the whole day ‖ shopping.(3TC4) 우리는 | 보냈다 ‖ 하루 종일을 ‖ 쇼핑하는 것에.

④ Roy | took ‖ the kid | **shopping**.(16JG26) 로이는 | 데려갔다 | 아이를 ‖ 쇼핑하는 것에.
④ I | wasted ‖ a lot of time | **daydreaming**.(2G61C) 나는 | 낭비했다 ‖ 많은 시간을 ‖ 공상하는 것에.
(감정/권고/제안)
④ I | dislike(or hate) ‖ him | **smoking**.(BEG345) 나는 | 싫어한다 ‖ 그 사람이 ‖ 흡연하는 것을.
(가상/회상)
④ | Fancy ‖ you | **having noticed**!(LEG316) | 환상적이다 ‖ 당신이 ‖ 눈치 챈 것이.
④ I | can't imagine ‖ my mother | **approving**.(") 난 | 상상할 수 없다 ‖ 어머니가 ‖ 인정하는 것을.
④ He | could not imagine ‖ her | **dying**.(MJL456) 나는 | 상상할 수 없었다 ‖그녀가 ‖ 죽는 것을.

⑥ NPPN'(-ing)

> ⑥ I | just got | done ‖ dancing.

예문은 ⑥형 NPPN'(-ing)이다. N'는 -ing형 부가어 dancing이다.
다음과 같이 분석된다. 즉 NPP'N'=NPP'+N'의 관계에 있다.

⑥ I | just got | done ‖ **dancing**.   나는 | 방금 되었다 | 하게 ‖ 춤추는 것을.
③ I | just got | done...+ ⓪ ‖ **dancing** 나는 | 방금 되었다 | 하게. + ‖ 춤추는 것

♧ 유형별 예문
⑥ Kyunghee lifted her chin, | then | broke | down ‖ **laughing**.(MJL129)
    경희는 턱을 들었다, | 그리고 터뜨려 | 내렸다 ‖ 웃음을.
⑥ Everyone | burst | out ‖ **laughing**(or crying).(=begin suddenly)(LEG319,1ST105)
    모두가 | 터뜨려 | 내었다 ‖ 웃음 (또는 울음)을 *갑자기 시작하다
⑥ I | just got | done ‖ **dancing**.(=just finished dancing)(ECD836,22JB32)
    나는 | 방금 되었다 | 끝내게 ‖ 춤추는 것을. *방금 춤을 끝냈다.)
⑥ He | went | out ‖ (for) **hunting**(or swimming).(1AN97,Ps126:6)
    그는 | 갔다 | 나 ‖ 사냥(또는 수영)을 (위해). * for 삽입은 구어체용)
⑥ Shall we | go | out ‖ **walking** (tomorrow)?—Yes, I'd like to very much.(3G65X)
    우리 | 갈까요 | 나 ‖ 걷는 것을(산책) 하러 (내일)? — 네, 아주 하고 싶어요.

C. to~형 부가어

> I forbid you to go. (to~)

② NPN'(to~)

> ② I | refused ‖ to go.

예문은 ②형 NPN'(to~)이다. N'는 to~형 부가어 to go이다.
다음 두 문장으로 분석된다. 즉 NPN'=NP+N'의 관계에 있다.

② I | refused ‖ **to go**.   나는 | 거절했다 ‖ 가기를.

① I | refused. + ⓪ ‖ to go   나는 | 거절했다. + ‖ 가기

♧ 유형별 예문
(능동사 부가어)
② He | declined ‖ to die.(Love of Life)(감정 | 태도) 그는 | 거부했다 ‖ 죽기를.
② children | likes ‖ to play.(1G79A)(감정) 아이들은 | 좋아한다 ‖ 놀기를
② She | refused ‖ to help.(LEG311, PEG215)(거절) 그녀는 | 거부했다 ‖ 도와주기를.
(수동사 부가어)
② You | are all forbidden ‖ to leave.(OAD)(대상) 너희는 | 모두 금지된다 ‖ 떠나는 것이.
(비동사술어 부가어)
② She | was afraid ‖ to protest, so she kept quiet).(PEG238)(원인)
    그녀는 | 두려웠다 ‖ 항의하기가. 그래서 그녀는 침묵을 지켰다.
② I enjoyed my stay here. I | 'm sorry ‖ to leave.(2G64C, LEG321)(")
    나는 이곳에 머무는 것이 즐거웠습니다. 나는 | 미안합니다 ‖ 떠나게 되어.
② You | were right ‖ to refuse.(EJD2157)(판단근거) 당신이 | 옳았어요 ‖ 거절한 것이.
② This water | is good ‖ to drink.(SSE361)(서술대상) 이 물은 | 좋습니다 ‖ 마시기가.
② He | is hard ‖ to understand.(2G63A,3G70B)(") 그는 | 어렵습니다 ‖ | 이해하기.
② Bob | is slow ‖ to react.(EJD1882)(") 봅은 | 느립니다 ‖ 반응이.

④ NPN'N"(to~)

$$\boxed{④ \text{ I } | \text{ forbid } \| \text{ you } \| \text{ to go.}}$$

예문은 ④형 NPN'N"(to~형)이다. N"는 예문은 N"는 to~형 부가어 to go이다.
다음과 같이 분석된다. 즉 NPN'N"=NPN'+N"의 관계에 있다.

④ I | forbid ‖ you ‖ to go.   나는 | 금지한다 ‖ 너희가 ‖ 가기를
② I | forbid ‖ you. + ⓪ ‖ to go   나는 | 금지한다 ‖ 너희를. + ‖ 가기

♧ 유형별 예문
④ The doctor | forbade ‖ the man ‖ to smoke.(EJD,4AC56)(금지)
    의사는 | 금지했다 ‖ 그 남자가 ‖ 담배를 피울 것을.
④ I | like ‖ him ‖ to play.(LEG320)(감정 | 태도) 나는 | 좋아한다 ‖ 그가 ‖ 놀기를.
④ Lost all your money? That | 'll teach ‖ you ‖ to gamble.(OAD)(조건; ~하면)
    돈을 다 잃었다고? 그것은 도박을 하면 어떻게 되는지 널 가르치겠군

D. '전치사+비정형동사' 부가어

$$\boxed{\text{He can't stop them from quarrelling. (pr nfv)}}$$

② NPN'(pr nfv)

$$\boxed{② \text{ They } | \text{ cannot refrain } \| \underline{\text{from}} \text{ quarreling.}}$$

예문은 ②형 NPN'(pr nfv)이다. N'는 '전치사 + 비정형동사(nfv) 부가어' 이다. 다음 두 문장으로 분석된다. 즉 NPN'=NP+N'의 관계에 있다.

② They | cannot refrain ‖ from quarreling. 그들은 | 자제할 수 없다 ‖ 싸우는 것으로부터.
① They | cannot refrain. + ⓪ ‖ from quarreling. 그들은 | 자제할 수 없다. + ‖ 싸우는 것으로부터

♧ 유형별 예문
('단순전치사+비정형동사' 부가어)
(at~)
② I | 'm not good(or poor, bad) ‖ at skiing.(2G73X3)
　　나는 | 좋지 않다(또는 빈약하다, 나쁘다) ‖ 스키하는 것에.
(for~)
② I | went ‖ (for) shopping (yesterday).(VLIVE) 나는 | 갔다 ‖ 쇼핑하러 (어제)
② She | couldn't speak ‖ for crying. 그녀는 | 말을 할 수 없었다 ‖ 울어서.
② He | was punished ‖ for stealing. 그는 | 벌을 받았다 ‖ 도둑질을 해서.
(from~)
② You | kept ‖ from thinking and it was all marvellous.(2EH24) 생각을 않게 되니 만사가 신기했다.
② Children | learn ‖ from playing.(2G73A) 아이들은 | 배운다 ‖ 노는 것으로부터.1
② I | could not refrain ‖ from weeping. 나는 | 자제할 수 없었다 ‖ 우는 것으로부터.
② He | has been barred ‖ from entering.(TOEIC) 나는 | 금지되었다 ‖ 들어오는 것으로부터.
(in~)
② He | was very late ‖ in retuning.(EJD,1ACD39) 그는 | 매우 늦었다 ‖ 돌아오는 것에.
② They | were not long ‖ in coming.(BSH228) 그들은 | 얼마 지나지 않았다 ‖ 오는 것에.
② He | is slow ‖ in reacting(or in appearing).(EJD,2ML99),
　　그는 | 느리다 ‖ 반응하는 것에(또는 나타나는 것에서),
② He | was absorbed ‖ in reading.(SAT,SSE172) 그는 | 흡수되었다 ‖ 책읽는 것에.*몰두하다
② He | 's behind the rest of the class ‖ in reading.(OAD)
　　그는 | 나머지 학급 학생들 뒤에 있다 ‖ 책읽는 것에. *뒤떨어져 있다
(into~)
② When the wicked rise to power, people | go ‖ into hiding;(Pr28:28)
　　악인들이 권세에 오르면, 사람들은 | 간다 ‖ 숨는 것으로 들어.
(of~)
② We | were afraid ‖ of falling.(2G64A) 우리는 | 두려웠다 ‖ 넘어지는 것이.
② He ‖ doesn't approve ‖ of swearing.(2G60A) 그는 | 찬동하지 않는다 .‖ 욕하는 것을.
② We don't like our apartment. We | 're thinking ‖ of moving.(2G312)
　　우리 아파트가 마음에 안 들어요. 우리는 | 생각하고 있어요 ‖ 이사하는 것을.
② I | 'm tired ‖ of arguing/waiting).(1G37A, 2G13X) 나는 | 지쳤다 ‖ 말다툼하는/기다리는 것에
(on~)
② I | insist ‖ on paying.(LEG318) 나는 | 고집한다 ‖ 지불하는 것에.
② The writer | spoke ‖ on reading. 필자는 | 말했다 ‖ 책읽는 것에 관해.
(to~)
② In that day, the songs in the temple | will turn ‖ to wailing.(Am8:3)(변화)
　　그날 성전에 있는 노래들이 | 바뀔 것입니다 ‖ 울부짖는 소리로
② Her free time | was devoted ‖ to skiing. 그녀의 자유 시간은 | 바쳐졌다 ‖ 스키하는 것에.
② He | was given ‖ to drinking.(SSE172) 그는 | 주어졌다 ‖ 술마시는 것에. *술에 빠지다

② He | was taken ‖ to writing.(=became to like writing)
  그는 | 데려가졌다 ‖ 글 쓰는 것에. * 글쓰는 것을 좋아하게 되다.
(without~)
② They | left ‖ without paying.(3G59D) 그는 | 떠났다 ‖ 지불하지 않고.
② They | never meet ‖ without quarreling.(EJD) 그들은 | 만나지 않는다 ‖ 다투는 것 없이는.
('복합전치사+비정형동사' 부가어)
② She | must be fed ‖ up with studying.(=bored)(2G58A)
  그녀는 | 진저리가 났음에 틀림없다 ‖ 공부하는 것에.

④ NPN'N"(to~)

| ④ He | can't stop ‖ them ‖ from quarreling. |

예문은 ④형 NPN'N"(pr~+nfv)이다. N'는 '전치사 + 비정형동사(nfv) 부가어'이다.
다음과 같이 분석된다. 즉 NPN'= NPN'+N"의 관계에 있다.

④ He | can't stop ‖ them ‖ from quarreling. 그는 | 멈출 수 없다 ‖ 그들을 ‖ 싸우는 것으로부터.
② He | can't stop ‖ them. + ⓪ ‖ from quarreling 그는 | 멈출 수 없다 ‖ 그들을. + ‖ 싸우는 것에서.

♧ 유형별 예문
('단순전치사+비정형동사' 부가어)
(by~)
④ He | earns ‖ his living ‖ by teaching. 그는 | 번다 ‖ 그의 생계를 ‖ 가르키는 것에 의해.
④ I | spent ‖ most of the night ‖ by praying and thinking.(A'G481)
  나는 | 보냈다 ‖ 대부분의 밤을 ‖ 기도하는 것과 생각하는 것으로.
(for~)
④ | Forgive ‖ me ‖ for interrupting, but I really don't agree with that.(OAD)
  | 용서해 주세요 ‖ 나를 ‖ 방해한 것에 대해, 하지만 전 정말 그 말에 동의하지 않아요.
④ I | got ‖ a $30 fine ‖ for speeding.(EXD481) 나는 | 받았다 ‖ 30달러 벌금을‖ 속도위반으로.
④ I | sell ‖ ice ‖ for living.(Fr'n54) 나는 | 판다 ‖ 얼음을 ‖ 생활하는 것을 위해.
④ The police | stopped ‖ me ‖ for speeding.(2G5B) 경찰이 | 정지시켰다 ‖ 나를 ‖ 속도위반으로.
④ | Thank ‖ you ‖ for coming.(REG262) | 감사합니다 ‖ 당신에게 ‖ 와주셔서.
(from~)
④ He | kept ‖ him ‖ from going.(EPL29) 그는 | 방해했다 ‖ 그를 ‖ 가는 것으로부터.
④ The noise from next door | prevented ‖ me ‖ from sleeping.(3G30C,PEU429)
  옆집에서 나는 소음이 | 방지했다 ‖ 나를 ‖ 잠자는 것으로부터.
④ The law | prohibits ‖ minors ‖ from smoking. 그 법은 | 금한다 ‖미성년자를 ‖흡연으로부터.
④ She | saved ‖ him ‖ from drowning.(OAD) 그녀는 | 구했다 ‖ 그를 ‖ 익사하는 것으로부터.
④ Nobody | can stop ‖ them ‖ from quarreling.(EJD)
  아무도 | 멈출 수 없다 ‖ 그들을 ‖ 싸우는 것으로부터.
(in~)
④ I | have ‖ difficulty‖ in smelling(or breathing, hearing).(ECD311,296)
  나는 | 있다 ‖ 어려움이 ‖ 냄새맡는 것(또는 호흡하는 것, 듣는 것)에.
④ He | passes ‖ his time ‖ in reading.(ZEG311) 그는 | 보낸다 ‖ 그의 시간을 ‖ 책읽는 것에.
④ The clubs | spend ‖ the whole day ‖ in drinking.(Marco Polo 334)
  클럽들은 | 보낸다 ‖ 하루 종일을 ‖ 술마시는 것에.

(to~)
④ He | applied ∥ himself ∥ to reading.(SSE172) 그는 | 몰두했다 ∥ 자신을 ∥ 읽는 것에.
④ I | devoted ∥ my time ∥ to studying.(A'G31) 나는 | 바쳤다 ∥ 나의 시간을 ∥ 공부하는 것에.
④ He | gave ∥ himself ∥ to drinking.(SSE172,AS63) 그는 | 주었다 ∥ 자신을 ∥ 술마시는 것에.*빠지다
④ They | left ∥ her ∥ to crying.(4HP333) 그들은 | 내버려두었다 ∥ 그녀를 ∥ 우는 것에.
④ I | prefer ∥ walking ∥ to driving.(TEPS, EPH125) 나는 | 선호한다 ∥ 걷는 것을 ∥ 운전하는 것보다.
④ He laughed, touched the rope, and | set ∥ the pulley ∥ to working.(ASEc25)
　　　그는 웃으며, 밧줄을 만지고, | 설정했다 ∥ 도르래를 ∥ 작용하는 것에
(without~)
④ It | rained | for three days ∥ without stopping.(2G116A) | 비가 내렸다 ∥ 3일동안 ∥ 멈춤 없이.
④ We | ran ∥ ten miles ∥ without stopping.(2G58B) 우리는 | 달렸다 ∥ 10마일을 ∥ 멈춤 없이.
④ It was a stupid thing to say. I | said ∥ it ∥ without thinking.(2G58B)
　　　그건 바보 같은 말이었어요. 나는 | 말했어요 ∥ 그것을 ∥ 아무 생각 없이.
④ She | cannot see ∥ a sad movie ∥ without crying.(SBE50)
　　　그녀는 | 볼 수 없다 ∥ 슬픈 영화를 ∥ 울지 않고는.

⑥ NPPN'(pr nfv)

⑥ She | went | in ∥ without knocking.

예문은 ⑥형 NPPN'(pr nfv)이다. N'는 '전치사+비정형동사(nfv) 부가어이다. 다음과 같이 분석된다. 즉 NPP'N'=NPP'+N'의 관계에 있다.

⑥ She | went | in ∥ without knocking. 그녀는 | 갔다 | 들어 ∥ 노크함 없이
③ She | went | in. + ⓪ ∥ without knocking. 그녀는 | 갔다 | 들어. + ∥ 노크함 없이

♣ 유형별 예문
(at~)
⑥ Eventually we | got | better ∥ at asking.) 결국 우리는 | 되었다 | 더 좋게 ∥ 질문하는 것에서.
(for~)
⑥ He | went | out ∥ (for) shopping.(VLIVE) 그는 | 갔다 | 나 ∥ 쇼핑하러.
(in~)
⑥ He | got | absorbed ∥ in reading.(SSE172) 그는 | 되었다 | 흡수되게 ∥ 읽기에.
(to~)
⑥ The church community | seems | open ∥ to talking.(CRL194)
　　　교회 공동체는 | 보인다 | 열려있는 듯 ∥ 대화에 향해.
(without~)
⑥ They | walked | along the road(or past me) ∥ without speaking.(1G111,2G27B)
　　　그들은 | 걸었다 | 길을 따라((또는 내 옆을 지나쳐) ∥ 말하는 것 없이.
⑥ She | went | in ∥ without knocking.(LC) 그녀는 | 갔다 | 들어 ∥ 노크함 없이.

복문 홀수형

■ 비정형절 술어(non-finite clause)

A. -ed절

> You must make your view known to us. [-ed nfc]
> I want the job to be finished by Tuesday. [to be -ed nfc]

① NP[-ed nfc]

> ①[ ] Your view | must be [known to us].
> ①[ ] The job | is [to be finished by Tuesday].

예문은 복문 ①[ ]형 NP[-ed nfc]이다. P는 'be+ [비정형절]' 구조이다.
즉 -ed은 단독 또는 to be가 추가된 구조이다. [ ] 부분은 다음과 같이 분석된다.

①[ ] Your view | must be [known to us]. 네 견해가 | [우리에게 알려지게] 되어야 한다.
 [②] [| known ∥ to us].   [| 알려지게 ∥ 우리에게].

①[ ] The job | is [to be finished by Tuesday]. 그 일은 | [화요일까지 끝나기로 되어] 있다.
 [②] [| to be finished ∥ by Tuesday]. [| 끝나기로 되어 ∥ 화요일까지].

☆ 비정형절(non-finite clause:nfc)은 비정형동사에 다른 주성분이 추가된 것이다.
정형절에는 -ed절, -ing절, to~/~절, 비동사절 등이 있다.
[비정형동사+다른 주성분] 구조에서 [ ] 부분 전체를 하나의 비정형절로 다룬다.

♣ 유형별 예문
(단순 -ed절)
①[③] This wallet | was [found in the street].(LEG242)
①[②] The telephone | was [invented by Alexander Graham Bell in 1876].(1G22D)
①[②] I | am [never invited to parties].(1G22B)
①[②] Many people | were [killed in the car accident].(NEI)
①[②] Your view | was [known to the world].(NED)
①[③] He | was [left alone].(YBM)
①[②] A: Was anybody | [injured in the accident].(1G22B)
       B: Yes, two people | were [taken to the hospital].(1G22B)
①[②] You | will be [taken care of].(4LRC)
①[②] Our house | was [broken (∥) into a few days ago].
①[②] A dog | was [run (∥) over by the van].
(to be -ed절)
①[④] What | is [to be done here now]?(OES406, HS255, RTK36:46)(필요)
①[③] I | wasn't [to be found anywhere near industrial sites)(CRL6)(의무)
①[②] The plants | is [to be watered daily].(필요)
①[②] Were the election | [to be held today],the liberals would win easily.(3G85B)(가정)
①[③] He | was [to be killed in the war].(YBM)(결과)

①[⑦] Children | are [not to be **left** unsupervised in the museum].(3G12A)(허가)
①[②] She | is [to be **married** next month].(PEG117,3G12A)(계획)
①[③] Not a soul | was [to be **seen** at the station].(SBE254)(가능)
①[②] The main Rome to Naples railway line | is [to be **reopened** today].(3G12A)(예정)
(being -ed절)
①[③] Some new houses | are [being **built** across from the park].(1G21A)(진행)
①[②] His disappearance | is [being **looked** (‖) into by the police)].(진행)

③ NPP'[-ed nfc]

> ③[ ] Your view | got | [**known** to us].
> ③[ ] The plants | want | [to be **watered** daily].

예문은 복문 ③[ ]형 NPP'[nfc]이다. P는 자동사, P'는 [비정형절]이다
다음과 같이 분석된다. 즉 NPP'[nfc]⇒ NP+NP'(nfc)관계에 있다.

③[ ] Your view | got | [**known** to us]. 네 견해가 | 되었다 | [우리에게 알려지게].
①   Your view | got...   네 견해가 | 되었다...
①[ ] Your view | was [**known** to us]. 네 견해가 | [우리에게 알려져] 있었다.
  [②] [‖ **known** ‖ to us]   [‖ 알려져 ‖ 우리에게]

③[ ] The plants | want | [to be **watered** daily]. 식물들은 | 원한다 ‖ [매일 물이 주어지기]
①   The plants | want...   그 식물들은 | 원한다...
①[ ] The plants | is [to be **watered** daily]. 식물들은 | [매일 물이 주어져야] 한다.
  [②] [‖ to be **watered** ‖ daily]   [‖ 물이 주어져야 ‖ 매일]

♣ 유형별 예문
[단순 -ed절]
③[③] He | became | [**recognized** as an expert].(3G21C)
③[③] He | felt | [**torn** between his family and his friends].(3G89B)
③[②] I got up and | got | [**dressed** quickly].(1G54B,17NG8)
③[②] I don't often get | [**invited** to parties].(2G42D)
③[②] His name | got | [**written** in his place].(KA3)
③[③] He | sat | [**lost** in thought].(2ACD649HaM505)
③[②] He | woke | [**covered** in sweat].(HaM505)
③[②] It | got | [**run** (‖) over by the ice cream truck].
[to be -ed절]
③[②] He | begged | [to be **told** the truth].(OAD)(요구)
③[③] She | has come | [to be **regarded** as the leading violinist of her generation].(3G23E)(결과)
③[②] He | demanded | [to be **shown** the authentic documents].(BEG297)(요구)
③[②] I | expect | [to be **consulted** about major issues].(OAD)(기대)
③[②] It | was going | [to be **finished** today].(1MC346)(예정)
③[②] I | should like | [to be **invited** to th party].(REG252)(소망)
③[②] These clothes are too long. They | need | [to be **taken** up].(5EN63)(필요)
③[⑥] He | has returned | [only to be **sent** away again].(BEG310)(결과)

③[③] I | want | [to be left alone].(2G29A,3G23E.1JWG129)(소망)
③[③] They | wanted | [to be put across].(1JWG219)(소망)
③[②] The plants | want | [to be watered daily].(=need)(OAD)(필요)
③[②] He | wished [to be called at nine].(1ACD55)(소망)
[being -ed절]
③[③] He | felt | [being taken away from his habitat].(진행)
③[②] Your view | got | [being known to us].(진행)
③[②] The plants | want | [being watered daily].(진행)

> ③[ ] Your view | is made | [known to us].
> ③[ ] The job | is wanted | [to be finished by Tuesday].

예문은 복문 ③[ ]형 NPP'[nfc]이다. P는 수동사, P'는 [비정형절]이다.
다음과 같이 분석된다. 즉 NPP'[nfc]⇒ NP+NP'(nfc)관계에 있다.

③[ ] Your view | is made | [known to us].
          네 견해가 | 만들어 진다 | [우리에게 알려지게]
①   Your view | is made..   네 견해가 | 만들어 진다.
①[ ] Your view | is [known to us].   네 견해가 | [우리에게 알려져] 있다.
 [②] [| known ‖ to us].   [| 알려져 ‖ 우리에게]

③[ ] The job | is wanted | [to be finished by Tuesday].
          그 일은 | 원해진다 | [화요일에 끝내도록].
①   The job | is wanted...   그 일은 | 원하여진다...
①[ ] The job | is [to be finished by Tuesday]. 그 일은 | [화요일까지 끝나기로 되어] 있다.
 [②] [| to be finished ‖ by Tuesday]. [| 끝나기로 되어 ‖ 화요일까지].

♣ 유형별 예문
[단순 -ed절]
③[②] This opera | was heard | [sung in Italian].
③[②] Your view | was made | [known to the world]
[to be -ed절]
③[②] The job | is wanted | [to be finished by Tuesday].
③[③] The books | are not allowed | [to be taken out of the room].(BEG312)(가능),
③[③] He | is going | [to be chucked out].(예정)

⑤ NPN'P'[-ed nfc]

> ⑤[ ] You | must make ‖ your view | [known to us].
> ⑤[ ] We | want ‖ the job | [to be finished by Tuesday].

예문은 복문 ⑤[ ]형 NPN'P'[nfc]이다. P는 타동사, P'는 [비정형절]이다.
다음과 같이 분석된다. 즉 NPN'P'[nfc]⇒NPN'+NP'(nfc)관계에 있다.

⑤[ ] You | must make ‖ your view | [known to us].

　　　　　　　　　너는 | 만들어야 한다 ‖ 네 견해를 | [우리에게 알려지게]
② 　　You | must make ‖ your view. 너는 | 만들어야 한다 ‖ 네 견해를...
①[ ] Your view | must be [**known** to us]. 네 견해가 | [우리에게 알려져야] 한다.
　[②] [| **known** ‖ to us].　　　　　[| 알려지게 ‖ 우리에게]

⑤[ ] We | want ‖ the job | [to be **finished** by Tuesday].
　　　우리는 | 원한다 ‖ 그 일이 | [화요일까지 끝나기를]
② 　　We | want ‖ the job.　　　　우리는 | 원한다 ‖ 그 일을 ....
①[ ] The job | is [to be **finished** by Tuesday]. 그 일은 | [화요일까지 끝나기로 되어] 있다.
　[②] [| to be **finished** ‖ by Tuesday]. [| 끝나기로 ‖ 화요일까지]

♣ 유형별 예문
[단순 -ed절]
(사역동사)
⑤[②] I | 'll have ‖ it | [**taken** care of].(4LR)
⑤[⑥] He | had ‖ the shit | [**kicked** out of him by the Chicago police], while trying to photograph a riot. *발에 채여 똥 싸게 되다.
⑤[⑥] Eric | had(or got) ‖ his license | [**taken** away for driving too fast].(2G44C)
⑤[③] He | had ‖ his name | [**written** in his place].(KA)
⑤[②] We | had ‖ our car | [**broken** (‖) into last week].
⑤[②] I | could not make ‖ myself | [**understood** in English].(ECD705)
⑤[②] You | must make ‖ your views | [**known** to us].(NED)
⑤[③] She | helped ‖ him | [**seated** in car] and drove carefully.(Painful Love)(준사역동사)
⑤[②] We | see ‖ this [**acted** (‖) on by farmers and gardeners]
(지각동사)
⑤[②] I | felt ‖ myself | [**watched** the whole time].(SBE34)
⑤[③] I | found ‖ a bomb | [**wrapped** in a flier].(2UE265)
⑤[③] I | heard ‖ this opera | [**sung** in Italian].(EAD)
⑤[③] I | can't see ‖ my knights | [**killed** before my eyes].(KA17)
⑤[②] I'd like [| to see ‖ them | [**taken** care of].(14JC111)
☆ 지각동사 catch(발견하다), detect, feel, find, hear, listen, look. notice, observe, perceive, see. smell, taste. watch, witness
(일반동사)
⑤[③] We | bring ‖ things | [**put** back together].(NED)
⑤[③] I | got(or had) ‖ the baggage | [**carried** by him].(SBE22,2G44D)
⑤[③] I think [you | should get ‖ your hair | [**cut** really short]].(2G44C)
⑤[③] Very well, | keep ‖ me | [**posted** on where you are].(5TC351)
⑤[②] We | don't want ‖ Mamma | [**taken** advantage of].(10JG337)
[to be+ -ed절]
⑤[②] | Let ‖ your moderation | [be **known** unto all men].(Phi4:5)(허가)
⑤[③] You | allowed ‖ heavy, oppressive burdens | [to be **laid** on my back].(Ps66:11)(허가)
⑤[②] He | asked ‖ for the cases | [to be **loaded** at once].(REG255)(요구)
⑤[②] She asked him [| to help ‖ her | [(to be) **reunited** with her husband]].(NED)(")
⑤[②] We | want ‖ the job | [(to be) **finished** by Tuesday].(소망)
[being + -ed절]

⑤[⑥] I | saw ‖ him | [(being) **taken** away by the police].(LEG302)(being진행수동)
⑤[③] I | saw ‖ the net | [(being) **hauled** in].(BEG354)(being진행수동)

⑤' NPN「P'[-ed nfc]

| ⑤'[ ] We | passed ‖ that summer 「[lost in love]. |

예문은 복문 ⑤[ ]형 NPN'「P'[-ed fc]이다. P'는 [비정형절]이다.
다음과 같이 분석된다. 즉 NPN'P'[nfc]⇒NPN'+NP'(nfc)관계에 있다.
P'는 N을 서술한다| 「 표시는 이를 나타낸다.

⑤'[ ] We | passed ‖ that summer 「[lost in love].(Lemon Tree)
    우리는 | 보냈다 ‖ 그 여름을 「[사랑에 빠져서]
②   We | passed ‖ that summer.   우리는 | 보냈다 ‖ 그 여름을.
①[ ] We | were [lost in love].   우리는 | [사랑에 빠져] 있었다.
 [③] [| lost | in love]   [| 빠져 | 사랑 속에].

♣ 유형별 예문
⑤'[②] He | spent ‖ his days 「[**bent** over a map of the Compeigne forest].(1ST297)
⑤'[③] He | would spend ‖ whole days 「[**curled** inside himself].(O'B163)
⑤'[③] Volcanoes | needn't erupt ‖ constantly 「[to be **classified** as 'active'].(3G19D)(가능)

⑦ NPP'P"[-ed nfc]

| ⑦[ ] He | goes | about | [**dressed** in very simple clothes]. |

예문은 복문 ⑦형 NPP'P"[-ed nfc]이다. P"는 [비정형절]이다.
다음과 같이 분석된다. 즉 NPP'P"(-ed nfc)⇒NP+NP'+NP"[-ed nfc]의 관계에 있다.

⑦[ ] He | goes | about | [**dressed** in very simple clothes].(1ST127)
    그는 | 간다 | 주위로 [매우 간단한 옷을 입은 채]
①   He | goes.   그는 | 간다
①   He | is about.   그는 | 주위에 있다.
①[ ] He | is [**dressed** in very simple clothes]. 그는 | [매우 간단한 옷으로 입고] 있다.
 [③] [| **dressed** | in very simple clothes]. [| 입다 ‖ 매우 간단한 옷으로].

B. -ing절

| I saw him watching television. [-ing nfc] |

① NP[-ing nfc]

| ①[ ] He | was [**watching** television]. |

예문은 복문 ①[ ]형 NP[-ing nfc]이다. P는 'be+ [비정형절]'이다.
[ ] 부분은 다음과 같이 분석된다.

①[ ] He | was [watching television].   그는 | [텔레비전을 보고] 있었다.
　[②] [|　watching ‖ television]   [| 보는 것 ‖ 텔레비전을]

♣ 유형별 예문
[서술절]
①[②] Everyone | was [behaving quite naturally].(LGSW132)
①[②] The children | are [doing their home work].(1G3A)
①[②] He | is [getting the promotion].(1G110)
①[③] "Where are the children?" "They | are [playing in the park]."(1G3B)
①[②] Somebody | is [painting the door].(1G21A)(진행)
①[③] She | 's [probably shopping somewhere].(NED)
①[③] Mary is [sitting next to Sam].(SAT)
①[③] He | was [swimming in the pool].(1G13A)
①[④] Tom | is [taking a shower at the moment].(1G8B)
①[②] He | was [talking about his children].(OAD)
①[④] I | 'm [thinking of changing my car for a bigger one].
①[②] [Who] are you | [waiting for]? Are you | [waiting for Sue]?(1G4B)
①[②] I | was [working at 10:30 last night].(1G13C)
[동격절]
①[②] My hobby | is [playing computer games].(SBE46)
①[②] It | will be [the Spirit of your Father speaking through you].(Mt10:20)
①[③] This | is [Monkey's own giving out].(6WS202)

③ NPP'[-ing nfc]

③[ ] He | sat | [watching television].

예문은 복문 ③[ ]형 NPP'[-ing nfc]이다. P는 능동사, P'는 [비정형절]이다
다음과 같이 분석된다. 즉 NPP'[-ing nfc]⇒ NP+NP'-ing nfc]관계에 있다.

③[ ] He | sat | [watching television]. 그는 | 앉아 있었다 | [텔레비전을 보면서]
①　　 He | sat...   그는 | 앉아 있었다...
①[ ] He | was [watching television].   그는 | [텔레비전을 보고] 있었다.
　[②] [|　watching ‖ television].   [| 보는 것 ‖ 텔레비전을]

♣ 유형별 예문
[서술절]
③[②] He | began | [talking (or to talk) about his children].(OAD)
☆ begin/start to ~는 처음 시작: She started to cry.(2MiC348)
　 begin/start -ing는 다시 시작: And she began crying again(2MiC348)
③[②] He | came | [looking for me].(OAD)(~하러)j
③[⑥] | Come | [swimming with us tomorrow].(PEG241)(")

③[②] | Don't come | [picking a fight].(JMV186)
③[②] He | continued | [living (or to live) above the shop].(PEG234,Ac2:46)
③[②] Those five agents | died | [doing their jobs].(2TC947)(~하면서)
③[③] He | would not die | [lying down].(VW63)
③[②] I | got | [talking to her].(OAD)(~하기 시작하다) * get -ing/to~ 시작하다/기회를 갖다
③[③] I | am going | [shopping this afternoon].(PEG241)
③[③] The ball | went | [flying over the roof].(OES188)
③[②] My memory is getting worse. I | keep | [forgetting things].(2G51X)
③[②] | Just keep | [doing your job] and don't be frustrated.(YBM)
③[④] | Don't keep | [asking me what to do], use your loaf(=head)!(OAD)
③[②] He | would keep | [telling those dreadful stories].(OAD)
③[②] He | looked | [admiring of me].(18JB73)
③[②] Mr. Braddock | remained | [standing with his back to his son].(Graduate)
③[②] He | sat | [taking notes of everything that was said].(OAD)
③[②] She | stood | [looking into the distance].(OAD)
③[④] I | started | [drinking (or to drink) coffee recently].(2G17B)
[동격절]
③[②] This new order | will mean | [working overtime].(=have as result)(OAD,Rule26)
[to be +ing절]
③[②] I | happened | [to be looking out of the window when they arrived].(PEF216)
③[②] Spain | looks | [to be heading to victory].(3G21X1)
③[②] He | looked | [to have been bringing ships in and out of Boston for years].(5TC431)
③[②] I | pretended | [to be reading the new papers].(1G50B,G52B)
③[②] Joe | seems | [to be enjoying his new job].(2G52B,3G21B,PEF216,CRL147)
③[②] The road | seems | [to be getting icy], so drive carefully].(3G21B)

③[ ] He | was seen | [watching television].

예문은 복문 ③[ ]형 NPP'[-ing nfc]이다. P는 수동사, P'는 [비정형절]이다
다음과 같이 분석된다. 즉 NPP'[-ing nfc]⇒ NP+NP'[-ing nfc]관계에 있다.

③[ ] He | was seen | [watching television]. 그는 | 보였다 | [텔레비전을 보고 있는 것이]
① He | was seen... 그는 | 보였다....
①[ ] He | was [watching television]. 그는 | [텔레비전을 보고] 있었다.
 [②] [| watching ‖ television]. [| 보는 것 ‖ 텔레비전을]

♣ 유형별 예문
[서술절]
③[②] Everyone | was brought | [running into the room by her screams].(3G23A)
③[③] He | was found | [lying on the floor].(BE249)
③[②] Willy | is heard | [talking to himself].(AM22)
③[③] The missing children | were last seen | [playing near the bank].(2G65D)
③[⑤] She | was seen | [having lunch with him one day].(OAD)
③[②]* Kate | is in the kitchen | [making coffee].(2G66B,19NG22)(while 생략)(P:비동사술어)

[동격절]
③[⑤] This | is called | [**turning** things upside down].(BEG318)
(to be +ing절)
③[②] She | is believed | [to be **going** to the USA].(LEG306)
③[②] The boy | is believed | [to be **wearing** a white sweater and blue jeans].(2G43A)
③[⑥] He | is known | [to have been **working** on the problem for many years].(REG244)
③[②] Today he | was supposed | [to be **working** quietly at home].(CRL132)

⑤ NPN'P'[-ing nfc]

| ⑤[ ] I | saw ‖ him | [**watching** television]. |

예문은 복문 ⑤[ ]형 NPN'P'[-ing nfc]이다. P'는 [비정형절]이다.
다음과 같이 분석된다. 즉 NPN'P'[-ing nfc]⇒NPN'+NP'(-ing nfc)관계에 있다.

⑤[ ] I | saw ‖ him | [**watching** television].
     나는 | 봤다 ‖ 그를/가 | [텔레비전을 보고 있는 것을].
②   I | saw ‖ him.   나는 | 보았다 ‖ 그를.
①[ ] He | was [**watching** television].   그는 | [텔레비전을 보고] 있었다.
  [②] [| **watching** ‖ television].   [| 보는 것 ‖ 텔레비전을]

♣ 유형별 예문
[서술절]
(사역동사)
⑤[④] I | 'll have ‖ you | [**speaking** English in six months].(LEG302,PEG239)(의도결과)
⑤[④] I | won't have ‖ you | [**speaking** like that about your father].(")(비의도결과)
(지각동사)
⑤[③] The police | caught ‖ him | [**driving** without a license].(3G229,LEG316)
⑤[②] I | felt ‖ someone | [**touching** my back].(SBE34)
⑤[②] She | felt ‖ the mosquito | [**biting** her].(3G229)
⑤[③] When I came downstairs again, I | found ‖ Mrs Mercer | [**sitting** at the fire].(4EG313)
⑤[③] I | found ‖ Tom | [**working** at his desk].(OAD.MBE192,12JG297)(준지각)
⑤[⑤] I | could hear ‖ them | [**having** words in the next room].(OAD)
⑤[③] I | heard ‖ people | [**talking** at the ferry-landing].(2MT35)
⑤[③] Did you | notice ‖ anyone | [**standing** at the gate]?(OAD)
⑤[②] They | observed ‖ him | [**entering** the bank].(OAD)
⑤[②] I | saw ‖ Kate | [**waiting** for a bus].(2G65B,D,3G23A)
⑤[③] They | saw ‖ the monkey | [**climbing** over the fence].(3G23A)
⑤[②] I | watched ‖ him | [**crossing** the street].(OAD)
☆ 지각동사 catch, detect, feel, find, hear, listen, look. notice, observe, perceive, see. smell, taste. watch, witness
(일반동사)
⑤[②] What about my copier? Can you | get ‖ it | [**going** again]?(CED)
⑤[②] He | kept ‖ me | [**working** all day].(OAD)
⑤[②] They | kept ‖ him | [**telling** those dreadful stories].
⑤[③] I | left ‖ her | [**standing** on her own].(4EG316)

⑤[③] They | left ‖ me | [waiting outside].(OAD)
⑤[②] The injury | could mean ‖ him | [missing next week's game].(OAD)
⑤[③] Every step ⟨he took⟩ | sent ‖ the pain | [shooting up his leg].(OAD)
⑤[② He stopped him, turned him, | started ‖ him | [going again].
[동격절]
⑤[⑤] I | call ‖ this | [robbing Peter to pay Paul].(BEG318)
⑤[⑤] You | may consider ‖ my hobby | [doing all I can to keep my money out of the hands of relatives].(The Maiden of Mayfair)
[to be+ -ing절]
⑤[⑤] He | fancies ‖ himself | [to be doing it well].(DED)
⑤[②] I | found ‖ his hobby | [(to be) collecting stamps].

⑤' NPN「P'[-ing nfc]

⑤'[ ] He | had ‖ a rest 「[watching television].

예문은 복문 ⑤[ ]형 NPN'「P'[nfc]이다. P는 타동사, P'는 [비정형절]이다.
다음과 같이 분석된다. 즉 NPN'P'[nfc]⇒NPN'+NP'(nfc)관계에 있다.
P'는 N을 서술한다 | 「 표시는 이를 나타낸다.

⑤'[ ] He | had ‖ a rest 「[watching television].(부대상황)
　　　그는 | 가졌다 ‖ 휴식을 「[| 보면서 ‖ 텔레비전을]
②　　He | had ‖ a rest.　　　그는 | 가졌다 ‖ 휴식을.
①[ ] He | was [watching television]. 그는 | [텔레비전을 보고] 있었다.
　[②] [| watching ‖ television].　[| 보는 것 ‖ 텔레비전을]

♣ 유형별 예문
⑤'[③] You | will catch ‖ cold 「[standing in the rain].(OES199)(조건)
⑤'[②] Mrs Riordan, | don't excite ‖ yourself 「[answering them].(2JJ87)(동시동작)
⑤'[②] He | went ‖ from door to door 「[looking for the suspect].(NED)(목적)
⑤'[②] Joe | hurt ‖ his knees 「[playing football].(2G66A)(동시동작)
⑤'[③] He | spent ‖ the summer 「[working with his father].(O'B201)(부대상황)
⑤'[④] We | will take ‖ turns 「[reading it out loud].(=하면서)(26NG20)(")
⑤'[③] He | turned ‖ to her 「[trying to speak].(4DB438)(")

⑦ NPP'P"[-ing nfc]

⑦[ ] He | was lying | in bed | [watching television].

예문은 복문 ⑦형 NPP'P"[-ing nfc]이다. P"는 -ing 비정형절이다.
다음과 같이 분석된다. 즉 NPP'P"(-ing nfc)⇒NP+NP'+NP"[-ing nfc]의 관계에 있다.

⑦[ ] He | was lying | in bed | [watching television].
　　　　그는 | 누어있었다 | 침대에 | [텔레비전을 보면서].
①　　He | was lying...　　　그는 | 누어있었다...
①　　He | was in bed.　　　그는 | 침대 안에 있었다.

①[ ] He | was [**watching** television].   그는 | [텔레비전을 보고] 있었다.
 [②] [| **watching** ‖ television].   [| 보는 것 ‖ 텔레비전을]

♣ 유형별 예문
⑦[③] I | was caught | red-handed | [**cheating** on the test].(Best Evidence93)
⑦[③] He | did not come | out of it | [**looking** too good].(5HP267)
⑦[④] She | felt | awful | [**leaving** him with all the clearing up].(3G70A)(원인)
⑦[③] Ricky | got | caught | [**smoking** behind the school].(7JG173)
⑦[②] I | get | very tired | [**doing** my job].(2G96B)(원인)
⑦[②] The president | went | on | [**talking** for hours].(2G54B)(같은 동작 계속)
⑦[④] We | can't go | on | [**spending** money like this]. We'll have nothing left soon.(2G138A)
⑦[③] He | went | out | [**riding** in the forest].(KA7)
⑦[②] (How many times) have we | gone | out | [**shining** shoes].(JMV187)
⑦[②] He | keeps | on | [**criticizing** me].(2G138A,3JB43)
⑦[⑤] And Mr. Scary | kept | on | [**writing** them down].(23JB46)
⑦[②] He | lay | on the grass | [**enjoying** the sunshine].(OAD)
⑦[⑦] She | looked | very forlorn | [**standing** there in the pouring rain].(OAD)
⑦[⑤] Crowds | pressed | around her | [**trying** to get her autograph].(YHD)
⑦[②] She | is sitting | there | [**wondering** what's going on].(LSW689,SBE34)
⑦[②] He | sat | in the armchair | [**reading** a newspaper].(=and read...)(REG281)
⑦[⑤] She | sat | up | [**waiting** for him to come].(awake)(Crocodile48)
⑦[②] Do something! | Don't just stand | there | [**doing** nothing].(2G66B)
⑦[②] A boy | stood | in the shadow | [**watching** the workmen].(Fr'n3)
⑦[③] Tom said, "I | woke | up | [**feeling** sick]."(2G45C)

C. to~/~절 술어

> She told him to get some food. [to~ nfc]
> I'll let you go from here. [~ nfc]

① NP[to/~ nfc]

> ①[ ] He | was [**to get** some food].
> ①[ ] My favorite thing to do | is [**play** tennis].

예문은 복문 ①[ ]형 NP[to~/~ nfc]이다. P는 'be+ [비정형절]이다.
[ ] 부분은 다음과 같이 분석된다.

①[ ] He | was [**to get** some food].   그는 | [약간의 음식을 가져오려고] 했다.
 [②] [**to get** some food]   [| 가져오기 ‖ 약간의 음식을](목적)

①[ ] My favorite thing to do | is [**play** tennis]. 내가 좋아하는 일은 | [테니스 하기]이다.i
 [②] [| **play** ‖ tennis]   [| 하기 ‖ 테니스] (동격)

♣ 유형별 예문

[to~절]

(예상expect/예정arrange/계획plan)

①[④] The president | is [to return to Brazil later today].(3G12A,SBE303)
①[②] The school | is [to close next year].(3G40C)
①[⑤] We | are [to meet him here].(SBE14,OES406,1JA37)
①[②] The government | is [to cut back on spending on the armed forces].(3G94F)
①[②] The European Parliament | are [to introduce a new law on safety at work].(3G12A)
①[②] It | was [to rain toward evening].
①[④] I | was [to have finished my work yesterday].(REG198)
①[③] Thousands of speed cameras | are [to appear on major roads].(3G12A))

(의도intent/목적purpose/소망desire)

①[②] If you | are [to attend the party], you must hurry up.(=intend)(SBE14)
①[②] The telegrams | was [to say that she had been delayed].
①[⑤] This fence | is [to keep people out of the yard].(2G62A).
①[②] This knife | is only [to cut bread].(2'G61C)

(요구request/의무obligation/필요necessity)

①[④] You | 're [to start at once].(=should)(SBE258)
①[④] You | 're [to report for duty at 7].(=instructions)(LEG228,2AC55)
①[④] We | are [to pay taxes for selling these goods].(OES406)

(가능possible/허가allow/능력ability)

①[②] No foreigner | is [to eat of it].(Ex12:43,Fr'n45)
①[④] You | are [not to leave the school without my permission].(3G12A)
①[④] As for Guermantes, I | was [to know more about it one day].(1ST135)
①[②] To be a refugee | is [to know danger].(O'B 55)

(추측assumption/판단deduction/가정subjunctive)

①[②] I | was [to blame for the accident].(2G132B,3G41C)
①[②] Would it be too early for you if we | were [to meet at 5:30].(3G83D)
①[②] If she | were [to tell the secret], what would he say?(SBE94)
①[②] He | was [to have come yesterday].(REG244)

(결과effect/result)

①[③] The poet | was [to die young].(SBE14)
①[④] He | was never [to return his home town again].(SSE371)
①[④] He | was [to find out later that the car he had bought was stolen].(3G14B)
①[②] We | were [to meet again].(PEU80, OES406)
①[②] He | 's just been [to see La Berma].(2ST30)

[동격절:apposition]

①[②] My advice | is [to look for a new job.(=should look for)(3G37F)
①[③] His aim | is [to become president.(OAD,LEG305,LSW198)
①[②] The reason <I'm calling you> | is [to ask your advice].(2G92E)
①[②] [To see her] | is [to love her].(EJD,SBE10)(~하면, ~하게 된다)

[for~ to~절]

①[①] It | 's [for him to decide].(PEU405, Wuth144)
①[②] My idea | was [for her to learn Russian].(PEU266)
①[③] And one chance | is [for her to want to live].(OHS32, The Last Leaf)

①[②] The great thing | is [for life to be seen through a prism].(ACv234)
①[②] All I wanted | was [for you to be free from everything].(KsS184)
[wh- to~절]
①[②] The question | is not [what to say], but how to say.(DED)
①[④] The question | is [how to do it].(ECD731, DBE104)
[~절]
①[②] All ⟨I did⟩ | was [(to) press this button].(LEG305,5ST504)
①[③] The best ⟨that you can do⟩ | is [keep quiet].
①[②] My favorite thing ⟨to do⟩ | is [play tennis].
①[④] [What you do] | is [(to) mix the eggs with flour].(LEG305)
①[②] [What he did] | was [(to) sell his flat].(3G98B)
☆ 주어가 all/one, the only/best/first/last/least/next thing과 do가 포함된 형용어로 구성되거나, do가 포함된 what절인 경우 to는 생략 가능

③ NPP'[to~/~ nfc]

> ③[ ] He | wanted | [to get some food].
> ③[ ] I | 'll come | [find you].

예문은 복문 ③[ ]형 NPP'[to~ nfc]이다. P는 능동사, P'는 [비정형절]이다
다음과 같이 분석된다. 즉 NPP'[to~/~ nfc]⇒ NP+NP'(to~/~ nfc)관계에 있다.

③[ ] He | wanted | [to get some food]. 그는 | 원했다 | [약간의 음식을 가져오기].
①   He | wanted...   그는 | 원했다...
①[ ] He | was [to get some food]. 그는 | [약간의 음식을 가져오려고] 했다.
  [②] [| to get ‖ some food].   [| 가져오기 ‖ 약간의 음식을]

③[ ] I | 'll come | [find you]. 나는 | 올 거야 | [너를 찾으러].
①   I | 'll come...   나는 | 올 거야
①[②] I | 'll [find you]. 나는 | [너를 찾도록] 할 거야 |
  [②] [find you].   [| 찾는다 ‖ 너를]

♣ 유형별 예문
[to~절]
(예상/예정/계획)
③[②] They | arranged | [to meet at 8:30].(2G52X1, PEG216)
③[④] At first I didn't like my job, but I | 'm beginning [to enjoy it now].(2G1D)
③[⑦] Everyday they | continued | [to meet together in the temple courts].(Ac2:46)
③[②] I | expect | [to arrive tomorrow].(PEG216,3G13B)
③[④] We | 're looking | [to create 3,000 jobs in the city over the next year].(3G13A)
③[②] Are you | planning | [to make dinner reservations]?(TOEIC)
③[②] They | are preparing | [to evacuate the area]?(=ready)(PEG215C)
③[②] I | started | [to ask Mom], but I figured I'd ask you.(1THr164)
③[④] Supermarkets | started | [to sell fresh pasta only in the 1990].(3G23E)
③[②] I | can't wait | [to meet her].(NEI)

(의도/목적/소망)
③[②] (Why) would you | accept | [to marry him]?.(OAD)
③[②] They | won't agree | [to pay for damage].(3G228,2G52A)
③[②] I | aim | [to get to Bangkok by the end of June].(3G13B)
③[②] We | chose | [to go by train].(OAD,Col1:27,Jas1:18)
③[②] I | came | [to say good-bye].(2G18X,Lk5:32)
③[④] It was late, so we | decided | [to take a taxi home].(2G52A,58C)
③[⑤] I | expect | [to see business improve shortly].(영작문사전)
③[④] We | guarantee | [to refund your money if you are dissatisfied with the computer].↵
③[②] We | hope | [to arrive around two].(2G1C, LEG307, REG243)   (3G13B)
③[②] She | is hoping | [to win the gold medal].(OAD)
③[②] I | hoped | [to have met him there].(REG244)
③[②] [What] do you | intend | [to do tomorrow]?(Weblio辞書)
③[④] I | intended | [to have finished my work last night].(REG244)
③[②] He | longed | [to win the prize]?(SBE26)
③[②] I'm sorry. I | didn't mean | [to annoy you].(=intend)(2G123B,3G13B)
③[②] The college principal | promised | [to look into the matter].(OAD)
③[②] I | proposed | [to start tomorrow].(=intend)(PEG237,3G36A)
③[⑥] Nathan | had resolved | [to become fluent in Spanish before his 30th birthday].(3G13B)
③[②] I | sought | [to do my best for it].(SBE10)
③[②] We | stopped | [to take pictures].(OAD)
③[②] People | were straining | [to see what was going on].(OAD)
③[②] I | didn't think | [to tell her].(OAD)
③[②] I | tried | [to read my book], but I was too tired.(1G50A)(노력하기/애쓰기)
③[②] They | tried(=attempted) | [to put wire netting all around the garden].(PEG237)(")
③[②] He | vowed | [to fight the ban on smoking in public places].(3G36X1)
③[②] I | 'm waiting | [to talk to the manager].(1G52C,3G,RI44)
③[②] Are you | waiting | [to see the doctor?(1G55C)
③[②] Mr Smith | wanted | [to help me].(3G23E)
③[②] I | wish(or want) | [to apply for a visa].(LEG224;OAD)
③[②] *Would* you | like | [to go now]?(=want)(2G53A,1G50D,2G58C)
☆ would like(love) to를 복합조동사로 다룰 수도 있다.
③[②] I | 'd love | [to go to Australia](=want)(1G50D,2G34A)
(요구/의무/필요)
③[②] I | asked | [to see the manager].(OAD,PEG247,3G36A)
③[③] The children | begged | [to come with us].(LED)
③[②] I | demand | [to see the manager].(OAD)
③[⑤] He | deserves | [to have us to help him].(SED, Lk23:41)
③[⑥] Does he | know | [to come here first]?(OAD)(와야 하는지)
③[②] I | need | [to get more exercise].(2G55B,1G50A,3G19A,2JP328)
③[②] We | require | [to know it].(also ② We | require ‖ [knowing it].)(DED)
③[②] The user | requested | [to view the database settings].(NED)
③[④] We | shouted | [to warn everybody of the danger].(2G62E)
(가능/허가/능력)
③[⑥] They | can't afford | [to eat out very often].(2G52X2, PEG215)

③[⑤] He | got | [to try out all the new software.(OAD)(기회를 갖다)
③[②] He | knew | [to use the clock].(1Thr434)(방법)
③[②] Ted played very well, but Jack | managed | [to beat him].(2G25D)
③[④] I'm sorry to call you so late, but I | need | [to ask you something].(2G64C)(")
(추측/판단/가정)
③[②] The app | doesn't appear | [to work on my phone].(=seem)(3G1A)
③[②] They | claimed | [to have solved the problem].(2G53X2,DED,Tit1:16)
③[②] I | concluded | [to take her advice].(YBM)
③[②] I was angry with him, but I | didn't dare | [(to) say anything].(3G30E)
③[②] I | wouldn't presume | [to tell you how to run your own business].(OAD)
③[④] I | cannot pretend | [to ask him for money].(DED)
③[②] They | seem | [to think so].(CRL160.REG259)
③[⑥] I | can't seem | [to stay awake today].(TOEIC)
③[④] You | stand | [to make a lot from this deal].(OAD)(할 것 같다),
③[②] Tim isn't very reliable. He | tends | [to forget things].(2G312,53B,OAD(자)(경향이 있다)
③[②] ...such a violent storm arose [that the ship | threatened | [to break up]].(Jnh1:5)(할 것 같다)
(결과)
③[⑤] He | awoke | [to find himself famous].(SSE365.2ML40)
③[②] I | eventually came(or got, grew) | [to appreciate his work].(3G21D)
③[②] I | soon got | [to know their name].(3G21D,LEG197)
③[②] I | happened | [to meet him in a bus].(SBE309)
③[②] He | lived | [to see his great-grand children].(SBE18,5WS87)
③[②] The doctors | managed | [to save my life].(OAD)
③[②] The attack was unsuccessful and | served | [only to alert the enemy].(OAD)
③[②] But after awhile, they | started | [to like it].(NEI)
[동격절]
③[②] To be success | does not mean | [to get riches, honor and power].(SBE12)
③[②] To read | means | [to understand the meaning of written words].
☆ 3형술어를 취하는 동사: (a) 예상/예정/계획; [arrange, decide, expect, look], plan, prepare, begin, [start], continue (b) 의도/목적/소망; accept, [advise], agree, aim, attempt, care, choose, consent, [dare, demand, desire, elect], endeavor, [expect], guarantee, hope, hurry. intend, [long, mean], offer, pay, profess, promise, propose, resolve, say, strive, struggle, swear, threaten, seek, think, try, vow, volunteer, [want(=would like | love),wish] (c) 요구/의무/필요; [ask, beg], claim, [demand], know, [need, request, require, shout], volunteer, vow, [wait, wish] yearn (d) 가능/허가/능력; afford, deserve, get, know, learn, manage], study (e) 추측/판단/가정; appear, come, conclude, fancy, grow, happen, [look], presume, prove, pretend, seem, tend, threaten, turn out, (f) 결과 | 운명; awake, come, condescend, [get], grow (up), happen, live. manage, remain. [start]. [ ] 부분은 5형술어 공용. 밑줄 표시는 -ing 공용
[~절]
(지각/사역동사)
③[②] I | feel | [like something light].(OAD) I | don't feel | [like beer].(MJL420)
③[②] They want [| to make | [believe that everything is all right].(=pretend | deceive)(MED)
③[②] Jim borrowed my new bike, so I | had to make | [do with my old one].(3G30F)(~로 만족)
③[③] This place | will make | [do as a campsite].(LSW427)(
③[④] After that, I | helped | [carry my bags to the car].(13JB40)(준사역)
③[④] Everybody | helped | [(to) clean up after the party].(2G55C,3G30E)(")
③[②] It is no good getting angry. That | won't help | [(to) solve the problem].(3G97D)(")

(동작/상태동사)
③[②] | Come | [(to) see it].(*or* Come and see it.)(12JB54)
③[②] | Go | [(to) fetch some water].(LEG186) | Go | [(to) get him]. He's a prize.(TEPS)
③[②] I | 'll go | [(to) get some coffee or something], okay?(19JB37,ECD111) [(3G19A)
③[②] Let's [| go | [get it]].(written English=Go and get it.)(6JB22)
③[③] | Pray | [come with me].(DED,1ACD403,402)(저와 함께 가 주세요).
☆ dare, need는 3인칭단수주어의 경우 보조어로도 사용될 수 있는 semi-modal이다.(PEG111)
　　조동사용법 He need not wait. 본동사용법 He doesn't need to wait. He doesn't dare to interrupt.
☆ 이들의 3형을 1형으로 전환하려면 술어동사를 be로 대체하지 않고 술어동사 자체를 생략한다.

```
        ③[ ] He  |  was told    |  [to get some food].
        ③[ ] You |  will be let |  [go from here].
```

예문은 복문 ③[ ]형 NPP'[to~/~ nfc]이다. P는 수동사, P'는 [비정형절]이다
다음과 같이 분석된다. 즉 NPP'[to~/~ nfc]⇒ NP+NP'(to~/~ nfc)관계에 있다.

③[ ] He | was told | [to get some food]. 그는 | 말해졌다 | [약간의 음식을 가져오도록].
①　　 He | was sent...　　　　　　　　그는 | 말해졌다
①[ ] He | was [to get some food]. 그는 | [약간의 음식을 가져오려고] 했다.
　[②] [to get some food].　　　　　　 [| 가져오기 ‖ 약간의 음식을]

③[ ] You | will be let | [go from here]. 너는 | 허용될 거야 | [여기로부터 가도록].
①　　 You | will be let...　　　　　　너는 | 허용될 거야....
①[ ] You will be [to go from here]. 너는 | 될 거야 | [여기로부터 가게]
　[②] [(to) go from here].　　　　　　[| 가다(가기) ‖ 여기로부터]

♣ 유형별 예문
[to~절]
(예상/예정/계획)
③[②] The strike | is expected | [to end soon].(2G43A)
③[②] My train | was supposed | [to arrive at 11:30].(2G43X)
(의도/목적/소망)
③[②] He | was sent | [to get some food]. .
③[②] Jane | was supposed | [to call me last night], but she didn't.(2G43B)
③[②] This knife | is only used | [to cut bread].
③[④] She | was prevailed (‖) upon | [to tell them who she was].(GB1020)
(요구/의무/필요)
③[②] We | are bound | [to pay the tax].(SSE368B,3G13A)
③[②] We | were forced | [to comply with his request].(OAD)
③[②] You | 're meant | [to pay before you go in].(=intend)(OAD)
③[②] I | was obliged | [to stop smoking].(LEG227,1ACD)
③[②] Everybody | is supposed | [to know the law].(DED,EJD,2G43X).
③[⑥] I | was told(or ordered) | [to go with them to the station].(3G25C)
③[②] I | was warned | [not to touch the switch].(2G53B)

(가능/허가/능력)
③[③] Anyone | was allowed | [to fish in the lake].(=could)(3G15E,37F)
③[②] I | was given | [to understand that he resigned].(OAD)
③[⑤] You | aren't supposed(or allowed) | [to park your car here].(2G43B)
(추측/판단/가정)
③[②] If any of your servants | is found | [to have it], he will die;(Ge44:9)
③[②] He | was supposed | [to know a lot of famous people].(2G43X)
(결과)
③[②] I | was not born | [to die on Brutus' sword].(8WS199)
(사역/지각동사의 주격술어)
③[②] We | were made | [to wait for two hours].(2G53D)
③[②] He | has been made | [to return the money].(3G22C,SBE22)
③[②] He | was noticed | [to steal into the room].(OAD)
③[③] He | was seen | [to come in] (by me).(or coming)(SBE85)
(동격술어)
③[②] The decision | had been made | [to hit Boyette].(4JG427)
③[⑤] A hammer | is used | [to knock in nails].
[~절]
③[②] You | will be let | [go from my class room].
③[③] The younger children | were let | [sleep on].
③[④] I | was helped | [(to) do my homework by him].

```
              ③[ ] She | is anxious | [to buy it].
```

예문은 복문 ③[ ]형 NPP'[to~ nfc]이다. P는 비동사술어, P'는 [비정형절]이다
다음과 같이 분석된다. 즉 NPP'[to~ nfc]⇒ NP+NP'(to~ nfc]관계에 있다.

③[ ] She | is anxious | [to buy it]. 그녀는 | 열망한다 | [그것을 사기를].(SBE18)
①   She | is anxious...   그녀는 | 열망한다....
①[ ] She | was [to buy it].   그녀는 | [그것을 사려고] 한다.
  [②] [| to buy ‖ it]   [| 사기 ‖ 그것을]

♣ 유형별 예문
(예상/예정/계획)
③[②] He | is due | [to speak today].(NED,3G13A)
③[②] I | 'm ready | [to take over in Dave's place].(LSW719,BSE18)
③[②] He | is always prepared | [to take a lot of trouble].(=ready)(LEG309)
③[③] He | is down | [to speak at the meeting].(=be scheduled)(YBM)
(의도/목적/소망)
③[②] She | is determined | [not to offend her mother-in-law].(LEG309)
③[②] I | 'm not prepared | [to answer his question]?(=willing)(3G37X)
③[⑤] I | am quite willing [to do anything for you].(DED)
③[②] Someone | is here | [to see you].(2G82E, Fr'n97)
③[③] I | 'm not in the mood | [to go dancing].

③[⑤] All the rest | were of one mind | [to make David king].(1Ch12:38)
③[②] He | was always forward(or ready) | [to help others].(JB102)
③[②] Dr. Stevens Peterson | was just in | [to see me].
③[④] I | am not out | [to do you any harm].(=trying to do...)(HH27)
③[②] She | was out | [to make money].(=trying to get something for herself)(OAD,)
③[②] He | was out | [to prove he had stamina].(=trying to reveal something)(2DK331)
(요구/의무/필요)
③[②] People who earn under a certain amount | are not liable | [to pay tax].(OAD)
(가능/허가/능력)
③[④] We | are able | [to see the ocean from our hotel window.(2G25B)
③[②] You | 're free | [to leave at any time you want].(3G70A)
③[②] You | are welcome | [to try it].(DED)
(추측/판단/가정)
③[②] We | are apt(or liable) | [to make mistakes].(SSE528,OAD)
③[②] Carla | is bound(or sure, certain) | [to pass the exam].(2G63E, LEG309,3G13A)
③[⑥] I | 'm likely | [to get home late tonight].(2G63E,,REG259)
③[⑥] They | 're hardly likely | [to get home before ten].(OAD)
③[②] Everything | is likely | [to happen in the future].(Rules282)
③[②] She | is prone | [to catch a cold].(SSE528)
☆ 3형술어를 취하는 형용사: (a) 예상/예정/계획; due, ready, prepared, (b)의도/목적/소망; anxious, inclined, prepared, willing, (c) 요구/의무/필요; bound, (d) 가능/허가/능력; free, (un)able, (im)possible sufficient, welcome (e) 추측/판단/가정; bound, certain, sure

⑤ NPN'P'[to~/~ nfc]

> ⑤[ ] She | told ‖ him | [to get some food].
> ⑤[ ] I | 'll let ‖ you ‖ [go from here].

예문은 복문 ③[ ]형 NPN'P'[to~/~ nfc]이다. P는 능동사, P'는 [비정형절]이다 다음과 같이 분석된다. 즉 NPP'[to~/~ nfc]⇒ NP+NP'(to~/~ nfc)관계에 있다.

⑤[ ] She | told ‖ him | [to get some food].
               그녀는 | 말했다 ‖ 그에게 | [약간의 음식을 가져오도록].
②   She | told ‖ him...   그녀는 | 말했다 ‖ 그에게...
①[ ] He | was [to get some food].   그는 | [약간의 음식을 가져오려] 했다.
   [②] [to get some food].   [| 가져오기 ‖ 약간의 음식을]

⑤[ ] I | 'll let ‖ you ‖ [go from here].   난 | 허용할 것이다 ‖ 너를 | [여기로부터 가게].
②   I | 'll let ‖ you...   나는 | 허용할 것이다 ‖ 너를...
①[ ] You will be [to go from here].   너는 | 될 거야 | [여기로부터 가게]
   [②] [(to) go from here].   [| 가다(가기) ‖ 여기로부터]

♣ 유형별 예문
[to~절]
(예상/예정/계획)
⑤[③] They | arranged ‖ for Jane | [to stay in London].(3G31B,2G44A)

⑤[②] I | expect ‖ the government | [to **propose** changes to the taxation system].(3G23D)
⑤[②] The woman | expected ‖ the office | [to **call** her].(TOEIC)
⑤[③] We | invited ‖ her | [to **stay** with us at our house].(1G60B)
⑤[④] | Don't look ‖ to him | [to **help** you](or for help).(=expect)(EJD)
⑤[②] As it's summer, I | started ‖ him | [to **eat** more curd]..
⑤[②] They | waited ‖ for the taxi | [to **come** before saying goodbye].(3G31B)
(의도/목적/소망)
⑤[②] I | count(or rely) ‖ on you [to **help** me].(SSE368C)
⑤[②] I | dare ‖ him | [to **cross** the river].(3G30E,DED)(=도전하다)
⑤[②] We | are depending ‖ on you | [to **find** a solution soon].(ask)(3G31B)
⑤[⑤] My teacher | didn't encourage ‖ me | [to **work** hard at school].(3G31A)
⑤[④] I | expect ‖ you | [to **send** the e-mail today].(BSE26)
⑤[②] That's fine. I | 'll get ‖ him | [to **do** it].(4JC385, SBE22)
⑤[⑤] Let's [| leave ‖ him | [to **sleep** it off]].(OAD)
⑤[②] We | 'd like ‖ you | [to **come** to our house].(1G109A)
⑤[④] *Would* you | like ‖ me | [to **lend** you some money]?(=want)(1G51A,109A)
⑤[②] I | didn't mean ‖ you | [to **read** the letter].(=intend)(OAD)
⑤[②] I | need ‖ a bottle opener | [to **open** this bottle].(2G61A)
⑤[②] They | pleaded ‖ with him | [to **leave** their region].(Mt8:33)
⑤[②] She | could prevail ‖ on her | [to **accept** the clothes].(=persuade)(GB1020)
⑤[④] King Zedekiah | sent ‖ for him | [to **come** to the palace secretly].(Jer37:17)
⑤[⑩] We | cannot trust ‖ her | [to **go** out alone at night.(DED)
⑤[②] Do you | use ‖ this brush | [to **wash** the dishes]?(2G62C)
⑤[②] They | didn't want ‖ anybody | [to **know** their secret].(1G51A,108B)
⑤[③] Let's make a decision now. I | don't want ‖ this problem | [to **drag** on].(1G138A)
⑤[②] He | wished ‖ me | [to **do** this].(OES66,OAD)
⑤[②] I | wish ‖ for John Kwang | [to **start** speaking].(CRL275)
(요구/의무/필요)
⑤[④] Sue | asked ‖ a friend | [to **lend** her some money].(1G51B)
⑤[⑤] I | continuously asked ‖ for him | [to **make** his numbers visible].(Ludwig)
⑤[⑤] I | must beg ‖ (of) you | [to **keep** this a secret].(3G1D)
⑤[②] However, she | also called ‖ for Pyongyang | [to **stop** threatening the South and to end its nuclear ambitions.(NEI)
⑤[②] He | called ‖ on me | [to **support** him].(=ask, summon)(SSE368C,3G36X1)
⑤[③] She | called ‖ to him | [to **come** downstairs].(=shout at)(EJD)
⑤[②] I | challenge ‖ you | [to **race** me].(=invite)(DED)
⑤[②] They | forced ‖ him | [to **sign** the paper].(EJD)
⑤[②] I | hope ‖ you | [to **get** a life].(YBM)(비격식체, that절이 격식체)
⑤[④] Let me [| implore ‖ you | . [to **give** up that sin].(2JJ209)
⑤[②] We | invited ‖ her | [to **have** dinner with us].(=ask)(DED)
⑤[④] I | need ‖ you | [to **come** here at once].(EJD, 6JG290)
⑤[②] I | ordered ‖ him | [to **leave** the room].(DED)
⑤[③] No one | pushed ‖ you | [to **take** the job, did they?(OAD)
⑤[④] He | prayed ‖ of the priest | [to **bless** him for he had sinned](2JJ208)
⑤[③] I | requested ‖ him | [to **wait** there].(YBM)

⑤[②] True marriage | requires ‖ us | [to show trust and loyalty].(OAD,NEI))
⑤[②] I | shouted ‖ at the man | [to open the door].(3G31B)
⑤[⑥] Jane | told ‖ me | [(not) to wait for her].(1G51C)
(가능/허가/능력)
⑤[②] My parents | wouldn't allow ‖ me | [to go to the party].(3G228,2G53C)
⑤[②] I | cannot bring ‖myself | [to believe it].(SED327,HaM1090,HH63,1ACD110)(차마 할 수 없다)
⑤[⑥] Having a car | enables ‖ you | [to get around more easily].(2G53X)
⑤[②] He | gave ‖ me | [to believe (or understand) that he would help me].(DED,OES72)↴
⑤[②] Can you | help ‖ me | [(to) move this table]?(2G53A;LEG301)   (=explain, teach)
⑤[②] We | don't permit ‖ people | [to smoke in the kitchen].(PEU35)
⑤[③] We | persuaded ‖ Gary | [to come with us].(1G51B,1G51X)
⑤[③]...who | has qualified ‖ you | [to share in the inheritance of his holy people in the
         kingdom of light.(Col:12)
⑤[③] He closed the door and | signaled ‖ to the pilot | [to [take off].(3G31B)
(추측/판단/권고/가정)
⑤[②] I | advised ‖ him | [to go to the doctor].(1G51X,2G53C)
⑤[④] He | considers ‖ it | [to have arrived in due time even though it was late].
⑤[②] I've been trying [| to convince ‖ him | [to see a doctor]]..(OAD).
⑤[④] She | recommends ‖ housewives | [to buy the big tins].(PEG235)
⑤[②] [What] would you | recommend ‖ him | [to do ∨]?(.(2G121A)
⑤[②] I | suggest ‖ to you | [to attend the party].(NEI) ☆ to 없는 you는 틀림(DED)
⑤[⑤'] His nephew | suggested ‖ to him | [to enjoy his smoke in a outhouse].(2JJ111)
⑤[②] Nobody | supposed ‖ him | [to have done such a thing].(DED)
⑤[⑥] The police | warned ‖ everyone ‖ [to stay inside with their windows closed].(3G31A)
(결과)
⑤[②] His illness | caused ‖ him | [to lose his memory].(CED)
⑤[⑤] What | decided ‖ him | [to give up his job].(BEG302)
⑤[②] The evidence | leads ‖ me | [to believe that she's lying].(OAD)
(동격절)
⑤[②] I | accepted ‖ Louisa's invitation | [to visit her in Rome].(3G38A)
⑤[②] He | announced ‖ his intention | [to stand in the election].(3G93C)
☆ 5형 목적격술어를 취하는 동사: (a) 예상/예정/계획; arrange, expect, invite, look to, wait for (b) 의도│목적│소망;
  count on dare, depend on, encourage, get, hope(비), leave, would like, mean, persuade, plead with, prevail on, rely
  on, request, want, wish (for), (c) 요구/의무/필요; ask, beg (of), call (on), call (to), challenge, command, compel,
  direct, force, implore, invite, need, oblige, order, pray, push, request, require, shout (at), start, tell, urge (d) 가능/
  허가/능력; allow, give, help, permit, qualify, signal, teach (e) 추측/판단(권고)/가정; advise, believe, consider,
  convince, inspire, persuade, recommend. suggest, suppose, warn, (f) 결과/운명; bring, cause, decide, lead, leave,
  (g) 동격: accept, announce, make, mean
☆ 3/5형을 함께 취하는 능동사 advise, arrange, ask, beg, dare. demand, decide, desire, expect, get, long for, look to,
  need, request, require, shout att. wait for, want(=would like/love). wish. 한편 5형의 수동형은 모두 3형이 된다,
[for~ to~ 절]
⑤[②] I | have ‖ a fancy | [for you and Roger and me to have a little celebration].(2EG356)
⑤[②] I | intend ‖ the money | [for Harry Esmond to go to college].(4EG341)
⑤[①] How little time ‖ it | takes ‖ ∨ | [for things to happen].(3EG342)
[~절]
(사역동사)

⑤[⑤] He | bade ‖ them | [get the fire lit].(OES68,GB578)
⑤[②] I | had ‖ him | [carry the baggage].(SBE22)
⑤[④] We | often have ‖ our friends | [visit us on Sundays].(OAD)
⑤[②] What would you | have ‖ me | [do ∨]?(OAD)
⑤[②] | Let ‖ me | [use her computer] because mine wasn't working.(1G51D)
⑤[②] He | let ‖ her | [attend the party].(SBE22)
⑤[②] | Let ‖ me | [know your address].(SBE22)
⑤[⑤] | Let‖'s | [get you inside]. | Let‖'s | [get you warm].(Fr'n109)
⑤[③] | Let‖'s | [sit in the front of the movie theater].(2G121A)
⑤[④] | Let‖'s | [take her some flowers].(=some flowers to her)(PEU602)
⑤[⑤] | Let ‖ no one | [take me for a fool].(2Co11:16)
⑤[②] He | made ‖ me | [do it].(SBE22)
⑤[②] At school our teacher | made ‖ us | [work very hard].(1G51D,3G22C)
(지각동사)
⑤[②] Roy Hawksley | allegedly caught ‖ him | [steal from his mail] and chased after him.
⑤[④] Julia | suddenly felt ‖ somebody | [touch her on the shoulder].(2G65D)
⑤[②] She | felt ‖ the mosquito | [bite her].(3G101)
⑤[②] I | felt ‖ myself | [shiver with cold].(SBE22)
⑤[③] I | didn't hear ‖ you | [come in].(2G65D)
⑤[③] I lay in bed and | listened ‖ to the heavy tram | [go by].(OES67)
⑤[②] I | noticed ‖ him | [steal into the room].(,OAD,SBE22)
⑤[③] Did you | notice ‖ anyone | [go out]?(2G65D)
⑤[⑥] They | observed ‖ the birds | [come back to their nests one by one].(SBE22)
⑤[⑤] I | saw ‖ you | [put the key in your pocket].(OAD,3G3E)
⑤[②] I | saw ‖ him | [enter the room].(SBE22)
⑤[②] Did you | see ‖ anyone | [leave the house]?(OAD)
⑤[③] I | watched ‖ him | [climb through the window].(3G30D,4EG284,(1NG27)
(준사역/준지각 동사)
⑤[②] I | will help ‖ you | [(to) do the work].(SBE22)(준사역)
⑤[②] This charity aims [| to help ‖ people | [(to) help themselves]].(OAD(")
⑤[②] | Leave ‖ us | [go now].(DED) | Leave ‖ him | [(to) do as she likes].(")
⑤[②] We | 've found ‖ the farm crops | [(to) do so well].(ZEG197,4EG290)(준지각)
⑤[②] I | have known ‖ him | [presume upon his iron strength…].(1ACD796)(")
⑤[④] I | 've never known ‖ it | [(to) snow in July before].(OAD)(")
⑤[②] They | 've never known ‖ her | [(to) behave so badly].(ZEG197,1ACD193)(")
☆ (a) 사역동사 bid, have, make, let나 (b) 지각동사 catch(발견하다), detect, feel, hear, listen, look. notice, observe, perceive, see. smell, taste. watch, witness의 목적격술어는 ~형을 취한다. ~형은 동사술어와 목적격술어의 시제의 동시성을 나타낸다. 사역동사는 주어의 의지, 지각동사는 동사의 성질에 의해 동시성이 나타난다. 다만, help는 사역동사, find, know는 지각동사의 역할을 하는 경우도 있다.
They went out.+ I heard this. → I heard them go out. (the complete action from start to finish)
I heard them.+They were talking. → I heard them talking..(in the middle of talking)

⑤' NPN 「P'[to~ nfc]

⑤'[ ] He | went ‖ to the store 「[to get some food].

예문은 복문 ⑤[ ]형 NPN'「P'[to~ nfc]이다. P는 타동사, P'는 [to~ 비정형절]이다.
다음과 같이 분석된다. 즉 NPN'P'[nfc]⇒NPN'+NP'(nfc)관계에 있다.
P'는 N을 서술한다. 「 표시는 이를 나타낸다.

⑤'[ ] He | went ‖ to the store 「[to get some food].(1G52A)
　　　　그는 | 갔다 ‖ 가게에 [약간의 음식을 사려고].
②　　 He | went ‖ to the store.　그는 | 갔다 ‖ 가게에
①[ ]　He | was [to get some food].　그는 | [약간의 음식을 사려고] 했다.
　[②]　 [to get some food].　　　　 [| 사기 ‖ 약간의 음식을].

♣ 유형별 예문
[능동술어]
(의도/목적/소망)
⑤'[②] I | called ‖ the office 「[to tell them I'd be late.(OAD)
⑤'[②] I need [| to make ‖ an appointment 「[to see the doctor]].(1G58D)
⑤'[②] I | strained ‖ my ears 「[to catch what they were saying].(OAD)
⑤'[②] He | took ‖ the course 「[to get a better job].(3G81A)
⑤'[②] She | took ‖ the trouble 「[to help me].(SBE14)
⑤'[②] Did you | use ‖ a dictionary 「[to translate the letter].(1G'260)
⑤'[③] He | worked ‖ hard 「[(so as) not to lag behind the other students].(REG245)
(요구/의무//필요)
⑤'[②] We | need ‖ some money 「[to buy some food.(1G52B)
⑤'[②] Ollie | has promised ‖ Billy 「[to take him fishing next week].(LSW696)
(가능/허가/능력)
⑤'[⑤] He | opened ‖ the door 「[to let the cat out].(Baidu)
⑤'[②] The man | uses ‖ mass transit 「[to get to work].
(추측/판단/가정)
⑤'[②] He | appeared ‖ to me 「[to have hinted at some distant idea].(2CD336)
⑤'[⑤] You | consider ‖ it 「[to take it in hand].(Ps10:14)
⑤'[④] Brothers, I | do not consider ‖ myself 「[yet to have taken hold of it].(Php3:13)(완부)
☆ 5형 주격술어는 대체로 임의술어인데 이 경우는 필수술어이다.
(결과)
⑤'[②] We | got ‖ to the station 「[to find that the train left].(and found)(OES164)
⑤'[⑤] He | looked ‖ round 「[to see the door slowly opening].(Baidu)
⑤'[⑤] He | opened ‖ the door 「[only to find the room empty].(SSE366)
⑤'[②] I tried [| to persuade ‖ him 「[only to displease him]].(SBE19)
⑤'[⑤] One | had only to see ‖ her 「[to love her].(JJR87)
⑤'[④] He | had tasted ‖ freedom 「[only to lose it again].(OAD)
⑤'[②] We | worked ‖ hard 「[only to fail again].(=and failed)(SSE366)
[수동술어]
⑤'[④] The men | were paid ‖ $200 「[to do the work].(2G42A)
⑤'[④] I | am required ‖ by law 「[to read it to you in open court].

⑦ NPP'P"[to~ nfc]

⑦[ ] He | went | out | [to get some food].

예문은 복문 ⑦형 NPP'P"[to~ nfc]이다. P"는 [비정형절]이다.
다음과 같이 분석된다. 즉 NPP'P"(to~ nfc)⇒NP+NP'+NP"[to~ nfc]의 관계에 있다.

⑦[ ] He | went | out | [to get some food].
    그는 | 갔다 | 나 | [약간의 음식을 구하려고].
①   She | went.   그는 | 갔다.
①   She | was out.   그는 | 밖에(나가) 있었다.
①[ ] He | was [to get some food].   그는 | [약간의 음식을 구하려고] 했다.
  [②] [to get some food].   [| 구하기 ‖ 약간의 음식을].

♣ 유형별 예문
(예상/예정/계획)
⑦[⑤] All the Israelites | had gone | there | [to make him king].(2Ch10:1)
⑦[②] He | agreed | with him | [to construct a fleet of trading ships].(2Ch20:36)
⑦[②] After discussing the economy, the president | then went | on | [to talk about foreign policy].(=do or say something new)(2G54B, Lk19:11,LEG321)
(의도/목적/소망)
⑦[②] We | came | down here (the first time) | [to buy food].(Ge43:20)
⑦[⑤] Gehazi | came | over | [to push her away],(=approach)(2Ki4:27)
⑦[⑤] They | came | together | [to make war against Joshua and Israel].(Jos9:2)
⑦[②] Juliette | came | running | [to meet us].(A'G41)
⑦[⑤] I | dropped | in | [to see Chris on my way home].(들르다)(2G135B)
⑦[②] I | feel | inclined | [to drink something cold].
⑦[②] He | went | in(or out) | [to see him].(Ac28:8,2Ki9:16;Jdg4:22,Lk8:35)
⑦[③] | Do not go | up | [to fight against your brothers].(2Ch11:4)
⑦[②] I | remained | there ‖ [to see what would happen].(REG249)
⑦[②] I | waited | up | [to watch the late new on TV].(=awake)(EID945)
(요구/의무/필요)
⑦[②] I | bent | down | [to tie my shoes].(2G135B)
⑦[②] They | started | in on me | [to buy a new car].(다그치다)(YHD)
(가능/허가/능력)
⑦[②] | Please feel | free | [to contact us].(YBM)
⑦[②] These people | are standing | in line | [to get into the stadium].(2G23A)
(결과)
⑦[②] He | arrived | home | [to find that the house had been burgled].(PEU268)
⑦[②] The Bulls | came | from behind | [to win the game].(앞지르다)(Free D)
⑦[④] The prize pupil, however, | turned | out | [to have another side to his character].↲
⑦[②] I | got | up | late | [only to miss the final exam].   (LSW695)

D. 비동사절 술어

| She left him alone in the room. [nv nfc] |

① NP[nv nfc]

| ①[ ] He | was [alone in the room]. |

예문은 복문 ①[ ]형 NP[nv nfc]이다. P는 비동사절(non-verb clause)인 [비정형절]이다. 비동사절은 형용사, 명사, 전치사구, 소사가 이끄는 비정형절을 말한다. 여기서는 형용사절이다. [ ] 부분은 다음과 같이 분석된다.

①[ ] He | was [alone in the room].   그는 | [방 안에 홀로] 있었다.
  [③] [| alone | in the room]   [| 홀로 | 방에]

♣ 유형별 예문
[형용사절]
①[⑤] I | wasn't [able to figure out the first question].(=was unable to)(NEI)
①[②] He | is [absorbed in his work].(NEI)
①[②] I | 'm [afraid of dogs].(1G1B)
①[②] Are┘ you [angry about last night]?(1G113A)
①[⑦] He | was [alone in my room playing music].(5ST453)
①[④] I | was [annoyed with myself for giving in so easily.(OAD)
①[②] Lisa | is [different from her sister].(1G110A)
①[②] He | is [fit for the present job].(YBM)
①[②] I | am [happy that he is well].(YBM)
①[②] I | 'm [interested in art].(1G1A)
①[④] You | must not be [late for school again].(1G29B)
①[③] They | are [likely to come soon].(REG259,OAD)
①[②] [What may be known about God] | is [plain to them].(Ro1:19)
①[②] I | am [partly responsible for that matter].(DED)
①[②] I'm afraid I can't help you. I | 'm [sorry about that].(1G113A)
①[②] I | was [suspicious of his motives].(OAD),
①[②]* I think [you | are [being unfair to her]].(2MiC194)
①[②] Nothing | is [wrong with him].(Young Seeker 67)
[명사절]
①[③] I | am [a fool about her].(A Rose for Julian)
①[⑥] At least he | was [here on time today].(All Laced Up)
[전치사구절]
①[③] I | am [in love with someone else].(5ST472)
①[③] I | was [in my room reading her journal].(NED)
①[②] He | is [on duty at 8 a.m.] and | [off duty at 5 p.m.].
[소사절]
①[③] The watchman | was [always away somewhere].(Chekov78)
①[③] Father Dolan | will be [in to see you every day].(2JJ99)
①[③] I | 've been [out in the rain].(2VP343)

③ NPP'[nv nfc]

③[ ] He | stood | [alone in the room].

예문은 복문 ③[ ]형 NPP'[nv nfc]이다. P는 자동사, P'는 [비동사절]이다
다음과 같이 분석된다. 즉 NPP'[nv nfc]⇒ NP+NP'nv (nfc) 관계에 있다.

③[ ] He | stood | [alone in the room].   그는 | 서 있었다 [방에서 홀로].(Triple Mirror24)
①   He | stood...   그는 | 서 있었다.
①[ ] He | was [alone in the room].   그는 | [방에서 홀로] 있었다.
　[③] [| alone | in the room]   [| 홀로 | 방에서]

♣ 유형별 예문
[형용사절]
③[④] She | acted | [annoyed with me for a while].(1MiC381)
③[②]* The room | appeared | [(to be) brighter than when I last saw it].(3G21C)
③[②] They lose their appeal, or the owner | becomes | [afraid of it].(NED)
③[②] Their bodies | have become | [adapted to high altitudes].(3G21C)
③[②] London | had become | [quite different from the nation's rural areas].(NED)
③[③] Juries | became | [increasingly likely to acquit].(OAD)
③[②] They | became | [suspicious of his behaviour] and contacted the police.(OAD)
③[③] I | didn't feel | [able to disagree with him].(OAD, 5SKa558, 1AN411)
③[④] He | got | [very annoyed with me about my carelessness].(OAD)
③[③] The children | went | [completely crazy at the party].(3G21C)
③[③] She | always seemed | [absorbed in him].(DHL265)
③[②]* The Swiss school | teaches ‖ [to be bored. in any case].(1MiC262)(가능)
③[②] Nothing | is found | [wrong with him].(71The Literary Digest23)
③[②] So, the driver | was held | [responsible for the accident].(YBM)
③[③] He | was left | [alone in the room].(The Other Room142)
③[②]* And this good woman | is supposed | [to be gone from us].(1JWG71)
[명사절]
③[③] At least, he | got | [here on time].(Drunkcow Landmines 222)
③[②] I | happened | [to be there at that time].(REG259)
③[③] Your friend | has been made | [a fool about the girl].(OHS321)
③[②] Thou | didst promise | [to be here at nightfall].(1JWG117)
[전치사구절]
③[②] We | are inseparably bound | [in love to each other].(ECD538)
③[③] She | fell | [in love with him].(ECD556)
③[③] Were you | able to get | [in touch with David]?(SAT)
③[③] He | sits | [in his room all depressed.(NEI)
③[②] He | goes | [on duty at 8 a.m.] and | comes | [off duty at 5 p.m].
③[②]* We | need | [to be at the airport by 8:00].(2G106C) *to be+ pr~구조.
③[③]* You | don't need | [to be over 18 to get into a disco].(3G19B) *to be+ pr~구조.
③[②]* Aren't you | supposed | [to be at work now]?(YBM) 넌 [지금 직장에 있어야] 하지 않니?
[소사절]

③[③] I | went | [away full] but the Lord has brought me back empty.(Ru1:21)
③[③] He | came | [back hungry].(Freedom's Forge38)
③[③] | Don't go | [out in the rain]. Wait until it stops.(2G124A)
③[②] I | ran | [away a little distance].(DD48)

⑤ NPN'P'[nv nfc]

⑤[ ] She | left ‖ him | [alone in the room].

예문은 복문 ⑤[ ]형 NPN'P'[nv nfc]이다. P는 타동사, P'는 [비정형절]이다.
다음과 같이 분석된다. 즉 NPN'P'[nfc]⇒NPN'+NP'(nfc)관계에 있다.

⑤[ ] She | left ‖ him | [alone in the room]. 그녀는 | 떠났다 ‖ 그를 | [방에 홀로 두고].
② She | left ‖ him... 그녀는 | 떠났다 ‖ 그를
①[ ] He | was [alone in the room]. 그는 | [방에서 홀로] 있었다.
[③] [| alone | in the room] [| 홀로 | 방에서]

♣ 유형별 예문
[형용사절]
⑤[②] He | bids ‖ us | [be **afraid** of him who can send you into hell].(Calvin186,.2JJ140,Mt10:28)
⑤[②]* Who do ‖ you | consider‖∨ | [(to be) **responsible** for the accident]?(OAD262)(판단)
⑤[③] We | suddenly find ‖ ourselves | [**able** to perceive our absence].(3ST137)
⑤[⑤'] I | found ‖ myself | [**alone** again with my mother].(1ST40)
⑤[②] I | found ‖ this bicycle | [very **comfortable** to ride].(PEU600)
⑤[③] I | find ‖ nothing | [**wrong** with him].(Lk23:22)
⑤[②]* I | had imagined ‖ her | [to be **older** than that].(OAD)(가상)
⑤[②]* I | 've never known ‖ her | [(to) be **late** before].(LEG301)(추측)
⑤[③] A viral disease | left ‖ her | [barely **able** to walk].(OAD)
⑤[③] She | left ‖ him | [**alone** in the room]. (The Widow298)
⑤[③] Who | let ‖ the wild donkey | [**go free**]? Who untied his ropes?(Job 39:5)
⑤[②] You | made ‖ me | [**afraid** and ashamed of you].(EB162)
⑤[②] Everything | made ‖ him | [**annoyed** with life and those around him].(GG)
⑤[②] What | made ‖ them | [**different** from the rest of us]?(Timescore)
⑤[②] But I | 'll make ‖ you | [**happy** that you came].(2THr29)
⑤[③] They | make ‖ us | [more **likely** to think good thoughts].(Web)
⑤[②] God | has made ‖ it | [**plain** to them].(Ro1:19)
⑤[②] That | made ‖ me | [**suspicious** of the Stern report].(NED)
⑤[②] Conti | pronounced ‖ herself | [**fit** for the match].(3G28F)
⑤[②] I | saw ‖ him | [**absorbed** in his studies].(Common Errors in English45,OHS358)
⑤[③] He | sent ‖ irresponsible enthusiasts | [**empty** away].(Stott107)
⑤[②] They threatened [| to send ‖ him | [**hungry** to bed]].(Renoir84)
[명사절]
⑤[③] Your friend | has made ‖ himself | [**a fool** about the girl].(OHS321)
⑤[③] I | got ‖ him | [**here** on time].(3TC113)
[전치사구절]

⑤[③] He | fancied ‖ her | [in love with him].(1JA105)
⑤[③] I | found ‖ Sue | [in my room reading my letters].(2G65D)
[소사절]
⑤[③]...so the king of Assyria | will lead 「[away stripped and barefoot] ‖ the Egyptian captives and Cushite exiles, young and old, with buttocks bared-to Egypt's shame.(Isa20:4)
⑤[③] They | packed ‖ them | [away somewhere out of sight].(4SK704)
⑤[②] | Please put ‖ your journals | [away now].(18JB67)
⑤[③] He | will not send ‖ you | [away hungry].(JB106, Dt15:13, 1Sa5:5)
⑤[③] I went away full but the Lord | has brought ‖ me | [back empty].(Ru1:21)
⑤[③] If we | get ‖ her | [back safe, everybody smells like a rose, you included.(2THr225,171)
⑤[③] We | let ‖ them | [down easy].(2CD89)
⑤[③] I | will bring ‖ him | [in alive].(RTK22:102)
⑤[③] You | put ‖ your sweat | [on inside out].
⑤[③] I | would not have ‖ you | [out in a shower].(1JA133)
⑤[⑥] Did I | see ‖ you | [out running the other day]?(TOEIC)

⑤' NPN 「P'[nv nfc]

⑤'[ ] She | spent ‖ his evening 「[alone at the theater].

예문은 복문 ⑤[ ]형 NPN' 「P'[nv nfc]이다. P'는 [비정형절]이다.
다음과 같이 분석된다. 즉 NPN'P'[nfc]⇒NPN'+NP'(nfc)관계에 있다.
P'는 N을 서술한다 | 「 표시는 이를 나타낸다.

⑤'[ ] She | spent ‖ his evening 「[alone at the theater].(1ST298)
       그녀는 | 보냈다 ‖ 저녁시간을 「[극장에서 홀로].
② She | spent ‖ her evening.   그녀는 | 보냈다 ‖ 저녁시간을...
①[ ] She | was [alone at the theater]. 그는 | [극장에서 홀로] 있었다.
 [③] [| alone | at the theater]   [| 홀로 | 극장에서]

♣ 유형별 예문
⑤'[②] It | seemed ‖ to me 「[almost indifferent what port we made for].(Exp417)
⑤'[②]* I | promised ‖ him 「[to be there at once].(DED)
⑤'[③] They | had spent ‖ the night 「[in bed together].(HaM865)

⑦ NPP'P"[nv nfc]

⑦[ ] He | came | home | [completely worn out].

예문은 복문 ⑦형 NPP'P"[nv nfc]이다. P"는 비동사 비정형절이다.
다음과 같이 분석된다. 즉 NPP'P"(nv nfc)⇒NP+NP'+NP"[nv nfc]의 관계에 있다.

⑦[ ] He | came | home | [completely worn out].
     그는 | 왔다 | 집에 |[완전히 지쳐나가 떨어져].
③ He | came | home.   그는 | 왔다 | 집에.
①[ ] He | was [completely worn out]. 그는 | 왔다 | 집에 |[완전히 지쳐나가 떨어져].

[③] [completely **worn** out]　　　　[완전히 지쳐나가 떨어지다]

♣ 유형별 예문
⑦[①] I | got | home | [too **late** to see the game on television].(2G119B)
⑦[③] She | sat | **on** the sofa | [**absorbed** in him].(DHL265)

E. '전치사+비정형절' 술어

> We use this knife for cutting bread. (pr+[nfc])
> He walked the hallway as if in search of something. (pr+[nfc])

① NP(pr+[nfc])

> ①[ ] He | was **as** [if **in** a trance].
> This knife | is **for** [cutting bread].

예문은 복문 ①[ ]형 NP(pr+[nfc])이다. P는 'be+전치사+[비정형절]'이다.
[ ] 부분은 다음과 같이 분석된다.

①[ ] He | was **as** [if **in** a trance].　　그는 [마치 무아지경]처럼이었다.
　[①] **as** [if **in** a trance].　　　　　　[마치 무아지경]처럼

①[ ] This knife | is **for** [cutting bread]. 이 칼은 | [빵을 자르는 것]을 위한 것이다.
　[②] **for** [cutting bread]　　　　　　　[빵을 자르는 것]을 위해

♣ 유형별 예문
[단순전치사+비정형절]
(about~)
①[②] He | was **about** [getting dressed].
①[②] This | is not **about** [crossing line].(13JB34,Free Willy)
①[②] He | is **about** [to leave Seoul].(SED30)
☆ about가 to부정사를 취하는 경우는 about는 부사와 유사한 성질을 가진다
(against~)
①[②] She | is **against** [seeing him].(does not want)(OAD)
①[⑤] The captain | is **against** [loading the goods on the dock].((REG269)
(as~)
①[①] He | was **as** [if **in** a trance].(The Feud of Oakfield Creek 406)
☆ as if 뒤에 비정형절이 오는 경우 가정법인지 여부는 문맥으로 판단한다
(for~)
①[⑤] The director | is **for** [extending the time of shipment](REG269)
①[②] This knife | is only **for** [cutting bread].(used for a particular purpose)(2G61C)
(from~)
①[②] The real shock | is **from** [being able **to read** a doctor's handwriting].(RD.C)
(in~)

①[②] The only pain | was in [leaving her father].(2JAe209)
①[②] There is no point | in [having a car] if you never use it.(2G61A,126B)
①[⑤] My main interest at present | is in [him/his doing well at school].(LEG318)
(like~)
①[⑥] I | am like [going crazy about my teeth.(GG).
①[③] I | was like [David fighting up against Goliath].(YBM)
①[③] Be careful. The floor has been polished. It | 's like [walking on ice].(2G114A)
①[①] Suddenly, there was a terrible noise. It | 's like [a bomb exploding].(2G114X)
①[⑤] I | was like [to have a little ship at my command].(DD20)
(of~)
①[②] The first example | is of [an individual buying a house].
(off~)
①[②] You | are off [seducing the servant girls].(=stop)(Out of Africa16)
①[①] They | 're both off [being fake-tortured]..(=stop)
(on~)
①[④] All my books | are on [how to improve your marriage].
(past~)
①[②] I | 'm past [caring what happens to me].(off)(OED)
[복합전치사+비정형절]
①[②] We | are back to [looking for a scared cat].(12NG28)
①[③] None of us | were up to [going out in that downpour].(inclined)(OPV27)
①[②] There aren't many wizards <who | are up to [making it]>.(devote to)(3HP157)

③ NPP'(pr+[nfc])

③[ ] He | stopped | as [if in search of the right words].

예문은 복문 ③[ ]형 NP(pr+[nfc])이다. P는 능동사, P'는 '전치사+[비정형절]'이다. 다음과 같이 분석된다. 즉 NPP'(pr+[nfc])=NP+NP'(pr+[nfc])의 관계에 있다.

③[ ] He | stopped | as [if in search of the right words].(SBE250
  그는 | 멈추었다 | [마치 적당한 단어를 찾는 것]처럼.
① He | stopped.   그는 | 멈추었다
①[ ] He | was as [if in search of the right words].
  그는 | [마치 적당한 단어를 찾는 것]처럼이었다..
  [①] as [if in search of the right words]. [마치 적당한 단어를 찾는 것]처럼.

♣ 유형별 예문
[단순전치사+비정형절]
(about~)
③[②] The young man | appeared | about [to befriend me].(EB74)
③[②] Nobody | seemed | about [to explain anything].(1HP49)
③[②] Herod | then set | about [constructing his kingdom].(=start)(EJ)
(against~)
③[⑦] I | would strongly advise | against [going out on your own].(OAD)

③[②] We | have decided | <u>against</u> [moving to Chicago].(2G60A, 5TC99)
(as~)
③[①] He | acted | <u>as</u> [if (he was) **certain** of success].(LEG30)
③[③] They | will appear | <u>as</u> [if suddenly **created** there].(Darwin342)
③[①] For him, no doubt, clean cups | appear <u>as</u> [if **by** magic].(NED)
③[②] He | shrugged | <u>as</u> [if to say, "Why bother?"].(2JG92)
③[②] She | stood | <u>as</u> [if waiting for someone].(Rough Road 43)
(like~)
③[③] I | feel | <u>like</u> [making a cake for her birthday].(=feel inclined to~)(SBE50)
③[⑥] I | don't feel | <u>like</u> [going out tonight]?(2G60A,5ST376)
③[③] You | look(or feel) | <u>like</u> [death **warmed** up].(NED)
③[①] What's that noise? It | sounds | <u>like</u> [a baby **crying**].(2G114A)
③[②] I | had | <u>like</u> [to have suffered a second shipwreck].(DD45)
(off~)
③[④] She | has to hold | <u>off</u> [paying her bills until next month].(=stop)(EID403)
③[②] I | have never left | <u>off</u> [adoring her].(")(2CD248)
(past~)
③[②] One day I grew up and | looked | <u>past</u> [finding pictures of trains].(=off)
[복합전치사+비정형절]
③[②] The government is [| to cut | <u>back on</u> [spending on the armed forces].(3G94F)
③[③] Do you | feel | <u>up to</u> [driving the car]?—Don't worry. I'm not drunk.(ECD257)
③[③] I | don't | feel | <u>up to</u> [tidying the kitchen now].(feel strong enough)(PEG328,ECD257)

> ③[ ] This knife | is used | <u>for</u> [cutting bread].

예문은 복문 ③[ ]형 NP(pr+[nfc])이다. P는 수동사, P'는 '전치사+[비정형절]'이다. 다음과 같이 분석된다. 즉 NPP'(pr+[nfc])=NP+NP'(pr+[nfc])의 관계에 있다.

③[ ] This knife | is used | <u>for</u> [cutting bread].
　　　　이 칼은 | 사용된다 | [빵을 자르는 것]을 위해.
① 　　This knife | is used....　　　　　이 칼은 | 사용된다
①[ ] This knife | is <u>for</u> [cutting bread]. 이 칼은 | [빵을 자르는 것]을 위한 것이다.
　[②]　<u>for</u> [cutting bread]　　　　　[빵을 자르는 것]을 위해

♣ 유형별 예문
③[③] Her heart | is dead set | <u>against</u> [going to dance].(EID375)　　　1ACD747↲
③[①] This man | may be taken | <u>as</u> [if being quite <u>on</u> the same intellectual plane as myself].
③[②] This is a tool ⟨that | is used | <u>for</u> [cutting hedges]⟩.(LEG314)

⑤ NPN'P'(pr+[nfc])

> ⑤[②] We | use ‖ this knife | <u>for</u> [cutting bread].

예문은 복문 ⑤[ ]형 NPN'P'[nfc]이다. P는 타동사, P'는 [-ed nfc] 또는 [to be -ed nfc]이다. 다음과 같이 분석된다. 즉 NPN'P'[nfc]⇒NPN'+NP'(nfc)관계에 있다.

⑤[②] We | use ‖ this knife | <u>for</u> [cutting bread].
　　　　우리는 | 사용한다 ‖ 이 칼을 | [빵을 자르는 것]을 위해.
②　　　We | use ‖ this knife.　　　우리는 | 사용한다 ‖ 이 칼을
①[ ] This knife | is <u>for</u> [cutting bread]. 이 칼은 | [빵을 자르는 것]을 위한 것이다.
　　[②] <u>for</u> [cutting bread]　　　　[빵을 자르는 것]을 위해

♣ 유형별 예문
[단순전치사+비정형절]
(about~)
⑤[④] Katherine | could feel ‖ her neck | <u>about</u> [to give way beneath his weight].(4DB190)
⑤[⑤] He | saw ‖ his honored parent | <u>about</u> [to wrench it open].(3CD155,3ST207)
(as~)
⑤[①] One practice is [| to designate ‖ protons | <u>as</u> [if less than this]].(LSW768)
⑤[①] Jenkins | identified ‖ me | <u>as</u> [being **capable** and **motivated**].(CRL85)
⑤[②] I | could imagine ‖ myself | <u>as</u> [Portia **entering** the compass room].((NEI)
⑤[①] I | always look ‖ of them | <u>as</u> [being quite **different**].(OW98)
(for~)
⑤[②] Do you | use ‖ this brush | <u>for</u> [washing the dishes]?(2G62C,EJD)
(in~)
⑤[②] She | finds ‖ pleasure | <u>in</u> [browsing around the department store].(DED)
⑤[②] He | took ‖ great delight | <u>in</u> [working out hard problem].(JB322,)
⑤[②] I | can see ‖ no point whatever | <u>in</u> [buying it].(PEU614,1ST246)
(like~)
⑤[③] The noise of the engine | made ‖ it | <u>like</u> [sleeping out in the boonies].(2TC1107)
(off~)
⑤[②] A nasty teacher | had put ‖ me | <u>off</u> [learning languages].(=stop)(EPV517)
(past~)
⑤[②] You | pushed ‖ me | <u>past/off</u> [caring about that].
[복합전치사+비정형절]
⑤[④] John | told ‖his brother | <u>off for</u> [using his bike without asking].(2G138C)
⑤[②] I | get ‖ a kick | <u>out of</u> [playing tennis].(=like)(ECD1066)
⑤[②] She | gave ‖ herself | <u>up to</u> [drawing a picture].(=devote to)
⑤[②] The other boys | put ‖ Tommy | <u>up to</u> [stealing the comic books].(=entice)(EID701)

⑤' NPN 「P'(pr+[nfc])

⑤'[ ] He | walked ‖ the hallway 「<u>as</u> [if <u>in</u> search of something].

예문은 복문 ⑤[ ]형 NPN' 「P'(pr+[nfc]이다. P'는 '전치사+[비정형절]이다.
다음과 같이 분석된다. 즉 NPN'P'[nfc]⇒NPN'+NP'(nfc)관계에 있다.

⑤'[ ] He | walked ‖ the hallway 「<u>as</u> [if <u>in</u> search of something].(5JG263)
　　　　그는 | 걸었다 ‖ 복도를 「[마치 무엇인가를 찾는 것]처럼.
②　　　He | walked ‖ the hallway.　　그는 | 걸었다 ‖ 복도를.
①[ ] He | was <u>as</u> [if <u>in</u> search of something].

                    그는 | [마치 무엇인가를 찾는 것]처럼이었다..
[②] as [if | in search ‖ of something] [| 찾는 것 | 무엇인가를]처럼

♣ 유형별 예문
⑤'[①] You | had struck ‖ me 「as [well brought up].(3ST536)
⑤'[②] Lee | fell ‖ to the floor 「as [if hit by a bullet].(3G84D)
⑤'[②] He | shook ‖ his head 「as [if to say "No"(or in anger)].(EJD,12JG450)
⑤'[②] The invalid | looked ‖ up at me 「as [though to thank me].(SBE250)
⑤'[①] She | hurriedly left ‖ the room 「as [if/though angry(or in anger)].(Baidu)
⑤'[①] The plan | strikes ‖ me 「as (being) ridiculous.(EJD,1ASD790)
⑤'[①] She | struck ‖ me 「as [being a very nervy kind of person].(PEU384)

⑦ NPP'P"[-ed nfc]

| ⑦[ ] She | stood | at the gate | as [if waiting for someone]. |

예문은 복문 ⑦형 NPP'P"(pr+[nfc]이다. P"는 '전치사+[비정형절]이다.
다음과 같이 분석된다. 즉 NPP'P"(-ed nfc)⇒NP+NP'+NP"[-ed nfc]의 관계에 있다.

⑦[ ] She | stood | at the gate | as [if waiting for someone].(Baidu)
           그는 | 서 있었다 | 문에 | [마치 누구를 기다리는 것]처럼.
③   She | stood | at the gate. 그는 | 서 있었다 | 문에
①[ ] He | was as [if waiting for someone]. 그는 | [마치 누구를 기다리는 것]처럼이었다..
  [②] as [if waiting for someone].   [마치 | 기다리는 것 ‖ 누구를]처럼

♣ 유형별 예문
⑦[②] He | stood | there | as [if dazed by his unexpected fortune].
⑦[②] She | stood | at the gate | as [if waiting for someone].(Baidu)
⑦[①] They | stood | in a circle | as [though for a photograph].(BP214)

■ 정형절 술어(finite clause)

A. wh-절

> They put him where he belonged. [fc]

① NP[fc]

> ①[ ] He | was [where he belonged].

예문은 복문 ①[ ]형 NP[fc]이다. P는 'be+ [정형절]이다.
[ ] 부분은 다음과 같이 분석된다.

①[ ] He | was [where he belonged].(6JG142) 그는 | [그가 속한 곳에] 있었다.
  [③] [where he | belonged | ∨]. [그가 | 속한 | 곳].

☆ 정형절[fc: finite clause]은 절이 문장의 주성분이 아울러 자체 내에 문장의 주성분을 갖춘 것으로 문장 속의 문장에 해당한다. wh-절(what, when, where, who,which, why, how절)과 비wh-절(that절, if/whether절, as/like절, 직접인용절 등)이 있다. that절의 경우는 동격 술어, as절의 경우는 서술 술어이다.

♣ 유형별 예문
(what)
①[①] I | 'm just [what I am].(=appeared to be)(AM254,6WS6)(현재의 무엇(사람)인 자체)
①[②] You | are [what you eat].(Proverb)
①[①] He | is not [what he used to be].(")(OES320)
①[③] Men | should be [what they seem].(")(6WS140)
①[⑤] I | am [what you have made me].(2CD304)
①[①] His civility | was just [what it had been].(2JA214)
①[②] This | is [what I want].(OES319)
①[②] This | is exactly [what I wanted].(=the thing which)(PEU497)
①[⑤] Galuni | is [whatever you want it to be].(NED)
(who)
①[①] I | am [who I am].(=the person who)(Ex3:14, HaM900)(현재의 누구인 자체)
①[①] We | are [who we say we are].(2MT189)
①[①] My job | is [who I am].(2TC496)
(when)
①[②] The question | is [when he did it].(LEG16)
①[②] That | was [when it happened].(1JB19)
①[②] Sunday | is [when (the day when) I am not so busy].(LEG22)
①[②] Monday is [when I am busiest].(the time when)(GED)
①[④] The proper time to attack | was [when they began to transfer their camp].(RTK84:16)
①[①] It | was [when Lelia was away].(CRL21)(비인칭주어)
(where)
①[①] His clock | wasn't [where it should be].(HaM1064)

①[③] The office | is [**where** the boss of the school lives].(2JB52,22JB26)
①[③] This | is [**where** I was born].((=the place where)(OES330,OAD)
①[③] This | is [**where** we used to play].(")(DED)
(why)
①[④] That | 's [**why** my family members cherish me].(YBM)((~한 이유)
①[⑥] That | 's [**why** I failed in the exam].(OES330)
(how)
①[④] This | is [**how** he used to do].(OES330, DED)
①[④] So that | 's [**how** you do it].(8JG89)

③ NPP'[fc]

| ③[ ] He | remained | [**where** he belonged]. |

예문은 복문 ③[ ]형 NPP'[fc]이다. P는 자동사 P'는 [정형절]이다.
다음과 같이 분석된다. 즉 NPP'[fc]⇒ NP+NP'[fc]의 관계에 있다.

③[ ] He | remained | [**where** he belonged].(2Hom142) 그는 | 머물렀다 | [그가 속한 곳에].
①　　 He | remained.　　　　　　　　그는 | 머물렀다.
①[ ] He | was [**where** he belonged]. 그는 | [그가 속한 곳에] 있었다.
 [③] [**where** he | belonged | ∨]. [그가 | 속한 | 곳]

♣ 유형별 예문
(what)
③[③] She | became | [**what** would have been called a fine creature].(TH125)
③[④] I | became | [**what** I am today at the age of twelve].
③[①] If we choose, he | will remain | [**what** he is].
(who)
③[③] The question | arose | [**who** was to receive him].(SBE151)
(where)
③[①] But a Samaritan, as he traveled, | came | [**where** the man was].(Lk10:33)
③[②] When you were younger you | went | [**where** you wanted].(Jn21:18)
③[③] A small fishing village | stood | [**where** now stands the commercial metropolis of the country].(OES114)
③[①] His uncle | sat | [**where** he was].(1PB246, OAD)
③[③] I | have always only ventured | [**where** I was invited].(CRL160)
③[②] We | will go | [**wherever** you say].(HaM1094)
③[②] We | went | [**wherever** there was a need].(CRL17))
③[②] You | may sit | [**wherever** you like].(MBE224)

| ③[ ] He | was found | [**where** he belonged]. |

예문은 복문 ③[ ]형 NPP'[fc]이다. P는 수동사 P'는 [정형절]이다.
다음과 같이 분석된다. 즉 NPP'[fc]⇒ NP+NP'[fc]의 관계에 있다.

③[ ] He | was found | [where he belonged].　그는 | 발견되었다 |[그가 속한 곳에서].
① 　　He | remained.　　　　　　　　그는 | 머물렀다.
①[ ] He | was [where he belonged].　그는 | [그가 속한 곳에] 있었다.
　[③] [where he | belonged | ∨].　　그가 | 속한 | 곳

♣ 유형별 예문
③[⑥] Haydon | was found | [where he was sitting now].(LC'377)
③[⑤] He | was placed | [where all could see him].(RTK23:134).
*③[①] I |'m quite happy | [where I am].(1MiC112) *비동사술어

⑤ NPN'P'[fc]

⑤[ ] They | put him | [where he belonged].

예문은 복문 ⑤[ ]형 NPN'P'[fc]이다. P는 타동사 P'는 [정형절]이다.
다음과 같이 분석된다. 즉 NPN'P'[fc] = NPN'+N'P'[fc]의 관계에 있다.

⑤[ ] They | put him | [where he belonged].　그들은 | 두었다 ‖ 그를 | [그가 속한 곳에].⤸
② 　　They | put him...　　　　　　　그들은 | 두었다 ‖ 그를...
①[③] He | was [where he belonged].　그는 | [그가 속한 곳에] 있었다
　[③] [where he | belonged | ∨].　　[그가 | 속한 | 곳]

♣ 유형별 예문
(what)
⑤[①] | Let ‖ the matter | [be what it may], I will do my best.
⑤[①] My father | made ‖ me | [what I am ∨ now].(OES320,DHL469)
(where)
⑤[③] They | put him | [where he belonged].(Olivia's Story 247)
⑤[①] She | had left | her | [where she ought to be].(1JA313)
⑤[①] | Put ‖ your money | [where your mouth is].(ECD971,1SK96)

⑤' NPN'「P'[fc]

⑤'[ ] You | ate ‖ food 「[where he told you not to eat].

예문은 ⑤'형 NPN'「P'[fc]이다. P는 타동사, P'는 [정형절]이다.
다음과 같이 분석된다. 여기서 P'는 N'이 아니라 N을 서술한다.
「 표시는 이를 나타낸다. 즉 NPN'「P'[fc]⇒NPN'+NP'[fc]의 관계에 있다.

⑤'[ ] You | ate ‖ food 「[where he told you not to eat].(1Ki13:22)
　　　　너는 | 먹었다 ‖ 음식을 「[그가 네게 먹지 말라고 말한 곳에서].
② 　　You | ate ‖ food.　　　　　　너는 | 먹었다 ‖ 음식을.
①[ ] You | were [where he | told ‖ you | not to eat ∨].
　　　너는 | [그가 네게 먹지 말라고 한 곳에] 있었다.
　[⑤] [where he | told ‖ you | not to eat ∨] [그가 | 말한 ‖ 네게 | 먹지 말라고 한 곳].

♣ 유형별 예문
⑤'[⑤] He | studied ‖ law 「[where he was admitted to the Bar].(Life On the Road)
⑤'[③] My dog | follows ‖ me 「[wherever I go].(OES475,CRL34)
⑤'[③] They(=thorns) | are burned ‖ up 「[where they lie].

⑦ NPP'P"[fc]

> ⑦[ ] He | lay | dead | [where he was working].

예문은 복문 ⑦형 NPP'P"[fc]이다. P"는 [정형절]이다.
다음과 같이 분석된다. 즉 NPP'P" ⇒ NP+NP'+NP"[fc]의 관계에 있다.

⑦[ ] He | lay | dead | [where he was working].
     그는 | 누워 있었다 | 죽어서 | [그가 일하고 있던 곳에서]
①   He | lay.   그는 | 누워 있었다.
①   He | was dead.   그는 | 죽어 있었다.
①[ ] He | was [where he | was working]. 그는 | [그가 일하고 있던 곳에] 있었다.
  [③] [where he | was working | ∨] [그가 | 일하고 있던 | 곳]

B. 비wh-절

> I take it that this is pretty serious. [fc]
> I left everything as it was. [fc]

① NP[fc]

> ①[ ] It | is [that this is pretty serious].
> ①[ ] Everything | was [as it was].

예문은 복문 ①[ ]형 NP[fc]이다. P는 'be+[정형절]이다.
[ ] 부분은 다음과 같이 분석된다.

①[ ] It | is [that this is pretty serious]. 그것은 | [이것이 꽤 심각하다는 것]이다.
  [①] [that this is pretty serious]   [이것이 | 꽤 심각하다는 것]

①[ ] Everything | was [as it was]. 모든 것이 | [그것인 그대로]였다.
  [①] [as it | was ∨].   [그것이 | 그대로였다]

♣ 유형별 예문
[that절]
①[①] I | am (the one) [that I am].(Ex3:14 KJV)(나는 곧 스스로 있는 자니라)
①[②] The fact | is [(that) I do not love her].(EJD,1UE203,1ST298),
①[②] My desire | is [that Job may be tried to the end].(Job34:36AKJV)

①[①] The reason why the injection needs repeating every year | is [that the virus changes].
①[②] My suggestion | is [that he (should) go at once].(SSE60B)　　　　　　(OAD)↗
①[②] The trouble | is [(that) I have lost his address].(REG414)　　　　　(DCMA)↘
①[④] The truth is, | [(that) I never left you all through my wild days, my mad existence].↲
①[②] It | is [that we are making a search of all the baggage on the train].(3AC216)(비인칭주어)
①[①] It | was [that winter was coming even it was only May].(4SK60)
①[②] It | was not [that they minded]. I was him.(VW26)
①[①] It | was not [that Duc de Guermantes was bad-mannerd].(3ST336)
①[③] It | 's just [that so much has happened in between].(MM914)
①[①] Can it | be [that it is all over]?(1LT614,HaM241)
①[②] Could it | be [(that) he didn't know you could sing inside]?(JMV9)
①[①] It | may be [that the Lord will work for us],(1Sa14:6ESV,MiC520)
①[②] [What had happened] | was [that his bicycle chain had broken].(3G98B)
[as/like절]
①[①] When I return I | shall be [as other men are].(FB142)
①[⑤] She | was [as he had known her almost as a child].(1LT199)
①[①] Briefly, the argument | is [as follows].(OAD)
①[①] This | is (not) [as it should be].(1WS91, KA38, RTK52:13)
①[②] This | is [as he said].(SSE229E)
①[①] Things | are not [as they appear].(Rules279)
①[⑤] Something | is not [as we would like it to be].(2G37B)
①[②] It | was [as Lancelot had thought].(KA18)
①[②] It | may(or will) be [as you say], General.(RTK104:76,JB318,2ACD380)
①[②] It | shall be [as you wish)].(DHL434)
①[②] He | was [like he was a teenager again].(The Telegraph)
①[③] It | was [like he came from nowhere].(5SK653)
①[①] You | are not [like you used to be].(ECD566)
①[①] To me this | is [like a dream *come* true].(YBM)(가정법원형)
①[③] And so it | 's almost [like we're sitting together].(15JB32)
[직접인용절]
①[①] His first words | were, "That's where the Siscos live."(7JG160)
[기타 접속사절]
①[①] The question | is [if/whether the man can be trusted].(PEU611,LEG15)
①[②] The first issue | is [whether he knew he was committing a crime].(3G86C)
①[③] This | is [after the home-place had slipped through her lily-white fingers]!(TW)
①[②] This | was [before the LORD destroyed Sodom and Gomorrah].(Ge13:)
①[①] It | had been [while he was out].(5ST528)
①[①] It | is [because they are not intelligent enough].(YBM)(Why 의문문에 대한 답변)
①[①] The reason ⟨(why) I can't go⟩ | is [because I'm busy].(DED)((that을 쓰는 편이 일반적임)

③ NPP'[fc]

③[ ] It | seems | [that this is pretty serious].
③[ ] Everything | remained [as it was].

예문은 복문 ③[ ]형 NPP'[fc]이다. P는 자동사 P'는 [정형절]이다.
다음과 같이 분석된다. 즉 NPP'[fc]⇒ NP+NP'[fc]의 관계에 있다.

③[ ] It | seems | [that this is pretty serious]. 그것은 | 보인다 |[이것이 꽤 심각한 것으로].
①   It | seems....   그것은 | 보인다...
①[ ] It | was [that this is pretty serious]. 그것은 |[이것이 꽤 심각한 것]이었다.
  [①] [that this | is pretty serious]   [이것이 꽤 심각하다는 것]

③[ ] Everything | remained [as it was]. 모든 것이 | 남아 있었다 [그것인 그대로].
①   Everything | remained.   모든 것이 | 남아 있었다.
③[ ] Everything | was [as it was].   모든 것이 | [그것인 그대로]이었다.
  [①] [as it | was ∨].   [그것이 | 그대로인 채]

♣ 유형별 예문
[that절]
③[②] It | appears | [that he forgot sign the letter].(LEG78)(비인칭주어)
③[②] It | emerged | [that he had already had a criminal record].(3G96B)
③[①] It | happened | [(that) he was busy when I called].(SED)
③[②] It | looks | [that they have lost weight].(VLIVE)
③[②] That | doesn't mean | [(that) there's nobody out there].(LB3G40B,AES38)
③[②] It | proved | [(that) they had much to say to each other].(OES595,JH453)
③[①] The fact | remains | [that we are still two teachers short].(OAD)
③[③] That | doesn't seem | [that he was supposed to be on a job for them].(5HP288)
③[②] It | seems | [that she has lost her memory].(3G96B,PEU495,DED)
③[②] The claim | is often made | [that smoking causes heart disease].(3G38A)
③[①] Word | was out | [that the Latcher baby had arrived].(7JG307).
[as/like절]
③[④] The tomb | appeared | exactly [as Landon remembered it].(2DB525)
③[②] It(=Something) | came | [as an illness does].(JPS4)
③[②] It | was done | [as he had been told].
③[①] All our plans | may fail | [as it is].(SAT)
③[①] The prediction, in hexameters, | went | [as follows]:(Herod481)
③[③] It(=The ring) | lay | exactly [as it had lain].(5SK544)
③[①] Everything | seemed | [as it should be].(5TC96,715)(가)
③[①] The child | talks(or talked) | [as he would talk if he were a man].(OES402,5ST500)(가)
③[①] The battle | was eventually resolved | [as follows].(Herod549)
③[①] She | acts | [like she owns the place].(OAD)
③[①] I | feel | [like there will be many layoffs and transfers].(YBM)
③[②] I | don't feel | [like I just had a vacation].(=as though)2G115A)(가)
③[②] You | look | [like you didn't sleep last night].(as if)(2G115A)(가)
③[③] The house | looks | [like it's going to fall down].(=as if/though)(2G115A)
③[①] It | looks | [like she isn't coming].(=as if/though)(2G115B,2DB494))
③[③] It | looks | [like he means to go].(DED)
③[③] We took an umbrella [because it | looks | like [it was going to rain]].(2G115B)
③[②] He | ran | [like he was running for his life].(2G115C)(가)

③[①] It | seems | [like it's going to rain(as if | though)](PEU69)
③[②] Helen | sounded | [like she had a cold], didn't she?(2G115A)
③[②] It | sounds | [like they're having a party].(2G115B,2DB515)
☆ like(or as if/though) 뒤에서 오는 내용이 사실인 경우에는 직설법, 반대인 경우는 가정법이 된다.
[직접인용절]
③[③] As the old saying | goes, | "From evildoers come evil deeds," so my hand will not touch you."(1Sa24:13)

⑤ NPN'P'[fc]

⑤[ ] He | takes | it | [that this is pretty serious].
⑤[ ] I | left ‖ everything | [as it was].

예문은 복문 ⑤[ ]형 NPN'P'[fc]이다. P는 타동사 P'는 [정형절]이다.
다음과 같이 분석된다. 즉 NPN'P'[fc] = NPN'+N'P'[fc]의 관계에 있다.

⑤[ ] He | takes | it | [that this is pretty serious].
　　　　그는 | 받아 들인다 ‖ 그것을 | [이것이 꽤 심각하다는 것을].
②　　He | takes ‖ it.　　　　　　　그는 | 받아들인다 ‖ 그것을.
①[ ] It | is [that this is pretty serious] .그것은 [이것이 꽤 심각하다는 것]이다.
　[①] [that this | is pretty serious ∨] [이것이 | 꽤 심각하다는 것]

⑤[ ] I | left ‖ everything | [as(or like) it was].(2G114C)
　　　　나는 | 두었다 ‖ 모든 것을 | [그것이 그대로].
②　　I | left ‖ everything.　　　　나는 | 남겼다 ‖ 모든 것을.
①[ ] everything | was [as it was ∨]. 모든 것이 [그것이 그대로 채] 였다.
　[③] [as it | was ∨].　　　　　　　[그것이 | 그대로인 채]

♣ 유형별 예문
[that절]
⑤[③] He | expressed ‖ the desire | [that his wife (should) come back].(EJD2157)
⑤[②] They | often make ‖ the claim | [that smoking causes heart disease].(3G38A)
⑤[②] I | made ‖ a suggestion | [that he (should) go at once].(SSE60B)
⑤[③] We | will count ‖ it | [that you are here as my guest].(OES598)
⑤[①] He | would have ‖ it | [that they were lovers].(=recognize)(DHL263)
⑤[①] "I | take ‖ it ‖ [(that) this is pretty serous]," Mitch said.(5JG126)
⑤[②] I | take ‖ it | [that you're fully acquainted with the facts].(OES596,5JG126)
[as/like절]
⑤[①] I | will build ‖ it(=its broken place) | [as it used to be].(Am9:11)
⑤[②] I | cannot do ‖ it | [like you do].(DED)
⑤[②] They found ‖ it | just [as the women had said].(Lk24:24))
⑤[②] They | found ‖ themselves | [as they had been when they had been at peace].
⑤[①] | Leave ‖ things | [as they are].(NEI) Let's [| leave ‖ them | [like they are]].(2TH163)
⑤[①] Judge Leon Yanvich | stated ‖ the applicable principle | [as follows].
⑤[①] My only plea Christ died for me; O | take ‖ me | [as I am],(Hym349; 내 모습 그대로)

⑤[①] I | take ‖ it | [as it is].(")(Montaigne)
⑤[②] You | should have done ‖ it | [as (or like) I showed you].(2G114C)
⑤[②] Every soldier | must carry ‖ himself | [like he is proud of this country].(EID129)
⑤[②] Sienna | stared ‖ at him | [like he was crazy].(2DB438)(가정법)

⑤' NPN' 「P'[fc]

> ⑤'[②] It | seems ‖ to me 「[that this is pretty serious].
> ⑤'[①] I | don't love ‖ you 「[as I used to].

예문은 복문 ⑤'[ ]형 NPN'P'[fc]이다. P'는 [정형절]이다.
다음과 같이 분석된다. 즉 NPN'P'=NPN'+NP'의 관계에 있다.
P'는 N을 서술하는 주격술어이다. 「표시는 이를 나타낸다.

⑤'[②] It | seems ‖ to me 「[that this is pretty serious].
　　　　 | 보인다 ‖ 내게 「[이것이 꽤 심각한 것으로].
② 　 It | seems ‖ to me,.. 　　　 | 보인다 ‖ 내게
①[ ] It | is [that this is pretty serious] 그것은 [이것이 꽤 심각하다는 것]이다.
　[①] [that this | is pretty serious ∨] [이것이 | 꽤 심각하다는 것]

⑤'[①] I | don't love ‖ you 「[as(or like) I used to].(ECD566)
　　　 나는 | 사랑하지 않아 ‖ 너를 「[내가 하던 대로].
② 　 I | don't love ‖ you.　　　 나는 | 사랑하지 않아 ‖ 너를..
①[ ] I | am [as I used to]. 　　 나는 |[내가 하던 대로] 였다.
　[①] [as I | used to ∨] 　　　 [내가 | 하던 대로].

♣ 유형별 예문
[that절]
⑤'[②] Market research | has shown ‖ us 「[that people want quality].(OAD)
⑤'[②] It | suddenly hits ‖ me 「[that Sara wanted to borrow money].(3G96B)
⑤'[②] It | appears ‖ to me 「[that it was painful to Herbert].(2CD192)
⑤'[①] It | came ‖ to me 「[that Drummle was actually the next heir].(2CD192)
⑤'[②] It | suddenly occurred ‖ to me 「[that I had an appointment].(DED,2CD127)
⑤'[②] It | seems ‖ to me 「[that he is fond of sweets].(DED2132)
⑤'[①] It | strikes ‖ me 「[(that) he was jealous].(3G96X)
[as/like절]
⑤'[②] | Love ‖ each other 「[as I love you].(Jn15:12)
⑤'[①] No one | sings ‖ the blues 「[like she did].(OAD)
⑤'[①] As soon as he saw the food, he | rushed ‖ to it 「[like he was possessed]. (NEI)
⑤'[①] He | walked ‖ into the room 「[like nothing had happened].(=as if)(3G84D)

⑦ NPP'P"[fc]

> ⑦[①] It | turned | out | [that they'd never met].
> ⑦[①] We | can just keep | on | [as we were].

예문은 복문 ⑦[ ]형 NPP'P"[fc]이다. P"는 [정형절]이다.
다음과 같이 분석된다. 즉 NPP'P"⇒NP+NP'+NP[fc]의 관계에 있다.

⑦[①] It | turned | out | [that they'd never met].(2G136C)
      그것은 | 되었다 | 드러나게 | [그들이 만난 적이 없다는 것이]..
①   It | turned...   그것은 | .되었다...
①   It | was out   그것은 | 드러났다.
①[ ] It | was [that they'd never met]. 그것은 | [그들이 만난 적이 없다는 것] 이었다.
  [①] [that they'd never met ∨].   [그들이 | 만난 적이 없다는 것]..

⑦[①] We | can just keep | on | [as we were].(BSA44
       우리는 | 단지 유지할 수 있다 | 계속하여 | [우리가 이었던 대로].
①   We | can just keep...   우리는 | 단지 ...유지할 수 있다
①   We | are on.   우리는 | 계속한다.
①[①] We | are [as we were].   우리는 | [우리가 이었던 대로] 이다..
  [①] [as we | were ∨]   [우리가 이었던 대로].

♣ 유형별 예문
[that절]
⑦[①] The suggestion | came | from the chairman | [that the new rule be accepted].
⑦[①] Word | went | out | [that the director had resigned].(OAD)   (BEG530)
⑦[①] The word | got | out | [that the boss would resign].(NQE326)
⑦[①] It | turned | out | [(that) the rumor was true].(EJD,LSW695)
[as/like절]
⑦[①] You don't need to change your clothes. You | can go | out | [as you are].[(2G114X)
⑦[①] I | returned | home | [as I had come].(JJR422)
⑦[②] Everything | has turned | out | exactly [as we could wish].(1JA142)
⑦[②] It | turned | out | just [like I said].
⑦[①] He | stood | there | [like he was paralyzed].(Alouna and Shadow4)

C. '전치사+정형절' 술어

> We find ourselves back where we started. (pr+[fc])
> She loved him as if he were his son. (pr+[fc])
> You can get this back to where we were. (pr+[fc])

①   NP(pr+[fc])

> ①[ ] We | are **back** [where we started].
> ①[ ] He | was **as** [if he were his son].
> ①[ ] This | can be **back to** [where we were].

- 379 -

예문은 복문 ①[ ]형 NP(pr+[fc])이다. P는 'be+전치사+[정형절]' 구조이다.
[ ] 부분은 다음과 같이 분석된다.

①[ ] We | are back [where we started]. 우리는 | [우리가 시작한 곳에] 되돌아 있다.
 [③] back [where we | started | ∨] [우리가 | 시작한 | 어디]에 되돌아

①[ ] He | was as [if he were his son]. 그는 | [마치 그가 그의 아들인 것]처럼이었다..
 [③] as [if he | were his son] [마치 그가 그의 아들인 것]처럼.

①[ ] This | can be back to [where we were]. 이것은 | [우리가 있던 곳] 되돌아 향해 있을 수 있다.
 [③] back to [where we were ∨] [우리가 | 있던 곳] 되돌아 향해

♣ 유형별 예문
[단순전치사+정형절]
(about~)
①[②] This | isn't about [what you want].(Nobody's Fool)
(as~)
①[③] He | was as [if he had been born anew].(Dubious Glory28)
①[③] It | was as [if they were bound in a strange dream].(SBE154,HaM1400,Ps133:3))
①[①] It | isn't as [if you didn't know the rules].(EJD,PEU424)
①[③] It | is as [if nobody knows I'm gone].(2DB43)(직설법)
①[③] I | was as [though my head and my was on fire].(A'G99)
①[②] It | was as [though this book no longer belonged to me].(A'G145)(직설법)
☆ as if 절에 were가 오면 가정의 뜻이 있다. 그 밖의 동사에 가정의 뜻이 있는지는 문맥으로 판단한다
(back~)
①[③] We | are back [where we started].(OAD)우리는 | [우리가 시작한 곳에] 되돌아 있다.
(beyond~)
①[⑤] Our success | was far beyond [what we thought ∨ possible].(OAD)
(for~)
①[②] They | are all for [what they can get].(⇒anxious for)(2JAe76)
①[④] Crutches | are for [when you break a leg].(1JB51)
①[①] The deficit is worth a reference; it | is for [what they call a cool sum].
(from~)
①[④] The one(the photo) of me and Rodrick | is from [when we went to Santa's village about eight years ago].(5WK202)
(in~)
①[①] His chief interest | is not in [how this happened].(Harper's Bible14)

(like~)
①[②] That is exactly like [what happens now].(Hansard)(직)
①[②] It | 's like [when we were kids].(MED)(가)
(on~)
①[③] Her mind | was on [what was happening between them].(Manhood)
(over~)
①[⑥] The bet | is over [who can wake up earliest tomorrow].

①[②] There's gonna be a big fight | over [who gets what once she passes away].[(5WK203)
①[③] There was a fight | over [who would be allowed to read them].
[복합전치사+정형절]
(~about~)
①[⑤] He | was on about [how he and Rene met].(⇒keep talking)(The Gift 252)
(~at~)
①[⑤] You | were back at [where you had left it].(10NG47)
(~from~)
①[③] | Right across from [where we are standing].(ECD102)
①[④] I | was away from [where they were taking the votes].(House Documents)
(~on~)
①[④] I | was in on [what you were doing ∨ at that time].(海词词典)
(~to~)
①[③] Soon I | was around to [where the streets changed].(Parton's Island 24)
①[③] He | was back to [where he came from].(WG135)
①[①] He | wasn't on to [what had happened].(⇒know, understand)(EPL299)

③ NPP'(pr+[fc])

③[ ] We | came | back [where we started].
③[ ] He | acted | as [if he were his son].
③[ ] This | can get | back to [where we were].

예문은 복문 ③[ ]형 NPP'(pr+[fc])이다. P는 능동사. P'는 '전치사+정형절 구조이다.
다음과 같이 분석된다. 즉 NPP'(pr+[fc]) ⇒ NP+NP'(pr+[fc])의 관계에 있다.

③[ ] We | came | back [where we started].(Lucky52) 우리는 | 왔다 | [우리가 출발한 곳] 되돌아.
①   We | came.   우리는 | 왔다
①[ ] We | are back [where we started].   우리는 | [우리가 시작한 곳에] 되돌아 있다.
   [③] back [where we | started | ∨]   [우리가 | 시작한 | 어디에 되돌아

③[ ] He | acted | as [if he were his son]. 그는 | 행동했다 | [마치 그가 그의 아들인 것]처럼.
①   He | acted.   그는 | 행동했다.
①[ ] He | was as [if he were his son].   그는 | [마치 그가 그의 아들인 것]처럼이었다..
   [③] as [if he | were his son]   [마치 그가 그의 아들인 것]처럼.

③[ ] This | can get | back to [where we were].
     이것은 | 갈 수 있다 | [우리가 있던 곳] 되돌아 향해.
①   This | can get...   이것은 | 갈 수 있다.
①[ ] This | can be back to [where we were]. 이건 | [우리가 있던 곳] 되돌아 향해 있을 수 있다.
   [③] back to [where we were ∨]   [우리가 | 있던 곳] 되돌아 향해

♣ 유형별 예문
[단순전치사+정형절]
(about~)

③[②] We | will set | about [what remains of this war]!(=start)(CN182)
③[②] Are you two | really in earnest | about [what you've got to do]?(CN571)
(as~)
③[①] He | acts | as [if he's some kind of a wine connoisseur.(NE)(아는 체한다)(직)
③[①] She | acted | as [if she were mad].(LEG26,3G85B)
③[④] It | will also appear | as [if there are two Suns in the sky for a few weeks].(직)
③[②] You | answer | as [if you did not know this rule].(REG434)
③[①] I | feel | as [if I were in a foreign land].(A'G118)
③[①] I | feel | as [if(or though) I'm dying].(PEU69)(직)
③[①] In many ways I | feel | almost as [though you were my own son].(Graduate)
③[④] He | looked {threateningly} | as [if he would have thrashed me without quarter].(YBM)
③[①] She | looks | as [if he *is* rich].(Perhaps she is)(PEU69)(직)
③[②] You | look | as [if you haven't got a care in the world]!(OAD)(직)
③[②] It | doesn't look | as [if we'll be moving after all].(OAD)(직)
③[①] It | seemed | as [if we'd never get to the market].(JMV43)
③[①] It | seemed | as [if the night was never going to end].(PEU495)
③[③] She | seemed | as [though she meant to give it to me].(A'G109)
③[②] It | sounds | as [if/though) John is going to change his job].(PEU68)(직)
③[②] He | speaks | as [if he could solve(or could have solved) everything].
③[①] He | spoke | as [if/though) he knew this question].(REG434)(가)
③[①] He | spoke | as [though he had been thoroughly frightened].(SBE250)
③[①] He | talks | as [if he was rich].(⇒But he is definitely not)(PEU69)(가)
③[②] He | talks | as [if he knew everything].(2G115D)(In fact, he doesn't know anything)(가)
☆ as if/though(or like) 뒤에 오는 내용이 사실인 경우에는 직설법, 반대인 경우는 가정법이 된다.
(back~)
③[③] We | came | back [where we started].(Lucky52)
③[③] You | gotta go | back [where you belong].(ErS76)
③[③] This | has to go | back [where it came from].(1THr134)
(beyond~)
③[①] | Do not go | beyond [what is written].(1Co4:6)
(off~)
③[③] The two short stories are connected; the second one | leads | off [where the first one finishes].(EPV502)
(from~)
③[④] ...and this | is come | from [I don't know where].(GE220,225)
(in~)
③[③] | Butt | in [where they don't belong].(23JB28)
③[②] Fools | rush | in [where angels fear to tread].(EID250,ECD1240)
(like~)
③[⑤] These six fruits all | look and feel | like [what we know as apples].(NED))
③[③] It | feels | like [that we're competing against each other].(VLIVE)
③[①] It | sounds | like [that I can never forgive].(VLIVE))
[복합전치사+정형절]
(~about~)
③[①] He | was blustering | on about [how bad Bertha's memory was].(4HP462)

③[①] He | droned | on about [how selective they had always been].(5JG19,64)
③[②] You | always go | on about [what you are interested in].(EPV435)
(~at~)
③[①] When I | came | back at [where he was], he wasn't there anymore.
(~from~)
③[⑤] You | are going | very far away from [where I left my beach bag].(10NG41)
③[⑤] It(beach ball) | landed | a long way away from [where I left it].(10NG44)
(~of~)
③[①] She | was always surging | ahead of [where we were].(CRL34)
(~on~)
③[②] He came along and | horned | in on [what we were doing].(EPV474)
(~to~)
③[④] I | moved | around to [where I could hear the speaker better].(EPV131)
③[③] He | came | back to [where I stood].(2CD316)
③[③] You | will get | back to [where you came from].(WG151)
③[③] | Please go | back to [where you came from].(11JB46)
③[①] I | ran | back to [where I had been].(JMV152)
③[③] I | walked | back to [where people were sitting in rows].(24NG24)
③[②] I | couldn't catch | on to [what he was saying]?(⇒know | understand)((Doctors77)
③[②] You | still haven't cottoned | on to [what I want to say].(")(EPV518)
③[②] He | quickly got | on to [what they were trying to do].(")(EPL299)
③[①] She | skipped | over to [where we were].(9JB55)
③[①] I | walked | over to [where second base had been].(14NG29)
(~with~)
③[②] Don't let me disturb you. | Please go | on with [what you're doing]˘.(2G138A)

```
③[ ] We | were found | back [where we started].
③[ ] He | was loved | as [if he were his son].
③[ ] This | can be gotten | back to [where we were].
```

예문은 복문 ③[ ]형 NPP'(pr+[fc])이다. P는 수동사, P'는 '전치사+[정형절]' 구조이다.
다음과 같이 분석된다. 즉 NPP'(pr+[fc]) ⇒ NP+NP'(pr+[fc])의 관계에 있다.

③[ ] We | were found | back [where we started].
　　　우리는 | 발견되었다 | [우리가 출발한 곳] 되돌아.
① 　We | were found. 　　　　　우리는 | 발견되었다.
①[ ] We | are back [where we started]. 우리는 | [우리가 시작한 곳에] 되돌아 있다.
　[③] back [where we | started | V] [우리가 | 시작한 | 어디]에 되돌아

③[ ] He | was loved | as [if he were his son].
　　　그는 | 행동했다 | [마치 그가 그의 아들인 것]처럼.
① 　He | acted. 　　　　　그는 | 행동했다.
①[ ] He | was as [if he were his son]. 그는 | [마치 그가 그의 아들인 것]처럼이었다..
　[③] as [if he | were his son] 　　　[마치 그가 그의 아들인 것]처럼.

③[ ] This | can be gotten | back to [where we were].
　　　　　이것은 | 가져질 수 있다 | [우리가 있던 곳] 되돌아 향해.
①　　　This | can be gotten...　　　이것은 | 가져질 수 있다...
①[ ] This | can be back to [where we were]. 이것은 | [우리가 있던 곳] 되돌아 향해 있을 수 있다.
　[③] back to [where we were ∨]　　　[우리가 | 있던 곳] 되돌아 향해

♣ 유형별 예문
(단순전치사+정형절)
③[①] He | was loved | as [if he were his son].
(for~)
③[①] Cameron | has always been seen | for [what he is].
③[②] She | 's out | for [what she can get].(want or plan to do)(OAD)
(on~)
③[①] Bets | had been placed | on [whether the president would attend the funeral].(6JG70)
(복합전치사+정형절)
③[③] This | can be gotten | back to [where we were].

⑤ NPN'P'(pr+[fc])

```
⑤[ ] We | find ‖ ourselves | back [where we started].
⑤[ ] She | loved ‖ him | as [if he were his son].
⑤[ ] You | can get ‖ this | back to [where we were].
```

예문은 복문 ⑤[ ]형 NPN'P'(pr+[fc])이다. P'는 '전치사+[정형절]' 구조이다.
다음과 같이 분석된다. 즉 NPNP'(pr+[fc]) ⇒ NPN'+NP'(pr+[fc])의 관계에 있다.

⑤[ ] We | find ‖ ourselves | back [where we started].
　　　　　우리는 | 발견한다 ‖ 우리 자신들을 | [우리가 시작한 곳에] 되돌아.
②　　　We | find ‖ ourselves...　　　우리는 | 발견한다 ‖ 우리 자신들을
①[ ] We | are back [where we started]. 우리는 | [우리가 시작한 곳에] 되돌아 있다.
　[③] back [where we | started | ∨] [우리가 | 시작한 | 어디]에 되돌아

⑤[ ] She | loved ‖ him | as [if he were his son].
　　　　　그녀는 | 사랑했다 ‖ 그를 ‖ [마치 그가 그의 아들인 것]처럼
②　　　She | loved ‖ him.　　　그녀는 | 사랑했다 ‖ 그를
①[ ] He | was as [if he were his son]. 그는 | [마치 그가 그의 아들인 것]처럼이었다..
　[③] as [if he | were his son]　　　[마치 그가 그의 아들인 것]처럼.

⑤[ ] You | can get ‖ this | back to [where we were].(WG184)
　　　　　너는 | 가질 수 있다 ‖ 이것을 | [우리가 | 있던 곳] 되돌아 향해
②　　　You | can get ‖ this　　　너는 | 가질 수 있다 ‖ 이것을
①[ ] This | can be back to [where we were]. 이것은 | [우리가 있던 곳] 되돌아 향할 수 있다.
　[③] back to [where we were ∨]　　　[우리가 | 있던 곳]에 되돌아 향해

♣ 유형별 예문

[단순전치사+정형절]
(as~)
⑤[①] They | looked ‖ at me | as [if(or though) I was crazy].(2G115C)
⑤[①] She | loved ‖ him | as [if he were(or was) his son].(REG434)
⑤[①] She | talked ‖ to me | as [though I was a child].(A'G100)
⑤[①] They | treats ‖ me | as [if I were(or was) their own son].(2G115D,SBE250)
(back~)
⑤[③] I | find ‖ myself | back [where I started].(HaM,969)
⑤[⑤] Can you | put ‖ it | back [where you found it].(3G-RM18,ECD1205)
⑤[③] I | should send ‖ you | back [where you came from].(FB86)
(beyond~)
⑤[①] I | am saying ‖ nothing | beyond [what the prophets and Moses said would happen].
(Ac26:22)
(for~)
⑤[①] Animals | have always accepted ‖ me | for [what I am].(2DK8)
⑤[①] You | know ‖ me | now for [what I am].(2ACD316)
⑤[①] I | recognized ‖ it(our visitor) | for [what it was].(2DK259)
⑤[①] The council | saw ‖ him | for [what he truly was].(1CP)
⑤[①] He | understood ‖ mankind | for [what it was]—a species on the brink.(2DB466)
⑤[④] And I | need ‖ some lollipops | for [when kids get needles].(1JB51)
(in~)
⑤[②] | Don't put ‖ too much confidence | in [what the newspaper says].(ECD1078)
(on~)
⑤[②] | Spend ‖ the money | on [whatever you like].(PEU613, PH420)
(over~)
⑤[①] A tortoise and a hare | made ‖ a bet | over [who was the faster animal].(Aesop5)
[복합전치사+정형절]
(~on~)
⑤[②] Would you | clue ‖ me | in on [what you are talking about]?(⇒inform)(NPV128)
⑤[③] Will someone | fill ‖ me | in on [what's going on]?(")(EID240)
(~to~)
⑤[③] His mother | used to bring ‖ him | around to [where we were playing].
⑤[①] The rest of you | can get ‖ this | back to [where we were].(WG184)
⑤[⑤] I | let ‖ him | on to [what he potentially has ∨ there in his basement].(⇒inform)

⑤' NPN' 「P'(pr+[fc])

> ⑤'[ ] He | covered ‖ his face 「as [if he were ashamed of something].

예문은 복문 ⑤'[ ]형 NPN 「P'(pr+[fc])이다. P'는 '전치사+[정형절]' 구조이다.
다음과 같이 분석된다. 즉 NPNP'(pr+[fc]) ⇒ NPN'+NP'(pr+[fc])의 관계에 있다.
P'는 N을 서술한다. 「 표시는 이를 나타낸다.

⑤'[ ] He | covered ‖ his face 「as [if he were ashamed of something].
        그는 | 감쌌다 ‖ 그의 얼굴을 「[마치 그가 어떤 것을 부끄러워 한 것]처럼.
② He | covered ‖ his face.   그는 | 감쌌다 ‖ 그의 얼굴을.

①[ ] He | was 「as [if he were ashamed of something].
　　그는 | [마치 그가 어떤 것을 부끄러워 한 것]처럼이었다.
[②] [as [if he were ashamed of something]. [마치 그가 어떤 것을 부끄러워 한 것]처럼

♣ 유형별 예문
[단순전치사+정형절]
⑤'[②] He | covered ‖ his face 「as [if he were ashamed of something].(NED)
⑤'[①] She | hurriedly left ‖ the room 「[as [though | if she was angry].(Baidu)(직)
⑤'[②] Her face | looked ‖ to me 「as [if it were all disturbed by fiery air].(2CD212)
⑤'[②] He | regarded ‖ me 「as [though he were seeing a memory].(CRL134)
⑤'[②] I | remember ‖ the story 「as [if | though I had just read it].(REG434)
⑤'[②] I | felt ‖ a pride 「as [though I had done something great].(A'G132)
⑤'[②] He | appeared ‖ to me 「as [though he were ascending an invisible ramp that
　　　magically preceded him].(CRL134)
⑤'[⑥] It | almost seemed ‖ to me 「as [if he must stoop down presently].(2CD323)(직)
[복합전치사+정형절]
⑤'[⑤] You | followed ‖ Esmeralda 「away from [where you left your bag and ball].

⑦ NPP'P(pr+[fc])

⑦[ ] He | walked | in | as [if nothing had happened].

예문은 복문 ⑦[ ]형 NPP'P"(pr+[fc])이다. P"는 '전치사+[정형절]' 구조이다.
다음과 같이 분석된다. 즉 NPP'P"(pr+[fc]) ⇒ NP+NP'+NP"(pr+[fc])의 관계에 있다.

⑦[ ] He | walked | in | as [if nothing had happened].(CRL138)
　　그는 | 걸었다 | 안으로 | [마치 아무 것도 일어나지 않은 것]처럼.
①　　He | walked.　　　　　　그는 | 걸었다.
①　　He | was in .　　　　　　그는 | 안에 있었다.
①[ ] He | was as [if nothing had happened]. 그는 [마치 아무 것도 일어나지 않은 것]처럼이었다.
　[①] as [if nothing | had happened]. [마치 아무 것도 일어나지 않은 것]처럼

♣ 유형별 예문
[단순전치사+정형절]
(as~)
⑦[②] She | stood | at the gate(or there | as [if she was waiting for someone].(Baidu)
⑦[①] He | walked | in | as [if nothing had happened].　　　　　(CRL138)↲
⑦[②] Kwang | made | feel | as [though he were bequeathing a significant part of himself].
(from~)
⑦[③] I | came | out | from [where I was hiding].(Genitive242)
(복합전치사+정형절)
⑦[②] They | keep | going | on about [how it's the time to think about their future].↲
⑦[①] He | kept | ranting | on about [how unfair it was].(OAD)　　　(4HP493)

복문 짝수형

□ 비정형절 부가어(non-finite clause)

A. -ed절 부가어

> I object to John being appointed my successor. [-ed nfc]

② NPN'[-ed nfc]

> ②[ ] Steve | hates ‖ [being kept waiting].

예문은 복문 ②[ ]형 NPN'[nfc]이다. N'은 [비정형절]이다.
다음과 같이 분석된다. 즉 NPN'[nfc]⇒NP+N'[mfc]의 관계에 있다
-ed절은 to be~, being, 연결어와 결합한 상태에서 부가어가 된다.

②[ ] Steve | hates ‖ [being kept waiting]. 스티브는 | 싫어한다 ‖ [기다리게 되는 것을].
①   Steve | hates...   스티브는 | 싫어한다.,.
⓪[ ] ‖ [being kept waiting].   [기다리게 되는 것].
   [③] [| being kept | waiting].   [| 되는 것 | 기다리게]

☆비정형절(non-finite clause:nfc)은 비정형동사에 다른 주성분이 추가된 것이다.
    비정형절에는 -ed절, -ing절, to~/~절, 비동사절 등이 있다.
    [비정형동사+다른 주성분] 구조에서 [ ] 부분 전체를 하나의 비정형절로 다룬다.

♧ 유형별 예문
(to be+ -ed절)
②[③] He | declined ‖ [to be **interviewed** on camera].(10JG560)
②[③] I | don't like ‖ [to be **kept** waiting].(1G53A,,REG252)
(being + -ed절)
②[②] I | appreciate ‖ [being **given** this opportunity].(PEG232)
②[②] I | *cannot* bear ‖ [being **treated** in this way].(SSE408)
②[②] The children | enjoyed ‖ [being **taken** to the zoo].(3G23B)
②[③] Steve | hates ‖ [being **kept** waiting].(2G42B)
②[③] We | insisted ‖ [being **informed** by cable of the arrival of the ship].(REG265)
②[②] I | don't like ‖ [being **told** what to do].(2G42B,LEG314)
②[②] I | really love ‖ [being **given** presents].(3G23B)
②[③] I | don't mind ‖ [being **kept** waiting].(2G51C,1G53A)
②[②] I | remember ‖ [being **taken** to the zoo when I was a child].(2G42B)
②[②] He | resented ‖ [being **passed** over for promotion].(PEG231)
②[③] I | simply can't risk ‖ [being **seen** there].(OAD, ML208)

> Another | is reported ‖ [being **shot** at by a missile].

예문은 복문 ②형 NPN'[nfc]이다. P는 수동사 N'은 [비정형절]이다.

다음과 같이 분석된다. 즉 NPN'[nfc]⇒NP+N'[nfc]의 관계에 있다

②[ ] Another | is reported ‖ [being **shot** at by a missile].(5TC230)
   또 다른 것이 | 보고되었다 ‖ [한 미사일에 의해 피격되고 있는 것이]
①   Another | is reported.   또 다른 것이 | 보고되었다
⓪[ ] [being **shot** at by a missile]   [한 미사일에 의해 피격되고 있는 것].
 [③] [| being **shot** (‖) *at* ‖ *by* a missile] [| (대해) 피격되고 있는 것 ‖ 한 미사일에 의해]

♧ 유형별 예문
②[②] Two people | are reported ‖ [to have been **injured** in the explosion].(2G43A)
②[①] Another | is reported ‖ [being **shot** at by a missile].(5TC230)
②[③]* She | was afraid ‖ [to be **seen** with him].(NYT) *비동사술어 예문

---

     ②[ ] | Knock and wait ‖ [until **told** to enter].

예문은 복문 ②형 NPN'[conj+nfc]이다. N'은 [접속사+비정형절]이다.
다음과 같이 분석된다. 즉 NPN'[conj+nfc]⇒NP+N'[conj+nfc]의 관계에 있다

②[ ] | Knock and wait ‖ [until (you are) **told** to enter].(OES200)
   | 노크하고 기다려라 ‖ [들어오라고 말해질 때까지].
① | Knock and wait. | 노크하고 기다려라.
⓪[ ] ‖ [until **told** to enter]   [들어오라고 말해질 때까지]
 [③] [until | told | to enter] [때까지 | 말해질 | 들어오라고]

♧ 유형별 예문
②[①] They | would be more beautiful ‖ [if **brought** in a cycle].(5ST144)
②[②] Machinery | can be dangerous ‖ [unless **used** properly].(3G48A)
②[①] Most dogs | will not attack ‖ unless (they are) **provoked**].(OAD)
②[①] He | will not come ‖ [until (they are) **invited**].(OES200)
②[③] | Knock and wait ‖ [until (you are) **told** to enter].(OES200)
②[①] For the Son of Man | will come ‖ [when least **expected**].(Mt24:44)

④ NPN'N"[-ed nfc]

    I | object ‖ to John ‖ [being **appointed** my successor].

예문은 복문 ④형 NPN'N"[nfc]이다. N"은 [비정형절]이이다.
다음과 같이 분석된다. 즉 NPN'[nfc]⇒NP+N'[nfc]의 관계에 있다

④[③] I | object ‖ to John ‖ [being **appointed** my successor].
   나는 | 반대한다 ‖ 존에 ‖ [나의 후계자로 지명되는 것에].
② I | object ‖ to John...   나는 | 반대한다 ‖ 존에...
⓪[ ] ‖ [bcing **appointed** my successor] [나의 후계자로 지명되는 것]
 [③] [| being **appointed** | my successor] [| 지명되는 것 | 나의 후계자로]

♧ 유형별 예문
④[③] I | object ‖ to John ‖ [being **appointed** my successor].(DED)
④[②] This exercise | develops ‖ suppleness ‖ [as **opposed** to strength]..(OAD)(~와 대조적으로)
④[①] I | 'll pay ‖ <u>for</u> you ‖ [<u>if</u> (it is) | **necessary**].(PEU499)
④[①] | Insert ‖ comma ‖ [<u>wherever</u> **needed**].(OES300)

⑥ NPP'N'[-ed nfc]

> ⑥[ ] Girls | were not supposed | to speak ‖ [unless **spoken** <u>to</u>].

예문은 복문 ⑥형 NPP"N'[conj+nfc]이다. N"는 [접속사+비정형절]이다.
다음과 같이 분석된다. 즉 NPP'N'[conj+nfc]⇒NPP'+N'[conj+nfc]의 관계에 있다.

⑥[ ] Girls | were not supposed | to speak ‖ [unless **spoken** <u>to</u>].
       소녀들은 | 허용되어서는 안 되었다 | 말하기가 ‖ [말해지게 되지 않으면]
③   Girls | were not supposed | to speak.
       소녀들은 | 허용되어서는 안 되었다 | 말하기가
⓪[ ] ‖ [unless **spoken** <u>to</u>]   [말해지게 되지 않으면].
 [①] ‖ [unless | **spoken** (‖) <u>to</u>]   [않으면 | (대해) 말해지게 되지].

B. -ing절 부가어

(1) 목적어

> I object to people smoking at restaurants. [-ing nfc]

② NPN'[-ing nfc]

> ②[ ] I | would oppose ‖ [**changing** the law].

예문은 복문 ②[ ]형 NPN'[nfc]이다. N'은 [비정형절]이다.
다음과 같이 분석된다. 즉 NPN'[nfc]⇒NP+N'[nfc]의 관계에 있다

②[ ] I | would oppose ‖ [**changing** the law]. 나는 | 반대하겠다 ‖ 그 법을 바꾸는 것을].
①   I | would oppose...   나는 | .... 반대하겠다.
⓪[ ] ‖ [**changing** the law]   ‖ [그 법을 바꾸는 것]
 [②] [| **changing** ‖ the law].   [| 바꾸는 것 ‖ | 그 법을].

♧ 유형별 예문
[-ing절만 취하는 동사]
(종료/중단/연기)
②[④] He | delayed ‖ [**telling** her the news].(OAD)
②[②] I | 've finished ‖ [**cleaning** the apartment].(2G51A)

- 390 -

②[②] They | postponed ‖ [building the new hospital]].(OAD,SSE402]
②[②] Jim | quit ‖ [drinking coffee](two years ago)].(2'G15B)
②[②] We | stopped ‖ [taking pictures].(OAD, 2G51X1)
(회피/부인/대체)
②[⑤] I | avoided ‖ [keeping company with him].(SSE402,2G51A)
②[②] They | 're going to ban ‖ [smoking in the restaurant].(3G93A)
②[②] She | denied ‖ [stealing the money].(⇒that he had stolen)(2G51A)
②[②] Nick likes to cook, but he | dislikes ‖ [doing the dishes].(NED)
②[②] | Excuse ‖ [my interrupting you].(BEG319)
②[②] I | forbid ‖ [smoking in the hall].(NED)
②[⑤] | Forgive ‖ [my ringing you up so early].(PEG232)
②[③] Paula | has given·up ‖ [trying to lose weight].(2G51A)
②[②] I | *cannot* help ‖ [laughing at the sight].(*or* cannot but laugh).(DED)(웃지 않을 수 없다)
②[⑥] I | *can't* help ‖ [feeling sorry for him].(⇒avoid)(*or* can't but feel)(2G55C,Fr'n26,YBM)
②[④] Would you | mind ‖ [closing the door], please?(2G56B,A,1G50B)
②[②] I | would oppose ‖ [changing the law].(OAD) 나는 | 반대하겠다 ‖ 그 법을 바꾸는 것을].
②[②] You | *can't* prevent ‖ [his spending his own money].(PEG232)
☆ excuse, forgive pardon 및 dread, prevent는 동명사의 의미상 주어로 소유격/목적격 둘다 가능
(실행/인정/표현)
②[②] Stevens | admitted ‖ [stealing the wallet].(3G229,2G51D)
②[②] I | admire ‖ his(or him) standing his ground].(OAD)
②[②] We | don't allow(or permit) ‖ [parking in front of the building].(2G53C)
②[②] I | appreciate ‖ [*your* giving me so much of your time].(PEG232)
②[③] Have you | ever considered ‖ [going to live in another country]?(2G51A)
②[②] I | enjoy ‖ [cleaning the kitchen].(1G53A,51A) .
②[②] The test | will involve ‖ [answering questions about a photograph].(OAD)
②[②] He | mentioned ‖ [having read it in the paper].(REG264)
②[②] They | practiced ‖ [singing new songs].(SSE401)
(권고/제안)
②[②] He | advised ‖ [applying at once].(PEG235)
②[④] I | wouldn't advise ‖ [staying in that hotel].(2G53C,2CD197)
②[②] My mother | didn't encourage ‖ [*my* leaving home].(MJL53)
②[②] She | recommended ‖ [buying the big tins].(PEG235,3G36E)
②[②] Sam | suggested ‖ [going to the movies].(2G51A,1G50B)
☆ advise, allow, encourage, permit가 사람목적어를 취할 경우 목적어 뒤에는 -ing가 아니라 to~가 온다.
(가상/회상/예측)
②[⑤] I | anticipate ‖ [picking up all the information while travelling].(DED,,OAD)
②[⑥] Do you | fancy ‖ [going out this evening]?(OAD)
②[②] I | couldn't imagine ‖ [meeting you here].(DED)
②[④] I | can't recall ‖ [meeting her before].(OAD)
②[②] We | didn't risk ‖ [travelling in these conditions].(OAD)
☆ 2형 -ing절만 취하는 동사: (a) 종료/중단/연기; delay, discontinue, finish, give up, postpone, put off, quit, stop (b) 회피/부인/대체; abhor, avoid, ban, defer, deny, detest, dislike, dispute, evade, escape, excuse, fear, *can't* help, hinder, loathe, mind, miss, omit, prevent, reject. replace, resist, resent, shirk, shun, (c) 실행/인정/표현; admire, admit, allow, appreciate, celebrate, confess, consider, defend, discuss,, endure, enjoy, entail, explain, forgive, involve, justify, mention, necssitate, pardon, permit, picture, practice,

resume, support, tolerate, understand, warrant, worry, (d) 권고/제안;advise, encourage, recommend, suggest (e) 가상/회상/예측; anticipate. contemplate, envisage, fancy,
[-ing절 또는 to~절을 취하는 동사]
(감정/태도)
②[⑤] I | can't bear ‖ [seeing (or to see) people suffering]?(LEG319)
②[②] | Don't bother ‖ [locking (or to lock) the door].(2G51A)
②[②] He | declined‖ [answering(or to answer)for a while].(EB143,EJD)
②[②] I | dread ‖ [going(or to go) to the dentist].(LEG320,2DK1)
②[②] I | grudge ‖ [having to pay so much tax]..(OAD,KM67)
②[⑥] She | didn't fancy ‖ [going out that evening].(생활표현사전)
②[②] I | fear ‖ [offending(or to offend) her].(BEG326)
②[②] I |'d hate ‖ [losing(or to lose) my cell phone].(1G50D,58C,3G229)
②[⑥] Do you | like ‖ [getting up early]?(enjoy)(1G50C1G6B,PEG295D)
②[③] She | loathed ‖ [working at the company].(NEI)
②[②] I | love ‖ [meeting (or to meet) people].(2G56A)
②[②] I | prefer ‖ [travelling (or to travel) by car].(1G50C,1G30B)
②[②] I | now regret ‖ [saying what I have said].(2G51A,2G54B)
②[②] I | can't stand ‖ [wearing (or to wear) a suit].(⇒endure)(3G229)
(의도/제의)
②[②] We | accepted ‖ [doing all sorts of tricks].(OAD)
②[④] I | intend ‖ [selling it].(PEG235) I | don't intend ‖ [staying long].(OAD)
②[②] He | proposed ‖ [waiting till the police get here].(⇒suggest)(PEG237)
☆ accept, intend, propose 의 경우 to~은 3형 술어에 해당한다.
(요구/의무/필요)
②[②] Women | deserve ‖ [receiving good education].(EuroGender)
②[②] We | require ‖ [knowing it].(cf.③ We | require | [to know it].)(DED)
☆ deserve, need, require, want 의 경우 to~은 3형 술어에 해당한다.
(기타동사)
②[②] She | never ceased ‖ [complaining about prices].(PEG234)
②[②] Have you | forgotten ‖ [meeting (or having met) her].(LEG321,SBE46)(과거지향)
②[②] I know I locked the door, I | clearly remember ‖ [locking it].(2G54B)
②[⑤'] | Try ‖ [holding the breath to stop sneezing].(LEG321,1G50A)(시험|시도하는 것)
②[②] He got very angry and | started ‖ [shouting at me].(2G129D,)
☆ -ing절 또는 to~절을 취하는 동사: (a) 시작/실행; begin, commence, continue, drive, start, go on, (b) 감정/태도; attempt, can't bear, bother, decline, dread, ear, grudge, hate, like, loathe, love, neglect, prefer, regret, can't stand (b) 의도/제의 accept, intend*, propose (d) 필요/요구; deserve, need, require, want (e) 기타; cease, forget, remember*, try* (*표시 to~절은 홀수형)

④ NPN'N"[-ing nfc]

④[ ] I | object ‖ to people ‖ [smoking at restaurants].

예문은 복문 ④[ ]형 NPN'N"[nfc]이다. N"은 [비정형절]이다.
다음과 같이 분석된다. 즉 NPN'N"[nfc]⇒NPN'+N"[nfc]의 관계에 있다

④[ ] I | object ‖ to people ‖ [smoking at restaurants].
　　　 나는 | 반대한다 ‖ 사람들에 ‖ [식당에서 담배 피우는 것을]

②   I | object ‖ to people...   나는 | 반대한다 ‖ 사람들에....
①[ ] ‖ [smoking at restaurants]   [식당에서 담배 피우는 것]
  [②]   [smoking at restaurants]   [‖ 담배 피우는 것 ‖ 식당에서]

♣ 유형별 예문
[-ing절만 취하는 동사]
(회피/부인)
④[④] I | don't mind ‖ people ‖ [keeping me waiting].(2G51C)
④[②] Do you | mind ‖ me ‖ [asking how old you are]?(영국영어 회화표현)
④[②] I | object ‖ to people ‖ [smoking at restaurants].(LEG319,PEG231)
④[②] I | resented ‖ him ‖ [wining the prize].(2G30A,3G30A,PEG231)
④[②] You don't like it of not, you | . cannot help ‖ people ‖ [doing it].(YBM)
④[②] You | can't stop ‖ me ‖ [doing what I want].
(실행/인정/표현)
④[②] I | don't approve ‖ of people ‖ [killing animals].(3G60A)
④[②] I | envy ‖ you ‖ [having such a close family].(OAD)
④[②] | Excuse ‖ me ‖ [interrupting you].(BEG319)
④[②] | Please excuse ‖ him ‖ [not writing to you].(LEG316)
④[⑤] | Forgive ‖ me ‖ (for) [ringing you up so early].(PEG232,BEG319)
④[②] | Pardon ‖ me ‖ [saying it].(BEG319)
④[②] I | can't stand ‖ him ‖ [wearing a suit].(3G329)
④[②] I | understand ‖ her ‖ [hating me].(BSA45)
④[②] I | can't understand ‖ John ‖ [making such a fuss].(LEG316,AG71)
☆ excuse, forgive. pardon 및 dread, prevent는 동명사의 의미상 주어로 소유격/목적격 둘 다 가능
(권고/제안)
④[④] Clare | insisted ‖ on Jack ‖ [wearing a suit to the party].(3G30C)
④[②] I | suggested ‖ to him ‖ [making a plan].(*not* to make)(ZEG198)
(가상/회상/예측)
④[②] I | can't believe ‖ him ‖ [watching a movie].(GG)
④[②] I | can just imagine ‖ him ‖ [saying that]!(OAL646,CRL148)
④[②] I | can't imagine ‖ George ‖ [riding a motorcycle].(2G51C,LEG316,OAD)
④[②] Mary | recalled ‖ him ‖ [buying the book].(2G30A,3G31X)
☆ -ing절만 취하는 동사: (a) 회피/부인; deny, dread, detest, dislike, excuse, mind, object, resent, stop, *can't stand* | understand, (b) 실행/인정/표현; have, investigate, justify, leave, lose, make, occupy, spend, take, understand, waste (c) 용서; excuse, forgive pardon (d) 권고/제안 ; suggest, insist (e) 가상/회상/예측; fancy, imagine, recall, remember
[-ing절 또는 to~절을 취하는 동사]
(감정/태도)
④[②] I | *can't* bear ‖ you ‖ [shouting(or to shout) in that way].(LEG319)
④[②] He | dislike ‖ people ‖ [telling what to think].(PEU272,SED689))
④[②] I | dread ‖ him(or his) ‖ [finding out].(but *not* He is dreaded finding out)(3G23C)
④[⑤] He | hates ‖ people ‖ [keeping him waiting].(2G42B,OAD591)
④[②] I | like ‖ him ‖ [playing the guitar].(⇒enjoy)(LEG320,PEG295D)
④[④] I | *don't* like ‖ people ‖ [telling me what to do].(2G42,2G56A)
④[②] They | *don't* like ‖ anybody else ‖ [making good money].(CRL185)
④[⑤] I |'ve never forgot ‖ him ‖ [doing that little gesture for me].

(서술대상)
④[②] The injury | could mean ‖ him ‖ [**missing** next week's game].(OAD)(결과)
④[④] I | remember ‖ somebody ‖ [**taking** me to the zoo].(2G42B,3G30A)
④[②] I | remembered ‖ the horse ‖ [**winning** the race].(2G30A)
☆ -ing절(계속) 또는 to~절(예정)을 취하는 동사: bear, dislike. forbid, hate, like, want

(2) 부가어

> I had no difficulty finding a place to live. [-ing nfc]

② NPN'[-ing nfc]

> ②[ ] He | was busy ‖ [**doing** his homework].

예문은 복문 ②[ ]형 NPN'[nfc]이다. N'은 [비정형절]이다.
다음과 같이 분석된다. 즉 NPN'[nfc]⇒NP+N'[nfc]의 관계에 있다

②[ ] He | was busy ‖ [**doing** his homework]. 그는 | 바빴다 ‖ 그의 숙제를 하느라고
①   He | was busy.   그는 | 바빴다.
⓪[ ] ‖ [**doing** his homework]   [그의 숙제를 하느라고]
  [②]   [| **doing** ‖ his homework]   [| 하느라고 ‖ 그의 숙제를]

♧ 유형별 예문
[동사술어의 비정형절]
②[③] My friend | slipped and fell ‖ [**getting** off a bus].(2G66X2)(시간)
②[②] The price of wine | varies ‖ [**depending** on where it comes from].(OAD조건)
②[④] That film | is reported ‖ [to be **conducting** negotiations for the purchase of sugar].↴
②[④] They | are said ‖ [to have been **conducting** negotiations for a long time].(REG244)
②[②] Most of her life | was spent ‖ (on) **caring** for others].(OAD,10JG563)
[형용사술어의 비정형절]
(-ing절만 취하는 형용사)
②[②] He | was busy ‖ (in/with) [**doing** his homework].(3G70A,2G61C)
 ☆ while 생략이면 주격부가어가 아니라 주격술어로 분류된다.
②[②] These days I | 'm full ‖ [**doing** other things].(GG)
②[⑤] She | is frantic ‖ [**getting** everything ready for the wedding](LEG317)
②[②] I | was uncomfortable ‖ [**seeing** them].
☆ -ing절만 취하는 형용사: busy, (un)comfortable, frantic
(-ing절 또는 to~절을 취하는 형용사)
②[②] I | am glad ‖ [**meeting** you].(YBM).(원인)
②[②] I | 'd be very happy ‖ [**doing** something of that kind].(BP435)(")
②[⑤] He | 'd be stupid ‖ [**giving** up the job].(3G70A)(판단의 근거)
②[②] People said [I | was crazy ‖ [**opening** a shop in the village]].(")
②[②] | Be careful ‖ [**crossing** the street].(2G66B)(조건/서술대상)
☆ ing절 또는 to~절을 취하는 형용사: crazy, foolish, mad, stupid;; careful; glad. happy(3G70A)

[접속사 비정형절]
②[③] She | peaked and pined ‖ [after breaking up with her love one].(TOEIC)
②[①] | Be careful ‖ [when crossing the street].(2G66B).
②[②][①] I appeal to you — I, Paul, who | am "timid" ‖ [when face to face with you], but | "bold" ‖ [when away]!(2Co10:1)

④ NPN'N"[-ing nfc]

| ④[ ] I | had ‖ no difficulty ‖ [finding a place to live]. |

예문은 복문 ④[ ]형 NPN'N"[nfc]이다. N"은 [비정형절]이다.
다음과 같이 분석된다. 즉 NPN'N"[nfc]⇒NPN'+N"[nfc]의 관계에 있다
여기서 me는 -ing절 능동부가어의 의미상 주어에 해당한다.

④[ ] I | had ‖ no difficulty ‖ [finding a place to live].(2G61C)
        나는 | 없었다 ‖ 어려움이 ‖ [살 장소를 찾는 데]
②   I | had ‖ no difficulty.   나는 | 없었다 ‖ 어려움이.
⓪[ ] ‖ [finding a place to live]   [살 장소를 찾는 데]
   [②] [| finding ‖ a place to live]   [| 찾는 것 ‖ 살 장소를]

♧ 유형별 예문
[동사술어의 비정형절]
(-ing절만 취하는 동사)
(회피/부인)
④[③] I | always detested ‖ the dog ‖ [jumping up at me].(3G30X)
④[②] I | can't get ‖ over Mary ‖ [doing such a thing].(=can't believe)
④[②] You | can't prevent ‖ him ‖ [spending his own money].(PEG232)
④[②] You | can't stop ‖ me ‖ [doing what I want].(2G122, PEG232)
(실행/인정/표현)
④[②] I | have ‖ no business ‖ [improving others].(CRL160)
④[②] I | had ‖ no trouble(or difficulty) ‖ (in) [finding a place to live].(2G61C)
④[②] Did you | have ‖ a problem ‖ [getting a visa?](2G61C)
④[②] I | had ‖ no difficulty ‖ [finding a place to live].(2G61C)
④[②] The workers | lost ‖ no time ‖ (on) [carrying out the plan].(ZEG226)
④[⑤] He | made ‖ a considerable fortune ‖ [selling pictures].(OES198)
④[③] He | spent ‖ hours ‖ (on) [trying to repair the clock].(2G61C,129A)
④[②] The writer | spent ‖ nearly ten years ‖ [finishing the novel].(ZEG226)
④[①] Steve | took ‖ a turn ‖ (in) [driving while I slept].(OAD:순번 바꿔 운전)
④[②] She | wasted ‖ no time ‖ (on) [rejecting the offer].(PEG241)
(가상/회상/예측)
④[②] I | can see ‖ him ‖ [getting the promotion].(⇒anticipate)(EID126)   (EID125)↴
④[②] I'll bet it was Charlie who stole the money. I | can see ‖ him ‖ [doing that].(⇒imagine)
④[③] We | are all looking ‖ forward to Bob ‖ [coming home].(")(2G60A)
☆ -ing절만 취하는 동사: (a) 회피/부인; deny, dread, detest, dislike, excuse, mind, object, resent, stop, can't stand/understand, (b) 실행/인정/표현; have, investigate, justify, leave, lose, make, occupy, spend, take, understand, waste (c) 용서; excuse, forgive pardon (d) 권고 | 제안 ; suggest, insist (e) 가상/회상/예측;

fancy, imagine, recall, remember
(-ing절 또는 to~절을 취하는 동사)
(감정/태도)

④[⑦] I | *don't* want ‖ you ‖ [**coming** home so late].(OAD,6ST322mED,FBSA36)
(서술대상)

④[②] We | can't forbid ‖ him ‖ (from) [**attending** the meeting].(EJD)(금지/거절)

④[③] I | have ‖ no business ‖ [**playing** amateur detective].(1MiC134)

☆ -ing절(계속) 또는 to~절(예정)을 취하는 동사: bear, dislike. forbid, hate, like, want
[접속사 비정형절]

④[②] I | started ‖ work ‖ [after **reading** the new paper]}.(1G103D)

④[②] I | always have ‖ breakfast ‖ [before **going** to work]}.(1G103D)

④[①] | Don't make ‖ a noise ‖ [while (you are) | **eating**].(OED200)

④[②] Joe | hurt ‖ his knees ‖ [while **playing** football].(2G66B)

⑥ NPP'N'[-ing nfc]

⑥[I | just got | done ‖ [**reading** your book].

예문은 복문 ⑥형 NPP"N'[nfc]이다. N'는 [비정형절]이다.
다음과 같이 분석된다. 즉 NPP'N'[nfc]⇒NPP'+N'[nfc]의 관계에 있다.

⑥[ ] I | just got | done ‖ [**reading** your book].
       나는 | 바로되었다 | 하게 ‖ [너의 책을 읽는 것을].
③   I | just got | done...   나는 | 바로 ...되었다 | 하게...
⓪[ ] ‖ [**reading** your book]   [너의 책을 읽는 것].
   [②] ‖ [| **reading** | your book]   [| 읽는 것 ‖ 너의 책을]

♣ 유형별 예문
[비정형절]

⑥[②] I | just got | done ‖ [**reading** your book]! It was very good.(대상)

⑥[②] I | started | off ‖ [**working** quite hard], but it didn't last.(OAD)(")
[접속사 비정형절]

⑥[③] They | camped | there ‖ [before **crossing** over].(Jos3:1)

C. to~절 부가어

She likes them to play in the garden. [to~ nfc]

② NPN'[to~ nfc]

②[ ] She | likes ‖ [**to play** in the garden].

예문은 복문 ②[ ]형 NPN'[nfc]이다. P는 능동사 N'은 [비정형절]이다.

다음과 같이 분석된다. 즉 NPN'[nfc]⇒NP+N'[nfc]]의 관계에 있다

②[ ] She | likes ‖ [to play in the garden]. 그녀는 | 좋아한다 ‖ [정원 안에서 놀기].
①   She | likes...   그녀는 | 좋아한다...
⓪[ ] ‖ [to play in the garden]   [정원 안에서 놀기].
  [③] [| to play | in the garden]   [| 놀기 | 정원 안에서]

♣ 유형별 예문
[동사 비정형절]
(to~절만 취하는 동사)
(감정/태도)
②[②] I | *can't* bear ‖ [to part with this book].(6AC6)(참다)
②[③] I | *don't* care ‖ [to go for a walk].(SBE10)
②[④] The king | condescended ‖ [to address a few words to us].(DED)(낮추다)
②[②] I | fear | [to speak in his presence].(DED,NH133)(두렵다).
②[②] She | forbore ‖ [to ask any further questions].(OAD,5AC137)(참다).
②[②] Meg | hesitated ‖ [to spend so much money on the dress].(EJD,2DK323)
②[⑤] I | would hate ‖ [to give the job up now].(3G101)
②[②] I | shudder ‖ [just to think of what you did to me].(NEI)(을 생각하고 몸서리치다)
②[②] Hurry up! I | *don't* risk ‖ [to [miss the train].(2G52X2)
(불능/거절)
②[②] Their spokesman declined [to comment on the allegations].(OAD)
②[②] She | has failed ‖ [to appear in court].(LSW713,3G82A,PEG215,SBE10)
②[②] I waved to Emily, but | failed ‖ [to attract her attention].(2G52A)
②[②] He | refused ‖ [to eat anything].(2G83A,3G31A, PEG215)
②[②] He | flatly refused ‖ [to discuss the matter].(OAD)
(전달대상)
②[②] The guidebook | says ‖ [to turn left].(OAD)
②[②] Jackie | said ‖ [not to tell anyone].(2G46D,(LEG15))
②[②] Gary couldn't help me. He | said ‖ [to ask Caroline].(2G46X)
☆ to~절만 취하는 동사:: bear, care, claim, condescend, decline, fail, fear. forbear, hesitate, refuse, say, shudder
(to~절 또는 -ing절을 취하는 동사)
(감정/태도)
②[②] He | is still too grudging ‖ [to acknowledge that].(Hansard)
②[③] Do you | like ‖ [to get up early]?(⇒think this wise?)(1G50D,1G6B,PEG295D)
②[③] When I go to the movies, I | like ‖ [to sit in the front row].(2G121A))
②[⑤] I | loathe ‖ [to see my wife doing the work].(KM67)
②[③] I | prefer ‖ [to live in the country].(or living)(2G54A)
②[②] We | regret ‖ [to inform you that we cannot offer you the job].(2G54B)
(원인/조건)
②[②] The children | laughed ‖ [to see such a wondering thing].(ZEG199)
②[②] He | smiled ‖ [to get the present].(SSE359)
②[②] I | trembled ‖ [to think of it].(BEG301)
②[②] She | wept(or cried) ‖ [to see him in such a terrible state].(BEG301)
(서술대상)

②[②] She | never ceased ‖ [to complain about prices].(PEG234)
②[④] Sometimes I | forget ‖ [to make | my bed ‖ in the morning].(1G55D)(미래지향)
②[⑤] You | forgot ‖ [to turn off the light] when you went out.(1G50A,55D)
②[②] The shop | refused ‖ [to accept his cheque].(3G31A,PEG215)
②[②] | Please remember ‖ [to lock the door].(2G54B, LEG320)
②[②] I | remembered ‖ [to post the letter].(LEG320)

---

②[ ] You | are forbidden ‖ [to stay out late].

예문은 복문 ②[ ]형 NPN'[nfc]이다. P는 수동사, N'은 [비정형절]이다.
다음과 같이 분석된다. 즉 NPN'[nfc]⇒NP+N'[nfc]의 관계에 있다

②[ ] You | are forbidden ‖ [to stay out late]. 너는 | 금지된다 ‖ [늦게 밖에서 머물기가].
①   You | are forbidden...   너는 | 금지된다...
⓪[ ] ‖ [to stay out late].   ‖ [늦게 밖에서 머물기]
  [⑦]   [| to stay | out | late].   [| 머물기 | 밖에서 | 늦게]

♧ 유형별 예문
(불능/거절)
②[⑦] You | are forbidden ‖ [to stay out late].(LEG215)
②[④] You | will be punished ‖ [to do it again].(MBE163)
(전달대상)
②[②] He | is alleged ‖ [to have hit a police officer].(2G43A,3G31C)
②[②] A third terrorist | is reported ‖ [to have escaped the scene].(3TC22,REG258)
②[②] She | was reputed ‖ [to have Korean blood].(MJL412)
②[②] She | is said ‖ [to work 16 hours a day].(2G43A)
☆ 전달동사 수동태: 짝수형; alleged. known, reported., reputed, said::
  홀수형; believed, considered, expected, thought, understood

---

②[ ] She | is a bit old ‖ [to play with a doll].

예문은 복문 ②[ ]형 NPN'[nfc]이다. P는 비동사술어, N'은 [비정형절]이다.
다음과 같이 분석된다. 즉 NPN'[nfc]⇒NP+N'[nfc]의 관계에 있다

②[ ] She | is a bit old ‖ [to play with a doll].
               그녀는 | 약간 나이 들었다 ‖ [인형을 가지고 놀기에는]
①[ ] She | is a bit old.   그녀는 | 약간 나이 들었다
⓪[ ] ‖ [to play with a doll]   [인형을 가지고 놀기]
  [②]   [| to play ‖ with a doll]   [| 놀기 ‖ 인형을 가지고]

♧ 유형별 예문
(to~절만 취하는 비동사술어)
(감정의 원인 cause)
②[②] I | 'm ashamed ‖ [to tell you what this carpet cost].(PEG238))

②[②] He | was happy ‖ [to see his wife again].(SBE18)
②[②] I | was sorry ‖ [to hear that Nicky lost her job].(⇒regret)(2G64C)
②[②] I | was at a loss ‖ [to hear that].(EPN51)
(이유/판단근거 reason/evaluation)
②[②] Wasn't he | brave ‖ [to swim across]?(3G72A)
②[②] She | is a bit old ‖ [to play with a doll], isn't it?(PEU89)
②[②] You | are very kind ‖ [to take me to the station].(SBE18)
②[②] They | were rude ‖ [to criticize her].(3G70B)
②[④] I | 'm sorry ‖ [to call you so late].(⇒apologize)(2G64C)
②[②] She | 'd be stupid ‖ [not to accept this offer].(EJD)
②[④] You | 're very young ‖ [to go wandering about the country].(JJR56)
②[③] But who are⌐ you, O man, ‖ [to talk back to God]?(Ro9:20,Ja4:12)
②[②] What a fool he | is ∨ ‖ [to believe such a thing]?(SBE18)
②[②] He | must be out of his mind ‖ [to act in that way].(DED)
(서술대상)
②[③] People | are afraid ‖ [to walk here at night].(2G64B)
②[②] I | was curious ‖ [to find out what she had said].(OAD)
②[②] I | was interested ‖ [to hear that Tanya quit her job].(2G64B)
②[②] He | was loath ‖ [to admit his mistake].(OAD)
②[②] His salary is very low. It | isn't enough ‖ [to live on ∩].(2G132D)
②[②] These reasons | are not sufficient ‖ [to justify the ban].(OAD)
☆ 종래문법서는 to부정사의 형용사/부사 수식 용법이라고 한다.(SBE18)
(목적어-주어 상승 구조) : to 부정사의 목적어가 주어 자리로 이동한 경우를 말함
②[③] He | is difficult ‖ [to work with(or under) ∩].(SSE361B)
②[②] Am I | that easy ‖ [to forget ∩].(Pop)
②[②] He | is hard ‖ [to understand ∩].(⇒It is hard to understand him)(2G63A).
②[②] Nicole | is interesting ‖ [to talk to ∩].(2G63A).
②[②] His salary is very low. It | isn't enough ‖ [to live on ∩].(2G132D)
☆ to~절만 취하는 형용사: difficult, easy, hard; afraid, amazed, brave, curious, disappointed, pleased, relieved, sad, surprised; kind, rude; good, nice; enough(2G63A)
(-ing절 또는 to~절을 취하는 비동사 술어)
(원인 cause)
②[③] We | were glad ‖ [to get home].(2G63C,MBE162)(원인)
(이유/판단근거 reason/evaluation)
②[②] He | must be mad ‖ [to do such a foolish thing].(SBE18)
②[②] You | were foolish (or a fool) ‖ [to spend so much].(EJD)
(조건 conditional)
②[②] He | will(or would) be glad ‖ [to hear that].(EJD)(직설/가정)
②[②] He | 'd be stupid ‖ [to leave now].(3G70A,EJD)(가정)
②[②] I | 'll be happy ‖ [to accompany you].(SSE363)(직설)
②[②] I | would be happy ‖ [to get a promotion].(SBE18)(가정)
(서술대상)
②[②] | Be careful ‖ [to drive safely].(NED)
☆ to~절 또는 -ing절을 취하는 형용사: crazy, foolish, mad, stupid; carful, glad, happy(3G70A)

④ NPN'N"[to~ nfc]

```
                    ④[ ] She | likes ‖ them ‖ [to play in the garden].
```

예문은 복문 ④[ ]형 NPN'[nfc]이다. P는 능동사 N'은 [비정형절]이다.
다음과 같이 분석된다. 즉 NPN'[nfc]⇒NP+N'[nfc]의 관계에 있다

④[ ] She | likes ‖ them ‖ [to play in the garden].
       그녀는 | 좋아한다 ‖ 그들이 ‖ [정원 안에서 놀기].
①   She | likes ‖ them...   그녀는 | 좋아한다 ‖ 그들을...
⓪[ ] ‖ [to play in the garden]   [정원 안에서 놀기].
  [③] [| to play | in the garden]   [| 놀기 | 정원 안에서]

♧ 유형별 예문
(동사술어)
(감정/태도)
④[②] I | dislike ‖ him ‖ [to drink so much].(SED689)
④[②] I | don't like ‖ friends ‖ [to call me at work].(2G56A)
④[③] She | likes ‖ them ‖ [to play in the garden].(⇒thinks wise/right)(PEG257)(REG252)
④[②] We | like ‖ other people ‖ [to remember them].(DBE20)
④[⑤] I | would hate ‖ her ‖ [to give the job up].(3G229,SED)
④[②] I | will not shame ‖ myself ‖ [to give you this].(9WS163)
(원인/조건)
④[②] Mary | hang ‖ the idiot ‖ [to bring me such stuff].(BEG302)(원인)
④[②] You | couldn't do ‖ that ‖ [to save your life].(BEG302)(조건)
④[②] I | 'll teach ‖ you ‖ [to call me a liar]!(OAD)(조건; ~하면)
(서술대상)
④[②] I | forbid ‖ you ‖ [to enter my house].(SED927,4AC54,ZEG224)
④[②] She | reminded ‖ me ‖ [to switch off the lights].(LEG295)
④[④] Can you | remind ‖ me ‖ [to call Ann tomorrow]?(2G53B)
④[②] This grey in my hair | also reminds ‖ me ‖ [not to delay any longer].(Freud309)
(접속사 to~절)
④[⑤] I | 'd like to hear ‖ one word of excuse ‖if only [to throw it back at her].

④ NPPN'[to~ nfc]

```
                    ⑥[ ] Vittoria | looked | happy ‖ [to see him].
```

예문은 복문 ⑥[ ]형 NPP'N'[nfc]이다. P는 능동사 N'은 [비정형절]이다.
다음과 같이 분석된다. 즉 NPP'N'[nfc]⇒NP+N'[nfc]의 관계에 있다

⑥[ ] Vittoria | looked | happy ‖ [to see him].(1DB567)
     Vittoria는 | 보인다 | 행복해 ‖ [그를 보기가].
③   Vittoria | looked | happy.   Vittoria | 보인다 | 행복해.
⓪[ ] ‖ [to see him]   ‖ [그를 보기]
  [②] [| to see ‖ him]   [| 보기 ‖ 그를]

♧ 유형별 예문
⑥[②] We | 'll be looking | awesome ‖ [to drive my Mercedes Benz].(YBM)
⑥[⑤] Three hours | seems | a long time ‖ [to take on the homework].(3G42D)
⑥[②] I | feel | sorry ‖ [to hear you of his failure].(SBE18)   (8WS129)
⑥[②] Tiber | trembled | underneath her banks ‖ [to hear the replication of your sounds]
⑥[④] Some old building | were torn | down ‖ [to make room for the new shopping mall.(2G139B)

D. for~ to~절 부가어

> He raised his hand for her to come in. [for~ to~ nfc]

② NPN'[for~ to~ nfc]

> ②[ ] I | should like ‖ [for him to marry her].

예문은 복문 ②[ ]형 NPN'[nfc]이다. P는 능동사 N'은 [비정형절]이다.
다음과 같이 분석된다. 즉 NPN'[nfc]⇒NP+N'[nfc]의 관계에 있다

②[ ] I | should like ‖ [for him to marry her].(OES176)
      나는 | 좋을 것 같다 ‖ [그가 그녀와 결혼하기가(하는 것이)].
①   I | should like...   나는 | 좋을 것 같다...
⓪[ ] ‖ [for him to marry her]. ‖ [그가 그녀와 결혼하기]
  [②]   [for him | to marry ‖ her].]. [그가 | 결혼하기 ‖ 그녀와].

♧ 유형별 예문
(동사술어)
②[②] She | arranged ‖ [for somebody else to repair it].(2G44A)
②[①] I | could not bear ‖ [for us not to be friends].(OES174)
②[③] I | 'd hate ‖ [for all that stuff to go bad].(LSW698)
②[④] I | am hoping ‖ [for Helen to arrive today].(ESA46)
②[②] I | should like ‖ [for him to marry her].(OES176)
②[③] Then the lady | said ‖ [for me to come down again].(1JB59,8JB12)
②[①] I'm not going out yet. I | 'm waiting ‖ [for the rain to stop].(2G130C)
(비동사술어)
②[②] I | 'm not afraid ‖ [for them to see it].
②[③] He | was anxious ‖ [for his sister and Ester to get acquainted].(OES175)
②[②] I | should be sorry ‖ [for you to think that].(OES175)

④ NPN'N"[for~ to~ nfc]

> ④[ ] He | raised ‖ his hand ‖ [for her to come in].

예문은 복문 ④[ ]형 NPN'[nfc]이다. P는 능동사 N'은 [비정형절]이다.
다음과 같이 분석된다. 즉 NPN'N"[nfc]⇒NPN'+N"[nfc]의 관계에 있다

④[ ] He | raised ‖ his hand ‖ [for her to come in].
        그는 | 올렸다 ‖ 그의 손을 ‖ [그녀가 들어오라고].
②   He | raised ‖ his hand.   그는 | 올렸다 ‖ 그의 손을
⓪[ ] ‖ [for her to come in].   [그녀가 들어오기]
  [③]   [for her | to come | in].   [그녀가 | 오기 | 들어]

♣ 유형별 예문
④[③] He | raised ‖ his hand ‖ [for her to come in].(4EG335)
④[②] Constance | rang ‖ the bell ‖ [for Maggie to clear the table].(4EG341)
④[①] We | were pleading ‖ with God ‖ [for his hand to be upon us].(Jabez58)

⑥ NPP'N'[for~ to~ nfc]

| I | stepped ‖ aside ‖ [for her to pass]. |

예문은 복문 ⑥[ ]형 NPP'N'[nfc]이다. P는 능동사 N'은 [비정형절]이다.
다음과 같이 분석된다. 즉 NPP'N'[nfc]⇒NPN'+N"[nfc]]의 관계에 있다

⑥[①] I | stepped ‖ aside ‖ [for her to pass].(SBE26)
        나는 | 섰다 | 옆으로 ‖ [그녀가 지나가도록].
③   I | stepped ‖ aside.   나는 | 비켜섰다 | 옆으로
⓪[①]‖ [for her to pass]   [그녀가 지나가기]
  [①]   [for her | to pass]   [그녀가 | 지나가기].

E. wh- to~절 부가어

| I showed her how to do it. [wh-to~ nfc]. |

② NPN'[wh-to~ nfc]

| ②[②] I | know ‖ [how to do it]. |

예문은 복문 ②[ ]형 NPN'[nfc]이다. P는 동사술어, N'은 [비정형절]이다.
다음과 같이 분석된다. 즉 NPN'[nfc]⇒NP+N'[nfc]]의 관계에 있다

②[②] I | know ‖ [how to do it].   나는 | 안다 ‖ [어떻게 그것을 하는지]
①   I | know...   나는 | 안다 ...
⓪[ ] ‖ [how to do it]   [어떻게 그것을 하는지]
  [②]   [how to do | it ‖ ∨].   [| 하는지 ‖ 그것을 | 어떻게(방법)]

☆ what, when, where, who, which, why, how를 wh-어라고 하는데 이에 to~가 결합한 것이다. 격식체는 why to~는 제외하지만 비격식체에는 사용한다.I'm not entirely sure why to be honest.(Web) whether to~를 사용하는 경우도 있다.

♧ 유형별 예문
[wh- to~절]
(what)
②[④] Have you | decided ‖ (on) [what to do yet]?(1G93B)
②[②] He | couldn't think ‖ [what to say].(PEG216)
②[②] Do you | understand ‖ [what to do]?(2G52D)
②[④] We | should know ‖ [at what time to expect them].(2TC434)
(which)
②[②] I | couldn't decide (on) ‖ [which train to catch].(3G34A)
(who(m))
②[②] I | don't know(or was not sure) ‖ [whom to believe].(5JG197,125)
②[②] [Who] do you | want ‖ [to speak to]?(2G47C)
②[②] [To whom] do you | wish ‖ to [speak]?(2G47C)
②[③] I | don't know ‖ [who(m) to go with].(SBE10)
(when)
②[④] I | don't know ‖ [when to do it].(SBE10,OES177)
②[④] You | must learn ‖ [when to give advice and when to be silent].(OAD)
(where)
②[③] Have you | decided ‖ [where to go for your vacation]?(2G52D,119D)
②[⑤] I | 've discovered ‖ [where to find him].(OAD)
(how)
②[⑤] Let Sam [| know ‖ [where to meet us]].(1G111B,SBE10)
②[④] We | asked ‖ [how to get to the station].(2G52D)
②[②] I | know ‖ [how to do it].(=I can do something)(1G'B31, LSW685)
②[②] How old were you [when you | learned ‖ [how to drive]]?(2G52A)
②[④] Do you | see ‖ [how to do it]?(OAD)   (OAD)↵
②[②] The group | will study ‖ [how the region coped with the loss of thousands of jobs].
②[④] Peter | has been taught ‖ [(how) to sing by Mr Wang for years].(3G23D)
(whether to~ 절)
②[②] I | don't know ‖ [whether to apply for the job or not].(2G52D)
②[②] I | 'm considering(or thinking) ‖ [whether to stay here or leave].
②[①] I | haven't decided ‖ (on) [whether to go or stay].(PEG216,3G86D)
☆ whether+to절 사용이 불가한 선택동사(:choices verbs): ask, conclude, explain, imagine, realize, speculate, think(3G34D)

②[②] I	'm not sure ‖ [what to do].

예문은 복문 ②[ ]형 NPN'[nfc]이다. P는 비동사술어, N'은 [비정형절]이다.
다음과 같이 분석된다. 즉 NPN'[nfc]⇒NP+N'[nfc]의 관계에 있다

②[②] I | 'm not sure ‖ [what to do].   나는 | 확신이 없다 ‖ [무엇을 할 지].
①   I | 'm not sure...   나는 | 확신이 없다...

- 403 -

⓪[ ] ‖ [what to do]　　　　　‖ [무엇을 할지]
　[②]　　[what | to do ‖ ∨]　　[| 할지 ‖ 무엇을]

♣ 유형별 예문
②[②] I | 'm not sure ‖ [what to do]..(5JG125)
②[②] I | am at loss(or at my wit's end) ‖ [which way to go].(SBE10)
②[①] She | was uncertain ‖ [whether to go or stay].(OAD)
②[②] I | was in doubt ‖ (about) [whether to believe it or not].(DED)

④ NPN'N"[wh-to~ nfc]

　　　　　　　　④[ ] I | showed ‖ her ‖ [how to do it].

예문은 복문 ④[ ]형 NPN'N[wh-nfc]이다. P는 능동사 N"은 [비정형절]이다.
다음과 같이 분석된다. 즉 NPN'N"[nfc] ⇒ NP+N'N"[nfc]의 관계에 있다

④[ ] I | showed ‖ her ‖ [how to do it].(LSW685, OAD)
　　　나는 | 보여 주었다 ‖ 그녀에게 ‖ [어떻게 그것을 하는지]
② 　I | showed ‖ her...　　　나는 | 보여 주었다 ‖ 그녀에게...
⓪[ ] ‖ [how to do it]　　　　[어떻게 그것을 하는지]
　[②]　[how to do | it ‖ ∨].　　[| 하는지 ‖ 그것을 | 어떻게(방법)]

♣ 유형별 예문
(what)
④[②] I | asked ‖ him ‖ [what to do].(CEG326)
④[②] He | reminded ‖ me ‖ [what (I had) to do].(3G34B)
④[④] | Please show ‖ me ‖ [what to do next].(EJD2155)
④[②] Ask Jack. He | 'll tell ‖ you ‖ [what to do].(2G52D,Fr'n64)
(which)
④[②] | Ask ‖ Mom ‖ [which one to take].
④[②] I | showed ‖ her ‖ [which button to press].(PEG216)
(when)
④[②] I will contact you later [| to advise ‖ you ‖ [when to come]].
(where)
④[⑤] He | didn't ask ‖ me ‖ [where to put the boxes].(3G32A)
④[⑤] My father | informed ‖ me ‖ [where to get the tickets].(4EG35)
④[⑤] I | showed ‖ her ‖ [where to put her coat].(3G34B)
④[②] I | would tell ‖ them ‖ [where to go].(LSW685)
(how)
④[④] | Ask ‖ your teacher ‖ [how to pronounce the word].(OAD)
④[④] I | told ‖ Linda ‖ [how to get to my house].(3G34B,2G35A)
④[④] She | taught ‖ me ‖ [how to play chess].(3G34B)
(whether to~)
④[②] Your lawyer | can advise ‖ you ‖ [whether to take any action].

F. 비동사절 부가어

> Can you imagine me being so stupid? [nv nfc]

② NPN'[nv nfc]

> ②[ ] I | do not dread ‖ [being **alone** tonight].

예문은 복문 ②[ ]형 NPN'[nfc]이다. N'은 비동사절(nv: verbless clause)의[비정형절]이다. 형용사 등 동사가 아닌 것이 being, to be~ 또는 연결어와 결합한 상태에서 비정형절이 된다. 다음과 같이 분석된다. 즉 NPN'[being nv nfc]⇒NP+N'[being nv nfc]의 관계에 있다

②[ ] I | do not dread ‖ [being **alone** tonight].
        나는 | 두려워하지 않는다 ‖ [오늘 밤 혼자인 것].
①   I | do not dread...   나는 | 두려워하지 않는다 |
⓪[ ] ‖ [being **alone** tonight].   [오늘 밤 혼자 있는 것]
  [②] [| being **alone** ‖ tonight].   [| 혼자 있는 것 ‖ 오늘 밤]

♧ 유형별 예문
[비동사절]
(형용사절)
②[①] I | dread ‖ being **sick**].(OAD)
②[①] She | can't bear ‖ [being (*or* to be) **alone**].(2G55A)
②[②] I | do not dread ‖ [being **alone** tonight].(Dracula226)
②[①] Can you | imagine ‖ [my being so **stupid**]?
②[②] | Don't mind ‖ [your father's being **angry** with you].(ZEG226)
②[①] She | risked ‖ [being **late**].(PEG)
②[②] I | can't remember ‖ [my parents' ever being **unkind** to me].
②[①] I | hate ‖ [to be **late**].(1G53C)
②[①] I | *can't* help ‖ [being **nervous**].(2G55C)
②[①] No one | likes ‖ [being **ignorant**].(Plato, Republic 382a)
②[①] I | don't like ‖ [to be **late**]. I'd rather be early.(1G33A)
②[①] He | is rumored ‖ [to be **ill**)].(DED)(ACv72)
②[①] He | is said ‖ [to be 108 years old].(2G43A)
(명사절)
②[①] He | denied ‖ [having been there].(PEG233)
②[①] I | don't like ‖ [his being(or to be) **here**].
②[①] I | could not bear ‖ [for us not to be **friends**].
②[①] He | is said ‖ [to have been a brilliant scholar].(OAD)
②[①] I | don't want ‖ [to be the only **oddball**].
(전치사구절)
②[①] He | liked ‖ [being **at** the table].(MJL438)
②[①] He | still enjoyed ‖ [being **in** her compnay].(MJL248)
②[①] I | 'd hate ‖ [to be (or being) **in** Bob's shoe].

②[①] I | want ‖ [to be like you].
②[①] Fhobe | loved ‖ [being with Solomon;s family].(MJL449)
②[①] I | hate ‖ [being (or to be) away from my family].(EPH169)
(소사절)
②[②] Pen | longed ‖ [for three years to be over].
②[①] Do you | like ‖ [being(or to be) inside]?
[접속사+비동사절]
②[①] I |'ll pay ‖ [if (it is) necessary].(PEU499)
②[①] The author | apologizes ‖ [where appropriate].(LSW768)
②[②],[①] I appeal to you — I, Paul, who | am "timid" ‖ [when face to face with you], but | "bold" ‖ [when away]!(2Co10:1)

④ NPN'N"[nv nfc]

④[ ] Can you | imagine ‖ me ‖ [being so stupid]?

예문은 복문 ④[ ]형 NPN'N"[nv nfc]이다. N"은 비동사절 [비정형절]이다.
다음과 같이 분석된다. 즉 NPN'N"[being nv nfc]⇒NPN'+N"[being nv nfc]의 관계에 있다

④[ ] Can you | imagine ‖ me ‖ [being so stupid]?
　　　　　　　당신은 | 상상할 수 있나요 ‖ 나를 ‖ [그렇게 바보인 것을].
②　　　　Can you | imagine ‖ me... 당신은 | 상상할 수 있나요 ‖ 나를...
⓪[ ] ‖ [being so stupid]　　　　‖ [그렇게 바보인 것]
　[①]　[| being so stupid]?　　　[| 그렇게 바보인 것]

♧ 유형별 예문
[비동사절]
(형용사절)
④[①] I | hate ‖ people ‖ [being unhappy]?
④[①] She | couldn't imagine ‖ [being happier than she was at that moment].(MJL46)
④[①] I | don't like ‖ [being hungry].(MJL43)
④[②] She | likes ‖ everything ‖ [to be sweet and nice in the end].(1MiC238)
④[②] I | can't remember ‖ my parents ‖ [ever being unkind to me].
(명사절)
④[①] Sunja | could hardly ‖ her mother ‖ [being idle].(MJL39)
④[①] I | don't anticipate ‖ it ‖ [being a problem].(OAD).
④[②] I | remember ‖ him ‖ [being a tattletale in elementary school.(NED)
④[①] Susan | liked ‖ Karl ‖ [to be there].(*but not* Tom was liked to be there.)(3G23D)
(전치사구절)
④[①] You | have ‖ no business ‖ [being around him].(MJL218)
[접속사 +비동사절]
④[①] I |'ll pay ‖ for you ‖ [if (it is) necessary].
④[①] | Cook ‖ slowly ‖ [until (you are) ready].
④[①] I try [| to use ‖ public transportation ‖ [whenever possible]].(3G59D)

G. '전치사+비정형절' 부가어

> He prevented me from going to school. (pr+[nfc])

② NPN'[-ed nfc]

> ②[④] We | must abstain ‖ from [speaking ill of others].

예문은 복문 ②[ ]형 NPN'(pr+[nfc])이다. P는 능동사, N'은 '전치사+[비정형절]'이다. 다음과 같이 분석된다. 즉 NPN'(pr+[nfc])⇒NP+N'(pr+[nfc])의 관계에 있다

②[④] We | must abstain ‖ from [speaking ill of others].
        우리는 | 자제해야 한다 ‖ [다른 사람을 나쁘게 말하는 것]으로부터.
①   We | must abstain...   우리는 | 자제해야 한다 ...
⓪[ ] ‖ from [speaking ill of others]   [다른 사람을 나쁘게 말하는 것]으로부터]
  [④] from [| speaking | ill ‖ of others] [| 말하는 것 ‖ 나쁘게 ‖ 다른 사람을]으로부터

♣ 유형별 예문
[단순전치사+비정형절]
(about~)
②[①] Do you | dream ‖ about(or of) [being rich and famous]?(2G131A)
②[②] I | forgot ‖ (about) [posting the letters].(ZEG221)
②[⑤] I | must see ‖ about [getting a room ready for him].(3G60A)
②[②] We | talked ‖ about [going to South America].(3G60A)
②[②] Mark | is thinking ‖ about [buying a new computer].(1G111A.ECD867)
②[⑤] We | were wondering ‖ about [inviting Kay over (tomorrow)].(3G4D)
(against~)
②[⑥] The guidebook | warns ‖ against [walking alone at night].(OAD)
(at~)
②[①] She | first cursed ‖ at [being interrupted].
(by~)
②[⑤] They | lead ‖ by [doing things for others].(NEI)
(for~)
②[②] We | should apologize ‖ for [not telling the truth].(3G60A)
②[②] Browbeating | often passes ‖ for [teaching in Medicine].(1MiC603G60A)
(from~)
②[②] I | shall refrain ‖ from [expressing my opinion].
②[④] We | must abstain ‖ from [speaking ill of others].
(in~)
②[②] I | believe ‖ in [saying what I think].(2G133A)
②[②] Happiness | consists ‖ in [having a cheerful outlook].(LEG155)
②[②] These policies | resulted ‖ in [many elderly people suffering hardship.(OAD)
②[④] Have you | succeed ‖ in [finding the job yet].(3G60A,2G133A)
(into~)
②[②] Many years of work | have gone ‖ into [improving the dictionary].

(of~)
②[④] She | doesn't approve ‖ of [my leaving school this year].(OAD,2G30X)
②[②] He | can't conceive ‖ of [being owed something].(CRL121)
②[④] I | wouldn't dream ‖ of [asking them for money].(2G60A)
②[⑤] The club | would not hear ‖ of [letting children attend the concert].(3CPV52)
②[①] He | spoke ‖ of [there being danger].(ZEG226)
②[②] Mark | is thinking ‖ of(or about) [buying a new car].(1G110B,2G52A)
(on~)
②[②] The president | didn't agree ‖ on [establishing a new plant].(EJD,3G92B)
②[①] You | can count ‖ on [my being there].(NED)
②[④] Clare | insisted ‖ on [paying for dinner].(2G60A)
②[③] She | insisted ‖ on [my staying with them].(2G59A)
②[①] I | insist ‖ on [your(or you) being present (or there)].(DED,SBE46)
②[②] We | insisted ‖ on [its (the contract) being signed immediately].(REG272)
②[②] You mean [they | didn't plan ‖ on [anyone dying]].(2MiC164)
(over~)
②[②] I | 'll never get ‖ over [missing and loving my husband].(⇒can't forget)(NED)
②[④] I | can't get ‖ over [her leaving her husband like that].(⇒astonished)(PEG329)
(to~)
②[③] I found it difficult [| to adapt ‖ to [living in a big city]].(3G30X)
②[②] She | confessed ‖ to [stealing the money].(3G30B)
②[③] I | object ‖ to [being kept waiting].(LEG319,OAD)
②[④] We | objected ‖ to [their(or the ships) leaving the port such stormy weather].(REG272)
④[④] Too much stress and a lack of rest | can contribute ‖ to [a person having problems concentrating at work].(TOEIC)
②[④] He | took ‖ to [borrowing money from the petty cash].(PEG349)(습관)
(toward(s)~)
②[②] He | 's leaning ‖ towards [buying a new car].(YBM)
(with~)
②[⑤] I | agree | | with [letting children choose the clothes they wear].(3G92B)
②[①] While the musicians practiced, he | would sit and listen ‖ with [his eyes closed].(YBM)
②[①] She | went ‖ with [her eyes open].(WSM125)
②[①] | Don't stand ‖ with [your hands in your pockets].(OAD)
(without~)
②[②] Tom | left ‖ without [saying good-bye].(1G110B,OAD)
②[②] She | needs to work ‖without [people disturbing him].(being disturbed)(2G58B)
②[②] Hardly a day | passed ‖ without [my meeting her].(DED)
②[②] I | reckoned ‖ without [his behaving like that].
②[①] I | can't win ‖ without [you behind me].(OED)
[복합전치사 비정형절]
②[⑥] This | certainly makes ‖ up for [being shut out for twelve years].(Fr'n33)
②[②] I | 've come ‖ around to [believing that it never ends].(Godot6)
②[②] I | finally got ‖ around to [writing to my parents].(3HP452)
②[②] I | 'm looking ‖ forward to [meeting him].(2G60A)
②[①] He | was looking ‖ forward to [being manager].(MJL282)

| ②[ ] I | was prevented ‖ from [going to school]. |

예문은 복문 ②[ ]형 NPN'(pr+[nfc])이다. P는 수동사, N'은 '전치사+[비정형절]'이다.
다음과 같이 분석된다. 즉 NPN'(pr+[nfc])⇒NP+N'(pr+[nfc])의 관계에 있다

②[ ] I | was prevented ‖ from [going to school]. 나는 | 방지되었다 ‖ [학교에 가는 것]으로부터.
①   I | was prevented...   나는 | 방지되었다
⓪[ ] ‖ from [going to school].   ‖ [학교에 가는 것]으로부터
  [②]   from [| going ‖ to school].   [| 가는 것 ‖ 학교에]으로부터

♧ 유형별 예문
[단순전치사+비정형절]
(as~)
②[②] Man | will then be spoken (‖) of ‖ as [having this sort of free decision].(Calvin264)
(by~)
②[②] The MAR | was analyzed ‖ by [using big data].(NED)
(from~)
②[②] They | are forbidden ‖ from [having very short hair].(NED)
②[②] They | were kept ‖ from [recognizing him].(Lk24:16)
②[②] Minors | are prohibited ‖ from [smoking by law].
(in~)
②[②] Most of her life | was spent ‖ in [caring for others].(OAD)
(into~)
②[②] In school, I | was pressed ‖ into [playing sports].(EPV208)
②[②] We | were accused ‖ of [telling lies].(2G60B)
(of~)
②[①] The general | was suspected ‖ of [being a spy].(2G60B,2G132A)
(with~)
②[②] He | was born ‖ with [a silver spoon in his mouth].(SBE302)
(without~)
②[②] Nothing | was made ‖ without [him making it].(Jn1:3NLV)
[복합전치사+비정형절]
②[④] I | 'm fed ‖ up with [people telling me what to do].(2G58A)

| ②[ ] I | 'm not very good ‖ at [telling stories]. |

예문은 복문 ②[ ]형 NPN'(pr+[nfc])이다. P는 비동사술어, N'은 '전치사+[비정형절]'이다.
다음과 같이 분석된다. 즉 NPN'(pr+[nfc])⇒NP+N'([pr+[nfc])의 관계에 있다

②[ ] I | 'm not very good ‖ at [telling stories]..(1G110A,2G58A,128C)
        난 | 매우 능지지는 않아 ‖ [이야기를 말하는 것]에.
①   I | 'm not very good...   난 | 매우 능지지는 않아...
⓪[ ] ‖ at [telling stories]   [이야기를 말하는 것]에

②[②]   at [telling stories]   [| 말하는 것 ‖ 이야기를]에 .

♧ 유형별 예문
(about~)
②[⑥] Are you | excited ‖ about [going away next week]?.(2G131A)
②[②] Lisa | 's upset ‖ about [not being invited to the party].(1G124B)
②[②] Carol | is worried ‖ about [not having enough money].(2G126B)
②[⑤] He | is doubtful ‖ about [what to do for her].(EJD,2G126B)
②[②] We | 're sorry ‖ about [Julie losing her job].(2G127D)
②[①] I | was wrong ‖ about [the meeting being today].(3G18B)
(at~)
②[②] I | 'm not very good ‖ at [telling stories]..(1G110A,2G58A,128C)
②[②] She | 's hopeless ‖ at [managing people].(OAD)
②[②] I | 'm surprised(or pleased ‖ at [hearing his story].(EPN185)
②[①] He | will be glad ‖ at [being forgiven] and will do no harm.(RTK4:8)
②[①] No one | is at all happy ‖ at [being lied (‖) to].(Plato382a)
②[①] Charlie | was disappointed ‖ at [there being so little to see].(CES165)
(for~)
②[②] ...the fruit of the tree | was also desirable for [gaining wisdom],(Ge:6)
②[②] They | are unfit ‖ for [doing anything good].(Tit1:16)
②[⑤] I | am very sorry indeed ‖ for [having kept you waiting].(Hansard)
②[④] I | 'm sorry ‖ for(or about) [shouting at you yesterday].(3G127D,1G110A)
(from~)
②[②] He | is still a long way ‖ from [passing his examination].
(in~)
②[②] They | are busy ‖ (in) [reviewing their lessons].(ZEG226)
②[③] Are you | interested ‖ in [working for us].(2G58A)
②[②] Oh, that my ways | were steadfast ‖ in [obeying your decrees]!.(Ps119:5)
②[②] We | were five days ‖ in [reaching the frontiers].(SBE238)
(of~)
②[①] I | was afraid ‖ of [being bitten].(2G64A)(가능성에 대한 두려움)
②[②] He | was ashamed ‖ of [being laughed at his classmates].(SBE46)
②[②] I'm sure [you | are capable ‖ of [passing exam]].(2G128B)
②[②] I | am glad ‖ of [your having succeeded so well].(OES248)
②[③] He | is proud ‖ of [his father's having become rich].(OES248)
(to~)
②[③] She | wasn't used ‖ to [driving on the left].(2G59A)
②[①] She | is used ‖ to [him being away].(2G59B)
(with~)
②[②] I | 'm busy ‖ with [arranging the documents].(EPN183)
②[①] I | 'm too warm ‖ with [my coat on].(2G317)

④ NPN'N"(pr+[nfc])

| ④[ ] He | prevented ‖ me | from [going to school]. |

예문은 복문 ④[ ]형 NPN'N"(pr+[nfc])이다. N"은 '전치사+[비정형절]이다.
다음과 같이 분석된다. 즉 NPN'(pr+[nfc])⇒NP+N'([r+[nfc])의 관계에 있다

④[ ] He | prevented ‖ me ‖ from [going to school].
　　　　　그는 | 금지했다 ‖ 나를 ‖ [학교에 가는 것]으로부터].
②　　　 He | prevented ‖ me...　　　그는 | 금지했다 ‖ 나를...
⓪[ ] ‖ from [going to school]　　　[학교에 가는 것]으로부터]
　[②] from [going to school]　　　[| 가는 것 ‖ 학교에]으로부터

♧ 유형별 예문
[단순전치사+비정형절]
(about~)
④[②] Can I | pick ‖ your brain ‖ about [repairing my car]?
④[②] He | makes ‖ no scruple ‖ about [telling a lie].(ECD1131)
②[③] Mom | is serous ‖ about [me and Rodrick playing together].(WK)
②[④] I | 'm sorry ‖ about (or for) [not calling you yesterday].(1G113A)
(after)
④{②} What did you | do ‖∨‖ after [finishing school]?(2G58B)
(against~)
④[②] He | advised ‖ you ‖ against [doing that].(OAD)
④[②] They | warned ‖ us ‖ against [buying the car].
(as~)
④[⑤] He | described ‖ the conductor ‖ as [moving arms like a windmill].(3G93A)
④[②] I | had heard ‖ of her ‖ as [leading a most unhappy life].(2CD482)
④[①] I | remember ‖ her ‖ as [being very nice].(OAD,BSA92)
④[①] He | remembered ‖ it ‖ as [being in the center of the wall].(2MiC249)
④[②] He | represented ‖ the girl ‖ as [having long hair].(EJD)
④[③] You | might think ‖ of it ‖ as [being kept just the same].(1CD131)
④[①] | Please do not treat ‖ me ‖ as [having lost the game].(5EG368)
(at~)
④[④] We | work ‖ hard ‖ at [finding them jobs].(15JG11)
(by~)
④[④] You | will help ‖ me ‖ by [telling me all you know about it].(REG325)
④[②] You | can improve ‖ your English ‖ by [reading more].(2G58B)
④[⑤] They | tested ‖ Jesus ‖ by [asking him to show them a sign from heaven].(Mt16:1)
④[②] The burglars | got ‖ into the house ‖ by [breaking a window].(2G58B)
(for~)
④[①] He | accused ‖ me ‖ for [being selfish].(2G132A)
④[②] They | accused ‖ us ‖ for [telling lies].(2G60B)
④[⑤] I | apologize ‖ to them ‖ for [keeping them waiting].(2G60B)
④[②] | Please excuse ‖ me ‖ for [not returning your call].(2G60B)
④[⑤] | Forgive ‖ me ‖ (for) [ringing you up so early].(PEG232,BEG319)
④[⑤] Mr. Bankes | liked ‖ her ‖ for [bidding him "think of his work"].(VW48)
④[②] He | thanked ‖ me ‖ for [helping him].(2G129B,60B)
④[⑤] | Do not be angry ‖ with yourselves ‖ for [selling me here],(Ge45:5)

(from~)
④[②] We | can't forbid ‖ him ‖ (from) [attending the meeting].(EJD)(금지 | 거절)
④[③] I | have kept ‖ you ‖ from [sinning against me].(Ge20:6)
④[③] The noise | keeps ‖ me ‖ from [falling asleep].(2G60B,)
④[②] You | can't prevent ‖ him ‖(from) [spending his own money].(PEG232)
④[③] What | prevented ‖ you ‖ from [coming to see us]?(2G60B,PEG232)
④[③] Heavy rain | prohibited ‖ him ‖ [from going out].(DED(⇒②[③] prohibit‖[his going out]).
④[②] Their mother | restrained ‖ them ‖ from [doing mischief].(SAT)
④[②] The rain | stops ‖ us ‖ from [enjoying our vacation].(2G60B)
(in~)
④[②] He | cut ‖ his fingers ‖ in [opening a can].(ELP218)
④[②] He | felt ‖ satisfaction ‖ in [helping them].(REG265)
④[②] We | had ‖ difficulty ‖ (in) [finding a parking place].(2G61B),1ACD13
④[②] I | have ‖ a poor hand ‖ in [playing tennis].(ECD)
④[⑤] She | had ‖ no hesitation | in [following up assurance of his admiration]..(JA33).
④[②] Could you | help ‖ me ‖ in [finding my luggage]?(GG)   (NEI)↴
④[②] [Growing up with a scientific father and religious mother] | helped ‖him‖ in [writing it].
④[④] | Please join ‖ me ‖ in [wishing him the success].(TEPS)
④[②] He | has lost ‖ his eyes ‖ in [defending the bridge].(JB246)
④[②] He | lost ‖ no time ‖ (in) [setting out for London].(OAD,RLS19)
④[②] I | have spent ‖ time ‖ (in) [doing a trivial task(poor job)].(DED.1ACD12)
④[②] Each, except Junie, | took ‖ a turn ‖ in [driving his car].(Always My Family)(교대 운전)
(into~)
④[②] They | argued ‖ him ‖ into [withdrawing his complaint].(OAD)
④[⑤] She | deceived ‖ him ‖ into [handing over all his savings].(OAD)
④[②] He | forced ‖ me ‖ into [buying the record].(EPL238)
④[②] He | persuaded ‖ her ‖ into [joining the club].(EPL238)
④[②] My teacher | pushed ‖ me ‖ into [entering the competition].(OAD)
④[③] Aunt Petunia | talked ‖ Dudley ‖ into [sitting next to Harry].(1HP90)
(of~)
④[②] They | accused ‖ us ‖ of [telling lies].(2G60B)
④[①] They | suspect ‖ the general ‖ of [being a spy].(2G60B)
④[①] He | makes ‖ nothing ‖ of [being laughed (‖) at].
(on~)
④[②] I | congratulated ‖ Lauren ‖ on (or for) [winning the prize].(2G60B)
④[②] I | congratulated ‖ her ‖ on [being admitted to law school].(2G132D)
④[②] He | prides ‖ himself ‖ on [always doing his best].(SAT)
④[②] I | set ‖ my heart ‖ on [marrying her].(GB334)
(over~)
④[②] I | can't get ‖ Mary ‖ over [doing such a thing].(⇒astonished)(EJD)
(to~)
④[②] He | devoted ‖ all his time ‖ to [improving his invention].(EJD)
④[②] I | prefer ‖ driving ‖ to [traveling by train].(2G57A,58C,1ACD5)
④[②] The government | has given ‖ top priority ‖to[reform ing the tax system].(OAD)
④[②] Lawrence's career | led ‖ him ‖ to [doing such work].

④[⑥] What do you | say ‖ ∨ ‖ to [going out for dinner tonight]?(SBE50)
(toward~)
④[②] We | should put ‖ it(⇒money) ‖ towards [getting a new one].(TOEIC)
(with~)
④[②] They | charged | him ‖ with [stealing a watch].(OAD)
④[①] He | entered ‖ the room ‖ with [his overcoat(or shoes) on].(EJD)
(without~)
④[②] | Don't do ‖ anything ‖ without [asking me first].(1G110X)
④[②] You | can't make ‖ an omelette ‖ without [breaking an egg].(OAD)
④[③] He | glared ‖ at them ‖ without [seeming to see them].(VW41)
④[②] I | have ‖ enough problems of my own ‖ without [having to worry about yours].(2G58C)
④[②] I | went ‖ to work ‖ without [eating breakfast].(3G59C)
④[②] I | couldn't do ‖ it ‖ without [her helping me].(DED)
④[①] She | wandered ‖ the street ‖ without [shoes or socks on].(DED)
[복합전치사+비정형절]
④[②] She didn't have time <| to finesse ‖ him ‖ around to [believing her]>.

⑥ NPP'N'[-ing nfc]

⑥[ ] She | got | used ‖ to [driving on the left].

예문은 복문 ⑥[ ]형 NPP"N'(pr+[nfc])이다. N"는 '전치사+[비정형절]'이다.
다음과 같이 분석된다. 즉 NPP'N'(pr+[nfc])⇒NPP'+N'(pr+[nfc])의 관계에 있다.

⑥[ ] She | got | used ‖ to [driving on the left].
　　　　그녀는 | 되었다 | 익숙하게 ‖ [왼편으로 운전하는 것]에.
③　　She | got | used...　　　그녀는 | 되었다 | 익숙하게...
⓪[ ] ‖ to [driving on the left]　‖ [왼편으로 운전하는 것]에.
　[③]　to [driving on the left]　[| 운전하는 것 ‖ 왼편으로]에

♧ 유형별 예문
(about~)
⑥[①] I | feel | guilty ‖ about [leaving the kids behind].(EPL29)
(at~)
⑥[①] He | felt | half ashamed ‖ at [having thought the jailer unkind].(JB302)
⑥[②] They | are becoming | very skilled ‖ at [locating us].(5TC352)
(by~)
⑥[②] He | became | rich ‖ by [doing that].(NEI)
⑥[④] The interviewer | started | off ‖ by [asking me why I wanted the job].(3G244)
(of~)
⑥[②] You | stand | accused ‖ of [capturing an Aura].(4HP616)
⑥[②] That's how come [Bob | got | tired | of [looking at me].(13JB60)
(on~)
⑥[②] All the lights | go | out ‖ on [the clock striking ten].(SBE47)

(to~)
⑥[③] She | got | used ‖ to [driving on the left].(2G59A)
⑥[②] The men | had become | used ‖ to [being talked to in such a tone].[(BP153)
(with~)
⑥[①] He | came | downstairs ‖ with [his coat over arms].(DED)
⑥[①] He | stood | there ‖ with [his hands in his pockets].(DED)
⑥[③] He | went | out ‖ with [the gas turned on].(EPN75)
(without~)
⑥[①] Talks | broke | down ‖ without [a solution being reached].(2G139B)
⑥[②] I | came | in ‖ without [anyone seeing me(or being seen)].(2G312)
⑥[①] We managed [| to climb | over the wall ‖ without [being seen]].(2G42B)
⑥[①] She | wandered | in ‖ without [shoes or socks on].(EJD)
⑥[②] I | went | out ‖ without [locking the door].(1G110X4)

☐ 정형절 부가어(finite clause)

A. 정형절 목적어

(1) wh-절 목적어

> She asked me what I wanted. [fc]

② NPN'[fc]

> ②[ ] She | asked ‖ [what I wanted].

예문은 복문 ②[ ]형 NPN'[fc]이다. P는 타동사, N'는 [정형절]이다.
다음과 같이 분석된다. 즉 NPN'[fc]⇒NP+N'[fc]의 관계에 있다.
[ ] 부분은 다음과 같이 분석된다.

②[ ] She | asked ‖ [what I wanted]. 그녀는 | 물었다 ‖ [내가 무엇을 원하는지],(LEG288)
①   She | asked...   그녀는 | 물었다
⓪[ ] ‖ [what I wanted].   [내가 무엇을 원하는지],
  [②]   [what I | wanted ‖ ∨]   [내가 | 원하는지 ‖ 무엇을]

☆ 정형절[fc:finite clause]은 절이 문장의 주성분이 아울러 자체 내에 문장의 주성분을 갖춘 것이다 즉 문장 속의 문장에 해당한다. 정형절에는 wh-절과 비wh-절이 있다. what, when, where, who, which, why, how 를 wh-어라고 하고 이들이 정형절을 이끄는 경우 wh-절이라고 한다, 이들을 분석할 때 평서문의 위치에 놓아보면 그 역할을 이해하기 쉽다. ∨ 표시를 이를 나타낸다. wh-정형절에는 whether/if절도 포함한다.

♧ 유형별 예문
[전달문]
(what)
②[②] She | asked ‖ [what I wanted].(LEG288)
②[②] | Please explain ‖ [what you mean].(2G48A).
②[④] I | can't imagine ‖ [what he likes about jazz].(3G34A)
②[④] I | know ‖ [what he bought yesterday].(REG415)
②[①] Do you | know ‖ [what time it is]?(1G50A,2G48A)
②[④] ... you | do not know ‖ [on what day your Lord will come].(Mt24:42)
②[②] Hey, I | said ‖ [what I saw]. Two kids arguing.(YBM)
②[①] I | saw ‖ [what he had brought from Petersburg].(REG416)
②[②] I | can't tell ‖ [what's the matter with him].(DED)
②[④] I | can (not) tell ‖ [what color she likes best].(OES95)
②[②] I | didn't understand ‖ [what she said].(1G80B)
(which)
②[①] The pharmacist | will advise ‖ [which medicines are safe to take].
②[①] I | did not know ‖ [which was better].(OES95)
②[①] The map | didn't say ‖ [which was which].(5TC426)

(who)
②[①] ... he | asked ‖ [who he was and what he had done].(Ac21:33)
②[①] They | know ‖ [who you are] and they revere you.(2DK371)
②[①] The bat | didn't know ‖ [whose side he should take].(ZEG376)
②[②] Who knows ‖ [on whom fortune would then have smiled]?(4WS426)
②[②] Not a soul | knew ‖ [to whom he belonged].(EB106)
②[①] I | don't remember(or know)‖ [who those people are].(1G50A)
②[①] Should I go and | see ‖ [who it is]?(2G120D)
②[①] I | wonder ‖ [who she is].(ZEG376)
②[①] [Who] do you | think ‖ [you are]?(Ex2:14NLT)
(when)
②[②] I | know ‖ [when you're leaving town].(1G50A)
②[②] I | can't remember ‖ [when I last saw her].(3G97A)
②[②] I | wonder ‖ [when he did it].(LEG16)
②[①] [When] do you | think ‖ [you'll finish work]?(3G9B)☆5.1A(2)(h)
(where)
②[⑤] I |'ve forgotten(or can't remember) ‖ [where I put it].(ECD109)
②[⑤] I | don't know ‖ [where I put the key].(1G50B,73A,HaM842)
②[③] He | knew not ‖ [from where the epiphany came].(3DB455,1DB414)
(why)
②[④] She | asked ‖ [why I had applied for the job].(2G48B)
②[①] That | explains ‖ [why he is unhappy].(3G34A)
②[⑥] Do you | know ‖ [why she went home]?(1G50A)
②[⑥] I | don't remember ‖ [why he went home].(1G50B)
②[⑥] She | couldn't understand ‖ [why I stood in her kitchen].(5G277)
②[④] I | wonder ‖ [why she left early].(2G48A,28B)
(how)
②[⑥] She | asked ‖ [how long I had been working at my present job].(2G48B)
②[③] I | can't believe ‖ [how much better I feel].(OAD)
②[④] He | described ‖ [how he escaped from the prison].
②[③] He | exclaimed ‖ [how delighted he was].(SBE112)
②[③] You | can't imagine ‖ [how boring his lecture was].(DED)
②[③] Does this letter | reflect ‖ [how you really think]?
②[④] Did you | see ‖ [how she looked at you]? It was most peculiar.(3G72C)
②[②] This | shows ‖ [how people are influenced by TV advertisements].(OAD)
②[②] Can you | suggest ‖ [how I might contact hm]?(OAD)
②[④] I | thought ‖ [how he didn't minded it when I'd called him up so late].(JDS195)
②[⑥] I | wonder ‖ [how the weavers are getting along with my cloth].(ZEG377)
☆ wh-절 전달동사: advise, ask, believe, decide, describe, determine, discover, discuss, enquire; explain, find, forget, guess, imagine, know, learn, realize, remember, reveal, say, see, suggest, teach, tell, think, understand, wonder 등
(whether/if)
②[②] She | asked ‖ [whether/if I had a driver's license].(2G48B)
②[①] They | didn't care ‖ [whether they were seen or not].(Seagull118)
②[③] I | doubt ‖ [whether/if you'll feel like kicking a ball with it Friday].(22JB29)

②[②] Do you | know ‖ [**whether/if** they've got a car]?(1G50C,2G48A,3G86C)
②[②] Do you | mind ‖ [**if** I use your phone]?(2G35C)(직설법)
②[②] Would you mind ‖ [**if** I used your phone]?(2G36C)(가정법 공손표현)
②[①] Hold on a minute. I | 'll see ‖ [**whether/if** Max is home].(2G138B)
②[①] I | wonder ‖ [**whether/if** she is married].(⇒whether or not)(EJD)
②[②] | Dont worry ‖ [**if** I am late tonight].(2G24D)

☆ that절 또는 whether | if절(3G34D) (1) that절은 화자가 확신하거나 타자에게 확인하게 하는 경우(I *never doubted* that she would come.): accept, agreed, ask(요구), deny, feel, hope, know, promise, say, show, suggest, tell, think, warn. (2) whether | if절은 화자가 확신이 부족하거나 타인에게 진실여부를 확인하거나, 둘 이상 가능성 사이 선택을 하는 경우에 사용한다: ask(질문), choose, consider, decide, debate, determine, discuss, inquire, know, think, wonder. 예{, I *doubt* whether/if the new one will be any better.

[비전달문]
②[②] Friend, | do ‖ [**what** you came for].(Mt26:50)
②[②] He | saved ‖ [**what** he earned].(OES328)
②[②] I | 'll do ‖ [**whatever** you say(or like)].(LSW583,Jn2:5)
②[②] | Please take ‖ [**whatever** | **whichever** you like].(OES96,23,329)
②[②] You | may have ‖ [**whichever** you like].(OES)
②[②] | Take ‖ [**whichever** seat you like].(ZEG377)
②[①] He | helps ‖ [**whoever** is in need of help].(OES323)
②[②] | Bring ‖ [**who(m)ever** you like].(DEG, LEG272)(⇒any one who(m))

```
        ②[ ] I | was asked ‖ [what I wanted].
```

예문은 복문 ②[ ]형 NPN'[fc]이다. P는 수동사 N'는 [정형절]이다.
여기서 [wh절]은 잔류목적어 또는 수동목적어라고 한다.
다음과 같이 분석된다. 즉 NPN'[fc]⇒NP+N'[fc]의 관계에 있다.

②[ ] I | was asked ‖ [what I wanted].   나는 | 물어졌다 ‖ [내가 무엇을 원하는지],
①   I | was asked...   나는 | 물어졌다
⓪[ ] ‖ [what I wanted].   [내가 무엇을 원하는지], ㄴ
  [②]   [what I | wanted ‖ ∨]   [내가 | 원하는지 ‖ 무엇을], ㄴ

♧ 유형별 예문
②[②] I | was asked ‖ [what I wanted]. 나는 | 물어졌다 ‖ [내가 무엇을 원하는지],
②[②] Rebekah | was told ‖ [what her older son Esau had said],(Ge27:42)
②[③] We | were asked ‖ [where we were going].(2G48B,3G32D)(전달)

④ NPN'N''[fc]

```
        ④[ ] She | asked ‖ me ‖ [what I wanted].
```

예문은 복문 ④[ ]형 NPN'N"[fc]이다. P는 타동사, N"는 [정형절]이다.
다음과 같이 분석된다. 즉 NPN'N"[fc]⇒NPN'+N"[fc]의 관계에 있다.

④[ ] She | asked ‖ me ‖ [what I wanted]. 그녀는 | 물었다 ‖ 내게 ‖ [내가 무엇을 원하는지],
②   She | asked ‖ me...   그녀는 | 물었다 ‖ 내게.

④[ ] ‖ [what I wanted].　　　　　[내가 무엇을 원하는지]
　[②]　[what I | wanted ‖ ∨]　　[내가 | 원하는지 ‖ 무엇을]

♧ 유형별 예문
[전달문]
(what)
④[①] She | asked ‖ me ‖ [what the problem was].(3G32D,38C,LEG288)
④[①] She | asked ‖ me ‖ [what the price of that car was].(⇒or what was)(REG424)
④[②] He | asked ‖ me ‖ [to what regiment I belonged].(Rebellion957)
④[②] Let me [| describe ‖ to you ‖ [what I saw]].(2G129A)
④[②] We | proclaim ‖ to you ‖ [what we have seen and heard].(1Jn1:3)
④[②] When the apostles returned, they | reported ‖ to Jesus ‖ [what they had done].(Lk9;10)
④[④] I | 've said ‖ to you ‖ [what I've told him].
④[⑤] | Show ‖ me ‖ [what you've got in your hand].(PEG92)
④[①] Can you | tell ‖me ‖ [what time it is]?(1G50A, 2G48A, LSW685)
④[②] | Tell ‖ me ‖ [what you think is proper to be done].(DD215)
④[②] | Tell ‖ me ‖ [by what means I may be healed].(Jewish Bioethics20)
④[④] | Tell ‖ me ‖ [to what I owe the honor of this visit].(ML31)
(which)
④[②] He | asked ‖ me ‖ [which firm made those parts].(LEG296)
④[②] I | cannot tell ‖ you ‖ [which team will win the day].(OAD)
(who)
④[①] She | asked ‖ me ‖ [who wrote the book].(DED)
④[②] He | asked ‖ me ‖ [whose novel would win the prize].(LEG296)
④[①] Can you | tell ‖ me ‖ [who those people are]?(1G50A)
(when)
④[⑧] He | asked ‖ me ‖ [when I gave it to John].(LEG288, OES461)
④[④] Can you | tell ‖ me ‖ [when you're leaving town]?(1G50A)(2CD241)
(where)
④[②] The police office | asked ‖ us ‖ [where we were going].(2G48B,3G32D)
④[③] I | 'll explain ‖ to you ‖ [where everything goes].(OAD)
④[⑤] She | reminded ‖ me ‖ [where I had to leave the papers].
④[⑤] | Show ‖ me ‖ [where you found your note]?(13NG18)
④[①] Can you | tell ‖ me ‖ [where Paula is]?(1G50A,2G48A)
④[①] | Please tell ‖ me ‖ [where the post office is].(MBE32)
(why)
④[④] He | asked ‖ me ‖ [why I didn't want anything to eat].(3G32D.LSW687)
④[②] I | explained ‖ to them ‖ [why I was worried].(2G129A,OAD)
④[⑥] Can you | tell ‖me ‖ [why she went home]?(1G50A)
(how)
④[④] I | asked ‖ him ‖ [how I could go to the station].(3G34B)
④[②] | Please explain ‖ to me ‖ [how this works].(OED)
④[①] I | 'll show ‖ you ‖ [how absurd the plan is].(EJD)
④[②] Can you | tell ‖ me ‖ [how airplanes fly]?(1G50B,50A,3G80)
(whether/if)

④[①] She | asked ‖ me | [whether/if I wanted anything].(LEG288)
④[①] I | inquired ‖ of the girl ‖ [whether/if there were any books on music].(EJD)
④[②] He | didn't tell ‖ me | [whether/if he would be arriving early].LEG288
[비전달문]
④[⑤] | Never do ‖ to others ‖ [what you would not like them to do to you].(God25)
④[②] You | give ‖ him ‖ [what he wants].(LSW687)
④[②] I | lent ‖ him ‖ [what books I had].(OES328)
④[②] I | owe ‖ my uncle ‖ [what I am today].(I owe what I am today to my uncle).

(2) that절 목적어

He told me that he was tired. [fc]

② NPN'[fc]

②[ ] He | said ‖ [that he was tired].

예문은 복문 ②[ ]형 NPN'[fc]이다. P는 타동사 N'는 [정형절]이다.
다음과 같이 분석된다. 즉 NPN'[fc]⇒NP'+N"[fc]의 관계에 있다.
[ ] 부분은 다음과 같이 분석된다.

②[ ] He | said ‖ [that he was tired].   그는 | 말했다 ‖ [그가 피곤하다고],
①   He | said.   그는 | 말했다 그녀는 | 물었다
⓪[ ] ‖ [that he was tired].   [그가 피곤했다고]
  [①] [that he | was tired].   [그가 | 피곤했다고]

♧ 유형별 예문
[전달문]
(진술/생각 전달)
②[③] He | answered ‖ [that he would go there].(REG425)
②[①] She | argued ‖ [that Carl is | was the best person for the job].(3G35B)
②[②] US scientists | claim ‖ [that they have developed a new vaccine against malaria].(3G35B)
②[①] I | decided ‖ [that I ought to leave].(3G34A)
②[③] He | exclaimed ‖ [that he was very delighted].(SBE112)
②[④] She | explained ‖ [(that) she couldn't take the job until January].(3G32A)
②[②] She | fancied ‖ [(that) she could hear footsteps].(OAD)
②[③] They | noted ‖ [that the rate of inflation has | had slowed down].(3G35B)
②[②] Just before her wedding, she | revealed ‖ [that she had been married before].(3G35C)
②[②] He | said ‖ [(that) he was enjoying his work].(3G33A, 2G45A,1G51A)
②[②] It | shows ‖ [(that) the pupil has not mastered it].(ZEG381)
②[①] I | could tell ‖ [that Annie is a smart girl].(1NG32,37)
②[②] If you look at SHOW NU's clothes, it | tells ‖ [that he loves me].(Web)
②[①] He | thought ‖ [that she was worried].(CEG319,3G1B)
②[②] They | warned ‖ [that further action may be taken].(3G33A)

②[②] I | wrote ‖ [that I would be satisfied with any old freighter].(LSW662)
☆ announce, answer, argue, claim, complain, demonstrate, exclaim, explain, indicate, know, note, reveal, say. show, tell, think. warn (CEG320)

(명령/요구/제안 전달)
②[②] We | advised ‖ [that the company {should} not raise its prices].(3G39A)
②[③] He | asked ‖ [that he might be allowed to go home].(DED)
②[③] They | directed ‖ [that the building {should} be pulled down].(3G39A)
②[②] He | prayed ‖ [that God might bless her].(SBE112,Eph3:16)
②[②] They | have proposed ‖ [that Jim {should} move to their London office].(3G39A)
②[②] Sam | suggested ‖ [that he buy some new clothes].(2G32D,51E).
②[①] He | urges ‖ [that the restrictions be lifted].(CEG325)
☆ accept, acknowledge, admit, assume, believe, consider, declare, deny, know, presume, understand

(소망/의도/예상 전달)
②[①] You | 've just got to accept ‖ [that Jim's gone and won't coming back].(3G97A)
②[①] We | agreed ‖ [(that) the proposal was a good one].(OAD)
②[②] We | anticipate ‖ [that sales will rise next year].(OAD)
②[①] They | decided ‖ [that a statue should be put up].(PEG306)
②[⑥] I | hope ‖ [(that) she gets better soon].(1G57B)
②[⑤'] He | objected ‖ [that the police had arrested him without sufficient evidence].(OAD)
②[①] I | should prefer ‖ [that you remain].(1ACD130)
②[②] I | promise ‖ [(that) I won't be late].(2G2E, CEG334)
②[①] I | wish {with all my heart} ‖ [(that) she were settled].(2EG223)
☆ accept, agreed, anticipate, mdecide, determine, expect, guarantee, hope, object, pledge, prefer, promise, propose, resolve, swear. threaten, vow(CEG326)

(인지 전달)
②[②] She | admitted ‖ [that she had stolen the watch].(3G5D,1D)
②[③] | Check ‖ [that the plug has not come loose].(OAD)
②[②] She | denied ‖ [that she had stolen the money(or denied stealing).(2G51E)
②[②] I | found ‖ [that the village hadn't changed much].(3G5D)
②[②] I | gather ‖ [(that) you're worried about Pedro].(3G2C)
②[②] One day the woman | learned ‖ [that Liszt himself was in town].(ZEG379)
②[④] I | know ‖ [that he bought a dictionary yesterday].(REG415)
②[①] Oh, I | didn't know ‖ [that was necessary].(YBM)
②[②] Do you | reckon ‖ [(that) he'll say yes]?(3G9C)
②[②] I | suspect ‖ [that he was dismissed for political reasons].(OAD)
☆ accept, acknowledge, admit, assume, believe, consider, declare, deny, know, presume, understand

(감정/지각 전달)
②[②] We | feared ‖ [that an advance on the capital would soon follow].(OAD)
②[①] I | felt ‖ [that the results were satisfactory].(3G33B,2CD446)
②[①] She | hates ‖ [that she doesn't know Japanese].(3G33B,2CD446)
②[②] I | hear ‖ [that you're a writer]—is that so?(OAD.3G35C)(정보를 듣다)
☆ I | heard ‖(that) [she was **crying**].(정보를 간접으로 듣다) I | heard ‖ her | **crying**.(직접 지각 하다)
②[②] I | like ‖ [that you explained about the picture].(NED,2DK12)
②[①] .., but I | love ‖ [that you are Korean].(MJL307)
②[③] Did you | notice ‖ [that all of the plants are starting to bud]?(YBM)
②[②] She | pretended ‖ [(that) she loved him], he saw through her.(PEG345,5JG129)

②[②] I | regret ‖ [that I have but one life to lose for my country].(ZEG379,3G1C)
②[③] I | see ‖ [(that) interest rates are going up again].(OAD)(정보를 알다)
②[①] I | saw ‖ [that he was displeased].(REG416)
②[②] I | 'll see ‖ [that you get a fair hearing].(OAD)
☆ feel. fear, find, hear, like, love, notice, regret. see
(공손 표현; for politeness)
②[②] I | believe ‖ [(that) you ought to leave now].(CEG331)
②[④] I | think ‖ [(that) I'll go to bed early tonight].(1G29A,3NG42)
②[④] Don't you think ‖ [(that) we'd better wait and see].(CEG331)
②[②] I | suppose ‖ [(that) you couldn't just stay an hour or two longer]?(CEG331)(요청)
②[③] I | don't suppose ‖ [(that) you'd be prepares to say in Edinburgh]?(CEG331)(요청)
☆ 5형 to~ 가능: acknowledge, ask, assume, believe, consider, declare, expect, feel. find, inform, notify, pray, presume, remind, report, tell, think, understand(3G33B,36A); (b) 3형 to~ 가능: agree, demand, guarantee, hope, offer, promise, swear, threaten, volunteer(3G36B); (c) -ing절 가능: advise, propose, recommend, suggest(3G36E); (d) with+간목: argue, check, disagree, joke (3G33); (e) 필수간목: assure, convince, inform, notify, persuade, reassure, remind, tell(can tell 제외)(3G33D); (f) 임의간목: advise, ask, promise, show, teach, warn, write(3G33D); (g) of+간목:ask, demand, require(3G33D); (h) to+간목 announce, complain, confess, explain, indicate, mention, propose, recommend, report, say, suggest (3G33D); (i) with+간목: agree, argue, check, disagree, joke(3G33D) ☆ 2.7A(2)(b); (h) 4형 of~ 직목 가능: assure advise, inform, notify, remind, tell, warn 등 ☆ want that…는 쓰지 않음에 주의. I want that you do it quickly.(×)

②[ ] I	was told ‖ [that he was tired].

예문은 복문 ②[ ]형 NPN'[fc]이다. P는 수동사 N'는 [fct절]이다.
다음과 같이 분석된다. 즉 NPN'[fc]⇒NP+N'[fc]의 관계에 있다.
여기서 [that절]은 잔류목적어 또는 수동목적어라고 한다.

②[ ] I | was told ‖ [that he was tired]. 나는 | 말해졌다 ‖ [내가 무엇을 원하는지], ㄴ
①   I | was told... 나는 | 말해졌다...
⓪[ ] ‖ [that he was tired]. [그가 피곤했다고]
  [①] [that he | was tired]. [그가 | 피곤했다고]

♧ 유형별 예문
②[②] I | 've been advised ‖ [that you have amnesia].(2DB451)(전달)
②[①] He | was told ‖ [that she had checked out of the hospital].(LSW662)(전달)
②[②] What⌐ is man | made (‖) of ‖ [that he may reproach himself].(JWG23)(비전달)

④ NPN'N"[fc]

④[ ] He	told ‖ me	‖ [that he was tired].

예문은 복문 ④[ ]형 NPN'N"[fc]이다. P는 타동사, N"는 [정형절]이다.
다음과 같이 분석된다. 즉 NPN'N"[fc]⇒>NPN'+N"[fc]의 관계에 있다.

④[ ] He | told ‖ me ‖ [that he was tired]. 그는 | 말했다 ‖ 내게 ‖ [그가 피곤하다고],
②   He | told ‖ me. 그는 | 말했다 ‖ 내게.

⓪[　] ‖ [that he was tired].　　　　　[그가 피곤했다고]
　[①] [that he | was tired].　　　　　[그가 | 피곤했다고]

♧ 유형별 예문
[전달문]
(N2⇒명사/대명사 간접목적어)
④[①] I | advised ‖ him ‖ [that he shall come].(CEG)
④[①] He | convinced ‖ me ‖ [(that) he was right].(DED)
④[①] I | informed ‖ him ‖ [that she had been successful]..(DED)
④[②] I | notified ‖ the bank ‖ [that I had changed my address].(3G33C)
④[②] They | promised(or assured) ‖ me ‖ [that they would come to the party].(3G33C)
④[③] Can you | remind ‖ me ‖ [that I need to buy some milk]?(PEG93)
④[②] Market research | has shown ‖ us ‖ [that people want quality, not just low prices].↴
④[①] Sonia | told ‖ me ‖ [that you were in the hospital].(2G46C)　　　　　(OAD)
④[②] Sophia | tells ‖ me [(that) you're thinking of emigrating.(3G2C)
④[②] I | warned ‖ him ‖ [(that) he would fall through the ice].(3G37C,E)
④[②] I | wrote ‖ (to) him ‖ [that I would be satisfied with any old freighter].(LSW662)
☆ (대)명사 간목을 취하는 동사: 필수: assure, convince, inform, notify, persuade, reassure, remind, tell(*can* tell 제외)
　　임의: advise, promise, show, teach, warn, write (to) (3G33C)
(N2⇒ 전치사구 간접목적어)
④[④] The club | asks ‖ of its members ‖ [that they pay their fees by Dec.31st].
④[②] The company | demands ‖ of its staff ‖ [that they should be at work by:30].(3G33D)
④[①] He | admitted ‖ to me ‖ [that he was seriously ill].(3G33D)
④[②] He | announced ‖ to his friends ‖ [that he won the lottery].(3G33X)
④[①] I | explained(or mentioned) ‖ to her ‖ [that I had to go home].(CEG334)
④[③] They | had first proposed ‖ to him ‖ [that he should become a director].
④[③] I | said ‖ to Herbert ‖ [that I must see Estella].(2CD353)
④[③] I | suggested ‖ to her ‖ [that she sit down on the chair and wait].(LSW663,OAD)
④[②] I | argued ‖ with Rick ‖ [that he was involved in a form of blackmail].(CEG335)
④[②] I | checked ‖ with them ‖ [that they were free on Thursday].(3G33D)
☆ 전치사구 간목을 취하는 동사: (a) of; ask, demand, require 등 (b) to; admit, announce, complain, confess, decribe, explain, indicate, introduce, mention, propose, recommend, report, say, suggest 등 (c) with~; argue, check, disagree, joke 등(3G33D)
(N2⇒ 전치사구 부가어)
④[②] I | discovered ‖ from her ‖ [that a woman prisoner had killed herself].
④[①] I | read ‖ from your manner ‖ [that you are against my plan].(EJD)[(CEG335)
④[③] The second kingdom | says ‖ of him ‖ [that he came from a great prophet].
④[①] He | cried ‖ with a sigh ‖ [that he had been very foolish].(SBE236)
④[①] He | shouted ‖ with joy ‖ [that he had won the first prize].(SBE112)

(3) '전치사+ 정형절' 목적어

> He asked me about what happened. (pr+[fc])

② NPN'(pr+[fc])

| ②[ ] He | asked ‖ **about** [what happened]. |

예문은 복문 ②[ ]형 NPN'([pr [fc])이다. P는 타동사, N'는 '전치사+ [정형절]' 이다. 다음과 같이 분석된다. 즉 NPN'([pr[fc])⇒NP+N'([pr[fc]))의 관계에 있다. 전치사의 목적어는 정형절 전체이다. The object of the preposition is the entire clause.(EOS11)

②[ ] He | asked ‖ **about** [what happened].　그녀는 | 물었다 ‖ [무슨 일이 일어났는지]에 관해.
① 　　 He | asked...　　　　　　　　　　　그녀는 | 물었다
⓪[ ] ‖ **about** [what happened].　　　　　　　‖ [무슨 일이 일어났는지]에 관해.
　[①] **about** [what | happened].　　　　　　[무슨 일이 | 일어났는지]에 관해.

♧ 유형별 예문
[단순전치사+정형절]
(about~)
②[②] You can do what you like. I | don't care‖ **about** [what you do].(2G130B)
②[②] I don't care (or mind) {a bit} ‖ **about** [what they say] (NEI)
②[⑥] Did you | hear ‖ **about** [what happened at the club on Saturday night]?(2G131B)
②[②] I | thought ‖ **about** [what you said], and I decided to take your advice.(2G131C)
②[②] You | can write ‖ **about** [whatever topic you think of].(ZEG377)
②[②] | Don't worry ‖ **about** [how the money was lost].(Baidu)
②[②] We | argued ‖ **about** [whether/if butter or margarine was better for you].(3G86D)
☆ 비격식체는 whether 대신 if로 대치 가능 (3G86D)
(at~)
②[②] They I | laughed ‖ **at** [what he said].(REG415)
②[②] | Look ‖ (**at**) [what I've got].(PEU454,493,4NG34,21JB73)
☆ tell, ask, depend, sure, idea, look와 wh-절 사이에 오는 전치사는 생략가능하다.(PEU436)
(for~)
②[②] You | should apologize ‖ **for** [what you said].(2G60A, ECD37)
②[①] You | still have to look ‖ **for** [what doesn't fit].(25NG74)
②[①] | Look ‖ **for** [which one is the fake hair]!(VLIVE)
②[②] So, why | look ‖ **for** [which is better when each method does its part]?
(into~)
②[③] He | walked ‖ **into** [what appeared to be a cave].(3G21C)
(of~)
②[②] His parents | don't approve ‖ **of** [what he does].(3G132A)
②[②] We | speak ‖ **of** [what we know].(Jn3:11)
(on~)
②[③] I | can't decide‖ **on** [what I'd like to do for vacation this year].
②[②] Much | will depends ‖ **on** [what the minster says].(PEG41)
②[①] Do you want to come with us?—It | depends ‖ (**on**) [where you're going].(1G114C)
②[①] Are you going to buy it?—It | depends ‖ (**on**) [how much it is].(2G132D)
②[①] It | depends ‖ (**on**) [if it rains or not].(YHD)
(over~)

②[②] We | fight ‖ over [what we have], rather than creating more.(NW1986.1)
②[②] They | are arguing ‖ over [who got whom].(1MiC119)
②[②] They | bickered ‖ over [who got which locker].(8JG74,PH395)
②[③] I | can't get ‖ over [how much your children have grown].(⇒can't believe)
(to~)
②[②] | Attend ‖ to [what your teachers says].(EJD102,2CD359)
②[②] | Listen carefully ‖ to [what I am about to tell you].(Lk9:44)
(to~)
②[①] She | pointed ‖ to [where the blue-roofed cave had been].(LSW687)
②[④] His thought | turned ‖ to [how he had killed the Urgals].(Eragon)
(with~)
②[②] I | don't agree ‖ with [what he said].(BBC News)
[복합전치사+정형절]
②[②] We | didn't at first pick ‖ up on [what he said].(⇒understand)(EPV469)
②[②] The witness | can only testify ‖ as to [what he actually knows].(HL470)
②[③] My mother | inquired ‖ as to [how they would be shipped home].(7JG582)

④ NPN'N''(pr+[fc])

| ④[ ] She | asked ‖ me ‖ about [what I wanted]. |

예문은 복문 ②[ ]형 NPN'N''([pr[fc])이다. P는 타동사, N'는 '전치사+ [정형절]' 이다. 다음과 같이 분석된다. 즉 NPN'([pr[fc])⇒NP+N'([pr[fc]))의 관계에 있다.

④[ ] She | asked ‖ me ‖ about [what I wanted].
        그녀는 | 물었다 ‖ 내게 ‖ [무슨 일이 일어났는지]에 관해.
②   She | asked ‖ me...   그녀는 | 물었다 ‖ 내게.
⓪[ ] ‖ about [what happened].   ‖ [무엇이 일어났는지]에 관해.
  [①] about [what | happened].   [무슨 일이 | 일어났는지]에 관해.

♧ 유형별 예문
[단순전치사+정형절]
(about~)
④[②] And we | told ‖ each other ‖ about [what we drew].(15JB20)
④[③] | Tell ‖ me ‖ (about) [where you went].(PEU437)
④[②] He | asked ‖ me ‖ about [why I was there].
④[④] He | asked ‖ me ‖ about [how I got it].
(at~)
④[⑤] She | took ‖ a look ‖ at [what she had in the fridge].(KsS17)]
(for~)
④[②] I | 'll never forgive ‖ them ‖ for [what they did].(2G131B)
④[②] The Lord | will repay ‖ him ‖ for [what he has done].(2Ti4:14)
④[⑤] He | thanked ‖ me ‖ for [what I had done for his son].(EJD)
④[①] They | apologized ‖ to me ‖ for [what happened].(2G129A)
(from~)

④[②] | Ask ‖ him ‖ from [where he got the book].(REG316)
④[①] I | can't see ‖ much ‖ from [where we are].(5TC349)
(into~)
④[①] I | developed ‖ her ‖ into [what she is].(2CD240)
(of~)
④[①] He | asked ‖ me ‖ of [what parentage I was].
④[②] I | could make ‖ little ‖ of [what he was trying to say].
④[④] He | reminded ‖ me ‖ of [what he had once told us].(ZEG3770)
④[⑩] This photo | reminds ‖ me ‖ of [what we did together during our vacations].(12JB1)
④[②] The voices | reminded ‖ him ‖ of [when his daughters were little].(HaM1000)
(on~)
④[①] The police | told ‖ him ‖ on [what charges he was being held].
④[①] When Cao Cao captured Chen Gong, he | asked ‖ him ‖ on [whether his mother and daughter should be spared].(Chen Shou's Sanguozi)
(over~)
④[②] They | fought ‖ for years ‖ over [what time they should leave].(7JG92) [(7JG304)
④[②] A legal battle | is taking ‖ place ‖ over [who owns the rights to the song]. (4DB31)
④[①] Different cultures | are killing ‖each other ‖over [whose definition of God was better].
(to~)
④[②] | Give(or Send) ‖ it ‖ to [whoever want it].(OES98,PEU613)
④[②] | Give ‖ it ‖ to [whomever you like].(OES99)
④[②] My son, | pay ‖ attention ‖ to [what I say].(Pr4:20)
④[①] | Return ‖ it ‖ to [whosoever address is on it].(OES324)
④[①] He | walked ‖ every inch ‖ to [where he is].(CRL121)
(with~)
④[①] | Compare ‖ him ‖ with [what he was].
④[③] She | would support ‖ him ‖ with [what he is going through].
(복합전치사+정형절)
④[②] I | 'm going to take ‖ Jack ‖ up on [what he said].(⇒demand an explanation)
④[①] My father | may have harbored ‖ a last doubt ‖ as to [what it meant].(1ST127)

B. 정형절 부가어

(1) 정형절 부가어

> Do to others as you would be done by.
> He said to her, "I'm feeling sick."

② NPN'[fc]

> ②[ ] | Do ‖ [as you would be done by].
> ②[ ] He | said, ‖"I'm feeling sick."

예문은 복문 ②[ ]형 NPN'[fc]이다. P는 동사술어, N'는 [정형절]이다.
다음과 같이 분석된다. 즉 NPN'[fc]⇒NP+N'[fc]의 관계에 있다.

②[ ] | Do ‖ [as you would be done by]. | 해라 ‖ [네가 받게 되려는 대로].(CLS82,Mt7:12)
① | Do... | 해라...
⓪[ ] ‖ [as you would be done by]. [네가 받게 되려는 대로]
 [②] [as you | would be done ‖ by ∨]. [네가 | 받게 되려는 ‖ 대로]

②[ ] Tom | said, ‖"I'm feeling sick." 그가 | 말했다, "나는 아프게 느끼고 있다.(2G45A)
① Tom | said,... 그가 | 말했다...
⓪[ ] ‖ "I'm feeling sick." "나는 아프게 느끼고 있다"
 [③] "I | 'm feeling | sick." "나는 | 느끼고 있다 | 아프게"

♧ 유형별 예문
(as/like절)
②[①] I | answered ‖ [as follows].(YBM)(follows는 비인칭동사))
②[②] You | can do ‖ [as (or what) you like].(⇒the way)(2G114D,X;5JG251)
②[④] You | must do ‖ [as the instructions tell you.(SBE70)
②[②] They | did ‖ [as they promised].(⇒did what they promised)(2G114D)
②[②] They | did ‖ [as they was told].(Josh10:24NLT, JB284)
②[④] People | don't know ‖ [as I know things].(6AC195)
②[③] I | had to leave ‖ [just as the conversation was getting interesting].(2G113A)(")
②[③] Jill | slipped ‖ [as she was getting off the bus].(2G113A)(도중)
②[②] We | watched ‖ [as the fire slowly kindled].(OAD)
②[②] You | ought to write ‖ [as he does].(REG434)
②[②] | Do ‖ [like (or as) I do].(Lyric)
(that절)
②[②] I | have come ‖ [that they may have life, and have it to the full].(Jn10:10)(목적)
②[①] We | eat ‖ [that we may live].(OES116)(목적)
(기타 접속사절)
②[①] The message | arrived ‖ [after I'd left]}.(3G79B)(시간)
②[①] I | couldn't sleep ‖ [although I was very tired].(2G110D)(양보)
②[②] It | was two in the morning ‖ [before they came to the lonely house].(2ACD299)(시간)
②[⑥] It | was some time ‖ [before I found out where they were living].(1ACD107)(기간)
②[①] Ten years | have passed ‖ [since he died].(SBE238)(")
②[②] My roof leaks ‖ [when(or (whenever) it rains].(PEG90)
②[⑥] It | wasn't raining ‖ [when we went out].(1G13A)
②[①] He | is always complaining ‖ [where there is no reason to do so].(SSE218B)(~인 경우에도)
②[②] You can go ‖ [whenever you wish].(NED)
②[②] I | will come ‖ [whether/if it rains or not].(DED)
②[①] It | didn't rain ‖ [while we were on vacation].(1G14B)(")
②[①] We | didn't speak ‖ [while we were eating].(1G106C)(기간)
(직접인용절)
②[③] "You should go home,"♩ Sandra | advised, ‖"You're looking really ill." (3G229)
②[①] She | answered: ‖" Yes, I do."(REG425)

②[④] "I think we should go to India while we have the opportunity,"┘ argued┘ Oliver.
②[④] Claire | asked, ‖"what time do the banks close."(2G48B)
②[②] 'And after that I moved to Italy,'┘ she | continued. (*not* …continued she.)(3G32B)
②[②] The government declared: ‖"This decision will be taken on the ist of October.(REG453)"
②[②] He | promised, ‖"I'll be back soon."(OAD)
②[②] He | says, ‖"Mary will come in the evening."(REG418)
②[①] There is a sign on the door. It | says ‖"Do not disturb."(2G120D)
②[①] Lisa | shouted ‖"Catch!" and threw the key to me from the window.(2G129D)
②[④] "I will return the book tomorrow,"┘ replied┘ my friend.(REG390)
②[①] 'You must be mad!'┘ yelled┘ her brother.(3G229)
②[⑨] "Why did she look at me like that?"┘ wondered Mary.(3G229)
②[①] Perhaps the door is open,┘ thought┘ Chris.(3G229) ☆ 5.1.B.(5)
②[③] Suddenly she | thought: ‖ Could they be trying to trick me?(3G229) ☆3.5D.(4)

> ②[ ] I | 'm sorry ‖ [(that) your mother is sick].

예문은 복문 ②[ ]형 NPN'[fc]이다. P는비동사술어, N'는 [정형절]이다.
다음과 같이 분석된다. 즉 NPN'[fc]⇒NP+N'[fc]의 관계에 있다.

②[ ] I | 'm sorry ‖ [(that) your mother is sick]. 나는 | 유감이다 ‖ [네 모친이 아픈 것이].(1G57B)
① I | 'm sorry.   나는 | 유감이다
⓪[ ] ‖ [(that) your mother is sick]. ‖ [네 모친이 아픈 것]
  [①] [(that) your mother | is sick].   [네 모친이 | 아픈 것]

♧ 유형별 예문
[wh-절]
②[④] | Be very careful ‖ [what you tell me].(LSW194,684)
②[④] He | is doubtful ‖ [what he should write to her].(EJD)
②[①] Air | is to us ‖ [what water is to fish].(A:B⇒C:D)(OAD)
②[①] Reading | is to the mind ‖ [what exercise is to the body].(Steele)
②[①] I | 'm not certain ‖ [who was there].
②[①] Lisa | will be in Mexico ‖ [when Sarah is in New York].(1G99B)
②[②] I | 'm not sure ‖ [when it's open for(OAD) anybody].(LSW684)
②[①] It | 's always sunny ‖ [where I live].(CRL38)
②[⑥] Scientists | aren't sure ‖ [where the remains of the spacecraft will land].(3G70C)
②[②] I | 'm not certain (of/about)‖ [why he wants to borrow the money].(3G70A)
②[②] I | am well aware ‖ [how busy you are at this season of the year].(CEG339)
②[①] I | am certain [whether he will succeed or not]..
②[①] They | were not sure ‖ [whether they could come or not].(EJD)
②[①] I | 'm not too sure ‖ [if this is right].(OAD)
②[②] I | 'm sorry ‖ [if I have caused any trouble].(2G83C)
②[③] Is it | all right ‖ [if I come in]?─Yes, of course.(2G35C,1G100A)
(as/like절)
②[①] The boy | is so busy ‖ [as it is].(MJL315)

[that절]
(감정의 원인/이유] the cause of the feeling; ~.이므로/때문에
②[②] I | 'm glad ‖ (that) you (should) like it.(DED)
②[①] I | 'm sorry ‖ [(that) your mother is sick].(1G57B)
②[③] I | was annoyed ‖ [that they hadn't turned up].(OAD)
②[②] I | am disappointed ‖ [that you should do such a thing].(REG213)
②[②] I | was surprised ‖ [that Ann didn't get offered the job].(2G42D)
②[②] I | was worried ‖ [that she'd say no].(CEG339)
(판단의 기준/근거): 종종 should를 써서 ~이다니/하다니
②[④] You | are crazy [that you should lend money to him.(DED)
②[④] Who are」you ‖ [that you should talk to me like this]?(SBE74,1Sa17:26)   (Heb2:6)↴
②[②] What is」man ‖ [that you are mindful of him], the son of man [that you care for him]?
(인지의 대상: what they know); ~라고, ~하는 것이/에/을)
②[①] I | was afraid ‖ [that I would be late].(3G70A))(~라고 생각한다)
②[②] He | was aware ‖ [that he had drunken too much whisky].(CEG339)
②[②] | Be careful ‖ [(that) you don't bump your head].(OAD)
②[②] The builders | are certain ‖ [that they'll be finished by the end of the week].(3G38C)
②[②] The biblical writer | are quite clear ‖ [that sin is universal].(Stott62)
②[②] I | am concerned ‖ [that she should think I stole the money].(or she thinks)(3G39E)
②[②] I | am conscious ‖ [that I have provided no answer in this book].(CEG339)
②[①] I | am convinced ‖ [that she is innocent].(OAD)
②[④] I | 'm sure ‖ [(that) I had met him before].(3G5D,2G27A)
[기타접속사절]
②[①] I | am happy ‖ [after/as/because/since/when(or that) you are with me].
②[②] Lisa | is hungry ‖ [because he didn't have breakfast].(1G98D)(이유)
②[①] It | was not very long ‖ [before he discovered].(Ho170,290,303)(시간)
②[②] It | will be a long time ‖ [before the bridge is built].(DED)(시간)
②[①] The lesson | was over ‖ [before that phrase was quite perfect](KM72)(")
②[①] How long has it | been ‖ [since Mrs. Hill died]?(2G13C)(시간)
②[①] It | is(or has been) ten years ‖ [since he died].(SBE238,Ho269)(")
②[③] It | wasn't long [until he was appointed Professor of Chemistry].(3G79X)(")

☆ 전달형용사의 종류: 감정원인;adamant, afraid, angry, anxious, confident, frightened, glad, happy, pleased, proud sad, sorry, surprised, upset, worried: 인지대상, aware, certain, conscious, convinced, positive, sure, unaware: 사실평가; agreed, apparent, appropriate, awful, essential, evident, extraordinary, fair, funny, good, important, inevitable, interesting, likely, lucky, natural, obvious, plain, possible, probable, sad, sure, true, unlikely(CEG339) 불확실성을 전달하는 형용사는 주로 wh-절에 사용된다. doubtful (usually+whether), uncertain, not certain, unsure, not sure(3G38C)

④ NPN'N"[fc]

> ④[ ] | Do ‖ to others ‖ [as you would be done by].
> ④[ ] He | said ‖ to her, ‖"I'm feeling sick."

예문은 복문 ④[ ]형 NPN'N"[fc)이다. P는 동사술어, N'는 [정형절]이다.
다음과 같이 분석된다. 즉 NPN'[fc])⇒NPN'+N"[fc]))의 관계에 있다.

④[ ] | Do ‖ to others ‖ [as you would be done by].
        | 해라 ‖ 다른 이들에게 ‖ [네가 받게 되려는 대로]
② | Do ‖ to others | 해라 ‖ 다른 이들에게 .+
⓪[ ] ‖ [as you would be done by].   [네가 받게 되려는 대로]
  [②]   [as you | would be done ‖ by ∨]. [네가 | 받게 되려는 ‖ 대로]

④[ ] He | said ‖ to her, ‖"I'm feeling sick."
        그가 | 말했다 ‖ 그녀에게, "나는 아프게 느끼고 있다 "
②   He | said ‖ to her.   그가 | 말했다 ‖ 그녀에게,
⓪[ ] ‖ "I'm feeling sick."   "나는 | 아프게 느끼고 있다 "
  [③] "I | 'm feeling | sick."   "나는 | 느끼고 있다 | 아프게"

♧ 유형별 예문
(as/like절)
④[⑤] Noah | did ‖ everything ‖ [just as God commanded him].(Ge6:22)(방법)
④[ ] | Do ‖ to others ‖ [as you would be done by].(SBE282,DED,Lk6:31)
④[⑤] | Do ‖ to others ‖ [as you would have them do to you].(Lk6:31)(")
④[②] | Do ‖ to them ‖ [as you please].(Ge18:8)(")
④[②] | Do ‖ with him ‖ [as you please]," the Lord said to Satan.(Job2:6)(")
④[②] I | do not give ‖ to you ‖ [as the world gives].(Jn14:27)(")
④[⑤] You | have treated ‖ him ‖ [as he deserves].(Jdg9:16;RTK18:55)(")
④[②] She | was shaking ‖ with anger ‖ [as she left the hotel].(3G4C)(동시)
④[②] I | watched ‖ her ‖ [as she opened the letter].(2G113A)(")
④[②] We | met ‖ Paul ‖ [as we were leaving the hotel].(2G113A)(도중)
④[①] I | couldn't contact ‖ David ‖ [as he was on a business trip].(2G113B)(이유)
④[②] The earth | will be filled ‖ with the knowledge of the Lord ‖ [as the waters covers the sea].(Isa11:9) *as 앞에 콤마가 없으면(NIV) 부가어, 있으면(ASV) 부사어로 다룬다.
④[②] | Do ‖ it ‖ [as/like] I do].(SSE229E)(방법)
④[④] You | should have done ‖ it ‖ [as /like I showed you].(2G114C)(")
(that절)
④[⑤'] It | is said ‖ of him ‖ [that he never did anything at home].(ACv72)
④[③] We | make ‖ war ‖ [that we may live in peace]. (Aristoteles)(목적)
④[③] He | worked ‖ hard ‖ [that he might live in comfort].(OES241)(목적)
④[⑤] How have I | wronged ‖ you ‖ ∨ [that you have brought such great guilt upon me and my kingdom]?(Ge20:9)(이유/판단의 근거)
④[②] What have I | done ‖ ∨ ‖ [that I should be punished so severely]?(SBE74)(감정의 should)
④[②] An orphan | stood ‖ the test ‖ [so that he became the governor of the state].(결과)
(기타접속사절)
④[②] They | watched ‖ TV ‖ [after they did the dishes].(1G106B)(시간)
④[②] I'll call you [after I've spoken to them].(OAD)
④[①] I | didn't get ‖ the job ‖ [although/though I was well qualified].(2G110A)(양보)
④[①] I | opened ‖ the window ‖ [because it was very hot].(1G98D)(이유)
④[①] | Do ‖ it now ‖ [before you forget].(1G106B)(시간)
④[②] | Always look ‖ both ways ‖ [before you cross the street].(1G99A)(시간)
④[①] He | walked ‖ quickly ‖ [for he was in a great hurry].(REG433)(이유)

④[①] We | 'll buy ‖ some more food ‖ [if Tom comes].(2G111)(조건)
④[①] You | can do ‖ it ‖ [however you like].(DED)
④[⑤] I | ll handle ‖ this situation ‖ [however you want me to handle it].(2DB64)
④[②] Things | started ‖ changing ‖ [once they left the city limits].(LB408)(시간)
④[①] They | 've known ‖ each other ‖ [since they were in high school](2G13B)(")
④[④] I | haven't seen ‖ her ‖ [since she left home for the office.(2G130C)(")
④[①] I | had to wait ‖ six weeks ‖ [until | before the parcel arrived].(3G79B)(")
④[②] Jack | was reading ‖ a book ‖ [when the phone rang].(1G13A)
④[①] I | shall do ‖ it ‖ [when I return].(REG432)
④[②] Can you | spare ‖ five minutes ‖ [when it's convenient]?(1G99B)
④[②] She | hits ‖ the criminal ‖ [where it hurts].
④[③] Does it | rain ‖ a lot ‖ [where you live]?(1G7X)
④[②] I | will attend ‖ the meeting ‖ [whether/if it rains or not].(DED)
④[②] Chris | read ‖ a book ‖ [while I watched TV].(2G116B)(")
(직접인용절)
④[①] He | asked ‖ her, ‖ "Do you want to see the new film?"(REG425)
④[③] The police office | said ‖ to us, ‖ "Where are you going?"(2G48B)
④[①] She | shouted ‖ to the children ‖ "It's time to go home!"(3G229)

⑥ NPP'N'[fc]

> ⑥[ ] I | will make | sure ‖ [how many books we need].
> ⑥[ ] I | felt | satisfied ‖ [that all was right].
> ⑥[ ] She | cried | out, ‖ "Oh, it looks just like Uncle Oscar!"

예문은 복문 ⑥[ ]형 NPP'N'[wh-fc]이다. P는 능동사 N'은 [정형절]이다.
다음과 같이 분석된다. 즉 NPP'N'[fc]⇒NPP'+N'[fc]의 관계에 있다.

⑥[ ] I | will make | sure ‖ [how many books we need].
    나는 | 할 것이다 | 확실히 ‖ [얼마나 많은 책들을 우리가 필요로 하는지].
③   I | will make | sure...   나는 | 할 것이다 | 확실히
⓪[ ] ‖ [how many books we need]. [얼마나 많은 책들을 우리가 필요로 하는지]
  [②] [how many books we need]. [우리가 | 필요로 하는지 ‖ 얼마나 많은 책들을]

⑥[ ] I | felt | satisfied ‖ [that all was right].
    나는 | 느꼈다 | 만족하게 ‖ [모든 것이 잘 되었다고].
③   I | felt | satisfied...   나는 | 느꼈다 | 만족하게...
⓪[ ] ‖ [that all was right] [모든 것이 잘 되었다고].
  [①] [that all | was right] [모든 것이 | 잘 되었다는 것].

⑥[ ] She | cried | out, ‖ "Oh, it looks just like Uncle Oscar!")
    그녀는 | 외쳤다 | 드러나게, ‖ "오, 바로 오스카 삼폰 같아 보인다! "
③]   She | cried | out   그녀는 | 외쳤다 | 드러나게, ‖
⓪[ ] ‖"Oh, it looks just like Uncle Oscar!" ‖ "오, 바로 오스카 삼촌 같아 보인다!
  [③] "Oh, it | looks | just like Uncle Oscar!" "오, 그것은 | 보인다 | 바로 오스카 삼폰 같아!"

♣ 유형별 예문
[wh-절]
(전달문)
⑥[②] I | cannot make | out ‖ [what you want to say]..
⑥[①] Can you | make | out ‖ [what that white thing on the horizon is]?(2CPV25)
⑥[②] The police | never found | out ‖ [who committed the murder].(2G136C)
⑥[⑩] I | can't make | out ‖ [why my computer won't let me save this document].(2P10A)
⑥[②] Can you | figure | out ‖ [why my answer is wrong]?(2G136C)
⑥[⑩] I | can't make | out ‖ [why my computer won't let me save this document].(2CPV24)
⑥[②] It | seemed | incredible ‖ [how much had happened].(LSW684)
(비전달문)
⑥[①] You | will be left | in no doubt ‖ [which of us is stronger].
⑥[④] We | 'll looking | good ‖ [when you drive my Mercedes Benz].(YBM)
⑥[② He | had just drifted | off to sleep ‖ [when the phone rang].
⑥[⑦] The tin drum | gave | in ‖ [where I kicked in].(NQE272)
[as/like절]
⑥[①] They | bowed | before her ‖ [as Romans lads were to do].(JB78)
⑥[①] Revival | swept | through that church ‖ [like no one could remember].(Wil60)
[that절]
(전달문)
⑥[①] I | felt | satisfied ‖ [that all was right].(Poe, Black Cat)
⑥[②] We | agreed | with Susan ‖ [that the information should go no further].(3G33D)
⑥[①] He | cried | out ‖ [that she was a very pretty girl].(⇒reveal)(SAT)
⑥[①] He | found | out ‖ [that they were not very healthy].(")(NEI)
⑥[④] | Gave | out ‖ [that we were going down to Cairo again].(")(4AC28)
⑥[③] He | became | worried ‖ [that she might leap from behind a door].(3G70A)
⑥[②] He | felt | awful ‖ [that she wasn't able to help him].(3G70A)
⑥[①] We use 'must' to say [we | feel | sure ‖ [that something is true]].(2G27A)
⑥[①] She | made | sure ‖ [that she had turned off the gas].(ZEG379)
⑥[①] I | just have to make | sure ‖ [that you're Miss Right].
⑥[①] You | may rest | assured ‖ [that she will be punished].(4HP123)
(비전달문)
⑥[②] He | sat | behind me ‖ [so that I could see the expression on her face].(REG435)(목적)
⑥[①] And I | climbed . | up there ‖ [so that I was real tall].(1JB54)(결과)
[기타접속사절]
⑥[①] It | feels | like years ‖ [since I slept in].(5SK522)(시간)
⑥[①] We | went | out ‖ [although it was raining].(2G110A)(양보)
⑥[①] We | didn't go | out ‖ [because it was raining].(2G110A)(이유)
⑥[③] Where did you | use to live | ∨ ‖ [before you came here]?(1G15A)(시간)
⑥[①] The law | needs | to be revised ‖ [if justice is to be done].(3G12B)(조건)
⑥[①] I | 've lived | in Chicago ‖ [since I was ten years old].(1G18A)(")
⑥[①] You | can go | in ‖ [unless | except you are a member].(2G112A)(")
⑥[③] I | 'll wait | here ‖ [until you come back].(1G99B,3G79B)(시간)
⑥[①] I | often fell | asleep ‖ [while I 'm reading}.(1G106B,14B)(")
[직접인용절]

⑥[③] Albertine | burst | out, ‖ "Andre, you are a wonder!!"(2ST490)
⑥[②] He kept on [| calling | out ‖ "struck by lightning!"](Ho17)
⑥[③] She | cried | out, ‖ "Oh, it looks just like Uncle Oscar!"(NEI)
⑥[①] He | went | on: ‖ "What comes out of a man is what makes him unclean."(Mk7:20)

(2) '전치사+정형절' 부가어

> He raised his eyes from what he was doing. (pr+[fc])

② NPN'(pr+[fc])

> ②[ ] The film | was different ‖ from [what I'd expected].

예문은 복문 ②[ ]형 NPN'([pr [fc])이다. P는 타동사, N'는 '전치사+ [정형절]' 이다. 다음과 같이 분석된다. 즉 NPN'([pr[fc])⇒NP+N'([pr[fc]))의 관계에 있다.

②[ ] The film | was different ‖ from(or than) [what I'd expected].(2G128C)
        그 영화는 | 달랐다 ‖ [내가 기대한 것]으로부터.
①   The film | was different.   그 영화는 | 달랐다.
⓪[ ] ‖ from [what I'd expected].   ‖ [내가 기대한 것]으로부터.
   [②]   from [what I | 'd expected ‖ ∨]. [내가 | 기대했다 ‖ 것을]으로부터.

♧ 유형별 예문
[단순전치사+정형절]
(about~)
②[①] Chris | was angry ‖ about [what happened].(1G113X)
②[②] I | 'm concerned ‖ about [whether he has signed the contract].(LEG15)
②[②] I | am worried ‖ about [if you could understand that].(weblio)
(as~)
②[②] I | felt ‖ as [though she deserted me].(Gide100)
(at~)
②[②] You | can go ‖ at [whatever time you wish].(Hemingway)(D)
②[②] I hope [you | weren't shocked ‖ at(or by)[what I said]].(3G127C)
②[②] They | are really good ‖ at [what they do].(3TC199)
②[②] She | was amazed ‖ at [how exhausted she was].(LSW684,Fr'n35)
(by~)
②[②] You | have to go ‖ by [what your boss say].(ECD1210)
②[③] I | was kind of disappointed ‖ by [where this was all heading].(5Wimpy)
(for~)
②[②] Alex | is very sorry ‖ for(or about) [what he said].(3G127D,ECD37)
(from~)
②[⑥] Let's [| start again ‖ from [where we left off]].(EXD289)
(in~)
②[⑤] Parents | are interested ‖ in [what we do here in school].(23JB27)

②[②] I | 'm interested ‖ in [when he did it].(LEG16)
(of~)
②[④] They | were afraid ‖ of [what the Babylonians would do to them].(2Ki25:26)
②[④] I | was not aware ‖ of [how deeply she loved me].(EJD)
(to~)
②[①] I | went ‖ to [where I thought he had been].(HL352)
②[①] Mrs. | hurried ‖ to [where I was].(6JB52)
(with~)
②[②] I | 'm satisfied ‖ with [whatever you did].(ZEG377)
②[②] I | am familiar ‖ with [how it works].(Hearings197)
(복합전치사+정형절)
②[②] Gradually Lennie's interest | came ‖ around to [what was being said].(1JoS73)
②[①] I | am at loss ‖ as to [what I should do].(BSH139)
②[④] Plenty of theories | exist ‖ as to [why he did this].(2DB140)
②[②] Everyone | was curious ‖ as to [why Mark was leaving].(OAD)..
②[③] And he | totally missed ‖ out on [what looked to be an awesome pecan pie]!(RD,C)(놓치다)
②[②] All | were puzzled ‖ as to [how such a thing could happened to her ∨].(HaM459)
②[①] I | am doubtful ‖ (as to) [whether it is true].(DED,3G34F)
②[③] You | ought to wise ‖ up to [what's going on].(⇒know)(NPV855)

④ NPN'N"(pr+[fc])

④[ ] Mr. Scary | raised ‖ his eyes ‖ from [what he was doing].

예문은 복문 ④[ ]형 NPN'N"([pr[fc])이다. P는 타동사, N'는 '전치사+ [정형절]' 이다. 다음과 같이 분석된다. 즉 NPN'([pr[fc])⇒NP+N'([pr[fc]))의 관계에 있다.

④[ ] Mr. Scary | raised ‖ his eyes ‖ from [what he was doing].
   Scary씨는 | 치켜 올렸다 ‖ 그의 눈을 ‖ [그가 하고 있는 것]으로부터.
②   Mr. Scary | raised ‖ his eyes.   Scary 씨는 | 치켜 올렸다 ‖ 그의 눈을.
⓪[ ] ‖ from [what he was doing]   ‖ [그가 하고 있는 것]으로부터
 [①]   from [what he | was doing ‖ ∨] [그가 | 하고 있는 ‖ 것]으로부터

♧ 유형별 예문
[단순전치사+정형절]
(about~)
④[①] (Why) do you | ask ‖ me ‖ about [what is good]?(Mt19:17)
(as~)
④[②] I | remember ‖ him ‖ as [if it were yesterday].(RLS1)
(for)
④[②] He | 'll always be thankful ‖ to you ‖ for [what you've done]. [(VLIVE)
(from~)
④[②] Mr. Scary | raised ‖ his eyes ‖ from [what he was doing].(21JB11)
④[②] Do you | remember ‖ things ‖ from [when you were ten years old]?(HaM281)
(over~)

④[②] Two teenagers | almost came ‖ to blows ‖ over [who would get the next serving].
(than)
④[②] I | would rather lose ‖ a dozen cherry trees ‖ than [that you should tell one falsehood]. (JB50)
④[③] I | crossed ‖ the room ‖ to [where she was sitting].(CEG369)
(without~)
④[②] I | can't accompany ‖ you ‖ without [(that) I get some money].(YBM)
④[②] He | never passed ‖ people on the street ‖ without [that they greeted him].(5EG386)
[복합전치사+정형절]
④[③] They | led ‖ her ‖ up to [where the King was sleeping].(LC144,ZEG377)

⑥ NPN'N''(pr+[fc])

⑥[ ] You	looked	different ‖ from [how you were at home].

예문은 복문 ⑥[ ]형 NPP'N'([pr+fc])이다. P는 타동사, N'는 '전치사+ [정형절]' 이다. 다음과 같이 분석된다. 즉 NPP'([prfc])⇒NPP'+([prfc]))의 관계에 있다.

⑥[ ] You | looked | different ‖ from [how you were at home].(KS184)
       너는 | 보였다 | 달라 ‖ [어떻게 네가 집에서 지냈는지]로부터.
③   You | looked | different. 너는 | 보였다 | 달라.
⓪[ ] ‖ from [how you were at home] 네가 집에서 어떻게 있었는지]로부터
   [③]   from [how you were at home] 네가 | 집에 있었는지 | 어떻게]로부터

♧ 유형별 예문
[단순전치사+정형절]
(as~)
⑥[①] Magnus | walked | in ‖ as [if nothing had happened].(3G84D)
(from~)
⑥[②] His father | didn't look | much different ‖ from [when he was alive].(HM1038)
(than~)
⑥[①] Anna | felt | even colder ‖ than [when she was out in the storm].(Fr'n112)
[복합전치사+정형절]
⑥[①] You imagined [how curious I | became | ∨ ‖ as to [what the meaning of this extraordinary performance could be]].(BSH150)   (Lk9:46)
⑥[①] An argument | arises | among the disciples ‖ as to [which of them would be greatest].

[요약 및 약어/기호]

[요약]
Less is more.
Nature loves simplicity and unity.-Kepler

2진법영어의 7대 기본원리
1. 문장의 주성분은 이름말(N: Nominal)과 풀이말(P; Predicate)으로 구성된다.
- N은 P의 서술을 받는 말: 주어(Subject), 부가어(Adjunct)를 말한다. 부가어는 협의의 부가어와 목적어(Object)을 포함한다.
- P는 N 즉 주어/부가어(목적어)를 서술하는 말: 단순술어(Simple Predicate), 주격술어(Subject Predicative), 목적격술어(Object Predicative)로 나눈다. 술어는 종래의 보어(Complement)를 포함
2. 기본형 '주어(N)+술어(P)'뒤에 다른 N과 P를 추가하여 확장형을 만들 수 있다.
- N은 본래 이름말(Nominal)을 의미하지만 P가 아닌 경우를 망라하기 위해 잔여개념(remainder)인 협의의 부가어(Adjunct)를 포함한다.
- NP 다음 추가될 말이 없을 경우는 기본형이다.
① His father | is an engineer. NP 더 나눌 수 없는 기본형임
- NP 다음에 어떤 말이 추가될 경우 P를 be로 치환하여, 문장이 성립하면 추가된 말은 P', 그렇지 않으면 N'이다.
② I | can speak ‖ English. [NPN'] 왜냐하면 I | am English.는 불성립하므로
③ Our school | stands | on a hill. [NPP'] Our school | is on a hill.가 성립
- NPN' 다음 어떤 말이 추가될 경우 N'과 추가된 말 사이에 be를 보충하여 문장이 성립되면 추가된 말은 P', 안되면 N"이다.
④ I | gave ‖ her ‖ a watch. [NPN'N"]. 왜냐하면 She | was a watch. 불성립하므로
⑤ We | called ‖ him | John. [NPN'P'] He | is John.가 성립하므로
- NPP' 다음 어떤 말이 추가될 경우 N과 추가된 말 사이에 be를 보충하여 문장이 성립되면 추가된 말은 P", 안되면 N'이다.
⑥ The truth | became | known ‖ to us all.[NPP'N'] The truth | was us all. 불성립
⑦ He | returned | home | a different person.[NPP'P"] He | was a different person.는 성립
3. N과 P의 어순은 2진법(원내 숫자는 10진법)에 따른다.
- ①=01, ②=010, ③=011, ④=0100, ⑤=0101, ⑥=0110, ⑦=0111
- 2진법과 10진법의 관계는 다음과 같다.
NP= 01 → ①   NPN'= 010→ ②
NPP'=011→ ③   NPN'N" = 0100→ ④
NPN'P'=0101→⑤   NPP'N'=0110→ ⑥
NPP'P" =0111→⑦
- N이 P에 비해 긴 경우 등에는 양자 간에 도치가 가능하다.
⑤ I | took ‖ my jacket | off. →⑤ I | took 「off ‖ my jacket.
- 위치상 주성분은 주어를 기준으로 가까운 것이 먼저 오고 먼 것이 뒤에 온다.
⑤ I (주어)→put (동작; 가장 가깝다)→ a watch (동작의 객체; 중간)→on the desk (동작의 장소: 가장 멀다).
- 홀수형은 홀수형끼리, 짝수형은 짝수형끼리 어울린다.
예) 홀수형의 수동태는 홀수형, 짝수형의 수동태는 짝수형

④ I | gave ‖ her ‖ a watch. NPN'N"→② She | was given ‖ a watch. NPN'
⑤) I | put ‖ a watch | on the desk. NPN'P'
→③ A watch | was put | on the desk. NPP'
  5형식문형 v. 2진법문형: 1형식→1형; 2형식 중 be+보어→1형, 일반동사 술어는 3형;
  3형식→2형; 4형식→4형; 5형식→5형

4. 문장의 부속성분에는 한정어, 형용어, 보조어, 부사어, 연결어가 있다.
- 한정어/형용어는 명사의 부속성분, 보조어/부사어는 형용어를 제외한 부속성분이다.
연결어는 성분들을 연결한다.
- 부속성분인 부사어는 주성분에 부속되거나, 주성분으로부터 분리된 것을 말한다. 콤마로 분리되거나 의미상 주성분에 대한 부속여부에 따라 부가어와 구별할 수 있다.
5. 수식어 중 단어는 주로 피수식어 앞, 구/절은 피수식어 뒤에 온다.
- 수식어 중 단어는 주로 피수식어 앞에, 구와 절(예, 관계절)은 피수식어의 뒤에 온다,
- 시간부사어는 문장의 맨 앞이나 중간에 올 수 있다.
다만, 맨 뒤에 오는 시간어는 주성분인 부가어이다.
- 삽입어 | 독립어는 위치이동이 비교적 자유롭다.
6. 문장성분의 재료인 단어를 의미와 용법에 따라 분류한 것을 품사라고 부른다.
- 영어사전에서 품사는 명사(noun), 대명사(pronoun), 동사(verb), 형용사(adjective), 전치사(preposition), 부사(adverb), 접속사(conjunction), 감탄사(exclamation)로 나타난다. 다만, 사전에서 부사는 전치사와 같은 형태이지만 목적어 없이 사용되는 것을 포함하지만 여기서는 부사에서 독립시켜 소사(particle)로 다룬다.
- 품사의 분류는 영어사전을 참조하라. 본래용법(주된 용법)과 전성용법이 있다.
7. 문장성분의 재료는 단어(품사), 구(전치사구, 동사구), 절(정형절, 비정형절)이다.
- 품사는 단독으로 또는 품사끼리 결합한 구로 문장성분이 된다.
- 절에는 비정형술어에 다른 주성분이 추가된 비정형절(-ing절, -ed절, to~절, ~절, wh+to~절, 비동사술어절)과 주술관계를 갖춘 정형절(that절, wh절, whether절, if절, 인용절. 동격절)이 있다. 절은 주절에 내포되거나(주성분) 주성분에 부속되어(부속성분) 문장성분이 된다.
- 소사는 독립적으로 또는 전치사구(preposition phrase)의 부속어로서 문장성분이 된다.
- 부사는 부사어(주성분/부속성분), 감탄사는 독립어로, 접속사는 연결어로 사용된다.
정형절은 that절, wh-절, if절, 인용절 등, 비정형절은 ~ed절, ~ing절, to~절이다.
전치사는 단어나 구 뿐 아니라 절과도 결합할 수 있다.

[참고] 50 키워드 일람표
(a) particle로만 쓰이는 것(6)
ahead, apart, aside, away, backward(s), together
(b) preposition으로만 쓰이는 것(10)
against, among, as, at, beside, for, from, into, of, with
(c) preposition과 particle에 함께 쓰이는 것(34)
about, above, after, across, along, (a)round, back, before, behind, below, beneath, between, beyond, by, down, forth, forward(s), in, inside, like, off, on, out, outside, over, past, through, to, toward(s), under, up, upon, within, without

[약어/기호]

〈약어표〉
S(Subject:주어), P(Predicate:술어), C(Complement:보어), O(Object:목적어), A(Adjunct:부가어),
v:verb(동사) n: noun(명사) | pr: pronoun(대명사) a: adjective(형용사) ad:adverb(부사)
p:particle(소사) pr~:preposition phrase(전치사구) conj: conjunction(접속사):
Interj: interjection(감탄사) fc: finite clause(정형절), nfc: non-finite clause(비정형절)
sb: somebody, sth: something

〈문형 및 그 구성부분을 나타내는 기호〉

NP	Code 1 ①	NPN	Code 2 ②
NPP	Code 3 ③	NPNN	Code 4 ④
NPNP	Code 5 ⑤	NPPN	Code 6 ⑥
NPPP	Code 7 ⑦		

| P 앞에 표시한다. 단, 의미상 N과 P의 위치가 통상적인 어순과 다른 경우는 「 또는 」로 표시한다. 예) I | am working. ― So am」 I.

‖   N 앞에 표시한다. 단, 문두의 주어 N 앞에는 표시 생략. 의미상 N과 P의 위치가 통상적인 어순과 다른 경우는 『 또는 』로 표시한다.

    예) Your brother | paints ‖ well. ― So』 he | does.

문장의 마지막에 오는 P나 N은 굵은체로 나타내고 전치사는 밑줄을 추가.

    예) So is」 every Tom, Dick, and Harry. P」N (P=be+Predicate)
       I | took ‖ the child ‖ to the park. NPNN (N=Object Adjunct)
       It | will bring 「 about ‖ a good result. NP 「PN (P=Object Predicative)
       She | is reading ‖ a book 「 in the room. NPN 「P (P=Subject Predicative)

(‖)(|) 전치사구의 목적어가 수동문의 주어가 되는 경우 분리된 전치사 앞에 (‖) 표시하여 그 뒷부분 문형 번호에 영향을 주지 않도록 한다. 마찬가지로 분리된 복합전치사의 뒷부분이나 앞에는(|), (‖)로 표시한다.

    예) I | am waited (‖) on.
       The manager | called 「in ‖ Gary (|) for questioning.

[ ] 주성분(주어, 술어, 부가어(안긴 절 포함), 목적어)을 표시한다.
〈 〉 부속성분인 한정어, 형용어(안긴 절 포함)를 표시한다.
{ } 부속성분인 보조어, 부사어(이어진 절 포함)를 표시한다.
단, 위 세 가지 기호는 주로 절에 사용하고 단어/구에도 종종 사용한다.
[[ ]], [<>] ≪ ≫ 등은 절이 단어/구/절을 안은 경우(embedding)를 표시한다

·   2개 이상의 단어가 결합하여 한 단어처럼 쓰이는 결합어의 구성부분 사이에 표시.

∨   문장 앞으로 도치된 요소가 본래 있어야 할 자리를 나타낸다

    예) What do you | know ‖ ∨ ‖ about him? ∨ = What

∩   문장 중에서 공유되는 요소를 가리킨다.

    예) [He] | is hard [to understand ∩].

[예문출처]: References

[주요문헌]
Murphy; Grammar in Use: Basic(G1), Intermediate(G2), Hewings, Advanced(G3)
예) 1G1A=Unit 1 Section A
J.K. Rowling: Harry Potter(HP)1~7 예) 1HP3=1권 3쪽
J.R.R. Tolkien: The Lord of the Rings (LR) 1~3, The Hobbit 4 예) 1LR3=1권 3쪽
Marcel Proust; In Search of Lost Time(ST) 1~6 예) 2ST458=2권 458쪽
아가페, NIV Explanation Bible : 약어표 참조 (예) Ge1:3=Genesis Chapter 1 Verse 3

[영어사전]
NTC's Dictionary of Phrasal Verbs(NPV), Oxford Dictionary of Phrasal Verbs(OPV), C. Barnard, English Phrasal Verb Dictionary(EPV), Tom Cho, English Idiom Dictionary(EID), McCarty, English Phrasal Verb in Use((PVU), Oxford Advanced Learner's Dictionary(OAD), The Oxford Dictionary of English Grammar(ODEG), Merriam-Webster English Dictionary (MED), 두산동아영한사전(DED), 교학사영한사전(KED), 슈프림영한사전(PED), 시사영한사전(SED), Friendict Level English-Korean Dictionary(FED), 日本研究社사전(EJD), 박양우, Practical English Conversation Dictionary(ECD)

[문법서]
Collins Cobuild English Grammar(CEG): Alexander, Longman English Grammar(LEG): Thomson, A Practical English Grammar(PEG): Swan, Practical English Usage(PEU), Longman, Grammar of Spoken and Written English(LSW): Ann Eljenholm Nichols, English Syntax(AES): Bas Aarts, English Syntax and Argumentation(ESA): Strunk Jr. Elements of Style(EOS): Susan Thurman, The Only Grammar Book You'll Ever Need(OGB): 유진, 영어구문론(OES), 조성식, 영문법연구 1~6(SEG): 조석종, 영어통사론(CES): 대법영어(DBE): 맨투맨기초영어(MBE): 성문기본영어(SBE): 이기동, 전치사연구(EPL): 한민근, Study English This Way(SET): 장덕흠, Self Self English(SSE): 薄冰, English Grammar(BEG): 钟邦清, English Grammar(ZEG): 轻松学韩语英语(CKE): КАЧАЛОВА, English Grammar(REG): Cambridge, English Phrasal Verbs in Use(CPV) 2.3: Nishmura, 영어는 전치사(EPN): Hiroto Onshi, 술술 전치사(EPH),

[문학서]
Hans Anderson(HA); Fairly Tales: Austen(JA); 1. Emma, 2. Pride and Prejudice: Charlotte Bronte(CB); Jane Eyre: Dan Brown(DB); 1. Angels and Demons, 2. Inferno, 3. The Da Vinci Code, 4. The Lost Symbol: Emily Bronte(EB); Wuthering Height:: Frank Baum(FB); The Wizard of Oz: Giovanni: Boccaccio(GB); The Decameron: James Baldwin(JB); Fifty Famous Stories: Tim O'Brien(O'B);Going After Cacciato: Larry Bond(LB); Red Phoenix: Pearl Buck(PB) 1. Good Earth. 2. Letter from Peking: Richard Burton(RB); Arabian Nights 1,2: Samuel Beckett(SB); Waiting for Godot: Agatha Christie(AC); 1. The Mouse Trap, 2. And Then There Were None, 3. Murder on the Orient Express, 4. Murder on the Nile, 5. The Mysterious Affair at Styles, 6. Postern of Fate, 7. Short Stories: Abert Camus(ACa); The Stranger: Anton Chehov(ACv); Short Stories: Lewis Carol(LC); Alice in Wonderland: Le Carr'e(LC'); Tinker, Tailor, Soldier, Spy: Miguel de Cervantes(MC); Don Quixote: James Lincoln Collier(JLC); My Brother Sam is Dead: Michael Crichton(MiC); 1. A Case of Need, 2 Sphere: Tom Clancy(TC); 1. Bear and Dragon, 2. Executive Orders, 3. Patriot Games, 4. The Sum of All Fears, 5. Red Storm Rising, 6. Rainbow Six 7. Clear and Present Danger, 8 Without Remorse 9. The Cardinal of Kremlin: Alexander Duma(AD); 1. The Count of Monte Cristo 2. Three Musketeers: Charles Dickens(CD); 1. David Copperfield, 2. The Great Expectations, 3. A Tale of Two Cities, 4. Oliver Twist: Conan Doyle(ACD); 1.2. Sherlock Homes: Daniel Defoe(DD); Robinson Crusoe: Fyodor Dostoevsky(FD); 1.Crime and Punishment, 2 The Karamazov Brothers: Antoine de Saint-Exupery(ASE); The Little Prince: George Eliot(GE); Silas Marner: Umberto Eco(UE); 1. The Name of the Rose, 2.Foucault's Pendulum: Anne Frank(AnF); The Diary of Anne Frank: André Gide(A'G) Straight is the Gate: Han Kang; The vegetarian: John Grisham(JG); 1. The Chamber, 2. The Brethren, 3. The Appeal, 4. The

Client, 5. The Firm, 6. The Pelican Brief, 7. A Painted House, 8. Playing for Pizza, 9. The Partner, 10. The Rainmaker, 11. The Testament, 12. A Time to Kill, 13. Runaway Jury 14. Street Lawyers, 15. The King of Torts, 16. The Innocent Man, 17. The Summons : Johann Wolfgang von Goethe(JWG); The Sorrows of Young Werther: Kahlil Gibran(KG); The Prophet: William Golding(WG); Lord of Flies: Chad Harbach(CH); The Art of Fielding: Ernest Hemingway(EH) 1. The Old Man and the Sea, 2. The snows of Kilimanjaro: Herman Hesse(HH); Demian: Joshep Heller(JH); Catch-22: O. Henry(OH); 1. 41 Stories, 2. Short Stories: Nathaniel Hawthorne(NH); The Scarlet Letter; Thomas Hardy(TH); Tess of the D'Urbervile: Thomas Harris(THr); 1. Red Dragon. 2. The Silence of the Lambs: Victor Hugo(VH); Les Miserables: James Joyce(JJ); 1. Dubliners, 2. A Portrait of the Artist as a Young Man, 3. Ulysses: Dean Koontz(DK); 1. Strange Highways, 2. Fear Nothing: Stephen King(SK); 1. Carrie, 2. Cell, 3. The Mist, 4. The Tommyknockers, 5. Insomnia: Chang-Rae, Lee(CRL); Native Speaker: D.H. Lawrence(DHL); Sons and Lovers: Harper Lee(HL); To Kill a Mocking Bird: Min Maurice Leblanc(ML); 1. Arsene Lupin. 2. The Hollow Needle; Min Jin,Lee(MJL); Pachinko: Arther Miller(AM); Death of a Salesman: Colleen McCullough(CMc); The Thorn Birds: Haruki Murakami(HaM); 1Q84: Herman Melville(HeM); Moby Dick: Katherine Mansfield(KM); Short Stories; Margaret Mitchell(MM); Gone with the Wind: Richard Matheson(RM); I AM LEGEND: Somerset Maugham(WSM); The Moon and Sixpence: George Orwell(GO); 1984: Tim O'Brien(TO); Going After Cacciato: Boris Pasternak(BP); Doctor Zhivago: Christopher Paolini(CP); 1. Eragon, 2. Eldest, 3. Brsinger: Edga Allan Po(EAP); Short Stories; James Patterson(JP); 1. Middle School, 2. 11th Hour: Alexander I. Solzhenitsyn(AIS); One day in the Life of Iivan Denisovich: Bae Suah(BSa); Untold Night and Day: Eric Segal(ErS); Love Story: Harriet Stowe(HS); Uncle Tom's Cabin: J.D.Sallinger(JDS); The Catcher in the Rye: John Steinbeck(JoS); 1. Of Mice and Men 2. The Grapes of Wrath: Jonathan Swift(JtS); Gulliver's Travels: Jean Paul Sartre(JPS); Nausea: Kyung-sook Shin(KsS); Look after Mom: Robert Louis Stenvenson(RLS) Treasure Island: William Shakespeare(WS); 1. Romeo and Juliet, 2. Hamlet, 3. Macbeth, 4. Henry IV, 5. Henry V, 6. Othelo, 7. Antony and Cleopatra, 8. Julius Caesar 9. The Merchant of Venice, 10. The Taming of the Shrew : Leo Tolstoi(LT); 1 War and Peace, 2. Resurrrection: Mark Twain(MT); 1. The Adventures of Tom Sawyer, 2. The Adventures of Huckleberry Finn, 3. The Prince and the Pauper: Hose Mauto de Vascocelos(JMV); My Sweet Orange Tree: Jules Verne(JV); Around the World in Eighty Days: Oscar Wilde(OW); The Happy Prince and Other Stories: Tennessee Wiliams(TW); A Street Named Deisre: Virgina Woolf(VW); To the Lighthouse: Markus Zusak(MZ) ; The Book Thief: Luo Guanzhong/Brewitt; Romance of Three Kingdom(RTK)

[아동문학서]
Barbara Park, Junie B. Jones(JB) :Marjorie W. Sharmat, Nate the Great(NG): Jeff Kinney, Diary of a Wimpy Kid(WK): C.H. Lewis; The Chronicles of Narnia(CN): Longman Classics; King Arthur:(KA): Disney; Frozen(Fr'n)

[교양/학술서]
Augustine; Confessions: Calvin; Institute of Christian Religion: Jack Canfield; Chicken Soup for the Soul: Freud; The Interpretation of Dreams: Charles Darwin; On the Origin of Species; Plato: Republic; John Stott: The Basic Christianity: Bruce Wilkinson: The Prayer of Jabez: Homer; 1. The Iliad, 2. The Odyssey:C.S. Lewis(CLS): Mere Christianity; Yuval Noah Harari(YNH); Sapiens: Jean-Jacques Rousseau(JJR); Confessions: Dante; The Divine Comedy(DC): Plutarch Greek/Roman Lives(P/G, P/R)

[기타]
Screen English(SCE) 1~4, 토익(TOEIC), 텝스(TEPS) 수능(SAT), 시사영어사전(YBM), 능률교육(NEI), 야후 사전(YHD), Norman Lewis, Word Power Made Easy(WPMA)

[저자 약력]

[학력/경력]:

학력: 육사(BS), 서울대 상대 경제학과(BA), The Catholic University of America Gradate School
　　　Economics(MA), The Catholic University of America Law School(JD)
자격: 군법무관임용시험 합격, 사법연수원 수료: 변호사, 변리사
경력: 공병장교, 육사교관, 각급 법무참모, 국방부 송무과장, 육군법무감, 국방부 법무관리관
강사: 한양대 상경대, 고려대 공학대학원
자문위원: 조달청, 국방부조달본부, 국방과학연구소, 군인공제회, 기타: 대한상사중재원 중재인
(현) 변호사, 변리사 재직

[저서]

2진법영어사: 저절로 외워지는 영어 I, II,(절판) 영어코드의 비밀 증보판(2007). 50키워드영어 I
　　　　　 증보판(2008), II(2008), III(2008), ON(2007), IN(2007), 기본동사 Get(2007),Come(2007),
　　　　　 영어문형코드(2012), 영어구문론 4판(2023), 저절로 외워지는 영어(2023), 우리말과
　　　　　 영어의 만남(2024)
영림출판사: 국제계약(1987), 법률영한사전(2002)
가림출판사: 2진법영어(2002), 계약작성 생활법률의 기본지식(2000), 지적재산 생활법률의 기본
　　　　　 지식(2000)
도서출판 be: 법정으로의 초대 계약법 강의(공저)(2007)
법정사:　　　실무체계 계약법(1994)
군인공제회 제일문화사업소: 우리말과 영어의 만남(1996 절판)
일본三修社:　英語のコードを解く(2008), Inがわかれば英語が見える(2009)

The Truth Will Set You Free.(John 8:32)